Doris

Siegel / Lenger / Roman / Radl

HANDLEXIKON DER GETRÄNKE

Band 1

Bar – Mixgetränke – Spirituosen

HANDLEXIKON DER GETRÄNKE

Simon Siegel
Sieglinde Siegel
Heinz Lenger
Peter Roman
Gerhard Radl

Fotos: Ernest Richter

Bar
Mixgetränke
Spirituosen

Rudolf Trauner Verlag

Gestaltung: Wolfgang Kraml
Grafiken: Ingeborg Hausmann
Redaktion: Anna M. Raml, Flora Sadila
Herstellung: Trauner-Druck, Linz

ISBN 3 85320 335 3

Franz Müller, Österreichische Barkeeper Union

Durch die Herausgabe dieses Buches wird nicht nur der Jugend ein umfassendes Lehrbuch gegeben, sondern es ist auch für die Berufsangehörigen in vielen Belangen ein nützliches Nachschlagewerk.
Die unzähligen Detailinformationen, die gegeben werden, ermöglichen es dem Verwender, sich ein lückenloses Wissen über die gängigsten und bekanntesten Getränke am Markt zu verschaffen.
Ich wünsche Ihnen beim Studium der Warenkunde und vor allem beim Mixen der Getränke viel Spaß und gutes Gelingen.

Franz Müller
Ehrenpräsident der ÖBU

Hubert Dworschak, Österreichische Barkeeper Union

Die Herausgeber dieses österreichischen Bar-Fachbuches haben mir in dankenswerter Weise Gelegenheit gegeben, als Repräsentant der ÖBU einige begleitende Worte zu verfassen. Diese sollen dazu dienen, dem verehrten Leserpublikum die Funktionen der Bar und der darin arbeitenden Bartender näherzubringen.
Allgemein gibt es zwei Gruppen von Bars: Vergnügungsbetriebe (Nachtclubs etc.) und Gesellschaftslokale wie Hotelbars, Tagesbars usw. Letztere sind die international am meisten verbreitetste Form und werden als American Bars bezeichnet. Als Treffpunkt für viele Gelegenheiten; geschäftlich, informativ, seriös und entspannend. Hier bilden nur erstklassige Getränke und persönliches Service durch einen gut ausgebildeten Bartender den Mittelpunkt.
Der überwiegende Teil unserer ÖBU-Mitglieder arbeitet in diesen American Bars. Viele berufliche Anforderungen sind zu leisten: solide Facharbeit und Sauberkeit in der Bar, umfassende Kenntnisse aller Getränke (pur oder gemixt), gutes Allgemeinwissen und Benehmen, korrektes Auftreten und gepflegte Erscheinung. Wenn dann noch etwas Phantasie und Kreativität dazukommen, ist das Berufsziel eines guten Barkeepers erreicht.
Diese kleine Zusammenfassung stammt aus den Erkenntnissen meiner mehr als 30jährigen Barpraxis. Dazu kommt noch die ÖBU-Mitgliedschaft seit 1953 mit Vorstandstätigkeit von 1973 bis 1983. Beides gab mir die Möglichkeit, viel an Berufserfahrung zu sammeln.
Ich hoffe, mit diesem Vorwort alle Leser auf dieses Bar-Fachbuch gut eingestimmt zu haben, und wünsche viel Erfolg bei der Lektüre und beim Mixen!

Hubert Dworschak
Ehrenpräsident der ÖBU

Alfred Polak, Jugoslawische Barkeeper Union

Die Mischung der Bargetränke nimmt in unserem Lande einen immer größeren Aufschwung, und der Beruf des Barmixers kommt immer mehr zur Geltung. Mit der vergrößerten Zahl der Gäste und mit dem Anwachsen ihrer Ansprüche nach besserer Qualität zeigen sich auch größere Forderungen und Bedürfnisse nach einer guten Ausbildung unseres Berufsnachwuchses.
Zum Erwerben der Kenntnisse, die jeder gute Barman fortwährend vervollkommnen muß, braucht man neben der Praxis noch gute Bücher.
Ich bin davon überzeugt, daß das vorliegende Buch diese Erziehungsabsicht erreichen wird, und so empfehle ich jedem Barkeeper im In- und Ausland, sich dafür zu interessieren.
Ich möchte den Verfassern zu diesem Werk innigst gratulieren.

Alfred Polak
Präsident der DBS

Hinweise für den Benutzer

Dem Werk ist neben dem üblichen Inhaltsverzeichnis eine weitere Gliederung vorangestellt, die die wichtigsten Kapitel hervorhebt und so das Nachschlagen erleichtert.
Dies geschieht mit Hilfe von schwarzen Balken, die am Buchrand den Beginn des jeweiligen Kapitels anzeigen.
Zusätzlich ist der Beginn der drei großen Kapitel
- Bargetränke,
- Betriebslehre und
- Warenkunde

durch ein färbiges Blatt gekennzeichnet.
Dem Aufbau der „Warenkunde" liegt die Gliederung der Spirituosen nach den verwendeten Grundmaterialien zugrunde, zum Beispiel Weindestillate, Getreidedestillate etc.
Innerhalb dieser Kapitel schließen sich an die allgemeinen Erklärungen der Spirituosengruppe (wie gesetzliche Bestimmungen, Erzeugung etc.) die einzelnen Stichwörter in alphabetischer Reihenfolge an.
Dabei handelt es sich hauptsächlich um die Markenprodukte dieser Gattung (zum Beispiel Whisk[e]y von A bis Z). Aber auch die wichtigsten Erzeuger- und Handelsfirmen und die dieses Kapitel betreffenden Fachausdrücke wurden erfaßt.
Der → weist auf detaillierte Erklärungen bei nachstehendem Wort hin.
Alle angegebenen Proofs (Alkoholgehalte) verstehen sich als American proofs, nicht als British proofs. Die Fachausdrücke am Schluß des Buches sind ausschließlich jene, die sich nicht bestimmten Spirituosengattungen zuordnen lassen bzw. nicht im Teil „Betriebslehre" bereits erklärt wurden.

INHALTSVERZEICHNIS

Bargetränke

Arten der Bargetränke
Cocktailgarnituren

Rezepte von A bis Z

Betriebslehre

Warenkunde

Alkohol
Einteilung der Spirituosen

Branntweine

Weindestillate

Branntweine aus Wein – Weinbrandverschnitte – Branntweine aus Weinhefe – Branntweine aus Weintrestern

Getreidedestillate

Aquavit – Genever – Gin – Whisk(e)y – Wodka – Sonstige Getreidebranntweine

Obstdestillate

Branntweine aus Kernobst – Branntweine aus Steinobst – Branntweine aus Beerenfrüchten

Destillate aus sonstigen Pflanzen und Früchten

Branntweine aus Agaven und Kakteen – Alcotropics – Anisées – Branntweine aus Zuckerrohr

Liköre

Weitere Produkte in der Bar

Garnituren, Fillers und geschmackgebende Ingredienzen – Bier – Wein – Sundries, Snacks und kleine Speisen – Rauchwaren

Fachausdrücke

BARGETRÄNKE

ARTEN DER BARGETRÄNKE

Die üblicherweise in einer Bar angebotenen Mixgetränke werden unter dem Sammelbegriff „American drinks" zusammengefaßt, weil ein Großteil von ihnen wie die Bar selbst aus den USA kommt.
Grundsätzlich unterscheidet man bei den Bargetränken **Shortdrinks** (bis ca. 8 cl Inhalt), wie z. B. die sogenannten Before-dinner- und After-dinner-cocktails, und **Longdrinks** (über 8 cl Inhalt), wie z. B. die sogenannten Cobblers, Collinses, Coolers, Daisies, Highballs.
Aus der Vielzahl von Bargetränken haben sich 37 Gruppen gebildet.

Folgende Symbole wurden verwendet:

Shaker

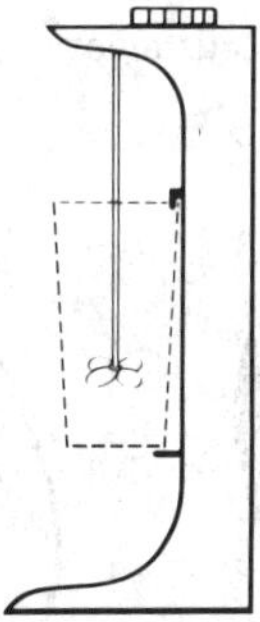

Elektrischer Mixer (Hamilton Beach)

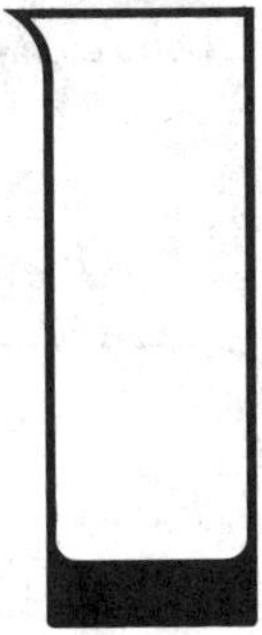

Rührglas (Mixglas)

Collinsglas

Großer Tumbler Highballglas

Old-Fashioned-Glas

Cocktailschale

Cocktailcreamer

Sektschale

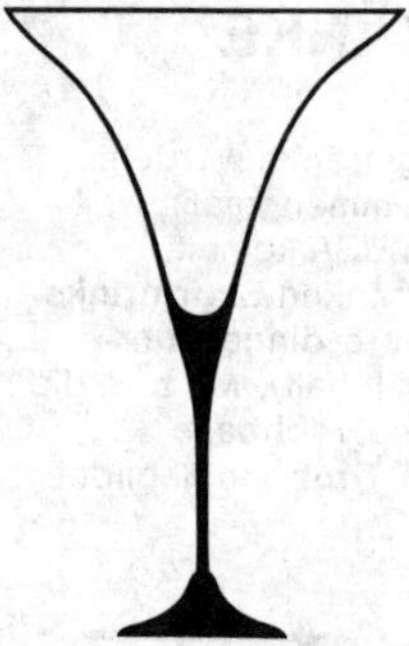

Cobblerglas

Crustaglas

Weinkrug

Bowlengefäß

COCKTAILS

Unter Cocktails versteht man alkoholische Getränke, die aus Spirituosen, Likören, Süd-, Süß- und Dessertweinen, Früchten, Fruchtsäften und Aromaten in Form von Würzbitters (Angostura-, Peach- oder Orange-Bitter) hergestellt werden. Cocktails zählen zur Gruppe der **Shortdrinks** (Ausnahme: Champagner- oder Sektcocktails). Sie werden

- im Shaker,
- im Rührglas,
- im elektrischen Mixer (Hamilton Beach) oder
- im Gästeglas zubereitet.

Before- oder Pre-Dinner-Cocktails

Unter dieser Bezeichnung werden alle „trockenen Cocktails" zusammengefaßt, deren Hauptbestandteil eine der Basisspirituosen Whisk(e)y, Gin, Wodka, Cognac und Rum ist.
Ferner verwendet man zu den meisten Cocktails dieser Gruppe Wermut (trocken, weiß und rot) sowie Bitters und frische Fruchtsäfte.
Wie schon der Name sagt, werden sie vor dem Essen gereicht und sollen daher appetitanregend wirken.
In der heutigen Zeit nehmen trokkene Cocktails immer mehr den Platz der klassischen Aperitifs ein, sie werden daher auch vielfach als „Aperitif-Cocktails" oder „Cocktails zum Aperitif" bezeichnet.
Einige der bekanntesten sind:

- Martinis
- Wodka-Martini oder Vodkatini
- Gibson
- Manhattan
- Rob Roy
- Bronx
- Old Fashioned
- Daiquiris
- Negroni
- Americano

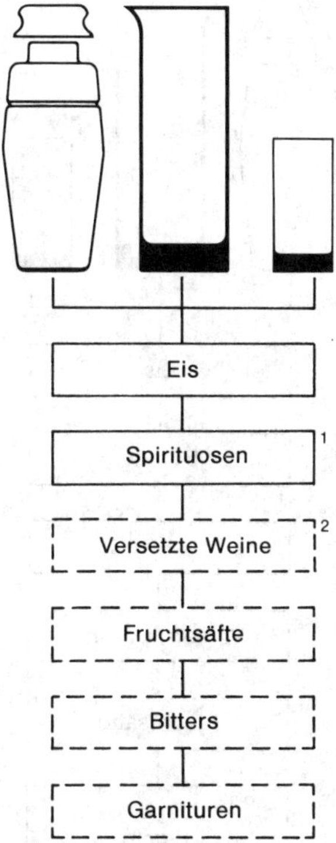

Für alle folgenden Grafiken gilt:

[1] Hauptbestandteil

[2] wahlweise Verwendung

After-Dinner-Cocktails

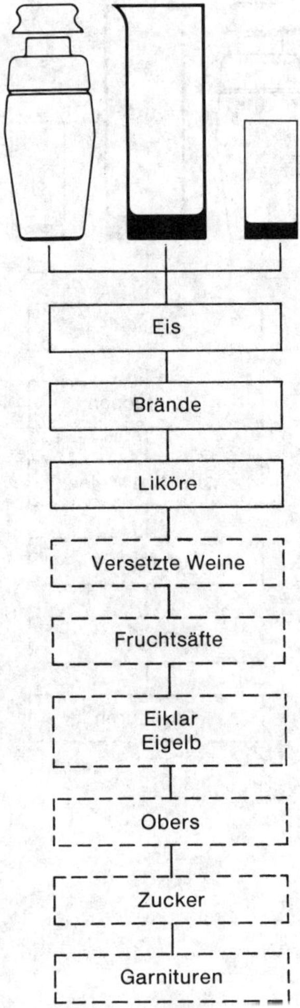

Unter dieser Bezeichnung werden alle Cocktails zusammengefaßt, die mit Bränden, Likören und Fruchtsäften zubereitet werden. Sie sind meist süßer als Beforedinner-cocktails, da ihr Hauptbestandteil ein Likör ist. Sie werden nach dem Essen gereicht. Einige der bekanntesten sind:

- Alexander
- Alexandra
- Vienna Girl
- Blue Lady
- Lady Favorit
- Grasshopper
- Moulin Rouge

Champagner- oder Sektcocktails

Unter diesen Cocktails versteht man meist Longdrinks, die aus Basisalkohol und Likören sowie Fruchtsäften bestehen und nach dem Shaken mit Champagner oder Sekt aufgegossen werden.
Sie können sowohl als Before-dinner-cocktail als auch als After-dinner-cocktail gereicht werden. Sehr gerne werden sie auch zwischendurch getrunken.
Die bekanntesten sind:
- IBU Cocktail
- Ohio Cocktail
- A.B.C. Cocktail
- Grand Prix Cocktail

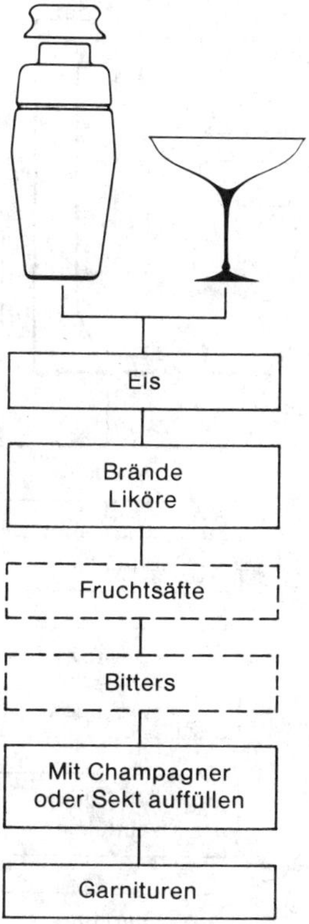

ALKOHOLFREIE DRINKS (NON-ALCOHOLIC DRINKS)

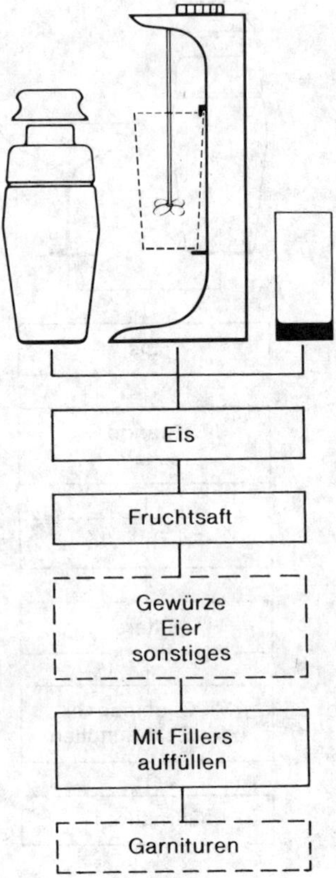

Diese Drinks sind hauptsächlich vitaminhältige Longdrinks und sollen erfrischend sein.
Sie werden aus Frucht- oder Gemüsesäften, Fruchtnektaren oder -sirupen, Wasser, Soda- oder Mineralwasser oder Limonaden, Gewürzmischungen und eventuell Eiern ohne Zusatz von Alkohol hergestellt.
Die Geschmacksskala reicht von herb bis süß.
Alkoholfreie Drinks erfreuen sich zunehmender Beliebtheit.
Sie sind Getränke für jede Tageszeit, eignen sich aber weder als Before-Dinner-Drinks noch als After-Dinner-Drinks.

BOWLEN (BOWLS) UND CUPS

Bowlen und Cups sind fast dasselbe. Der Unterschied besteht darin, daß den Cups Eis zugefügt wird, während die Bowlen außen mit Eis umgeben oder stark gekühlt werden. Die Cups sind sofort trinkfertig, sie werden auch meist sofort im Bowlenglas zubereitet.
Die Bowlenzubereitung dauert je nach Rezept einige Stunden oder Tage.
Bei den Bowlen unterscheidet man zwei Gruppen:

- durstlöschende Bowlen, die rasch zubereitet und serviert werden können (Sommerdrinks);
- angesetzte Bowlen für besondere Anlässe, abhängig von den Früchten der Saison, duftig und aromatisch.

Bei der Herstellung von Bowlen ist zu beachten, daß nur eisgekühlte Weine und gesunde, einwandfreie Früchte verwendet und keine Roheisstücke in die Bowle gegeben werden dürfen. Ferner ist das Bowlengefäß zuzudecken. Sekt, Champagner oder Mineralwasser darf erst kurz vor dem Service dazugegeben werden, nachher darf man nicht mehr stark umrühren. Cups und Bowlen sind sehr kalt zu servieren.

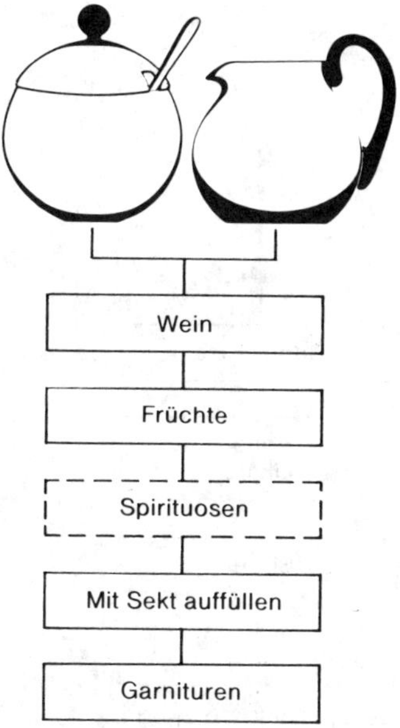

COBBLERS

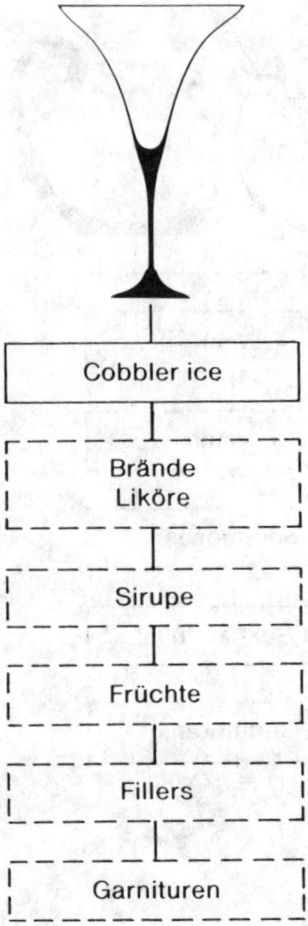

Cobblers gehören zu den Longdrinks. Sie waren vor dem Zweiten Weltkrieg ein sehr beliebtes und oft verlangtes Erfrischungsgetränk bei Tanzveranstaltungen oder beim Five o'clock tea. Heute werden sie sehr selten verlangt.
Diese Getränkeart besteht aus der Cobblermischung, die auf der Basis von Likören, Sirupen, Südweinen, Weinen oder auch auf einer Basisspirituose aufgebaut ist. Cobblers können aber auch alkoholfrei mit frischen Obstsäften, Fruchtkonzentraten, Sirupen und frischen Früchten zubereitet werden.
Die Zubereitung erfolgt im Cobblerglas, einem kelchförmigen Stielglas, in das Cobblereis gefüllt wird. Darauf gibt man die Cobblermischung und garniert den Drink mit frischen oder konservierten Früchten. Ist im Rezept Sodawasser, Ginger Ale oder Champagner zum Auffüllen vorgeschrieben, so kommt diese Zutat immer als letzte ins Glas.

COLLINSES

Sie gehören zu den Longdrinks und sind durststillende Getränke. Die Hauptbestandteile sind Zitronensaft, Zucker oder Zuckersirup, eine Spirituose (meist Gin) und Sodawasser. Serviert werden die Collinses im Collinsglas (einem übergroßen Tumbler) mit Trinkhalm.
Die Collinses sind mit den Rickeys, den Sours und den Fizzes verwandt. Alle vier Getränkegruppen bestehen aus denselben Ingredienzien.
Der Unterschied zum Fizz liegt darin, daß der Collins nicht im Shaker, sondern im Gästeglas zubereitet wird und der Sodaanteil höher ist.
Sours dagegen enthalten kein Soda; sie werden mit einer Sourgarnitur serviert. Die Rickeys weisen mehr Säure auf.
Die Collinses sind sehr erfrischende Sommerdrinks.
Einige der bekanntesten sind:
- Jack Collins
- John Collins
- Pedro Collins
- Tom Collins

COOLERS

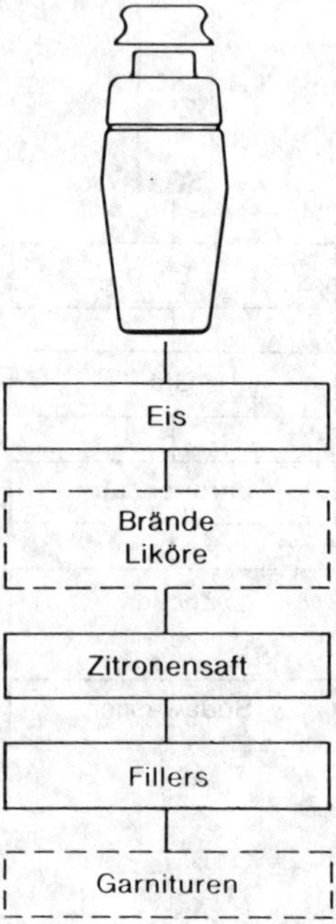

Coolers sind die größten Longdrinks. Sie sollen den Durst löschen und werden daher, vor allem im Sommer, mit Eis serviert. Die Bestandteile des Rezeptes (Zitronensaft, Spirituose) werden im Shaker geschüttelt und in ein Slingglas gegossen. Aufgefüllt wird mit Ginger Ale (original), Soda- oder Mineralwasser oder Limonade.
Coolers werden mit Trinkhalm serviert. Garnituren werden sehr selten angebracht.
Sie sind den Highballs, Sodas, Fizzes und Sours sehr ähnlich.

CRUSTAS

Die Crustas sind Longdrinks, die wegen der umständlichen Zubereitung bei uns wenig bekannt sind. Sie werden als After-dinner-drinks gereicht. Das Charakteristische an dieser Gruppe ist das ballonförmige Crustaglas mit dem Zuckerrand (Kruste), von dem der Name „Crusta" abgeleitet ist. Ein weiteres Merkmal ist die Zitronen-, Orangen- oder Mandarinenspirale, mit der das Glas innen ausgelegt wird.
Heute werden mit Ausnahme des Gin Crusta (Zubereitung im Gästeglas) alle Crustas im Shaker zubereitet.
Herstellung des Zuckerrandes: Man macht in eine Zitronenhälfte einen Einschnitt, der so tief ist wie der gewünschte Zuckerrand. Damit befeuchtet man den Rand des umgedrehten Glases, daß kein Zitronensaft ins Glasinnere läuft. Man kann den Rand auch in Zitronen-, Orangen- oder Grapefruitsaft oder in Liköre und Sirupe tauchen. Den Glasrand taucht man in Feinkristall-, Kristall-, Roh- oder Multicolorzucker und klopft das Glas leicht ab, damit der nicht haftende Zucker herunterfällt.

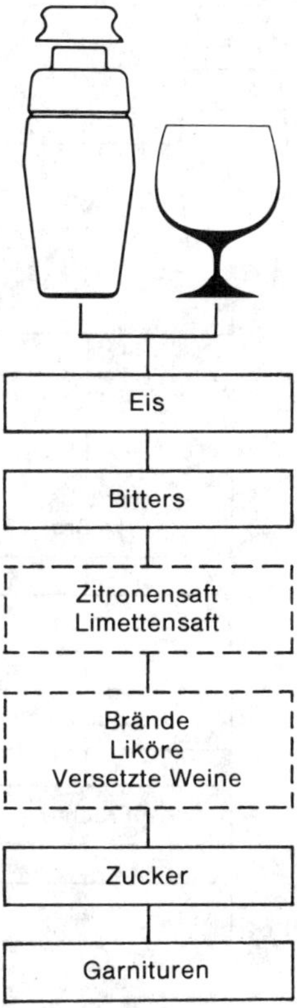

DAISIES

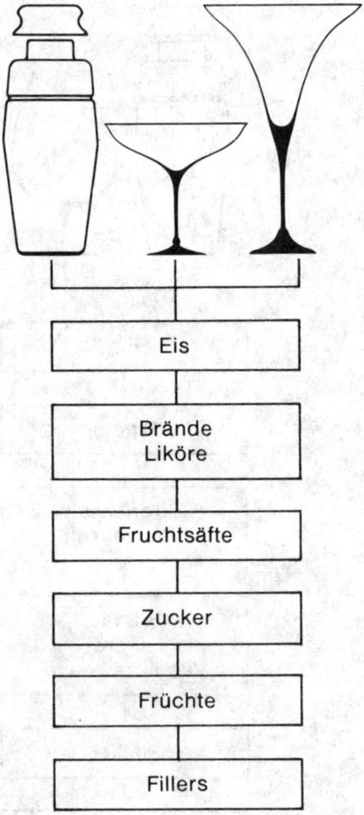

Daisies sind sogenannte Damengetränke und gehören zur Gruppe der Longdrinks.
Früher wurden die Daises ausschließlich im Gästeglas, und zwar im Limonadenglas, zubereitet. Ein Limonadenlöffel und ein Trinkhalm wurden dazuserviert.
Heute ist das anders. Sie werden aus Zitronen- oder Orangensaft, Zuckersirup und einer kleinen Menge einer Spirituose im Shaker zubereitet, in einer Sektschale oder einem Cobblerglas mit einem Stück Eis serviert und mit Soda aufgespritzt.
Das Gästeglas wird auf einen Unterteller gestellt und mit einem Löffel serviert.
Im Gegensatz zu den Cobblers werden bei den Daisies die Früchte in das Getränk gegeben.

EGG-NOGS

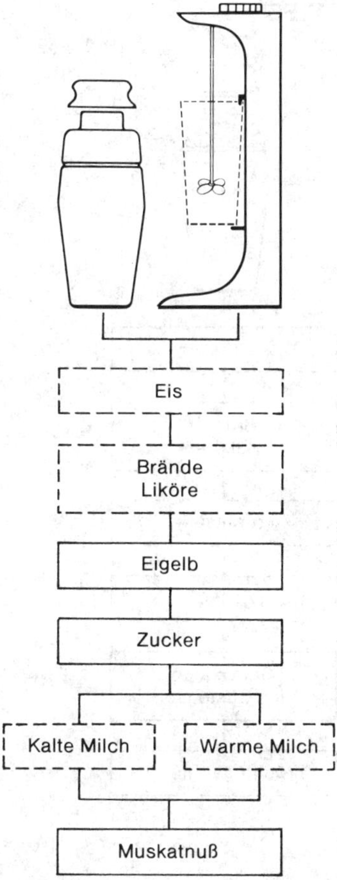

Die Egg-nogs zählen zu den ältesten amerikanischen Getränken. Sie werden wegen ihrer Nahrhaftigkeit am Morgen getrunken (zum Brunch oder Katerfrühstück). Egg-nogs können kalt oder warm aus Milch, Zuckersirup, Eiern und Spirituosen oder alkoholfrei zubereitet werden.
Kalte Egg-nogs werden im Shaker gemixt! Heiße Egg-nogs werden mit dem Barlöffel gemischt, geschlagen oder im Mixer zubereitet. Als Garnitur verwendet man geriebenen Zimt oder Muskatnuß sowie Paprika oder Instantkaffee.

FANCY DRINKS

Als Fancy drinks werden alle Getränke bezeichnet, die in keine andere Gruppe der Mixgetränke außer den Pick-me-ups eingereiht werden können. Der Kreativität sind keine Grenzen gesetzt. Einige der bekanntesten dieser Gruppe sind:
- Americano
- Screw Driver
- Nikolaschka (Rittmeister)

FIXES

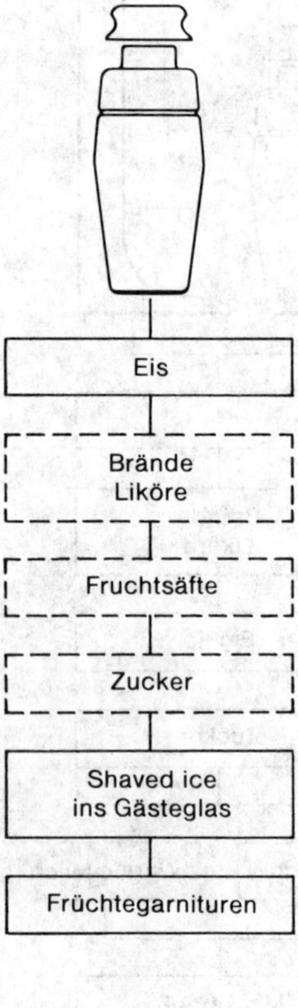

Die Fixes sind den Cobblers ähnlich, sie müssen rasch serviert werden. Fixes werden im Shaker zubereitet, in ein mit Schnee-Eis gefülltes Punschglas geseiht, mit frischen Früchten garniert und mit Barlöffel und Trinkhalm serviert.

FIZZES

Die Fizzes stammen von den Rickeys und Sours ab.
Sie werden mit Soda aufgespritzt und sind daher Longdrinks. Die wichtigsten Zutaten sind Zitronensaft, Zucker und Alkohol. Die Fizzes werden im Shaker so lange geschüttelt, bis sich am Shaker eine dünne Eisschicht gebildet hat (siehe Collinses). Die Fizzes müssen rasch serviert werden.

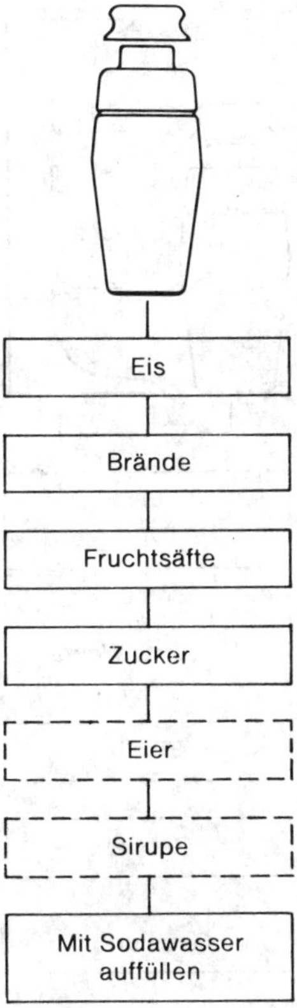

FLIPS

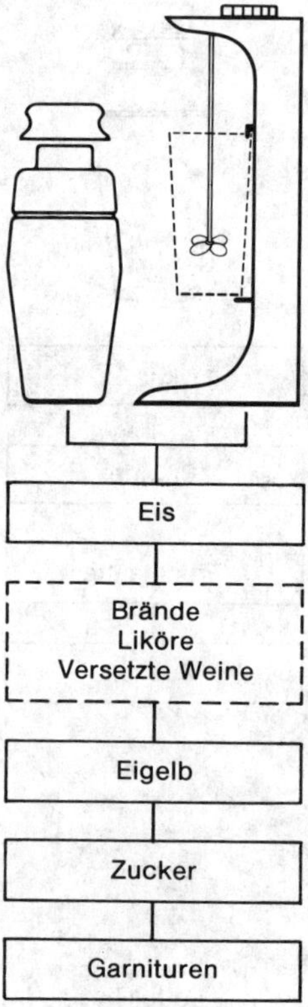

Die Flips sind den Egg-nogs sehr ähnlich, werden aber ohne Milch zubereitet und sind sehr nahrhaft. Flips werden aus Spirituosen, Weinen oder Likören, Zucker und Eigelb im Shaker oder Blender zubereitet und im Flipglas oder in der Sekttulpe mit Trinkhalm serviert. Garniert werden sie mit geriebener Muskatnuß, Vanille oder Instantkaffee.

FLOATS

Die Charakteristik dieser Getränkegruppe ist, daß der alkoholische Aroma- und Geschmacksträger zuletzt auf den Champagner oder Sekt bzw. das Sodawasser gegossen wird und daher an der Oberfläche schwimmt (nicht vermischen). Die Floats werden in einem tulpenförmigen Gästeglas zubereitet.

FRAPPÉS

Die im anglo-amerikanischen Raum auch als Sundaes bezeichnete Gruppe wird in folgende zwei Arten eingeteilt:

Milchfrappés

Sie bestehen aus Milch, Speiseeis, Früchten, Fruchtsäften oder -sirupen, Zucker und eventuell Eigelb.
Verfeinert können sie mit Obers werden. Das Eis soll immer dieselbe Geschmacksrichtung wie die Früchte haben.
Milchfrappés werden im elektrischen Mixer zubereitet und im Tumbler mit Trinkhalm serviert.
Sie können auch mit Alkohol verstärkt werden, wobei zu beachten ist, daß der Alkohol mit den Früchten harmoniert.

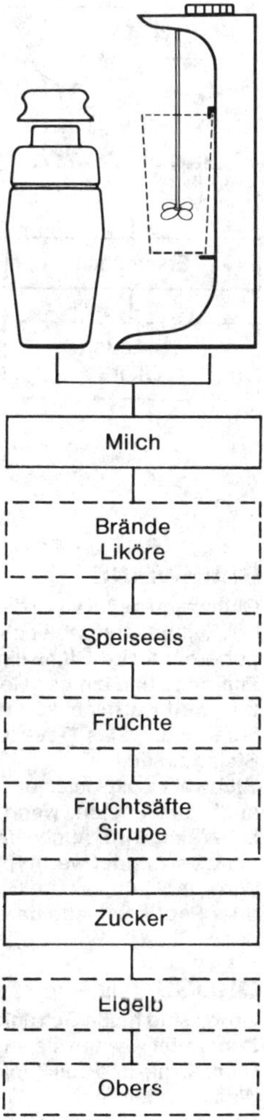

Likörfrappés

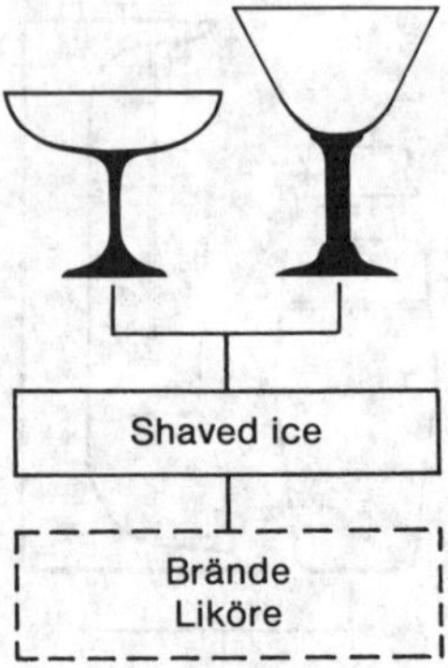

Sie bestehen aus Shaved ice oder Crushed ice und Likör. Ein Cocktailcreamer oder eine Cocktailschale wird mit Eis gefüllt und darüber eine Portion Likör gegossen. Das Getränk wird häufig mit zwei kurzen Trinkhalmen serviert.

GLÜHWEINE

Glühweine gehören zu den Heißgetränken und sind besonders während der kalten Jahreszeit sehr beliebt.
Zubereitet wird Glühwein, indem man Rot- oder Weißwein mit Zucker, Zimtrinde und einigen Gewürznelken in einer Kasserolle bis zum Siedepunkt erhitzt (nicht kochen) und dann in den Glühweinkrug oder in ein feuerfestes Glas (Tee-, Grogglas) oder in einen Glühweinbecher aus Steingut seiht.
Glühwein sollte niemals mit Wasser verdünnt werden, deshalb ist es auch abzulehnen, wenn er mit dem Dampf einer Espressomaschine zubereitet wird. Auch vorgefertigte Gewürzsäckchen sollten in der Bar nicht verwendet werden.
Wird der Glühwein im Glas serviert, ist eine Untertasse mit Underliner oder Papierserviette dazuzugeben.

GROGS

Grogs sind heiße Getränke und daher besonders im Winter sehr beliebt.
Zubereitet werden sie aus Spirituosen, wie z. B. Whisk(e)y, Gin, Brandy, Rum, Arrak, und aus Zucker, Zitronensaft, Gewürznelken, Zimtrinde und Wasser oder Tee.
Serviert werden sie in hitzebeständigen Henkelgläsern (Grog-, Punsch- oder Teegläsern, eventuell Bowlengläsern) mit Unterteller, Underliner oder Serviette und Kaffeelöffel.

HIGHBALLS

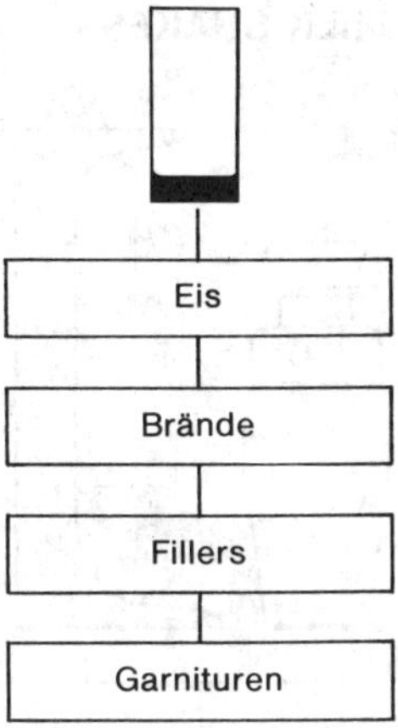

Highballs sind Longdrinks, die im großen Tumbler serviert werden. Basisgetränke der Highballs sind Spirituosen, wie Whisk(e)y, Gin, Wodka, Rum oder Cognac, die nach dem Originalrezept mit Ginger Ale aufgefüllt werden. Heute verwendet man dazu auch Tonic Water, Bitter Lemon, Bitter Orange, Bitter Grapefruit, Golden Fresh, Fanta, Sprite, Sodawasser, in Ausnahmefällen auch Wein.
Garniert werden sie mit Orangen- oder Zitronenspiralen (original). Heute verwendet man dazu auch Limetten- oder Zitronenscheiben.

JULEPS

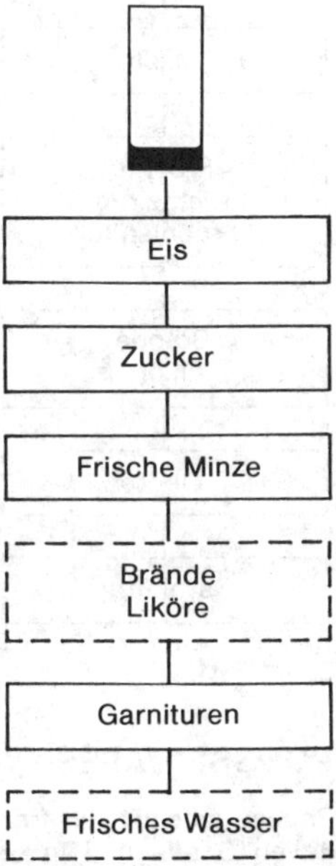

Die Juleps gehören zu den Longdrinks. Zur Herstellung benötigt man frische Minze, die man in kaltem Wasser abspült und mit etwas Zuckersirup in ein Highballglas gibt. Mit dem Barlöffel etwas zerdrücken und die Minze herausnehmen (Ausnahme Mint Julep), vier Fünftel des Glases mit Eis füllen. Mit Minze und Früchten garnieren und das Getränk auf einer Untertasse mit Trinkhalm und Limonadenlöffel servieren.
Die Juleps können mit frischem Wasser aufgespritzt werden.
Siehe Foto, Seite 649.

MILK-SHAKES

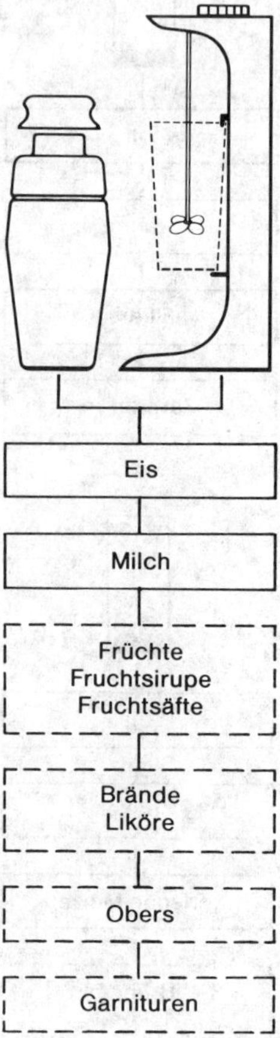

Milk-shakes werden vor allem im Sommer getrunken und erfreuen sich zunehmender Beliebtheit. Sie werden im Shaker oder elektrischem Mixer aus Früchten, Fruchtsäften oder -sirupen, Milch und Zitronensaft hergestellt und im Tumbler mit Eis und Trinkhalm serviert.
Milk-shakes können auch mit Alkohol zubereitet oder mit Obers verfeinert werden.

PICK-ME-UPS

Sie gehören zu den Fancy drinks. Die wörtliche Übersetzung lautet „Heb mich auf“. Die Charakteristik dieser Getränke ist, daß sie sehr scharf gewürzt werden. Bei uns sind sie deshalb als „Katergetränke“ bekannt.
Einige bekannte sind: Prairie Oyster, Bloody Mary, Bull Shot

POUSSE-CAFÉS

Pousse-café ist die französische Bezeichnung für Getränke, die in Italien Scaffa und in der Bundesrepublik Deutschland und in der Schweiz Couleurs heißen.

Pousse-cafés sind sehr farbenprächtige und attraktive Getränke, für deren Herstellung man die spezifischen Gewichte der Sirupe und Spirituosen kennen muß.
In den Rezepten sollen die Zutaten in der Reihenfolge ihrer spezifischen Gewichte angegeben werden, und zwar angefangen mit dem Ingrediens, das das höchste spezifische Gewicht hat.
Zubereitet werden diese Getränke in geraden Gläsern, den sogenannten Pousse-café-Gläsern, in die man die Sirupe oder Spirituosen über einen verkehrt gehaltenen Barlöffel, der am inneren Glasrand anliegt, vorsichtig eingießt. Die Bestandteile der Pousse-cafés dürfen sich nicht vermengen, sondern müssen eine klare Grenze zeigen.
Siehe Foto, Seite 256.

PUFFS

Puffs sind Mischungen aus Milch und Spirituosen, die im Shaker zubereitet und mit Soda aufgefüllt werden. Serviert werden sie im großen Tumbler mit Trinkhalm.

PUNSCHE (PUNCHES)

Punsche können warm und kalt zubereitet werden. Die warmen Punsche sind den Grogs oder Toddies ähnlich, während die kalten den Cups und Bowlen gleichen. Kalte Punsche erhalten eine Früchtegarnitur.

RICKEYS

Die Rickeys sind amerikanische Getränke, auf denen die Fizzes, Sangarees und Sours aufbauen. Sie gehören zu den Longdrinks. Hauptbestandteile sind Limetten oder Zitronen, die in Stücke geschnitten und in einem Old-Fashioned-Glas mit dem Barlöffel zerdrückt werden. Dazu kommt die gewünschte Spirituose. Das Ganze verrühren, mit Sodawasser aufspritzen und mit einem Stück Eis und einem Trinkhalm servieren.

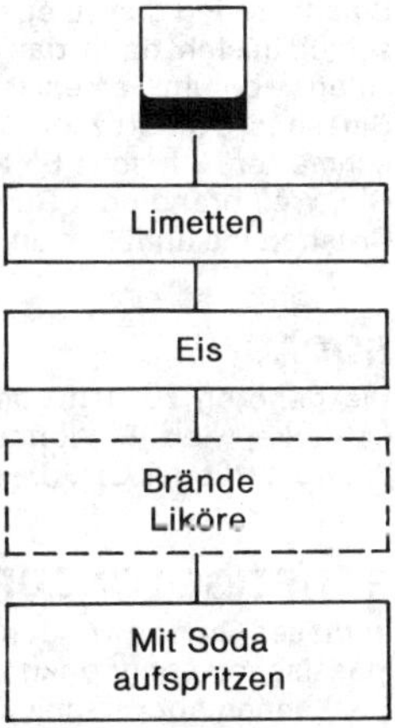

SANGAREES

Sangarees sind Longdrinks und können kalt (im Highballglas) oder warm (im Punsch- oder Grogglas) zubereitet werden.
Basisgetränk ist Rotwein, Ale, Brandy oder Gin. Sie werden mit kaltem oder heißem Wasser aufgefüllt. Als Garnitur gibt man geriebene Muskatnuß. Mit Trinkhalm servieren. Heiße Sangarees serviert man mit Untertasse, Underliner und Kaffeelöffel.

SHRUBS

Shrubs sind eine Art Bowle. Shrubs-Grundrezept: Man gibt in ein Bowlengefäß Branntweine und versetzte Weine, Früchte und Zucker. Das Ganze läßt man im Kühlschrank fünf Tage ziehen. Anschließend wird mit Soda aufgefüllt. Shrubs werden im Tumbler serviert.

SLINGS

Slings sind den Toddies ähnliche Longdrinks, die kalt und warm zubereitet werden können.
Hauptbestandteile sind Zitronen- oder Limettensaft, Grenadine- oder Zuckersirup, eine Basisspirituose (Brandy, Gin, Arrak, Schwedenpunsch usw.), die mit kaltem oder heißem Wasser, Sodawasser, kaltem oder heißem Tee, Apfelsaft oder Ginger Ale aufgefüllt werden. Serviert werden Slings im übergroßen Tumbler (Slingglas) mit einem Trinkhalm.

SMASHES

Smashes sind den Juleps sehr ähnliche Longdrinks. Der einzige Unterschied besteht darin, daß die Smashes im Shaker zubereitet werden, die Juleps aber im Gästeglas.
Smashes-Grundrezept: 1 Barlöffel Zucker im Shaker oder Rührglas schmelzen, 2 frische Blätter Pfefferminze, 4 cl Branntweine (Whisk[e]y, Gin, Weinbrand oder Rum) dazugeben, in ein Gästeglas abseihen, mit Crushed ice auffüllen und gut rühren. Mit frischen Früchten garnieren.

SODAS

Sie gehören zu den Longdrinks. Ihr Hauptbestandteil sind Aperitifgetränke, wie z. B. Wermut, Byrrh, Cynar, St. Raphaël, oder Whisk(e)y, Weinbrand oder Gin, die mit Sodawasser aufgefüllt werden.

SONSTIGE LONGDRINKS

In dieser Gruppe werden alle Drinks zusammengefaßt, die nicht einer klassischen Longdrinkgruppe zugeordnet werden können.
Sie können auf verschiedene Arten zubereitet werden.
Phantasievolle Garnituren werden angebracht. Die Drinks werden immer mit Stirer und eventuell mit Trinkhalm serviert.

SOURS

Sours sind ausgesprochene Herrengetränke und den Collinses und den Fizzes sehr ähnlich, jedoch stärker als diese. Sie haben sich aus den Rickeys entwickelt.
Auch die Sours werden im Shaker mit Eis, Zitronen- oder Limettensaft, Zuckersirup und Alkohol zubereitet. Auf ausdrücklichen Wunsch des Gastes wird er mit Sodawasser verdünnt.
Serviert werden sie mit Sour-Garnitur, bestehend aus Orangenscheibe und Cocktailkirsche (original).
Die moderne Sour-Garnitur wird heute oft auf langen Garnitur-Spießen aufgesteckt und besteht aus einer halben Zitronen- und halben Orangenscheiben sowie Cocktailkirschen.

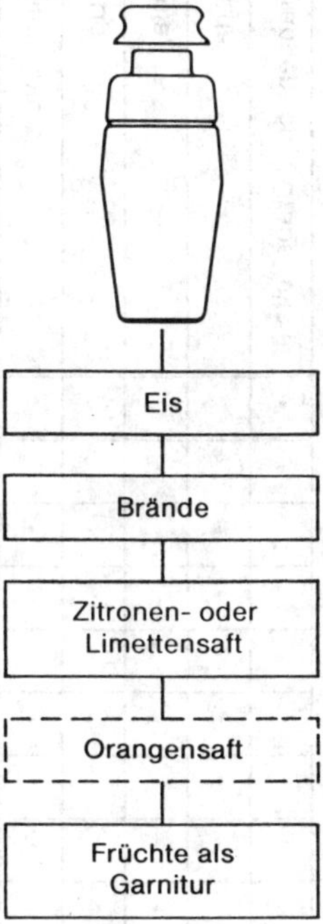

Sours-Kombinationen

* klassisch
** erfrischend
*** fancy

Orangen- oder Grapefruitsaft	Soda	Cola	7 Up	Ginger Ale	Bitter Grapefruit	Bitter Orange	Bitter Lemon	Tonic Water	Schweppes Golden Fresh	
*					***	**	*	*	*	Gin
*		*			***	**	*	*	**	Wodka
	*			*					**	Scotch Whisky
	*		*	*					**	Canadian Whisk(e)y
	*		*							Rye Whisk(e)y
	*	*		*						Bourbon Whisk(e)y
	*			*						Irish Whisk(e)y
	*	*		*						Cognac oder Weinbrand/Brandy
*		*			***	*	**	*		Rum
				*					***	Calvados
						***	**	*		Orangenlikör Triple sec
	*							*		Halbbitter- und Vollbitterliköre
							***	**		Kiwilikör
						***	**	**		Pisang Ambon
*	*									Campari
								*		Wermut
*										Pastis

SWIZZLES

Dieses Getränk kommt wahrscheinlich von den Westindischen Inseln, wo es auch heute noch sehr beliebt ist. Es gehört zur Gruppe der Longdrinks. Ursprünglich wurden Swizzles in großen Mengen auf einmal zubereitet. In einen großen, mit Eis gefüllten Tonkrug wurden frischer Limettensaft, Zuckersirup, Rum und einige Spritzer Bitter eingefüllt, das Ganze wurde mit einem sogenannten Swizzle-stick kräftig gesprudelt, und zwar so lange, bis sich die Außenseite des Tongefäßes mit einer Eisschicht belegte. Der Swizzle-stick ist ein langer Quirl aus Holz. Von ihm wurde der Name der Getränkegruppe abgeleitet.

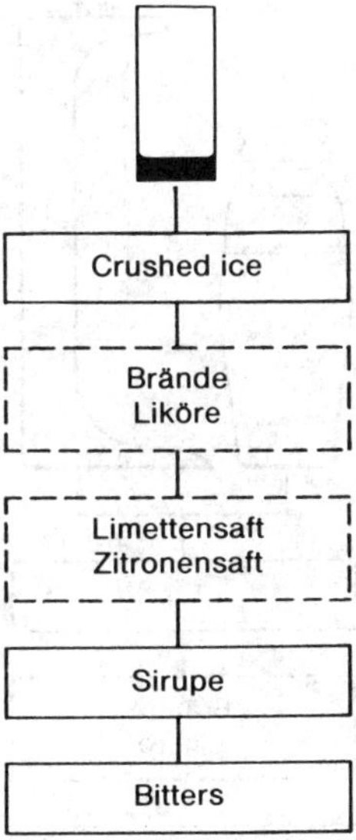

TODDIES

Die Toddies sind bei uns fast unbekannt. Sie sind den Slings sehr ähnlich und können wie diese kalt und warm zubereitet werden. Der Unterschied zu den Slings besteht darin, daß sie im kleinen Tumbler (kalte Toddies) und im Punschglas (warme Toddies) serviert werden, d. h., man benötigt zum Auffüllen weniger Flüssigkeit, der Alkohol tritt stärker hervor.

TROPICANAS/COLADAS

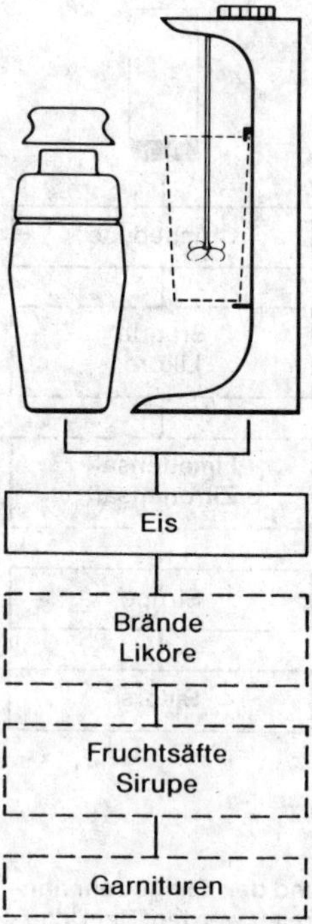

Tropicanas sind erfrischende, leicht süßliche Longdrinks. Sie werden vor allem in tropischen Ländern gereicht.
Als Basis für diese südamerikanischen Drinks werden Fruchtsäfte und als Spirituose wird oft Rum verwendet. Coladas werden gerne mit Kokosmilch verfeinert.
Es können sehr schöne, phantasievolle Garnituren aufgebaut werden.

TWISTS

Wörtlich übersetzt bedeutet Twist „drehen“. Vor der Vollendung dreht man ein Stück Zitronenschale (Lemon twist) über dem Drink im Glas, damit das ätherische Zitronenöl auf das Getränk spritzt, das dadurch seine Geschmacksnuance bekommt.
Die Twists gehören zu den Shortdrinks. Sie bestehen aus Fruchtsirup oder Fruchtnektar, Fruchtsaft, Likör und einer Spirituose. Zubereitet werden sie im Rührglas, serviert in der Sektschale oder im Sektkelch.
Es wird Crushed ice ins Gästeglas gegeben.

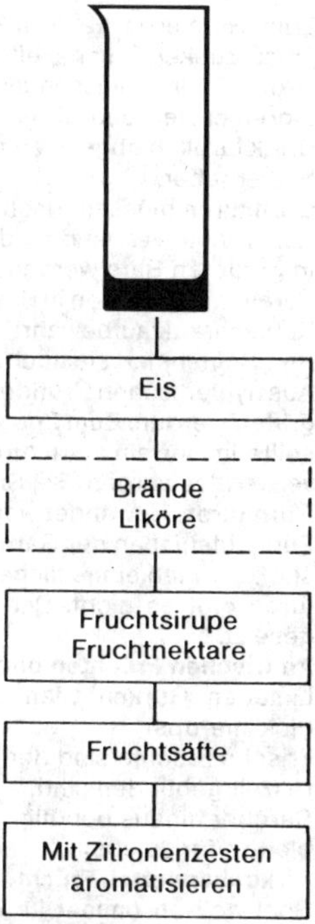

ZOOMS

Zooms sind bei uns weniger bekannt. Man kann sie am Vormittag und auch am Nachmittag trinken. Zubereitet werden sie im Shaker oder elektrischen Mixer, und zwar aus Ei, Honig, Obers und Alkohol (Whisk[e]y, Weinbrand, Rum oder Gin). Man serviert sie im großen Cocktailglas oder im großen Tumbler. Zooms-Grundrezept: Eis, 1–2 Barlöffel flüssiger Honig, 1 Barlöffel Obers, 4 cl Branntweine.

COCKTAILGARNITUREN[1]

Zum Garnieren der Drinks benötigt man frisches und konserviertes Obst, Zucker, frische, eßbare Blätter und frisches Gemüse.
Grundsätzlich müssen alle Garnituren eßbar sein. Sie müssen mit den Ingredienzien des Drinks korrespondieren. Die Garnitur muß auf den Drink farblich abgestimmt sein, es muß sich ein harmonisches Gesamtbild ergeben.
Garnituren müssen frisch zubereitet werden. Man sollte keine gespritzten Früchte verwenden; die Früchte müssen gewaschen werden.
In größeren Bars werden die Garnituren für gängige Cocktails oft vorbereitet. Sie werden in Raviers aus Glas, mit Klarsichtfolie zugedeckt, im Kühlschrank aufbewahrt, um ihre Frische und Ansehnlichkeit zu bewahren. So nehmen sie auch keine Fremdgerüche an.
Aus hygienischen Gründen darf die Garnitur nicht mit den Händen angegriffen werden. Zum Zusammensetzen und Aufsetzen auf den Glasrand sollte immer ein Garniturmesser, eine Garniturzange oder eine Gabel verwendet werden. Bei Standardcocktails müssen immer die Original-Garnituren verwendet werden.
Zum Aufspießen der Garnituren nimmt man Cocktailstäbchen (Cocktail sticks). Einen einheitlichen Leitfaden zum Zusammenstellen der Garnituren gibt es nicht. Der Kreativität des Barman sind keine Grenzen gesetzt.
An **frischen Früchten** und **Gemüsen** benötigt man: Zitronen, Orangen, Limetten, Gurken, Stangensellerie, Zwergtomaten, Pfefferoni (evtl. für Pick-me-ups).
Frische Früchte sind der Hauptbestandteil von Bowlen, die an die Jahreszeit gebunden sind.
Darüber hinaus benötigt man frische, eßbare Blätter, z. B. Pfefferminzblätter (für Juleps).
An **konservierten Früchten** und **Gemüsen** benötigt man vor allem: Grüne Speiseoliven (immer im Glas in der Salzlösung aufbewahren, da sie sonst austrocknen!);
Cocktailkirschen (kandierte Kirschen) in verschiedenen Farben; am häufigsten werden die roten Kirschen, die sogenannten Maraschino-Kirschen, die in Zuckersirup eingelegt sind, verwendet.
Daneben gibt es gelborange Kirschen mit Orangengeschmack, sie sind in Curaçao Triple sec eingelegt, sowie grüne Kirschen, die in Crème de Menthe eingelegt sind und einen Minzgeschmack haben, und blaue Kirschen mit Orangengeschmack, die in Curaçao bleu eingelegt sind.
Weiters gibt es die Amarenen-Kirschen (amerikanische Wildkirschen), die in Rum-Zucker-Sirup eingelegt sind und säuerlich-bitter schmecken.
Perlzwiebeln (Aufbewahrung in Essiglösung).
Dosenfrüchte, z. B. Ananas, Pfirsiche, Feigen, Lychees, Birnen und Mandarinen.
Wichtig ist, daß die Früchte sofort nach dem Öffnen der Konserve in Porzellan- oder Glasschüsseln umgefüllt werden (Codexbestimmung).

Zuckerrand (Sugar edge)
Er ist das Charakteristikum der Crustas. Auf Wunsch des Gastes wird er auch bei anderen Cocktails auf den Gläsern angebracht.
Hauptbestandteile zur Herstellung des Zuckerrandes sind Zitronensaft und Kristallzucker. Herstellungsvorgang siehe Crustas, Seite 25.
Darüber hinaus gibt es färbige Zuckerränder, die aus Likören oder Sirupen und Kristallzucker bestehen.

[1] Siehe Foto, Seite 162.

Rezepte von A bis Z

Dieser Teil umfaßt über 1.000 internationale Rezepte von Barmixgetränken in alphabetischer Reihenfolge.
Eine große Anzahl von Siegercocktails der verschiedenen Cocktailkonkurrenzen wurden erfaßt.
Bei den Rezepten wurden die übergeordnete Getränkegruppe sowie die Zubereitungsart und das Service angegeben. Die Ingredienzien sind in Brüchen, Zentilitern (cl) und Fluid ounces (fl oz) sowie Barlöffeln und Spritzern angeführt.
Aus rechnerischen Gründen wurden die Fluid-ounces-Angaben gerundet vorgenommen. Eine Tabelle der Umrechnungswerte finden Sie im Teil der Betriebslehre, Seite 438 ff.
Wird bei einem Rezept „Creme de Cacao" angeführt, meint man den braunen Kakaolikör. Ist er weiß, so wird dies extra angegeben.
Die mit einer Grundausstattung von sieben Spirituosen herstellbaren Hausbar-Rezepte werden mit einem Symbol (✱) gekennzeichnet.
Nachfolgende Aufstellung beinhaltet die verwendeten Abkürzungen:

ABE	Barkeepervereinigung in Spanien
ABF	Barkeepervereinigung in Frankreich
ABG	Barkeepervereinigung in Australien
ABP	Barkeepervereinigung in Portugal
AIBES	Barkeepervereinigung in Italien
ANBA	Barkeepervereinigung in Japan
AVB	Barkeepervereinigung in Venezuela
BAC	Barkeepervereinigung in Kanada
BAI	Barkeepervereinigung in Irland
BCI	Barkeepervereinigung in Island
CE	Concours Européen
CK	Cocktail Konkurrenz
DBL	Barkeepervereinigung in Dänemark
DBS	Barkeepervereinigung in Jugoslawien
DBU	Barkeepervereinigung in der Bundesrepublik Deutschland
FBSK	Barkeepervereinigung in Finnland
FNC	French National Competition
IC	International Contest
ICC	International Cocktail Competition
ICK	Internationale Cocktail-Konkurrenz
KBA	Barkeepervereinigung in Korea
MBG	Barkeepervereinigung in Malta
NBC	Barkeepervereinigung in Holland
NBF	Barkeepervereinigung in Norwegen
NCC	National Cocktail Competition

ÖBU Barkeepervereinigung in Österreich

SBG Barkeepervereinigung in Schweden

SBH Barkeepervereinigung in Ungarn

SBU Barkeepervereinigung in der Schweiz

UBB Barkeepervereinigung in Belgien

UKBG Barkeepervereinigung in England

USBG Barkeepervereinigung in den USA

WCC World Cocktail Competition

A.B.C. Cocktail *Shortdrink*
Glas: Cocktailglas
Zubereitung: im Shaker
Garnitur: Zitronenspirale

Cognac oder Weinbrand	3/6	3 cl	1 fl oz
Cordial-Campari	1/6	1 cl	1/3 fl oz
Wermut, trocken	1/6	1 cl	1/3 fl oz
Wermut, rot	1/6	1 cl	1/3 fl oz

ABC Cocktail *Champagner-, Sektcocktail*
Glas: Sektschale oder -kelch
Zubereitung: im Shaker
Garnitur: je eine Zitronen- und Orangenscheibe, zwei Cocktailkirschen

Armagnac	1/2	3 cl	1 fl oz
Bénédictine	1/2	3 cl	1 fl oz
Angostura-Bitter	1 Spritzer		

mit Champagner oder Sekt auffüllen

*** Abbey Cocktail** *Shortdrink*
Glas: Cocktailglas
Zubereitung: im Shaker
Garnitur: Cocktailkirsche

Dry Gin	2/3	4 cl	1 1/3 fl oz
Orangensaft	1/3	2 cl	2/3 fl oz
Wermut, rot	2 Spritzer		
Angostura-Bitter	2 Spritzer		

Acapulco Cocktail *Shortdrink*
Glas: Cocktailglas
Zubereitung: im Shaker

Tequila	1/3	2 cl	2/3 fl oz
Liquore Strega	1/3	2 cl	2/3 fl oz
Zitronensaft	1/3	2 cl	2/3 fl oz

Acapulco Toddy *Longdrink*

Glas: mittlerer Tumbler
Zubereitung: im Gästeglas mit gestoßenem Eis
Die Zutaten darüberleeren und gut durchrühren.
Garnitur: Zitronenscheibe
Service: Trinkhalm

Tequila	2/3	4 cl	1 1/3 fl oz
Crème de Cassis	1/3	2 cl	2/3 fl oz
Läuterzucker	2–3 Barlöffel		
mit kaltem Wasser auffüllen			

Ada Cocktail *Shortdrink*

Glas: Cocktailglas
Zubereitung: im Shaker
Garnitur: Zitronenzeste

Wodka	3/6	3 cl	1 fl oz
Coruba-Rum	1/6	1 cl	1/3 fl oz
Cordial-Campari	1/6	1 cl	1/3 fl oz
Wermut, trocken	1/6	1 cl	1/3 fl oz

Adam Cocktail *Shortdrink*

Glas: Cocktailglas
Zubereitung: im Shaker

Jamaica-Rum	2/4	3 cl	1 fl oz
Grenadine-Sirup	1/4	1,5 cl	1/2 fl oz
Zitronensaft	1/4	1,5 cl	1/2 fl oz

*** Adam and Eve Cocktail** *Shortdrink*

Glas: Cocktailglas
Zubereitung: im Shaker

Cognac oder Weinbrand	1/3	2 cl	2/3 fl oz
Dry Gin	1/3	2 cl	2/3 fl oz
Cointreau	1/3	2 cl	2/3 fl oz

Admiral Highball *Longdrink*

Glas:	großer Tumbler (Highballglas)
Zubereitung:	im Gästeglas, mit Eiswürfeln rühren
Garnitur:	Zitronenspirale
Service:	Stirer

Bourbon Whisk(e)y	1/2	3 cl	1 fl oz
Tokajer, süß	1/2	3 cl	1 fl oz
Zitronensaft	2 Barlöffel		
Ananassaft	1 Barlöffel		
mit Ginger Ale auffüllen			

Adria-blau-Cocktail *Shortdrink*

Alfred Polak, DBS, Gastbetriebe der Fachschulen für Ljubljana, Jugoslawien

Glas:	Cocktailglas
Zubereitung:	im Mixglas
Garnitur:	Zitronenscheibe, Cocktailkirschen

Wodka, Rogoschin, Bols	3/6	3 cl	1 fl oz
Curaçao, blau	2/6	2 cl	2/3 fl oz
Lime Juice	1/6	1 cl	1/3 fl oz

*** Affinity Cocktail 1** *Shortdrink*

Glas:	Cocktailglas
Zubereitung:	im Mixglas

Scotch Whisky	2/3	4 cl	1 1/3 fl oz
Wermut, rot	1/3	2 cl	2/3 fl oz
Angostura-Bitter	2 Spritzer		

*** Affinity Cocktail 2** *Shortdrink*

Glas:	Cocktailglas
Zubereitung:	im Mixglas

Scotch Whisky	2/4	3 cl	1 fl oz
Wermut, trocken	1/4	1,5 cl	1/2 fl oz
Wermut, rot	1/4	1,5 cl	1/2 fl oz

After-dinner-Cocktail *Shortdrink*
Glas: Cocktailglas
Zubereitung: im Shaker

Prunelle Brandy	1/2	3 cl	1 fl oz
Cherry Brandy	1/2	3 cl	1 fl oz
Zitronensaft	4 Spritzer		

Air Conditioner *Longdrink*
Glas: mittlerer Tumbler
Zubereitung: im Gästeglas, mit Eiswürfeln

Wodka	2/3	4 cl	1 1/3 fl oz
Cointreau	1/3	2 cl	2/3 fl oz

mit Cola auffüllen

Airmail Cocktail *Champagner-, Sektcocktail*
Glas: Sektschale oder -kelch
Zubereitung: im Shaker

Rum, Bacardi		3 cl	1 fl oz
Zitronensaft		3 Barlöffel	
Honig		1 Barlöffel	

mit Champagner oder Sekt auffüllen

Alabama Fizz *Longdrink*
Glas: mittlerer Tumbler
Zubereitung: im Shaker

Dry Gin	2/3	4 cl	1 1/3 fl oz
Zitronensaft	1/3	2 cl	2/3 fl oz
Crème de Menthe, grün	2 Spritzer		
Läuterzucker	3 Barlöffel		

mit Soda auffüllen

Aladin Cocktail *Shortdrink*
Glas: Cocktailglas
Zubereitung: im Shaker
Garnitur: zwei Cocktailkirschen

Kirschwasser	1/4	1,5 cl	1/2 fl oz
Wermut, rot	2/4	3 cl	1 fl oz
Grenadine-Sirup	1/4	1,5 cl	1/2 fl oz

Alaska Cocktail *Shortdrink*
Glas: Cocktailglas
Zubereitung: im Shaker

Dry Gin	2/3	4 cl	1 1/3 fl oz
Chartreuse, gelb	1/3	2 cl	2/3 fl oz

Ale Sangaree *Longdrink*
Glas: großer Tumbler (Highballglas)
Zubereitung: im Gästeglas, mit gestoßenem Eis
Garnitur: geriebene Muskatnuß
Service: Trinkhalm

Light Ale	10 cl	3 1/3 fl oz
Läuterzucker	2 cl	2/3 fl oz

Alexander Cocktail *Shortdrink*
Glas: Cocktailschale oder Creamer
Zubereitung: im Shaker

Cognac oder Weinbrand	1/3	2 cl	2/3 fl oz
Crème de Cacao	1/3	2 cl	2/3 fl oz
Obers/Sahne	1/3	2 cl	2/3 fl oz

Siehe Panamac

Alexander-Rum-Cocktail *Shortdrink*
Glas: Cocktailschale oder Creamer
Zubereitung: im Shaker

Rum, weiß	1/3	2 cl	2/3 fl oz
Crème de Cacao	1/3	2 cl	2/3 fl oz
Obers/Sahne	1/3	2 cl	2/3 fl oz

Alexander Sister Cocktail *Shortdrink*

Glas: Cocktailschale oder Creamer
Zubereitung: im Shaker

Dry Gin	1/3	2 cl	2/3 fl oz
Crème de Menthe, grün	1/3	2 cl	2/3 fl oz
Obers/Sahne	1/3	2 cl	2/3 fl oz

Alexandra Cocktail *Shortdrink*

Glas: Cocktailschale oder Creamer
Zubereitung: im Shaker
Garnitur: geriebene Muskatnuß oder Schokolade auf Wunsch

Dry Gin	1/3	2 cl	2/3 fl oz
Crème de Cacao	1/3	2 cl	2/3 fl oz
Obers/Sahne	1/3	2 cl	2/3 fl oz

Alfonso Cocktail *Champagner-, Sektcocktail*

Glas: Sektschale
Zubereitung: im Gästeglas
Den Würfelzucker in das Glas legen, mit dem Angostura-Bitter beträufeln und den Dubonnet darübergießen.
Garnitur: Orangenscheibe

Dubonnet	2 cl	2/3 fl oz
Angostura-Bitter	2 Spritzer	
Würfelzucker	1 Stück	

mit Champagner oder Sekt auffüllen

Alhambra Highball *Longdrink*

Milan Uhlir, „Alhambra Bar" Interhotel, Prag

Glas: großer Tumbler (Highballglas)
Zubereitung: im Gästeglas, mit Eiswürfeln rühren
Garnitur: Orangenscheibe, Zitronenscheibe
Service: Stirer

Wodka, Rogoschin, Bols	3/10	3 cl	1 fl oz
Campari	3/10	3 cl	1 fl oz
Crème de Bananes, Bols	1/10	1 cl	1/3 fl oz
Orangensaft	3/10	3 cl	1 fl oz
mit Tonic Water auffüllen			

Alleluia Longdrink *Longdrink*

Texeira De Jesus, Portugal, 1. Preis, ICC 1979, Opatija, Jugoslawien

Glas: großer Tumbler (Highballglas)
Zubereitung: im Shaker
Garnitur: Zitronenscheibe, Orangenschale, Pfefferminzzweig, zwei Cocktailkirschen

Tequila Mariachi	4/10	2,4 cl	3/4 fl oz
Maraschino, Bols	2/10	1,2 cl	1/2 fl oz
Curaçao, blau, Bols	2/10	1,2 cl	1/2 fl oz
Zitronensaft	2/10	1,2 cl	1/2 fl oz
Eiweiß	1 Spritzer		
mit Bitter Lemon, Schweppes, auffüllen			

Allen Special Cocktail *Shortdrink*

Glas: Cocktailglas
Zubereitung: im Mixglas

Dry Gin	2/3	4 cl	1 1/3 fl oz
Maraschino	1/3	2 cl	2/3 fl oz
Zitronensaft	1 Spritzer		

Amaretto Special *Longdrink*

Rudolf Forster, HFS Villach, Österreich

Glas: mittlerer Tumbler
Zubereitung: im Shaker

Amaretto	1/3	2 cl	2/3 fl oz
Cointreau	1/3	2 cl	2/3 fl oz
Wermut, trocken	1/3	2 cl	2/3 fl oz
Angostura-Bitter	1 Spritzer		
mit Bitter Lemon auffüllen			

Amazonas *alkoholfreier Drink*

Glas: mittlerer Tumbler
Zubereitung: im Shaker
Garnitur: Zitronenscheibe
Service: Trinkhalm

Mangosaft	2/3	4 cl	1 1/3 fl oz
Zitronensaft	1/3	2 cl	2/3 fl oz
Angostura-Bitter	1 Spritzer		
mit Soda auffüllen			

A.M.B.A. 1965 Cocktail *Shortdrink*

G. R. Echenique, Argentinien, 1. Preis, ICC 1965, Buenos Aires

Glas: Cocktailglas
Zubereitung: im Mixglas
Garnitur: Maraschinokirsche

Whisky, Old Smuggler	4/10	2,4 cl	3/4 fl oz
Rum, Palo Añejo			
Estear Pampero	3/10	1,8 cl	2/3 fl oz
Wermut, Cinzano, rot	2/10	1,2 cl	1/3 fl oz
Apricot, Cointreau	1/10	0,6 cl	1/6 fl oz

Ambrosia *Shortdrink*

Hazel Norton Spence, St. Petersburg, Florida

Glas: Cocktailschale oder Creamer
Zubereitung: im Shaker oder im elektrischen Mixer

Galliano	2/4	3 cl	1 fl oz
Orangensaft	1/4	1,5 cl	1/2 fl oz
Obers/Sahne	1/4	1,5 cl	1/2 fl oz
geraspelte Kokosnuß	1 Barlöffel		

Amer George *sonstiger Longdrink*

Glas: großer Tumbler (Highballglas)
Zubereitung: im Gästeglas

Amer Picon	4 cl	$1\frac{1}{3}$ fl oz
Grenadine-Sirup	1 Barlöffel	
mit dunklem Bier auffüllen		

Amer Picon-Soda *Longdrink*

Glas: mittlerer Tumbler
Zubereitung: im Gästeglas, mit Eiswürfeln, rühren
Garnitur: Orangenspirale
Service: Stirer

Amer Picon	4 cl	$1\frac{1}{3}$ fl oz
Grenadine-Sirup	1 Barlöffel	
mit Soda auffüllen		

American Beauty Cobbler *Longdrink*

Glas: Cobblerglas
Zubereitung: im Gästeglas, $\frac{2}{3}$ mit gestoßenem Eis gefüllt
Garnitur: verschiedene Früchte der Saison
Service: Unterteller, Serviette, Limonadenlöffel, Trinkhalm

Cognac oder Weinbrand	$\frac{1}{6}$	1 cl	$\frac{1}{3}$ fl oz
Crème de Menthe, weiß	$\frac{1}{6}$	1 cl	$\frac{1}{3}$ fl oz
Wermut, trocken	$\frac{1}{6}$	1 cl	$\frac{1}{3}$ fl oz
Grenadine-Sirup	$\frac{1}{6}$	1 cl	$\frac{1}{3}$ fl oz
Orangensaft	$\frac{2}{6}$	2 cl	$\frac{2}{3}$ fl oz

American Beauty Cocktail 1 *Shortdrink*

Glas: Cocktailglas
Zubereitung: im Shaker

Cognac oder Weinbrand	$\frac{1}{3}$	2 cl	$\frac{2}{3}$ fl oz
Crème de Menthe, weiß	$\frac{1}{3}$	2 cl	$\frac{2}{3}$ fl oz
Wermut, trocken	$\frac{1}{3}$	2 cl	$\frac{2}{3}$ fl oz
Orangen-Bitter	3 Spritzer		

American Beauty Cocktail 2 *Shortdrink*

Glas: Cocktailglas
Zubereitung: im Shaker

Cognac oder Weinbrand	1/4	1,5 cl	1/2 fl oz
Wermut, trocken	1/4	1,5 cl	1/2 fl oz
Grenadine-Sirup	1/4	1,5 cl	1/2 fl oz
Orangensaft	1/4	1,5 cl	1/2 fl oz
Crème de Menthe, grün	1 Spritzer		

American Egg-nog *Egg-nog*

Glas: großer Tumbler (Highballglas)
Zubereitung: im Shaker
Garnitur: geriebene Muskatnuß
Service: Unterteller, Serviette, Limonadenlöffel, Trinkhalm

Rum, weiß	2/3	4 cl	1 1/3 fl oz
Obers/Sahne	1/3	2 cl	2/3 fl oz
Läuterzucker	1 Eßlöffel		
Eigelb	1 Dotter		

mit kalter Milch auffüllen

*** American Fizz** *Longdrink*

Glas: mittlerer Tumbler
Zubereitung: im Shaker

Grenadine-Sirup	1/3	2 cl	2/3 fl oz
Orangensaft	1/3	2 cl	2/3 fl oz
Zitronensaft	1/3	2 cl	2/3 fl oz

mit Soda auffüllen

American Flag Pousse-café *Pousse-café*

Glas: Pousse-café-Glas oder Sektflöte
Zubereitung: im Gästeglas
Die Zutaten über den Rücken eines Barlöffels in der angegebenen Reihenfolge vorsichtig in das Glas leeren.
Service: Trinkhalm

Grenadine-Sirup	1/3	2 cl	2/3 fl oz
Maraschino	1/3	2 cl	2/3 fl oz
Curaçao, blau	1/3	2 cl	2/3 fl oz

American Glory 1 *Champagner-, Sektcocktail*

Glas: Sektkelch

Zubereitung: im Gästeglas

Den Sektkelch zu 1/3 mit feingeschabtem Eis füllen, die Zutaten darübergießen und vorsichtig umrühren.

Garnitur: Orangenscheibe

Service: Unterteller, Serviette, Limonadenlöffel, Trinkhalm

Grenadine-Sirup	1/4	1 cl	1/3 fl oz
Orangensaft	3/4	3 cl	1 fl oz

mit Champagner oder Sekt auffüllen

American Glory 2 *Chamapagner-, Sektcocktail*

Glas: Sektkelch

Zubereitung: im Gästeglas

Den Sektkelch zu 1/3 mit feingeschabtem Eis füllen, die Zutaten darübergießen und vorsichtig umrühren.

Garnitur: Orangenscheibe

Service: Unterteller, Serviette, Limonadenlöffel, Trinkhalm

Cointreau	1/3	2 cl	2/3 fl oz
Orangensaft	2/3	4 cl	1 1/3 fl oz

mit Sekt oder Champagner auffüllen

Americano *Fancy drink*

Glas: mittlerer Tumbler

Zubereitung: im Gästeglas, mit Eiswürfeln

Garnitur: Zitronenschale

Campari	1/2	3 cl	1 fl oz
Wermut, rot	1/2	3 cl	1 fl oz

mit Soda auffüllen

Amore Flip *Flip*

Glas: Flipglas oder Sekttulpe
Zubereitung: im Shaker oder im elektrischen Mixer
Garnitur: geriebene Muskatnuß

Cognac oder Weinbrand	$1/3$	2 cl	$2/3$ fl oz
Maraschino	$1/3$	2 cl	$2/3$ fl oz
Crème de Vanille	$1/3$	2 cl	$2/3$ fl oz

Amorettino *Longdrink*

Udo Nagiller, ÖBU, Hotel Carlton, St. Moritz, Schweiz, 1. Preis, 2. IC 1983, Amaretto-di-Saronno-Originale-Wettbewerb, Italien

Glas: Tumbler
Zubereitung: im Gästeglas, mit Eiswürfeln, rühren

Amaretto di Saronno Originale	$3/10$
Galliano	$3/10$
Ananassaft	$3/10$
Lemon Juice	$1/10$

mit Ginger Ale auffüllen

Amuleto Cocktail *Shortdrink*

Mario Miguel Messina, Brasilien, Team-Weltmeister, 16. ICC 1982, Albufeira, Portugal

Glas: Cocktailglas
Zubereitung: im Mixglas
Garnitur: Cocktailkirsche, Zitronenschale

Dry Gin	$2/5$	2,4 cl	$3/4$ fl oz
St. Raphaël	$2/5$	2,4 cl	$3/4$ fl oz
Maraschino, Bols	$1/5$	1,2 cl	$1/3$ fl oz
Sherry, trocken, Sandeman	3 Spritzer		

Ananasbowle *Bowle*

für 4–6 Personen

Bowlengefäß, Bowlengläser, Untertassen oder Weinkrug und Weingläser, Kaffeelöffel

Zubereitung: Die Ananas in kleine Stücke schneiden und in das Gefäß geben. Mit dem Orangenlikör und dem Läuterzucker übergießen, zudekken und zwei Stunden im Kühlschrank ziehen lassen. Vor dem Servieren mit dem Wein und dem Sekt auffüllen, leicht umrühren.

Ananasscheiben	1 Dose (eine kleine frische Ananas)
Cointreau oder Curaçao, weiß	8 cl
Läuterzucker	1/8–1/4 l, nach Geschmack
leichter, trockener Weißwein	2 Flaschen
Sekt	1 Flasche

Ananas-Cobbler *Cobbler*

Glas: Cobblerglas
Zubereitung: im Gästeglas, 2/3 mit gestoßenem Eis gefüllt
Garnitur: Ananasscheiben und Cocktailkirschen
Service: Unterteller, Serviette, Limonadenlöffel, Trinkhalm

Dry Gin	1/2	2 cl	2/3 fl oz
Ananassaft	1/2	2 cl	2/3 fl oz
Läuterzucker	3 Barlöffel		

mit Champagner oder Sekt auffüllen

Ananas-Fizz *Longdrink*

Glas: mittlerer Tumbler
Zubereitung: im Shaker

Jamaica-Rum	1/3	2 cl	2/3 fl oz
Ananassaft	2/3	4 cl	1 1/3 fl oz
Läuterzucker	1 Barlöffel		

mit Soda auffüllen

Angel's Face Cocktail *Shortdrink*

Glas: Cocktailglas
Zubereitung: im Shaker

Dry Gin	1/3	2 cl	2/3 fl oz
Calvados	1/3	2 cl	2/3 fl oz
Apricot Brandy	1/3	2 cl	2/3 fl oz

Angel's Kiss Cocktail *Shortdrink*

Glas: Cocktailschale oder Creamer
Zubereitung: im Shaker

Prunelle Brandy	1/4	1,5 cl	1/2 fl oz
Crème de Cacao, weiß	1/4	1,5 cl	1/2 fl oz
Crème d'Yvette	1/4	1,5 cl	1/2 fl oz
Obers/Sahne	1/4	1,5 cl	1/2 fl oz

Angel's Kiss Pousse-café *Pousse-café*

Glas: Pousse-café-Glas oder Sektflöte
Zubereitung: im Gästeglas
Die Zutaten über den Rücken eines Barlöffels in der angegebenen Reihenfolge vorsichtig in das Glas leeren.
Service: Trinkhalm

Crème de Cacao	2/3	4 cl	1 1/3 fl oz
Obers/Sahne	1/3	2 cl	2/3 fl oz

Angel's Tip Pousse-café

Andere Bezeichnung für Angel's Kiss Pousse-café

Angel's Wing Cocktail *Shortdrink*

Glas: Cocktailschale oder Creamer
Zubereitung: im Shaker

Slibowitz	1/3	2 cl	2/3 fl oz
Crème de Cacao	1/3	2 cl	2/3 fl oz
Obers/Sahne	1/3	2 cl	2/3 fl oz

Angers Rose Cocktail *Shortdrink*

Glas: Cocktailglas
Zubereitung: im Shaker
Garnitur: Orangenscheibe, Cocktailkirsche

Bourbon Whisk(e)y	1/3	2 cl	2/3 fl oz
Cointreau	1/3	2 cl	2/3 fl oz
Ananassaft	1/3	2 cl	2/3 fl oz
Campari	1 Spritzer		
Eiweiß	1 Spritzer		

*** Angler's Cocktail** *Shortdrink*

Glas: kleiner Tumbler, 1/3 mit gestoßenem Eis gefüllt
Zubereitung: im Mixglas

Dry Gin	6 cl	2 fl oz
Grenadine-Sirup	1 Spritzer	
Angostura-Bitter	2 Spritzer	
Orangen-Bitter	3 Spritzer	

Animation Cocktail *Shortdrink*

Glas: Cocktailglas
Zubereitung: im Shaker
Garnitur: Orangenscheibe

Cynar	2/6	2 cl	2/3 fl oz
Wermut, rot	3/6	3 cl	1 fl oz
Orangensaft	1/6	1 cl	1/3 fl oz

Anisette Cocktail *Shortdrink*

Glas: Cocktailglas
Zubereitung: im Shaker
Garnitur: Orangenscheibe

Bourbon Whisk(e)y	1/3	2 cl	2/3 fl oz
Anisette	1/3	2 cl	2/3 fl oz
Wermut, rot	1/3	2 cl	2/3 fl oz

Anisette Frappé *Likörfrappé*

Glas: Cocktailschale oder Creamer
Zubereitung: im Gästeglas, mit geschabtem Eis
Service: 2 kurze Trinkhalme

Anisette		4 cl	$1\frac{1}{3}$ fl oz

Anna-Cocktail 1 *Shortdrink*

Glas: Cocktailglas
Zubereitung: im Shaker

Cognac oder Weinbrand	$\frac{1}{3}$	2 cl	$\frac{2}{3}$ fl oz
Chartreuse, grün	$\frac{2}{3}$	4 cl	$1\frac{1}{3}$ fl oz
Angostura-Bitter	4 Spritzer		

Anna-Cocktail 2 *Shortdrink*

Glas: Cocktailglas
Zubereitung: im Shaker
Garnitur: Zitronenschale

Wermut, trocken	$\frac{1}{3}$	2 cl	$\frac{2}{3}$ fl oz
Sherry, medium	$\frac{2}{3}$	4 cl	$1\frac{1}{3}$ fl oz
Campari	1 Barlöffel		

*** Annabella-Cocktail** *Shortdrink*

Glas: Cocktailglas
Zubereitung: im Shaker

Dry Gin	$\frac{1}{3}$	2 cl	$\frac{2}{3}$ fl oz
Curaçao, weiß	$\frac{1}{3}$	2 cl	$\frac{2}{3}$ fl oz
Wermut, trocken	$\frac{1}{3}$	2 cl	$\frac{2}{3}$ fl oz
Grenadine-Sirup	1 Spritzer		

*** Anniversary Cocktail** *Shortdrink*

Glas: Cocktailglas
Zubereitung: im Shaker

Dry Gin	$\frac{1}{3}$	2 cl	$\frac{2}{3}$ fl oz
Cognac oder Weinbrand	$\frac{1}{3}$	2 cl	$\frac{2}{3}$ fl oz
Wermut, rot	$\frac{1}{3}$	2 cl	$\frac{2}{3}$ fl oz
Orangen-Bitter	2 Spritzer		

Antigua Stinger *Longdrink*

Glas: großer Tumbler (Highballglas)

Zubereitung: im Gästeglas, mit Eiswürfeln

Pimentolikör	1/2	4 cl	1 1/3 fl oz
Orangensaft	1/2	4 cl	1 1/3 fl oz
mit wenig Soda auffüllen			

Apfelbowle *Bowle*

für 4–6 Personen

Bowlengefäß, Bowlengläser, Untertassen oder Weinkrug und Weingläser, Kaffeelöffel

Zubereitung: Die Äpfel schälen, in dünne Spalten schneiden und das Kerngehäuse entfernen. Im Gefäß sofort mit dem Saft einer Zitrone, dem Zucker und dem Calvados bedecken. Das Gefäß verschließen und für 2–3 Stunden in den Kühlschrank stellen. Vor dem Servieren mit dem Wein und dem Sekt auffüllen.

Äpfel	500 g	
Zitrone	1 Stück	
Calvados	100 g	10 cl
Feinkristallzucker	200 g	
Weißwein	2 Flaschen	
Sekt	1 Flasche	

Apfelsaft-Cobbler *alkoholfreier Drink*

Glas: großer Tumbler (Highballglas), mit gestoßenem Eis, 1 Stück Würfelzucker

Zubereitung: im Mixglas

Garnitur: Apfelscheibe

Service: Trinkhalm

Zitronensaft	1,5 cl	1/2 fl oz
Vanillezucker	5 g	
mit Apfelsaft auffüllen		

Apotheke 1 *Shortdrink*
Glas: Cocktailglas
Zubereitung: im Mixglas

Fernet-Branca	1/2	3 cl	1 fl oz
Crème de Menthe, weiß	1/2	3 cl	1 fl oz

Apotheke 2 *Shortdrink*
Glas: Cocktailglas
Zubereitung: im Mixglas

Fernet-Branca	3/6	3 cl	1 fl oz
Crème de Menthe, weiß	2/6	2 cl	2/3 fl oz
Wermut, rot	1/6	1 cl	1/3 fl oz
Angostura-Bitter	2 Spritzer		

Appetizer Cocktail *Shortdrink*
Glas: Cocktailglas
Zubereitung: im Mixglas

Dry Gin	3/6	3 cl	1 fl oz
Dubonnet	2/6	2 cl	2/3 fl oz
Orangensaft	1/6	1 cl	1/3 fl oz
Angostura-Bitter	2 Spritzer		

Applejack Cocktail *Shortdrink*
Glas: Cocktailglas
Zubereitung: im Shaker

Calvados	4 cl	1 1/3 fl oz
Curaçao, weiß	1 Barlöffel	
Angostura-Bitter	1 Spritzer	

Applejack Collins *Longdrink*
Glas: großer Tumbler (Highballglas), Collinsglas (übergroßer Tumbler)
Zubereitung: im Gästeglas, mit Eiswürfeln
So lange rühren, bis sich das Glas beschlägt.
Garnitur: Zitronenscheibe und Cocktailkirsche
Service: Trinkhalm

Calvados	2/3	4 cl	1 1/3 fl oz
Zitronensaft	1/3	2 cl	2/3 fl oz
Läuterzucker	2 Barlöffel		
mit Soda auffüllen			

Applejack Daisy *Longdrink*

Glas: Sektschale oder Cobblerglas
Zubereitung: im Shaker
Garnitur: Cocktailkirsche, Orangen- oder Zitronenscheibe
Service: Limonadenlöffel, Trinkhalm

Calvados	2/3	4 cl	1 1/3 fl oz
Zitronensaft	1/2 Barlöffel		
Grenadine-Sirup	1/2 Barlöffel		
Läuterzucker	1 Barlöffel		
ein Schuß Soda			

Applejack Rabbit *Longdrink*

Glas: mittlerer Tumbler, 1/3 mit gestoßenem Eis gefüllt
Zubereitung: im Gästeglas

Calvados	2/10	2 cl	2/3 fl oz
Zitronensaft	4/10	4 cl	1 1/3 fl oz
Orangensaft	4/10	4 cl	1 1/3 fl oz
Honig oder Ahorn-Sirup	1 Barlöffel		

Applejack Sour *Shortdrink*

Glas: kleiner Tumbler
Zubereitung: im Shaker
Garnitur:
1. Orangenscheibe und Cocktailkirsche
2. Orangenscheibe, Cocktailkirsche und Zitronenscheibe auf Garnitur-Stick

Calvados	2/3	4 cl	1 1/3 fl oz
Zitronensaft	1/3	2 cl	2/3 fl oz
Läuterzucker	1–2 Barlöffel		

Applepie Cocktail *Shortdrink*

Glas: Cocktailglas
Zubereitung: im Shaker

Cognac oder Weinbrand	2/6	2 cl	2/3 fl oz
Wermut, rot	2/6	2 cl	2/3 fl oz
Apricot Brandy	1/6	1 cl	1/3 fl oz
Zitronensaft	1/6	1 cl	1/3 fl oz

Apple Sapling Cocktail *Shortdrink*

Peter Wölfl, BS f. d. Gastgewerbe, Wien

Glas: Cocktailglas
Zubereitung: im Shaker
Garnitur: Pfefferminzblatt

Calvados	1/3	2 cl	2/3 fl oz
Curaçao, weiß	1/3	2 cl	2/3 fl oz
Lime Juice	1/3	2 cl	2/3 fl oz

Après-Ski-Cocktail *Shortdrink*

Glas: Cocktailglas
Zubereitung: im Shaker
Garnitur: Zitronenscheibe

Dry Gin	1/2	3 cl	1 fl oz
Pastis	1/2	3 cl	1 fl oz
Crème de Menthe, grün	2 Spritzer		

Apricot Cocktail *Champagner-, Sektcocktail*

Glas: Sektschale oder -kelch
Zubereitung: im Shaker
Garnitur: Orangenscheibe

Apricot Brandy	1/2	3 cl	1 fl oz
Zitronensaft	1/2	3 cl	1 fl oz
Cognac oder Weinbrand	1 Barlöffel		

mit Champagner oder
Sekt auffüllen

Apricot Cocktail *Shortdrink*

Glas: Cocktailglas

Zubereitung: im Shaker

Apricot Brandy	3/6	3 cl	1 fl oz
Mirabellengeist	2/6	2 cl	2/3 fl oz
Orangensaft	1/6	1 cl	1/3 fl oz

Apricot Cooler *Longdrink*

Glas: großer Tumbler (Highballglas) oder Collinsglas (übergroßer Tumbler)

Zubereitung: im Shaker

Service: Trinkhalm

Apricot Brandy	2/3	4 cl	1 1/3 fl oz
Zitronensaft	1/3	2 cl	2/3 fl oz
Grenadine-Sirup	3 Spritzer		

mit Ginger Ale oder Soda auffüllen

Apricot Crusta *Shortdrink*

Glas: Crusta- oder Rotweinglas

Zubereitung: im Shaker

Garnitur: Zuckerrand, Orangenspirale

Service: Trinkhalm

Rum, weiß	3/6	3 cl	1 fl oz
Apricot Brandy	2/6	2 cl	2/3 fl oz
Orangensaft	1/6	1 cl	1/3 fl oz
Grenadine-Sirup	2 Spritzer		

Apricot Fizz *Longdrink*

Glas: mittlerer Tumbler

Zubereitung: im Shaker

Apricot Brandy	2/3	4 cl	1 1/3 fl oz
Orangensaft	2/3	4 cl	1 1/3 fl oz
Zitronensaft	1/3	2 cl	2/3 fl oz
Läuterzucker	1 Barlöffel		

mit Soda auffüllen

Apricot Lady Cocktail *Shortdrink*

Glas: Cocktailglas oder Creamer

Zubereitung: im Shaker oder im elektrischen Mixer

Rum, weiß	3/6	3 cl	1 fl oz
Apricot Brandy	2/6	2 cl	2/3 fl oz
Curaçao, orange	1/6	1 cl	1/3 fl oz
Eiweiß	1/2		

Aprikosenbowle

Siehe Marillenbowle

April Shower *Champagner-, Sektcocktail*

Glas: großer Tumbler (Highballglas)

Zubereitung: im Gästeglas, 1/3 mit geschabtem Eis gefüllt

Cognac oder Weinbrand	3/10	3 cl	1 fl oz
Bénédictine	3/10	3 cl	1 fl oz
Orangensaft	4/10	4 cl	1 1/3 fl oz

mit Champagner, Sekt oder Soda auffüllen

Apry Secco Cocktail *Shortdrink*

Glas: Cocktailglas

Zubereitung: im Shaker

Dry Gin	1/3	2 cl	2/3 fl oz
Apricot Brandy	1/3	2 cl	2/3 fl oz
Wermut, trocken	1/3	2 cl	2/3 fl oz

Ariadne Cocktail *Shortdrink*

Glas: Cocktailglas

Zubereitung: im Mixglas

Garnitur: Zitronenscheibe

Genever	4/6	4 cl	1 1/3 fl oz
Wermut, rot	1/6	1 cl	1/3 fl oz
Orangensaft	1/6	1 cl	1/3 fl oz
Curaçao, weiß	3 Spritzer		

Armagnac Sour *Shortdrink*

Glas: kleiner Tumbler
Zubereitung: im Shaker
Garnitur: 1. Orangenscheibe und Cocktailkirsche
2. Orangenscheibe, Cocktailkirsche und Zitronenscheibe auf Garnitur-Stick

Armagnac	2/3	4 cl	1 1/3 fl oz
Zitronensaft	1/3	2 cl	2/3 fl oz
Läuterzucker	1–2 Barlöffel		

✻ Arosa Cocktail *Shortdrink*

Glas: Cocktailglas
Zubereitung: im Shaker
Garnitur: Orangenscheibe

Scotch Whisky	2/4	3 cl	1 fl oz
Cointreau	1/4	1,5 cl	1/2 fl oz
Orangensaft	1/4	1,5 cl	1/2 fl oz

Arrak-Punsch *warmer Punsch*

Glas: Punsch- oder Teeglas
Zubereitung: im Gästeglas
Die Zutaten mit heißem Wasser aufgießen.
Service: Unterteller, Serviette, Kaffeelöffel

Arrak	2/3	4 cl	1 1/3 fl oz
Zitronensaft	1/3	2 cl	2/3 fl oz
Läuterzucker	2 Barlöffel		

Arrak-Punsch *kalter Punsch*

Glas: Punsch- oder Teeglas
Zubereitung: im Gästeglas
Das Glas bis zur Hälfte mit feingestoßenem Eis füllen, die Zutaten darüberleeren und gut durchrühren.
Garnitur: Ananasstücke, Cocktailkirsche
Service: Unterteller, Serviette, Trinkhalm, Kaffeelöffel

Arrak	2/3	4 cl	1 1/3 fl oz
Zitronensaft	1/3	2 cl	2/3 fl oz
Grenadine-Sirup	2 Barlöffel		
Läuterzucker	1 Barlöffel		
mit Soda auffüllen			

Asbach Grand Cocktail *Shortdrink*

Pitt Rodewald, Kerzenstübchen, Rüdesheim/Rhein, BRD

Glas: Cocktailglas
Zubereitung: im Mixglas
Garnitur: Ananasstückchen

Weinbrand, Asbach Uralt	2/3	4 cl	1 1/3 fl oz
Grand Marnier	1/3	2 cl	2/3 fl oz
Orangen-Bitter	2 Spritzer		
Zitronenaroma			

Asbach Sour *Shortdrink*

Glas: kleiner Tumbler
Zubereitung: im Shaker
Garnitur: 1. Orangenscheibe und Cocktailkirsche
2. Orangenscheibe, Cocktailkirsche und Zitronenscheibe auf Garnitur-Stick

Weinbrand, Asbach Uralt	3/6	3 cl	1 fl oz
Orangensaft	2/6	2 cl	2/3 fl oz
Zitronensaft	1/6	1 cl	1/3 fl oz
Läuterzucker	3 Barlöffel		

Asterix Cocktail *Shortdrink*

Karl Wenigmann, LBS f. d. Gastgewerbe, Schloß Hofen, Lochau/Bregenz, Österreich

Glas: Cocktailschale oder Creamer
Zubereitung: im Shaker oder im elektrischen Mixer

Galliano	1/3	2 cl	2/3 fl oz
Maraschino	1/3	2 cl	2/3 fl oz
Obers/Sahne	1/3	2 cl	2/3 fl oz

Astoria Fizz *Longdrink*

Glas: mittlerer Tumbler

Zubereitung: im Shaker

Dry Gin	2/4	3 cl	1 fl oz
Orangensaft	1/4	1,5 cl	1/2 fl oz
Zitronensaft	1/4	1,5 cl	1/2 fl oz
Läuterzucker	2 Barlöffel		
Eigelb	1 Barlöffel		
Eiweiß	1 Barlöffel		
mit Soda auffüllen			

*** Atlantic Cocktail** *Shortdrink*

Glas: Cocktailglas

Zubereitung: im Shaker

Dry Gin	1/3	2 cl	2/3 fl oz
Rum, weiß	1/3	2 cl	2/3 fl oz
Cointreau	1/3	2 cl	2/3 fl oz

Atta Boy Cocktail *Shortdrink*

Glas: Cocktailglas

Zubereitung: im Mixglas

Garnitur: eine Olive oder Zitronenzeste

Dry Gin	2/3	4 cl	1 1/3 fl oz
Wermut, Martini, extra trocken	1/3	2 cl	2/3 fl oz
Grenadine-Sirup	2 Spritzer		

Austria Pousse-café *Pousse-café*

Glas: Pousse-café-Glas oder Sektflöte

Zubereitung: im Gästeglas

Die Zutaten über den Rücken eines Barlöffels in der angegebenen Reihenfolge vorsichtig in das Glas leeren.

Service: Trinkhalm

Grenadine-Sirup	1/3	2 cl	2/3 fl oz
Crème de Cacao, weiß	1/3	2 cl	2/3 fl oz
Cherry Brandy	1/3	2 cl	2/3 fl oz

Austrian Airlines *Champagner-, Sektcocktail*
Norbert Karba, ÖBU, Golf-Club-Restaurant, Rinn, Österreich

Glas: Sektschale
Zubereitung: im Shaker
Garnitur: 1/2 Orangenscheibe, Cocktailkirsche

Wodka, Smirnoff	2/6	2 cl	2/3 fl oz
Apricot Brandy, Bols	2/6	2 cl	2/3 fl oz
Maraschino, Luxardo	1/6	1 cl	1/3 fl oz
Zitronensaft	1/6	1 cl	1/3 fl oz

mit Sekt, Henkell trocken, auffüllen

*** Bacardi Cocktail 1** *Shortdrink*
Glas: Cocktailglas
Zubereitung: im Shaker

Rum, Bacardi, Silver Label	2/3	4 cl	1 1/3 fl oz
Zitronensaft	1/3	2 cl	2/3 fl oz
Läuterzucker		1 Barlöffel	

*** Bacardi Cocktail 2** *Shortdrink*
Glas: Cocktailglas
Zubereitung: im Shaker

Rum, Bacardi, Silver Label	4/6	4 cl	1 1/3 fl oz
Grenadine-Sirup	1/6	1 cl	1/3 fl oz
Zitronensaft	1/6	1 cl	1/3 fl oz

*** Bacardi Flip** *Flip*
Glas: Flipglas oder Sekttulpe
Zubereitung: im Shaker oder im elektrischen Mixer
Garnitur: geriebene Muskatnuß

Rum, Bacardi, Silver Label	4 cl	1 1/3 fl oz
Läuterzucker	2 Barlöffel	
Eigelb	1 ganzes	

Bacardi Flyer Cocktail *Champagner-, Sektcocktail*
Glas: Sektschale oder -kelch
Zubereitung: im Shaker

Rum, Bacardi, Silver Label	3/6	3 cl	1 fl oz
Zitronensaft	2/6	2 cl	2/3 fl oz
Läuterzucker	1/6	1 cl	1/3 fl oz

mit Champagner oder Sekt auffüllen

*** Bacardi Julep** *Longdrink*
Glas: großer Tumbler (Highballglas)
Zubereitung: im Gästeglas
Die Blätter von zwei Pfefferminzzweigen in das Glas geben, mit zwei Barlöffeln Zucker bestreuen und mit dem Barlöffel ausdrükken. Die Blätter wieder entfernen und das Glas zu 3/4 mit feingestoßenem Eis füllen, mit Rum aufgießen.
Garnitur: frische Pfefferminzzweige, Cocktailkirschen
Service: Trinkhalm, Limonadenlöffel

Rum, Bacardi, Silver Label	4 cl	1 1/3 fl oz

mit etwas Wasser leicht verrühren

Bahamas Cow *Milk-shake*
Glas: großer Tumbler (Highballglas)
Zubereitung: Die Milch mit dem Ei schaumig schlagen und in den Tumbler mit Rumona gießen.
Service: Trinkhalm

Rumona	6 cl	2 fl oz
eiskalte Milch	2 Tassen	
Ei	1 ganzes	

Bahia Cocktail *Shortdrink*
Glas: Cocktailglas
Zubereitung: im Mixglas
Garnitur: Zitronenzeste

Sherry, Amontillado	1/2	3 cl	1 fl oz
Wermut, trocken	1/2	3 cl	1 fl oz
Pastis	2 Spritzer		
Orangen-Bitter	1 Spritzer		

Balalaika Cocktail *Shortdrink*

Glas: Cocktailglas

Zubereitung: im Shaker

Wodka	1/3	2 cl	2/3 fl oz
Cointreau	1/3	2 cl	2/3 fl oz
Zitronensaft	1/3	2 cl	2/3 fl oz

Balaton Cobbler *Longdrink*

Glas: Cobblerglas

Zubereitung: im Gästeglas, 2/3 mit gestoßenem Eis gefüllt

Garnitur: Marillen, Pfirsiche, Kirschen

Service: Unterteller, Serviette, Limonadenlöffel, Trinkhalm

Barack Pálinka	1/3	2 cl	2/3 fl oz
Peach Brandy	1/3	2 cl	2/3 fl oz
Apricot Brandy	1/3	2 cl	2/3 fl oz

mit Champagner oder Sekt auffüllen

Baldora „82“ *Longdrink*

István Pápay, SBH, 16. ICC 1982, Albufeira, Portugal

Glas: mittlerer Tumbler

Zubereitung: im Shaker

Garnitur: Vanillestückchen, Orangenscheibe, Cocktailkirsche

Cognac oder Weinbrand	1/4	1,5 cl	1/2 fl oz
Cointreau	1/4	1,5 cl	1/2 fl oz
Grapefruitsaft	1/4	1,5 cl	1/2 fl oz
Pfefferminzsirup, Mentha Orzata	1/4	1,5 cl	1/2 fl oz

mit Tonic Water auffüllen

Ballet Russe Cocktail *Shortdrink*

Glas: Cocktailglas
Zubereitung: im Shaker

Wodka	4/6	4 cl	1 1/3 fl oz
Crème de Cassis	1/6	1 cl	1/3 fl oz
Zitronensaft	1/6	1 cl	1/3 fl oz

Baltimore Bracer Cocktail *Shortdrink*

Glas: Cocktailschale oder Creamer
Zubereitung: im Shaker

Cognac oder Weinbrand	1/2	3 cl	1 fl oz
Anisette	1/2	3 cl	1 fl oz
Eiweiß	1 ganzes		

Baltimore Egg-nog *Egg-nog*

Glas: großer Tumbler (Highballglas)
Zubereitung: im Shaker
Garnitur: geriebene Muskatnuß
Service: Unterteller, Serviette, Limonadenlöffel, Trinkhalm

Cognac oder Weinbrand	1/3	2 cl	2/3 fl oz
Jamaica-Rum	1/3	2 cl	2/3 fl oz
Madeira	1/3	2 cl	2/3 fl oz
Läuterzucker	2 Barlöffel		
Ei	1 ganzes		

mit kalter Milch auffüllen

Banana Bliss Cocktail *Shortdrink*

Glas: Cocktailglas
Zubereitung: im Shaker

Cognac oder Weinbrand	1/2	3 cl	1 fl oz
Crème de Bananes	1/2	3 cl	1 fl oz

Banana Kiss Cocktail *Shortdrink*

Glas: Cocktailglas

Zubereitung: im Shaker

Cognac oder Weinbrand	1/3	2 cl	2/3 fl oz
Wodka	1/3	2 cl	2/3 fl oz
Crème de Bananes	1/3	2 cl	2/3 fl oz

Banana Daiquiri Cocktail *Shortdrink*

Glas: Cocktailglas

Zubereitung: im elektrischen Mixer

Die Ingredienzien mit gestoßenem Eis ca. 5 Sekunden langsam und dann mit Höchstgeschwindigkeit mischen.

Garnitur: Cocktailkirsche

Rum, Appleton, weiß	2/6	2 cl	2/3 fl oz
Curaçao, weiß	1/6	1 cl	1/3 fl oz
Lime Juice	2/6	2 cl	2/3 fl oz
Läuterzucker	1/6	1 cl	1/3 fl oz
geschälte Banane	1/4		

Banana-Punch *Longdrink*

Glas: großer Tumbler (Highballglas)

Zubereitung: im Gästeglas, mit gestoßenem Eis

Garnitur: Pfefferminzzweig und Bananenscheiben

Wodka, Smirnoff	3/6	3 cl	1 fl oz
Apricot Brandy	1/6	1 cl	1/3 fl oz
Lime Juice	2/6	2 cl	2/3 fl oz
mit Tonic Water auffüllen			

Banana-Punsch *warmer Punsch*

Glas: Punsch- oder Teeglas

Zubereitung: im Gästeglas

4 Bananenscheiben in das Glas geben und die Zutaten mit heißem Wasser aufgießen.

Service: Unterteller, Serviette, Kaffeelöffel

Arrak	4/8	4 cl	1 1/3 fl oz
Crème de Bananes	2/8	2 cl	2/3 fl oz
Zitronensaft	2/8	2 cl	2/3 fl oz
Läuterzucker		2 Barlöffel	

Bananayca Cocktail *Shortdrink*

Ger Terpstra, NBC, 16. ICC 1982, Albufeira, Portugal

Glas: Cocktailglas
Zubereitung: im Shaker
Garnitur: Limonenscheibe

Wodka	2,5 cl	3/4 fl oz
Wermut, Martini, trocken	1,5 cl	1/2 fl oz
Pisang Ambon	1 cl	1/3 fl oz
Limonensaft	0,8 cl	1/3 fl oz
Läuterzucker	0,2 cl	
Frothee	1 Spritzer	

Bananenmilch Tia Maria *Milk-shake*

Glas: großer Tumbler (Highballglas)
Zubereitung: im elektrischen Mixer, mit Eiswürfeln
Die Banane wird kleingeschnitten und mit den übrigen Ingredienzien kalt gerührt.
Service: Trinkhalm

Tia Maria	4 cl	1 1/3 fl oz
kalte Milch	1/4 Liter	
Zitronensaft	1 Eßlöffel	
Läuterzucker	1 Eßlöffel	
geschälte Banane	1 ganze	

B and B Cocktail *Shortdrink*

Glas: Cocktailglas
Zubereitung: im Mixglas

Cognac oder Weinbrand	1/2	3 cl	1 fl oz
Bénédictine	1/2	3 cl	1 fl oz

Banshee Cocktail *Shortdrink*

Glas: Cocktailschale oder Creamer
Zubereitung: im elektrischen Mixer, mit gestoßenem Eis

Crème de Bananes	1/3	2 cl	2/3 fl oz
Crème de Cacao, weiß	1/3	2 cl	2/3 fl oz
Obers/Sahne	1/3	2 cl	2/3 fl oz

Barbados Sour *Shortdrink*

Glas: kleiner Tumbler
Zubereitung: im Shaker
Garnitur:
1. Orangenscheibe und Cocktailkirsche
2. Orangenscheibe, Cocktailkirsche und Zitronenscheibe auf Garnitur-Stick

Cognac oder Weinbrand	1/3	2 cl	2/3 fl oz
Pimentolikör	1/3	2 cl	2/3 fl oz
Zitronensaft	1/3	2 cl	2/3 fl oz
Läuterzucker	1–2 Barlöffel		

Barbara-Cocktail *Shortdrink*

Glas: Cocktailschale oder Creamer
Zubereitung: im Shaker

Wodka	1/3	2 cl	2/3 fl oz
Crème de Cacao	1/3	2 cl	2/3 fl oz
Obers/Sahne	1/3	2 cl	2/3 fl oz

Barbed Wire *Fancy drink*

Glas: kleiner Tumbler
Zubereitung: im Gästeglas, mit Eiswürfeln

Bourbon Whisk(e)y		4 cl	1 1/3 fl oz
mit Apfelsaft auffüllen			

∗ Barfly's Dream Cocktail *Shortdrink*

Glas: Cocktailglas
Zubereitung: im Shaker
Garnitur: Ananasstücke

Dry Gin	1/3	2 cl	2/3 fl oz
Rum, weiß	1/3	2 cl	2/3 fl oz
Ananassaft	1/3	2 cl	2/3 fl oz

Bar Kochba Cocktail *Shortdrink*

Tamás Kárpat, SBH, 16. ICC 1982, Albufeira, Portugal

Glas: Cocktailglas
Zubereitung: im Shaker
Garnitur: Zitronenscheibe

Becherovka	3/8	2,25 cl	2/3 fl oz
Birnenbrand	1/8	0,75 cl	1/3 fl oz
Curaçao, blau	2/8	1,5 cl	1/2 fl oz
Lime Juice	2/8	1,5 cl	1/2 fl oz

*** Barman's Flip** *Flip*

Glas: Flipglas oder Sekttulpe
Zubereitung: im Shaker
Garnitur: geriebene Muskatnuß

Cognac oder Weinbrand	1/2	3 cl	1 fl oz
Scotch Whisky	1/2	3 cl	1 fl oz
Grenadine-Sirup	1 Barlöffel		
Eiweiß	1 ganzes		

*** Baron Cocktail** *Shortdrink*

Glas: Cocktailglas
Zubereitung: im Shaker

Dry Gin	2/3	4 cl	1 1/3 fl oz
Wermut, trocken	1/3	2 cl	2/3 fl oz
Curaçao, weiß	6 Spritzer		
Wermut, rot	2 Spritzer		

Bar Potage (Barbotage) *Pick-me-up*

Glas: Sektkelch
Zubereitung: im Gästeglas, 2/3 mit gestoßenem Eis gefüllt
Garnitur: Orangenscheibe, zwei Cocktailkirschen

Bénédictine	1 Barlöffel
Grenadine-Sirup	1 Barlöffel
Zitronensaft	1 Barlöffel
Angostura-Bitter	1 Spritzer

mit Champagner oder Sekt auffüllen

Basel 79 *Longdrink*

Gianpierro Callegari, Hotel Central, Davos Platz, Schweiz

Glas: mittlerer Tumbler
Zubereitung: im Shaker

Apricot Brandy	1/6	1 cl	1/3 fl oz
Amaretto di Saronno Originale	1/6	1 cl	1/3 fl oz
Orangensaft, rot, frisch	2/6	2 cl	2/3 fl oz
Orangensaft, frisch	2/6	2 cl	2/3 fl oz

mit Bitter Orange, Schweppes, auffüllen

Basrah Champagne Soda *Longdrink*

Glas: Sektkelch oder -schale
Zubereitung: im Glas
Service: Stirer

Dry Gin	4 cl	1 1/3 fl oz
Angostura-Bitter	2 Spritzer	

mit Soda auffüllen

Bazooka Cocktail *Shortdrink*

Abi Bouten, Villa d'Este, Eindhoven, Holland

Glas: Cocktailglas
Zubereitung: im Shaker
Garnitur: Ananasstück

Dry Gin, Nicholson	1/6	1 cl	1/3 fl oz
Weinbrand, Asbach Uralt	2/6	2 cl	2/3 fl oz
Chartreuse, gelb	2/6	2 cl	2/3 fl oz
Cherry Brandy	1/6	1 cl	1/3 fl oz

Beachbanger *Longdrink*

Glas: großer Tumbler (Highballglas)

Zubereitung: im Shaker

Rum, Old Jamaica Gold	2/5	2,4 cl	3/4 fl oz
Wild Orange Liqueur	2/5	2,4 cl	3/4 fl oz
Lime Juice	1/5	1,2 cl	1/3 fl oz
mit Bitter Lemon auffüllen			

Beerencocktail *Bowle*

für 6 Personen

Glas: Sektschale, mit Zuckerrand

Zubereitung: Die Früchte mit den Zutaten übergießen und eine Stunde im Kühlschrank ziehen lassen. Vor dem Servieren mit Sekt auffüllen.

Himbeeren	100 g	frisch oder
Heidelbeeren	100 g	tiefgefroren
Läuterzucker	50 g	
Zitronensaft	1 Eßlöffel	
Cognac	4 cl	
Cointreau	4 cl	
leichter Weißwein	1/8 Liter	
trockener Champagner oder Sekt	1/2 Flasche	

Bel Ami Cocktail *Shortdrink*

Glas: Cocktailschale oder Creamer

Zubereitung: im Shaker

Wodka	1/6	1 cl	1/3 fl oz
Crème de Cacao	1/6	1 cl	1/3 fl oz
Eierlikör	4/6	4 cl	1 1/3 fl oz

*** Bel Angevin Cocktail** *Shortdrink*

Glas: Cocktailschale oder Creamer

Zubereitung: im Shaker

Cointreau	1/3	2 cl	2/3 fl oz
Wermut, trocken	1/3	2 cl	2/3 fl oz
Obers/Sahne	1/3	2 cl	2/3 fl oz

Bella Italia Cocktail *Shortdrink*
Ellouzi Farhat, ÖBU, Hilton, Wien

Glas: Cocktailglas
Zubereitung: im Shaker
Garnitur: 1/2 Zitronenscheibe

Amaretto di Saronno Originale	2/6	2 cl	2/3 fl oz
Wermut, Gancia, süß	3/6	3 cl	1 fl oz
Zitronensaft	1/6	1 cl	1/3 fl oz

Belle Epoque Cocktail *Shortdrink*
Peter Roth, SBU, Kronenhallen-Bar, Zürich

Glas: Cocktailglas
Zubereitung: im Shaker
Garnitur: 1/2 Feige, Cocktailkirsche, 2 Mandarinenspalten

Cognac, Martell	1/4	1,5 cl	1/2 fl oz
Cointreau	1/4	1,5 cl	1/2 fl oz
Mandarin Napoléon	1/4	1,5 cl	1/2 fl oz
Limonensaft	1/4	1,5 cl	1/2 fl oz

Belle Etage Cocktail *Longdrink*
Josef Stoxreiter, WIFI Innsbruck, Österreich

Glas: Sektschale
Zubereitung: im Shaker

Wodka	3/4	3 cl	1 fl oz
Cherry Brandy	1/4	1 cl	1/3 fl oz

mit Sprite auffüllen

Bénédictine Champagne Cocktail *Champagner-, Sektcocktail*

Glas: Sektschale oder -flöte
Zubereitung: im Gästeglas
Garnitur: Orangenscheibe oder Zitronenspirale

Bénédictine	4 cl	1 1/3 fl oz
Angostura-Bitter	2 Spritzer	

mit Champagner oder Sekt auffüllen

*** Bennett Cocktail** *Shortdrink*

Glas: Cocktailglas

Zubereitung: im Shaker

Dry Gin	3/4	4,5 cl	1 1/2 fl oz
Zitronensaft	1/4	1,5 cl	1/2 fl oz
Angostura-Bitter	2 Spritzer		

Bentley Cocktail *Shortdrink*

Glas: Cocktailglas

Zubereitung: im Mixglas

Calvados	1/2	3 cl	1 fl oz
Dubonnet	1/2	3 cl	1 fl oz

Berentzer Paradise Cocktail *Shortdrink*

Gilbert Gaille, SBU, 16. ICC 1982, Albufeira, Portugal

Glas: Cocktailglas

Zubereitung: im Shaker

Garnitur: Apfelscheibe, Cocktailkirsche, Pfefferminzzweig

Wodka	4/10	2,4 cl	3/4 fl oz
Apfellikör, Berentzer	4/10	2,4 cl	3/4 fl oz
Orangensaft	2/10	1,2 cl	1/3 fl oz
Campari	1 Spritzer		

Bermuda Highball *Longdrink*

Glas: großer Tumbler (Highballglas)

Zubereitung: im Gästeglas, mit Eiswürfeln, rühren

Garnitur: Orangenspirale

Service: Stirer

Cognac oder Weinbrand	2/3	4 cl	1 1/3 fl oz
Dry Gin	1/3	2 cl	2/3 fl oz
Orangen-Bitter	1 Spritzer		
mit Ginger Ale auffüllen			

Bermuda Rose Cocktail *Shortdrink*
Glas: Cocktailglas
Zubereitung: im Shaker

Dry Gin	2/6	2 cl	2/3 fl oz
Apricot Brandy	1/6	1 cl	1/3 fl oz
Grenadine-Sirup	2/6	2 cl	2/3 fl oz
Zitronensaft	1/6	1 cl	1/3 fl oz

*** Between the Sheets Cocktail** *Shortdrink*
Glas: Cocktailglas
Zubereitung: im Shaker

Cognac oder Weinbrand	1/3	2 cl	2/3 fl oz
Rum, weiß	1/3	2 cl	2/3 fl oz
Cointreau	1/3	2 cl	2/3 fl oz
Zitronensaft	1 Spritzer		

Biffi Cocktail *Shortdrink*
Glas: Cocktailglas
Zubereitung: im Shaker

Dry Gin	2/4	3 cl	1 fl oz
Schwedenpunsch	1/4	1,5 cl	1/2 fl oz
Zitronensaft	1/4	1,5 cl	1/2 fl oz

Big Bamboo *Longdrink*
Glas: Bambusbecher oder großer Tumbler (Highballglas)
Zubereitung: im Shaker
Garnitur: verschiedene Früchte der Saison am Spieß

Jamaica-Rum, 74 Vol.-%	2/10	6 cl	2 fl oz
Rum, dunkel	1/10	3 cl	1 fl oz
Rum, weiß	1/10	3 cl	1 fl oz
Ananassaft	3/10	9 cl	3 fl oz
Orangensaft	3/10	9 cl	3 fl oz
Honig	2 Barlöffel		

Bijou Cocktail *Shortdrink*

Glas: Cocktailglas
Zubereitung: im Shaker
Garnitur: Cocktailkirsche

Dry Gin	1/3	2 cl	2/3 fl oz
Chartreuse, grün	1/3	2 cl	2/3 fl oz
Wermut, rot	1/3	2 cl	2/3 fl oz
Orangen-Bitter	1 Spritzer		

Bikini Cocktail *Shortdrink*

Karl Wenigmann, LBS f. d. Gastgewerbe Schloß Hofen, Lochau/Bregenz, Österreich

Glas: Cocktailschale oder Creamer
Zubereitung: im Shaker

Wodka	1/3	2 cl	2/3 fl oz
Crème de Bananes	1/3	2 cl	2/3 fl oz
Obers/Sahne	1/3	2 cl	2/3 fl oz

Black Boy Cocktail *Shortdrink*

Glas: Cocktailglas
Zubereitung: im Shaker

Dry Gin	1/3	2 cl	2/3 fl oz
Crème de Cassis	1/3	2 cl	2/3 fl oz
Wermut, rot	1/3	2 cl	2/3 fl oz
Zitronensaft	3 Spritzer		

Black Pearl *Champagner-, Sektcocktail*

Glas: Sektschale oder -kelch
Zubereitung: im Gästeglas, mit Eiswürfeln
Garnitur: schwarze Cocktailkirsche

Weinbrand oder Cognac	1/2	3 cl	1 fl oz
Rumona	1/2	3 cl	1 fl oz

mit Champagner oder Sekt auffüllen

Black Russian Cocktail 1 *Shortdrink*
Glas: kleiner Tumbler
Zubereitung: im Gästeglas, mit Eiswürfeln

Wodka	2/3	4 cl	1 1/3 fl oz
Kahlúa	1/3	2 cl	2/3 fl oz

Black Russian Cocktail 2 *Shortdrink*
Glas: kleiner Tumbler
Zubereitung: im Gästeglas, mit Eiswürfeln

Wodka	2/3	4 cl	1 1/3 fl oz
Tia Maria	1/3	2 cl	2/3 fl oz

Black Velvet *sonstiger Longdrink*
Glas: großer Bierpokal oder Sektkelch
Zubereitung: im Gästeglas
Glas mit Bier halb füllen, dann vorsichtig mit Sekt oder Champagner aufgießen.

kaltes Porter oder Stout	1 Flasche

mit Champagner oder Sekt auffüllen

Blanc Cassis *Fancy drink*
Glas: mittlerer Tumbler
Zubereitung: im Gästeglas, in der angegebenen Reihenfolge

Crème de Cassis	2 Barlöffel
Weißwein, trocken	1/8 Liter

mit Soda auffüllen

Blenheim-Cocktail *Shortdrink*
Glas: Cocktailglas
Zubereitung: im Shaker

Wodka	2/4	3 cl	1 fl oz
Tia Maria	1/4	1,5 cl	1/2 fl oz
Orangensaft	1/4	1,5 cl	1/2 fl oz

Bleu Moon *Longdrink*
Johnnie Johnston, BAI, Weltmeister, 16. ICC 1982, Albufeira, Portugal

Glas: mittlerer Tumbler
Zubereitung: im Shaker
Garnitur: Ananasstück, grüne Cocktailkirsche
Service: Trinkhalm

Dry Gin	2/5	2,4 cl	2/3 fl oz
Curaçao, blau	1/5	1,2 cl	1/3 fl oz
Cointreau	1/5	1,2 cl	1/3 fl oz
Ananassaft	1/5	1,2 cl	1/3 fl oz

mit Schweppes-Limonade auffüllen

*** Blinker-Cocktail** *Shortdrink*
Glas: Cocktailglas
Zubereitung: im Shaker

Scotch Whisky	3/6	3 cl	1 fl oz
Grapefruitsaft	2/6	2 cl	2/3 fl oz
Grenadine-Sirup	1/6	1 cl	1/3 fl oz

Block and Fall Cocktail *Shortdrink*
Glas: mittlerer Tumbler oder Cocktailglas
Zubereitung: im Shaker

Cognac oder Weinbrand	2/6	2 cl	2/3 fl oz
Calvados	1/6	1 cl	1/3 fl oz
Pastis	1/6	1 cl	1/3 fl oz
Cointreau	2/6	2 cl	2/3 fl oz

Blondie Cocktail *Shortdrink*

Manfred Mitlöhner, BFS für FVK-Berufe,
Bad Leonfelden, Österreich

Glas: Cocktailglas
Zubereitung: im Shaker
Garnitur: ½ Orangenscheibe

Cognac oder Weinbrand	⅓	2 cl	⅔ fl oz
Schwedenpunsch	⅓	2 cl	⅔ fl oz
Curaçao, orange	⅓	2 cl	⅔ fl oz

Blood and Sand Cocktail *Shortdrink*

Glas: Cocktailglas
Zubereitung: im Shaker

Scotch Whisky	¼	1,5 cl	½ fl oz
Cherry Brandy	¼	1,5 cl	½ fl oz
Wermut, rot	¼	1,5 cl	½ fl oz
Orangensaft	¼	1,5 cl	½ fl oz

Bloody Mary 1 *Pick-me-up*

Glas: mittlerer Tumbler
Zubereitung: im Gästeglas, umrühren

Wodka	4/10	4 cl	1⅓ fl oz
Tomatensaft, gekühlt	6/10	6 cl	2 fl oz
Worcestershire-Sauce	3 Spritzer		

Salz, Pfeffer, Tabasco nach Wunsch

Bloody Mary 2 *Pick-me-up*

Glas: mittlerer Tumbler
Zubereitung: im Shaker

Wodka	4 cl	1⅓ fl oz
Zitronensaft	2 cl	⅔ fl oz
Tomatensaft	5 cl	1⅔ fl oz

Salz, Pfeffer, Tabasco, Worcestershire-Sauce nach Wunsch

Bloody Mary 3 *Pick-me-up*

Glas: mittlerer Tumbler

Zubereitung: im Mixglas

Salz und eine Prise Paprika auf das fertige Getränk.

Wodka	3/10	3 cl	1 fl oz
Zitronensaft	1/10	1 cl	1/3 fl oz
Tomatensaft	6/10	6 cl	2 fl oz

Bloody Mary 4 *Pick-me-up*

Glas: Sektschale

Zubereitung: im Shaker

Wodka, Tomaten- und Zitronensaft shaken und in die Sektschale abseihen, die übrigen Zutaten über das Getränk geben.

Wodka	1/6	1 cl	1/3 fl oz
Tomatensaft	5/6	5 cl	1 2/3 fl oz
Zitronensaft	1 Barlöffel		

wenig Salz, mehr Pfeffer, Worcestershire-Sauce und Tabasco nach Wunsch

---

Blue Bell Cocktail *Shortdrink*

Glas: Cocktailglas

Zubereitung: im Shaker

Garnitur: Orangenspirale

Cognac oder Weinbrand	2/6	2 cl	2/3 fl oz
Chartreuse, gelb	1/6	1 cl	1/3 fl oz
Apricot Brandy	1/6	1 cl	1/3 fl oz
Orangensaft	2/6	2 cl	2/3 fl oz
Orangen-Bitter	1 Spritzer		

Blue Bottle Cocktail *Shortdrink*

Glas: Cocktailglas

Zubereitung: im Mixglas

Dry Gin	$2/4$	3 cl	1 fl oz
Curaçao, blau	$1/4$	1,5 cl	$1/2$ fl oz
Passionsfruchtsaft	$1/4$	1,5 cl	$1/2$ fl oz

Blue Caribic *Longdrink*
Manfred Mitlöhner, BFS für FVK-Berufe,
Bad Leonfelden, Österreich

Glas: Sektschale
Zubereitung: im Shaker
Garnitur: Ananasstücke

Wodka	$2/4$	4 cl	$1\,1/3$ fl oz
Curaçao, blau	$1/4$	2 cl	$2/3$ fl oz
Ananassaft	$1/4$	2 cl	$2/3$ fl oz

mit leichtem Weißwein auffüllen

Blue Lady Cocktail *Shortdrink*
Glas: Cocktailglas
Zubereitung: im Shaker

Cognac oder Weinbrand	$1/3$	2 cl	$2/3$ fl oz
Curaçao, blau	$1/3$	2 cl	$2/3$ fl oz
Zitronensaft	$1/3$	2 cl	$2/3$ fl oz
Eiweiß	1 Barlöffel		

Blue Monday Cocktail *Shortdrink*
Glas: Cocktailglas
Zubereitung: im Mixglas

Dry Gin	$4/6$	4 cl	$1\,1/3$ fl oz
Curaçao, blau	$1/6$	1 cl	$1/3$ fl oz
Zitronensaft	$1/6$	1 cl	$1/3$ fl oz

Blue Moon Cocktail *Shortdrink*
Glas: Cocktailglas
Zubereitung: im Shaker

Dry Gin	4/6	4 cl	1 1/3 fl oz
Crème d'Yvette	1/6	1 cl	1/3 fl oz
Zitronensaft	1/6	1 cl	1/3 fl oz
Eiweiß	1 Barlöffel		

Blutgeschwür-Pousse-café *Pousse-café*

Glas: Pousse-café-Glas oder Sektflöte
Zubereitung: im Gästeglas
Die Liköre über den Rücken eines Barlöffels in der angegebenen Reihenfolge vorsichtig in das Glas leeren.
Service: Trinkhalm

Advocaat	2/3	4 cl	1 1/3 fl oz
Cherry Brandy	1/3	2 cl	2/3 fl oz

Bobby Burns Cocktail *Shortdrink*

Glas: Cocktailglas
Zubereitung: im Mixglas

Scotch Whisky	1/2	3 cl	1 fl oz
Wermut, rot	1/2	3 cl	1 fl oz
Bénédictine	3 Spritzer		

Boccia Balls *Longdrink*

Heinz Lenger, ÖBU, BS f. d. Gastgewerbe, Wien

Glas: großer Tumbler (Highballglas)
Zubereitung: im Gästeglas, 1/3 mit gestoßenem Eis gefüllt

Amaretto di Saronno Originale	1/4	4 cl	1 1/3 fl oz
Orangensaft, frisch	3/4	12 cl	2 2/3 fl oz

Bols Royal Cocktail *Shortdrink*

Alfred Williams, MBG, 16. ICC 1982, Albufeira, Portugal

Glas: Cocktailglas
Zubereitung: im Shaker
Garnitur: Bananenscheibe, Cocktailkirsche

Wodka, Bolskaya	1/4	1,5 cl	1/2 fl oz
Crème de Bananes, Bols	1/4	1,5 cl	1/2 fl oz
Curaçao, blau, Bols	1/4	1,5 cl	1/2 fl oz
Zitronensaft	1/4	1,5 cl	1/2 fl oz

Bombay Cocktail *Shortdrink*

Glas: Cocktailglas

Zubereitung: im Mixglas

Cognac oder Weinbrand	4/6	4 cl	1 1/3 fl oz
Wermut, trocken	1/6	1 cl	1/3 fl oz
Wermut, rot	1/6	1 cl	1/3 fl oz
Curaçao, orange	2 Spritzer		
Pastis	1 Spritzer		

Bombay Sling *Longdrink*

Glas: Slingglas (übergroßer Tumbler)

Zubereitung: im Gästeglas

Den Tumbler mit Eiswürfeln füllen, die Ingredienzien eingießen, sehr gut verrühren und zum Schluß mit Soda auffüllen.

Garnitur: Bananenscheibe, Cocktailkirsche

Service: Trinkhalm

Curaçao, orange	3/4	4,5 cl	1 1/2 fl oz
Zitronensaft	1/4	1,5 cl	1/2 fl oz
Läuterzucker	1 Barlöffel		
Angostura-Bitter	1 Spritzer		
mit Soda auffüllen			

Bonanza Cocktail *Shortdrink*

Glas: Cocktailglas

Zubereitung: im Shaker

Dry Gin	1/4	1,5 cl	1/2 fl oz
Grand Marnier	1/4	1,5 cl	1/2 fl oz
Wermut, rot	2/4	3 cl	1 fl oz
Zitronensaft	1 Barlöffel		

Bora-Bora *Longdrink*
Johann Pritz, ÖBU, 1. Preis, NCC 1982, Wien

Glas: mittlerer Tumbler
Zubereitung: im elektrischen Mixer
Garnitur: gefärbter Zuckerrand, Cocktailkirsche, Ananasstück

Scotch Whisky, Johnnie Walker, Red Label	1/2	3 cl	1 fl oz
Coconut Cream	1/2	3 cl	1 fl oz
mit Maracujasaft auffüllen			

*** Bora-Bora-Cocktail** *Shortdrink*
Michele Sarno, AIBES

Glas: Cocktailglas
Zubereitung: im Shaker
Garnitur: Olive

Cognac oder Weinbrand	3/4	4,5 cl	1 1/2 fl oz
Wermut, trocken	1/4	1,5 cl	1/2 fl oz
Angostura-Bitter	2 Spritzer		

Borboleta Cocktail *Shortdrink*
Nico Homeyer, NBC, 16. ICC 1982, Albufeira, Portugal

Glas: Cocktailschale oder Creamer
Zubereitung: im Shaker

Dry Gin	1/4	1,5 cl	1/2 fl oz
Pisang Ambon	1/4	1,5 cl	1/2 fl oz
Obers/Sahne	1/4	1,5 cl	1/2 fl oz
Lychee Juice	1/4	1,5 cl	1/2 fl oz

Bosom Caresser Cocktail *Shortdrink*
Glas: Cocktailglas
Zubereitung: im Shaker

Cognac oder Weinbrand	2/3	4 cl	1 1/3 fl oz
Curaçao, orange	1/3	2 cl	2/3 fl oz
Grenadine-Sirup	1 Barlöffel		
Eigelb	1 ganzes		

Boston Flip *Flip*

Glas: Flipglas oder Sekttulpe
Zubereitung: im Shaker oder im elektrischen Mixer
Garnitur: geriebene Muskatnuß

Rye Whisk(e)y	1/2	3 cl	1 fl oz
Madeira	1/2	3 cl	1 fl oz
Läuterzucker	1 Barlöffel		
Eigelb	1 ganzes		

Bourbon Cocktail *Shortdrink*

Glas: Cocktailglas
Zubereitung: im Shaker

Bourbon Whisk(e)y	3/6	3 cl	1 fl oz
Curaçao, weiß	1/6	1 cl	1/3 fl oz
Bénédictine	1/6	1 cl	1/3 fl oz
Zitronensaft	1/6	1 cl	1/3 fl oz
Angostura-Bitter	1 Spritzer		

Bourbon Crusta *Shortdrink*

Glas: Crusta- oder Rotweinglas
Zubereitung: im Shaker
Garnitur: Zuckerrand, Zitronenspirale
Service: Trinkhalm

Bourbon Whisk(e)y	2/3	4 cl	1 1/3 fl oz
Zitronensaft	1/3	2 cl	2/3 fl oz
Läuterzucker	1 Barlöffel		
Angostura-Bitter	2 Spritzer		

Bourbon Daisy *Longdrink*

Glas: Sektschale oder Cobblerglas
Zubereitung: im Shaker
Garnitur: Orangen- oder Zitronenscheibe, Kompottkirsche

Service:	Limonadenlöffel, Trinkhalm

Bourbon Whisk(e)y	2/3	4 cl	1 1/3 fl oz
Zitronensaft	1/3	2 cl	2/3 fl oz
Läuterzucker	1 Barlöffel		
Grenadine-Sirup	1 Spritzer		
ein Schuß Soda			

Bourbon Highball *Longdrink*

Glas:	großer Tumbler (Highballglas)
Zubereitung:	im Gästeglas, mit Eiswürfeln, rühren
Garnitur:	Zitronenspirale
Service:	Stirer

Bourbon Whisk(e)y	6 cl	2 fl oz
mit Ginger Ale auffüllen		

Bourbon Manhattan Cocktail *Shortdrink*

zweite Bezeichnung für Manhattan Cocktail

Glas:	Cocktailglas
Zubereitung:	im Mixglas
Garnitur:	Cocktailkirsche

Bourbon Whisk(e)y	2/3	4 cl	1 1/3 fl oz
Wermut, rot	1/3	2 cl	2/3 fl oz
Angostura-Bitter	1 Spritzer		

Bourbon Sling *Longdrink*

Glas:	Slingglas (übergroßer Tumbler)
Zubereitung:	im Gästeglas
	Den Tumbler mit Eiswürfeln füllen, die Ingredienzien eingießen, sehr gut verrühren und zum Schluß mit kaltem Soda auffüllen.
Garnitur:	Zitronenscheibe, Cocktailkirsche
Service:	Trinkhalm

Bourbon Whisk(e)y	3/6	3 cl	1 fl oz
Zitronensaft	2/6	2 cl	2/3 fl oz
Läuterzucker	1/6	1 cl	1/3 fl oz

mit Soda auffüllen

Bourbon Sour *Shortdrink*

Glas: kleiner Tumbler

Zubereitung: im Shaker

Garnitur: 1. Orangenscheibe und Cocktailkirsche
2. Orangenscheibe, Cocktailkirsche und Zitronenscheibe auf Garnitur-Stick

Bourbon Whisk(e)y	2/3	4 cl	1 1/3 fl oz
Zitronensaft	1/3	2 cl	2/3 fl oz
Läuterzucker	1–2 Barlöffel		

eventuell mit Soda aufspritzen

Bowbells Cocktail *Shortdrink*

Glas: Cocktailglas

Zubereitung: im Mixglas

Scotch Whisky	1/2	3 cl	1 fl oz
Wermut, Noilly Prat	1/2	3 cl	1 fl oz
Chartreuse, gelb	1 Spritzer		
Angostura-Bitter	1 Spritzer		

Braemer Cocktail *Shortdrink*

Glas: Cocktailglas

Zubereitung: im Mixglas

Garnitur: Zitronenzeste

Scotch Whisky	1/3	2 cl	2/3 fl oz
Drambuie	1/3	2 cl	2/3 fl oz
Wermut, trocken	1/3	2 cl	2/3 fl oz

✻ Brandy Cobbler *Longdrink*

Glas: Cobblerglas

Zubereitung: im Gästeglas, 2/3 mit gestoßenem Eis gefüllt

Garnitur: Pfirsiche, Ananas, Cocktailkirschen

Service: Unterteller, Serviette, Limonadenlöffel, Trinkhalm

Cognac oder Weinbrand	4/6	4 cl	1 1/3 fl oz
Cointreau	1/6	1 cl	1/3 fl oz
Grenadine-Sirup	1/6	1 cl	1/3 fl oz
Orangen-Bitter	1 Spritzer		

auf Wunsch mit Champagner oder Sekt auffüllen

Brandy Cocktail *Shortdrink*

Glas: Cocktailglas
Zubereitung: im Shaker

Cognac oder Weinbrand	1/2	3 cl	1 fl oz
Madeira	1/2	3 cl	1 fl oz
Läuterzucker	3 Spritzer		
Angostura-Bitter	3 Spritzer		

*** Brandy Collins** *Longdrink*

zweite Bezeichnung für Pierre Collins

Glas: großer Tumbler (Highballglas) oder Collinsglas (übergroßer Tumbler)
Zubereitung: im Gästeglas, mit Eiswürfeln So lange rühren, bis sich das Glas beschlägt.
Garnitur: Zitronenscheibe und Cocktailkirsche
Service: Trinkhalm

Cognac oder Weinbrand	2/3	4 cl	1 1/3 fl oz
Zitronensaft	1/3	2 cl	2/3 fl oz
Läuterzucker	2 Barlöffel		

mit Soda auffüllen

*** Brandy Cooler** *Longdrink*

Glas: großer Tumbler (Highballglas) oder Collinsglas (übergroßer Tumbler)
Zubereitung: im Shaker
Service: Trinkhalm

Cognac oder Weinbrand	3/4	4,5 cl	1 1/2 fl oz
Zitronensaft	1/4	1,5 cl	1/2 fl oz
Läuterzucker	2 Barlöffel		
mit Ginger Ale auffüllen			

*** Brandy Crusta** *Shortdrink*

Glas: Crusta- oder Rotweinglas
Zubereitung: im Shaker
Garnitur: Zuckerrand, Zitronenspirale
Service: Trinkhalm

Cognac oder Weinbrand	2/3	4 cl	1 1/3 fl oz
Zitronensaft	1/3	2 cl	2/3 fl oz
Läuterzucker	1 Barlöffel		
Angostura-Bitter	2 Spritzer		

Brandy Daisy *Longdrink*

Glas: Sektschale oder Cobblerglas
Zubereitung: im Shaker
Garnitur: Cocktailkirsche, Orangenscheibe
Service: Limonadenlöffel, Trinkhalm

Cognac oder Weinbrand	2/3	4 cl	1 1/3 fl oz
Chartreuse, grün	1/3	2 cl	2/3 fl oz
Zitronensaft	2 Barlöffel		
Läuterzucker	2 Barlöffel		
ein Schuß Soda			

*** Brandy Egg-nog** *Egg-nog*

Glas: großer Tumbler (Highballglas)
Zubereitung: im Shaker
Garnitur: geriebene Muskatnuß
Service: Unterteller, Serviette, Limonadenlöffel, Trinkhalm

Cognac oder Weinbrand	6 cl	2 fl oz
Läuterzucker	1 Eßlöffel	
Ei	1 ganzes	
mit kalter Milch auffüllen		

*** Brandy Egg-nog** — *Egg-nog, warm*

Glas: großer Tumbler (Highballglas)
Zubereitung: im Gästeglas
Zuerst Eigelb und Zucker verrühren, den Alkohol beigeben und unter ständigem Rühren mit heißer Milch auffüllen.
Garnitur: geriebene Muskatnuß
Service: Unterteller, Serviette, Limonadenlöffel, Trinkhalm

Cognac oder Weinbrand	6 cl	2 fl oz
Läuterzucker	1 Eßlöffel	
Eigelb	1 ganzes	
mit heißer Milch auffüllen		

Brandy Fix — *Longdrink*

Glas: Punschglas
Zubereitung: im Shaker
Das Gästeglas mit geschabtem Eis füllen.
Garnitur: Zitronenscheibe oder Früchte

Cognac oder Weinbrand	2/6	2 cl	2/3 fl oz
Cherry Brandy	1/6	1 cl	1/3 fl oz
Zitronensaft	2/6	2 cl	2/3 fl oz
Läuterzucker	1/6	1 cl	1/3 fl oz

*** Brandy Fizz** — *Longdrink*

Glas: mittlerer Tumbler
Zubereitung: im Shaker

Cognac oder Weinbrand	2/3	4 cl	1 1/3 fl oz
Zitronensaft	1/3	2 cl	2/3 fl oz
Läuterzucker	3 Barlöffel		
mit Soda auffüllen			

*** Brandy Flip** — *Flip*

Glas: Flipglas oder Sekttulpe
Zubereitung: im Shaker oder im elektrischen Mixer
Garnitur: geriebene Muskatnuß

Cognac oder Weinbrand	4 cl	1 1/3 fl oz
Läuterzucker	2 Barlöffel	
Eigelb	1 ganzes	

∗ Brandy Float *Longdrink*

Glas: mittlerer Tumbler oder Sekttulpe
Zubereitung: im Gästeglas

Das Glas zu 3/4 mit kaltem Soda füllen und den Weinbrand (Cognac) über den Rücken eines Barlöffels langsam darübergießen. Die Flüssigkeiten dürfen sich nicht vermischen.

Cognac oder Weinbrand	4 cl	1 1/3 fl oz
kaltes Soda		

Brandy Gimlet *Shortdrink*

Glas: kleiner Tumbler
Zubereitung: im Gästeglas, mit Eiswürfeln
Garnitur: Zitronenspalte

Cognac oder Weinbrand	5/6	5 cl	1 2/3 fl oz
Lime Juice	1/6	1 cl	1/3 fl oz

Brandy Grog *Grog*

Glas: Grogglas
Zubereitung: im Gästeglas
Garnitur: Zitronenscheibe
Service: Unterteller, Serviette, Kaffeelöffel

Cognac oder Weinbrand	2/3	4 cl	1 1/3 fl oz
Zitronensaft	1/3	2 cl	2/3 fl oz
Würfelzucker	2–3 Stück		
Gewürznelken	2 Stück		
etwas Zimt			
mit heißem Wasser aufgießen			

*** Brandy Highball** *Longdrink*

Glas: großer Tumbler (Highballglas)
Zubereitung: im Gästeglas, mit Eiswürfeln, rühren
Garnitur: Zitronenspirale
Service: Stirer

Cognac oder Weinbrand	6 cl	2 fl oz
mit Ginger Ale auffüllen		

Brandy Julep *Longdrink*

Glas: großer Tumbler (Highballglas)
Zubereitung: im Gästeglas
Die Blätter von zwei Pfefferminzzweigen in das Glas geben, mit zwei Barlöffeln Zucker bestreuen und mit dem Barlöffel ausdrükken. Die Blätter wieder entfernen und das Glas zu $3/4$ mit feingestoßenem Eis füllen, mit Cognac aufgießen.
Garnitur: frische Pfefferminzzweige, Cocktailkirschen
Service: Trinkhalm, Limonadenlöffel

Cognac oder Weinbrand	4 cl	$1\frac{1}{3}$ fl oz
mit etwas Wasser leicht verrühren		

Brandy Pick-me-up *Pick-me-up*

Glas: Sektschale oder -kelch
Zubereitung: im Shaker

Cognac oder Weinbrand	4 cl	$1\frac{1}{3}$ fl oz
Läuterzucker	1 Barlöffel	
mit Champagner oder Sekt auffüllen		

*** Brandy Puff** *Longdrink*

Glas: großer Tumbler (Highballglas)
Zubereitung: im Shaker
Service: Trinkhalm

Cognac oder Weinbrand	6 cl	2 fl oz
Milch	4 cl	$1\frac{1}{3}$ fl oz
mit Soda auffüllen		

∗ Brandy-Punsch *kalter Punsch*

Glas: Punsch- oder Teeglas

Zubereitung: im Gästeglas

Das Glas bis zur Hälfte mit feingestoßenem Eis füllen, die Zutaten darüberleeren und gut durchrühren.

Garnitur: Orangenscheibe, Cocktailkirsche

Service: Unterteller, Serviette, Trinkhalm

Cognac oder Weinbrand	2/3	4 cl	1 1/3 fl oz
Zitronensaft	1/3	2 cl	2/3 fl oz
Grenadine-Sirup	1 Barlöffel		
Läuterzucker	2 Barlöffel		
mit Soda auffüllen			

∗ Brandy-Punsch *warmer Punsch*

Glas: Punsch- oder Teeglas

Zubereitung: im Gästeglas

Die Zutaten mit heißem Wasser aufgießen.

Service: Unterteller, Serviette, Kaffeelöffel

Cognac oder Weinbrand	2/3	4 cl	1 1/3 fl oz
Zitronensaft	1/3	2 cl	2/3 fl oz
Läuterzucker	2 Barlöffel		

∗ Brandy Rickey *Longdrink*

Glas: großer Tumbler (Highballglas) oder Collinsglas (übergroßer Tumbler)

Zubereitung: im Gästeglas, mit Eiswürfeln

Service: Trinkhalm

Cognac oder Weinbrand	2/3	4 cl	1 1/3 fl oz
Zitronensaft	1/3	2 cl	2/3 fl oz
mit Soda auffüllen			

∗ Brandy Sangaree *Longdrink*

Glas: großer Tumbler (Highballglas)

Zubereitung: im Gästeglas, mit Eiswürfeln, gut verrühren

Garnitur: geriebene Muskatnuß

Service: Trinkhalm

Cognac oder Weinbrand	4 cl	1 1/3 fl oz
Läuterzucker	2 Barlöffel	
mit eiskaltem Wasser auffüllen		

*** Brandy Sling 1** *Longdrink*

Glas: Slingglas (übergroßer Tumbler)

Zubereitung: im Gästeglas

Den Tumbler mit Eiswürfeln füllen, die Ingredienzien eingießen, sehr gut verrühren und zum Schluß mit kaltem Wasser, Soda, Tee oder Ginger Ale auffüllen.

Garnitur: Zitronenscheibe, Cocktailkirsche

Service: Trinkhalm

Cognac oder Weinbrand	2/3	4 cl	1 1/3 fl oz
Zitronensaft	1/3	2 cl	2/3 fl oz
Läuterzucker	1 Barlöffel		
Angostura-Bitter	1 Spritzer		

Brandy Sling 2 *Longdrink*

Glas: Slingglas (übergroßer Tumbler)

Zubereitung: im Gästeglas

Den Tumbler mit Eiswürfeln füllen, die Ingredienzien eingießen, sehr gut verrühren und zum Schluß mit kaltem Wasser, Soda, Tee oder Ginger Ale auffüllen.

Garnitur: Zitronenscheibe, Cocktailkirsche

Service: Trinkhalm

Cognac oder Weinbrand	2/3	4 cl	1 1/3 fl oz
Lime Juice	1/3	2 cl	2/3 fl oz
Läuterzucker	1 Barlöffel		
Grenadine-Sirup	1 Barlöffel		

*** Brandy Sour** *Shortdrink*

Glas: kleiner Tumbler

Zubereitung: im Shaker

Garnitur:
1. Orangenscheibe und Cocktailkirsche
2. Orangenscheibe, Cocktailkirsche und Zitronenscheibe auf Garnitur-Stick

Cognac oder Weinbrand	2/3	4 cl	1 1/3 fl oz
Zitronensaft	1/3	2 cl	2/3 fl oz
Läuterzucker	1–2 Barlöffel		

Brandy Swizzle *Longdrink*

Glas: großer Tumbler (Highballglas), mit gestoßenem Eis

Zubereitung: im Gästeglas, Swizzle-stick

Cognac oder Weinbrand	2/3	4 cl	1 1/3 fl oz
Lime Juice	1/3	2 cl	2/3 fl oz
Läuterzucker	2 Spritzer		
Angostura-Bitter	2 Spritzer		

*** Brandy Toddy** *Longdrink*

Glas: kleiner Tumbler

Zubereitung: im Gästeglas, mit gestoßenem Eis
Die Zutaten darüberleeren und gut durchrühren.

Garnitur: Zitronenscheibe

Service: Trinkhalm

Cognac oder Weinbrand	4 cl	1 1/3 fl oz
Läuterzucker	2–3 Barlöffel	
mit kaltem Wasser auffüllen		

*** Brandy Toddy, hot** *Toddy*

Glas: Punsch- oder Teeglas

Zubereitung: im Gästeglas
Die Zutaten mit heißem Wasser aufgießen.

Garnitur: Zitronenscheibe

Service: Unterteller, Serviette, Trinkhalm

Cognac oder Weinbrand	4 cl	1 1/3 fl oz
Läuterzucker	2–3 Barlöffel	
mit heißem Wasser auffüllen		
geriebene Muskatnuß		

*** Brandy Twist** *Shortdrink*

Glas:	Sektkelch oder -schale
Zubereitung:	im Mixglas
Garnitur:	Zitronenzeste

Cognac oder Weinbrand	3/6	3 cl	1 fl oz
Curaçao, weiß	1/6	1 cl	1/3 fl oz
Zitronensaft	2/6	2 cl	2/3 fl oz
Grenadine-Sirup oder Himbeersaft	3 Barlöffel		

*** Breakfast Egg-nog** *Egg-nog*

Glas:	großer Tumbler (Highballglas)
Zubereitung:	im Shaker
Garnitur:	geriebene Muskatnuß
Service:	Unterteller, Serviette, Limonadenlöffel, Trinkhalm

Cognac oder Weinbrand	2/3	4 cl	1 1/3 fl oz
Curaçao, weiß	1/3	2 cl	2/3 fl oz
Läuterzucker	1 Eßlöffel		
Ei	1 ganzes		
mit kalter Milch auffüllen			

Brigitta *Milchfrappé*

Karl Wenigmann, LBS f. d. Gastgewerbe Schloß Hofen, Lochau/Bregenz, Österreich

Glas:	großer Tumbler (Highballglas)
Zubereitung:	im elektrischen Mixer, mit gestoßenem Eis
Service:	Trinkhalm

Curaçao, weiß	2 cl	1 fl oz
frische Milch	1/8 Liter	
Vanilleeis	1 Kugel	
Ananas	1 Scheibe	

Brisas del Norte Cocktail *Shortdrink*
Delmiro Janeiro, Argentinien

Glas: Cocktailglas
Zubereitung: im Shaker

Wodka	1/3	2 cl	2/3 fl oz
Sherry, medium	1/3	2 cl	2/3 fl oz
Ananassaft	1/3	2 cl	2/3 fl oz

Bristol Selection Cocktail *Shortdrink*
Friedrich Blaschke, ÖBU, Hotel Bristol, Wien

Glas: Cocktailglas
Zubereitung: im Gästeglas, mit Eiswürfeln
Garnitur: 1/2 Orangenscheibe, 1/2 Zitronenscheibe

Wodka	1/6	1 cl	1/3 fl oz
Campari	1/6	1 cl	1/3 fl oz
Sherry, Amontillado	4/6	4 cl	1 1/3 fl oz
Grenadine-Sirup	1 Barlöffel		

Broadway Cocktail *Shortdrink*
Glas: Cocktailglas
Zubereitung: im Shaker

Canadian Whisky	1/3	2 cl	2/3 fl oz
Wermut, trocken	1/3	2 cl	2/3 fl oz
Orangensaft	1/3	2 cl	2/3 fl oz
Pastis	3 Spritzer		
Angostura-Bitter	1 Spritzer		

*** Bronx Cocktail 1** *Shortdrink*
Glas: Cocktailglas
Zubereitung: im Shaker

Dry Gin	1/3	2 cl	2/3 fl oz
Wermut, rot	1/3	2 cl	2/3 fl oz
Orangensaft	1/3	2 cl	2/3 fl oz

*** Bronx Cocktail 2** *Shortdrink*
Glas: Cocktailglas
Zubereitung: im Shaker

Dry Gin	1/3	2 cl	2/3 fl oz
Wermut, trocken	1/3	2 cl	2/3 fl oz
Orangensaft	1/3	2 cl	2/3 fl oz

*** Bronx Cocktail 3** *Shortdrink*
Glas: Cocktailglas
Zubereitung: im Shaker

Dry Gin	3/6	3 cl	1 fl oz
Wermut, rot	1/6	1 cl	1/3 fl oz
Wermut, trocken	1/6	1 cl	1/3 fl oz
Orangensaft	1/6	1 cl	1/3 fl oz

*** Bronx Terrace Cocktail** *Shortdrink*
Glas: Cocktailglas
Zubereitung: im Shaker

Dry Gin	1/2	3 cl	1 fl oz
Wermut, trocken	1/4	1,5 cl	1/2 fl oz
Zitronensaft	1/4	1,5 cl	1/2 fl oz

Brooklyn Cocktail *Shortdrink*
Glas: Cocktailglas
Zubereitung: im Shaker

Rye Whisk(e)y	2/3	4 cl	1 1/3 fl oz
Wermut, rot	1/3	2 cl	2/3 fl oz
Maraschino	1 Spritzer		
Amer Picon	1 Spritzer		

Brown Cow *Milk-shake*
Glas: mittlerer Tumbler
Zubereitung: im Gästeglas, mit Eiswürfeln
Garnitur: geriebene Muskatnuß
Service: Trinkhalm

Kaffeelikör		3 cl	1 fl oz
mit eiskalter Milch auffüllen			

Brown Lady Cocktail *Shortdrink*
Glas: Cocktailschale oder Creamer
Zubereitung: im Shaker

Tia Maria	1/3	2 cl	2/3 fl oz
Milch, kalt	2/3	4 cl	1 1/3 fl oz

Bull's Eye *Fancy drink*
Glas: Cocktailglas
Zubereitung: im Gästeglas
In der angegebenen Reihenfolge

Eigelb	1 ganzes		
mit Malaga auffüllen			

Bull Shot *Pick-me-up*
Glas: großer Tumbler (Highballglas)
Zubereitung: im Shaker

Wodka		4 cl	1 1/3 fl oz
Kraftbrühe (Consommé)		10 cl	3 1/3 fl oz
Worcestershire-Sauce		2 Spritzer	
Zitronensaft		1 Tropfen	
Salz nach Wunsch			

Burgundy Flip *Flip*
Glas: Flipglas oder Sekttulpe
Zubereitung: im Shaker oder im elektrischen Mixer

Burgunderwein, rot	2/3	4 cl	1 1/3 fl oz
Obers/Sahne	1/3	2 cl	2/3 fl oz
Läuterzucker	2 Barlöffel		
Eigelb	1 ganzes		

Butterfly Flip *Flip*
Glas: Flipglas oder Sekttulpe
Zubereitung: im Shaker oder im elektrischen Mixer
Garnitur: geriebene Muskatnuß

Cognac oder Weinbrand	1/3	2 cl	2/3 fl oz
Crème de Cacao	1/3	2 cl	2/3 fl oz
Obers/Sahne	1/3	2 cl	2/3 fl oz
Läuterzucker	1 Barlöffel		
Eigelb	1 ganzes		

Byrrh Cocktail *Shortdrink*
Glas: Cocktailglas
Zubereitung: im Mixglas

Bourbon Whisk(e)y	1/3	2 cl	2/3 fl oz
Byrrh	1/3	2 cl	2/3 fl oz
Wermut, rot	1/3	2 cl	2/3 fl oz

Byrrh Soda *Longdrink*
Glas: mittlerer Tumbler
Zubereitung: im Gästeglas, mit Eiswürfeln
Garnitur: Orangenscheibe
Service: Stirer

Byrrh		4 cl	1 1/3 fl oz
mit Soda auffüllen			

Cabral Cocktail *Shortdrink*
Franci Bobic, 16. ICC 1982, Albufeira, Portugal

Glas: Cocktailglas
Zubereitung: im Shaker
Garnitur: Kumquat

Cognac oder Weinbrand	2/4	3 cl	1 fl oz
Maraschino, Maraska Core	1/4	1,5 cl	1/2 fl oz
Dry Gin, White Corner	1/4	1,5 cl	1/2 fl oz
Cointreau	1 Spritzer		
Grenadine-Sirup	1 Spritzer		

Cacao Flip *Flip*
Glas: Flipglas oder Sekttulpe
Zubereitung: im Shaker oder im elektrischen Mixer
Garnitur: geriebene Muskatnuß

Crème de Cacao	2/3	4 cl	1 1/3 fl oz
Obers/Sahne	1/3	2 cl	2/3 fl oz
Eigelb	1 ganzes		

Café Brasil *Shortdrink*

Hans Band, ÖBU, Schloß-Hotel Seefels, Pörtschach,
1. Preis NCK 1984, Salzburg
2. Preis ICC, Vizeweltmeister, 1984, Hamburg

Glas: Cocktailschale oder Creamer
Zubereitung: im Shaker oder im elekrischen Mixer
Garnitur: Banane, Kakaopulver, geschlagenes Obers/geschlagene Sahne

Kaffeelikör, Kahlúa	3/7	3 cl	1 fl oz
Rum, Bacardi, Silver Label	1/7	1 cl	1/3 fl oz
Zuckersirup	2/7	2 cl	2/3 fl oz
Kaffeeobers/-sahne	1/7	1 cl	1/3 fl oz
Eigelb	1 Barlöffel		

*** California Cocktail** *Shortdrink*

Glas: Cocktailglas
Zubereitung: im Shaker

Dry Gin	1/3	2 cl	2/3 fl oz
Wermut, trocken	1/3	2 cl	2/3 fl oz
Zitronensaft	1/3	2 cl	2/3 fl oz

California Sour *Shortdrink*

Glas: kleiner Tumbler
Zubereitung: im Shaker
Garnitur:
1. Orangenscheibe und Cocktailkirsche
2. Orangenscheibe, Cocktailkirsche und Zitronenscheibe auf Garnitur-Stick

Bourbon Whisk(e)y	1/3	2 cl	2/3 fl oz
Zitronensaft	1/3	2 cl	2/3 fl oz
Orangensaft	1/3	2 cl	2/3 fl oz
Läuterzucker	1–2 Barlöffel		

Calvados Cocktail *Shortdrink*

Glas: Cocktailglas
Zubereitung: im Shaker
Garnitur: zwei Cocktailkirschen

Calvados	1/3	2 cl	2/3 fl oz
Curaçao, weiß	1/3	2 cl	2/3 fl oz
Orangensaft	1/3	2 cl	2/3 fl oz
Orangen-Bitter	2 Spritzer		

Calvados Flip *Flip*

Glas: Flipglas oder Sekttulpe
Zubereitung: im Shaker oder im elektrischen Mixer
Garnitur: geriebene Muskatnuß

Calvados	4 cl	1 1/3 fl oz
Läuterzucker	2 Barlöffel	
Eigelb	1 ganzes	

Calvados-Punsch *kalter Punsch*

Glas: Punsch- oder Teeglas
Zubereitung: im Gästeglas
Das Glas bis zur Hälfte mit feingestoßenem Eis füllen, die Zutaten darüberleeren und gut durchrühren.
Garnitur: Zitronenscheibe, Cocktailkirsche
Service: Unterteller, Serviette, Trinkhalm

Calvados	2/4	3 cl	1 fl oz
Orangensaft	1/4	1,5 cl	1/2 fl oz
Zitronensaft	1/4	1,5 cl	1/2 fl oz
Grenadine-Sirup	1 Barlöffel		
mit Apfelwein auffüllen			

Calypso Cocktail *Shortdrink*

Glas: Cocktailglas
Zubereitung: im Shaker
Garnitur: Cocktailkirsche

Jamaica-Rum	$^4/_6$	4 cl	$1\,^1/_3$ fl oz
Tia Maria	$^1/_6$	1 cl	$^1/_3$ fl oz
Lime Juice	$^1/_6$	1 cl	$^1/_3$ fl oz
Grenadine-Sirup	3 Spritzer		

Campino Cocktail *Shortdrink*

Glas: Cocktailglas

Zubereitung: im Mixglas

Garnitur: Zitronen- oder Orangenspirale

Dry Gin	$^1/_4$	1,5 cl	$^1/_2$ fl oz
Campari	$^1/_4$	1,5 cl	$^1/_2$ fl oz
Wermut, rot	$^1/_4$	1,5 cl	$^1/_2$ fl oz
Wermut, trocken	$^1/_4$	1,5 cl	$^1/_2$ fl oz

Capetown Cocktail *Shortdrink*

Glas: Cocktailglas

Zubereitung: im Mixglas

Canadian Whisky	$^1/_2$	3 cl	1 fl oz
Dubonnet	$^1/_2$	3 cl	1 fl oz
Cointreau	1 Barlöffel		
Angostura-Bitter	1 Spritzer		

Capitano *Champagner-, Sektcocktail*

Robert Scharrer, Schlemmer-Restaurant, Bad Mitterndorf, Österreich

Glas: Sektschale oder -kelch

Zubereitung: im Shaker

Garnitur: Orangen-, Kiwischeibe, zwei Cocktailkirschen

Coruba-Rum	$^2/_5$	2 cl	$^2/_3$ fl oz
Bärenjäger	$^2/_5$	2 cl	$^2/_3$ fl oz
Amaretto di Saronno Originale	$^1/_5$	1 cl	$^1/_3$ fl oz
Orangen-Bitter	1 Spritzer		
Angostura-Bitter	1 Spritzer		

mit Champagner oder Sekt auffüllen

Caramba *Longdrink*

Glas: großer Tumbler (Highballglas)
Zubereitung: im Shaker

Tequila	4/10	4 cl	1 1/3 fl oz
Grapefruitsaft	6/10	6 cl	2 fl oz
Läuterzucker	2 Barlöffel		

auf Wunsch mit Soda auffüllen

Cardicas Cocktail *Shortdrink*

Jari Ahvenamen, Finnland, 1. Preis, ICC 1956, London

Glas: Cocktailglas
Zubereitung: im Shaker

Rum, Bacardi	2/4	3 cl	1 fl oz
Cointreau	1/4	1,5 cl	1/2 fl oz
Hvid Port	1/4	1,5 cl	1/2 fl oz

Caribean Champagne *Champagner-, Sektcocktail*

Glas: Sektschale oder -kelch
Zubereitung: im Gästeglas, leicht rühren
Garnitur: Bananenscheibe

Rum, weiß	1/2	0,5 cl	1/6 fl oz
Crème de Bananes	1/2	0,5 cl	1/6 fl oz

mit Champagner oder Sekt auffüllen

Caribean Sunrise *Longdrink*

Franz Bartl, BS f. d. Gastgewerbe, Wien

Glas: großer Tumbler (Highballglas)
Zubereitung: im Shaker
Garnitur: Ananasspalte, Limonenscheibe, Kumquat

Cream of Coco	2/8	2 cl	2/3 fl oz
Zitronensaft	2/8	2 cl	2/3 fl oz
Ananassaft	4/8	4 cl	1 1/3 fl oz
Eiweiß	1/2		

ein Spritzer Grenadine-Sirup
auf das fertige Getränk

Caribean Sunset Cocktail *Shortdrink*

Glas: Cocktailglas oder Creamer

Zubereitung: im Shaker

Dry Gin	1/6	1 cl	1/3 fl oz
Crème de Bananes	1/6	1 cl	1/3 fl oz
Curaçao, blau	1/6	1 cl	1/3 fl oz
Zitronensaft	1/6	1 cl	1/3 fl oz
Obers/Sahne	2/6	2 cl	2/3 fl oz

ein Spritzer Grenadine-Sirup
auf das fertige Getränk

Carin Cocktail *Shortdrink*

George De Kuypers, Belgien, 1. Preis, ICC 1958, Brüssel

Glas: Cocktailglas

Zubereitung: im Shaker

Garnitur: Zitronenzeste

Gin, Gordon's	2/4	3 cl	1 fl oz
Dubonnet	1/4	1,5 cl	1/2 fl oz
Mandarinetto Isolabella	1/4	1,5 cl	1/2 fl oz

Carneval Jump-Up *Longdrink*

Glas: mittlerer Tumbler

Zubereitung: im Shaker

Garnitur: Limonenscheibe, Ananasstück

Rum, dunkel	6 cl	2 fl oz
Grenadine-Sirup	1,5 cl	1/2 fl oz
Lime Juice	1,5 cl	1/2 fl oz
Kokosnußmilch, frisch	3 cl	1 fl oz

Casablanca Cocktail *Shortdrink*

Glas: Cocktailschale oder Creamer

Zubereitung: im Shaker

Garnitur: Orangenscheibe

Wodka	2/4	3 cl	1 fl oz
Advocaat	1/4	1,5 cl	1/2 fl oz
Galliano	1/4	1,5 cl	1/2 fl oz
Zitronensaft	3 Barlöffel		
Orangensaft	1 Barlöffel		

Casino Cocktail *Shortdrink*

Glas: Cocktailglas
Zubereitung: im Shaker
Garnitur: Maraschinokirsche

Dry Gin	4/6	4 cl	1 1/3 fl oz
Maraschino	1/6	1 cl	1/3 fl oz
Zitronensaft	1/6	1 cl	1/3 fl oz
Orangen-Bitter	3 Spritzer		

Casita Colada *Tropicana/Colada*

Johann Greiter, Restaurant La Casita, Cala Llonga, Ibiza

Glas: großer Tumbler (Highballglas)
Zubereitung: im Shaker
Garnitur: Ananas- und Melonenspalte

Dry Gin	1/3	2 cl	2/3 fl oz
Rum, Bacardi, Silver Label	1/3	2 cl	2/3 fl oz
Wermut, Martini, süß	1/3	2 cl	2/3 fl oz
Grenadine-Sirup	1 Spritzer		
mit Ananassaft auffüllen			

C.C.C. Cocktail *Shortdrink*

Glas: Cocktailglas
Zubereitung: im Shaker
Garnitur: Zitronenscheibe

Cognac oder Weinbrand	1/3	2 cl	2/3 fl oz
Crème de Cacao	1/3	2 cl	2/3 fl oz
kalter Kaffee	1/3	2 cl	2/3 fl oz

Chalet Nr. I *Shortdrink*
Bob Haag, DBU, „Münz Chalet", Mannheim, BRD

Glas: Cocktailglas
Zubereitung: im Shaker
Garnitur: Limonenscheibe, Cocktailkirsche

Dry Gin, Bols	2/6	2 cl	2/3 fl oz
Campari	2/6	2 cl	2/3 fl oz
Apricot Brandy, Bols	1/6	1 cl	1/3 fl oz
Lime Juice	1/6	1 cl	1/3 fl oz

Champagne Fizz *Longdrink*
Glas: mittlerer Tumbler
Zubereitung: im Shaker

Dry Gin	4/6	4 cl	1 1/3 fl oz
Zitronensaft	2/6	2 cl	2/3 fl oz
Läuterzucker	3 Barlöffel		

mit Champagner oder Sekt auffüllen

Champagne Pick-me-up *Pick-me-up*
Glas: Sektschale oder -kelch
Zubereitung: im Shaker

Cognac oder Weinbrand	1/2	3 cl	1 fl oz
Wermut, trocken	1/2	3 cl	1 fl oz
Läuterzucker	1 Barlöffel		

mit Champagner oder Sekt auffüllen

Champagne Pick-me-up Cocktail *Champagner-, Sektcocktail*
Glas: Sektschale
Zubereitung: im Gästeglas, rühren
Garnitur: Orangenscheibe

Cognac oder Weinbrand	1/2	2 cl	2/3 fl oz
Wermut, trocken	1/2	2 cl	2/3 fl oz
Läuterzucker	1 Barlöffel		

mit Champagner oder Sekt auffüllen

Champagner-Brandy-Float *Longdrink*

Glas: mittlerer Tumbler oder Gästeglas, Sekttulpe

Zubereitung: im Gästeglas

Das Glas zu ¾ mit kaltem Champagner oder Sekt füllen und den Cognac oder Weinbrand über den Rücken eines Barlöffels langsam darübergießen. Die Flüssigkeiten dürfen sich nicht vermischen.

Cognac oder Weinbrand	4 cl	1⅓ fl oz
Champagner oder Sekt	¾ Glas	

Champagner-Cobbler *Longdrink*

Glas: Cobblerglas

Zubereitung: im Gästeglas, ⅔ mit gestoßenem Eis gefüllt

Garnitur: verschiedene Früchte der Saison

Service: Unterteller, Serviette, Limonadenlöffel, Trinkhalm

Cognac oder Weinbrand	3 Spritzer
Maraschino	3 Spritzer
Curaçao, weiß	3 Spritzer

mit Champagner oder Sekt auffüllen

Champagner-Cocktail 1 *Champagner-, Sektcocktail*

Glas: Sektschale

Zubereitung: im Gästeglas

Den Würfelzucker mit Angostura-Bitter tränken, dann mit Champagner oder Sekt auffüllen.

Garnitur: Orangenscheibe

Würfelzucker	1 Stück
Angostura-Bitter	6 Spritzer

mit Champagner oder Sekt auffüllen

Champagner-Cocktail 2 *Champagner-, Sektcocktail*

Glas: Sektschale
Zubereitung: im Gästeglas
Garnitur: Orangenspirale

Würfelzucker	1 Stück	
Angostura-Bitter	1 Spritzer	
Cognac oder Weinbrand	2 cl	2/3 fl oz

mit Champagner oder Sekt auffüllen

Champagner-Cocktail 3 *Champagner-, Sektcocktail*

Glas: Sektkelch
Zubereitung: im Gästeglas
Den Würfelzucker mit Angostura-Bitter tränken, Apricot Brandy beifügen, dann mit Champagner oder Sekt auffüllen.
Garnitur: Orangenscheibe

Würfelzucker	1 Stück	
Angostura-Bitter	6 Spritzer	
Apricot Brandy	4 cl	1 1/3 fl oz

mit Champagner oder Sekt auffüllen

Champagner-Daisy *Longdrink*

Glas: Sektschale oder Cobblerglas
Zubereitung: im Shaker
Garnitur: Orangenscheibe, Ananasstückchen, Cocktailkirschen
Service: Limonadenlöffel, Trinkhalm

Cognac oder Weinbrand	2/3	4 cl	1 1/3 fl oz
Zitronensaft	1/3	2 cl	2/3 fl oz
Grenadine-Sirup	1 Barlöffel		

mit Champagner oder Sekt auffüllen

Champion Cocktail *Shortdrink*

Hans Dürr, Schweiz, 1. Preis, ICC 1962, Hamburg

Glas: Cocktailglas
Zubereitung: im Shaker

Whisky, White Label	3/10	1,8 cl	2/3 fl oz
Wermut, Cinzano, trocken	3/10	1,8 cl	2/3 fl oz
Bénédictine	2/10	1,2 cl	1/3 fl oz
Curaçao, weiß	2/10	1,2 cl	1/3 fl oz

Charlie Brown Cocktail *Shortdrink*
Lino Baudino, SBU, Lugano, Schweiz

Glas: Cocktailglas
Zubereitung: im Mixglas

Cognac oder Weinbrand	1/3	2 cl	2/3 fl oz
Drambuie	1/3	2 cl	2/3 fl oz
Crème de Cacao	1/3	2 cl	2/3 fl oz

Charlie Chaplin Cocktail *Shortdrink*
Glas: Cocktailglas
Zubereitung: im Shaker

Dry Gin	4/6	4 cl	1 1/3 fl oz
Apricot Brandy	1/6	1 cl	1/3 fl oz
Zitronensaft	1/6	1 cl	1/3 fl oz

Charlotta Cocktail *Shortdrink*
Olle Ferm, SBG, 16. ICC 1982, Albufeira, Portugal

Glas: Cocktailglas
Zubereitung: im Mixglas
Garnitur: 1/2 Zitronenscheibe, 1/2 Orangenscheibe, Cocktailkirsche

Wodka, Smirnoff	4/8	3 cl	1 fl oz
Jägermeister	2/8	1,5 cl	1/2 fl oz
Grand Marnier, Cordon Rouge	1/8	0,75 cl	1/3 fl oz
Lime Juice	1/8	0,75 cl	1/3 fl oz

Charmeur Cocktail *Shortdrink*
Josef Stoxreiter, WIFI Innsbruck, Österreich

Glas: Cocktailglas
Zubereitung: im Shaker

Cognac oder Weinbrand	1/3	2 cl	2/3 fl oz
Wermut, Noilly Prat	1/3	2 cl	2/3 fl oz
Apricot Brandy	1/3	2 cl	2/3 fl oz

Château de Chatel Cocktail *Shortdrink*

Pedro Chicote, Chicote Bar, Madrid

Glas: Cocktailglas
Zubereitung: im Mixglas

Cognac oder Weinbrand	1/4	1,5 cl	1/2 fl oz
Cointreau	1/4	1,5 cl	1/2 fl oz
Sherry, trocken	2/4	3 cl	1 fl oz

Cherry Blossom Cocktail *Shortdrink*

Glas: Cocktailglas
Zubereitung: im Shaker

Cognac oder Weinbrand	1/3	2 cl	2/3 fl oz
Cherry Brandy	2/3	4 cl	1 1/3 fl oz
Curaçao, weiß	1 Spritzer		
Zitronensaft	1 Spritzer		
Grenadine-Sirup	1 Spritzer		

Cherry Brandy Flip *Flip*

Glas: Flipglas oder Sekttulpe
Zubereitung: im Shaker oder im elektrischen Mixer
Garnitur: geriebene Muskatnuß

Cherry Brandy	2/3	4 cl	1 1/3 fl oz
Obers/Sahne	1/3	2 cl	2/3 fl oz
Läuterzucker	1 Barlöffel		
Eigelb	1 ganzes		

Cherry Brandy Frappé *Likörfrappé*

Glas: Cocktailglas oder Creamer
Zubereitung: im Gästeglas mit geschabtem Eis
Service: 2 kurze Trinkhalme

Cherry Brandy		4 cl	1 1/3 fl oz

Chief's Lady *Shortdrink*

Glas: Cocktailglas, mit Eiswürfeln

Zubereitung: im Shaker

Garnitur: Cocktailkirsche

Wermut, Carpano, Punt e Mès	2/3	4 cl	1 1/3 fl oz
Bourbon Whisk(e)y, Old Taylor	1/3	2 cl	2/3 fl oz

China Fresca Aperitif *Longdrink*

Glas: großer Tumbler (Highballglas)

Zubereitung: im Gästeglas, 2/3 mit gestoßenem Eis gefüllt, umrühren

China-Martini	6/10	6 cl	2 fl oz
Zitronensaft	4/10	4 cl	1 1/3 fl oz

mit Mineralwasser auffüllen

Chinese Cocktail *Shortdrink*

Glas: Cocktailglas

Zubereitung: im Shaker

Rum, Appleton, weiß	8/12	4 cl	1 1/3 fl oz
Curaçao, weiß	1/12	0,5 cl	1/6 fl oz
Maraschino	1/12	0,5 cl	1/6 fl oz
Grenadine-Sirup	2/12	1 cl	1/3 fl oz

*** Chorus Lady Cocktail** *Shortdrink*

Glas: Cocktailglas

Zubereitung: im Shaker

Dry Gin	1/4	1,5 cl	1/2 fl oz
Wermut, trocken	1/4	1,5 cl	1/2 fl oz
Wermut, rot	1/4	1,5 cl	1/2 fl oz
Orangensaft	1/4	1,5 cl	1/2 fl oz

*** Church Parade Cocktail** *Shortdrink*

Glas:			Cocktailglas
Zubereitung:			im Shaker
Dry Gin	2/3	4 cl	1 1/3 fl oz
Wermut, trocken	1/3	2 cl	2/3 fl oz
Curaçao, weiß	1 Spritzer		
Orangensaft	1 Spritzer		

Cicero *Champagner-, Sektcocktail*

Toni Stadelbacher, ÖBU, 1. Preis 1952, Wien

Glas:			Sektschale oder -kelch
Zubereitung:			im Shaker
Wermut, Cinzano, trocken	3/6	3 cl	1 fl oz
Honiggoscherl, Oeller	2/6	2 cl	2/3 fl oz
Orangensaft	1/6	1 cl	1/3 fl oz

mit halbsüßem Champagner
oder Sekt auffüllen

Cinzano Favorit Cocktail *Shortdrink*

Glas:			Cocktailglas
Zubereitung:			im Mixglas
Garnitur:			Cocktailkirsche
Wermut, Cinzano, rot	4/6	4 cl	1 1/3 fl oz
Curaçao, weiß	1/6	1 cl	1/3 fl oz
Maraschino	1/6	1 cl	1/3 fl oz
Orangensaft	2 Spritzer		
Angostura-Bitter	2 Spritzer		

Claire Cocktail *Shortdrink*

Glas:			Cocktailglas
Zubereitung:			im Mixglas
Canadian Whisk(e)y	2/4	3 cl	1 fl oz
Apricot Brandy	1/4	1,5 cl	1/2 fl oz
Orangensaft	1/4	1,5 cl	1/2 fl oz

Clarendon Cocktail *Shortdrink*

Glas: Cocktailglas

Zubereitung: im Shaker

Rum, weiß	2/4	3 cl	1 fl oz
Lime Juice	1/4	1,5 cl	1/2 fl oz
Grapefruit Juice	1/4	1,5 cl	1/2 fl oz
Staubzucker	2 Barlöffel		
Grenadine-Sirup	1 Spritzer		

Claret Cup *Cup*

für 4–6 Personen

Bowlengefäß, Bowlengläser und Untertasse oder Weinkrug und Weingläser, Kaffeelöffel

Zubereitung: Je eine gut gewaschene Orange und Zitrone in dünne Scheiben schneiden und in das Gefäß legen. Mit dem Zucker bedekken, Maraschino, Kirschwasser und eine Flasche roten Bordeaux beifügen. Eine Stunde kalt stellen. Vor dem Servieren mit der zweiten Flasche Rotwein aufgießen, mit einer Flasche Mineralwasser oder Sekt verdünnen.

Orange	1 Stück
Zitrone	1 Stück
Feinkristallzucker	200 g
Maraschino	4 cl
Kirschwasser	4 cl
Bordeaux, rot	2 Flaschen
Mineralwasser oder Sekt	1 Flasche

Claret-Punsch *kalter Punsch*

Glas: Punsch- oder Teeglas

Zubereitung: im Gästeglas

Das Glas bis zur Hälfte mit feingestoßenem Eis füllen, die Zutaten darüberleeren und gut durchrühren.

Service: Unterteller, Serviette, Trinkhalm

Zitronensaft		2 cl	$2/3$ fl oz
Grenadine-Sirup		3 Barlöffel	

mit rotem Bordeauxwein auffüllen

Claret Sour *Longdrink*

Glas: kleiner Tumbler
Zubereitung: im Shaker
Garnitur: 1. Orangenscheibe und Cocktailkirsche
2. Orangenscheibe, Cocktailkirsche und Zitronenscheibe auf Garnitur-Stick

Rum, Bacardi, Amber Label	$2/3$	4 cl	$1\,1/3$ fl oz
Zitronensaft	$1/3$	2 cl	$2/3$ fl oz
Läuterzucker	1–2 Barlöffel		

mit leichtem Rotwein auffüllen

Claridge Cocktail *Shortdrink*

Glas: Cocktailglas
Zubereitung: im Shaker

Dry Gin	$2/6$	2 cl	$2/3$ fl oz
Apricot Brandy	$1/6$	1 cl	$1/3$ fl oz
Cointreau	$1/6$	1 cl	$1/3$ fl oz
Wermut, trocken	$2/6$	2 cl	$2/3$ fl oz

Claudia *Longdrink*

Günter Ferstl, ÖBU, Sophiensäle-Bar, Wien

Glas: großer Tumbler (Highballglas)
Zubereitung: im Shaker
Garnitur: Zitrone, Kiwi, Kirsche auf Stick

Cognac, Rémy Martin	$3/8$	3 cl	1 fl oz
Kirschwasser, Dettling	$3/8$	3 cl	1 fl oz
Wermut, Martini, rot	$2/8$	2 cl	$2/3$ fl oz
Angostura-Bitter	1 Spritzer		
Eiweiß	1 Spritzer		

mit Ginger Ale auffüllen

∗ Clover Club Cocktail *Shortdrink*
Glas: Cocktailglas
Zubereitung: im Shaker

Dry Gin	3/6	3 cl	1 fl oz
Grenadine-Sirup	2/6	2 cl	2/3 fl oz
Zitronensaft	1/6	1 cl	1/3 fl oz
Eiweiß	1 Spritzer		

∗ Clover Club Royal Cocktail *Shortdrink*
Glas: Cocktailschale oder Creamer
Zubereitung: im Shaker

Dry Gin	2/4	3 cl	1 fl oz
Grenadine-Sirup	1/4	1,5 cl	1/2 fl oz
Zitronensaft	1/4	1,5 cl	1/2 fl oz
Eigelb	1 ganzes		

Cobenzl Vienna Cocktail *Shortdrink*
Karl Amon, ÖBU, 1. Preis, ICK 1952, Wien

Glas: Cocktailglas
Zubereitung: im Mixglas
Garnitur: Kirsche

Bénédictine	1/4	1,5 cl	1/2 fl oz
Caloric Schwedenpunsch	1/4	1,5 cl	1/2 fl oz
Wermut, Cinzano, süß	1/4	1,5 cl	1/2 fl oz
Wermut, Cinzano, trocken	1/4	1,5 cl	1/2 fl oz

Cocteau Cocktail *Shortdrink*
Glas: Cocktailglas
Zubereitung: im Gästeglas, mit Eiswürfeln, umrühren

Cognac oder Weinbrand	1/3	2 cl	2/3 fl oz
Cherry Brandy	1/3	2 cl	2/3 fl oz
Orangensaft	1/3	2 cl	2/3 fl oz

Cœur France Cocktail *Shortdrink*
Friedrich Blaschke, ÖBU, Hotel Bristol Wien

Glas: Cocktailglas
Zubereitung: im Shaker

Cognac oder Weinbrand	2/6	2 cl	2/3 fl oz
Cointreau	2/6	2 cl	2/3 fl oz
Cherry Heering	1/6	1 cl	1/3 fl oz
Zitronensaft	1/6	1 cl	1/3 fl oz

Coffee Egg-nog *Egg-nog*
Glas: großer Tumbler (Highballglas)
Zubereitung: im Shaker
Garnitur: geriebene Muskatnuß
Service: Unterteller, Serviette, Limonadenlöffel, Trinkhalm

Cognac oder Weinbrand	1/3	2 cl	2/3 fl oz
Kaffeelikör	2/3	4 cl	1 1/3 fl oz
Läuterzucker	2 Barlöffel		
Ei	1 ganzes		
mit kalter Milch auffüllen			

Coffee Flip *Flip*
Glas: Flipglas oder Sekttulpe
Zubereitung: im Shaker oder im elektrischen Mixer
Garnitur: Kaffeepulver

Crème de Mocca	2/3	4 cl	1 1/3 fl oz
Obers/Sahne	1/3	2 cl	2/3 fl oz
Läuterzucker	2 Barlöffel		
Eigelb	1 ganzes		

✻ Cognac Cocktail *Shortdrink*
Glas: Cocktailglas
Zubereitung: im Shaker

Cognac	1/2	3 cl	1 fl oz
Wermut, Noilly Prat	1/2	3 cl	1 fl oz
Orangen-Bitter	1 Spritzer		

∗ Cola Fizz *Longdrink*

Glas: mittlerer Tumbler
Zubereitung: im Shaker

Cognac oder Weinbrand	1/3	2 cl	2/3 fl oz
Dry Gin	1/3	2 cl	2/3 fl oz
Zitronensaft	1/3	2 cl	2/3 fl oz
mit Cola auffüllen			

∗ Collins Extra *Longdrink*

Glas: großer Tumbler (Highballglas) oder Collinsglas (übergroßer Tumbler)
Zubereitung: im Gästeglas, mit Eiswürfeln. So lange rühren, bis sich das Glas beschlägt.
Garnitur: Zitronenscheibe und Cocktailkirsche
Service: Trinkhalm

Cognac oder Weinbrand	6/10	6 cl	2 fl oz
Cointreau	2/10	2 cl	2/3 fl oz
Zitronensaft	2/10	2 cl	2/3 fl oz
mit Ginger Ale auffüllen			

Colonel Collins *Longdrink*

Glas: großer Tumbler (Highballglas), Collinsglas (übergroßer Tumbler)
Zubereitung: im Gästeglas, mit Eiswürfeln. So lange rühren, bis sich das Glas beschlägt.
Garnitur: Zitronenscheibe und Cocktailkirsche
Service: Trinkhalm

Bourbon Whisk(e)y	2/3	4 cl	1 1/3 fl oz
Zitronensaft	1/3	2 cl	2/3 fl oz
Läuterzucker	2 Barlöffel		
mit Soda auffüllen			

Comédie Cocktail *Shortdrink*
Alain Nevers, FNC, La Comédie, 1. Preis, Nantes, Frankreich

Glas: Cocktailglas
Zubereitung: im Shaker
Garnitur: Cocktailkirsche und Pfefferminzblatt

Gin, Gordon's	2/10	1,2 cl	2/5 fl oz
Amaretto di Saronno Originale	3/10	1,8 cl	3/5 fl oz
Fraise des Bois, Dolfi	2/10	1,2 cl	2/5 fl oz
Ananassaft	2/10	1,2 cl	2/5 fl oz
Zitronensaft	1/10	0,6 cl	1/5 fl oz

Conca d'Oro Cocktail *Shortdrink*
Giuseppe Neri, Italien, 1. Preis, ICC 1955, Amsterdam

Glas: Cocktailglas
Zubereitung: im Shaker
Garnitur: Orangenzeste

Dry Gin	5/8	3,75 cl	1 2/3 fl oz
Cherry Brandy	1/8	0,75 cl	1/3 fl oz
Maraschino	1/8	0,75 cl	1/3 fl oz
Curaçao, weiß	1/8	0,75 cl	1/3 fl oz

Continental Sour *Shortdrink*
Rudolf Forster, HFS und HLA f. FVK-Berufe, Villach, Österreich

Glas: kleiner Tumbler
Zubereitung: im Shaker
Garnitur: 1. Orangenscheibe und Cocktailkirsche
2. Orangenscheibe, Cocktailkirsche und Zitronenscheibe auf Garnitur-Stick

Canadian Whisk(e)y	2/6	2 cl	2/3 fl oz
Galliano	2/6	2 cl	2/3 fl oz
Orangensaft	1/6	1 cl	1/3 fl oz
Zitronensaft	1/6	1 cl	1/3 fl oz

Cool Melon *Longdrink*

Farhat Ellouzi, ÖBU, Splendid-Bar, Wien

Glas:	Tumbler
Zubereitung:	im Shaker
Garnitur:	Zitronenscheibe, Kirsche

Melon Liqueur, Bols	3/7	3 cl	1 fl oz
Gin, Beefeater	2/7	2 cl	2/3 fl oz
Wermut, Martini, trocken	2/7	2 cl	2/3 fl oz
mit Tonic Water, Schweppes, auffüllen			

Coopenheering Cocktail *Shortdrink*

Glas:	Cocktailglas
Zubereitung:	im Shaker

Wodka	1/2	3 cl	1 fl oz
Cherry Heering	1/2	3 cl	1 fl oz
Zitronensaft	1 Barlöffel		

Copacabana *Longdrink*

Kurt Nemecek, LBS f. d. Gastgewerbe, Waldegg, Österreich

Glas:	großer Tumbler (Highballglas)
Zubereitung:	im Gästeglas, mit Eiswürfeln
Garnitur:	Ananas-Kirsche-Spieß

Rum, Bacardi, Silver Label	2/9	2 cl	2/3 fl oz
Coruba-Rum	1/9	1 cl	1/3 fl oz
Galliano	1/9	1 cl	1/3 fl oz
Orangensaft	5/9	5 cl	1 2/3 fl oz

Cordial Cocktail *Shortdrink*

Glas:	Cocktailglas
Zubereitung:	im Shaker
Garnitur:	Cocktailkirsche

Dry Gin	1/4	1,5 cl	1/2 fl oz
Cognac oder Weinbrand	1/4	1,5 cl	1/2 fl oz
Cordial-Médoc	2/4	3 cl	1 fl oz

Coronation Cocktail *Shortdrink*

Glas: Cocktailglas
Zubereitung: im Mixglas

Dry Gin	1/3	2 cl	2/3 fl oz
Dubonnet	1/3	2 cl	2/3 fl oz
Wermut, trocken	1/3	2 cl	2/3 fl oz

Cosmic Fantasy *Longdrink*

Kazunori Wada, ANBA, 16. ICC 1982, Albufeira, Portugal

Glas: großer Tumbler (Highballglas)
Zubereitung: im Shaker
Garnitur: Pfefferminzblätter, Melonenstücke, Pfefferminzkirsche, Cocktailkirsche

Wermut, Gancia, trocken	4,5 cl	1 1/2 fl oz
Melon Liqueur, Bols	3 cl	1 fl oz
Maraschino, Cusenier	1 cl	1/3 fl oz
Crème de Menthe, grün, Bols	0,5 cl	1/6 fl oz
Zitronensaft	1 cl	1/3 fl oz

mit 7 Up auffüllen

*** Country Highball** *Longdrink*

Glas: großer Tumbler (Highballglas)
Zubereitung: im Gästeglas, mit Eiswürfeln, rühren
Garnitur: Zitronenspirale
Service: Stirer

Wermut, trocken	3/4	4,5 cl	1 1/2 fl oz
Grenadine-Sirup	1/4	1,5 cl	1/2 fl oz

mit Ginger Ale auffüllen

Crazy Green Fig Cocktail *Shortdrink*

Wolfgang Greiter, Restaurant La Casita, Cala Llonga – St. Eulalia del Rio, Ibiza

Glas: Tumbler
Zubereitung: im Gästeglas, mit gestoßenem Eis
Garnitur: grüne Feigen, würfelig geschnitten

Wodka	2/3	4 cl	1 1/3 fl oz
Sherry, Dry, Sack	1/3	2 cl	2/3 fl oz

Cream Dream Cocktail *Shortdrink*

Fritz Schaller, ÖBU, 1. Preis NCC Wien 1982 und 6. Platz 16. ICC 1982, Albufeira, Portugal

Glas: Cocktailschale oder Creamer
Zubereitung: im Shaker oder im elektrischen Mixer
Garnitur: rosa Zuckerrand, Schokoladeraspel, geraspelte Orangenschale

Amaretto di Saronno Originale	1/4	1,5 cl	1/2 fl oz
Galliano	1/4	1,5 cl	1/2 fl oz
Tia Maria	1/4	1,5 cl	1/2 fl oz
Obers/Sahne	1/4	1,5 cl	1/2 fl oz

∗ Cream Fizz *Longdrink*

Glas: mittlerer Tumbler
Zubereitung: im Shaker

Dry Gin	2/3	4 cl	1 1/3 fl oz
Obers/Sahne	1/3	2 cl	2/3 fl oz
Zitronensaft	1/3	2 cl	2/3 fl oz
Läuterzucker	3 Barlöffel		
mit Soda auffüllen			

∗ Cream Flip *Flip*

Glas: Flipglas oder Sekttulpe
Zubereitung: im Shaker oder im elektrischen Mixer
Garnitur: geriebene Muskatnuß

Cognac oder Weinbrand	2 cl	2/3 fl oz
Obers/Sahne	2 cl	2/3 fl oz
Läuterzucker	3 Barlöffel	
Eigelb	1 ganzes	

Crème de Menthe Frappé *Likörfrappé*

Glas: Cocktailschale oder Creamer
Zubereitung: im Gästeglas, mit geschabtem Eis
Den Likör über das Eis gießen.
Service: 2 kurze Trinkhalme

Crème de Menthe, grün	4 cl	1 1/3 fl oz

Creole *Longdrink*

Glas: großer Tumbler (Highballglas)
Zubereitung: im Shaker, mit gestoßenem Eis
Garnitur: Limonenscheibe, Cocktailkirsche, Pfefferminzzweig

Rum, Bacardi, Amber Label	3 cl	1 fl oz
Rum, dunkel	3 cl	1 fl oz
Orangensaft	1,5 cl	1/2 fl oz
Läuterzucker	1,5 cl	1/2 fl oz
Grenadine-Sirup	2 Spritzer	
Kokosnußmilch	1 Spritzer	

Creole Cocktail 1 *Shortdrink*

Glas: Cocktailglas
Zubereitung: im Mixglas

Bourbon Whisk(e)y	2/6	2 cl	2/3 fl oz
Wermut, rot	2/6	2 cl	2/3 fl oz
Bénédictine	1/6	1 cl	1/3 fl oz
Amer Picon	1/6	1 cl	1/3 fl oz

*** Creole Cocktail 2** *Shortdrink*

Glas: Cocktailschale oder Creamer
Zubereitung: im Shaker

Dry Gin	6 cl	2 fl oz
Grenadine-Sirup	1 Barlöffel	
Orangen-Bitter	1 Spritzer	
Eiweiß	1 ganzes	

Cresta Cocktail *Shortdrink*
John Siegrist, 1. Präsident SBU

Glas: Cocktailglas
Zubereitung: im Shaker

Dry Gin, Gordon's	3/10	1,8 cl	2/3 fl oz
Peach Brandy, Bols	3/10	1,8 cl	2/3 fl oz
Grapefruitsaft	4/10	2,4 cl	3/4 fl oz

*** Croaster** *Longdrink*
Glas: mittlerer Tumbler
Zubereitung: im Shaker
Garnitur: Cocktailkirsche

Dry Gin	2/3	4 cl	1 1/3 fl oz
Zitronensaft	1/3	2 cl	2/3 fl oz
mit Soda füllen			

Cross Bow Cocktail *Shortdrink*
Glas: Cocktailglas
Zubereitung: im Shaker

Dry Gin	1/3	2 cl	2/3 fl oz
Cointreau	1/3	2 cl	2/3 fl oz
Crème de Cacao	1/3	2 cl	2/3 fl oz

Cuba Libre *Fancy drink*
Glas: großer Tumbler (Highballglas)
Zubereitung: im Gästeglas, mit Eiswürfeln
Garnitur: Zitronenscheibe

Coruba-Rum	2/3	4 cl	1 1/3 fl oz
Zitronensaft	1/3	2 cl	2/3 fl oz
mit Cola auffüllen			

Cuban Cocktail *Shortdrink*
Glas: Cocktailglas
Zubereitung: im Shaker

Cognac oder Weinbrand	2/4	3 cl	1 fl oz
Apricot Brandy	1/4	1,5 cl	1/2 fl oz
Zitronensaft	1/4	1,5 cl	1/2 fl oz

Czarina Cocktail *Shortdrink*

Glas: Cocktailglas
Zubereitung: im Shaker

Wodka	2/4	3 cl	1 fl oz
Apricot Brandy	1/4	1,5 cl	1/2 fl oz
Wermut, Noilly Prat	1/4	1,5 cl	1/2 fl oz

Czar Pierre Cocktail *Shortdrink*

Buchanan Aitken, UKBG, 16. ICC 1982, Albufeira, Portugal

Glas: Cocktailschale oder Creamer
Zubereitung: im Mixglas
Garnitur: geriebene Muskatnuß

Wodka, Smirnoff	1/4	1,5 cl	1/2 fl oz
Amaretto di Saronno Originale	1/4	1,5 cl	1/2 fl oz
Kahlúa	1/4	1,5 cl	1/2 fl oz
Obers/Sahne	1/4	1,5 cl	1/2 fl oz

Da Gama Cocktail *Shortdrink*

Mirko Kresal, PBS, 16. ICC 1982, Albufeira, Portugal

Glas: Cocktailglas
Zubereitung: im Mixglas
Garnitur: Kumquat

Cognac oder Weinbrand	2/5	2,4 cl	3/4 fl oz
Wermut, Martini, trocken	1/5	1,2 cl	1/3 fl oz
Istra-Bitter	1/5	1,2 cl	1/3 fl oz
Whisk(e)y, Rock & Rye	1/5	1,2 cl	1/3 fl oz

∗ Daiquiri Cocktail *Shortdrink*

Glas: Cocktailglas
Zubereitung: im Shaker oder im elektrischen Mixer

Rum, Bacardi, Silver Label	5 cl	1 2/3 fl oz
Zitronensaft	1 Barlöffel	
Läuterzucker	1 Barlöffel	

Dallas *Longdrink*

Necati Cevik, ÖBU, Hotel Hilton, Wien, 2. Preis, NCK 1984, Salzburg

Glas: Tumbler
Zubereitung: im Shaker
Garnitur: Obers-/Sahnehaube mit Float Grenadine-Sirup, Erdbeere, frische Minze, rosa Zuckerrand

Crème de Bananes, Bols	1/3	2 cl	2/3 fl oz
Curaçao, blau, Bols	1/3	2 cl	2/3 fl oz
Batida de Coco	1/3	2 cl	2/3 fl oz

mit Ananassaft auffüllen

Danach *Fancy drink*

Glas: mittlerer Tumbler
Zubereitung: im Gästeglas, mit geschabtem Eis

Wodka	1/4	1,5 cl	1/2 fl oz
Kirschwasser	1/4	1,5 cl	1/2 fl oz
Crème de Menthe, weiß	1/4	1,5 cl	1/2 fl oz
Grenadine-Sirup	1/4	1,5 cl	1/2 fl oz

Dandy Cocktail *Shortdrink*

Glas: Cocktailglas
Zubereitung: im Mixglas
Garnitur: Zitronen- und Orangenschale

Rye Whisk(e)y	1/2	3 cl	1 fl oz
Dubonnet	1/2	3 cl	1 fl oz
Cointreau	3 Spritzer		
Angostura-Bitter	1 Spritzer		
Zitronensaft	1 Spritzer		

Davis Cup Cocktail *Shortdrink*

Glas: Cocktailglas
Zubereitung: im Shaker
Garnitur: Cocktailkirsche

Jamaica-Rum	1/4	1,5 cl	1/2 fl oz
Wermut, trocken	1/2	3 cl	1 fl oz
Zitronensaft	1/4	1,5 cl	1/2 fl oz
Himbeersaft	2 Spritzer		

Day Light Cocktail *Shortdrink*

Giuseppe Scavo, AIBES, 16. ICC 1982, Albufeira, Portugal

Glas: Cocktailglas
Zubereitung: im Mixglas

Dry Gin, Gilbey's	5/10	3 cl	1 fl oz
Wermut, Carpano, Punt e Mes	2/10	1,2 cl	1/3 fl oz
Campari	2/10	1,2 cl	1/3 fl oz
Sherry La Ina, Pedro Domecq	1/10	0,6 cl	1/6 fl oz
Fior di Mandarino	5 Spritzer		

Deauville Cocktail *Shortdrink*

Glas: Cocktailglas
Zubereitung: im Shaker

Cognac oder Weinbrand	1/4	1,5 cl	1/2 fl oz
Calvados	1/4	1,5 cl	1/2 fl oz
Cointreau	1/4	1,5 cl	1/2 fl oz
Zitronensaft	1/4	1,5 cl	1/2 fl oz

Deep Sea Cocktail 1 *Shortdrink*

Glas: Cocktailglas
Zubereitung: im Shaker
Garnitur: Zitronenzeste

Dry Gin	½	3 cl	1 fl oz
Wermut, trocken	½	3 cl	1 fl oz
Pastis	1 Spritzer		
Orangen-Bitter	1 Spritzer		

Deep Sea Cocktail 2 *Shortdrink*

Glas: Cocktailglas
Zubereitung: im Mixglas
Garnitur: Zitronenzeste

Gin, Old Tom	½	3 cl	1 fl oz
Wermut, trocken	½	3 cl	1 fl oz
Pastis	1 Spritzer		
Orangen-Bitter	1 Spritzer		

Delicieuse Cocktail *Shortdrink*

Friedrich Blaschke, ÖBU, Hotel Bristol, Wien

Glas: Cocktailglas
Zubereitung: im Shaker
Garnitur: rote Weintraube

Cognac, Rémy Martin	3/6	3 cl	1 fl oz
Bénédictine	1/6	1 cl	1/3 fl oz
Chartreuse, gelb	1/6	1 cl	1/3 fl oz
Grand Marnier	1/6	1 cl	1/3 fl oz

Delicious Sour *Shortdrink*

Glas: kleiner Tumbler
Zubereitung: im Shaker
Garnitur: 1. Orangenscheibe und Cocktailkirsche
2. Orangenscheibe, Cocktailkirsche und Zitronenscheibe auf Garnitur-Stick

Dry Gin	1/3	2 cl	2/3 fl oz
Cherry Brandy	1/3	2 cl	2/3 fl oz
Zitronensaft	1/3	2 cl	2/3 fl oz

Derby Cocktail			*Shortdrink*
Glas:			Cocktailglas
Zubereitung:			im Mixglas
Garnitur:			Pfefferminzzweig
Dry Gin		6 cl	2 fl oz
Peach-Bitter		2 Spritzer	

∗ Derby Daiquiri			*Longdrink*
Glas:			Sektschale
Zubereitung:			im Shaker, mit gestoßenem Eis Nicht abseihen!
Garnitur:			Zuckerrand
Rum, Bacardi, Silver Label	5/12	5 cl	1 2/3 fl oz
Orangensaft	5/12	5 cl	1 2/3 fl oz
Zitronensaft	2/12	2 cl	2/3 fl oz
Läuterzucker	1 Barlöffel		

Der Wecker			*alkoholfreier Drink*
Glas:			Cocktailschale
Zubereitung:			im Gästeglas Die Zutaten in der angegebenen Reihenfolge verwenden.
Sangrita		5 cl	1 2/3 fl oz
Eigelb		1 frisches	
gehackter Schnittlauch			

Devil's Cocktail			*Shortdrink*
Glas:			Cocktailglas
Zubereitung:			im Mixglas
Portwein	1/2	3 cl	1 fl oz
Wermut, Noilly Prat	1/2	3 cl	1 fl oz
Zitronensaft	1 Barlöffel		

∗ Diabolo Cocktail	*Shortdrink*
Glas:	Cocktailglas
Zubereitung:	im Mixglas

Cognac oder Weinbrand	1/2	3 cl	1 fl oz
Wermut, Noilly Prat	1/2	3 cl	1 fl oz
Curaçao, weiß	3 Spritzer		
Angostura-Bitter	1 Spritzer		

Diamond Fizz *Longdrink*

Glas: großer Tumbler (Highballglas)

Zubereitung: im Shaker

Dry Gin	2/3	4 cl	1 1/3 fl oz
Zitronensaft	1/3	2 cl	2/3 fl oz
Läuterzucker	2–3 Barlöffel		
mit Champagner oder Sekt auffüllen			

Dijon Fizz *Longdrink*

Glas: mittlerer Tumbler

Zubereitung: im Shaker

Crème de Cassis	3/6	3 cl	1 fl oz
Kirschwasser	2/6	2 cl	2/3 fl oz
Zitronensaft	1/6	1 cl	1/3 fl oz
Läuterzucker	1 Barlöffel		
mit Soda auffüllen			

Diki-Diki-Cocktail *Shortdrink*

Glas: Cocktailglas

Zubereitung: im Shaker

Calvados	4/6	4 cl	1 1/3 fl oz
Schwedenpunsch	1/6	1 cl	1/3 fl oz
Grapefruitsaft	1/6	1 cl	1/3 fl oz

Dingo Cocktail *Shortdrink*

Antero Salonen, FBSK, 16. ICC 1982, Albufeira, Portugal

Glas: Cocktailglas

Zubereitung: im Shaker

Garnitur: geriebene Schokolade

Cointreau	2/5	2,4 cl	3/4 fl oz
Crème de Bananes, Bols	1/5	1,2 cl	1/3 fl oz
White Port, Sandeman	2/5	2,4 cl	3/4 fl oz

Dip-an-fall-back Cocktail *Shortdrink*

Glas: Cocktailglas
Zubereitung: im Shaker
Garnitur: Ananasstück

Rum, weiß	8/12	4 cl	1 1/3 fl oz
Curaçao, weiß	1/12	0,5 cl	1/6 fl oz
Orangensaft	1/12	0,5 cl	1/6 fl oz
Zitronensaft	1/12	0,5 cl	1/6 fl oz
Himbeersaft	1/12	0,5 cl	1/6 fl oz

Doctor Cocktail *Shortdrink*

Glas: Cocktailglas
Zubereitung: im Shaker

Schwedenpunsch	1/3	2 cl	2/3 fl oz
Orangensaft	1/3	2 cl	2/3 fl oz
Zitronensaft	1/3	2 cl	2/3 fl oz

Doktor-Schiwago-Cocktail *Shortdrink*

Glas: Cocktailglas
Zubereitung: im Mixglas

Wodka	1/4	1,5 cl	1/2 fl oz
Cointreau	1/4	1,5 cl	1/2 fl oz
Ananassaft	1/4	1,5 cl	1/2 fl oz
Zitronensaft	1/4	1,5 cl	1/2 fl oz

Don Frederico *Longdrink*

Fritz Schaller, ÖBU, 1. Preis NCK 1978, Wien

Glas: großer Tumbler (Highballglas)
Zubereitung: im Shaker
Garnitur: frische Ananasscheibe, Kirsche

Rum, Bacardi, Carta blanca	2/5	2,4 cl	3/4 fl oz
Galliano	1/5	1,2 cl	1/3 fl oz
Marillenlikör, Bailoni	1/5	1,2 cl	1/3 fl oz
Grenadine-Sirup, Bols	1/5	1,2 cl	1/3 fl oz
Frothee	2 Spritzer		

mit frischem Orangensaft auffüllen

Doppelscotch *Longdrink*

Glas: großer Tumbler (Highballglas)
Zubereitung: im Mixglas
Garnitur: Orangenscheibe, zwei Cocktailkirschen

Scotch Whisky	4 cl	1 1/3 fl oz
Zitronensaft	1 Barlöffel	
Läuterzucker	1 Barlöffel	

mit Cola auffüllen

Dorado Cocktail *Shortdrink*

Glas: Cocktailglas
Zubereitung: im Shaker

Tequila	2/3	4 cl	1 1/3 fl oz
Zitronensaft	1/3	2 cl	2/3 fl oz
Honig	1 Eßlöffel		

Dreaming Cocktail *Shortdrink*

Gerald Striedinger, ÖBU, Hotel Edelweiß, Zürs am Arlberg

Glas: Sektschale
Zubereitung: im Shaker, mit gestoßenem Eis
Garnitur: Orangenspitz mit frischer Erdbeere

Southern Comfort	1/3	2 cl	2/3 fl oz
Grand Marnier	1/3	2 cl	2/3 fl oz
Obers/Sahne	1/3	2 cl	2/3 fl oz
Eigelb	1/2		
Galliano (Float)			

Dream of Stolichnaya *Longdrink*

Kurt Hauke, ÖBU, Tourotel, Linz, Österreich

Glas:	großer Tumbler (Highballglas)
Zubereitung:	im Shaker
Garnitur:	Orangenscheibe, Cocktailkirsche
Service:	Trinkhalm, Stirer

Wodka, Stolichnaya	4/6	4 cl	1 1/3 fl oz
Cognac, Rémy Martin	1/6	1 cl	1/3 fl oz
Apricot Brandy, Bols	1/6	1 cl	1/3 fl oz
Grenadine-Sirup	2 Spritzer		
mit Orangensaft auffüllen			

Dream of Tahiti Cocktail *Shortdrink*

Harry Martinek, ÖBU, LBS f. d. Gastgewerbe, Gmunden, Österreich

Glas:	Cocktailglas
Zubereitung:	im Shaker
Garnitur:	Mandarinenspalte

Rum, Bacardi, Silver Label	2/6	2 cl	2/3 fl oz
Mandarinenlikör	1/6	1 cl	1/3 fl oz
Cointreau	1/6	1 cl	1/3 fl oz
Zitronensaft	1/6	1 cl	1/3 fl oz
Orangensaft	1/6	1 cl	1/3 fl oz

Dubonnet Cocktail *Shortdrink*

Glas:	Cocktailglas
Zubereitung:	im Mixglas

Gin	1/2	3 cl	1 fl oz
Dubonnet	1/2	3 cl	1 fl oz

Dubonnet Fizz *Longdrink*

Glas:	mittlerer Tumbler
Zubereitung:	im Shaker

Dubonnet	4/10	4 cl	1 1/3 fl oz
Orangensaft	4/10	4 cl	1 1/3 fl oz
Zitronensaft	2/10	2 cl	2/3 fl oz
Cherry Brandy	1 Barlöffel		
mit Soda auffüllen			

Dubonnet Sangaree *Longdrink*

Glas: großer Tumbler (Highballglas)
Zubereitung: im Gästeglas, mit Eiswürfeln
Garnitur: geriebene Muskatnuß
Service: Trinkhalm

Dubonnet	4 cl	1 1/3 fl oz
Läuterzucker	4 Spritzer	
Angostura-Bitter	2 Spritzer	
mit eiskaltem Wasser auffüllen		

Duetto Cocktail *Shortdrink*

Juhani Rousku, FBSK, 16. ICC 1982, Albufeira, Portugal

Glas: Cocktailglas
Zubereitung: im Mixglas
Garnitur: Orangenschale

Dry Gin, Beefeater	4/8	3 cl	1 fl oz
Apricot Brandy, Brizard	1/8	0,75 cl	1/3 fl oz
Sherry, Tio Pepe	3/8	2,25 cl	2/3 fl oz

Durstlöscher-Cooler *Longdrink*

Josef Stockhammer, FV-Schule, Zell/Ziller, Österreich

Glas: großes Burgunderglas
Zubereitung: im Gästeglas, mit Eiswürfeln
Garnitur: Zuckerrand, Orangen- und Zitronenscheibe
Service: Trinkhalm

Obstler	3/16	3 cl	1 fl oz
Campari	5/16	5 cl	1 2/3 fl oz
Orangensaft	5/16	5 cl	1 2/3 fl oz
Zitronensaft	3/16	3 cl	1 fl oz
mit Tonic Water auffüllen			

East India Cocktail *Shortdrink*

Glas: Cocktailglas
Zubereitung: im Shaker
Garnitur: zwei Cocktailkirschen, Zitronenschale

Cognac oder Weinbrand	6/8	3 cl	1 fl oz
Curaçao, orange	1/8	1,5 cl	1/2 fl oz
Ananassaft	1/8	1,5 cl	1/2 fl oz
Orangen-Bitter	1 Spritzer		

Ecstasy Cocktail *Shortdrink*

Glas: Cocktailglas
Zubereitung: im Shaker

Cognac oder Weinbrand	1/3	2 cl	2/3 fl oz
Drambuie	1/3	2 cl	2/3 fl oz
Wermut, trocken	1/3	2 cl	2/3 fl oz

Edgar Wallace Cocktail *Champagner-, Sektcocktail*

Franz Reich, ÖBU, 1. Platz, Montreux 1929, Schweiz

Glas: Sektschale oder -kelch
Zubereitung: im Gästeglas, gerührt

Dry Gin, Gordon's	1/3	2 cl	2/3 fl oz
Grand Marnier	1/3	2 cl	2/3 fl oz
Orangensaft, frisch	1/3	2 cl	2/3 fl oz

mit Champagner oder Sekt auffüllen

Egghead *Longdrink*

Glas: mittlerer Tumbler, mit Eiswürfeln
Zubereitung: im elektrischen Mixer

Wodka	4 cl	1 1/3 fl oz
Orangensaft	12 cl	4 fl oz
Ei	1 ganzes	

Eight Bells Cocktail *Shortdrink*

Glas: Cocktailglas
Zubereitung: im Shaker
Garnitur: geriebene Muskatnuß

Jamaica-Rum	3/6	3 cl	1 fl oz
Mandarinenlikör, Van der Hum	1/6	1 cl	1/3 fl oz
Wermut, Noilly Prat	1/6	1 cl	1/3 fl oz
Orangensaft	1/6	1 cl	1/3 fl oz

88th Seoul Cocktail *Shortdrink*

Lee Byung Min, KBA, 30. Mundial 1982, Albufeira, Portugal

Glas:	Cocktailglas
Zubereitung:	im Shaker
Garnitur:	Zitronenscheibe

Ginseng Brandy	4/10	2,4 cl	3/4 fl oz
Wodka, Smirnoff	2/10	1,2 cl	1/3 fl oz
Zitronensaft	3/10	1,8 cl	2/3 fl oz
Orgeat Syrup	1/10	0,6 cl	1/6 fl oz

Eisbär *Longdrink*

Josef Stoxreiter, WIFI Innsbruck, Österreich

Glas:	großer Tumbler (Highballglas)
Zubereitung:	im Shaker

Wodka	3/4	4,5 cl	1 1/2 fl oz
Curaçao, blau	1/4	1,5 cl	1/2 fl oz

mit Tonic Water auffüllen

Elefantenschwanz-Cocktail *Shortdrink*

Glas:	Cocktailglas
Zubereitung:	im Shaker

Dry Gin	4/6	4 cl	1 1/3 fl oz
Cherry Brandy	1/6	1 cl	1/3 fl oz
Zitronensaft	1/6	1 cl	1/3 fl oz
Grenadine-Sirup	1 Spritzer		

Elisa Cocktail *Shortdrink*
Aldo Ferrier, Italien, 1. Preis, ICC 1976, Saint Vincent

Glas: Cocktailglas
Zubereitung: im Mixglas
Garnitur: Cocktailkirsche

Rum, Havana Club	4/8	3 cl	1 1/3 fl oz
Amaro Averna	1/8	0,75 cl	1/6 fl oz
Apricot Brandy, SIS	1/8	0,75 cl	1/6 fl oz
Wermut, Torino	1/8	0,75 cl	1/6 fl oz
mit Spumante, Gancia, brut, auffüllen	1/8	0,75 cl	1/6 fl oz

Elixier-Float *Longdrink*
Manfred Kanzler, Tourotel Linz, Österreich

Glas: großer Tumbler (Highballglas), mit Eiswürfeln
Zubereitung: im Gästeglas, in der angegebenen Reihenfolge
Garnitur: Zitronenscheibe
Service: Trinkhalm

Tonic Water	1 kleines Fläschchen	
Zitronensaft	1 Barlöffel	
Rossbacher Magenbitter (Float)	2 cl	2/3 fl oz

El Presidente *Shortdrink*
Glas: Cocktailglas
Zubereitung: im Shaker

Rum, Carta d'oro	4/6	4 cl	1 1/3 fl oz
Wermut, trocken	1/6	1 cl	1/3 fl oz
Orangensaft	1/6	1 cl	1/3 fl oz
Grenadine-Sirup	1 Spritzer		

Elysée Cocktail *Shortdrink*
Glas: Cocktailglas
Zubereitung: im Shaker

Curaçao, weiß	1/3	2 cl	2/3 fl oz
Crème de Vanille	1/3	2 cl	2/3 fl oz
Zitronensaft	1/3	2 cl	2/3 fl oz

Embassy Royal Cocktail *Shortdrink*
Glas: Cocktailglas
Zubereitung: im Shaker

Bourbon Whisk(e)y	2/4	3 cl	1 fl oz
Drambuie	1/4	1,5 cl	1/2 fl oz
Wermut, rot	1/4	1,5 cl	1/2 fl oz
Orangensaft	2 Spritzer		

Empire Cocktail *Shortdrink*
Glas: Cocktailglas
Zubereitung: im Shaker

Dry Gin	1/2	3 cl	1 fl oz
Cognac oder Weinbrand	1/4	1,5 cl	1/2 fl oz
Apricot Brandy	1/4	1,5 cl	1/2 fl oz

Empire Manhattan Cocktail
Glas: Tumbler
Zubereitung: im Mixglas
Garnitur: Cocktailkirsche

Canadian bzw. Bourbon Whisk(e)y	2/3	8 cl	2 2/3 fl oz
Wermut, rot	1/3	4 cl	1 1/3 fl oz
Angostura-Bitter	1 Spritzer		

*** Empire Martini Cocktail**
Glas: Cocktailglas
Zubereitung: im Mixglas
Garnitur: eine Olive oder Zitronenzeste

Dry Gin	5/6	10 cl	3 1/3 fl oz
Wermut, trocken	1/6	2 cl	2/3 fl oz

English Rose Cocktail *Shortdrink*

Glas:	Cocktailglas
Zubereitung:	im Shaker
Garnitur:	Zuckerrand

Dry Gin	2/4	3 cl	1 fl oz
Apricot Brandy	1/4	1,5 cl	1/2 fl oz
Wermut, trocken	1/4	1,5 cl	1/2 fl oz
Zitronensaft	1 Barlöffel		
Grenadine-Sirup	1 Barlöffel		

Erdbeerbowle *Bowle*
für 4–6 Personen

Bowlengefäß, Bowlengläser, Untertasse oder Weinkrug und Weingläser, Kaffeelöffel

Zubereitung: Die sauber gewaschenen und zerkleinerten Erdbeeren in das Gefäß geben, mit dem Staubzucker, Grand Marnier und einer Flasche Weißwein bedecken. Zwei Stunden im Kühlschrank kalt stellen und vor dem Servieren mit der zweiten Flasche Weißwein sowie dem Sekt auffüllen.

Garten- oder Walderdbeeren	0,5–1 kg
Grand Marnier	12 cl
Staubzucker	nach Geschmack
leichter Weißwein	2 Flaschen
trockener Champagner oder Sekt	1 Flasche

Erdbeer-Cobbler *Longdrink*

Glas:	Cobblerglas
Zubereitung:	im Gästeglas, 2/3 mit gestoßenem Eis gefüllt
Garnitur:	frische Erdbeeren
Service:	Unterteller, Serviette, Limonadenlöffel, Trinkhalm

Grand Marnier	1 Barlöffel
Läuterzucker	1 Barlöffel
pürierte Erdbeeren (im elektrischen Mixer)	1 Eßlöffel
mit Champagner oder Sekt auffüllen	

Erdbeerdrink *Milk-shake*

Glas: großer Tumbler (Highballglas)

Zubereitung: im Shaker

Die Erdbeeren vor dem Shaken mit einer Gabel zerdrücken.

Service: Trinkhalm

Cognac oder Weinbrand	2/3	4 cl	1 1/3 fl oz
Grand Marnier	1/3	2 cl	2/3 fl oz
Läuterzucker	2 Barlöffel		
Erdbeeren	5 Erdbeeren		
mit kalter Milch auffüllen			

Erdbeerfrappé *Milchfrappé*

Glas: großer Tumbler (Highballglas)

Zubereitung: im elektrischen Mixer, mit gestoßenem Eis

Garnitur: Schlagobers oder Früchte

Service: Trinkhalm

Erdbeeren, frische	2 Barlöffel	
Staubzucker	1 Barlöffel	
Vanilleeis	2 Kugeln	
Zitronensaft	2 cl	2/3 fl oz
Milch, kalte	20 cl	6 2/3 fl oz

Erdbeer-Sekt-Cocktail *Champagner-, Sektcocktail*

Glas: Sektkelch

Zubereitung: im Gästeglas

Die Zutaten in der angegebenen Reihenfolge in das Glas geben.

Service: Unterteller, Serviette, Kaffeelöffel

Erdbeeren, frische	5 Stück	
Curaçao, weiß	2 cl	2/3 fl oz

mit Champagner oder Sekt auffüllen

Erdbeershake *Milk-shake*

Glas: großer Tumbler (Highballglas)
Zubereitung: im Shaker oder im elektrischen Mixer
Garnitur: Trinkhalm

Frische Erdbeeren (im Mixer zerkleinert)		
Staubzucker	2 Barlöffel	
Zitronensaft	1 Barlöffel	
Milch, kalte	20 cl	6 2/3 fl oz

Esquire Manhattan Cocktail *Shortdrink*

Glas: Cocktailglas
Zubereitung: im Mixglas
Garnitur: Cocktailkirsche

Bourbon Whisk(e)y	1/2	3 cl	1 fl oz
Wermut, rot	1/2	3 cl	1 fl oz
Orangen-Bitter	1 Spritzer		

Eton Highball *Longdrink*

Glas: großer Tumbler (Highballglas)
Zubereitung: im Gästeglas, mit Eiswürfeln, rühren
Garnitur: Zitronenspirale
Service: Stirer

Dry Gin	1/3	2 cl	2/3 fl oz
Kirschwasser	1/3	2 cl	2/3 fl oz
Zitronensaft	1/3	2 cl	2/3 fl oz
Läuterzucker	2 Barlöffel		

mit Soda auffüllen

Evas Apfel *Longdrink*

Günter Ferstl, ÖBU, Sofiensäle-Bar, Wien

Glas: Tumbler
Zubereitung: im Gästeglas, rühren
Garnitur: Apfelspalte

Gin, Nicholson, Lamplighter	2/5	2 cl	2/3 fl oz
Wermut, Cinzano, rot	3/5	3 cl	1 fl oz
mit Golden Fresh, Schweppes, auffüllen			

*** Fairbank Cocktail** *Shortdrink*

Glas: Cocktailglas
Zubereitung: im Mixglas
Garnitur: Zitronenzeste

Dry Gin	1/2	3 cl	1 fl oz
Wermut, Noilly Prat	1/2	3 cl	1 fl oz
Orangen-Bitter	2 Spritzer		

Fairy Belle Cocktail *Shortdrink*

Glas: Cocktailschale oder Creamer
Zubereitung: im Shaker

Dry Gin	3/4	4,5 cl	1 1/2 fl oz
Apricot Brandy	1/4	1,5 cl	1/2 fl oz
Grenadine-Sirup	1 Barlöffel		
Eiweiß	1 ganzes		

Fallen Angel Cocktail *Shortdrink*

Glas: Cocktailglas
Zubereitung: im Shaker

Dry Gin	3/4	4,5 cl	1 1/2 fl oz
Zitronensaft	1/4	1,5 cl	1/2 fl oz
Crème de Menthe, grün	2 Spritzer		
Angostura-Bitter	1 Spritzer		

Fancy Free Cocktail *Shortdrink*

Glas: Cocktailglas
Zubereitung: im Shaker
Garnitur: Zuckerrand

Rye Whisk(e)y		6 cl	2 fl oz
Maraschino		2 Spritzer	
Angostura-Bitter		1 Spritzer	
Orangen-Bitter		1 Spritzer	

Feeling Cocktail *Shortdrink*
Gledys Enrique Abreu, AVB, 16. ICC 1982, Albufeira, Portugal

Glas: Cocktailglas
Zubereitung: im Mixglas

Whisky, Bell's	2/5	2,4 cl	3/4 fl oz
Wermut, trocken	1/5	1,2 cl	1/3 fl oz
Sherry, trocken	1/5	1,2 cl	1/3 fl oz
Wermut, rot	1/5	1,2 cl	1/3 fl oz
Angostura-Bitter	2 Spritzer		

Feigenwodka *Fancy drink*
Glas: Cocktailglas
Zubereitung: im Gästeglas
Garnitur: Kompottfeige und Stick

Wodka, eiskalt		4 cl	1 1/3 fl oz

Femina Cocktail *Shortdrink*
Glas: Cocktailglas
Zubereitung: im Shaker

Cognac oder Weinbrand	1/3	2 cl	2/3 fl oz
Bénédictine	1/3	2 cl	2/3 fl oz
Orangensaft	1/3	2 cl	2/3 fl oz

Fernet-Menthe *Pick-me-up*
Glas: Cocktailglas
Zubereitung: im Mixglas

Fernet-Branca	2/3	4 cl	1 1/3 fl oz
Crème de Menthe, weiß	1/3	2 cl	2/3 fl oz

Festrus Cocktail *Shortdrink*
Bjarne Eriksen, Norwegen, 1. Preis, ICC 1973, Los Angeles

Glas: Cocktailglas
Zubereitung: im Mixglas
Garnitur: Orangenzeste

Wodka, Smirnoff	1/3	2 cl	2/3 fl oz
Grand Marnier	1/3	2 cl	2/3 fl oz
Cinzano-Bitter	1/3	2 cl	2/3 fl oz

Feuerzangenbowle (Krambambuli) *Bowle*
für 4–6 Personen

feuerfeste Bowlengläser

Zubereitung: Den Rotwein leicht erhitzen und in einen feuerfesten Topf leeren. Den Zuckerhut auf die Feuerzange und beides auf den Topf legen. Nun den Zuckerhut mit einem Teil des Rums tränken und anzünden. Nach und nach den restlichen Rum mit einem Schöpfer über den Zucker gießen, bis dieser geschmolzen und in den Wein getropft ist. Den Zitronensaft beifügen, und die Bowle möglichst brennend in die feuerfesten Gläser füllen.

Service: Unterteller, Serviette

Zuckerhut	250 g
Rum, 80 %	1/2 Flasche
Rotwein	2 Flaschen
Zitronensaft	nach Geschmack

*** Fibber McGee Cocktail** *Shortdrink*

Glas: Cocktailglas
Zubereitung: im Mixglas
Garnitur: Zitronenzeste

Dry Gin	3/6	3 cl	1 fl oz
Wermut, rot	2/6	2 cl	2/3 fl oz
Grapefruitsaft	1/6	1 cl	1/3 fl oz

Fidele Cocktail *Shortdrink*
Gerard Kunzi, SBU, 16. ICC 1982, Albufeira, Portugal

Glas: Cocktailglas
Zubereitung: im Shaker
Garnitur: Kakaopulver

Rum, weiß	$5/10$	3 cl	1 fl oz
Kahlúa	$3/10$	1,8 cl	$2/3$ fl oz
Obers/Sahne	$2/10$	1,2 cl	$1/3$ fl oz
Anisette, Marie Brizard	1 Spritzer		

*** Fifty-fifty Cocktail** *Shortdrink*

Glas: Cocktailglas
Zubereitung: im Mixglas

Dry Gin	$1/2$	3 cl	1 fl oz
Wermut, trocken	$1/2$	3 cl	1 fl oz

*** Fireman's Sour** *Shortdrink*

Glas: kleiner Tumbler
Zubereitung: im Shaker
Garnitur: Orangenscheibe und Cocktailkirsche

Rum, Bacardi, Silver Label	$2/3$	4 cl	$1\,1/3$ fl oz
Zitronensaft	$1/3$	2 cl	$2/3$ fl oz
Grenadine-Sirup	1–2 Barlöffel		

First Night Cocktail *Shortdrink*

Glas: Cocktailschale oder Creamer
Zubereitung: im Shaker

Cognac oder Weinbrand	$1/2$	3 cl	1 fl oz
Tia Maria	$1/4$	1,5 cl	$1/2$ fl oz
Mandarinenlikör, Van der Hum	$1/4$	1,5 cl	$1/2$ fl oz
Obers/Sahne	1 Barlöffel		

"5 m of Albufeira" Cocktail *Shortdrink*

Horst Jayer, DBU, 16. ICC 1982, Albufeira, Portugal

Glas: Cocktailschale oder Creamer
Zubereitung: im Shaker
Garnitur: geschlagene(s) Obers/Sahne, Vanillezucker

Rum, Bacardi, Silver Label	3/10	1,8 cl	2/3 fl oz
Crème de Mandarines, Bols	2/10	1,2 cl	1/3 fl oz
Crème de Bananes, Bols	1/10	0,6 cl	1/6 fl oz
Galliano	1/10	0,6 cl	1/6 fl oz
Obers/Sahne, geschlagen	3/10	1,8 cl	2/3 fl oz
Grenadine-Sirup	1 Spritzer		

Fjord Club Cocktail *Shortdrink*
Helmut Godovits, M/S Vistafjord, Norwegian-American Cruises

Glas: Sektschale
Zubereitung: im Shaker
Garnitur: Zitronenscheibe und Cocktailkirsche

Campari	2/3	4 cl	1 1/3 fl oz
Cointreau	1/3	2 cl	2/3 fl oz
Zitronensaft	1 Barlöffel		
Grapefruitsaft	1 Barlöffel		
Läuterzucker	1 Barlöffel		

Flamingo Cocktail *Shortdrink*
Glas: Cocktailglas
Zubereitung: im Shaker

Dry Gin	3/6	3 cl	1 fl oz
Apricot Brandy	1/6	1 cl	1/3 fl oz
Zitronensaft	2/6	2 cl	2/3 fl oz
Grenadine-Sirup	3 Spritzer		

Flamingo Cooler *Longdrink*
Glas: großer Tumbler (Highballglas) oder Collinsglas (übergroßer Tumbler)
Zubereitung: im Gästeglas, mit Eiswürfeln
Service: Trinkhalm

Cuba-Rum	1/3	2 cl	2/3 fl oz
Curaçao, weiß	1/3	2 cl	2/3 fl oz
Orangensaft	1/3	2 cl	2/3 fl oz
Grenadine-Sirup	1 Spritzer		

mit Ginger Ale oder Soda auffüllen

Florida *alkoholfreier Drink*

Glas: großer Tumbler (Highballglas), mit gestoßenem Eis
Zubereitung: im Shaker
Garnitur: Pfefferminzzweig
Service: Trinkhalm

Grapefruitsaft	8 cl	2 2/3 fl oz
Orangensaft	2 cl	2/3 fl oz
Läuterzucker	2 cl	2/3 fl oz
Salz	1 Prise	

mit Soda auffüllen

Florida Sling *Longdrink*

Glas: Slingglas (übergroßer Tumbler)
Zubereitung: im Gästeglas
Den Tumbler mit Eiswürfeln füllen, die Ingredienzien eingießen, sehr gut verrühren und zum Schluß mit Ananassaft auffüllen.
Garnitur: Cocktailkirschen, Ananasstücke
Service: Trinkhalm

Dry Gin	2/4	3 cl	1 fl oz
Kirschlikör	1/4	1,5 cl	1/2 fl oz
Zitronensaft	1/4	1,5 cl	1/2 fl oz
Grenadine-Sirup	1 Barlöffel		

mit Ananassaft auffüllen

Flying Beauty Cocktail *Champagner-, Sektcocktail*

Glas: Sektschale oder -kelch
Zubereitung: im Shaker
Garnitur: Orangenscheibe

Dry Gin	1/3	2 cl	2/3 fl oz
Cointreau	1/3	2 cl	2/3 fl oz
Zitronensaft	1/3	2 cl	2/3 fl oz

mit Champagner oder Sekt auffüllen

Flying Dutchman Cocktail *Shortdrink*
Glas: Cocktailglas
Zubereitung: im Shaker

Genever	2/3	4 cl	1 1/3 fl oz
Zitronensaft	1/3	2 cl	2/3 fl oz

mit etwas kaltem Wasser verdünnen,
1 Barlöffel Zitronensaft darübergießen

Flying High *Longdrink*
Petter L. Andersen, NBF, 16. ICC 1982, Albufeira, Portugal

Glas: großer Tumbler (Highballglas)
Zubereitung: im Mixglas
Garnitur: Grapefruitscheibe, blaue Weintrauben

Wodka	3/9	3 cl	1 fl oz
Crème de Bananes, Bols	2/9	2 cl	2/3 fl oz
Lime Juice	3/9	3 cl	1 fl oz
Grenadine-Sirup	1/9	1 cl	1/3 fl oz

mit Soda auffüllen

Flying Superman Cocktail *Shortdrink*
Glas: Cocktailschale oder Creamer
Zubereitung: im Shaker

Armagnac	3/6	3 cl	1 fl oz
Apricot Brandy	1/6	1 cl	1/3 fl oz
Cherry Brandy	1/6	1 cl	1/3 fl oz
Obers/Sahne	1/6	1 cl	1/3 fl oz

Forester's Delight Cocktail *Shortdrink*

Glas: Cocktailglas
Zubereitung: im Shaker
Garnitur: Zuckerrand und Cocktailkirsche

Bourbon Whisk(e)y	1/2	3 cl	1 fl oz
Cointreau	1/2	3 cl	1 fl oz
Curaçao, blau	1 Spritzer		
Zitronensaft	1 Spritzer		

Frank's Cocktail *Shortdrink*

Glas: Cocktailglas
Zubereitung: im Shaker
Garnitur: Orangenspirale

Cognac oder Weinbrand	1/3	2 cl	2/3 fl oz
Galliano	1/3	2 cl	2/3 fl oz
Sherry, trocken	1/3	2 cl	2/3 fl oz

French Connection Cocktail *Shortdrink*

Glas: kleiner Tumbler
Zubereitung: im Gästeglas, mit Eiswürfeln

Cognac oder Weinbrand	1/2	3 cl	1 fl oz
Amaretto di Saronno Originale	1/2	3 cl	1 fl oz

French Cream Cocktail *Shortdrink*

Glas: Cocktailglas
Zubereitung: im Shaker

Cognac oder Weinbrand	1/3	2 cl	2/3 fl oz
Southern Comfort	1/3	2 cl	2/3 fl oz
Curaçao, orange	1/3	2 cl	2/3 fl oz

*** French Egg-nog** *Egg-nog*

Glas: großer Tumbler (Highballglas)
Zubereitung: im Shaker
Garnitur: geriebene Muskatnuß
Service: Unterteller, Serviette, Limonadenlöffel, Trinkhalm

Cognac oder Weinbrand	1/2	3 cl	1 fl oz
Cuba-Rum, weiß	1/2	3 cl	1 fl oz
Läuterzucker	1 Eßlöffel		
Ei	1 ganzes		
mit kalter Milch auffüllen			

French 75 *Fancy drink*

Glas: Sektschale oder -kelch
Zubereitung: im Shaker
Garnitur: Zitronenscheibe, Cocktailkirsche

Cognac oder Weinbrand	2/3	4 cl	1 1/3 fl oz
Zitronensaft	1/3	2 cl	2/3 fl oz
Läuterzucker	1 Barlöffel		
mit Champagner oder Sekt auffüllen			

French 75 Cocktail *Champagner-, Sektcocktail*

Glas: Sektschale oder -kelch
Zubereitung: im Shaker
Garnitur: Cocktailkirsche

Dry Gin	1/3	2 cl	2/3 fl oz
Cointreau	1/3	2 cl	2/3 fl oz
Zitronensaft	1/3	2 cl	2/3 fl oz
Pastis	1 Spritzer		
mit Champagner oder Sekt auffüllen			

Fromme Helene *Likörfrappé*

Glas: Cocktailschale oder Creamer
Zubereitung: im Gästeglas, mit geschabtem Eis, umrühren
Service: zwei kurze Trinkhalme

Maraschino	1/2	3 cl	1 fl oz
Eierlikör	1/2	3 cl	1 fl oz

Frozen Banana Daiquiri Cocktail *Shortdrink*

Glas: Cocktailschale

Zubereitung: im elektrischen Mixer, mit gestoßenem Eis Das fertige Getränk mit dem Eis in die Cocktailschale abfüllen.

Garnitur: Bananenscheibe, Cocktailkirsche

Service: zwei kurze Trinkhalme

Jamaica-Rum	4/6	4 cl	1 1/3 fl oz
Limonensaft	1/6	1 cl	1/3 fl oz
Läuterzucker	1/6	1 cl	1/3 fl oz

Frozen Caruso Cocktail *Shortdrink*

Glas: Cocktailglas, mit gestoßenem Eis

Zubereitung: im Shaker

Service: zwei kurze Trinkhalme

Dry Gin	1/3	2 cl	2/3 fl oz
Crème de Menthe, grün	1/3	2 cl	2/3 fl oz
Wermut, trocken	1/3	2 cl	2/3 fl oz

Frozen Daiquiri Cocktail 1 *Shortdrink*

Glas: Cocktailglas

Zubereitung: im elektrischen Mixer, mit gestoßenem Eis Das fertige Getränk mit dem Eis in das Cocktailglas abfüllen.

Service: zwei kurze Trinkhalme

Rum, Bacardi, Silver Label	2/3	4 cl	1 1/3 fl oz
Limonensaft	1/3	2 cl	2/3 fl oz
Läuterzucker	1 Barlöffel		

Frozen Daiquiri Cocktail 2 *Shortdrink*

Glas: Cocktailglas, mit gestoßenem Eis

Zubereitung: im Shaker

Service: zwei kurze Trinkhalme

Rum, Bacardi, Silver Label	3/4	4,5 cl	1 1/2 fl oz
Limonensaft	1/4	1,5 cl	1/2 fl oz
Läuterzucker	1 Barlöffel		

Bild 1: **Früchte für Garnituren,** 1 Erdbeeren, 2 Kiwi, 3 Orange, 4 Pomello, 5 Granatäpfel, 6 Weintrauben, 7 Ananas, 8 Bananen, 9 Zitronen, 10 Mandarine, 11 Grapefruits, 12 Limone, 13 Äpfel, 14 Melone, 15 Mangos, 16 Limetten, 17 Papaya, 18 Datteln, 19 Kumquat, 20 Tomarillo, 21 Lychees

Bild 2: Cocktailgarnituren

Bild 3: 1 Perlzwiebelstick, 2 Limette, 3 Granatapfel, 4 grüne Cocktailkirschen, 5 frische und eingelegte Lychees, 6 Kokosnußcreme, 7 frische und eingelegte Mandarinen, 8 eingelegte Feigen, 9 frische Papaya, 10 Papaya-Nektar, 11 Bananen-Sirup, 12 Maracuja-Sirup, 13 Zuckerrohr-Sirup, 14 Grenadine-Sirup, 15 Lime juice, 16 Mango-Sirup, 17 Eau de fleur d'orange, 18 rote Cocktailkirschen, 19 Zitrone, 20 Pimm's No. 1 Cup (Rezept Seite 277), 21 Manhattan Cocktail 1 (Rezept Seite 229)

Bild 4: **Aperitifs,** *Cynar-Soda (links) und Cynar pur mit Eis (rechts), Sundries (Pistazien, Soletti)*

Früchtewodka *Bowle*
für 4–6 Personen

Glas: Bowlengläser oder Weingläser
Zubereitung: Die Früchte in eine Karaffe geben, die Alkoholika darüberleeren und mindestens 6–12 Stunden im Kühlschrank ziehen lassen.
Service: eiskalt, jedoch ohne die Früchte servieren

Wodka	20 cl	6 2/3 fl oz
Kirschwasser	4 cl	1 1/3 fl oz
Slibowitz	2 cl	2/3 fl oz
Dry Gin	2 cl	2/3 fl oz
Barack Pálinka	2 cl	2/3 fl oz
Cointreau	1 cl	1/3 fl oz

1/2 Ananasscheibe, 1/2 Pfirsich, 1/2 Orange, 1/2 Zitrone, Kirschen, Mandeln

---

Funny Girl *Shortdrink*
Udo Nagiller, ÖBU, Grand Hotel Carlton, St. Moritz, Schweiz

Glas: Cocktailglas
Zubereitung: im Shaker

Cognac	1/3	2 cl	2/3 fl oz
Apricot Brandy	1/3	2 cl	2/3 fl oz
Wermut, rot	1/3	2 cl	2/3 fl oz

Gabriela *Longdrink*
Vicente Daniel Gois de Sousa, Portugal, 2. Preis ICC, Vizeweltmeister 1984, Hamburg

Glas: großer Tumbler
Zubereitung: im Gästeglas
Garnitur: Zitronen- und Orangenscheibe, rote und grüne Kirsche, Minzblatt

Wodka, Smirnoff	1/2	3 cl	1 fl oz
Liqueur Coco Ribe	1/4	1,5 cl	1/2 fl oz
Curaçao, blau, Bols	1/4	1,5 cl	1/2 fl oz
Pernod	2 Tropfen		

mit Bitter Lemon, Schweppes, auffüllen

Galliano Kir *Longdrink*

Glas: Weinglas
Zubereitung: im Gästeglas

Galliano	1,5 cl	1/2 fl oz

mit trockenem Weißwein auffüllen

Galliano Sour *Shortdrink*

Glas: kleiner Tumbler
Zubereitung: im Shaker
Garnitur: 1. Orangenscheibe und Cocktailkirsche
2. Orangenscheibe, Cocktailkirsche und Zitronenscheibe auf Garnitur-Stick

Bourbon Whisk(e)y	1/6	1 cl	1/3 fl oz
Galliano	2/6	2 cl	2/3 fl oz
Orangensaft	1/6	1 cl	1/3 fl oz
Zitronensaft	2/6	2 cl	2/3 fl oz
Läuterzucker	1–2 Barlöffel		

Galliano Special Cocktail *Shortdrink*

Rudolf Forster, HFS und HLA f. FVK-Berufe, Villach, Österreich

Glas: Cocktailglas
Zubereitung: im Shaker
Garnitur: Orangen- und Zitronenscheibe, Cocktailkirsche

Rum, Bacardi, Silver Label	1/3	2 cl	2/3 fl oz
Galliano	1/3	2 cl	2/3 fl oz
Apricot Brandy	1/3	2 cl	2/3 fl oz

Gargarin *Longdrink*

Fritz Schaller, ÖBU, Taverne Jochberg, 1. Preis ÖBU-Longdrink-Wettbewerb 1982, Linz, Österreich

Glas:	großer Tumbler (Highballglas)
Zubereitung:	im Shaker
Garnitur:	Erdbeere, Zitrone, Kiwi, Minze

Wodka, Stolichnaya	2/4	3 cl	1 fl oz
Crème de Cassis	1/4	1,5 cl	1/2 fl oz
Cherry Brandy	1/4	1,5 cl	1/2 fl oz
Lime Juice	3 Spritzer		
mit Champagner auffüllen			

*** Gasparone Flip** *Flip*

Glas:	Flipglas oder Sekttulpe
Zubereitung:	im Shaker oder im elektrischen Mixer
Garnitur:	geriebene Muskatnuß

Scotch Whisky	2/3	4 cl	1 1/3 fl oz
Cognac oder Weinbrand	1/3	2 cl	2/3 fl oz
Grenadine-Sirup	1 Barlöffel		
Eigelb	1 ganzes		

Gastein Valley Cocktail *Shortdrink*

Bruno Hinterwirth, Hotelfachschule, Bad Hofgastein, Österreich

Glas:	Cocktailglas
Zubereitung:	im Shaker
Garnitur:	Cocktailkirsche zwischen zwei halben Orangenscheiben

Dry Gin	2/3	2 cl	2/3 fl oz
Apricot Brandy	1/6	1 cl	1/3 fl oz
Campari	1/6	1 cl	1/3 fl oz
Zitronensaft	1/6	1 cl	1/3 fl oz
Orangensaft	1/6	1 cl	1/3 fl oz

Genova-Punsch *warmer Punsch*

Glas: Punsch- oder Teeglas
Zubereitung: im Gästeglas
Die Zutaten mit heißem Wasser aufgießen.
Service: Unterteller, Serviette, Kaffeelöffel

Aquavit	3/8	3 cl	1 fl oz
Kirschwasser	2/8	2 cl	2/3 fl oz
Jamaica-Rum	1/8	1 cl	1/3 fl oz
Zitronensaft	2/8	2 cl	2/3 fl oz
Läuterzucker	2 Barlöffel		

Gertschi's Lady *Shortdrink*

Gerhard Dorner, Tourotel, Linz, Österreich

Glas: Cocktailglas
Zubereitung: im Shaker
Garnitur: Zitronenscheibe, Kirsche

Dry Gin	1/3	2 cl	2/3 fl oz
Crème de Cassis, Bols	1/3	2 cl	2/3 fl oz
Zitronensaft	1/3	2 cl	2/3 fl oz

*** Gibson Dry Cocktail** *Shortdrink*

Glas: Cocktailglas
Zubereitung: im Mixglas
Garnitur: Cocktailzwiebel auf Spießchen

Dry Gin	2/3	4 cl	1 1/3 fl oz
Wermut, trocken	1/3	2 cl	2/3 fl oz

*** Gibson Extra Dry Cocktail** *Shortdrink*

Glas: Cocktailglas
Zubereitung: im Mixglas
Garnitur: Cocktailzwiebel auf Spießchen

Dry Gin	5/6	5 cl	1 2/3 fl oz
Wermut, trocken	1/6	1 cl	1/3 fl oz

Gibson Girl Cobbler *Longdrink*

Glas: Cobblerglas

Zubereitung: im Gästeglas, 2/3 mit gestoßenem Eis gefüllt

Garnitur: Ananasstücke, Cocktailkirschen, Kiwifrüchte

Service: Unterteller, Serviette, Limonadenlöffel, Trinkhalm

Ananassaft	4/6	4 cl	1 1/3 fl oz
Orangensaft	1/6	1 cl	1/3 fl oz
Zitronensaft	1/6	1 cl	1/3 fl oz

mit Champagner oder Sekt auffüllen

Gimlet *Shortdrink*

Glas: Tumbler

Zubereitung: im Gästeglas, mit Eiswürfeln

Garnitur: Zitronenspalte

Dry Gin	5/6	5 cl	1 2/3 fl oz
Lime Juice	1/6	1 cl	1/3 fl oz

*** Gin Cocktail** *Shortdrink*

Glas: Cocktailglas

Zubereitung: im Mixglas

Garnitur: Cocktailkirsche

Dry Gin	6 cl	2 fl oz
Läuterzucker	3 Spritzer	
Orangen-Bitter	3 Spritzer	
Angostura-Bitter	2 Spritzer	

*** Gin and French Cocktail** *Shortdrink*

Glas: Cocktailglas

Zubereitung: im Gästeglas

Very dry:

Dry Gin	2/3	4 cl	1 1/3 fl oz
Wermut, Noilly Prat	1/3	2 cl	2/3 fl oz

Dry:			
Dry Gin	1/2	3 cl	1 fl oz
Wermut, Noilly Prat	1/2	3 cl	1 fl oz
Medium:			
Dry Gin	1/3	2 cl	2/3 fl oz
Wermut, Noilly Prat	2/3	4 cl	1 1/3 fl oz

*** Gin and It Cocktail** *Shortdrink*

Glas: Cocktailglas
Zubereitung: im Mixglas
Garnitur: Cocktailkirsche

Dry:			
Dry Gin	2/3	4 cl	1 1/3 fl oz
Wermut, rot	1/3	2 cl	2/3 fl oz
Medium:			
Dry Gin	1/2	3 cl	1 fl oz
Wermut, rot	1/2	3 cl	1 fl oz
Sweet:			
Dry Gin	1/3	2 cl	2/3 fl oz
Wermut, rot	2/3	4 cl	1 1/3 fl oz

*** Gin and Sin Cocktail** *Shortdrink*

Glas: Cocktailglas
Zubereitung: im Shaker

Dry Gin	4/6	4 cl	1 1/3 fl oz
Orangensaft	1/6	1 cl	1/3 fl oz
Zitronensaft	1/6	1 cl	1/3 fl oz
Grenadine-Sirup	1 Spritzer		

*** Gin Buck Rickey** *Longdrink*

Glas: großer Tumbler (Highballglas) oder Collinsglas (übergroßer Tumbler)
Zubereitung: im Gästeglas, mit Eiswürfeln
Service: Trinkhalm

Dry Gin	$2/3$	4 cl	$1\,1/3$ fl oz
Zitronensaft oder			
Lime Juice	$1/3$	2 cl	$2/3$ fl oz
mit Ginger Ale auffüllen			

✻ Gin Cooler *Longdrink*

Glas: großer Tumbler (Highballglas)
Zubereitung: im Shaker
Service: Trinkhalm

Dry Gin	$2/3$	4 cl	$1\,1/3$ fl oz
Zitronensaft	$1/3$	2 cl	$2/3$ fl oz
Läuterzucker	2 Barlöffel		
mit Ginger Ale auffüllen			

Gin Crusta *Shortdrink*

Glas: Crusta- oder Rotweinglas
Zubereitung: im Gästeglas
Garnitur: Zuckerrand, Zitronenspirale
Service: Trinkhalm

Dry Gin	$2/3$	4 cl	$1\,1/3$ fl oz
Zitronensaft	$1/3$	2 cl	$2/3$ fl oz
Maraschino	2 Spritzer		
Läuterzucker	1 Barlöffel		
Angostura-Bitter	1 Spritzer		

✻ Gin Daisy *Longdrink*

Glas: Sekt- oder Cobblerglas
Zubereitung: im Shaker
Garnitur: Zitronenscheibe, Cocktailkirsche
Service: Limonadenlöffel, Trinkhalm

Dry Gin		4 cl	$1\,1/3$ fl oz
Grenadine-Sirup		1 Barlöffel	
Zitronensaft		1 Barlöffel	
Läuterzucker		2 Barlöffel	
ein Schuß Soda			

∗ Gin Fix *Longdrink*

Glas: Punschglas

Zubereitung: im Shaker, das Gästeglas mit geschabtem Eis füllen

Garnitur: Zitronenscheibe oder Früchte

Dry Gin	2/3	4 cl	1 1/3 fl oz
Zitronensaft	1/3	2 cl	2/3 fl oz
Läuterzucker	1 Barlöffel		

∗ Gin Fizz *Longdrink*

Glas: mittlerer Tumbler

Zubereitung: im Shaker

Dry Gin	2/3	4 cl	1 1/3 fl oz
Zitronensaft	1/3	2 cl	2/3 fl oz
Läuterzucker	2–3 Barlöffel		
mit Soda auffüllen			

Gin Grog *Grog*

Glas: Grogglas

Zubereitung: im Gästeglas

Garnitur: Zitronenscheibe

Service: Unterteller, Serviette, Kaffeelöffel

Dry Gin	2/3	4 cl	1 1/3 fl oz
Zitronensaft	1/3	2 cl	2/3 fl oz
Würfelzucker	2–3 Stück		
Gewürznelken	2 Stück		
etwas Zimt			
heißes Wasser			

Gin Julep *Longdrink*

Glas: großer Tumbler (Highballglas)

Zubereitung: im Gästeglas

Die Blätter von zwei Pfefferminzzweigen in das Glas geben, mit zwei Barlöffeln Zucker bestreuen und mit dem Barlöffel ausdrükken. Die Blätter wieder entfernen und das Glas zu 3/4 mit feingestoßenem Eis füllen und mit Gin aufgießen.

Garnitur: Pfefferminzzweige, Maraschinokirschen
Service: Trinkhalm, Limonadenlöffel

Dry Gin	4 cl	1 1/3 fl oz
Angostura-Bitter	1 Spritzer	

mit etwas Wasser leicht verrühren

*** Gin Puff** *Longdrink*
Glas: großer Tumbler (Highballglas)
Zubereitung: im Shaker
Service: Trinkhalm

Dry Gin	6 cl	2 fl oz
Milch	4 cl	1 1/3 fl oz

mit Soda auffüllen

*** Gin Rickey** *Longdrink*
Glas: großer Tumbler (Highballglas)
Zubereitung: im Gästeglas, mit Eiswürfeln
Service: Trinkhalm

Dry Gin	2/3	4 cl	1 1/3 fl oz
Zitronensaft oder			
Lime Juice	1/3	2 cl	2/3 fl oz

mit Soda auffüllen

*** Gin Sling** *Longdrink*
Glas: Slingglas (übergroßer Tumbler)
Zubereitung: im Gästeglas
Den Tumbler mit Eiswürfeln füllen, die Ingredienzien eingießen, sehr gut verrühren und zum Schluß mit kaltem Wasser, Soda, Tee oder Ginger Ale auffüllen.
Garnitur: Zitronenscheibe, Cocktailkirsche
Service: Trinkhalm

Dry Gin	2/3	4 cl	1 1/3 fl oz
Zitronensaft	1/3	2 cl	2/3 fl oz
Läuterzucker		1 Barlöffel	
Grenadine-Sirup		1 Spritzer	

*** Gin Sour** *Shortdrink*

Glas: kleiner Tumbler
Zubereitung: im Shaker
Garnitur: 1. Orangenscheibe und Cocktailkirsche
2. Orangenscheibe, Cocktailkirsche und Zitronenscheibe auf Garnitur-Stick

Dry Gin	2/3	4 cl	1 1/3 fl oz
Zitronensaft	1/3	2 cl	2/3 fl oz
Läuterzucker	1–2 Barlöffel		

Gin Swizzle *Longdrink*

Glas: großer Tumbler (Highballglas)
Zubereitung: im Gästeglas, mit gestoßenem Eis und Swizzle-stick

Dry Gin	2/3	4 cl	1 1/3 fl oz
Lime Juice	1/3	2 cl	2/3 fl oz
Läuterzucker	2 Spritzer		
Angostura-Bitter	2 Spritzer		

*** Gin Toddy, hot** *Toddy*

Glas: Punsch- oder Teeglas
Zubereitung: im Gästeglas
Die Zutaten mit heißem Wasser aufgießen.
Garnitur: Zitronenscheibe
Service: Unterteller, Serviette, Trinkhalm

Dry Gin	4 cl	1 1/3 fl oz
Läuterzucker	2–3 Barlöffel	

mit heißem Wasser auffüllen
geriebene Mußkatnuß

Gin Tropical *Longdrink*

Glas: großer Tumbler (Highballglas) oder Collinsglas (übergroßer Tumbler)
Zubereitung: im Shaker
Garnitur: Maraschinokirsche, Orangenscheibe
Service: Trinkhalm

Dry Gin		3 cl	1 fl oz
Curaçao, blau		1,5 cl	½ fl oz
Passionsfruchtsaft		3 cl	1 fl oz
mit Soda auffüllen			

*** Gin Twist** *Shortdrink*

Glas: Sektkelch oder -schale
Zubereitung: im Mixglas
Garnitur: Zitronenzeste

Dry Gin	3/6	3 cl	1 fl oz
Curaçao, weiß	1/6	1 cl	⅓ fl oz
Zitronensaft	2/6	2 cl	⅔ fl oz
Grenadine-Sirup oder Himbeersaft	3 Barlöffel		

*** Ginger Fizz** *Longdrink*

Glas: mittlerer Tumbler
Zubereitung: im Shaker

Dry Gin	⅔	4 cl	1⅓ fl oz
Zitronensaft	⅓	2 cl	⅔ fl oz
Läuterzucker	2–3 Barlöffel		
mit Ginger Ale auffüllen			

Ginny *Shortdrink*

Liam Bell, Großbritannien, 3. Preis ICC 1984, Hamburg

Glas: Cocktailschale oder Creamer
Zubereitung: im Shaker
Garnitur: Zitronenschalenring

Gin, Beefeater	⅓	2 cl	⅔ fl oz
Apricot Brandy, Bols	1/6	1 cl	⅓ fl oz
Wermut, Martini, trocken	1/6	1 cl	⅓ fl oz
Zitronensaft, frisch	⅓	2 cl	⅔ fl oz
Eiweiß	1 Spritzer		

Gino *Shortdrink*

Günter Ferstl, ÖBU, Sofiensäle-Bar, Wien,
3. Preis NCK 1984, Salzburg

Glas:	Cocktailglas
Zubereitung:	im Mixglas, rühren
Garnitur:	Zitronenzeste, Oliven, Zwergtomate

Wodka, Wyborowa	1/3	2 cl	2/3 fl oz
Gin, Gordon's	1/3	2 cl	2/3 fl oz
Wermut, Martini, trocken	1/3	2 cl	2/3 fl oz

Gloom Chaser Cocktail *Shortdrink*

Glas:	Cocktailglas
Zubereitung:	im Shaker

Grand Marnier	1/4	1,5 cl	1/2 fl oz
Curaçao, weiß	1/4	1,5 cl	1/2 fl oz
Grenadine-Sirup	1/4	1,5 cl	1/2 fl oz
Zitronensaft	1/4	1,5 cl	1/2 fl oz

Gloom Raiser Cocktail *Shortdrink*

Glas:	Cocktailglas
Zubereitung:	im Mixglas
Garnitur:	Zitronenzeste

Dry Gin	1/2	3 cl	1 fl oz
Wermut, Noilly Prat	1/2	3 cl	1 fl oz
Pastis	2 Spritzer		
Grenadine-Sirup	2 Spritzer		

Gloria Cocktail *Shortdrink*

Giorgio Guida, Italien, 1. Preis ICC 1976, Saint Vincent

Glas:	Cocktailglas
Zubereitung:	im Shaker
Garnitur:	Zitronenschale und Cocktailkirsche

Weinbrand, Royal Stock	2/8	1,5 cl	1/2 fl oz
Whiskey, Old Crown	2/8	1,5 cl	1/2 fl oz
Campari	2/8	1,5 cl	1/2 fl oz
Wermut, Carpano, Punt e Mes	1/8	0,75 cl	1/4 fl oz
Amaretto di Saronno Originale	1/8	0,75 cl	1/4 fl oz

Godfather Cocktail *Shortdrink*
Glas: kleiner Tumbler, mit Eiswürfeln
Zubereitung: im Mixglas

Bourbon Whisk(e)y	3/4	4,5 cl	1 1/2 fl oz
Amaretto di Saronno Originale	1/4	1,4 cl	1/2 fl oz

Godmother Cocktail *Shortdrink*
Glas: kleiner Tumbler, mit Eiswürfeln
Zubereitung: im Mixglas

Wodka	3/4	4,5 cl	1 1/2 fl oz
Amaretto di Saronno Originale	1/4	1,5 cl	1/2 fl oz

Golden Cadillac Cocktail *Shortdrink*
Glas: Cocktailschale oder Creamer
Zubereitung: im Shaker

Galliano	1/4	1,5 cl	1/2 fl oz
Crème de Bananes	1/4	1,5 cl	1/2 fl oz
Orangensaft	1/4	1,5 cl	1/2 fl oz
Obers/Sahne	1/4	1,5 cl	1/2 fl oz

Golden Dawn Cocktail *Shortdrink*

Glas: Sektschale
Zubereitung: im Shaker

Dry Gin	3/6	3 cl	1 fl oz
Orangensaft	2/6	2 cl	2/3 fl oz
Zitronensaft	1/6	1 cl	1/3 fl oz
Apricot Brandy	1 Barlöffel		
Grenadine-Sirup	3 Spritzer		

Golden Dream Cocktail *Shortdrink*

Leroy Sharon, Marineland, Kalifornien,
1. Preis WCC 1959

Glas: Cocktailschale oder Creamer
Zubereitung: im Shaker

Galliano	1/4	1,5 cl	1/2 fl oz
Cointreau	1/4	1,5 cl	1/2 fl oz
Orangensaft	1/4	1,5 cl	1/2 fl oz
Obers/Sahne	1/4	1,5 cl	1/2 fl oz

*** Golden Fizz** *Longdrink*

Glas: mittlerer Tumbler
Zubereitung: im Shaker

Dry Gin	2/3	4 cl	1 1/3 fl oz
Zitronensaft	1/3	2 cl	2/3 fl oz
Läuterzucker	3 Barlöffel		
Eigelb	1 ganzes		
mit Soda auffüllen			

*** Golden Gin Cocktail** *Shortdrink*

Glas: Cocktailglas
Zubereitung: im Shaker
Garnitur: drei Cocktailkirschen

Dry Gin	1/2	3 cl	1 fl oz
Wermut, rot	1/2	3 cl	1 fl oz
Curaçao, weiß	2 Barlöffel		
Grenadine-Sirup	2 Barlöffel		

Golden Heart Cocktail *Shortdrink*

Glas: Cocktailglas
Zubereitung: im Shaker

Dry Gin	1/4	1,5 cl	1/2 fl oz
Apricot Brandy	2/4	3 cl	1 fl oz
Orangensaft	1/4	1,5 cl	1/2 fl oz

Golden Heath Cocktail *Shortdrink*

Glas: Cocktailglas
Zubereitung: im Shaker

Calvados	1/3	2 cl	2/3 fl oz
Drambuie	1/3	2 cl	2/3 fl oz
Zitronensaft	1/3	2 cl	2/3 fl oz

Golden Kiwi Cocktail *Champagner-, Sektcocktail*

Peter Roth, SBU, Kronenhallen-Bar, Zürich

Glas: Sektschale
Zubereitung: im Mixglas
Garnitur im Glas vorher zubereiten.
Garnitur: vier Scheiben Kiwi, eine Cocktailkirsche

Rum, Negrita, weiß	1/2	3 cl	1 fl oz
Gold Liqueur, Bols, oder Cointreau	1/2	3 cl	1 fl oz
Maraschino, Luxardo	2 Spritzer		

mit halb Ginger Ale und halb Champagner auffüllen

Golden Lady Cocktail *Champagner-, Sektcocktail*

Glas: Sektschale
Zubereitung: im Shaker

Cognac oder Weinbrand	2/4	3 cl	1 fl oz
Curaçao, weiß	1/4	1,5 cl	1/2 fl oz
Orangensaft	1/4	1,5 cl	1/2 fl oz

mit Champagner oder Sekt auffüllen

Golden Medaillon Cocktail			*Shortdrink*
Glas:			Cocktailglas
Zubereitung:			im Shaker
Cognac oder Weinbrand	1/3	2 cl	2/3 fl oz
Galliano	1/3	2 cl	2/3 fl oz
Orangensaft	1/3	2 cl	2/3 fl oz
Eiweiß	1 Spritzer		

Golden Tatch Cocktail			*Shortdrink*
Peter Cooke, BAI, 16. ICC 1982, Albufeira, Portugal			
Glas:			Cocktailglas
Zubereitung:			im Mixglas
Garnitur:			Gurkenscheibe, Cocktailzwiebel
Wodka, Smirnoff	3/5	3,6 cl	1 1/3 fl oz
Portwein, weiß, Cockburn's	1/5	1,2 cl	1/3 fl oz
Wermut, Martini, trocken	1/5	1,2 cl	1/3 fl oz

*** Gonzales Flip**			*Flip*
Glas:			Flipglas oder Sekttulpe
Zubereitung:			im Shaker
Garnitur:			geriebene Muskatnuß
Curaçao, weiß	1/2	3 cl	1 fl oz
Zitronensaft	1/2	3 cl	1 fl oz
Läuterzucker	2 Barlöffel		
Eigelb	1 ganzes		

Good Luck Cocktail			*Shortdrink*
Glas:			Cocktailschale oder Creamer
Zubereitung:			im Shaker
Cuba-Rum	1/3	2 cl	2/3 fl oz
Crème de Cacao	2/3	4 cl	1 1/3 fl oz
Orangensaft	3 Barlöffel		
Läuterzucker	1 Barlöffel		
Obers/Sahne	3 Barlöffel		

Graf-Heinrich-Cocktail *Shortdrink*
Fritz Schaller, ÖBU, 1. Preis, Graz 1983, Österreich

Glas:	Cocktailglas
Zubereitung:	im Shaker
Garnitur:	Kirsche und Kiwi

Dry Gin, Henkes'	1/6	1 cl	1/3 fl oz
Wiener Schokolade, Likör	2/6	2 cl	2/3 fl oz
Batida de Coco	2/6	2 cl	2/3 fl oz
Ananassaft, Del Monte	1/6	1 cl	1/3 fl oz

Grand Prix Cocktail *Champagner-, Sektcocktail*

Glas:	Sektschale oder -kelch
Zubereitung:	im Shaker
Garnitur:	Zuckerrand

Cognac oder Weinbrand	1/2	3 cl	1 fl oz
Curaçao, weiß	1/2	3 cl	1 fl oz
Eigelb	1 ganzes		

mit Champagner oder Sekt auffüllen

Grand Slam Cocktail *Shortdrink*

Glas:	Cocktailglas
Zubereitung:	im Shaker

Schwedenpunsch	2/4	3 cl	1 fl oz
Wermut, trocken	1/4	1,5 cl	1/2 fl oz
Wermut, rot	1/4	1,5 cl	1/2 fl oz

Grapefruit Cocktail *alkoholfreier Drink*

Glas:	Cocktailglas, mit Eiswürfeln
Zubereitung:	im MIxglas

Grapefruitsaft	2/3	4 cl	1 1/3 fl oz
Traubensaft, weiß	1/3	2 cl	2/3 fl oz
Läuterzucker	2 Barlöffel		

Grapefruit Cocktail *Champagner-, Sektcocktail*

Glas:	Sektschale oder -kelch
Zubereitung:	im Shaker
Garnitur:	Orangenscheibe

Doornkaat	$^1/_4$	1,5 cl	$^1/_2$ fl oz
Läuterzucker	$^1/_4$	1,5 cl	$^1/_2$ fl oz
Grapefruitsaft	$^2/_4$	3 cl	1 fl oz

mit Champagner oder Sekt auffüllen

*** Grapefruit Cocktail** *Shortdrink*

Glas:	kleiner Tumbler
Zubereitung:	im Shaker
Garnitur:	Zitronenscheibe

Cognac oder Weinbrand	$^1/_3$	2 cl	$^2/_3$ fl oz
Wermut, rot	$^1/_3$	2 cl	$^2/_3$ fl oz
Grapefruitsaft	$^1/_3$	2 cl	$^2/_3$ fl oz
Angostura-Bitter	1 Spritzer		

*** Grapefruit Tonic** *Longdrink*

Glas:	großer Tumbler (Highballglas)
Zubereitung:	im Gästeglas, mit Eiswürfeln

Dry Gin	$^2/_{10}$	2 cl	$^2/_3$ fl oz
Grapefruitsaft	$^8/_{10}$	8 cl	$2^2/_3$ fl oz
Curaçao, weiß	1 Spritzer		

mit Tonic Water auffüllen

Grasshopper Cocktail *Shortdrink*

Glas:	Cocktailschale oder Creamer
Zubereitung:	im Shaker

Crème de Menthe, grün	$^1/_3$	2 cl	$^2/_3$ fl oz
Crème de Cacao, weiß	$^1/_3$	2 cl	$^2/_3$ fl oz
Obers/Sahne	$^1/_3$	2 cl	$^2/_3$ fl oz

Grasshopper Pousse-café *Pousse-café*

Glas: Pousse-café-Glas oder Sektflöte

Zubereitung: im Gästeglas

Die Liköre über den Rücken eines Barlöffels in der angegebenen Reihenfolge vorsichtig in das Glas leeren.

Service: Trinkhalm

Crème de Menthe, grün	1/2	3 cl	1 fl oz
Crème de Cacao, weiß	1/2	3 cl	1 fl oz

Green Fizz *Longdrink*

Glas: mittlerer Tumbler

Zubereitung: im Shaker

Dry Gin	2/4	3 cl	1 fl oz
Crème de Menthe, grün	1/4	1,5 cl	1/2 fl oz
Zitronensaft	1/4	1,5 cl	1/2 fl oz
Läuterzucker	3 Barlöffel		
Eiweiß	1 ganzes		
mit Soda auffüllen			

Green Hope Cocktail *Shortdrink*

Weltmeister Sven-Age Jonsbråten, Norwegen, 1. Preis 1979, Opatija, Jugoslawien

Glas: Cocktailschale oder Creamer

Zubereitung: im Shaker

Garnitur: rote und grüne Kirschen

Wodka, Cossack	4/8	3 cl	1 fl oz
Curaçao, grün, Bols	2/8	1,5 cl	1/2 fl oz
Crème de Bananes, Bols	1/8	0,75 cl	1/4 fl oz
Trauben- und Zitronensaft	1/8	0,75 cl	1/4 fl oz

Greta Garbo Cocktail *Shortdrink*

Glas: Cocktailglas

Zubereitung: im Shaker

Schwedenpunsch	4/6	4 cl	1 1/3 fl oz
Orangensaft	1/6	1 cl	1/3 fl oz
Zitronensaft	1/6	1 cl	1/3 fl oz

Gritti Cocktail *Longdrink*

Glas: großer Tumbler (Highballglas)
Zubereitung: im Shaker
Garnitur: Zitronenspalte

China-Martini	1/6	1 cl	1/3 fl oz
Campari	2/6	2 cl	2/3 fl oz
Wermut, trocken	3/6	3 cl	1 fl oz

mit Mineralwasser auffüllen

Großherzogin-Cocktail *Shortdrink*

Glas: Cocktailglas
Zubereitung: im Shaker

Wodka	1/3	2 cl	2/3 fl oz
Rum, Bacardi, Silver Label	1/3	2 cl	2/3 fl oz
Zitronensaft	1/3	2 cl	2/3 fl oz
Grenadine-Sirup	1 Barlöffel		

GT 33 Cocktail *Champagner-, Sektcocktail*

Josef Stockhammer, FV-Schule, Zell/Ziller, Österreich

Glas: Cocktailglas
Zubereitung: im Shaker
Garnitur: Zuckerrand

Dry Gin	1/4	1,5 cl	1/2 fl oz
Apricot Brandy	2/4	3 cl	1 1/3 fl oz
Zitronensaft	1/4	1,5 cl	1/2 fl oz
Grenadine-Sirup	2 Barlöffel		

mit Champagner oder Sekt auffüllen

Gurkenbowle *Bowle*

für 4–6 Personen

Bowlengefäß, Bowlengläser, Untertassen oder Weinkrug und Weingläser

Zubereitung: Eine schöne Gurke in dünne Scheiben schneiden und diese in das Gefäß legen. Zwei Eßlöffel Zucker beigeben und eine Flasche Weißwein darüberleeren, zudekken und ca. eine halbe Stunde im Kühlschrank ziehen lassen. Die Gurkenscheiben herausnehmen und dann mit der zweiten Flasche Wein und dem Sekt auffüllen.

Gurke	1 Stück
Zucker	1 Eßlöffel
Weißwein	2 Flaschen
Champagner oder Sekt	1 Flasche

Guyanese Twist *Shortdrink*
Glas: Sektkelch oder -schale
Zubereitung: im Shaker

Dry Gin	4/12	2 cl	2/3 fl oz
Rum, Appleton, weiß	4/12	2 cl	2/3 fl oz
Grenadine-Sirup	1/12	0,5 cl	1/6 fl oz
Zitronensaft	2/12	1 cl	1/3 fl oz
Läuterzucker	1/12	0,5 cl	1/6 fl oz

*** Gypsy Cocktail** *Shortdrink*
Glas: Cocktailglas
Zubereitung: im Mixglas
Garnitur: Zitronenzeste

Dry Gin	1/2	3 cl	1 fl oz
Wermut, rot	1/2	3 cl	1 fl oz

*** Haberfield Cocktail** *Shortdrink*
Glas: Cocktailglas
Zubereitung: im Shaker

Dry Gin	4/6	4 cl	1 1/3 fl oz
Wermut, trocken	1/6	1 cl	1/3 fl oz
Zitronensaft	1/6	1 cl	1/3 fl oz

Halbmond-Cocktail *Shortdrink*
Glas: Cocktailglas
Zubereitung: im Shaker

Steinhäger	3/6	3 cl	1 fl oz
Grand Marnier	2/6	2 cl	2/3 fl oz
Zitronensaft	1/6	1 cl	1/3 fl oz

Half and Half *sonstiger Longdrink*
Glas: Sektschale oder -kelch
Zubereitung: im Gästeglas

Die Sektschale halb mit hellem Bier füllen und mit Porter aufgießen

Half and Half Cocktail *Shortdrink*
Glas: Cocktailglas
Zubereitung: im Shaker

Wermut, süß	1/2	3 cl	1 fl oz
Grapefruitsaft	1/2	3 cl	1 fl oz
Campari	1 Spritzer		

Happy Youth Cocktail *Champagner-, Sektcocktail*
Glas: Sektschale
Zubereitung: im Gästeglas
Zuerst den Würfelzucker in das Glas legen, dann die Zutaten in der angegebenen Reihenfolge beifügen.

Cherry Brandy	3 Barlöffel	
Orangensaft	4 cl	1 1/3 fl oz
Würfelzucker	1 Stück	

mit Champagner oder Sekt auffüllen

*** HarakIrI Fizz** *Longdrink*
Glas: mittlerer Tumbler
Zubereitung: im Shaker

Scotch Whisky	2/3	4 cl	1 1/3 fl oz
Zitronensaft	1/3	2 cl	2/3 fl oz
Läuterzucker	3 Barlöffel		
mit Soda auffüllen			

Harlem Joe Cocktail *Shortdrink*
Max Pokora, ÖBU, Wien

Glas: Cocktailglas
Zubereitung: im Mixglas
Garnitur: einige Ananaswürfel

Cognac	1/4	1,5 cl	1/2 fl oz
Cherry Brandy, Bols	1/4	1,5 cl	1/2 fl oz
Grand Marnier	1/4	1,5 cl	1/2 fl oz
Wermut, Cinzano, rot	1/4	1,5 cl	1/2 fl oz
Zitronensaft	1 Barlöffel		
Ananassaft	1 Barlöffel		

Harry's Grand Special Cocktail *Champagner-, Sektcocktail*
Harry Martinek, ÖBU, LBS f. d. Gastgewerbe, Gmunden, Österreich

Glas: Sektschale
Zubereitung: im Shaker

Dry Gin, Bols	1/4	1 cl	1/3 fl oz
Curaçao, weiß, Bols	1/4	1 cl	1/3 fl oz
Cherry Brandy, Bols	1/4	1 cl	1/3 fl oz
Zitronensaft	1/4	1 cl	1/3 fl oz
Angostura-Bitter	1 Spritzer		
mit Champagner oder Sekt auffüllen			

Harry's Special Cocktail *Shortdrink*
Harry Martinek, ÖBU, LBS f. d. Gastgewerbe, Gmunden, Österreich

Glas: Cocktailglas
Zubereitung: im Shaker
Garnitur: Cocktailkirsche

Dry Gin, Bols	1/4	1,5 cl	1/2 fl oz
Curaçao, weiß, Bols	1/4	1,5 cl	1/2 fl oz
Cherry Brandy, Bols	1/4	1,5 cl	1/2 fl oz
Zitronensaft	1/4	1,5 cl	1/2 fl oz
Angostura-Bitter	2 Spritzer		

Harvey Cowpuncher *Milk-shake*
Glas: großer Tumbler (Highballglas), mit Eiswürfeln
Zubereitung: im Gästeglas
Die kalte Milch langsam einrühren.
Garnitur: Trinkhalm

Wodka		4 cl	1 1/3 fl oz
mit kalter Milch auffüllen			

Harvey Wallbanger *Longdrink*
Glas: großer Tumbler (Highballglas)
Zubereitung: im Gästeglas, mit Eiswürfeln
Service: Trinkhalm

Wodka	4/10	4 cl	1 1/3 fl oz
Orangensaft	6/10	6 cl	2 fl oz
Galliano (Float)	2 Barlöffel		

Harvey Wallbanger Cocktail *Shortdrink*
Glas: Cocktailglas
Zubereitung: im Shaker
Garnitur: Orangenscheibe, Cocktailkirsche

Wodka	1/3	2 cl	2/3 fl oz
Galliano	1/3	2 cl	2/3 fl oz
Orangensaft	1/3	2 cl	2/3 fl oz

Haute Couture Cocktail *Shortdrink*
Glas: Cocktailglas
Zubereitung: im Gästeglas, ohne Eis

Cognac oder Weinbrand	1/3	2 cl	2/3 fl oz
Bénédictine	1/3	2 cl	2/3 fl oz
Crème de Cacao	1/3	2 cl	2/3 fl oz

Havanna Cocktail 1 *Shortdrink*

Glas:			Cocktailglas
Zubereitung:			im Shaker

Rum, Bacardi, Silver Label	2/3	4 cl	1 1/3 fl oz
Sherry, medium	1/3	2 cl	2/3 fl oz
Zitronensaft	3 Spritzer		

*** Havanna Cocktail 2** *Shortdrink*

Glas:			Cocktailglas
Zubereitung:			im Shaker

Rum, weiß	1/3	2 cl	2/3 fl oz
Ananassaft	2/3	4 cl	1 1/3 fl oz
Zitronensaft	3 Spritzer		

Hawaii Cocktail *alkoholfreier Drink*

Glas:			Sektschale
Zubereitung:			im Shaker
Garnitur:			Ananasstück

Ananassaft		6 cl	2 fl oz
Zitronensaft		2 cl	2/3 fl oz
Angostura-Bitter		1 Spritzer	

*** Hawaiian Cocktail** *Shortdrink*

Glas:			Cocktailglas
Zubereitung:			im Shaker

Dry Gin	1/2	3 cl	1 fl oz
Orangensaft	1/2	3 cl	1 fl oz
Curaçao, orange	1 Spritzer		

Hellbrunn *Longdrink*

Günter Ferstl, ÖBU, Sofiensäle-Bar, Wien

Glas:			Tumbler
Zubereitung:			im Shaker
Garnitur:			Zitrone, Kirsche

Wodka, Eristoff	2/6	2 cl	2/3 fl oz
Cherry Brandy, Heering	3/6	3 cl	1 fl oz
Zitronensaft	1/6	1 cl	1/3 fl oz

mit Bitter Lemon, Schweppes, auffüllen

Hemingway-Rum-Cocktail *Champagner-, Sektcocktail*

Glas: Sektkelch

Zubereitung: im Shaker

Rum, Bacardi	1/3	2 cl	2/3 fl oz
Cointreau	1/3	2 cl	2/3 fl oz
Grapefruitsaft	1/3	2 cl	2/3 fl oz

mit Champagner oder Sekt auffüllen

Hemingway's *Longdrink*

Hector Bedoya, BAC, 16. ICC 1982, Albufeira, Portugal

Glas: mittlerer Tumbler

Zubereitung: im elektrischen Mixer

Garnitur: 2 Erdbeerhälften, Limonenscheibe, Orangentwist in Taubenform

Rum, Captain Morgan	2/10	2 cl	2/3 fl oz
Erdbeerlikör	2/10	2 cl	2/3 fl oz
Advockaat, Bols	1/10	1 cl	1/3 fl oz
Orangensaft	3/10	3 cl	1 fl oz
Lime Juice Cordial, Rose's	2/10	2 cl	2/3 fl oz
Grenadine-Sirup	2 Spritzer		

Herrengedeck *sonstiger Longdrink*

Glas: Sektschale oder Biertulpe

Zubereitung: im Gästeglas, vorsichtig mischen

Piccolo-Sekt	1 Flasche
Pils	1 Flasche

Hiasls Spezialcocktail *Shortdrink*
Helfried Glück, LBS f. d. Gastgewerbe,
Bad Gleichenberg, Österreich

Glas:	Cocktailglas
Zubereitung:	im Mixglas
Garnitur:	Zitronenspirale

Dry Gin	3/6	3 cl	1 fl oz
Wermut, rosé	2/6	2 cl	2/3 fl oz
Sherry, trocken	1/6	1 cl	1/3 fl oz
Orangen-Bitter	2 Spritzer		

Hi-Fly Cocktail *Champagner-, Sektcocktail*
Peter Roman, FV-Kolleg des Bundes, Innsbruck,
Österreich

Glas:	Sektkelch
Zubereitung:	im Shaker
Garnitur:	Lychée, Cocktailkirsche, Mandarinenspalte

Dry Gin, Bols	1/5	1 cl	1/3 fl oz
Mandarin, Bols	2/5	2 cl	2/3 fl oz
Grenadine-Sirup, Bols	1/5	1 cl	1/3 fl oz
Zitronensaft, frisch	1/5	1 cl	1/3 fl oz

mit 5 cl Sekt, Kupferberg Gold, auffüllen

*** Highland Cooler** *Longdrink*

Glas:	großer Tumbler (Highballglas) oder Collinsglas (übergroßer Tumbler)
Zubereitung:	im Shaker
Service:	Trinkhalm

Scotch Whisky	2/3	4 cl	1 1/3 fl oz
Zitronensaft	1/3	2 cl	2/3 fl oz
Läuterzucker	1 Barlöffel		
Angostura-Bitter	2 Spritzer		

mit Ginger Ale auffüllen

High Life Cocktail *Shortdrink*

Glas: Cocktailschale oder Creamer

Zubereitung: im Shaker

Whisky, Canadian Club	2/3	4 cl	1 1/3 fl oz
Curaçao, orange	1/3	2 cl	2/3 fl oz
Grenadine-Sirup		1 Barlöffel	
Eiweiß		1 ganzes	

Himbeerbowle *Bowle*

für 4–6 Personen

Bowlengefäß, Bowlengläser, Untertassen oder Weinkrug und Weingläser, Kaffeelöffel

Zubereitung: Die Himbeeren in das Gefäß geben, den Cointreau darübergießen und mit dem Zukker bedecken. Eine halbe Stunde ziehen lassen, dann eine Flasche Weißwein beifügen, zudecken und zwei Stunden in den Kühlschrank stellen. Vor dem Servieren mit restlichem Wein und Sekt auffüllen.

Himbeeren, frische	500 g
Cointreau	4 cl
Feinkristallzucker	200 g
Weißwein	3 Flaschen
Sekt	1 Flasche

Himbeerfrappé *Milchfrappé*

Glas: großer Tumbler (Highballglas)

Zubereitung: im elektrischen Mixer, mit gestoßenem Eis

Garnitur: Schlagobers oder Früchte

Service: Trinkhalm

Himbeeren, frische	2 Barlöffel	
oder		
Himbeersirup	2 cl	2/3 fl oz
Milch, kalt	20 cl	6 2/3 fl oz
Zitronensaft	1 Barlöffel	
Himbeereis	2 Kugeln	

Himbeershake *Milk-shake*

Glas: großer Tumbler (Highballglas)
Zubereitung: im Shaker oder im elektrischen Mixer
Service: Trinkhalm

Himbeersirup	2 cl	2/3 fl oz
Milch, kalt	20 cl	6 2/3 fl oz
Zitronensaft	1 Barlöffel	

Hobnob Cocktail *Shortdrink*

Curt Reuterwing, SBG, 1. Preis, NCK 1969, Stockholm

Glas: Cocktailglas
Zubereitung: im Mixglas

Whisky, Seagram's V.O.	2/6	2 cl	2/3 fl oz
Drambuie	2/6	2 cl	2/3 fl oz
Wermut, Cinzano, trocken	1/6	1 cl	1/3 fl oz
Wermut, Carpano, Punt e Mes	1/6	1 cl	1/3 fl oz

Holländer-Punsch *warmer Punsch*

Glas: Punsch- oder Teeglas
Zubereitung: im Gästeglas
Läuterzucker und die Alkoholika verrühren, mit heißem Schwarztee aufgießen, eine Zitronenscheibe beifügen.
Garnitur: Zitronenscheibe
Service: Unterteller, Serviette, Kaffeelöffel

Genever	4/8	4 cl	1 1/3 fl oz
Inländer-Rum	4/8	4 cl	1 1/3 fl oz
Läuterzucker		2 Barlöffel	

mit heißem Schwarztee auffüllen

Hölle-Cocktail *Champagner-, Sektcocktail*

Ferry, Sporthotel Igls, Österreich

Glas: Sektkelch oder -schale
Zubereitung: im Shaker

Dry Gin	1/6	1 cl	1/3 fl oz
Rum, Bacardi, Silver Label	1/6	1 cl	1/3 fl oz
Cointreau	1/6	1 cl	1/3 fl oz
Orangensaft	3/6	3 cl	1 fl oz

mit Champagner oder Sekt auffüllen

Holiday Highball *Longdrink*

Glas: großer Tumbler (Highballglas)
Zubereitung: im Gästeglas, mit Eiswürfeln, rühren
Garnitur: Zitronenspirale
Service: Stirer

Rum, Bacardi, Silver Label	2/3	4 cl	1 1/3 fl oz
Liquore Strega	1/3	2 cl	2/3 fl oz
Zitronensaft	2 Barlöffel		

mit Ginger Ale auffüllen

Honeymoon Cocktail *Shortdrink*

Helmut Godovits, M/S Vistafjord, Norwegian-American Cruises

Glas: Cocktailglas
Zubereitung: im Shaker
Garnitur: Cocktailkirsche

Dry Gin	2/3	4 cl	1 1/3 fl oz
Apricot Brandy	1/3	2 cl	2/3 fl oz
Zitronensaft	1 Barlöffel		
Grenadine-Sirup	1 Barlöffel		

*** Honeysuckle Cocktail** *Shortdrink*

Glas: Cocktailglas
Zubereitung: im Shaker

Rum, Bacardi, Silver Label	2/3	4 cl	1 1/3 fl oz
Zitronensaft	1/3	2 cl	2/3 fl oz
Honig	1 Barlöffel		

Honig-Grog *Grog*

Glas:	Grogglas
Zubereitung:	im Gästeglas, siehe Grog
Garnitur:	Zitronenscheibe
Service:	Unterteller, Serviette, Kaffeelöffel

Inländer-Rum	2/3	4 cl	1 1/3 fl oz
Zitronensaft	1/3	2 cl	2/3 fl oz
Honig	1 Eßlöffel		
heißes Wasser			

Hongkong Cocktail *Shortdrink*

Glas:	Cocktailglas
Zubereitung:	im Shaker

Rum, dunkel	2/4	3 cl	1 fl oz
Curaçao	1/4	1,5 cl	1/2 fl oz
Maraschino	1/4	1,5 cl	1/2 fl oz
Grenadine-Sirup	1 Barlöffel		

*** Horse's Neck** *Longdrink*

Glas:	großer Tumbler (Highballglas)
Zubereitung:	im Gästeglas, mit Eiswürfeln, umrühren
Garnitur:	Zitronenspirale von einer ganzen Zitrone
Service:	Stirer

Dry Gin	4 cl	1 1/3 fl oz
Grenadine-Sirup	2 Barlöffel	

mit Ginger Ale auffüllen

Hot Buttered Rum *Fancy drink*

Glas:	Punsch- oder Teeglas
Zubereitung:	im vorgewärmten Gästeglas
Service:	Unterteller, Serviette, Kaffeelöffel

Zucker	2 Barlöffel	
Jamaica-Rum	4 cl	2/3 fl oz
Gewürznelken	2 Stück	

mit heißem Wasser auffüllen; 1 St. Butter einrühren; etwas geriebene Muskatnuß (Reihenfolge beachten!)

Hot Locomotive *Glühwein*

Glas:			Grogglas
Zubereitung:			im Gästeglas, gut durchrühren
Garnitur:			Zitronenscheibe
Service:			Unterteller, Serviette, Kaffeelöffel
Curaçao, weiß		2 cl	2/3 fl oz
Eigelb		1 ganzes	
Läuterzucker		2 Barlöffel	
Honig		2 Barlöffel	

mit heißem Rotwein auffüllen

Hrólfur Cocktail *Shortdrink*

Sveinn Sveinsson, BCI, 16. ICC 1982, Albufeira, Portugal

Glas:			Cocktailglas
Zubereitung:			im Shaker
Garnitur:			Zitronenscheibe, Olive
Wodka, Smirnoff	3/6	3 cl	1 fl oz
Campari	2/6	2 cl	2/3 fl oz
Wermut, Martini, trocken	1/6	1 cl	1/3 fl oz
Limonensaft	1 Spritzer		

Hurricane Cocktail *Shortdrink*

Glas:			Cocktailglas
Zubereitung:			im Mixglas
Dry Gin	1/3	2 cl	2/3 fl oz
Bourbon Whisk(e)y	1/3	2 cl	2/3 fl oz
Crème de Menthe, grün	1/3	2 cl	2/3 fl oz

IBU Cocktail 1 *Champagner-, Sektcocktail*

Glas:			Sektschale
Zubereitung:			im Shaker
Apricot Brandy	1/2	2 cl	2/3 fl oz
Zitronensaft	1/2	2 cl	2/3 fl oz
Orangen-Bitter	1 Spritzer		

mit Champagner oder Sekt auffüllen

IBU Cocktail 2 *Champagner-, Sektcocktail*

Glas:	Sektschale
Zubereitung:	im Shaker

Cognac oder Weinbrand	1/3	2 cl	2/3 fl oz
Apricot Brandy	1/3	2 cl	2/3 fl oz
Orangensaft	1/3	2 cl	2/3 fl oz

mit Champagner oder Sekt auffüllen

Ideal Cocktail *Shortdrink*

Glas:	Cocktailglas
Zubereitung:	im Mixglas

Canadian Whisk(e)y	1/3	2 cl	2/3 fl oz
Wermut, Noilly Prat	1/3	2 cl	2/3 fl oz
Wermut, rot	1/3	2 cl	2/3 fl oz

I.L.L.V.A. 83 *Shortdrink*

Nano Rigamonti, SBU, Hotel Einstein, St. Gallen, Schweiz

Glas:	Cocktailglas
Zubereitung:	im Shaker

Wodka, Smirnoff	1/3	2 cl	2/3 fl oz
Amaretto di Saronno Originale	1/3	2 cl	2/3 fl oz
Wermut, Carpano, Punt e Mes	1/3	2 cl	2/3 fl oz

Imperial Cocktail *Shortdrink*

Glas:	Cocktailglas
Zubereitung:	im Mixglas
Garnitur:	Cocktailkirsche

Dry Gin	1/2	3 cl	1 fl oz
Wermut, trocken	1/2	3 cl	1 fl oz
Maraschino	3 Spritzer		
Angostura-Bitter	1 Spritzer		

Imperial Crusta *Longdrink*

Glas:	Crusta- oder Rotweinglas
Zubereitung:	im Shaker
Garnitur:	Zuckerrand, Zitronenspalte
Service:	Trinkhalm

Kirschwasser	1/3	3 cl	1 1/3 fl oz
Mandarinensaft	1/3	4 cl	1 1/3 fl oz
Orangensaft	1/3	4 cl	1 1/3 fl oz
Läuterzucker	1 Barlöffel		

Imperial Delight *Champagner-, Sektcocktail*

Glas:	Sektschale oder -kelch
Zubereitung:	im Gästeglas, mit Eiswürfeln

Cognac oder Weinbrand	3 cl	1 fl oz
Curaçao, weiß	3 Spritzer	
Fernet-Branca	3 Spritzer	

mit Champagner oder Sekt auffüllen

Imperial Special Cocktail *Shortdrink*

M. Cordier, Hotel St. Jacques, Paris, Frankreich

Glas:	Cocktailschale oder Creamer
Zubereitung:	im Shaker

Bourbon Whisk(e)y	1/3	2 cl	2/3 fl oz
Cognac oder Weinbrand	1/3	2 cl	2/3 fl oz
Rum	1/3	2 cl	2/3 fl oz
Obers/Sahne	2 Barlöffel		
Läuterzucker	2 Barlöffel		

Indianapolis F. 1 *Shortdrink*

Nano Rigamonti, SBU, Hotel Einstein, St. Gallen, Schweiz

Glas:	Cocktailschale oder Creamer
Zubereitung:	im Shaker

Wodka, Smirnoff	1/3	2 cl	2/3 fl oz
Curaçao, blau	1/3	2 cl	2/3 fl oz
Obers/Sahne	1/3	2 cl	2/3 fl oz

Iñes Cocktail *Shortdrink*

Weltmeister Alzin Nevers, ABF, 16. ICC 1982, Albufeira, Portugal

Glas:	Cocktailglas
Zubereitung:	im Shaker
Garnitur:	mit Paprika gefüllte Olive

Dry Gin, Gordon's	3/10	1,8 cl	2/3 fl oz
Wermut, Martini, trocken	3/10	1,8 cl	2/3 fl oz
Wermut, Martini, rosé	3/10	1,8 cl	2/3 fl oz
Amaretto di Saronno Originale	1/10	0,6 cl	1/6 fl oz

Ingwer-Fizz *Longdrink*

Glas:	mittlerer Tumbler
Zubereitung:	im Shaker

Bourbon Whisk(e)y	3/6	3 cl	1 fl oz
Ingwersirup	2/6	2 cl	2/3 fl oz
Läuterzucker	1/6	1 cl	1/3 fl oz
mit Ginger Ale auffüllen			

Inspiration Cocktail 1 *Shortdrink*

Gerhard H. Radl, LBS für das Gastgewerbe, Bad Gleichenberg, Österreich

Glas:	Cocktailglas
Zubereitung:	im Shaker
Garnitur:	Zitronenzeste

Weinbrand, Asbach Uralt	1/3	2 cl	2/3 fl oz
Wermut, Riccadonna, rot	1/3	2 cl	2/3 fl oz
Ananassaft aus der Fruchtkonserve	1/3	2 cl	2/3 fl oz

Inspiration Cocktail 2 *Shortdrink*

Glas:	Cocktailglas
Zubereitung:	im Mixglas
Garnitur:	Cocktailkirsche

Dry Gin	1/4	1,5 cl	1/2 fl oz
Calvados	1/4	1,5 cl	1/2 fl oz
Grand Marnier	1/4	1,5 cl	1/2 fl oz
Wermut, trocken	1/4	1,5 cl	1/2 fl oz

International Cocktail *Shortdrink*

Glas: Cocktailglas
Zubereitung: im Shaker
Garnitur: Zitronenscheibe

Cognac oder Weinbrand	1/3	2 cl	2/3 fl oz
Chartreuse, grün	1/3	2 cl	2/3 fl oz
Ananassaft	1/3	2 cl	2/3 fl oz

Irish Coffee

2 Kaffeelöffel Rohzucker und 4 cl Irish Whisk(e)y mit heißem Kaffee im Irish-coffee-Glas aufgießen; halbgeschlagene(s) Obers/Sahne vorsichtig über einen warmen Löffel in den Kaffee laufen lassen. Ohne Löffel und Trinkhalm servieren. Flambierter Irish coffee enthält weniger Alkohol, da er verbrennt.

Irish Fizz *Longdrink*

Glas: mittlerer Tumbler
Zubereitung: im Shaker

Irish Whisk(e)y	3/6	3 cl	1 fl oz
Curaçao, orange	1/6	1 cl	1/3 fl oz
Zitronensaft	2/6	2 cl	2/3 fl oz
Läuterzucker	1 Barlöffel		
mit Soda auffüllen			

Irish Mist *Fancy drink*

Glas: kleiner Tumbler
Zubereitung: im Shaker, mit gestoßenem Eis
Nicht abseihen!
Garnitur: Zitronentwist

Irish Whisk(e)y		4 cl	1 1/3 fl oz

Irish Rose Cocktail *Shortdrink*

Glas:			Cocktailglas
Zubereitung:			im Shaker
Irish Whisk(e)y	2/3	4 cl	1 1/3 fl oz
Zitronensaft	1/3	2 cl	2/3 fl oz
Läuterzucker	3 Barlöffel		

Irish-Steirisch-Cocktail *Shortdrink*

Josef Stockhammer, FV-Schule, Zell/Ziller, Österreich

Glas:			Cocktailglas
Zubereitung:			im Shaker
Garnitur:			Zuckerrand
Irish Whisk(e)y	3/6	3 cl	1 fl oz
Steirischer Weißwein	2/6	2 cl	2/3 fl oz
Zitronensaft	1/6	1 cl	1/3 fl oz
Läuterzucker	1 Barlöffel		

Isle of Skye Cocktail *Shortdrink*

Glas:			Cocktailglas
Zubereitung:			im Shaker
Dry Gin	1/3	2 cl	2/3 fl oz
Drambuie	1/3	2 cl	2/3 fl oz
Zitronensaft	1/3	2 cl	2/3 fl oz

Italian Orange Blossom *Shortdrink*

Sophia Dodge, Daily City, Kalifornien

Glas:			Cocktailglas
Zubereitung:			im Shaker
Galliano	6/10	3,6 cl	1 1/3 fl oz
Orangensaft	4/10	2,4 cl	2/3 fl oz
Tequila	1 Spritzer		

Italiker-Cocktail *Shortdrink*
Alois Spandl, ÖBU, Wien

Glas: Cocktailglas
Zubereitung: im Mixglas
Garnitur: Lemonenspalte, Zitronenspirale, Erdbeere

Dry Gin	4/6	4 cl	1 1/3 fl oz
Cordial-Campari	1/6	1 cl	1/3 fl oz
Campari	1/6	1 cl	1/3 fl oz

Izcaragna *Shortdrink*
Paolo Tomaso Monaco, Venezuela, 1. Preis ICC, Weltmeister 1984, Hamburg

Glas: Cocktailglas
Zubereitung: im Shaker
Garnitur: Zitronenscheibe

Whisky, Buchanan's	1/4	1,5 cl	1/2 fl oz
Wermut, Cinzano, trocken	1/4	1,5 cl	1/2 fl oz
Amaretto di Saronno Originale	1/4	1,5 cl	1/2 fl oz
Crème de Bananes, Bols	1/4	1,5 cl	1/2 fl oz

Jack Collins *Longdrink*
Glas: großer Tumbler (Highballglas) oder Collinsglas (übergroßer Tumbler)
Zubereitung: im Gästeglas, mit Eiswürfeln
So lange rühren, bis sich das Glas beschlägt.
Garnitur: Zitronenscheibe und Cocktailkirsche
Service: Trinkhalm

Calvados	2/3	4 cl	1 1/3 fl oz
Zitronensaft	1/3	2 cl	2/3 fl oz
Läuterzucker	2 Barlöffel		
mit Soda auffüllen			

Jack-in-the-Box Cocktail *Shortdrink*
Glas: Cocktailglas
Zubereitung: im Shaker

Calvados	1/2	3 cl	1 fl oz
Ananassaft	1/2	3 cl	1 fl oz
Angostura-Bitter	1 Spritzer		

Jade-Cocktail *Shortdrink*
John Siegrist, 1. Präsident SBU

Glas: Cocktailglas
Zubereitung: im Shaker

Crème de Menthe, grün, Bols	1/5	1,2 cl	1/3 fl oz
Cointreau	2/5	2,4 cl	3/4 fl oz
Zitronensaft	2/5	2,4 cl	3/4 fl oz

Jamaica Cocktail *Shortdrink*
Glas: Cocktailglas
Zubereitung: im Shaker

Jamaica-Rum	1/2	3 cl	1 fl oz
Zitronensaft	1/2	3 cl	1 fl oz
Grenadine-Sirup	3 Barlöffel		

Jamaica Cow *Milk-shake*
Glas: großer Tumbler (Highballglas)
Zubereitung: im Gästeglas, mit Eiswürfeln
Service: Trinkhalm

Rumona		3 cl	1 fl oz
Milch, eiskalt		12 cl	4 fl oz

Jamaica Hope Cocktail *Shortdrink*
Glas: Cocktailschale oder Creamer
Zubereitung: im Shaker

Rumona	1/3	2 cl	2/3 fl oz
Crème de Cacao, weiß	1/3	2 cl	2/3 fl oz
Obers/Sahne	1/3	2 cl	2/3 fl oz

Jamaica Joe Cocktail *Shortdrink*

Glas: Cocktailschale oder Creamer
Zubereitung: im Shaker
Garnitur: geriebene Muskatnuß

Jamaica-Rum	1/3	2 cl	2/3 fl oz
Tia Maria	1/3	2 cl	2/3 fl oz
Advocaat	1/3	2 cl	2/3 fl oz
Grenadine-Sirup	1 Spritzer		

Jamaica Kiss Cocktail *Shortdrink*

Glas: Cocktailschale oder Creamer
Zubereitung: im Gästeglas
Die gut vorgekühlten Ingredienzien werden in das Glas geleert, und dann wird mit dem Obers/der Sahne aufgefüllt.
Service: Trinkhalm

Jamaica-Rum	1/3	2 cl	2/3 fl oz
Tia Maria	1/3	2 cl	2/3 fl oz
Obers/Sahne	1/3	2 cl	2/3 fl oz

Jamaica Punch *Longdrink*

Kurt Nemecek, LBS Waldegg, Österreich

Glas: großer Tumbler (Highballglas)
Zubereitung: im Gästeglas, mit Eiswürfeln
Garnitur: Früchtespieß

Rum, Bacardi, Silver Label	2/7	2 cl	2/3 fl oz
Jamaica-Rum	2/7	2 cl	2/3 fl oz
Ananassaft	2/7	2 cl	2/3 fl oz
Zitronensaft	1/7	1 cl	1/3 fl oz
Grenadine-Sirup	1 Barlöffel		

Jamaican Cocktail *Shortdrink*

Glas: Cocktailglas
Zubereitung: im Shaker
Garnitur: Ananasstück, Cocktailkirsche

Jamaica-Rum	2/6	2 cl	2/3 fl oz
Curaçao, weiß	1/6	1 cl	1/3 fl oz
Ananassaft	3/6	3 cl	1 fl oz

Jamaican Delight Cocktail *Shortdrink*
Glas: Cocktailglas
Zubereitung: im Shaker
Garnitur: Ananasstück, Cocktailkirsche

Jamaica-Rum	2/6	2 cl	2/3 fl oz
Cointreau	1/6	1 cl	1/3 fl oz
Ananassaft	2/6	2 cl	2/3 fl oz
Zitronensaft	1/6	1 cl	1/3 fl oz

Jamaican Gimlet *Shortdrink*
Glas: Tumbler
Zubereitung: im Gästeglas, mit Eiswürfeln
Garnitur: Zitronenspirale

Dry Gin	2/4	3 cl	1 fl oz
Ananassaft	1/4	1,5 cl	1/2 fl oz
Lime Juice	1/4	1,5 cl	1/2 fl oz

James Bond Cocktail *Shortdrink*
Glas: Cocktailglas
Zubereitung: im Shaker

Coruba-Rum	1/3	2 cl	2/3 fl oz
Zitronensaft	1/3	2 cl	2/3 fl oz
Grenadine-Sirup	1/3	2 cl	2/3 fl oz

Japonais *Longdrink*
Glas: Tumbler
Zubereitung: im Gästeglas, mit Eiswürfeln

Kirschwasser	1/4	1,5 cl	1/2 fl oz
Advocaat	2/4	3 cl	1 fl oz
Grenadine-Sirup	1/4	1,5 cl	1/2 fl oz

mit Soda auffüllen

Jean Bière *sonstiger Longdrink*
Glas: Bierpokal
Zubereitung: im Gästeglas

Cognac oder Weinbrand 1 Barlöffel
mit hellem Bier auffüllen

*** Jean Bonhomme Cocktail** *Shortdrink*
Glas: Cocktailglas
Zubereitung: im Shaker

Cognac oder Weinbrand	1/3	2 cl	2/3 fl oz
Cointreau	1/3	2 cl	2/3 fl oz
Zitronensaft	1/3	2 cl	2/3 fl oz

Jet-Set Cocktail *Shortdrink*
„Pepi" Reinberger, ÖBU, Hotel Vienna Intercontinental

Glas: Sektkelch
Zubereitung: im Shaker
Garnitur: Orangenscheibe, Cocktailkirsche

Coruba-Rum, 74 Vol.-%	1/3	2 cl	2/3 fl oz
Curaçao, weiß	1/3	2 cl	2/3 fl oz
Zitronensaft	1/3	2 cl	2/3 fl oz
Wodka	1 Spritzer		

Jimmy Lopez Manhattan Cocktail *Shortdrink*
Glas: Cocktailglas
Zubereitung: im Mixglas
Garnitur: Cocktailkirsche

Bourbon Whisk(e)y	2/3	4 cl	1 1/3 fl oz
Wermut, trocken	1/3	2 cl	2/3 fl oz
Apricot Brandy	1 Barlöffel		

Jockey Club Cocktail *Shortdrink*
Glas: Cocktailglas
Zubereitung: im Shaker

Dry Gin	2/4	3 cl	1 fl oz
Crème de Noisettes	1/4	1,5 cl	1/2 fl oz
Zitronensaft	1/4	1,5 cl	1/2 fl oz
Angostura-Bitter	1 Spritzer		

Joe Carioca *Longdrink*
Peter Sundt, Hotel Bellerive, Zürich

Glas: Rotwein- oder Ballonglas
Zubereitung: im Shaker

Wodka	1/3	2 cl	2/3 fl oz
Campari	1/3	2 cl	2/3 fl oz
Zitronensaft	1/3	2 cl	2/3 fl oz
Angostura-Bitter	1 Spritzer		
mit Bitter Lemon auffüllen			

John Collins *Longdrink*
Glas: großer Tumbler (Highballglas) oder Collinsglas (übergroßer Tumbler)
Zubereitung: im Gästeglas, mit Eiswürfeln
So lange rühren, bis sich das Glas beschlägt.
Garnitur: Zitronenscheibe und Cocktailkirsche
Service: Trinkhalm

Genever	2/3	4 cl	1 1/3 fl oz
Zitronensaft	1/3	2 cl	2/3 fl oz
Läuterzucker	2 Barlöffel		
mit Soda auffüllen			

John's Grove Cocktail *Shortdrink*
John Fitzpatrick, BAI, 16. ICC 1982, Albufeira, Portugal

Glas: Cocktailglas
Zubereitung: im Shaker
Garnitur: Orangenscheibe, Cocktailkirsche

Irish Whiskey, Jameson,			
Red Seal	1/3	2 cl	2/3 fl oz
Cointreau	1/3	2 cl	2/3 fl oz
Orangenlikör	1/3	2 cl	2/3 fl oz
Pernod	1 Spritzer		
Eiweiß	1 Spritzer		

Joker Cocktail *Shortdrink*

Glas: Cocktailglas
Zubereitung: im Shaker

Scotch Whisky	1/2	3 cl	1 fl oz
Grand Marnier	1/4	1,5 cl	1/2 fl oz
Dubonnet	1/4	1,5 cl	1/2 fl oz

Jonkaano Surprise Flip *Flip*

Glas: Flipglas oder Sekttulpe, mit gestoßenem Eis
Zubereitung: im Shaker oder im elektrischen Mixer
Garnitur: geriebene Muskatnuß

Jamaica-Rum	2/6	2 cl	2/3 fl oz
Tia Maria	1/6	1 cl	1/3 fl oz
Milch	3/6	3 cl	1 fl oz
Honig	2 Barlöffel		

JR *Longdrink*

Jack Nielsen, DBL, 16. ICC 1982, Albufeira, Portugal

Glas: mittlerer Tumbler
Zubereitung: im Shaker
Garnitur: Orangenscheibe, Cocktailkirsche

Bourbon Whiskey,			
Four Roses	1/3	2 cl	2/3 fl oz
Calvados	1/3	2 cl	2/3 fl oz
Grand Marnier	1/3	2 cl	2/3 fl oz
mit Limonade auffüllen			

Juan Collins *Longdrink*

Glas: großer Tumbler (Highballglas) oder Collinsglas (übergroßer Tumbler)
Zubereitung: im Gästeglas, mit Eiswürfeln So lange rühren, bis sich das Glas beschlägt.
Garnitur: Zitronenscheibe und Cocktailkirsche
Service: Trinkhalm

Tequila	2/3	4 cl	1 1/3 fl oz
Zitronensaft	1/3	2 cl	2/3 fl oz
Läuterzucker	2 Barlöffel		
mit Soda auffüllen			

Jubileum Cocktail *Shortdrink*

Stefano Preti, AIBES und IBA, Villa d'Este, Lago di Como, Italien

Glas: Cocktailglas
Zubereitung: im Shaker
Garnitur: Cocktailkirsche

Rum, Havana Club	2/5	2,4 cl	3/4 fl oz
Wodka, Wyborowa	1/5	1,2 cl	1/3 fl oz
Amaretto di Saronno Originale	1/5	1,2 cl	1/3 fl oz
Wermut, Martini, trocken	1/5	1,2 cl	1/3 fl oz

Jungfrau-Kristall-Cocktail *Shortdrink*

Gilbert Gaille, SBU, Hotel Intercontinental, Genf

Glas: Cocktailglas
Zubereitung: im Mixglas
Garnitur: Orangenzeste, Kirsche

Wodka, Rogoschin, Bols	6/10	3 cl	1 fl oz
Cordial-Campari	3/10	1,5 cl	1/2 fl oz
Oragnac, Bols	1/10	0,5 cl	1/6 fl oz
Campari	1 Spritzer		

Jungfrau-Pousse-café *Pousse-café*
Glas: Pousse-café-Glas oder Sektflöte
Zubereitung: im Gästeglas
Die Liköre über den Rücken eines Barlöffels in der angegebenen Reihenfolge vorsichtig in das Glas leeren.
Service: Trinkhalm

Cordial-Médoc	1/2	3 cl	1 fl oz
Maraschino	1/2	3 cl	1 fl oz

Jungle Jim Cocktail *Shortdrink*
Glas: Cocktailschale oder Creamer
Zubereitung: im Shaker

Wodka	1/3	2 cl	2/3 fl oz
Crème de Bananes	1/3	2 cl	2/3 fl oz
Milch	1/3	2 cl	2/3 fl oz

Kaffee-Cobbler *Longdrink*
Glas: Cobblerglas
Zubereitung: im Gästeglas, 2/3 mit gestoßenem Eis gefüllt
Service: Unterteller, Serviette, Limonadenlöffel, Trinkhalm

Cognac oder Weinbrand	1/3	2 cl	2/3 fl oz
Kaffeelikör	1/3	2 cl	2/3 fl oz
Läuterzucker	1/3	2 cl	2/3 fl oz

mit kaltem Kaffee auffüllen

Kaffee-Grog *Grog*
Glas: Grogglas
Zubereitung: im Gästeglas
Service: Unterteller, Serviette, Kaffeelöffel

Armagnac	2/3	4 cl	1 1/3 fl oz
Zitronensaft	1/3	2 cl	2/3 fl oz
Würfelzucker	2–3 Stück		

mit heißem Kaffee auffüllen

Kahlúa'n Soda *Longdrink*

Glas:	mittlerer Tumbler
Zubereitung:	im Gästeglas, mit Eiswürfeln
Garnitur:	Orangenscheibe
Service:	Stirer

Kahlúa	4 cl	1⅓ fl oz
Wodka	1 Spritzer	
Zitronensaft	3 Spritzer	
mit Soda auffüllen		

Kalte Ente *Bowle*

4–6 Personen

Bowlengefäß, Bowlengläser, Untertassen oder Weinkrug und Weingläser

Zubereitung: Die Schale einer sauber gewaschenen Zitrone wird spiralenförmig von der Frucht geschnitten und in einen nicht zu bauchigen Weinkrug oder ein Bowlengefäß gehängt.

Das Gefäß selbst wird in einen Behälter mit Eis gestellt, denn niemals dürfen Eisstücke in das Getränk gegeben werden.

Nun werden eine Flasche spritziger Weißwein und eine halbe Flasche Sekt der Reihe nach über die Spirale in das gekühlte Gefäß geleert.

Die Zitronenspirale wird nach kurzer Zeit entfernt und das Getränk in Wein- oder Bowlengläsern angeboten.

spritziger Weißwein	1 Flasche
Champagner oder Sekt	½ Flasche

Kapitänleutnant-Cocktail *Shortdrink*

Glas:	Cocktailglas
Zubereitung:	im Gästeglas

Die Zutaten in der angegebenen Reihenfolge in das Glas leeren.

Cointreau	1/3	2 cl	2/3 fl oz
Weinbrand, Asbach Uralt	2/3	4 cl	1 1/3 fl oz

*** Karibischer Cocktail** *Longdrink*

Glas: mittlerer Tumbler
Zubereitung: im Shaker

Rum, Bacardi, Silver Label	5/10	5 cl
Ananassaft	3/10	3 cl
Zitronensaft	2/10	2 cl

Katerdrink *Pick-me-up*

Peter Roth, Kronenhallen-Bar, Zürich

Glas: mittlerer Tumbler
Zubereitung: im elektrischen Mixer

Whisky, 100 Pipers	1 cl	1/3 fl oz
Portwein, Sandeman, rot	1 cl	1/3 fl oz
Milch	10 cl	3 1/3 fl oz
Läuterzucker	1 cl	1/3 fl oz
Ei	1 ganzes	
Zitronensaft	1 Spritzer	

Kentucky *Longdrink*

Peter Roth, Kronenhallen-Bar, Zürich

Glas: großer Tumbler (Highballglas), mit Eiswürfeln
Zubereitung: im elektrischen Mixer

Bourbon Whiskey, Four Roses	3 cl	1 fl oz
Southern Comfort	1 cl	1/3 fl oz
Orangensaft	10 cl	3 1/3 fl oz
Galliano	1 Spritzer	

mit Tonic Water, Schweppes, auffüllen

Kentucky Sunsel Cocktail *Shortdrink*

Glas: Cocktailglas
Zubereitung: im Mixglas

Bourbon Whisk(e)y	4/6	4 cl	1 1/3 fl oz
Liquore Strega	1/6	1 cl	1/3 fl oz
Anisette	1/6	1 cl	1/3 fl oz

Kiki Cocktail *Shortdrink*

Udo Nagiller, ÖBU, Grand Hotel Carlton, St. Moritz, Schweiz

Glas: Cocktailglas
Zubereitung: im Mixglas

Wodka, Smirnoff	2/3	4 cl	1 1/3 fl oz
Tequila	1/3	2 cl	2/3 fl oz
Apricot Brandy	2 Spritzer		

Kir *Longdrink*

Glas: Weinglas
Zubereitung: im Gästeglas

Crème de Cassis	1,5 cl	1/2 fl oz

mit trockenem Weißwein auffüllen

Kir Framboise *Longdrink*

Glas: Weinglas
Zubereitung: im Gästeglas

Crème de Framboise	1,5 cl	1/2 fl oz

mit trockenem Weißwein auffüllen

Kir Royal *Champagner-, Sektcocktail*

Glas: Sektschale oder -kelch
Zubereitung: im Gästeglas

Crème de Cassis	1,5 cl	1/2 fl oz

mit trockenem Champagner oder Sekt auffüllen

Kirsch-Highball *Longdrink*

Glas: großer Tumbler (Highballglas)
Zubereitung: im Gästeglas, mit Eiswürfeln, rühren
Garnitur: Zitronenspirale
Service: Stirer

Kirschwasser	$^2/_3$	4 cl	$1\,^1/_3$ fl oz
Grenadine-Sirup	$^1/_3$	2 cl	$^2/_3$ fl oz
Läuterzucker		1 Barlöffel	
mit Soda auffüllen			

Kiwimix *Milchfrappé*

Karl Wenigmann, LBS f. d. Gastgewerbe Schloß Hofen, Lochau/Bregenz, Österreich

Glas: großer Tumbler (Highballglas)
Zubereitung: im elektrischen Mixer, mit gestoßenem Eis
Garnitur: Trinkhalm

Vanillelikör	2 cl	$^2/_3$ fl oz
Milch, frisch	$^1/_8$ Liter	
Vanilleeis	1 Kugel	
Kiwi	1 Stück	

Knickebein *Fancy drink*

Glas: Knickebeinglas
Zubereitung: im Gästeglas
Die Ingredienzien in der angegebenen Reihenfolge verwenden.
Service: Trinkhalm

a) Cherry Brandy, Eigelb, Scotch Whisky
b) Weinbrand, Eigelb, Curaçao, weiß
c) Chartreuse, grün, Eigelb, Weinbrand

Knock-out Cocktail *Champagner-, Sektcocktail*

Glas: Sektschale
Zubereitung: im Shaker

Scotch Whisky	2 cl	$^2/_3$ fl oz
Läuterzucker	2 Barlöffel	
Eigelb	1 ganzes	
mit Champagner oder Sekt auffüllen		

Kontiki Bird *Longdrink*

R. Bos Jr., NBC, 16. ICC 1982, Albufeira, Portugal

Glas:	großer Tumbler (Highballglas)
Zubereitung:	im Shaker
Garnitur:	Orangenscheibe mit roter und grüner Kirsche

Kontiki	3/6	3 cl	1 fl oz
Dry Gin	2/6	2 cl	2/3 fl oz
Rum, Ronrico, weiß	1/6	1 cl	1/3 fl oz
Grenadine-Sirup	2 Spritzer		

mit 7 Up auffüllen

Krambambuli

Siehe Feuerzangenbowle

Kripo-Cocktail *Shortdrink*

Hans Schinhan, ÖBU, 1. Preis, NCK 1982, Wien

Glas:	Cocktailglas
Zubereitung:	im Mixglas
Garnitur:	Erdbeere

Kirschwasser, Dettling	2/4	3 cl	1 fl oz
Portwein, Sandeman, weiß	1/4	1,5 cl	1/2 fl oz
Portwein, Sandeman, rot	1/4	1,5 cl	1/2 fl oz

Kullerpfirsich *Bowle*

Glas: Kullerpfirsichglas

Zubereitung: im Gästeglas

Der Pfirsich wird mit einem Tuch abgerieben und mit einer Gabel rundherum eingestochen. Anschließend in das Glas legen und mit dem Sekt auffüllen. Nach einiger Zeit beginnt sich der Pfirsich zu drehen.

Service: Dessertteller, Serviette, Obstbesteck

1 kleiner, möglichst runder Weingartenpfirsich
mit Champagner oder Sekt auffüllen

Kurbag Cocktail *Shortdrink*
Glas: Cocktailglas
Zubereitung: im Shaker

Cognac oder Weinbrand	1/4	1,5 cl	1/2 fl oz
Curaçao, weiß	1/4	1,5 cl	1/2 fl oz
Pastis	1/4	1,5 cl	1/2 fl oz
Wermut, Noilly Prat	1/4	1,5 cl	1/2 fl oz

Lady Brown Cocktail *Shortdrink*
Glas: Cocktailglas
Zubereitung: im Shaker
Garnitur: halbe Orangenscheibe

Dry Gin	1/2	3 cl	1 fl oz
Grand Marnier	1/4	1,5 cl	1/2 fl oz
Zitronensaft	1/4	1,5 cl	1/2 fl oz

*** Lady Chatterly Cocktail** *Shortdrink*
Glas: Cocktailglas
Zubereitung: im Mixglas

Dry Gin	3/6	3 cl	1 fl oz
Curaçao, weiß	1/6	1 cl	1/3 fl oz
Wermut, trocken	1/6	1 cl	1/3 fl oz
Orangensaft	1/6	1 cl	1/3 fl oz

Lady Diana *Champagner-, Sektcocktail*
Jean-Pierre Seganfredo, Piccadilly Bar, Lausanne, Schweiz

Glas: Sektschale oder -kelch
Zubereitung: im Shaker

Calvados	2/10	1,2 cl	2/6 fl oz
Grand Marnier	3/10	1,8 cl	4/6 fl oz
Framboise, Pagé	1/10	0,6 cl	1/6 fl oz
Ananassaft	4/10	2,4 cl	5/6 fl oz
Grenadine-Sirup	1 Spritzer		

mit Champagner, L. Roederer, auffüllen

Lady Killer *Longdrink*

Peter Roth, Schweiz, 1. Preis ICC, Weltmeister 1984, Hamburg

Glas: großer Tumbler
Zubereitung: im Shaker
Garnitur: grüne Mirabelle, Minze, Orangenspirale

Gin, Burnett's	2/10
Cointreau	1/10
Apricot Brandy, Bols	1/10
Maracujafruchtsaft	3/10
Ananassaft	3/10

Lady Killer Cocktail *Shortdrink*

Egon Mark, FV-Kolleg des Bundes, Innsbruck, Österreich

Glas: Cocktailschale oder Creamer
Zubereitung: im Shaker
Garnitur: geriebene Schokolade

Cognac oder Weinbrand	1/3	2 cl	2/3 fl oz
Pastis	1/3	2 cl	2/3 fl oz
Obers/Sahne	1/3	2 cl	2/3 fl oz
Läuterzucker	1/2 Barlöffel		

Lady's Cocktail *Shortdrink*

Glas: Cocktailglas
Zubereitung: im Shaker

Bourbon Whisk(e)y	4/6	4 cl	1 1/3 fl oz
Pastis	1/6	1 cl	1/3 fl oz
Anisette	1/6	1 cl	1/3 fl oz
Angostura-Bitter	2 Spritzer		

Lady's Favorite Cocktail *Shortdrink*

Glas: Cocktailschale oder Creamer
Zubereitung: im Shaker

Apricot Brandy	2/3	4 cl	1 1/3 fl oz
Obers/Sahne	1/3	2 cl	2/3 fl oz

Lady's Favorite Pousse-café *Pousse-café*

Glas: Pousse-café-Glas oder Sektflöte
Zubereitung: im Gästeglas
Die Zutaten über den Rücken eines Barlöffels in der angegebenen Reihenfolge vorsichtig in das Glas leeren.
Service: Trinkhalm

Apricot Brandy	2/3	4 cl	1 1/3 fl oz
Obers/Sahne	1/3	2 cl	2/3 fl oz

Lappados *Shortdrink*

Johani Tuominen, Finnland, 2. Preis ICC, Vizeweltmeister 1984, Hamburg

Glas: Cocktailglas
Zubereitung: im Mixglas
Garnitur: Apfelscheibe mit zwei Preiselbeeren

Lapponia Lingonberry Liqueur, Marli	1/2	3 cl	1 fl oz
Calvados	1/2	3 cl	1 fl oz

L.A.P. Special Cocktail *Champagner-, Sektcocktail*

Josef Stoxreiter, WIFI Innsbruck, Österreich

Glas: Cocktailglas
Zubereitung: im Shaker

Wermut, rot	1/6	1 cl	1/3 fl oz
Campari	1/6	1 cl	1/3 fl oz
Orangensaft	2/6	2 cl	2/3 fl oz
Cognac oder Weinbrand	2 Spritzer		
mit rotem Sekt auffüllen	2/6	2 cl	2/3 fl oz

Latino Cocktail *Shortdrink*

Antonio Aguiar Garcia, ABE, 3. Preis, 16. ICC 1982, Albufeira, Portugal

Glas: Cocktailglas
Zubereitung: im Mixglas
Garnitur: Cocktailkirsche

Rum, weiß	1/2	3 cl	1 fl oz
Wermut, Martini, rot	1/2	3 cl	1 fl oz
Kirschwasser	3 Spritzer		

Lazy Daze *Longdrink*

Ashley Pritchard, ABG, 16. ICC 1982, Albufeira, Portugal

Glas: mittlerer Tumbler
Zubereitung: im Gästeglas
Garnitur: Cocktailkirsche, Pfefferminzzweig

Wodka	1/10	1 cl	1/3 fl oz
Tia Maria	2/10	2 cl	2/3 fl oz
Crème de Menthe, grün	2/10	2 cl	2/3 fl oz
Limonade, Schweppes	4/10	4 cl	1 1/3 fl oz
Obers/Sahne	1/10	1 cl	1/3 fl oz

Lena Cocktail *Shortdrink*

Alberto Chirici, Italien, 1. Preis, ICC 1971, Tokio

Glas: Cocktailglas
Zubereitung: im Shaker
Garnitur: Maraschinokirsche

Bourbon Whiskey, Old Grand Dad	5/10	3 cl	1 fl oz
Galliano	1/10	0,6 cl	1/6 fl oz
Campari	1/10	0,6 cl	1/6 fl oz
Wermut, Martini, rot	2/10	1,2 cl	1/3 fl oz
Wermut, Gancia, trocken	1/10	0,6 cl	1/6 fl oz

Leuchtturm *Longdrink*

Manfred Mitlöhner, BFS für FVK-Berufe, Bad Leonfelden, Österreich

Glas: mittlerer Tumbler
Zubereitung: im Shaker

Rum, dunkel	4/10	4 cl	1 1/3 fl oz
Portwein	4/10	4 cl	1 1/3 fl oz
Zitronensaft	2/10	2 cl	2/3 fl oz

mit Rotwein auffüllen

Liebes-Tatar *alkoholfreier Drink*

Glas: großer Tumbler (Highballglas), mit Eiswürfeln
Zubereitung: im elektrischen Mixer, schaumig rühren
Service: Trinkhalm

Orangensaft, frisch	6 cl	2 fl oz
Milchpulver	2 Barlöffel	
Honig	2 Barlöffel	
Vanillezucker	1 Barlöffel	

Lights of Albufeira Cocktail *Shortdrink*

Attila Kótai, SBH, 16. ICC 1982, Albufeira, Portugal

Glas: Cocktailschale oder Creamer
Zubereitung: im Shaker
Garnitur: Orangenscheibe, Cocktailkirsche

Whisky, Johnnie Walker	1/3	2 cl	2/3 fl oz
Crème de Bananes, Bols	1/3	2 cl	2/3 fl oz
Batida de Coco	1/3	2 cl	2/3 fl oz
Grenadine-Sirup	1 Barlöffel		

Loli Ecijana Cocktail *Shortdrink*

José Pardal Rincón, ABE, 16. ICC 1982, Albufeira, Portugal

Glas: Cocktailglas
Zubereitung: im Shaker
Garnitur: Cocktailkirsche

Rum, weiß	2/5	2,4 cl	3/4 fl oz
Cointreau	1/5	1,2 cl	1/3 fl oz
Amaretto di Saronno Originale	1/5	1,2 cl	1/3 fl oz
Ananassaft	1/5	1,2 cl	1/3 fl oz

Lolita Cocktail *Shortdrink*

Oyvind Olavesen, NBF, 16. ICC 1982, Albufeira, Portugal

Glas: Cocktailglas
Zubereitung: im Mixglas
Garnitur: rote und grüne Cocktailkirschen

Wodka, Smirnoff	2/3	4 cl	1 1/3 fl oz
Apry, Marie Brizard	1/3	2 cl	2/3 fl oz
Lime Juice Cordial, Rose's	1 Spritzer		
Grenadine-Sirup	1 Spritzer		

etwas Zucker darüberstreuen

Lonely Cocktail *Champagner-, Sektcocktail*

Peter Roman, FV-Kolleg des Bundes, Innsbruck, Österreich

Glas: Sektschale oder Sektkelch
Zubereitung: im Shaker
Garnitur: Kiwischeibe, Cocktailkirsche

Weinbrand, Bouchet, naturmild	1 cl	1/3 fl oz
Prinzenkirsch, Bols	1 cl	1/3 fl oz
Campari	2 cl	2/3 fl oz
Orangenkonzentrat „O“	1 cl	1/3 fl oz

mit 5 cl Sekt, Kupferberg Gold, auffüllen

*** Love Cocktail** *Shortdrink*

Glas: Cocktailglas
Zubereitung: im Shaker

Dry Gin	3/4	4,5 cl	1 1/2 fl oz
Wermut, trocken	1/4	1,5 cl	1/2 fl oz
Eiweiß	1 ganzes		
Angostura-Bitter	1 Spritzer		

Lucie Cocktail *Shortdrink*

Glas: Cocktailschale
Zubereitung: im Shaker
Garnitur: Zitronenscheibe

Rum, weiß	1/3	2 cl	2/3 fl oz
Grand Marnier	1/3	2 cl	2/3 fl oz
Zitronensaft	1/3	2 cl	2/3 fl oz
Curaçao, weiß	1 Spritzer		

Lucky *Longdrink*
Friedrich Blaschke, ÖBU, Hotel Bristol, Wien

Glas: großer Tumbler (Highballglas)
Zubereitung: im Gästeglas, mit Eiswürfeln
Garnitur: Früchte der Saison

Cognac oder Weinbrand	2/4	2 cl	2/3 fl oz
Irish Mist	1/4	1 cl	1/3 fl oz
Crème de Mandarine	1/4	1 cl	1/3 fl oz
Ananas-Sirup	1 Barlöffel		
mit Tonic Water auffüllen			

Lucky Driver *alkoholfreier Drink*
Peter Roth, Kronenhallen-Bar, Zürich

Glas: großer Tumbler (Highballglas)
Zubereitung: im elektrischen Mixer oder im Shaker
Garnitur: Orangenscheibe, Zitronenscheibe

Batida de Coco	1 cl	1/3 fl oz
Zitronensaft	2 cl	2/3 fl oz
Ananassaft	5 cl	1 2/3 fl oz
Grapefruitsaft	5 cl	1 2/3 fl oz
Orangensaft	5 cl	1 2/3 fl oz
Läuterzucker	1,5 cl	1/2 fl oz

Lucky Jim *Shortdrink*
Glas: Cocktailglas
Zubereitung: Angostura-Bitter im Mixglas auf Eis verrühren und in Cocktailglas abseihen.

Bourbon Whiskey, Jim Beam	2/3	4 cl	1 1/3 fl oz
Meisterlikör, Scharlachberg	1/3	2 cl	2/3 fl oz
Angostura-Bitter	1 Spritzer		

Lugano-Tokio-Cocktail *Shortdrink*
Roger Lebet, SBU, IBU

Glas: Cocktailglas
Zubereitung: im Shaker

Wodka	2/4	1,5 cl	1 fl oz
Galliano	1/4	1 cl	1/2 fl oz
Campari	1/4	1 cl	1/2 fl oz
Zitronensaft	2 Spritzer		

Lumumba *Milchfrappé*
Karl Wenigmann, LBS Schloß Hofen, Lochau/Bregenz, Österreich

Glas: großer Tumbler (Highballglas)
Zubereitung: im elektrischen Mixer, mit gestoßenem Eis
Garnitur: Trinkhalm

Inländer-Rum	2 cl	2/3 fl oz
Crème de Cacao	2 cl	2/3 fl oz
Milch, frisch	1/8 Liter	
Kaffee-Eis	1 Kugel	
Sauerkirschen	10 Stück	

Luna di Miele Cocktail *Shortdrink*
Franco Zecca, Hotel des Bains, Venedig

Glas: Cocktailglas
Zubereitung: im Shaker
Garnitur: Orangenzeste

Dry Gin	1/4	1,5 cl	1/2 fl oz
Cognac oder Weinbrand	1/4	1,5 cl	1/2 fl oz
Kirschwasser	1/4	1,5 cl	1/2 fl oz
Grand Marnier	1/4	1,5 cl	1/2 fl oz

Luna Rossa Cocktail *Shortdrink*
Glas: Cocktailglas
Zubereitung: im Shaker

Cognac oder Weinbrand	2/4	3 cl	1 fl oz
Kirschwasser	1/4	1,5 cl	1/2 fl oz
Orangensaft	1/4	1,5 cl	1/2 fl oz

Lupo di Mare Cocktail *Shortdrink*

Jürgen Tauber, „Q.S.S. Lupo di Mare“, Linz, Österreich

Glas: Cocktailglas
Zubereitung: im Shaker

Dry Gin	1/3	2 cl	2/3 fl oz
Wermut, rot	1/3	2 cl	2/3 fl oz
Passionsfruchtsaft	1/3	2 cl	2/3 fl oz

*** Madagascar Cocktail** *Shortdrink*

Glas: Cocktailglas
Zubereitung: im Shaker

Rum, Bacardi, Silver Label	3/4	4,5 cl	1 1/2 fl oz
Orangensaft	1/4	1,5 cl	1/2 fl oz
Zitronensaft	1 Spritzer		

Madeira Flip *Flip*

Glas: Flipglas oder Sekttulpe
Zubereitung: im Shaker
Garnitur: geriebene Muskatnuß

Madeira	6 cl	2 fl oz
Läuterzucker	2 Barlöffel	
Maraschino	1 Spritzer	
Eigelb	1 ganzes	

*** Madison Avenue Cocktail** *Shortdrink*

Glas: Cocktailglas
Zubereitung: im Shaker

Rum, Bacardi, Silver Label	1/3	2 cl	2/3 fl oz
Cointreau	1/3	2 cl	2/3 fl oz
Zitronensaft	1/3	2 cl	2/3 fl oz

Maestoso *Longdrink*
Lucano Belluco, Hotel Majestic, Galzignano Terme, Padua, Italien

Glas:	großer Tumbler (Highballglas)
Zubereitung:	im Gästeglas, mit Eiswürfeln
Garnitur:	Orangen- und Zitronenscheibe, Pfefferminzblatt, Cocktailkirsche
Service:	Trinkhalm

Dry Gin	5 cl	$1\frac{2}{3}$ fl oz
Orange Brandy, Stock	1 cl	$\frac{1}{3}$ fl oz
Orangensaft	8 cl	$2\frac{2}{3}$ fl oz

mit Bitter Orange auffüllen

*** Magnolia Cocktail** *Shortdrink*

Glas:	Cocktailschale oder Creamer
Zubereitung:	im Shaker

Cognac oder Weinbrand	$\frac{5}{6}$	5 cl	$1\frac{2}{3}$ fl oz
Curaçao, weiß	$\frac{1}{6}$	1 cl	$\frac{1}{3}$ fl oz
Läuterzucker		1 Barlöffel	
Eigelb		1 Barlöffel	

Mah Jong Cocktail *Shortdrink*

Glas:	Cocktailglas
Zubereitung:	im Shaker

Dry Gin	$\frac{4}{6}$	4 cl	$1\frac{1}{3}$ fl oz
Coruba-Rum	$\frac{1}{6}$	1 cl	$\frac{1}{3}$ fl oz
Cointreau	$\frac{1}{6}$	1 cl	$\frac{1}{3}$ fl oz

*** Maiden's Prayer Cocktail** *Shortdrink*

Glas:	Cocktailglas
Zubereitung:	im Shaker

Dry Gin	$\frac{2}{6}$	2 cl	$\frac{2}{3}$ fl oz
Cointreau	$\frac{2}{6}$	2 cl	$\frac{2}{3}$ fl oz
Zitronensaft	$\frac{1}{6}$	1 cl	$\frac{1}{3}$ fl oz
Orangensaft	$\frac{1}{6}$	1 cl	$\frac{1}{3}$ fl oz

Maiden's Wish Cocktail *Shortdrink*

Glas: Cocktailglas
Zubereitung: im Shaker

Dry Gin	2/6	2 cl	2/3 fl oz
Cointreau	2/6	2 cl	2/3 fl oz
Apricot Brandy	1/6	1 cl	1/3 fl oz
Calvados	1/6	1 cl	1/3 fl oz

Mai Tai 1 *Fancy drink*

Glas: großer Tumbler (Highballglas)
Zubereitung: im Shaker und Gästeglas
Den Tumbler 3/4 mit gestoßenem Eis füllen und den fertigen Drink eingießen.
Garnitur: Ananasscheibe, Cocktailkirsche, Garniturschirmchen
Service: Trinkhalm

Coruba-Rum	2/8	2 cl	2/3 fl oz
Rum, Bacardi, Silver Label	2/8	2 cl	2/3 fl oz
Curaçao, orange	1/8	1 cl	1/3 fl oz
Zitronensaft	2/8	2 cl	2/3 fl oz
Läuterzucker	1/8	1 cl	1/3 fl oz

1 Barlöffel Apricot Brandy darübergießen

Mai Tai 2 *Fancy drink*

Glas: großer Tumbler (Highballglas)
Zubereitung: im Shaker und Gästeglas
Den Tumbler zu 1/3 mit gestoßenem Eis füllen und den fertigen Drink eingießen.
Garnitur: Ananasscheibe, Maraschinokirsche
Service: Trinkhalm

Rum, weiß	6 cl	2 fl oz
Curaçao, weiß	3 cl	1 fl oz
Grenadine-Sirup	1,5 cl	1/2 fl oz
Lime Juice	1,5 cl	1/2 fl oz
Orgeat Syrup	1,5 cl	1/2 fl oz
Läuterzucker	1 Barlöffel	
Rum, 74 Vol.-%	1 Spritzer	

Major Tom Cocktail *Shortdrink*

Jürgen E. Falcke, DBU, Staatliche Berufsschule f. d. Hotel- und Gastgewerbe, Hamburg

Glas:	Cocktailglas
Zubereitung:	im Shaker
Garnitur:	Zitronentwist

Campari	2/6	2 cl	2/3 fl oz
Barack, Mautner	2/6	2 cl	2/3 fl oz
Crème de Cacao, weiß, Bols	1/6	1 cl	1/3 fl oz
Zitronensaft	1/6	1 cl	1/3 fl oz

Malayan Sling *Longdrink*

Glas:	Slingglas (übergroßer Tumbler)
Zubereitung:	im Gästeglas Den Tumbler mit Eiswürfeln füllen, die Ingredienzien eingießen, gut verrühren und zum Schluß mit kaltem Wasser auffüllen.
Garnitur:	Orangenscheibe, Maraschinokirsche
Service:	Trinkhalm

Dry Gin	1/4	1,5 cl	1/2 fl oz
Bénédictine	1/4	1,5 cl	1/2 fl oz
Kirschlikör	2/4	3 cl	1 fl oz

mit kaltem Wasser auffüllen

Mallorca Cocktail *Shortdrink*

Enrique Battante, Spanien, 1. Preis, ICC 1967, Palma de Mallorca

Glas:	Cocktailglas
Zubereitung:	im Shaker

Rum, Estetar Pampero	3/6	3 cl	1 fl oz
Wermut, Cinzano, trocken	1/6	1 cl	1/3 fl oz
Crème de Bananes, Bols	1/6	1 cl	1/3 fl oz
Drambuie	1/6	1 cl	1/3 fl oz

Mandarin *Longdrink*

Hans Band, ÖBU, Hotel Schloß Seefels, Pörtschach, Österreich

Glas: großer Tumbler (Highballglas)
Zubereitung: im Shaker
Garnitur: Mangoscheibe, 3 Kirschen, Orangenschale

Dry Gin, Gordon's	2 cl	2/3 fl oz
Campari	2 cl	2/3 fl oz
Mandarinenlikör, Bols	3 cl	1 fl oz
Limonensaft, frisch	3 cl	1 fl oz
Mandarinensaft, frisch	12 cl	4 fl oz
Angostura-Bitter	1 Spritzer	

Mandarin Cocktail *Shortdrink*

Harald „Harry" Dorn, ÖBU, Hotel Unterwirt, Reit im Winkel, BRD

Glas: großer Tumbler (Highballglas)
Zubereitung: im Gästeglas, mit Eiswürfeln
Garnitur: Orangen- und Zitronenscheibe, zwei Cocktailkirschen

Rum, Bacardi, Silver Label	4/6	4 cl	1 1/3 fl oz
Maraschino	1/6	1 cl	1/3 fl oz
Maracujalikör	1/6	1 cl	1/3 fl oz
Orangensaft	1 Spritzer		
Zitronensaft	1 Spritzer		

Mango Flip *Flip*

Franz Bartl, BS f. d. Gastgewerbe, Wien

Glas: Flipglas oder Sekttulpe
Zubereitung: im Shaker oder im elektrischen Mixer
Garnitur: geriebene Muskatnuß

Mangosirup	4 cl	1 1/3 fl oz
Zitronensaft	4 cl	1 1/3 fl oz
Eigelb	1/2	

Manhattan Cocktail 1 (original) *Shortdrink*
Glas: Cocktailglas
Zubereitung: im Mixglas
Garnitur: Cocktailkirsche

Bourbon Whisk(e)y	2/3	4 cl	1 1/3 fl oz
Wermut, rot	1/3	2 cl	2/3 fl oz
Angostura-Bitter	1 Spritzer		

Manhattan Cocktail 2 *Shortdrink*
Glas: Cocktailglas
Zubereitung: im Mixglas
Garnitur: Cocktailkirsche

Rye Whisk(e)y	2/3	4 cl	1 1/3 fl oz
Wermut, rot	1/3	2 cl	2/3 fl oz
Angostura-Bitter	1 Spritzer		

Manhattan Dry Cocktail *Shortdrink*
Glas: Cocktailglas
Zubereitung: im Mixglas
Garnitur: Olive

Rye Whisk(e)y	2/3	4 cl	1 1/3 fl oz
Wermut, trocken	1/3	2 cl	2/3 fl oz

*** Manhattan Latin Cocktail** *Shortdrink*
Glas: Cocktailglas
Zubereitung: im Mixglas
Garnitur: Cocktailkirsche

Rum, Bacardi, Silver Label	2/3	4 cl	1 1/3 fl oz
Wermut, rot	1/3	2 cl	2/3 fl oz

Manhattan Perfect Cocktail *Shortdrink*
Glas: Cocktailglas
Zubereitung: im Mixglas
Garnitur: Cocktailkirsche, Zitronenzeste

Rye Whisk(e)y	4/6	4 cl	1 1/3 fl oz
Wermut, rot	1/6	1 cl	1/3 fl oz
Wermut, trocken	1/6	1 cl	1/3 fl oz

Manhattan Sweet Cocktail 1 *Shortdrink*

Glas: Cocktailglas
Zubereitung: im Mixglas
Garnitur: Cocktailkirsche

Bourbon Whisk(e)y	2/3	4 cl	1 1/3 fl oz
Wermut, rot	1/3	2 cl	2/3 fl oz
Curaçao, weiß	2 Spritzer		
Orangen-Bitter	1 Spritzer		

Manhattan Sweet Cocktail 2 *Shortdrink*

Glas: Cocktailglas
Zubereitung: im Mixglas
Garnitur: Cocktailkirsche

Rye Whisk(e)y	1/2	3 cl	1 fl oz
Wermut, rot	1/2	3 cl	1 fl oz
Angostura-Bitter	1 Spritzer		

Manhattan Cooler *Longdrink*

Glas: großer Tumbler (Highballglas) oder Collinsglas (übergroßer Tumbler)
Zubereitung: im Shaker
Service: Trinkhalm

Rotwein	5/8	5 cl	1 2/3 fl oz
Zitronensaft	2/8	2 cl	2/3 fl oz
Läuterzucker	1/8	1 cl	1/3 fl oz

mit Ginger Ale auffüllen

*** Manhattan Egg-nog** *Egg-nog*

Glas: großer Tumbler (Highballglas)
Zubereitung: im Shaker
Garnitur: geriebene Muskatnuß
Service: Unterteller, Serviette, Limonadenlöffel, Trinkhalm

Rum, weiß	2/3	4 cl	1 1/3 fl oz
Cognac oder Weinbrand	1/3	2 cl	2/3 fl oz
Läuterzucker	1 Eßlöffel		
Ei	1 ganzes		
mit kalter Milch auffüllen			

Maracuja Cocktail *Champagner-, Sektcocktail*

Glas: Sektschale

Zubereitung: im Gästeglas

Maracujalikör	2 cl	2/3 fl oz
mit Champagner oder Sekt auffüllen		

Maracuja Colada *Tropicana/Colada*

Glas: großer Tumbler (Highballglas)

Zubereitung: im elektrischen Mixer

Garnitur: 1/2 Ananasscheibe, Cocktailkirsche

Service: Trinkhalm

Rum, weiß	1/6	1 cl	1/3 fl oz
Batida de Coco	3/6	3 cl	1 fl oz
Maracujasaft	2/6	2 cl	2/3 fl oz

Maracuja-Trunk *alkoholfreier Drink*

Glas: mittlerer Tumbler (Highballglas)

Zubereitung: im Shaker

Garnitur: Zitronenscheibe

Service: Trinkhalm

Maracujasaft	1/2	3 cl	1 fl oz
Pfirsichsaft	1/2	3 cl	1 fl oz
Angostura-Bitter	1 Spritzer		
Zitronensaft	1 Spritzer		

Maraska Daisy *Longdrink*

Glas: Sektschale oder Cobblerglas

Zubereitung: im Gästeglas, mit gestoßenem Eis

Garnitur: Cocktailkirsche, Orangen- oder Zitronenscheibe

Service: Trinkhalm

Kirschwasser	1/3	2 cl	2/3 fl oz
Maraschino	1/3	2 cl	2/3 fl oz
Cherry Brandy	1/3	2 cl	2/3 fl oz
Zitronensaft	1 Barlöffel		
Läuterzucker	1 Barlöffel		
ein Schuß Soda			

Mar del Plata Cocktail *Shortdrink*

Enzo Antonetti, Argentinien, 1. Preis, ICC 1964, Edinburgh, Schottland

Glas: Cocktailglas
Zubereitung: im Shaker
Garnitur: Zitronenzeste

Dry Gin, Hiram Walker	4/8	3 cl	1 fl oz
Wermut, Martini, trocken	3/8	2,25 cl	2/3 fl oz
Bénédictine	1/8	0,75 cl	1/3 fl oz
Grand Marnier	einige Tropfen		

Margarita Cocktail *Shortdrink*

Glas: Cocktailglas
Zubereitung: im Gästeglas oder im Shaker
Garnitur: Salzrand

Tequila	3/6	3 cl	1 fl oz
Curaçao, weiß	1/6	1 cl	1/3 fl oz
Lime Juice	2/6	2 cl	2/3 fl oz

Marietta Junior Cocktail *Shortdrink*

Richard Hawkins, ABP, 16. ICC 1982, Albufeira, Portugal

Glas: Cocktailglas
Zubereitung: im Mixglas

Dry Gin, Gordon's	3/10	1,8 cl	2/3 fl oz
Campari	3/10	1,8 cl	2/3 fl oz
Wermut, Martini, weiß	2/10	1,2 cl	1/3 fl oz
Lime Juice	1/10	0,6 cl	1/6 fl oz
Maracuja-Sirup	1/10	0,6 cl	1/6 fl oz

Marillenbowle *Bowle*
für 4–6 Personen

Bowlengefäß, Bowlengläser, Untertassen oder Weinkrug, Weingläser, Kaffeelöffel

Zubereitung: Die Marillen entkernen, vierteln und in das Gefäß geben. Mit einem Teil des Zuckers bestreuen und den Portwein dazugießen, kalt stellen. Nach etwa einer halben Stunde den restlichen Zucker mit einer Flasche Wein auflösen, zu den Früchten leeren und das Ganze wieder eine halbe Stunde kühlen. Vor dem Servieren den restlichen Wein dazugeben.

Marillen	16 Stück
Portwein	10 cl
Feinkristallzucker	250 g
Weißwein	4 Flaschen

Mario Cocktail *Shortdrink*
Glas: Cocktailglas
Zubereitung: im Mixglas

Wodka	3/6	3 cl	1 fl oz
Rum, weiß	2/6	2 cl	2/3 fl oz
Apricot Brandy	1/6	1 cl	1/3 fl oz

Marsala Cobbler *Longdrink*
Glas: großer Tumbler (Highballglas)
Zubereitung: im Gästeglas, mit 2/3 gestoßenem Eis
Garnitur: Pfirsich- und Mandarinenspalten, blaue Weintrauben
Service: Unterteller, Serviette, Limonadenlöffel, Trinkhalm

Cordial-Médoc	1 Barlöffel	
Maraschino	1 Barlöffel	
Cointreau	1 Barlöffel	
mit Marsala auffüllen	4 cl	1 1/3 fl oz

*** Martini Dry Cocktail 1** *Shortdrink*

Glas:	Cocktailglas
Zubereitung:	im Mixglas
Garnitur:	eine Olive oder Zitronenzeste oder Lemon twist

Dry Gin	3/4	4,5 cl	1 1/2 fl oz
Wermut, Martini, extra trocken	1/4	1,5 cl	1/2 fl oz

*** Martini Dry Cocktail 2** *Shortdrink*

Glas:	Cocktailglas
Zubereitung:	im Mixglas
Garnitur:	eine Olive oder Zitronenzeste oder Lemon twist

Dry Gin	2/3	4 cl	1 1/3 fl oz
Wermut, Martini, extra trocken	1/3	2 cl	2/3 fl oz

*** Martini Dry Cocktail 3** *Shortdrink*

Glas:	Cocktailglas
Zubereitung:	im Mixglas
Garnitur:	eine Olive oder Zitronenzeste oder Lemon twist

Dry Gin	5/6	5 cl	1 2/3 fl oz
Wermut, Noilly Prat	1/6	1 cl	1/3 fl oz

*** Martini Extremely Dry Cocktail** *Shortdrink*

Glas:	Cocktailglas
Zubereitung:	im Mixglas
Garnitur:	eine Olive oder Zitronenzeste oder Lemon twist

Dry Gin		6 cl	2 fl oz
Wermut, Noilly Prat		1 Spritzer	

∗ Martini Medium Cocktail *Shortdrink*

Glas:			Cocktailglas
Zubereitung:			im Mixglas
Garnitur:			Cocktailkirsche oder Zitronenzeste
Dry Gin	4/6	4 cl	1 1/3 fl oz
Wermut, Martini, extra trocken	1/6	1 cl	1/3 fl oz
Wermut, Martini, rot	1/6	1 cl	1/3 fl oz

∗ Martini Sweet Cocktail *Shortdrink*

Glas:			Cocktailglas
Zubereitung:			im Mixglas
Garnitur:			Cocktailkirsche oder Zitronenzeste
Dry Gin	2/3	4 cl	1 1/3 fl oz
Wermut, Martini, rot	1/3	2 cl	2/3 fl oz

Mary of Scotland *Shortdrink*

Glas:			Cocktailglas
Zubereitung:			im Shaker
Garnitur:			Zuckerrand und Cocktailkirsche
Scotch Whisky	1/3	2 cl	2/3 fl oz
Drambuie	1/3	2 cl	2/3 fl oz
Chartreuse, grün	1/3	2 cl	2/3 fl oz

Mary Pickford Cocktail *Shortdrink*

Glas:			doppeltgroßes Cocktailglas
Zubereitung:			im Shaker
Rum, weiß	1/2	3 cl	1 fl oz
Ananassaft, frisch	1/2	3 cl	1 fl oz
Grenadine-Sirup	1 Barlöffel		
Maraschino	1 Spritzer		

Mary Rose Cocktail *Champagner-, Sektcocktail*

Manfred Mitlöhner, BFS f. FVK-Berufe, Bad Leonfelden, Österreich

Glas:	Sektschale oder -kelch
Zubereitung:	im Shaker

Garnitur:	Orangen- und Kiwischeibe, Ananasstück
Service:	Trinkhalm

Birnengeist	1/3	2 cl	2/3 fl oz
Crème de Cassis	1/3	2 cl	2/3 fl oz
Wermut, trocken	1/3	2 cl	2/3 fl oz

mit Champagner oder Sekt auffüllen

May Blossom Fizz *Longdrink*

Glas:	mittlerer Tumbler
Zubereitung:	im Shaker

Schwedenpunsch	2/3	4 cl	1 1/3 fl oz
Zitronensaft	1/3	2 cl	2/3 fl oz
Grenadine-Sirup	1 Barlöffel		
Läuterzucker	1 Barlöffel		

mit Soda auffüllen

Mayfair Cocktail *Shortdrink*

Glas:	Cocktailglas
Zubereitung:	im Shaker

Dry Gin	1/4	1,5 cl	1/2 fl oz
Orangensaft	3/4	4,5 cl	1 1/2 fl oz
Apricot Brandy	3 Spritzer		

Mayflower Cocktail *Shortdrink*

Dieter Tschach, ÖBU, Victoria-Bar, Wien

Glas:	Cocktailglas
Zubereitung:	im Shaker
Garnitur:	frische Himbeere auf dem Glasrand

Himbeergeist	3/7	2,6 cl	3/4 fl oz
Cointreau	2/7	1,7 cl	1/2 fl oz
Zitronensaft	2/7	1,7 cl	1/2 fl oz

Mellonaire *Shortdrink*

John W. Chop, USA, 3. Preis ICC 1984, Hamburg

Glas:	Cocktailglas oder Creamer
Zubereitung:	im Shaker
Garnitur:	Kirsche

Rum, Pampero Añejo	1 fl oz
Melon Liqueur, Midori	1/2 fl oz
Crème de Banana, Arrow's	1/2 fl oz
Sweet & Sour Lemon Juice, Mr. & Mrs. "T"	1 fl oz
Frothee	1 Spritzer

Memories Cocktail *Shortdrink*

V. „Bobby" Batuga, USBG, 16. ICC 1982, Albufeira, Portugal

Glas:	Cocktailschale oder Creamer
Zubereitung:	im Shaker

Curaçao, blau	1/6	1 cl	1/3 fl oz
Irish Cream	2/6	2 cl	2/3 fl oz
Amaretto di Saronno Originale	3/6	3 cl	1 fl oz
Zitronensaft	1 Spritzer		
Frothee	2 Spritzer		

Memory Cocktail *Shortdrink*

Necati Cevik, Hotel Hilton, Klimt-Bar, Wien

Glas:	Cocktailglas
Zubereitung:	im Shaker
Garnitur:	Orangenschale „Schmetterling" auf Erdbeer-Stick

Galliano	1/3	2 cl	2/3 fl oz
Batida de Coco	1/3	2 cl	2/3 fl oz
Orangensaft	1/3	2 cl	2/3 fl oz

Menuett *Longdrink*
Laszlo Molnar, ÖBU, Hotel Vienna Intercontinental

Glas: Tumbler
Zubereitung: im Shaker
Garnitur: Orangenscheibe, Kirsche

Apricot Brandy, Bols	3/4	3 cl	1 fl oz
Zitronensaft	1/4	1 cl	1/3 fl oz

mit Ginger Ale, Schweppes, auffüllen

Merry Widow Cocktail *Shortdrink*
Glas: Cocktailglas
Zubereitung: im Shaker

Wodka	1/3	2 cl	2/3 fl oz
Dubonnet	1/3	2 cl	2/3 fl oz
Wermut, trocken	1/3	2 cl	2/3 fl oz
Orangen-Bitter	1 Spritzer		

Mexican Martini Cocktail *Shortdrink*
Glas: Cocktailglas
Zubereitung: im Mixglas
Garnitur: eine Olive oder Zitronenzeste

Tequila	3/4	4,5 cl	1 1/2 fl oz
Wermut, Martini, extra trocken	1/4	1,5 cl	1/2 fl oz

Mexico Dream *Longdrink*
Friedrich Blaschke, ÖBU, Hotel Bristol, Wien

Glas: großer Tumbler (Highballglas)
Zubereitung: im Gästeglas, mit Eiswürfeln
Garnitur: verschiedene Früchte, nach Saison

Tequila	4/10	2,4 cl	3/4 fl oz
Curaçao, blau	2/10	1,2 cl	1/3 fl oz
Maraschino	2/10	1,2 cl	1/3 fl oz
Zitronensaft	2/10	1,2 cl	1/3 fl oz

mit Bitter Orange auffüllen

Mezz' e Mezz' Soda *Longdrink*

Glas: kleiner Tumbler
Zubereitung: im Gästeglas, mit Eiswürfeln
Service: Stirer

Campari	½	3 cl	1 fl oz
Wermut, rot	½	3 cl	1 fl oz
mit kaltem Soda auffüllen			

Mike Collins *Longdrink*

Glas: großer Tumbler (Highballglas) oder Collinsglas (übergroßer Tumbler)
Zubereitung: im Gästeglas, mit Eiswürfeln So lange rühren, bis sich das Glas beschlägt.
Garnitur: Zitronenscheibe und Cocktailkirsche
Service: Trinkhalm

Irish Whisk(e)y	⅔	4 cl	1⅓ fl oz
Zitronensaft	⅓	2 cl	⅔ fl oz
Läuterzucker	1 Barlöffel		
mit Soda auffüllen			

Milano 83 *Shortdrink*

Nano Rigamonti, SBU, Hotel Einstein, St. Gallen, Schweiz

Glas: Cocktailglas
Zubereitung: im elektrischen Mixer

Gin	⅓	2 cl	⅔ fl oz
Amaretto di Saronno Originale	⅓	2 cl	⅔ fl oz
Orangensaft	⅓	2 cl	⅔ fl oz

Millionaire Cocktail *Shortdrink*

Glas: Cocktailglas
Zubereitung: im Shaker

Bourbon oder Rye Whisk(e)y	⅔	4 cl	1⅓ fl oz
Grenadine-Sirup	⅓	2 cl	⅔ fl oz

Curaçao, orange	2 Spritzer
Pastis	1 Spritzer
Eiweiß	1 ganzes

✻ Million Dollar Cocktail *Shortdrink*

Glas: Cocktailglas

Zubereitung: im Shaker

Dry Gin	2/3	4 cl	1 1/3 fl oz
Wermut, rot	1/3	2 cl	2/3 fl oz
Ananassaft	1 Barlöffel		
Grenadine-Sirup	1 Barlöffel		

Mint Julep *Longdrink*

Glas: großer Tumbler (Highballglas)

Zubereitung: im Gästeglas

Die Blätter von zwei Pfefferminzzweigen in das Glas geben, mit zwei Barlöffeln Zucker bestreuen und mit dem Barlöffel ausdrükken. Die Blätter wieder entfernen und das Glas zu 3/4 mit feingestoßenem Eis füllen, mit Cognac oder Weinbrand aufgießen.

Garnitur: frische Pfefferminzzweige, Cocktailkirschen

Service: Trinkhalm, Limonadenlöffel

Cognac oder Weinbrand	4 cl	1 1/3 fl oz

mit etwas Wasser leicht verrühren

Miss Banana Flip *Flip*

Glas: Flipglas oder Sekttulpe

Zubereitung: im Shaker

Crème de Bananes	1/2	3 cl	1 fl oz
Obers/Sahne	1/2	3 cl	1 fl oz
Eigelb	1 ganzes		

Mississippi Cocktail *Shortdrink*

Glas: Cocktailglas

Zubereitung: im Shaker

Dry Gin	1/3	2 cl	2/3 fl oz
Crème de Cassis	1/3	2 cl	2/3 fl oz
Orangensaft	1/3	2 cl	2/3 fl oz

Mississippi Punch *Longdrink*

Glas: großer Tumbler (Highballglas)
Zubereitung: im Gästeglas, mit gestoßenem Eis
Garnitur: 1/2 Ananasscheibe

Bourbon Whisk(e)y	1/3	2 cl	2/3 fl oz
Cognac oder Weinbrand	1/3	2 cl	2/3 fl oz
Jamaica-Rum	1/3	2 cl	2/3 fl oz
Grenadine-Sirup	2 Barlöffel		
Zitronensaft	1 Barlöffel		
mit Soda auffüllen			

Mistral *Longdrink*

Fritz Schaller, SBG, 1. Preis 1977, Stockholm

Glas: großer Tumbler (Highballglas), mit Eiswürfeln
Zubereitung: im elektrischen Mixer
Garnitur: 1/2 Orangenscheibe, Kirsche, Melisse

Rum, Carioca	2/5	2,4 cl	3/4 fl oz
Orangenlikör, Cusenier	2/5	2,4 cl	3/4 fl oz
Galliano	1/5	1,2 cl	1/3 fl oz
Campari	2 Spritzer		
Grenadine-Sirup	2 Spritzer		
Orangensaft mitmixen			

Misty Cooler *Longdrink*

Glas: großer Tumbler (Highballglas) oder Collinsglas (übergroßer Tumbler)
Zubereitung: im Shaker
Garnitur: Trinkhalm

Irish Mist	1/3	2 cl	2/3 fl oz
Zitronensaft	2/3	4 cl	1 1/3 fl oz
Grenadine-Sirup	1 Spritzer		
Eiweiß	1 Spritzer		
mit Soda auffüllen			

Mocca Frappé — *Likörfrappé*

Glas:	Cocktailschale oder Creamer
Zubereitung:	im Gästeglas, mit geschabtem Eis
Service:	zwei kurze Trinkhalme

Crème de Mocca		4 cl	1 1/3 fl oz

Mona Lisa Cocktail — *Shortdrink*

Glas:	Cocktailschale oder Creamer
Zubereitung:	im Shaker

Amer Picon	1/3	2 cl	2/3 fl oz
Curaçao, orange	1/3	2 cl	2/3 fl oz
Bénédictine	1/3	2 cl	2/3 fl oz
Obers/Sahne	1 Barlöffel		

Mon Ami Cocktail — *Shortdrink*

Glas:	Cocktailglas
Zubereitung:	im Shaker

Armagnac	4/6	4 cl	1 1/3 fl oz
Pastis	1/6	1 cl	1/3 fl oz
Crème de Menthe, weiß	1/6	1 cl	1/3 fl oz

Monkey Gland Cocktail — *Shortdrink*

Glas:	Cocktailglas
Zubereitung:	im Shaker

Dry Gin	1/3	2 cl	2/3 fl oz
Orangensaft	2/3	4 cl	1 1/3 fl oz
Pastis	1 Spritzer		
Grenadine-Sirup	1 Spritzer		

Mont Blanc Fizz — *Longdrink*

Glas:	mittlerer Tumbler
Zubereitung:	im Shaker

Genever	2/3	4 cl	1 1/3 fl oz
Zitronensaft	1/3	2 cl	2/3 fl oz
Lauterzucker	3 Barlöffel		
mit Soda auffüllen			

Monte Carlo Cocktail *Shortdrink*

Glas: Cocktailglas
Zubereitung: im Shaker

Dry Gin	2/6	2 cl	2/3 fl oz
Grand Marnier	2/6	2 cl	2/3 fl oz
Grenadine-Sirup	1/6	1 cl	1/3 fl oz
Zitronensaft	1/6	1 cl	1/3 fl oz

Montego Bay Cocktail *Shortdrink*

Glas: Cocktailglas
Zubereitung: im Shaker
Garnitur: Cocktailkirsche, Ananasstück

Jamaica-Rum	2/6	2 cl	2/3 fl oz
Ananassaft	2/6	2 cl	2/3 fl oz
Himbeersaft	1/6	1 cl	1/3 fl oz
Zitronensaft	1/6	1 cl	1/3 fl oz

Moonlight Cocktail 1 *Shortdrink, Heißgetränk*

Weltmeister Daniel Pion, ABF, 16. ICC 1982, Albufeira, Portugal

Glas: Cocktailschale oder Creamer
Zubereitung: im Shaker und Gästeglas
Garnitur: Orangenspirale, Mandarinentwist

Cognac	1/10	0,6 cl	1/6 fl oz
Mandarine, Imperiale	2/10	1,2 cl	1/3 fl oz
Läuterzucker	1/10	0,6 cl	1/6 fl oz
Kaffee, schwarz, heiß	4/10	2,4 cl	3/4 fl oz
Obers/Sahne	2/10	1,2 cl	1/3 fl oz

Moonlight Cocktail 2 *Shortdrink*

Friedrich Blaschke, ÖBU, Hotel Bristol, Wien

Glas: Cocktailglas
Zubereitung: im Mixglas
Service: Zitronenzeste

Birnenbrand	1/3	2 cl	2/3 fl oz
Wermut, süß	2/3	4 cl	1 1/3 fl oz

Moonshine Cocktail *Shortdrink*

Glas: Cocktailglas

Zubereitung: im Shaker

Dry Gin	2/4	3 cl	1 fl oz
Wermut, trocken	1/4	1,5 cl	1/2 fl oz
Maraschino	1/4	1,5 cl	1/2 fl oz
Pastis	2 Spritzer		

Morning Dew *Longdrink*

McLoughlin, Jurys Hotel, 3. Preis, Dublin, Irland

Glas: Tumbler

Zubereitung: im Shaker

Garnitur: Orangenscheibe, rote und grüne Kirschen

Irish Whisk(e)y	3/10	1,8 cl	2/3 fl oz
Crème de Bananes, Marie Brizard	2/10	1,2 cl	1/3 fl oz
Curaçao, blau, Bols	1/10	0,6 cl	1/6 fl oz
Grapefruitsaft	4/10	2,4 cl	3/4 fl oz
Eiweiß	1 ganzes		

Morning Glory Fizz *Longdrink*

Harry Johnson, New Orleans, USA, Originalrezept

Glas: mittlerer Tumbler

Zubereitung: im Shaker

Scotch Whisky	4/7	4 cl	1 1/3 fl oz
Pernod oder Ricard	1/7	1 cl	1/3 fl oz
Zitronensaft	2/7	2 cl	2/3 fl oz
Läuterzucker	2 Barlöffel		
Eiweiß	1 ganzes		

mit Soda auffüllen

*** Morning Rose Cocktail** *Shortdrink*
Glas: Cocktailglas
Zubereitung: im Shaker

Rum, weiß	2/6	2 cl	2/3 fl oz
Curaçao, weiß	2/6	2 cl	2/3 fl oz
Grenadine-Sirup	1/6	1 cl	1/3 fl oz
Zitronensaft	1/6	1 cl	1/3 fl oz

Moscow Mule *Fancy drink*
Glas: großer Tumbler (Highballglas)
Zubereitung: im Gästeglas, mit Eiswürfeln
Garnitur: Zitronenscheibe

Wodka	1/2	3 cl	1 fl oz
Zitronensaft	1/2	3 cl	1 fl oz
mit Ginger Ale auffüllen			

Mothermilk Flip *Flip*
Glas: Flipglas
Zubereitung: im Shaker
Garnitur: geriebene Muskatnuß

Bénédictine	1/2	3 cl	1 fl oz
Schwedenpunsch	1/2	3 cl	1 fl oz
Obers/Sahne	1 Eßlöffel		
Eigelb	1 ganzes		

Moulin Rouge Cocktail *Champagner-, Sektcocktail*
Glas: Cocktailglas
Zubereitung: im Shaker

Dry Gin	4/6	4 cl	1 1/3 fl oz
Apricot Brandy	1/6	1 cl	1/3 fl oz
Zitronensaft	1/6	1 cl	1/3 fl oz
mit Champagner oder Sekt auffüllen			

Moulin Rouge Highball *Longdrink*

Glas: großer Tumbler (Highballglas)
Zubereitung: im Gästeglas, mit Eiswürfeln, rühren
Garnitur: Zitronenspirale
Service: Stirer

Cognac oder Weinbrand	½	3 cl	1 fl oz
Ananassaft	½	3 cl	1 fl oz

mit trockenem Champagner oder Sekt auffüllen

Moxa Cocktail *Shortdrink*

Carmelo Bonavia, MBG, 16. ICC 1982, Albufeira, Portugal

Glas: Cocktailschale oder Creamer
Zubereitung: im Shaker
Garnitur: eine Scheibe Maltakäse, frische Petersilie

Whisky, Teacher's	⅓	2 cl	⅔ fl oz
Drambuie	⅓	2 cl	⅔ fl oz
Amaretto di Saronno Originale	⅓	2 cl	⅔ fl oz
Kondensmilch	1 Barlöffel		

Mr. New Yorker Cocktail *Shortdrink*

Glas: Cocktailglas
Zubereitung: im Mixglas

Dry Gin	2/4	3 cl	1 fl oz
Sherry, trocken	¼	1,5 cl	½ fl oz
Wermut, Noilly Prat	¼	1,5 cl	½ fl oz
Cointreau	1 Spritzer		

Mule *sonstiger Longdrink*

Glas: Bierpokal oder Sektkelch
Zubereitung: im Gästeglas

Dry Gin	½	3 cl	1 fl oz
Zitronensaft	½	3 cl	1 fl oz

mit hellem Bier auffüllen

Müller-Spezialcocktail *Shortdrink*
Franz J. Müller, ÖBU, Wien

Glas:	Cocktailglas
Zubereitung:	im Shaker
Garnitur:	Kirsche

Dry Gin	1/3	2 cl	2/3 fl oz
Cointreau	1/3	2 cl	2/3 fl oz
Zitronensaft	1/3	2 cl	2/3 fl oz
Crème de Menthe, grün	3 Spritzer		

*** Musketeer Cocktail** *Shortdrink*

Glas:	Cocktailglas
Zubereitung:	im Shaker

Scotch Whisky	2/4	3 cl	1 fl oz
Cointreau	1/4	1,5 cl	1/2 fl oz
Zitronensaft	1/4	1,5 cl	1/2 fl oz

Naked Lady Cocktail *Shortdrink*

Glas:	Cocktailglas
Zubereitung:	im Shaker

Rum, weiß	1/2	3 cl	1 fl oz
Wermut, rot	1/2	3 cl	1 fl oz
Apricot Brandy	4 Spritzer		
Grenadine-Sirup	2 Spritzer		
Zitronensaft	4 Spritzer		

Nap Frappé *Likörfrappé*

Glas:	Cocktailschale oder Creamer
Zubereitung:	im Gästeglas, mit geschabtem Eis

Die Liköre in der angegebenen Reihenfolge verwenden.

Kümmellikör	1/3	2 cl	2/3 fl oz
Chartreuse, grün	1/3	2 cl	2/3 fl oz
Cognac oder Weinbrand	1/3	2 cl	2/3 fl oz

Napoléon Cocktail *Shortdrink*

Glas:			Cocktailglas
Zubereitung:			im Mixglas
Garnitur:			Zitronenzeste
Dry Gin	3/6	3 cl	1 fl oz
Dubonnet	2/6	2 cl	2/3 fl oz
Curaçao, weiß	1/6	1 cl	1/3 fl oz
Fernet-Branca	1 Spritzer		

Nassau Sherry Cocktail *Shortdrink*

Glas:			Cocktailglas
Zubereitung:			im Shaker
Dry Gin	1/3	2 cl	2/3 fl oz
Sherry, süß	1/3	2 cl	2/3 fl oz
Zitronensaft	1/3	2 cl	2/3 fl oz

National Cocktail *Shortdrink*

Glas:			Cocktailglas
Zubereitung:			im Shaker, mit gestoßenem Eis
Garnitur:			Cocktailkirsche und Ananasstück am Stick
Rum, weiß	2/4	3 cl	1 fl oz
Apricot Brandy	1/4	1,5 cl	1/2 fl oz
Ananassaft	1/4	1,5 cl	1/2 fl oz

*** Natural Cocktail** *Shortdrink*

Glas:			Cocktailglas
Zubereitung:			im Shaker
Rum, Bacardi	2/3	4 cl	1 1/3 fl oz
Cognac oder Weinbrand	1/3	2 cl	2/3 fl oz
Grenadine-Sirup	1 Barlöffel		
Zitronensaft	1 Spritzer		

Bild 5: Brandy Crusta (links, Rezept Seite 98), Champagner Crusta (rechts)

Bild 6: 1 Champagner-Cocktail 2 in der Sekttulpe (Rezept Seite 118), 2 Champagner-Cocktail 3 in der Sektflöte (Rezept Seite 118), 3 Golden Lady Cocktail in der Sekttulpe (Rezept Seite 179), 4 Bénédictine Champagne Cocktail in der Sektflöte (Rezept Seite 82), 5 Kir Royal in der Sektschale (Rezept Seite 213)

Bild 7: Negroni im klassischen Tumbler (links, Rezept Seite 257), Americano im modernen Tumbler (rechts, Rezept Seite 57)

Bild 8: 1 Wermut up im Cocktailglas mit Lemon twist, 2 Wermut on the rocks im Old-Fashioned-Glas, 3 Cocktailschale mit Kirschen, 4 Manhattan Cocktail 1 im Rührglas (Rezept Seite 229)

Bild 9: Crème de Menthe Frappé (vorne, Rezept Seite 132), Alexandra Cocktail (Rezept Seite 52)

Bild 10: Pick-me-up-Getränke, Virgin Mary (links, Rezept Seite 351), Bloody Mary 1 (Rezept Seite 88)

Bild 11: Prairie Oyster in der Coupeschale (Rezept Seite 286)

Bild 12: Pousse-café „Italy", Pousse- café „Autriche", Pousse-café „France" (von links nach rechts)

Negrita-Punsch *warmer Punsch*

Glas: Punsch- oder Teeglas

Zubereitung: im Gästeglas
Die Zutaten mit heißem Wasser aufgießen

Service: Unterteller, Serviette, Kaffeelöffel

Rum, Negrita	3/8	3 cl	1 fl oz
Armagnac	2/8	2 cl	2/3 fl oz
Zitronensaft	2/8	2 cl	2/3 fl oz
Ananassaft	1/8	1 cl	1/3 fl oz
Läuterzucker	2 Barlöffel		

Negroni *Shortdrink*

Glas: kleiner Tumbler

Zubereitung: im Gästeglas

Garnitur: Orangenscheibe

Dry Gin	1/3	2 cl	2/3 fl oz
Campari	1/3	2 cl	2/3 fl oz
Wermut, rot	1/3	2 cl	2/3 fl oz

Negus *Glühwein*

Glas: Grogglas

Zubereitung: Läuterzucker und Zitronensaft verrühren, die Gewürznelke beifügen und mit erhitztem Portwein auffüllen.

Service: Unterteller, Serviette, Kaffeelöffel

Portwein, trocken	5 cl	1 2/3 fl oz
Zitronensaft	2 cl	2/3 fl oz
Läuterzucker	2–3 Barlöffel	
Gewürznelke	1 Stück	
geriebene Muskatnuß		

Nevada Cocktail *Shortdrink*

Glas: Cocktailglas

Zubereitung: im Shaker

Jamaica-Rum	2/6	2 cl	2/3 fl oz
Grapefruitsaft	2/6	2 cl	2/3 fl oz
Zitronensaft	1/6	1 cl	1/3 fl oz
Läuterzucker	1/6	1 cl	1/3 fl oz

Never Alone Cocktail *Shortdrink*
Roman Rus, BS f. d. Gastgewerbe, Wien

Glas: Cocktailglas
Zubereitung: im Shaker
Garnitur: Pfefferminzkirsche

Bourbon Whisk(e)y	1/12	0,5 cl	1/6 fl oz
Curaçao, orange	1/12	0,5 cl	1/6 fl oz
Apricot Brandy, Bols	2/12	1 cl	1/3 fl oz
Wermut, Martini, trocken	2/12	1 cl	1/3 fl oz
Campari	1 Spritzer		
mit Champagner auffüllen	6/12	3 cl	1 fl oz

New Kingston Special Highball *Longdrink*
Glas: großer Tumbler (Highballglas)
Zubereitung: im Gästeglas, mit Eiswürfeln, rühren
Garnitur: 1/2 Ananasscheibe, zwei Cocktailkirschen
Service: Stirer

Jamaica-Rum	4 cl	1 1/3 fl oz
Curaçao, orange	3 Barlöffel	
Ananassaft	3 Barlöffel	
Angostura-Bitter	1 Spritzer	
mit Ginger Ale auffüllen		

New Orleans Cocktail *Shortdrink*
Glas: Cocktailglas
Zubereitung: im Mixglas

Bourbon Whisk(e)y	6 cl	2 fl oz
Pastis	2 Spritzer	
Angostura-Bitter	2 Spritzer	
Orangen-Bitter	1 Spritzer	
Läuterzucker	1 Barlöffel	

New Orleans Egg-nog *Egg-nog*

Glas: großer Tumbler (Highballglas)
Zubereitung: im Shaker
Garnitur: geriebene Muskatnuß
Service: Unterteller, Serviette, Limonadenlöffel, Trinkhalm

Southern Comfort	$^2/_3$	4 cl	1 $^1/_3$ fl oz
Obers/Sahne	$^1/_3$	2 cl	$^2/_3$ fl oz
Läuterzucker	2 Barlöffel		
Ei	1 ganzes		
mit kalter Milch auffüllen			

*** New Orleans Fizz** *Longdrink*

Glas: mittlerer Tumbler
Zubereitung: im Shaker

Dry Gin	$^1/_3$	2 cl	$^2/_3$ fl oz
Zitronensaft	$^1/_3$	2 cl	$^2/_3$ fl oz
Obers/Sahne	$^1/_3$	2 cl	$^2/_3$ fl oz
Läuterzucker	2 Barlöffel		
Eiweiß	1 ganzes		
mit Soda auffüllen			

New Yorker Cocktail 1 *Shortdrink*

Glas: Cocktailglas
Zubereitung: im Shaker

Bourbon Whisk(e)y	$^3/_4$	4,5 cl	1 $^1/_2$ fl oz
Lime Juice	$^1/_4$	1,5 cl	$^1/_2$ fl oz
Grenadine-Sirup	2 Spritzer		

New Yorker Cocktail 2 *Shortdrink*

Glas: Cocktailglas
Zubereitung: im Mixglas

Canadian Whisk(e)y	$^2/_3$	4 cl	1 $^1/_3$ fl oz
Bénédictine	$^1/_3$	2 cl	$^2/_3$ fl oz
Grenadine-Sirup	1 Spritzer		
mit Zitronenöl abspritzen			

„Nicki L" *Shortdrink*

Fritz Schaller, ÖBU, Sheraton Hotel, Piano-Bar, Salzburg, 2. Preis, NCK 1984, Salzburg

Glas:	Cocktailglas
Zubereitung:	im Mixglas, rühren
Garnitur:	Kirschtomate, Perlzwiebel, Zitrone

Gin, Gordon's	3/6
Wermut, Noilly Prat	2/6
Crème de Cassis, Boudier	1/6

Nicos Special Cocktail *Champagner-, Sektcocktail*

N. Drees, Hotel Nassauerhof, Wiesbaden, BRD

Glas:	Sektschale
Zubereitung:	im Shaker

Wodka	1/6	1 cl	1/3 fl oz
Cointreau	2/6	2 cl	2/3 fl oz
Campari	2/6	2 cl	2/3 fl oz
Grenadine-Sirup	1/6	1 cl	1/3 fl oz

mit Champagner oder Sekt auffüllen

Nikolaschka („Rittmeister") *Fancy drink*

Glas:	kleiner Cognacschwenker
Zubereitung:	im Gästeglas

Den Cognac oder Weinbrand in den Schwenker gießen, eine Zitronenscheibe darauflegen, einen Barlöffel Kristallzucker darüberhäufen und mit etwas Kaffeepulver bestreuen.

Cognac oder Weinbrand	4 cl	1 1/3 fl oz
Zitronenscheibe	1 Stück	
Kristallzucker	1 Barlöffel	
Kaffeepulver	1 Barlöffel	

Nordlicht-Cocktail („original norrsken") *Shortdrink*
Fritz Schaller, SBG, 3. SM 1973, Stockholm

Glas: Cocktailglas
Zubereitung: im Shaker

Wodka, Wyborowa	2/6	2 cl	2/3 fl oz
Apricot Brandy, Bols	1/6	1 cl	1/3 fl oz
Liquore Strega	1/6	1 cl	1/3 fl oz
Wermut, Martini, trocken	1/6	1 cl	1/3 fl oz
Lime Juice Cordial, Rose's	1/6	1 cl	1/3 fl oz

Normandie Crusta *Shortdrink*

Glas: Crusta- oder Rotweinglas
Zubereitung: im Shaker
Garnitur: Zuckerrand, Zitronenspirale
Service: Trinkhalm

Cognac oder Weinbrand	1/2	3 cl	1 fl oz
Calvados	1/2	3 cl	1 fl oz
Zitronensaft	1 Barlöffel		
Läuterzucker	1 Barlöffel		
Grenadine-Sirup	1 Spritzer		

Nouvelle Cocktail *Shortdrink*
Peter Roth, Kronenhallen-Bar, Zürich

Glas: Cocktailglas
Zubereitung: im Mixglas
Garnitur: Zitronenschale, grüne Cocktailkirschen

Dry Gin, Gordon's	4/6	4 cl	1 1/3 fl oz
Wermut, Martini, rot	1/6	1 cl	1/3 fl oz
Crème de Cassis, Mugnier	1/6	1 cl	1/3 fl oz

N.T. Amour *Shortdrink*
Johann Pritz, ÖBU, „News-Treff"-Bar, Aachen, BRD,
3. Preis NCK 1984, Salzburg

Glas: Cocktailglas
Zubereitung: im Shaker
Garnitur: färbiger Zuckerrand, Erdbeere

Parfait Amour, Bols	1/4	1,5 cl	1/2 fl oz
Gin, Beefeater	1/4	1,5 cl	1/2 fl oz
Zitronensaft, frisch	1/4	1,5 cl	1/2 fl oz
Champagner, Taittinger, brut	1/4	1,5 cl	1/2 fl oz
Grenadine-Sirup, Bols	3 Spritzer		

*** Oasis Cocktail** *Shortdrink*

Glas: Cocktailglas

Zubereitung: im Shaker

Dry Gin	1/3	2 cl	2/3 fl oz
Wermut, trocken	1/3	2 cl	2/3 fl oz
Zitronensaft	1/3	2 cl	2/3 fl oz
Läuterzucker	1 Spritzer		

Obst-Cobbler *alkoholfreier Drink*

Glas: Cobblerglas

Zubereitung: Das Gästeglas zu 2/3 mit gestoßenem Eis füllen.
Die Pfirsichhälfte mit der Kernhöhlung nach unten einlegen, mit den Walderdbeeren oder Himbeeren verzieren. Mit Kirschensaft übergießen, bis sich das Eis rot gefärbt hat, dann mit Apfelsaft vorsichtig auffüllen.

Garnitur: Pfirsichhälfte, Walderdbeeren oder tiefgekühlte Himbeeren

Service: Unterteller, Serviette, Limonadenlöffel, Trinkhalm

Kirschensaft
Apfelsaft

Ohio Cocktail 1 *Champagner-, Sektcocktail*

Glas: Sektschale oder -kelch

Zubereitung: im Shaker

Garnitur: Orangenscheibe

Cognac oder Weinbrand	1 cl	1/3 fl oz
Curaçao, weiß	1 cl	1/3 fl oz
Angostura-Bitter	2 Spritzer	

mit Champagner oder Sekt auffüllen

Unter diesem Namen gibt es ca. 20 Variationen.

Ohio Cocktail 2 *Champagner-, Sektcocktail*

Glas: Sektschale oder -kelch

Zubereitung: im Shaker

Garnitur: Orangenscheibe, Cocktailkirsche

Cognac oder Weinbrand	1/3	2 cl	2/3 fl oz
Cordial-Médoc	1/3	2 cl	2/3 fl oz
Wermut, rot	1/3	2 cl	2/3 fl oz

mit Champagner oder Sekt auffüllen

Old Fashioned Bourbon Cocktail *Shortdrink*

Glas: Old-Fashioned-Glas (übergroßer Tumbler)

Zubereitung: im Gästeglas
Den Würfelzucker in das Glas geben, Angostura-Bitter darüberspritzen und etwas Wasser oder Soda beifügen. Mit dem Muddler den Zucker zerstoßen und auflösen lassen. Dann das Glas mit Eis anfüllen und den Whisk(e)y darüberleeren.

Garnitur: 1/2 Zitronen- und Orangenscheibe, Cocktailkirschen

Bourbon Whisk(e)y	4 cl	1 1/3 fl oz
Angostura-Bitter	3 Spritzer	
Würfelzucker	1 Stück	

Old Fashioned Gin Cocktail *Shortdrink*

Gleiche Zubereitungsart wie Old Fashioned Bourbon Cocktail, jedoch mit Dry Gin.

*** Old Tom Cocktail** *Shortdrink*

Glas:			Cocktailglas
Zubereitung:			im Shaker
Dry Gin, Old Tom	5/6	5 cl	1 2/3 fl oz
Cognac oder Weinbrand	1/6	1 cl	1/3 fl oz
Curaçao, weiß	2 Spritzer		

Olle-Cocktail *Champagner-, Sektcocktail*

Glas:			Sektschale oder -kelch
Zubereitung:			im Gästeglas, mit Eiswürfeln
Garnitur:			Orangenspirale
Dry Gin, Gordon's	3/6	3 cl	1 fl oz
Cointreau	3/6	3 cl	1 fl oz

mit trockenem Champagner oder Sekt auffüllen

*** Olympia Cooler** *Longdrink*

Glas:			großer Tumbler (Highballglas) oder Collinsglas (übergroßer Tumbler)
Zubereitung:			im Shaker
Service:			Trinkhalm
Scotch Whisky	2/3	4 cl	1 1/3 fl oz
Zitronensaft	1/3	2 cl	2/3 fl oz

mit Ginger Ale oder Soda auffüllen

Olympia Cocktail *Shortdrink*

Glas:			Cocktailglas
Zubereitung:			im Shaker
Rum, dunkel	2/4	3 cl	1 fl oz
Cherry Brandy	1/4	1,5 cl	1/2 fl oz
Lime Juice	1/4	1,5 cl	1/2 fl oz

Olympic Cocktail *Shortdrink*

Glas:	Cocktailglas
Zubereitung:	im Shaker

Cognac oder Weinbrand	1/3	2 cl	2/3 fl oz
Curaçao, orange	1/3	2 cl	2/3 fl oz
Orangensaft	1/3	2 cl	2/3 fl oz

Opening Cocktail *Shortdrink*

Glas: Cocktailglas
Zubereitung: im Mixglas
Garnitur: Cocktailkirsche

Rye Whisk(e)y	2/4	3 cl	1 fl oz
Wermut, rot	1/4	1,5 cl	1/2 fl oz
Grenadine-Sirup	1/4	1,5 cl	1/2 fl oz

Opris *Longdrink*

Rolf Lorenz, SBG, 16. ICC 1982, Albufeira, Portugal

Glas: großer Tumbler (Highballglas)
Zubereitung: im elektrischen Mixer
Garnitur: Zuckerrand, Kiwischeiben, Orangenspirale, Cocktailkirsche

Dry Gin	2/5	2 cl	2/3 fl oz
Orangenlikör, Cusenier	2/5	2 cl	2/3 fl oz
Campari	1/5	1 cl	1/3 fl oz

mit Orangensaft auffüllen

*** Orange Bloom Cocktail** *Shortdrink*

Glas: Cocktailglas
Zubereitung: im Shaker
Garnitur: Cocktailkirsche

Dry Gin	2/4	3 cl	1 fl oz
Cointreau	1/4	1,5 cl	1/2 fl oz
Wermut, rot	1/4	1,5 cl	1/2 fl oz

*** Orange Blossom Cocktail** *Shortdrink*

Glas: Cocktailglas
Zubereitung: im Shaker

Dry Gin	1/2	3 cl	1 fl oz
Orangensaft	1/2	3 cl	1 fl oz

Orangenbowle *Bowle*
für 4–6 Personen

Bowlengefäß, Bowlengläser, Untertassen oder Weinkrug und Weingläser, Kaffeelöffel

Zubereitung: Die Orangen schälen und in Scheiben schneiden. Im Bowlengefäß mit dem Zucker bedecken und mit Wein und Zitronensaft übergießen. Zwei Stunden zugedeckt in den Kühlschrank stellen. Vor dem Servieren mit dem restlichen Wein und dem Sekt auffüllen.

Orangen	1 kg
Orangensaft	4 cl
Cognac oder Weinbrand	10 cl
Kristallzucker	200 g
Weißwein, leicht, trocken	2 Flaschen
Champagner oder Sekt	1 Flasche

Orangen-Drink *alkoholfreier Drink*

Glas: großer Tumbler (Highballglas), mit Eiswürfeln
Zubereitung: im elektrischen Mixer
Service: Unterteller, Serviette, Limonadenlöffel, Trinkhalm

Orangensaft, frisch	5 cl	1⅔ fl oz
Honig	1 Barlöffel	
Ei	1 ganzes	

Orangenpunsch *warmer Punsch*
4–6 Personen

Glas: Punsch- oder Teeglas
Zubereitung: Die Zutaten ohne Tee erhitzen, den Tee beigeben, umrühren und heiß in Gläsern servieren.
Garnitur: Orangenscheibe mit Gewürznelke

Jamaica-Rum, 42 Vol.-%	8 cl	2 2/3 fl oz
Cointreau	2 cl	2/3 fl oz
Zimtsirup	4 cl	1 1/3 fl oz
Orangensaft	6 cl	2 fl oz
mit schwarzem Tee auffüllen		

Orangeotang Cocktail *Shortdrink*

Glas: Cocktailglas
Zubereitung: im Shaker
Garnitur: Zitronenscheibe

Dry Gin	1/2	3 cl	1 fl oz
Wild Orange Liqueur	1/4	1,5 cl	1/2 fl oz
Zitronensaft	1/4	1,5 cl	1/2 fl oz

Oriental Cocktail *Shortdrink*

Glas: Cocktailglas
Zubereitung: im Shaker

Bourbon Whisk(e)y	3/6	3 cl	1 fl oz
Curaçao, weiß	1/6	1 cl	1/3 fl oz
Wermut, rot	1/6	1 cl	1/3 fl oz
Zitronensaft	1/6	1 cl	1/3 fl oz

Overdrive *Longdrink*

Manfred Kanzler, ÖBU, Tourotel, Linz, Österreich

Glas: großer Tumbler (Highballglas)
Zubereitung: im Gästeglas, mit Eiswürfeln
Garnitur: Zitronen-, Orangen-, Grapefruitscheibe

Wodka	2/3	4 cl	1 1/3 fl oz
Campari	1/3	2 cl	2/3 fl oz
mit Bitter Orange, Schweppes, auffüllen			

Pall Mall Cocktail *Shortdrink*

Glas: Cocktailglas
Zubereitung: im Mixglas

Dry Gin	1/3	2 cl	2/3 fl oz
Wermut, trocken	1/3	2 cl	2/3 fl oz
Wermut, rot	1/3	2 cl	2/3 fl oz
Crème de Menthe, weiß	1 Barlöffel		
Orangen-Bitter	2 Spritzer		

Palm Beach *Longdrink*
Franz Bartl, BS f. d. Gastgewerbe, Wien

Glas: Kullerpfirsichglas
Zubereitung: im Shaker
Garnitur: Melonenkugel, Kiwischeibe, Cocktailkirsche, Pfefferminzzweig auf Garniturspieß

Maracuja-Sirup	2/8	2 cl	2/3 fl oz
Grapefruitsaft	3/8	3 cl	1 fl oz
Orangensaft	3/8	3 cl	1 fl oz

Panama Cocktail *Shortdrink*
Glas: Cocktailschale oder Creamer
Zubereitung: im Shaker

Coruba-Rum	1/2	3 cl	1 fl oz
Crème de Cacao	1/4	1,5 cl	1/2 fl oz
Obers/Sahne	1/4	1,5 cl	1/2 fl oz

Panamac *Shortdrink*

Wie Alexander Cocktail, jedoch mit geriebener Muskatnuß als Garnitur

Pan American Cocktail *Shortdrink*
Glas: Cocktailschale
Zubereitung: im Shaker

Rye Whisk(e)y	3/4	4,5 cl	1 1/2 fl oz
Zitronensaft	1/4	1,5 cl	1/2 fl oz
Grenadine-Sirup	3 Spritzer		

Panique Cocktail *Shortdrink*
Roland Rochat, UBB, 16. ICC 1982, Albufeira, Portugal

Glas:	Cocktailglas
Zubereitung:	im Mixglas
Garnitur:	Orangenscheibe, Cocktailkirsche, Pfefferminzblatt

Dry Gin	6/10	3,6 cl	1 1/6 fl oz
Malibu	3/10	1,8 cl	2/3 fl oz
Ambassadeur	1/10	0,6 cl	1/6 fl oz

Papagallo Aperitif *Shortdrink*

Glas:	kleiner Tumbler
Zubereitung:	im Gästeglas, mit Eiswürfeln

Pastis	2/6	2 cl	2/3 fl oz
Crème de Menthe	1 Spritzer		
Wasser, kalt	4/6	4 cl	1 1/3 fl oz

Papaya Sling *Longdrink*

Glas:	Slingglas (übergroßer Tumbler)
Zubereitung:	Das Gästeglas mit Eiswürfeln füllen, die Ingredienzien eingießen, gut verrühren und zum Schluß mit kaltem Wasser auffüllen.
Service:	Trinkhalm

Dry Gin	4,5 cl	1 1/2 fl oz
Lime Juice	4 cl	1 1/3 fl oz
Papaya-Sirup	1,5 cl	1/2 fl oz
Angostura-Bitter	1 Spritzer	
kaltes Wasser		

Paradise Cocktail *Shortdrink*

Glas:	Cocktailglas
Zubereitung:	im Mixglas

Dry Gin	1/3	2 cl	2/3 fl oz
Apricot Brandy	1/3	2 cl	2/3 fl oz
Zitronensaft	1/3	2 cl	2/3 fl oz

Parisian Love Cocktail *Shortdrink*

Glas: Cocktailschale oder Creamer
Zubereitung: im Shaker
Garnitur: Cocktailkirsche

Grand Marnier	$\frac{1}{2}$	3 cl	1 fl oz
Armagnac	$\frac{1}{2}$	3 cl	1 fl oz
Eiweiß	1 ganzes		

Paris Pousse-café *Pousse-café*

Glas: Pousse-café-Glas oder Sektflöte
Zubereitung: im Gästeglas
Die Zutaten über den Rücken eines Barlöffels in der angegebenen Reihenfolge vorsichtig in das Glas leeren.
Service: Trinkhalm

Erdbeersirup	1 cl	$\frac{1}{3}$ fl oz
Maraschino	1 cl	$\frac{1}{3}$ fl oz
Crème de Vanille	1 cl	$\frac{1}{3}$ fl oz
Chartreuse, grün	1 cl	$\frac{1}{3}$ fl oz
Cognac oder Weinbrand	1 cl	$\frac{1}{3}$ fl oz

Parsenn Cocktail *Shortdrink*

Edy Stämpfli, Gründungsmitglied SBU, Luzern, Schweiz

Glas: Cocktailglas
Zubereitung: im Mixglas

Dry Gin	$\frac{4}{6}$	4 cl	$1\frac{1}{3}$ fl oz
Grand Marnier	$\frac{1}{6}$	1 cl	$\frac{1}{3}$ fl oz
Dubonnet	$\frac{1}{6}$	1 cl	$\frac{1}{3}$ fl oz

Party Hit Cocktail *Shortdrink*

Laszlo Molnar, ÖBU, Hotel Vienna Intercontinental

Glas: Cocktailglas
Zubereitung: im Shaker
Garnitur: $\frac{1}{4}$ Orangenscheibe, Cocktailkirsche, eine Mandel auf Cocktail-Stick

Campari	1/4	1,5 cl	1/2 fl oz
Cointreau	1/4	1,5 cl	1/2 fl oz
Grapefruitsaft, frisch	1/4	1,5 cl	1/2 fl oz
Zitronensaft	1/4	1,5 cl	1/2 fl oz

Passat *Champagner-, Sektcocktail*

Peter Roth, Kronenhallen-Bar, Zürich, 1. Preis, Schweizer Meisterschaft SBU 1979, Lausanne

Glas: Sektschale
Zubereitung: im Shaker
Garnitur: Limonenscheibe, Cocktailkirsche

Apricot Brandy, Marie Brizard	2 cl	2/3 fl oz
Curaçao, weiß, Bols	2 cl	2/3 fl oz
Passionsfruchtsaft	4 cl	1 1/3 fl oz
Limonensaft	2 Spritzer	

mit Champagner oder Sekt auffüllen

Passion Daiquiri Cocktail *Shortdrink*

Glas: Cocktailglas
Zubereitung: im Shaker

Rum, Appleton, weiß	2/4	3 cl	1 fl oz
Passionsfruchtsirup	1/4	1,5 cl	1/2 fl oz
Lime Juice	1/4	1,5 cl	1/2 fl oz
Läuterzucker	1 Barlöffel		

Peace Offering Cocktail *Shortdrink*

Masahide Mukai, ANBA, 16. ICC 1982, Albufeira, Portugal

Glas: Cocktailglas
Zubereitung: im Mixglas

Dry Gin, Gordon's	3/6	3 cl	1 fl oz
Rum, Bacardi, Silver Label	2/6	2 cl	2/3 fl oz
Irish Mist	1/6	1 cl	1/3 fl oz

Peach Daiquiri Cocktail *Shortdrink*

Glas: Cocktailglas
Zubereitung: im Shaker oder im elektrischen Mixer
Garnitur: Pfirsichspalte

Rum, Bacardi	3/6	3 cl	1 fl oz
Peach Brandy	2/6	2 cl	2/3 fl oz
Lime Juice	1/6	1 cl	1/3 fl oz

Pedi Cocktail *Shortdrink*

Bruno Travaglia, ÖBU, 1. Preis, Campari-Hits CK 1983, Wien

Glas: Cocktailglas
Zubereitung: im Shaker
Garnitur: grüne Kirsche, Zitrone

Wodka, Rogoschin, Bols	3/6	3 cl	1 fl oz
Campari	2/6	2 cl	2/3 fl oz
Curaçao, weiß, Bols	1/6	1 cl	1/3 fl oz

*** Pedro Collins** *Longdrink*

Glas: Collinsglas (übergroßer Tumbler)
Zubereitung: im Gästeglas, mit Eiswürfeln So lange rühren, bis sich das Glas beschlägt.
Garnitur: Zitronenscheibe und Cocktailkirsche
Service: Trinkhalm

Rum, Bacardi, Silver Label	2/3	4 cl	1 1/3 fl oz
Zitronensaft	1/3	2 cl	2/3 fl oz
Läuterzucker	2 Barlöffel		
mit Soda auffüllen			

Pentastar Cocktail *Shortdrink*

Jorden Quist, DBL, 16. ICC 1982, Albufeira, Portugal

Glas: Cocktailglas
Zubereitung: im Mixglas
Garnitur: grüne Kirsche, Orangenschale

Bourbon Whiskey, Old Grand Dad	1/4	1,5 cl	1/2 fl oz
Wermut, Noilly Prat	1/4	1,5 cl	1/2 fl oz
Amaretto di Saronno Originale	1/4	1,5 cl	1/2 fl oz
Grapefruitsaft, frisch	1/4	1,5 cl	1/2 fl oz
Grenadine-Sirup	2 Spritzer		

Peppermint Fizz *Longdrink*

Glas: mittlerer Tumbler
Zubereitung: im Shaker

Crème de Menthe, grün	1/3	2 cl	2/3 fl oz
Wodka	1/3	2 cl	2/3 fl oz
Zitronensaft	1/3	2 cl	2/3 fl oz
Läuterzucker	2 Barlöffel		
Eiweiß	1 ganzes		
mit wenig Soda auffüllen			

*** Perfect Gin Cocktail** *Shortdrink*

Glas: Cocktailglas
Zubereitung: im Mixglas
Garnitur: Zitronentwist

Dry Gin	4/6	4 cl	1 1/3 fl oz
Wermut, trocken	1/6	1 cl	1/3 fl oz
Wermut, rot	1/6	1 cl	1/3 fl oz

Pernod Flip *Flip*

Glas: Flipglas oder Sekttulpe
Zubereitung: im Shaker
Garnitur: geriebene Muskatnuß

Pastis	1/3	2 cl	2/3 fl oz
Crème de Cacao	1/3	2 cl	2/3 fl oz
Obers/Sahne	1/3	2 cl	2/3 fl oz
Eigelb	1 ganzes		

Peters Rose *Longdrink*
Roman Rus, BS f. d. Gastgewerbe, Wien

Glas:	großer Tumbler (Highballglas)
Zubereitung:	im Shaker
Garnitur:	Pfefferminzzweig und Cocktailkirsche

Wodka, Wyborowa	1/4	1 cl	1/3 fl oz
Cherry Heering	3/4	3 cl	1 fl oz
Zitronensaft	1 Barlöffel		
mit Tonic Water auffüllen			

Petite Fleur Cocktail *Shortdrink*
D. Waidmann, Deutschland, 1. Preis, ICC 1959, Kopenhagen

Glas:	Cocktailglas
Zubereitung:	im Shaker

Rum, Bacardi, Silver Label	2/4	3 cl	1 fl oz
Cointreau	1/4	1,5 cl	1/2 fl oz
Grapefruit-Punsch	1/4	1,5 cl	1/2 fl oz

Petito Cocktail *Shortdrink*
Reinhold Kleinhubbert, DBU, 16. ICC 1982, Albufeira, Portugal

Glas:	Cocktailglas
Zubereitung:	im Mixglas
Garnitur:	Cocktailkirsche und Zitronentwist

Wodka	2/3	4 cl	1 1/3 fl oz
Lime Juice Cordial, Rose's	1/3	2 cl	2/3 fl oz
Grenadine-Sirup	1 Spritzer		

Pfirsichbowle *Bowle*
für 4–6 Personen

Bowlengefäß, Bowlengläser und Untertassen oder Weinkrug und Weingläser, Kaffeelöffel
Zubereitung: Die geschälten und kleingeschnittenen

Pfirsiche mit dem Zucker, Zitronensaft und dem Weinbrand übergießen und zugedeckt zirka zwei Stunden im Kühlschrank ziehen lassen.
Vor dem Servieren mit dem Champagner oder Sekt auffüllen.

Pfirsiche, geschält	1 kg	
Kristallzucker	20 dag	
Cognac oder Weinbrand	10 cl	3 1/3 fl oz
Zitronensaft	4 cl	1 1/3 fl oz
Weißwein, leicht	2 Flaschen	
Sekt, trocken	1 Flasche	

Pharisäer

2 Stück Würfelzucker und 4 cl dunklen Rum oder Kümmelschnaps in das vorgewärmte feuerfeste Glas geben, mit heißem Kaffee auffüllen und mit geschlagenem Obers/ geschlagener Sahne garnieren.

Picca Cocktail *Shortdrink*

Roger Lebet, SBU, IBA, 2. Preis 1967, Palma de Mallorca, Spanien

Glas: Cocktailglas
Zubereitung: im Shaker
Garnitur: Cocktailkirsche

Canadian Whisky, Seagram's V.O.	2/4	3 cl	1 fl oz
Galliano	1/4	1,5 cl	1/2 fl oz
Wermut, Carpano, Punt e Mes	1/4	1,5 cl	1/2 fl oz

Piccadilly Cocktail *Shortdrink*

Glas: Cocktailglas
Zubereitung: im Mixglas

Dry Gin	2/3	4 cl	1 1/3 fl oz
Wermut, trocken	1/3	2 cl	2/3 fl oz
Pastis		1 Spritzer	
Grenadine-Sirup		1 Spritzer	

Pick-me-up Cocktail *Shortdrink*

Glas: kleiner Tumbler
Zubereitung: im Mixglas

Cognac oder Weinbrand	1/3	2 cl	2/3 fl oz
Pastis	1/3	2 cl	2/3 fl oz
Wermut, trocken	1/3	2 cl	2/3 fl oz

* **Pierre Collins,** siehe → Brandy Collins

Pierrino *Longdrink*

Peter Roth, Kronenhallen-Bar, Zürich, Schweizer Meisterschaft SBU 1979, Lausanne

Glas: großer Tumbler (Highballglas)
Zubereitung: im Shaker
Garnitur: Limonenscheibe, zwei Cocktailkirschen

Pisco Peruano	3 cl	1 fl oz
Cointreau	1,5 cl	1/2 fl oz
Grapefruitsaft	10 cl	3 1/3 fl oz
Limonensaft	2 Spritzer	

mit Bitter Lemon auffüllen

Pik-As *Longdrink*

Sigi Zeittrager, DBU, 16. ICC 1982, Albufeira, Portugal

Glas: großer Tumbler (Highballglas)
Zubereitung: im Shaker
Garnitur: Orangenscheibe, 1 Stück Würfelzucker

Rum, Bacardi, Silver Label	3/13	3 cl	1 fl oz
Crème de Cacao, Bols	1/13	1 cl	1/3 fl oz
Amaretto di Saronno Originale	1/13	1 cl	1/3 fl oz
Orangensaft	8/13	8 cl	2 2/3 fl oz

Rum, Captain Morgan, 73 Vol.-%	1 Spritzer		
Obers/Sahne	1 Spritzer		

Pimento Sour *Shortdrink*

Glas: kleiner Tumbler
Zubereitung: im Shaker
Garnitur: 1. Orangenscheibe und Cocktailkirsche
2. Orangenscheibe, Cocktailkirsche und Zitronenscheibe auf Garnitur-Stick

Pimentolikör	2/3	4 cl	1 1/3 fl oz
Zitronensaft	1/3	2 cl	2/3 fl oz
Läuterzucker	1–2 Barlöffel		

Pimm's № 1 Cup *Fancy drink*

Glas: großer Tumbler (Highballglas)
Zubereitung: im Gästeglas, mit Eiswürfeln
Garnitur: je nach Wunsch Orangen- oder Zitronen- oder Gurkenscheibe, Apfel-, Gurkenspirale, Orangen- oder Zitronenachtel

Pimm's № 1		4 cl	1 1/3 fl oz

mit Orangen-, Zitronenlimonade oder Ginger Ale auffüllen

Piña Colada 1 *Tropicana/Colada*

Glas: großer Tumbler (Highballglas)
Zubereitung: im elektrischen Mixer
Garnitur: 1/2 Ananasscheibe, Cocktailkirsche
Service: Trinkhalm

Rum, weiß	1/6	1 cl	1/3 fl oz
Batida de Coco	3/6	3 cl	1 fl oz
Ananas- oder Zitronensaft	2/6	2 cl	2/3 fl oz

mit Ananas- oder Orangensaft auffüllen

Piña Colada 2 *Tropicana/Colada*

Glas: großer Tumbler (Highballglas)
Zubereitung: im elektrischen Mixer
Service: Trinkhalm

Rum, weiß		9 cl	3 fl oz
Kokosnußmilch		4,5 cl	1 1/2 fl oz
Ananasstückchen		3 Eßlöffel	

Piña Creole *Tropicana/Colada*
Franz Putschögel, ÖBU, Cocktail-Lounge Troika, Wien

Glas: großer Tumbler (Highballglas)
Zubereitung: im Gästeglas
Garnitur: Ananasstück, Cocktailkirsche, Pfefferminzzweig
Service: Trinkhalm

Jamaica-Rum	1/5	3 cl	1 fl oz
Wodka	1/5	3 cl	1 fl oz
Ananassaft	1/5	3 cl	1 fl oz
Zitronensaft	1/5	3 cl	1 fl oz
Coconut Cream	1/5	3 cl	1 fl oz

*** Pineapple Cocktail** *Shortdrink*
Glas: Cocktailglas
Zubereitung: im Shaker

Dry Gin	1/2	3 cl	1 fl oz
Ananassaft	1/2	3 cl	1 fl oz

*** Pineapple Fizz** *Longdrink*
Glas: mittlerer Tumbler
Zubereitung: im Shaker

Rum, Bacardi, weiß	2/3	4 cl	1 1/3 fl oz
Ananassaft	1/3	2 cl	2/3 fl oz
Läuterzucker		1 Barlöffel	
mit Soda auffüllen			

*** Pink Baby Cocktail** *Shortdrink*
Glas: Cocktailglas
Zubereitung: im Shaker

Dry Gin	1/2	3 cl	1 fl oz
Grenadine-Sirup	1/4	1,5 cl	1/2 fl oz
Zitronensaft	1/4	1,5 cl	1/2 fl oz
Eiweiß	1 Barlöffel		

Pink Cricketer *Longdrink*

Glas: übergroßer Tumbler (Slingglas)

Zubereitung: im Shaker

Wodka	9 cl	3 fl oz
Bourbon Whisk(e)y	6 cl	2 fl oz
Kokosnuß-Rum-Likör	4,5 cl	1 1/2 fl oz
Grenadine-Sirup	1,5 cl	1/2 fl oz
Obers/Sahne	12 cl	4 fl oz

*** Pink Daiquiri Cocktail** *Shortdrink*

Glas: Cocktailglas

Zubereitung: im Shaker oder im elektrischen Mixer

Rum, Bacardi, Silver Label	3/6	3 cl	1 fl oz
Zitronensaft	2/6	2 cl	2/3 fl oz
Läuterzucker	1/6	1 cl	1/3 fl oz
Grenadine-Sirup	1 Barlöffel		

Pink Devil *Longdrink*

Mário L. Batugo, USBG, 16. ICC 1982, Albufeira, Portugal

Glas: großer Tumbler (Highballglas)

Zubereitung: im Shaker

Garnitur: Orangenscheibe, Cocktailkirsche

Rum, Carioca, weiß	4,5 cl	1 1/3 fl oz
Amaretto di Saronno Originale	1,5 cl	1/2 fl oz
Orangensaft	3 cl	1 fl oz
Ananassaft	1,5 cl	1/2 fl oz
Grenadine-Sirup	1,5 cl	1/2 fl oz

Pink Flip *Flip*

Glas:	Flipglas oder Sekttulpe
Zubereitung:	im Shaker
Garnitur:	geriebene Muskatnuß

Kirschwasser	2 cl	2/3 fl oz
Cherry Brandy	2 cl	2/3 fl oz
Eigelb	1 ganzes	

*** Pink Gin Cocktail** *Shortdrink*

Glas:	kleiner Tumbler
Zubereitung:	im Gästeglas

Den Angostura-Bitter in das Glas geben, schwenken, Gin eingießen und Eiswasser dazustellen.

Dry Gin	4 cl	1 1/3 fl oz
Angostura-Bitter	3 Spritzer	

*** Pink Lady Cocktail** *Shortdrink*

Glas:	Cocktailschale oder Creamer
Zubereitung:	im Shaker

Dry Gin	2/3	4 cl	1 1/3 fl oz
Zitronensaft	1/3	2 cl	2/3 fl oz
Grenadine-Sirup	1 Barlöffel		
Eiweiß	1/2		

Pink Panther Cocktail *Shortdrink*

Sven Aage Jonsbraten, NBF, 16. ICC 1982, Albufeira, Portugal

Glas:	Cocktailglas
Zubereitung:	im Shaker
Garnitur:	Orangenscheibe, Cocktailkirsche

Rum	5/12	2,5 cl	5/6 fl oz
Crème de Bananes, Bols	1/12	0,5 cl	1/6 fl oz
Bitter-Martini	2/12	1 cl	2/6 fl oz
Traubensaft	1/12	0,5 cl	1/6 fl oz
Zitronensaft	3/12	1,5 cl	3/6 fl oz

Pink Panther Fizz *Longdrink*

Glas: mittlerer Tumbler

Zubereitung: im Shaker

Dry Gin	2/6	2 cl	2/3 fl oz
Campari	1/6	1 cl	1/3 fl oz
Zitronensaft	1/6	1 cl	1/3 fl oz
Obers/Sahne	1/6	1 cl	1/3 fl oz
Läuterzucker	1/6	1 cl	1/3 fl oz
mit Soda auffüllen			

*** Pink Rose Cocktail** *Shortdrink*

Glas: Cocktailschale oder Creamer

Zubereitung: im Shaker

Dry Gin	2/3	4 cl	1 1/3 fl oz
Zitronensaft	1 Barlöffel		
Grenadine-Sirup	1 Barlöffel		
Obers/Sahne	1 Barlöffel		
Eiweiß	1 ganzes		

Pirate's Prize Cocktail *Shortdrink*

Glas: Cocktailglas

Zubereitung: im Mixglas

Garnitur: Zitronenzeste

Jamaica-Rum	2/3	4 cl	1 1/3 fl oz
Wermut, rot	1/3	2 cl	2/3 fl oz
Angostura-Bitter	2 Spritzer		

Pirate's Revenge *Longdrink*

Glas: mittlerer Tumbler

Zubereitung: im Shaker

Service: Trinkhalm

Rum, Old Jamaica Gold	1/4	1,5 cl	1/2 fl oz
Wild Orange Liqueur	1/4	1,5 cl	1/2 fl oz
Ananassaft	2/4	3 cl	1 fl oz
mit Soda auffüllen			

Pisco Sour *Shortdrink*

Glas: kleiner Tumbler
Zubereitung: im Shaker
Garnitur: 1. Orangenscheibe und Cocktailkirsche
2. Orangenscheibe, Cocktailkirsche und Zitronenscheibe auf Garnitur-Stick

Pisco	3/6	3 cl	1 fl oz
Zitronensaft	2/6	2 cl	2/3 fl oz
Lime Juice	1/6	1 cl	1/3 fl oz
Ananassaft	1 Barlöffel		

Planter's Cocktail 1 *Shortdrink*

Glas: kleiner Tumbler
Zubereitung: im Shaker
Garnitur: 1/2 Zitronenscheibe, 1/2 Orangenscheibe

Jamaica-Rum, dunkel	5/10	5 cl	1 fl oz
Orangensaft	3/10	3 cl	1/2 fl oz
Zitronensaft	2/10	2 cl	2/5 fl oz

Planter's Cocktail 2 *Shortdrink*

Glas: kleiner Tumbler
Zubereitung: im Shaker
Garnitur: 1/2 Zitronenscheibe, 1/2 Orangenscheibe

Jamaica-Rum	2/3	4 cl	1 1/3 fl oz
Zitronensaft	1/3	2 cl	2/3 fl oz
Staubzucker	1/2 Barlöffel		

Planter's Punch 1 *Fancy drink*

Glas: großer Tumbler (Highballglas)
Zubereitung: im Gästeglas, mit viel gestoßenem Eis
Garnitur: Orangen-, Zitronenscheiben, Maraschinokirschen
Service: Trinkhalm

Rum, dunkel	1/2	4 cl	1 1/3 fl oz
Lime Juice	1/2	4 cl	1 1/3 fl oz
Grenadine-Sirup	2 Barlöffel		
Angostura-Bitter	1 Spritzer		

Planter's Punch 2 *Fancy drink*

Glas: großer Tumbler (Highballglas)
Zubereitung: im Gästeglas, mit viel gestoßenem Eis
Garnitur: Orangenscheiben, Zitronenscheiben, Maraschinokirschen, Minzzweig
Service: Trinkhalm

Rum, dunkel	8 cl	2 2/3 fl oz
Lime Juice	4 cl	1 1/3 fl oz
Grenadine-Sirup	1 Barlöffel	
Läuterzucker	2 Barlöffel	

Planter's Punch 3 *Fancy drink*

Glas: großer Tumbler (Highballglas)
Zubereitung: im Gästeglas, mit viel gestoßenem Eis
Garnitur: Ananasstück, Kirsche, Minzzweig auf Garniturspieß
Service: Trinkhalm

Rum, Bacardi, Silver Label	2 cl	2/3 fl oz
Coruba-Rum, dunkel	2 cl	2/3 fl oz
Zitronensaft	1,5 cl	1/2 fl oz
Orangensaft	1 cl	1/3 fl oz
Läuterzucker	1 cl	1/3 fl oz
Grenadine-Sirup	1 Barlöffel	

Platinum Blonde Cocktail *Shortdrink*

Glas: Cocktailglas
Zubereitung: im Shaker

Jamaica-Rum	3/6	3 cl	1 fl oz
Cointreau	2/6	2 cl	2/3 fl oz
Obers/Sahne, gesüßt	1/6	1 cl	1/3 fl oz

*** Plaza Cocktail** *Shortdrink*

Glas: Cocktailglas
Zubereitung: im Shaker

Dry Gin	1/2	3 cl	1 fl oz
Wermut, trocken	1/2	3 cl	1 fl oz
Ananassaft		2 Barlöffel	

Pluton Cocktail *Longdrink*

Michel Le Régent, ABF, 16. ICC 1982, Albufeira, Portugal

Glas: großer Tumbler (Highballglas)
Zubereitung: im Gästeglas
Garnitur: 1/2 Orangen-, 1/2 Zitronenscheibe, 2 Erdbeeren, 2 Himbeeren, Pfefferminzzweig

Wodka	2/10	2 cl	2/3 fl oz
Crème de Bananes, Marie Brizard	1/10	1 cl	1/3 fl oz
Fraise des Bois, Dolfi	2/10	2 cl	2/3 fl oz
Sabra	1/10	1 cl	1/3 fl oz
Grapefruitsaft	2/10	2 cl	2/3 fl oz
Orangensaft	2/10	2 cl	2/3 fl oz

*** Polly's Cocktail** *Shortdrink*

Glas: Cocktailglas
Zubereitung: im Shaker

Scotch Whisky	4/6	4 cl	1 1/3 fl oz
Curaçao, weiß	1/6	1 cl	1/3 fl oz
Ananassaft	1/6	1 cl	1/3 fl oz

Pompier Highball *Longdrink*

Glas: großer Tumbler (Highballglas)
Zubereitung: im Gästeglas, mit Eiswürfeln, rühren
Garnitur: Zitronenspirale
Service: Stirer

Crème de Cassis	1/2	3 cl	1 fl oz
Curaçao, weiß	1/2	3 cl	1 fl oz
mit Soda auffüllen			

Porto Flip *Flip*

Glas: Flipglas oder Sekttulpe
Zubereitung: im Shaker
Garnitur: geriebene Muskatnuß

Portwein, rot	4 cl	1 1/3 fl oz
Läuterzucker	2 Barlöffel	
Eigelb	1 ganzes	

Port Royal Grog *Grog*

Glas: Grogglas
Zubereitung: im Gästeglas
Die Ingredienzien mit ewas kochendem Wasser aufgießen.
Service: Unterteller, Serviette, Löffel

Cognac oder Weinbrand	1/5	1,2 cl	1/3 fl oz
Wild Orange Liqueur	2/5	2,4 cl	3/4 fl oz
Weißwein	2/5	2,4 cl	3/4 fl oz
Läuterzucker	3 Barlöffel		
geriebene Muskatnuß			
Zimt			

Portwine Cobbler *Longdrink*

Glas: Cobblerglas
Zubereitung: im Gästeglas, 2/3 mit gestoßenem Eis gefüllt
Garnitur: verschiedene Früchte der Saison
Service: Unterteller, Serviette, Limonadenlöffel, Trinkhalm

Kirschwasser	1/3	2 cl	2/3 fl oz
Curaçao, weiß	1/3	2 cl	2/3 fl oz
Grenadine-Sirup	1/3	2 cl	2/3 fl oz
mit Portwein auffüllen			

Possenhofen-Cocktail *Shortdrink*
Harry Trummer, HFS, Bad Gleichenberg, Österreich

Glas: Cocktailglas
Zubereitung: im Shaker

Barack Pálinka	1/3	2 cl	2/3 fl oz
Campari	1/3	2 cl	2/3 fl oz
Orangensaft	1/3	2 cl	2/3 fl oz
Eiweiß	1 Spritzer		

Prager-Frühling-Cocktail *Shortdrink*
Jaroslav Vašek, „Ahambra Bar", Interhotel, Prag

Glas: Cocktailglas
Zubereitung: im Mixglas
Garnitur: Orangenschale

Weinbrand, Bouchet	4/12	2 cl	2/3 fl oz
Becherovka	5/12	2,5 cl	3/4 fl oz
Apricot Brandy, Bols	3/12	1,5 cl	1/2 fl oz

Prairie Oyster *Pick-me-up*
Glas: Sektschale
Zubereitung: im Gästeglas, in der angegebenen Reihenfolge

Worcestershire-Sauce	2 Spritzer
Eigelb	1 ganzes
Tomatenketchup	2 Barlöffel
Salz, schwarzer Pfeffer, Paprika nach Geschmack	
Zitronensaft	2 Spritzer
Olivenöl	2 Spritzer

Primo Amore Cocktail *Shortdrink*
Karl Antonelli, Hotel Traube, Tonbach/Schwarzwald, BRD

Glas: Cocktailglas
Zubereitung: im Shaker
Garnitur: 1/2 Orangenscheibe, Cocktailkirsche auf Stick

Cognac oder Weinbrand	2/6	2 cl	2/3 fl oz
Apricot Brandy	3/6	3 cl	1 fl oz
Orangensaft	1/6	1 cl	1/3 fl oz
Grenadine-Sirup	1 Spritzer		
Zitronensaft	1 Spritzer		

Prince Charles Cocktail *Shortdrink*
Glas: Cocktailglas
Zubereitung: im Shaker

Cognac oder Weinbrand	1/3	2 cl	2/3 fl oz
Drambuie	1/3	2 cl	2/3 fl oz
Zitronensaft	1/3	2 cl	2/3 fl oz

Prince of Wales Cocktail *Champagner-, Sektcocktail*
Glas: Sektschale (original im Silberbecher)
Zubereitung: im Shaker
Garnitur: 1/2 Orangenscheibe, 2 Maraschinokirschen

Cognac oder Weinbrand	1 cl	1/3 fl oz
Curaçao, orange	1 cl	1/3 fl oz
Angostura-Bitter	1 Spritzer	

mit Champagner oder Sekt auffüllen

Princess Cocktail *Shortdrink*
Glas: Cocktailschale oder Creamer
Zubereitung: im Shaker

Dry Gin	1/3	2 cl	2/3 fl oz
Cordial-Médoc	1/3	2 cl	2/3 fl oz
Obers/Sahne	1/3	2 cl	2/3 fl oz

Princeton Cocktail *Shortdrink*
Glas: Cocktailglas
Zubereitung: im Mixglas
Garnitur: Zitronenschale

Dry Gin	2/3	4 cl	1 1/3 fl oz
Portwein	1/3	2 cl	2/3 fl oz
Orangen-Bitter	1 Spritzer		

Puerto Rico Mix *Longdrink*

Glas: großer Tumbler (Highballglas)
Zubereitung: im Shaker

Rum, weiß	4 cl	1⅓ fl oz
Rum, dunkel	3 cl	1 fl oz
Pastis	0,5 cl	⅙ fl oz
Ztronensaft	1,5 cl	½ fl oz
Cola	1,5 cl	½ fl oz
Grenadine-Sirup	3 Spritzer	

Quasimodo Cocktail *Shortdrink*

Giorgio Tairiol, ÖBU, 1. Preis, ICC 1980, Lugano, Schweiz

Glas: Cocktailglas
Zubereitung: im Mixglas
Garnitur: rote und weiße Weintrauben auf Garniturspieß

Wodka, Wyborowa	3/6	3 cl	1 fl oz
Sherry, Tio Pepe	2/6	2 cl	⅔ fl oz
Wermut, Martini, rot	1/6	1 cl	⅓ fl oz
Amaretto di Saronno Originale	1 Spritzer		

Quattro Cocktail *Shortdrink*

Fritz Schaller, ÖBU, Austria-Landespreis 1981, Amaretto-di-Saronno-Wettbewerb, Mailand

Glas: Cocktailglas
Zubereitung: im Mixglas
Garnitur: Kirsche und Orangenschale

Whisky, Seagram's V.O.	¼	1,5 cl	½ fl oz
Amaretto di Saronno Originale	¼	1,5 cl	½ fl oz
Crème de Cassis	¼	1,5 cl	½ fl oz
Wermut, Martini, trocken	¼	1,5 cl	½ fl oz

Queen Elizabeth Cocktail *Shortdrink*

Glas: Cocktailglas
Zubereitung: im Shaker
Garnitur: Cocktailkirsche

Dry Gin	3/6	3 cl	1 fl oz
Cointreau	1/6	1 cl	1/3 fl oz
Zitronensaft	2/6	2 cl	2/3 fl oz
Pastis	1 Spritzer		

Queen Mary Cocktail *Shortdrink*

Glas: Cocktailglas
Zubereitung: im Shaker
Garnitur: Cocktailkirsche

Cognac oder Weinbrand	1/2	3 cl	1 fl oz
Cointreau	1/2	3 cl	1 fl oz
Anisette	1 Spritzer		
Grenadine-Sirup	1 Spritzer		

*** Queen's Cocktail** *Shortdrink*

Glas: Cocktailglas
Zubereitung: im Shaker

Dry Gin	2/6	2 cl	2/3 fl oz
Wermut, rot	2/6	2 cl	2/3 fl oz
Orangensaft	1/6	1 cl	1/3 fl oz
Ananassaft	1/6	1 cl	1/3 fl oz

Queen's Peg *Fancy drink*

Glas: mittlerer Tumbler
Zubereitung: im Gästeglas, mit Eiswürfeln
Garnitur: Zitronenscheibe

Dry Gin		4 cl	1 1/3 fl oz

mit Champagner oder Sekt auffüllen

*** Queenie's Cocktail** *Shortdrink*

Glas: Cocktailglas
Zubereitung: im Shaker
Garnitur: Maraschinokirsche, Ananasstück

Dry Gin	1/4	1,5 cl	1/2 fl oz
Wermut, trocken	1/4	1,5 cl	1/2 fl oz
Wermut, rot	1/4	1,5 cl	1/2 fl oz
Ananassaft	1/4	1,5 cl	1/2 fl oz

Qui *Longdrink*

Jorn Visill, Island, 2. Preis CE

Glas: Tumbler
Zubereitung: im Shaker
Garnitur: Maraschinokirsche, Zitronenscheibe

Wodka, Krakus	5/10	3 cl	1 fl oz
White Coffee Cream, Marie Brizard	2/10	1,2 cl	1/3 fl oz
Cream of Banana, Marie Brizard	2/10	1,2 cl	1/3 fl oz
Peppermint Get 27, grün	1/10	0,6 cl	1/6 fl oz
Zitronensaft	1 Spritzer		
mit Traubensaft auffüllen			

Rabbit's Revenge *Longdrink*

Glas: großer Tumbler (Highballglas)
Zubereitung: im Gästeglas, mit Eiswürfeln
Garnitur: Orangenscheibe

Bourbon Whisk(e)y	2/3	4 cl	1 1/3 fl oz
Ananassaft	1/3	2 cl	2/3 fl oz
Grenadine-Sirup	1 Spritzer		
mit Tonic Water auffüllen			

Radlerhalbe *sonstiger Longdrink*

Glas: Bierpokal
Zubereitung: im Gästeglas
Vorsichtig mischen!

Zitronenlimonade	1/2 Flasche
Exportbier	1/2 Flasche

Rainbow Pousse-café *Pousse-café*

Glas: Pousse-café-Glas, Sektflöte

Zubereitung: im Gästeglas

Die Liköre über den Rücken eines Barlöffels in der angegebenen Reihenfolge vorsichtig in das Glas leeren.

Service: Trinkhalm

Crème de Cacao	1/6	1 cl	1/3 fl oz
Crème de Violette	1/6	1 cl	1/3 fl oz
Chartreuse, gelb	1/6	1 cl	1/3 fl oz
Maraschino	1/6	1 cl	1/3 fl oz
Bénédictine	1/6	1 cl	1/3 fl oz
Weinbrand oder Cognac	1/6	1 cl	1/3 fl oz

Ramcooler *Longdrink*

F. Falkenberg, Kanada, 1. Preis, ICC 1976, Saint Vincent, Italien

Glas: großer Tumbler (Highballglas), mit gestoßenem Eis

Zubereitung: im Shaker

Garnitur: Zitronenscheibe, Cocktailkirsche

Rum, Bacardi, Silver Label	3/4	4,5 cl	1 1/2 fl oz
Galliano	1/4	1,5 cl	1/2 fl oz
mit Limonensaft auffüllen		6 cl	2 fl oz

*** Rauhreif-Cocktail** *Shortdrink*

Glas: Cocktailglas

Zubereitung: im Shaker

Garnitur: Zuckerrand

Dry Gin	1/3	2 cl	2/3 fl oz
Curaçao, weiß	1/3	2 cl	2/3 fl oz
Zitronensaft	1/3	2 cl	2/3 fl oz

Rebecca Louise Cocktail *Shortdrink*
A. P. Thige, Athenaeum Hotel, 2. Preis, CE, London

Glas:	Cocktailglas
Zubereitung:	im Shaker
Garnitur:	Erdbeeren, Ananasscheiben

Dry Gin, Beefeater	4/10	2,4 cl	3/4 fl oz
Amaretto di Saronno Originale	2/10	1,2 cl	1/3 fl oz
Erdbeersirup	1/10	0,6 cl	1/6 fl oz
Ananassaft	2/10	1,2 cl	1/3 fl oz
Zitronensaft	1/10	0,6 cl	1/6 fl oz
Eiweiß	3 Spritzer		

Red Azur Cocktail *Shortdrink*
M. Boccard-Schuster, 1. Preis, Cointreau Competition 1976, London

Glas:	Cocktailglas
Zubereitung:	im Shaker

Kirschwasser	1/4	1,5 cl	1/2 fl oz
Cointreau	2/4	3 cl	1 fl oz
Wermut, trocken	1/4	1,5 cl	1/2 fl oz
Grenadine-Sirup	1 Spritzer		

Red Kiss Cocktail *Champagner-, Sektcocktail*

Glas:	Sektschale
Zubereitung:	im Shaker

Coruba-Rum	1/3	2 cl	2/3 fl oz
Cherry Brandy	1/3	2 cl	2/3 fl oz
Zitronensaft	1/3	2 cl	2/3 fl oz

mit Champagner oder Sekt auffüllen

Red Lady Cocktail *Shortdrink*
Roger Lebet, SBU, IBA

Glas:	Cocktailglas
Zubereitung:	im Shaker

Dry Gin	1/3	2 cl	2/3 fl oz
Cherry Brandy	1/3	2 cl	2/3 fl oz
Orangensaft	1/3	2 cl	2/3 fl oz

Red Lion Cocktail *Shortdrink*

Glas: Cocktailglas
Zubereitung: im Shaker
Garnitur: Zuckerrand

Dry Gin	2/6	2 cl	2/3 fl oz
Grand Marnier	2/6	2 cl	2/3 fl oz
Orangensaft	1/6	1 cl	1/3 fl oz
Zitronensaft	1/6	1 cl	1/3 fl oz

Red Nevea *Longdrink*

Onorino Causero, AIBES, 16. ICC 1982, Albufeira, Portugal

Glas: mittlerer Tumbler
Zubereitung: im Gästeglas
Garnitur: Saisonfrüchte, Cocktailkirsche, Pfefferminze

Wodka, Moskovskaya	4/10	4 cl	1 1/3 fl oz
Solado Averna	3/10	3 cl	1 fl oz
Campari	2/10	2 cl	2/3 fl oz
Wermut, Martini, rot	1/10	1 cl	1/3 fl oz

Red Skin Cocktail *Shortdrink*

Glas: Cocktailglas
Zubereitung: im Shaker

Bourbon Whisk(e)y	2/3	4 cl	1 1/3 fl oz
Wermut, trocken	1/3	2 cl	2/3 fl oz
Angostura-Bitter	1 Spritzer		

Red Velvet Cocktail *Champagner-, Sektcocktail*

Glas: Sektkelch
Zubereitung: im Gästeglas
Garnitur: Orangenspirale

Dubonnet		4 cl	$1\frac{1}{3}$ fl oz
mi rotem Champagner oder Sekt auffüllen			

Red Viking Cocktail *Shortdrink*

Glas: Cocktailglas

Zubereitung: im Shaker

Aquavit	$\frac{1}{3}$	2 cl	$\frac{2}{3}$ fl oz
Zitronensaft	$\frac{1}{3}$	2 cl	$\frac{2}{3}$ fl oz
Maraschino	$\frac{1}{3}$	2 cl	$\frac{2}{3}$ fl oz
Grenadine-Sirup	1 Spritzer		

Refresher *alkoholfreier Drink*

Glas: großer Tumbler (Highballglas)

Zubereitung: im Gästeglas
Einige Eiswürfel in das fertige Getränk geben.

Service: Trinkhalm

Maracujasirup		2 cl	$\frac{2}{3}$ fl oz
Papaya-Nektar		2 cl	$\frac{2}{3}$ fl oz
Orangensaft, frisch		4 cl	$1\frac{1}{3}$ fl oz
mit Soda auffüllen			

Renaissance *Longdrink*

Roy Reeves, UKBG, 16. ICC 1982, Albufeira, Portugal

Glas: mittlerer Tumbler

Zubereitung: im elektrischen Mixer

Garnitur: Orangenscheibe, Cocktailkirsche

Wodka, Smirnoff	$\frac{3}{10}$	3 cl	1 fl oz
Orangensaft	$\frac{3}{10}$	3 cl	1 fl oz
Crème de Mandarine	1 Spritzer		
mit Tonic Water, Schweppes, auffüllen	$\frac{4}{10}$	4 cl	$1\frac{1}{3}$ fl oz

Rève de Romanow *Longdrink*
Ellouzi Farhat, ÖBU, Hilton, Wien

Glas:	großer Tumbler (Highballglas)
Zubereitung:	im Shaker
Garnitur:	Zitrone, Kirsche, Mandel, Kiwi
Service:	Trinkhalm

Wodka, Stolichnaya	3/5	3 cl	1 fl oz
Curaçao, blau	1/5	1 cl	1/3 fl oz
Crème de Cacao, weiß	1/5	1 cl	1/3 fl oz
Zitroneneis	1/2 Kugel		
mit Bitter Lemon auffüllen			

*** Reviver** *Milk-shake*

Glas:	kleiner Tumbler
Zubereitung:	im Gästeglas, mit Eiswürfeln
Service:	Trinkhalm

Cognac oder Weinbrand	2/3	4 cl	1 1/3 fl oz
Grenadine-Sirup	1/3	2 cl	2/3 fl oz
mit kalter Milch auffüllen			

Rheingold *Shortdrink*
Rocco Di Franco, Italien, 1. Preis ICC, Weltmeister 1984, Hamburg

Glas:	Cocktailglas
Zubereitung:	im Mixglas
Garnitur:	Orangentwist

Gin, Gordon's	5/10
Cointreau	3/10
Campari	1/10
Martini, trocken	1/10

Rhett Butler Cocktail *Shortdrink*

Glas:	Cocktailglas
Zubereitung:	im Shaker

Southern Comfort	2/4	3 cl	1 fl oz
Lime Juice	1/4	1,5 cl	1/2 fl oz
Zitronensaft	1/4	1,5 cl	1/2 fl oz
Curaçao, weiß	1 Barlöffel		

Riesenlöscher *Longdrink*

Manfred Kanzler, ÖBU, Tourotel, Linz, Österreich

Glas: großer Tumbler (Highballglas)
Zubereitung: im Gästeglas, mit Eiswürfeln
Garnitur: Orangenscheibe, Grapefruitscheibe, Pfefferminzzweig

Campari	4 cl	1 1/3 fl oz
Grapefruitsaft	8 cl	2 2/3 fl oz
Orangensaft	8 cl	2 2/3 fl oz

Ritz Cocktail *Champagner-, Sektcocktail*

Glas: Sektschale
Zubereitung: im Shaker
Garnitur: 1/2 Orangenscheibe

Cognac oder Weinbrand	2/4	3 cl	1 fl oz
Cointreau	1/4	1,5 cl	1/2 fl oz
Orangensaft	1/4	1,5 cl	1/2 fl oz

mit Champagner oder Sekt auffüllen

Riviera Cocktail *Shortdrink*

Glas: Cocktailglas
Zubereitung: im Shaker

Rum, dunkel	1/4	1,5 cl	1/2 fl oz
Cointreau	2/4	3 cl	1 fl oz
Zitronensaft	1/4	1,5 cl	1/2 fl oz

Roberta Cocktail *Shortdrink*

Pietro Cuccoli, Italien, 1. Preis, ICC 1963, Saint Vincent, Italien

Glas: Cocktailglas
Zubereitung: im Shaker

Wodka, Smirnoff	1/3	2 cl	2/3 fl oz
Wermut, Cinzano, trocken	1/3	2 cl	2/3 fl oz
Cherry Heering	1/3	2 cl	2/3 fl oz
Campari	2 Spritzer		
Crème de Bananes	2 Spritzer		

*** Rob Roy Cocktail** *Shortdrink*

Glas: Cocktailglas
Zubereitung: im Mixglas
Garnitur: Cocktailkirsche

Scotch Whisky	1/2	3 cl	1 fl oz
Wermut, rot	1/2	3 cl	1 fl oz
Angostura-Bitter	1 Spritzer		

Rocking-chair Cocktail *Shortdrink*

Thure Persson, SBG, Stockholm, 3. Preis, ICC 1983, Saint Vincent, Italien

Glas: Cocktailglas
Zubereitung: im Mixglas
Garnitur: Kirsche

Whisky, King George IV	1/3	2 cl	2/3 fl oz
Bénédictine	1/3	2 cl	2/3 fl oz
Wermut, Cinzano, trocken	1/3	2 cl	2/3 fl oz

Rolls Royce Cocktail 1 *Shortdrink*

Glas: Cocktailglas
Zubereitung: im Shaker

Dry Gin	2/4	3 cl	1 fl oz
Wermut, trocken	1/4	1,5 cl	1/2 fl oz
Wermut, rot	1/4	1,5 cl	1/2 fl oz
Bénédictine	1 Spritzer		

*** Rolls Royce Cocktail 2** *Shortdrink*

Glas: Cocktailglas
Zubereitung: im Shaker

Cognac oder Weinbrand	1/3	2 cl	2/3 fl oz
Cointreau	1/3	2 cl	2/3 fl oz
Orangensaft	1/3	2 cl	2/3 fl oz

Rose Cocktail *Shortdrink*

Glas: Cocktailglas
Zubereitung: im Mixglas
Garnitur: Cocktailkirsche

Kirschwasser	1/3	2 cl	2/3 fl oz
Wermut, trocken	2/3	4 cl	1 1/3 fl oz
Grenadine-Sirup	1 Barlöffel		

Rose de la Paix Cocktail *Shortdrink*

Glas: Cocktailglas
Zubereitung: im Shaker
Garnitur: Cocktailkirsche

Dry Gin	2/4	3 cl	1 fl oz
Cherry Brandy	1/4	1,5 cl	1/2 fl oz
Wermut, Noilly Prat	1/4	1,5 cl	1/2 fl oz

Rose de Paris Cocktail *Shortdrink*

Glas: Cocktailglas
Zubereitung: im Shaker
Garnitur: Cocktailkirsche

Kirschwasser	1/6	1 cl	1/3 fl oz
Maraschino	2/6	2 cl	2/3 fl oz
Wermut, trocken	2/6	2 cl	2/3 fl oz
Grenadine-Sirup	1/6	1 cl	1/3 fl oz

Rose Grillon Cocktail *Shortdrink*

Glas: Cocktailglas
Zubereitung: im Mixglas
Garnitur: Cocktailkirsche

Kirschwasser	1/6	1 cl	1/3 fl oz
Himbeergeist	1/6	1 cl	1/3 fl oz
Cherry Brandy	3/6	3 cl	1 fl oz
Wermut, trocken	1/6	1 cl	1/3 fl oz

Rose Fizz *Fizz*

Glas: mittlerer Tumbler
Zubereitung: im Shaker

Kirschwasser	2/3	4 cl	1 1/3 fl oz
Zitronensaft	1/3	2 cl	2/3 fl oz
Grenadine-Sirup	2 Barlöffel		

mit Soda auffüllen

Rose Flip *Flip*

Glas: Flipglas oder Sekttulpe
Zubereitung: im Shaker

Kirschwasser	1/2	3 cl	1 fl oz
Cherry Brandy	1/2	3 cl	1 fl oz
Eigelb	1 ganzes		

mit Champagner oder Sekt auffüllen

Rosemarie-Crusta *Shortdrink*

Glas: Crusta- oder Rotweinglas
Zubereitung: im Shaker
Garnitur: Zuckerrand, Orangenspirale
Service: Trinkhalm

Dry Gin	2/6	2 cl	2/3 fl oz
Curaçao, orange	1/6	1 cl	1/3 fl oz
Zitronensaft	2/6	2 cl	2/3 fl oz
Himbeersirup	1/6	1 cl	1/3 fl oz

Rosina-Crusta *Longdrink*

Glas: Crusta- oder Rotweinglas
Zubereitung: im Shaker
Garnitur: Zuckerrand, Zitronenspirale
Service: Trinkhalm

Maraschino	2/3	4 cl	1 1/3 fl oz
Zitronensaft	1/3	2 cl	2/3 fl oz
Läuterzucker	1 Barlöffel		

mit Rotwein auffüllen

Roter Apfel-Cocktail *Shortdrink*

Josef Stockhammer, FV-Schule, Zell/Ziller, Österreich

Glas:	Cocktailglas
Zubereitung:	im Shaker
Garnitur:	Apfelspalten

Calvados	1/3	2 cl	2/3 fl oz
Campari	1/3	2 cl	2/3 fl oz
Wermut, trocken	1/3	2 cl	2/3 fl oz

Roter Spion *Shortdrink*

Fritz Schaller, ÖBU, Asbach-Pokal 1983, Graz, Österreich

Glas:	Cocktailglas
Zubereitung:	im Shaker
Garnitur:	Erdbeere und Kiwi

Wodka, Moskovskaya	2/4	3 cl	1 fl oz
Wiener Kaffee, Likör	1/4	1,5 cl	1/2 fl oz
Crème de Cassis	1/4	1,5 cl	1/2 fl oz
Maracuja-Sirup	1 Barlöffel		
Zitronensaft	1 Barlöffel		
Eiweiß	etwas		

Rotwein-Sangaree *Longdrink*

Glas:	großer Tumbler (Highballglas)
Zubereitung:	im Gästeglas, mit Eiswürfeln, rühren
Garnitur:	geriebene Muskatnuß
Service:	Trinkhalm

Rotwein, Burgunder	10 cl	3 1/3 fl oz
Läuterzucker	2 cl	2/3 fl oz

Route one-o-one *Longdrink*

Robert Geurtz, Holland, 3. Preis ICC 1984, Hamburg

Glas:	Tumbler
Zubereitung:	im Mixglas
Garnitur:	frische Früchte der Saison, Minzblätter

Tequila, Souza Extra	3,5 cl
Amaretto di Galliano	2 cl
Cointreau, triple sec	0,5 cl
mit Apfelsaft auffüllen	

Royal Cocktail *Shortdrink*
Glas: Cocktailglas
Zubereitung: im Shaker

Dry Gin	1/3	2 cl	2/3 fl oz
Cherry Brandy	1/3	2 cl	2/3 fl oz
Wermut, trocken	1/3	2 cl	2/3 fl oz
Maraschino	1 Spritzer		

Royal Assent Cocktail *Shortdrink*
Penny Scott, BAC, 16. ICC 1982, Albufeira, Portugal

Glas: Cocktailglas
Zubereitung: im Mixglas

Whisky, Seagram's Royal Crown	6/10	3,6 cl	1 1/6 fl oz
Wermut, Martini, trocken	3/10	1,8 cl	2/3 fl oz
Curaçao, weiß	1/10	0,6 cl	1/6 fl oz

Royal Daiquiri Cocktail *Longdrink*
Glas: Sektschale
Zubereitung: im Shaker oder im elektrischen Mixer

Rum, weiß	4/8	4 cl	1 1/3 fl oz
Parfait Amour	2/8	2 cl	2/3 fl oz
Zitronensaft	2/8	2 cl	2/3 fl oz
Läuterzucker	1 Barlöffel		

*** Royal Fizz** *Longdrink*
Glas: mittlerer Tumbler
Zubereitung: im Shaker

Dry Gin	2/3	4 cl	1 1/3 fl oz
Zitronensaft	1/3	2 cl	2/3 fl oz
Läuterzucker	3 Barlöffel		
Ei	1 ganzes		
mit Soda auffüllen			

Royal Pine Cocktail *Shortdrink*

Georg Frauenberger, ÖBU, Hotel Sacher, Wien

Glas: Cocktailglas
Zubereitung: im Shaker
Garnitur: Cocktailkirsche, 1/4 Grapefruitscheibe

Genever	1/5	1,2 cl	1/3 fl oz
Chartreuse, gelb	1/5	1,2 cl	1/3 fl oz
Curaçao, blau	1/5	1,2 cl	1/3 fl oz
Grapefruitsaft	2/5	2,4 cl	2/3 fl oz

Royal Smile Cocktail 1 *Shortdrink*

Glas: Cocktailglas
Zubereitung: im Shaker

Dry Gin	2/3	4 cl	1 1/3 fl oz
Calvados	1/3	2 cl	2/3 fl oz
Grenadine-Sirup	3 Spritzer		
Zitronensaft	3 Spritzer		

*** Royal Smile Cocktail 2** *Shortdrink*

Glas: Cocktailglas
Zubereitung: im Mixglas

Dry Gin	1/2	3 cl	1 fl oz
Grenadine-Sirup	1/2	3 cl	1 fl oz
Zitronensaft	2 Spritzer		

Royal-Punsch *kalter Punsch*

Glas: Punsch- oder Teeglas
Zubereitung: Das Gästeglas bis zur Hälfte mit feingestoßenem Eis füllen, die Zutaten darüberleeren und gut durchrühren.
Service: Unterteller, Serviette, Trinkhalm

Rum, Bacardi, Silver Label	2/4	3 cl	1 fl oz
Cherry Brandy	1/4	1,5 cl	1/2 fl oz
Zitronensaft	1/4	1,5 cl	1/2 fl oz

mit Champagner oder Sekt auffüllen

Rubino *Longdrink*

Friedrich Blaschke, ÖBU, Hotel Bristol, Wien

Glas: großer Tumbler (Highballglas)
Zubereitung: im Gästeglas, mit Eiswürfeln
Garnitur: Früchte der Saison

Campari	2/5	4 cl	1 1/3 fl oz
Orangensaft, frisch	3/5	6 cl	2 fl oz

mit Tonic Water auffüllen

Rubirosa Cocktail *Shortdrink*

Glas: Cocktailglas
Zubereitung: im Shaker
Garnitur: Zitronenscheibe

Cherry Brandy	5/6	5 cl	1 2/3 fl oz
Curaçao, weiß	1/6	1 cl	1/3 fl oz
William's Birnenbrand	1 Barlöffel		
Zitronensaft	1 Barlöffel		

Rüdesheimer Kaffee

In die vorgewärmte Original-Rüdesheimer-Kaffee-Tasse 3 Stück Würfelzucker und 4 cl angewärmten Weinbrand, Asbach Uralt, geben; mit einem langen Streichholz anzünden und eine Minute brennen lassen; dabei mit einem langen Löffel so lange umrühren, bis sich der Zucker gelöst hat und der Alkohol verbrannt ist; mit heißem Kaffee aufgießen; Vanillezucker, gesüßte(s), geschlagene(s) Obers/Sahne daraufgeben und mit Schokoladeraspeln bestreuen; ohne Löffel und Trinkhalm servieren.

Ruin Cocktail *Champagner-, Sektcocktail*
Helfried Glück, LBS f. d. Gastgewerbe,
Bad Gleichenberg, Österreich

Glas:	Sektschale
Zubereitung:	im Mixglas
Garnitur:	Cocktailkirsche

Dry Gin	1/3	2 cl	2/3 fl oz
Wermut, Martini, rosé	1/3	2 cl	2/3 fl oz
Landwein, rot	1/3	2 cl	2/3 fl oz

mit Champagner oder Sekt auffüllen

Rum and Ginger Ale *sonstiger Longdrink*

Glas:	großer Tumbler (Highballglas)
Zubereitung:	im Gästeglas, mit Eiswürfeln
Service:	Stirer

Rum, dunkel	4 cl	1 1/3 fl oz

mit Ginger Ale auffüllen

Rum and Tonic *sonstiger Longdrink*

Glas:	großer Tumbler (Highballglas)
Zubereitung:	im Gästeglas, mit Eiswürfeln
Garnitur:	Zitronenscheibe
Service:	Stirer

Rum, dunkel	4 cl	1 1/3 fl oz

mit Tonic Water auffüllen

Rum Collins *Longdrink*

Glas:	großer Tumbler (Highballglas) oder Collinsglas (übergroßer Tumbler)
Zubereitung:	im Gästeglas, mit Eiswürfeln So lange rühren, bis sich das Glas beschlägt.
Garnitur:	Zitronenscheibe und Cocktailkirsche
Service:	Trinkhalm

Rum, dunkel	2/3	4 cl	1 1/3 fl oz
Zitronensaft	1/3	2 cl	2/3 fl oz
Läuterzucker		2 Barlöffel	
mit Soda auffüllen			

Rum Daisy *Longdrink*

Glas: großer Tumbler (Highballglas)
Zubereitung: im Gästeglas, mit Eiswürfeln
Garnitur: Blümchen und Blumenblätter
Service: Trinkhalm

Rum, dunkel	4/8	4 cl	1 1/3 fl oz
Himbeersaft	2/8	2 cl	2/3 fl oz
Zitronensaft	2/8	2 cl	2/3 fl oz
ein Schuß Soda			

Rum Egg-nog *Egg-nog*

Glas: großer Tumbler (Highballglas)
Zubereitung: im Shaker
Garnitur: geriebene Muskatnuß
Service: Unterteller, Serviette, Limonadenlöffel, Trinkhalm

Jamaica-Rum	6 cl	2 fl oz
Obers/Sahne	2 Barlöffel	
Läuterzucker	1 Eßlöffel	
Ei	1 ganzes	
mit kalter Milch auffüllen		

*** Rum Fix** *Longdrink*

Glas: Punschglas
Zubereitung: im Shaker
Das Glas mit geschabtem Eis füllen.
Garnitur: Zitronenscheibe oder Früchte

Rum, Bacardi, Silver Label	2/4	3 cl	1 fl oz
Cointreau	1/4	1,5 cl	1/2 fl oz
Zitronensaft	1/4	1,5 cl	1/2 fl oz
Läuterzucker		2 Barlöffel	

Rum Fizz *Longdrink*

Glas: mittlerer Tumbler
Zubereitung: im Shaker

Rum, dunkel	2/3	4 cl	1 1/3 fl oz
Zitronensaft	1/3	2 cl	2/3 fl oz
Läuterzucker	3 Barlöffel		
mit Soda auffüllen			

Rum Flip *Flip*

Glas: Flipglas oder Sekttulpe
Zubereitung: im Shaker
Garnitur: geriebene Muskatnuß

Rum, dunkel	2/3	4 cl	1 1/3 fl oz
Läuterzucker	1/3	2 cl	2/3 fl oz
Eigelb	1 ganzes		

Rum Martini Cocktail *Shortdrink*

Glas: Cocktailglas
Zubereitung: im Mixglas
Garnitur: zwei Oliven

Jamaica-Rum	6 cl	2 fl oz
Wermut, Martini, extra trocken	6 Spritzer	

Rum Rickey *Longdrink*

Glas: großer Tumbler (Highballglas) oder Collinsglas (übergroßer Tumbler)
Zubereitung: im Gästeglas, mit Eiswürfeln
Service: Trinkhalm

Rum, dunkel	2/3	4 cl	1 1/3 fl oz
Lime Juice	1/3	2 cl	2/3 fl oz
mit Soda auffüllen			

Rum Sour *Shortdrink*

Glas: kleiner Tumbler

Zubereitung: im Shaker

Garnitur: 1. Orangenscheibe und Cocktailkirsche
2. Orangenscheibe, Cocktailkirsche und Zitronenscheibe auf Garnitur-Stick

Rum, dunkel	2/3	4 cl	1 1/3 fl oz
Zitronensaft	1/3	2 cl	2/3 fl oz
Läuterzucker	1–2 Barlöffel		

*** Rum Toddy** *Longdrink*

Glas: kleiner Tumbler

Zubereitung: im Gästeglas, mit gestoßenem Eis
Die Zutaten darüberleeren und gut durchrühren.

Garnitur: Zitronenscheibe

Service: Trinkhalm

Rum	4 cl	1 1/3 fl oz
Läuterzucker	2–3 Barlöffel	
mit kaltem Wasser auffüllen		

*** Rum Toddy, hot** *Heißgetränk/Toddy*

Glas: Punsch- oder Teeglas

Zubereitung: im Gästeglas
Die Zutaten mit heißem Wasser aufgießen.

Garnitur: Zitronenscheibe

Service: Unterteller, Serviette, Trinkhalm

Rum	4 cl	1 1/3 fl oz
Läuterzucker	2–3 Barlöffel	
mit heißem Wasser auffüllen		
geriebene Muskatnuß		

Rumona Stinger Cocktail *Shortdrink*

Glas: Cocktailglas

Zubereitung: im Shaker

Cognac oder Weinbrand	1/3	2 cl	2/3 fl oz
Rumona	2/3	4 cl	1 1/3 fl oz

Russian Bear Cocktail *Shortdrink*

Glas: Cocktailschale oder Creamer
Zubereitung: im Shaker

Wodka	1/3	2 cl	2/3 fl oz
Crème de Cacao	1/3	2 cl	2/3 fl oz
Obers/Sahne	1/3	2 cl	2/3 fl oz

Russian Sling *Longdrink*

Helmut Godovits, M/S Vistafjord, Norwegian-American Cruises

Glas: Slingglas (übergroßer Tumbler)
Zubereitung: im Gästeglas
Den Tumbler mit Eiswürfeln füllen, die Ingredienzien eingießen, gut verrühren und zum Schluß mit kaltem Wasser auffüllen.
Garnitur: Zitronenscheibe, Cocktailkirsche
Service: Trinkhalm

Wodka	4/8	4 cl	1 1/3 fl oz
Cherry Heering	2/8	2 cl	2/3 fl oz
Grand Marnier	2/8	2 cl	2/3 fl oz
Zitronensaft	1 Barlöffel		

mit kaltem Wasser auffüllen

Russisches Ballett *Shortdrink*

Josef Stockhammer, FV-Schule, Zell/Ziller, Österreich

Glas: Cocktailglas
Zubereitung: im Shaker
Garnitur: Johannisbeeren

Wodka	4/6	4 cl	1 1/3 fl oz
Crème de Cassis	1/6	1 cl	1/3 fl oz
Zitronensaft	1/6	1 cl	1/3 fl oz

Russisches Feuer — *alkoholfreier Drink*

Glas: Cocktailglas
Zubereitung: im Mixglas
Garnitur: eine Scheibe Salzgurke

Sauerkrautsaft	2/3	4 cl	1 1/3 fl oz
Sangrita	1/3	2 cl	2/3 fl oz

Rusty Nail — *Shortdrink*

Glas: kleiner Tumbler
Zubereitung: im Gästeglas, mit Eiswürfeln

Scotch Whisky	1/2	3 cl	1 fl oz
Drambuie	1/2	3 cl	1 fl oz
oder			
Scotch Whisky	2/3	4 cl	1 1/3 fl oz
Drambuie	1/3	2 cl	2/3 fl oz

Rye Highball — *Longdrink*

Glas: großer Tumbler (Highballglas)
Zubereitung: im Gästeglas, mit Eiswürfeln, rühren
Garnitur: Zitronenspirale
Service: Stirer

Rye Whisk(e)y		6 cl	2 fl oz
mit Ginger Ale auffüllen			

Rye Lane Cocktail — *Shortdrink*

Glas: Cocktailglas
Zubereitung: im Shaker

Rye Whisk(e)y	1/3	2 cl	2/3 fl oz
Cointreau	1/3	2 cl	2/3 fl oz
Orangensaft	1/3	2 cl	2/3 fl oz

Sabra Sour — *Shortdrink*

Glas: kleiner Tumbler
Zubereitung: im Shaker
Garnitur: 1. Orangenscheibe und Cocktailkirsche
2. Orangenscheibe, Cocktailkirsche und Zitronenscheibe auf Garnitur-Stick

Sabra	4/6	4 cl	1 1/3 fl oz
Zitronensaft	1/6	1 cl	1/3 fl oz
Orangensaft	1/6	1 cl	1/3 fl oz

Safari Cooler *Longdrink*

Helmut Godovits, M/S Vistafjord, Norwegian-American Cruises

Glas: großer Tumbler (Highballglas) oder Collinsglas (übergroßer Tumbler)
Zubereitung: im elektrischen Mixer
Garnitur: halbe Zitronenscheibe
Service: Trinkhalm

Apricot Brandy	4/6	4 cl	1 1/3 fl oz
Grenadine-Sirup	2/6	2 cl	2/3 fl oz

mit Kokosmilch und Ananassaft auffüllen

Saint Claire Cocktail *Shortdrink*

Per Luigi Dido, AIBES, 16. ICC 1982, Albufeira, Portugal

Glas: Cocktailglas
Zubereitung: im Shaker
Garnitur: Tangerinenschale, Maraschinokirsche

Brandy Extra	4/8	3 cl	1 fl oz
Wermut, Cinzano, rosé	1/8	0,75 cl	1/4 fl oz
Wermut, Gancia, süß	1/8	0,75 cl	1/4 fl oz
Cordial-Campari	1/8	0,75 cl	1/4 fl oz
Amaretto di Saronno Originale	1/8	0,75 cl	1/4 fl oz

Salty Dog *Fancy drink*

Glas: kleiner Tumbler
Zubereitung: im Gästeglas, mit geschabtem Eis
Garnitur: Salzrand oder eine Prise Salz in das Getränk

Wodka	1/3	2 cl	2/3 fl oz
Grapefruitsaft, frisch	2/3	4 cl	1 1/3 fl oz

Samba Egg-nog *Egg-nog*

Glas: großer Tumbler (Highballglas)
Zubereitung: im Shaker
Garnitur: geriebene Muskatnuß
Service: Unterteller, Serviette, Limonadenlöffel, Trinkhalm

Jamaica-Rum	1/4	1,5 cl	1/2 fl oz
Maraschino	1/4	1,5 cl	1/2 fl oz
Portwein	2/4	3 cl	1 fl oz
Läuterzucker	2 Barlöffel		
Ei	1 ganzes		

mit kalter Milch auffüllen

*** Sandy Collins** *Longdrink*

Glas: großer Tumbler (Highballglas) oder Collinsglas (übergroßer Tumbler)
Zubereitung: im Gästeglas, mit Eiswürfeln So lange rühren, bis sich das Glas beschlägt.
Garnitur: Zitronenscheibe und Cocktailkirsche
Service: Trinkhalm

Scotch Whisky	2/3	4 cl	1 1/3 fl oz
Zitronensaft	1/3	2 cl	2/3 fl oz
Läuterzucker	2 Barlöffel		

mit Soda auffüllen

Sangria *Bowle*

4–6 Personen

Bowlengefäß, Bowlengläser und Untertassen oder Weinkrug und Weingläser, Kaffeelöffel

Zubereitung: Die Früchte – Orangen und Zitronen jedoch ungeschält – in Scheiben schneiden und in ein Bowlengefäß geben.
Alle anderen Zutaten beifügen und leicht umrühren, damit sich der Zucker auflöst. Einige Eiswürfel dazugeben und dann mit Mineralwasser auffüllen.

Orangen, gründlich gewaschen	2 Stück	
Zitronen, gründlich gewaschen	2 Stück	
Bananen, nicht zu reif	2 Stück	
Zucker	6 Eßlöffel	
Jamaica-Rum	2 cl	2/3 fl oz
Curaçao, weiß	4 cl	1 1/3 fl oz
Cognac oder Weinbrand	6 cl	2 fl oz
Rotwein	2 Liter	
mit Mineralwasser auffüllen		

Santo Domingo Cocktail *Shortdrink*

Erich Hütter, ÖBU, „Kuhstall“, Reit im Winkel, BRD

Glas: Cocktailschale oder Creamer
Zubereitung: im Shaker
Garnitur: geschlagenes Obers / geschlagene Sahne, Banane, Kirsche

Bourbon Whisk(e)y	1/4	1,5 cl	1/2 fl oz
Crème de Bananes, Bols	1/4	1,5 cl	1/2 fl oz
Orangensaft	2/4	3 cl	1 fl oz

Santa Margarita Cocktail *Shortdrink*

Glas: Cocktailglas
Zubereitung: im Shaker

Wermut, trocken	2/4	3 cl	1 fl oz
Bénédictine	1/4	1,5 cl	1/2 fl oz
Zitronensaft	1/4	1,5 cl	1/2 fl oz

Santa Vittoria Cocktail *Shortdrink*

Glas: Cocktailglas
Zubereitung: im Mixglas

Dry Gin	1/3	2 cl	2/3 fl oz
Wermut, rosé	1/3	2 cl	2/3 fl oz
Orangensaft	1/3	2 cl	2/3 fl oz

Santiago Cocktail *Shortdrink*

Glas: Cocktailglas
Zubereitung: im Mixglas

Rum, Bacardi, Silver Label		6 cl	2 fl oz
Grenadine-Sirup		2 Spritzer	
Lime Juice		4 Spritzer	

*** Saratoga Cooler** *Longdrink*

Glas: großer Tumbler (Highballglas) oder Collinsglas (übergroßer Tumbler)
Zubereitung: im Shaker
Service: Trinkhalm

Dry Gin		3 cl	1 fl oz
Grenadine-Sirup		2 Barlöffel	
Zitronensaft		2 Barlöffel	
mit Ginger Ale oder Soda auffüllen			

Satan's Whiskers Cocktail *Shortdrink*

Glas: Cocktailglas
Zubereitung: im Shaker

Dry Gin	3/6	3 cl	1 fl oz
Grand Marnier	1/6	1 cl	1/3 fl oz
Wermut, trocken	1/6	1 cl	1/3 fl oz
Orangensaft	1/6	1 cl	1/3 fl oz
Orangen-Bitter auf das fertige Getränk	1 Spritzer		

Savoy Hotel Special Cocktail *Shortdrink*

Glas: Cocktailglas
Zubereitung: im Mixglas
Garnitur: Olive

Dry Gin	2/3	4 cl	1 1/3 fl oz
Wermut, Martini, extra trocken	1/3	2 cl	2/3 fl oz
Dubonnet	2 Spritzer		

Sazerac Cocktail *Shortdrink*

Glas: Cocktailglas
Zubereitung: im Mixglas
Garnitur: Zitronenspirale

Rye Whisk(e)y	5/6	5 cl	1 2/3 fl oz
Pastis	1/6	1 cl	1/3 fl oz
Läuterzucker	2 Spritzer		
Angostura-Bitter	2 Spritzer		

Scarlett O'Hara Cocktail *Shortdrink*

Glas: Cocktailglas

Zubereitung: im Shaker

Southern Comfort	3/6	3 cl	1 fl oz
Zitronensaft	2/6	2 cl	2/3 fl oz
Grenadine-Sirup	1/6	1 cl	1/3 fl oz

Schiwago-Melodie-Cocktail *Champagner-, Sektcocktail*

Manfred Mitlöhner, BFS für FV-Berufe, Bad Leonfelden, Österreich

Glas: Cocktailglas

Zubereitung: im Shaker

Eine halbe Grapefruit aushöhlen und in eine Cocktailschale setzen. Das Getränk mixen, in die Grapefruitschale gießen und mit dem Sekt auffüllen.

Service: Trinkhalm

Wodka	1/3	2 cl	2/3 fl oz
Cointreau	1/3	2 cl	2/3 fl oz
Grapefruitsaft	1/3	2 cl	2/3 fl oz
mit Krimsekt auffüllen			

Schlummer-Punsch *warmer Punsch*

Manfred Mitlöhner, BFS für FV-Berufe, Bad Leonfelden, Österreich

Glas: Punsch- oder Teeglas

Zubereitung: Rotwein und Rum erhitzen – jedoch nicht kochen, in das Glas füllen, mit dem Honig verrühren und mit dem Sekt aufgießen.

Service: Unterteller, Serviette, Kaffeelöffel

Rum		4 cl	1 1/3 fl oz
Rotwein		1/16 Liter	
Honig		1/2 Eßlöffel	

mit Champagner oder Sekt auffüllen

Schweppes Memory *Longdrink*

Farhat Ellouzi, ÖBU, Splendid-Bar, Wien

Glas: Tumbler
Zubereitung: im Shaker
Garnitur: Orangen- und Zitronenscheibe, Kirsche, frische Minze

Wodka, Mounier	3/5	3 cl	1 fl oz
Amaretto	1/5	1 cl	1/3 fl oz
Wermut, Martini, trocken	1/5	1 cl	1/3 fl oz
Grenadine-Sirup, Bols	1 Spritzer		

mit Bitter Grapefruit, Schweppes, auffüllen

*** Scotch Drink Cocktail** *Shortdrink*

Glas: Cocktailglas
Zubereitung: im Shaker

Scotch Whisky	1/2	3 cl	1 fl oz
Curaçao, weiß	1/2	3 cl	1 fl oz
Zitronensaft	1 Barlöffel		

Scotch Egg-nog *Egg-nog*

Glas: großer Tumbler (Highballglas)
Zubereitung: im Shaker
Garnitur: geriebene Muskatnuß
Service: Unterteller, Serviette, Limonadenlöffel, Trinkhalm

Scotch Whisky	2/3	4 cl	1 1/3 fl oz
Drambuie	1/3	2 cl	2/3 fl oz
Läuterzucker	1 Barlöffel		
Ei	1 ganzes		

mit kalter Milch auffüllen

*** Scotch Mist** *Fancy drink*
Glas: kleiner Tumbler
Zubereitung: im Shaker, mit gestoßenem Eis
Nicht abseihen!
Garnitur: Zitronentwist

Scotch Whisky	4 cl	1 1/3 fl oz

*** Scotch Toddy, hot** *Toddy*
Glas: Punsch- oder Teeglas
Zubereitung: im Gästeglas
Die Zutaten mit heißem Wasser aufgießen.
Garnitur: Zitronenspalte
Service: Unterteller, Serviette, Trinkhalm

Scotch Whisky	4 cl	1 1/3 fl oz
Zitronensaft	1,5 cl	1/2 fl oz
Läuterzucker	1 Barlöffel	
Angostura-Bitter	3 Spritzer	

Screw Driver *Fancy drink*
Glas: kleiner Tumbler
Zubereitung: im Gästeglas, mit Eiswürfeln

Wodka	4 cl	1 1/3 fl oz
mit Orangensaft auffüllen		

Sea Breeze Cocktail *Shortdrink*
Glas: Cocktailglas
Zubereitung: im Mixglas
Garnitur: Orangenspirale

Wodka	3/6	3 cl	1 fl oz
Galliano	1/6	1 cl	1/3 fl oz
Curaçao, blau	1/6	1 cl	1/3 fl oz
Wermut, trocken	1/6	1 cl	1/3 fl oz

Sea Cow Cocktail *Shortdrink*

Stephen Herbert, BAC, 16. ICC 1982, Albufeira, Portugal

Glas: Cocktailschale oder Creamer
Zubereitung: im Shaker
Garnitur: Zuckerrand mit Crème de Menthe, grün, geriebene Muskatnuß

Whisky, Seagram's V.O.	2/10	1,2 cl	1/3 fl oz
Crème de Cacao	3/10	1,8 cl	2/3 fl oz
Anisette	1/10	0,6 cl	1/6 fl oz
Obers/Sahne	4/10	2,4 cl	3/4 fl oz

Sea Urchin *Longdrink*

Glas: großer Tumbler (Highballglas)
Zubereitung: im Gästeglas, mit Eiswürfeln

Wodka		4 cl	1 1/3 fl oz
mit Grapefruitsaft auffüllen			

Seebär-Cocktail *Shortdrink*

Glas: Cocktailglas
Zubereitung: im Shaker
Garnitur: Salzrand

Wodka	1/2	3 cl	1 fl oz
Grapefruitsaft	1/2	3 cl	1 fl oz

Serpent's Tooth Cocktail *Shortdrink*

Glas: Cocktailglas
Zubereitung: im Shaker

Irish Whisk(e)y	3/6	3 cl	1 fl oz
Kümmellikör	1/6	1 cl	1/3 fl oz
Wermut, rot	1/6	1 cl	1/3 fl oz
Zitronensaft	1/6	1 cl	1/3 fl oz
Angostura-Bitter	1 Spritzer		

Sex Rouge *Longdrink*

Henry Strasser, ÖBU, Hotel Ermitage, Schönried/Gstaad, Schweiz, 3. Preis, NCK 1984, Salzburg

Glas: Tumbler
Zubereitung: im elektrischen Mixer
Garnitur: grüne Limone, Cocktailkirsche, Zitrone

Gin, Gordon's	1/2	3 cl	1 fl oz
Bénédictine D.O.M.	1/2	3 cl	1 fl oz
Grenadine-Sirup, Bols	1 Spritzer		

mit frischem Orangensaft und Ginger Ale auffüllen

Shamrock Cocktail *Shortdrink*

Glas: Cocktailglas
Zubereitung: im Mixglas

Irish Whisk(e)y	2/3	4 cl	1 1/3 fl oz
Wermut, trocken	1/3	2 cl	2/3 fl oz
Chartreuse, grün	3 Spritzer		
Crème de Menthe, grün	3 Spritzer		

Shandy *sonstiger Longdrink*

Glas: Bierpokal
Zubereitung: im Gästeglas vorsichtig zusammenleeren!

Limonade (Geschmack nach Wunsch)	1/2
Bier	1/2

Shark's Tooth *Longdrink*

Glas: großer Tumbler (Highballglas)
Zubereitung: im Gästeglas, mit Eiswürfeln

Rum, weiß	4/10	4 cl	1 1/3 fl oz
Rum, dunkel, 74 Vol.-%	2/10	2 cl	2/3 fl oz
Zitronensaft	2/10	2 cl	2/3 fl oz
Lime Juice	2/10	2 cl	2/3 fl oz
Läuterzucker	1 Spritzer		

mit Soda auffüllen

Sherry Cobbler *Longdrink*

Glas: Cobblerglas
Zubereitung: im Gästeglas, 2/3 mit gestoßenem Eis gefüllt
Garnitur: blaue Weintrauben, Kiwischeiben, Orangenscheibe
Service: Unterteller, Serviette, Limonadenlöffel, Trinkhalm

Cognac oder Weinbrand	1/2	3 cl	1 fl oz
Kirschwasser	1/2	3 cl	1 fl oz
Grenadine-Sirup	1 Barlöffel		

mit trockenem Sherry auffüllen

Sherry Cocktail 1 *Shortdrink*

Glas: Cocktailglas
Zubereitung: im Gästeglas, mit Eiswürfeln
Garnitur: Cocktailkirschen

Sherry, trocken	5/6	5 cl	1 2/3 fl oz
Maraschino	1/6	1 cl	1/3 fl oz
Angostura-Bitter	2 Spritzer		

Sherry Cocktail 2 *Shortdrink*

Glas: Cocktailglas
Zubereitung: im Shaker

Dry Gin	1/3	2 cl	2/3 fl oz
Sherry, süß	1/3	2 cl	2/3 fl oz
Zitronensaft	1/3	2 cl	2/3 fl oz

Sherry Egg-nog *Egg-nog*

Glas: großer Tumbler (Highballglas)
Zubereitung: im Shaker
Garnitur: geriebene Muskatnuß
Service: Unterteller, Serviette, Limonadenlöffel, Trinkhalm

Sherry, süß	6 cl	2 fl oz
Obers/Sahne	1 Barlöffel	
Läuterzucker	1 Barlöffel	
Ei	1 ganzes	

mit kalter Milch auffüllen

Sherry Flip 1 *Flip*

Glas: Flipglas oder Sekttulpe
Zubereitung: im Shaker

Sherry, süß	4 cl	1 1/3 fl oz
Obers/Sahne	2 Barlöffel	
Eigelb	2 ganze	

mit Champagner oder Sekt auffüllen

Sherry Flip 2 *Flip*

Glas: Flipglas oder Sekttulpe
Zubereitung: im Shaker
Garnitur: geriebene Muskatnuß

Sherry, trocken	4 cl	1 1/3 fl oz
Läuterzucker	2 Barlöffel	
Eigelb	1 ganzes	

Sherry Sangaree *Longdrink*

Glas: großer Tumbler (Highballglas)
Zubereitung: im Gästeglas, mit gestoßenem Eis
Garnitur: geriebene Muskatnuß
Service: Trinkhalm

Sherry, trocken	5 cl	1 2/3 fl oz
Läuterzucker	2 Barlöffel	

mit eiskaltem Wasser auffüllen

*** Side Car Cocktail** *Shortdrink*

Glas: Cocktailglas
Zubereitung: im Shaker

Cognac oder Weinbrand	1/3	2 cl	2/3 fl oz
Curaçao, triple sec,			
oder Cointreau	1/3	2 cl	2/3 fl oz
Zitronensaft	1/3	2 cl	2/3 fl oz

*** Sifi Flip** *Flip*

Glas: Flipglas oder Sekttulpe

Zubereitung: im Shaker

Dry Gin	3/6	3 cl	1 fl oz
Cointreau	1/6	1 cl	1/3 fl oz
Grenadine-Sirup	1/6	1 cl	1/3 fl oz
Zitronensaft	1/6	1 cl	1/3 fl oz
Eigelb	1 ganzes		

Silver Bullet Cocktail *Shortdrink*

Glas: Cocktailglas

Zubereitung: im Shaker

Dry Gin	1/3	2 cl	2/3 fl oz
Kümmellikör	1/3	2 cl	2/3 fl oz
Zitronensaft	1/3	2 cl	2/3 fl oz

Silver Cocktail *Shortdrink*

Glas: Cocktailglas

Zubereitung: im Shaker

Dry Gin	1/2	3 cl	1 fl oz
Wermut, trocken	1/2	3 cl	1 fl oz
Maraschino	2 Spritzer		
Orangen-Bitter	1 Spritzer		
Eiweiß	1 Barlöffel		

*** Silver Fizz** *Longdrink*

Glas: mittlerer Tumbler

Zubereitung: im Shaker

Dry Gin	2/3	4 cl	1 1/3 fl oz
Zitronensaft	1/3	2 cl	2/3 fl oz

Läuterzucker	3 Barlöffel
Eiweiß	1 ganzes
mit Soda auffüllen	

Silver Star *Shortdrink*

Erwin Neumayer, ÖBU, St. Johann/Tirol, 2. Preis, NCK 1984, Salzburg

Glas: Cocktailglas
Zubereitung: im elektrischen Mixer
Garnitur: Ananaswürfel, Kirsche

Batida de Coco	1/4	1,5 cl	1/2 fl oz
Crème de Cacao, weiß	1/4	1,5 cl	1/2 fl oz
Maracujasirup, Riemerschmid	1/4	1,5 cl	1/2 fl oz
Ananassaft	1/4	1,5 cl	1/2 fl oz

Silvia *Fancy drink*

Fritz Schaller, ÖBU, ICC 1982, Albufeira, Portugal

Glas: großer Tumbler (Highballglas)
Zubereitung: im Shaker
Garnitur: Zuckerrand, Ananasstück, Cocktailkirsche, Pfefferminzzweig

Rum, Ronrico	3/6	3 cl	1 fl oz
Galliano	2/6	2 cl	2/3 fl oz
Crème de Bananes	1/6	1 cl	1/3 fl oz
Campari	4 Spritzer		
mit Ginger Ale, Schweppes, auffüllen			

Silvia *Longdrink*

Marti Hämäläinen, Effoa, 1. Preis, CE, Helsinki

Glas: mittlerer Tumbler
Zubereitung: im Shaker
Garnitur: Ananasscheibe, Cocktailkirsche

Rum, Bacardi, Silver Label	2/10	1,2 cl	1/3 fl oz
Grand Marnier	2/10	1,2 cl	1/3 fl oz
Ananassaft	2/10	1,2 cl	1/3 fl oz
Orangensaft	4/10	2,4 cl	3/4 fl oz
Grenadine-Sirup	3 Spritzer		
Eigelb	1 ganzes		

Singapore Cocktail *Shortdrink*

Glas: Cocktailglas

Zubereitung: im Shaker

Dry Gin	1/2	3 cl	1 fl oz
Cherry Brandy	1/4	1,5 cl	1/2 fl oz
Zitronensaft	1/4	1,5 cl	1/2 fl oz

Singapore Fizz *Longdrink*

Glas: mittlerer Tumbler

Zubereitung: im Shaker

Dry Gin	4/8	4 cl	1 1/3 fl oz
Cherry Brandy	2/8	2 cl	2/3 fl oz
Zitronensaft	2/8	2 cl	2/3 fl oz
Läuterzucker	2 Barlöffel		
mit Soda auffüllen			

Singapore Sling *Longdrink*

Glas: Slingglas (übergroßer Tumbler)

Zubereitung: im Gästeglas

Den Tumbler mit Eiswürfeln füllen, die Ingredienzien eingießen, sehr gut verrühren und zum Schluß mit kaltem Wasser auffüllen.

Service: Trinkhalm

Dry Gin	4/8	4 cl	1 1/3 fl oz
Cherry Brandy	2/8	2 cl	2/3 fl oz
Zitronensaft	2/8	2 cl	2/3 fl oz
mit kaltem Wasser auffüllen			

Sir Knight Cocktail *Shortdrink*

Glas: Cocktailglas
Zubereitung: im Shaker

Cognac oder Weinbrand	1/3	2 cl	2/3 fl oz
Curaçao, weiß	1/3	2 cl	2/3 fl oz
Chartreuse, gelb	1/3	2 cl	2/3 fl oz
Angostura-Bitter	2 Spritzer		

Sirk Royal *Champagner-, Sektcocktail*

Friedrich Blaschke, ÖBU, Hotel Bristol, Wien

Glas: Sektschale
Zubereitung: im Gästeglas
Garnitur: Apfelspalte, Cocktailkirsche

Calvados	1 cl	1/3 fl oz
Grenadine-Sirup	1 Barlöffel	

mit trockenem Champagner oder Sekt auffüllen

Ski Crusta *Shortdrink*

Glas: Crusta- oder Rotweinglas
Zubereitung: im Shaker
Garnitur: Zuckerrand, Zitronenspirale
Service: Trinkhalm

Kirschwasser	1/2	3 cl	1 fl oz
Mandarinensaft	1/2	3 cl	1 fl oz
Läuterzucker	1 Barlöffel		
Angostura-Bitter	1 Spritzer		

*** Smiler Cocktail** *Shortdrink*

Glas: Cocktailglas
Zubereitung: im Shaker

Dry Gin	2/4	3 cl	1 fl oz
Wermut, trocken	1/4	1,5 cl	1/2 fl oz
Wermut, rot	1/4	1,5 cl	1/2 fl oz
Orangensaft	1 Spritzer		
Angostura-Bitter	1 Spritzer		

Smirnoff Sweet-Sour *Longdrink*

Glas: großer Tumbler (Highballglas)
Zubereitung: im Gästeglas, mit Eiswürfeln
Garnitur: Zitronenscheibe

Wodka, Smirnoff	2/3	4 cl	1 1/3 fl oz
Zitronensaft	1/3	2 cl	2/3 fl oz
mit Ginger Ale auffüllen			

Snow Ball *Soda*

Glas: mittlerer Tumbler
Zubereitung: im Gästeglas
Service: Stirer

Advocaat		4 cl	1 1/3 fl oz
mit Soda oder Fanta auffüllen			

Snowdrop Cocktail *Shortdrink*

Curt Reuterwing, SBG, 16. ICC 1982, Albufeira, Portugal

Glas: Cocktailschale oder Creamer
Zubereitung: im elektrischen Mixer
Garnitur: Schokoladenraspel

Chocolate Mint, Bols	1/3	2 cl	2/3 fl oz
Orangenlikör, Cusenier	1/3	2 cl	2/3 fl oz
Obers/Sahne	1/3	2 cl	2/3 fl oz

Snow White Cocktail *Shortdrink*

Glas: Cocktailschale oder Creamer
Zubereitung: im Shaker

Rum, Bacardi, Silver Label	2/3	4 cl	1 1/3 fl oz
Zitronensaft	1/3	2 cl	2/3 fl oz
Läuterzucker	1 Barlöffel		
Eiweiß	1 Barlöffel		

Sonnenuntergang *Longdrink*

Ellouzi Farhat, ÖBU, Hotel Hilton, Wien

Glas: großer Tumbler (Highballglas)
Zubereitung: im Gästeglas

Dry Gin	4/12	2 cl	2/3 fl oz
Apricot Brandy, Bols	3/12	1,5 cl	1/2 fl oz
Crème de Bananes, Bols	3/12	1,5 cl	1/2 fl oz
Campari	2/12	1 cl	1/3 fl oz

mit frischem Orangensaft auffüllen

Sonny Boy Cocktail *Champagner-, Sektcocktail*
Franz Strobl, ÖBU, Österreich, 1. Preis ICC, London

Glas: Sektschale
Zubereitung: im Shaker

Peach Brandy	1/2	3 cl	1 fl oz
Crème d'Orange	1/2	3 cl	1 fl oz
Angostura-Bitter	2 Spritzer		

mit Champagner oder Sekt auffüllen

South Camp Special Cocktail *Shortdrink*
Glas: Cocktailglas
Zubereitung: im Shaker
Garnitur: Cocktailkirsche

Dry Gin	1/3	2 cl	2/3 fl oz
Jamaica-Rum	1/3	2 cl	2/3 fl oz
Scotch Whisky	1/3	2 cl	2/3 fl oz
Cherry Brandy	1 Spritzer		
Wermut, rot	1 Spritzer		
Lime Juice	1 Spritzer		

Southern Beauty Cocktail *alkoholfreier Drink*
Glas: Cocktailglas
Zubereitung: im Shaker

Lime Juice	3 cl	1 fl oz
Angostura-Bitter	2 Spritzer	
Eiweiß	1 ganzes	

Southern Sour *Shortdrink*
Glas: kleiner Tumbler
Zubereitung: im Shaker
Garnitur: 1. Orangenscheibe und Cocktailkirsche

2. Orangenscheibe, Cocktailkirsche und Zitronenscheibe auf Garnitur-Stick

Southern Comfort	2/3	4 cl	1 1/3 fl oz
Zitronensaft	1/3	2 cl	2/3 fl oz
Orangensaft	2 Barlöffel		
Eiweiß	2 Barlöffel		

Spanish Town Cocktail *Shortdrink*

Glas: Cocktailglas
Zubereitung: im Shaker, mit gestoßenem Eis
Garnitur: geriebene Muskatnuß

Rum, Negrita	6 cl	2 fl oz
Curaçao, weiß	2 Spritzer	

Special Cocktail 1 *Champagner-, Sektcocktail*
Rudolf Forster, HFS und HLA Villach, Österreich

Glas: Sektschale
Zubereitung: im Shaker
Garnitur: Zuckerrand, Orangenscheibe, 3 Cocktailkirschen

Cognac oder Weinbrand	1/3	2 cl	2/3 fl oz
Apricot Brandy	1/3	2 cl	2/3 fl oz
Cointreau	1/3	2 cl	2/3 fl oz
Grenadine-Sirup	3 Spritzer		

mit Champagner oder Sekt auffüllen

Special Cocktail 2 *Champagner-, Sektcocktail*
Rudolf Forster, HFS und HLA Villach, Österreich

Glas: Sektschale
Zubereitung: im Shaker

Inländer-Rum, 38 Vol.-%	1/3	2 cl	2/3 fl oz
Galliano	1/3	2 cl	2/3 fl oz
Orangensaft	1/3	2 cl	2/3 fl oz

mit Champagner oder Sekt auffüllen

Special Lady Cocktail *Shortdrink*
Cesar Sandoval, USBG, 16. ICC 1982, Albufeira, Portugal

Glas: Cocktailglas
Zubereitung: im Shaker

Rum, weiß	2/6	2 cl	2/3 fl oz
Almond Cream	1/6	1 cl	1/3 fl oz
Ananassaft	3/6	3 cl	1 fl oz
Grenadine-Sirup, Rose's	1 Spritzer		

Spring „83" *Champagner-, Sektcocktail*
Alois Spandl, ÖBU, Wien

Glas: Sektschale oder -kelch
Zubereitung: im Shaker
Garnitur: Zuckerrand, Zitronenspalte, Erdbeere, Kirsche, Kiwi, Pfefferminzblätter

Wodka	1 cl	1/3 fl oz
Curaçao, weiß	1 cl	1/3 fl oz
Orangensaft, frisch	2 cl	2/3 fl oz
Grenadine-Sirup	0,5 cl	1/6 fl oz

mit Sekt, Kupferberg Gold, auffüllen

Stabelizer Cocktail *Shortdrink*
Peter Wölfl, BS f. d. Gastgewerbe, Wien

Glas: Cocktailglas
Zubereitung: im Mixglas

Cognac oder Weinbrand	1/2	3 cl	1 fl oz
Portwein, Ruby	1/2	3 cl	1 fl oz

Stahl und Eisen *Pick-me-up*
Glas: Cocktailglas
Zubereitung: im Gästeglas

Underberg	1/2	3 cl	1 fl oz
Steinhäger	1/2	3 cl	1 fl oz

Star Prayer Cocktail *Shortdrink*

Shuji Kimura, ANBA, 16. ICC 1982, Albufeira, Portugal

Glas: Cocktailglas
Zubereitung: im Shaker
Garnitur: Zitronentwist, Cocktailkirsche

Bénédictine	6/12	3 cl	1 fl oz
Chartreuse, gelb	4/12	2 cl	2/3 fl oz
Anisette, Cusenier	1/12	0,5 cl	1/6 fl oz
Zitronensaft	1/12	0,5 cl	1/6 fl oz

Stars and Stripes Pousse-café *Pousse-café*

Glas: Pousse-café-Glas oder Sektflöte
Zubereitung: im Gästeglas

Die Liköre über den Rücken eines Barlöffels in der angegebenen Reihenfolge vorsichtig in das Glas leeren.

Service: Trinkhalm

Crème de Cassis	1/3	2 cl	2/3 fl oz
Maraschino	1/3	2 cl	2/3 fl oz
Chartreuse, grün	1/3	2 cl	2/3 fl oz

Steamboat Queen *Fancy drink*

Roman Rus, BS Gastgewerbe Wien, ICC 1977,
Saint Vincent, Italien

Glas: Cocktailglas
Zubereitung: im Shaker
Garnitur: Cherrystick und halbe Orangenscheibe

Dry Gin, Booth's	5/12	2,5 cl	3/4 fl oz
Southern Comfort	5/12	2,5 cl	3/4 fl oz
Apricot Brandy, Bols	2/12	1 cl	1/3 fl oz
Zitronensaft	1 Barlöffel		

Steirisch Kaffee

In die vorgewärmte Original-Steirisch-Kaffee-Tasse gibt man 4 Stück Würfelzucker und 4 cl „Steirisch-Kaffee-Getränkemischung“, flambiert das Ganze und löscht mit heißem, starkem Kaffee ab; mit geschlagenem Obers / geschlagener Sahne, Schokoladestreusel und geriebenen Nüssen garnieren.

Stella Australis Cocktail *Shortdrink*
Paula Fellowes, ABG, 16. ICC 1982, Albufeira, Portugal

Glas: Cocktailschale oder Creamer
Zubereitung: im Mixglas

Dry Gin, Gordon's	1/8	0,75 cl	1/4 fl oz
Crème de Menthe, weiß	2/8	1,5 cl	1/2 fl oz
Cherry Suisse	4/8	3 cl	1 fl oz
Obers/Sahne	1/8	0,75 cl	1/4 fl oz
Grenadine-Sirup	1 Spritzer		

Stella's Joy Cocktail *Shortdrink*
Glas: Cocktailglas
Zubereitung: im elektrischen Mixer, mit viel gestoßenem Eis
Das fertige Getränk sollte die Konsistenz von Schnee besitzen.
Garnitur: Maraschinokirsche

Rum, Appleton, weiß	2/3	4 cl	1 1/3 fl oz
Lime Juice	1/3	2 cl	2/3 fl oz
Staubzucker	3 Barlöffel		

1/2 geschälte Banane oder 1 Ananasscheibe oder Mangofrüchte aus der Dose

Stinger Cocktail *Shortdrink*
Glas: Cocktailglas
Zubereitung: im Shaker oder im Mixglas

Cognac oder Weinbrand	2/3	4 cl	1 1/3 fl oz
Crème de Menthe, weiß	1/3	2 cl	2/3 fl oz

Stolichnaya Dream *Champagner-, Sektcocktail*
Günter Ferstl, ÖBU, Sofiensäle-Bar, Wien

Glas: Sektschale
Zubereitung: im Shaker
Garnitur: Ananas, Orange, Zitrone, Kiwi, Kirsche

Wodka, Stolichnaya	4/12	4 cl	1 1/3 fl oz
Crème de Cassis	2/12	2 cl	2/3 fl oz
Orangensaft	4/12	4 cl	1 1/3 fl oz
Grapefruitsaft	2/12	2 cl	2/3 fl oz

mit Krimsekt auffüllen

Stone Fence *Fancy drink*
Glas: großer Tumbler (Highballglas)
Zubereitung: im Gästeglas, mit Eiswürfeln

Scotch Whisky	4 cl	1 1/3 fl oz

mit Apfelwein auffüllen

Strade del Sole *Longdrink*
Gerald Striedinger, ÖBU, Hotel Edelweiß, Zürs/Arlberg

Glas: großer Tumbler (Highballglas)
Zubereitung: im Shaker
Garnitur: Zitronenscheibe, 2 halbe frische Erdbeeren

Dry Gin, Gordon's	2/10	1,6 cl	1/2 fl oz
Campari	2/10	1,6 cl	1/2 fl oz
Apricot Brandy	3/10	2,4 cl	3/4 fl oz
Grenadine-Sirup	2/10	1,6 cl	1/2 fl oz
Eiweiß	1/10	0,8 cl	1/4 fl oz

mit Bitter Lemon auffüllen

St. Regis Cocktail *Shortdrink*
Glas: Cocktailglas
Zubereitung: im Shaker

Calvados	4/6	4 cl	1 1/3 fl oz
Grenadine-Sirup	1/6	1 cl	1/3 fl oz
Zitronensaft	1/6	1 cl	1/3 fl oz

Summer Cocktail *Champagner-, Sektcocktail*
Kurt Nemecek, LBS f. d. Gastgewerbe, Waldegg, Österreich

Glas: Sektschale
Zubereitung: im Shaker

Grenadine-Sirup	1 Barlöffel
Orangensaft	1 Barlöffel
Zitronensaft	1 Barlöffel
Angostura-Bitter	1 Spritzer

mit Champagner oder Sekt auffüllen

Sundowner Cocktail *Shortdrink*
Glas: Cocktailglas
Zubereitung: im Shaker

Cognac oder Weinbrand	3/6	3 cl	1 fl oz
Mandarinenlikör, Van der Hum	1/6	1 cl	1/3 fl oz
Orangensaft	1/6	1 cl	1/3 fl oz
Zitronensaft	1/6	1 cl	1/3 fl oz

Sunset *Longdrink*
Peter Roth, SBU, Kronenhallen-Bar, Zürich

Glas: großer Tumbler (Highballglas)
Zubereitung: im Shaker
Garnitur: Orangenspirale, Cocktailkirsche

Rum, Captain Morgan, Gold	2/10	2 cl	2/3 fl oz
Himbeerlikör	1/10	1 cl	1/3 fl oz
Passionsfruchtsaft	2/10	2 cl	2/3 fl oz
Ananassaft	5/10	5 cl	1 2/3 fl oz
Zitronensaft	2 Spritzer		

Sun Stroke *Longdrink*
Glas: großer Tumbler (Highballglas)
Zubereitung: im Gästeglas, mit Eiswürfeln

Wodka	2/3	4 cl	1 1/3 fl oz
Curaçao, weiß	1/3	2 cl	2/3 fl oz
mit Grapefruitsaft auffüllen			

Surprise des Bois Cocktail *Shortdrink*

C. J. P. Mooiji, Gulden Vlies – Alkmaar, 3. Preis, CE, Holland

Glas: Cocktailglas
Zubereitung: im Shaker
Garnitur: Erdbeeren

Dry Gin, Gordon's	6/10	3,6 cl	1 1/6 fl oz
Fraise des Bois, Dolfi	3/10	1,8 cl	2/3 fl oz
Cointreau	1/10	0,6 cl	1/6 fl oz
Zitronensaft	3 Spritzer		
Frothee	1 Spritzer		

Sweet Dream Cocktail *Shortdrink*

Peter Roth, Kronenhallen-Bar, Zürich

Glas: Cocktailglas
Zubereitung: im Shaker

Cognac, Courvoisier	6/10	3,6 cl	1 1/6 fl oz
Amaretto di Saronno Originale	2/10	1,2 cl	1/3 fl oz
Crème de Bananes, Bols	1/10	0,6 cl	1/6 fl oz
Apricot Brandy, Bols	1/10	0,6 cl	1/6 fl oz

Sweet Girl Cocktail *Shortdrink*

Glas: Cocktailschale oder Creamer
Zubereitung: im Shaker

Dry Gin	2/4	3 cl	1 fl oz
Apricot Brandy	1/4	1,5 cl	1/2 fl oz
Obers/Sahne	1/4	1,5 cl	1/2 fl oz

Sweet Lady Cocktail *Shortdrink*

Glas: Cocktailglas
Zubereitung: im Shaker

Scotch Whisky	$\frac{4}{6}$	4 cl	$1\frac{1}{3}$ fl oz
Peach Brandy	$\frac{1}{6}$	1 cl	$\frac{1}{3}$ fl oz
Crème de Cacao	$\frac{1}{6}$	1 cl	$\frac{1}{3}$ fl oz

Sweet Memories Cocktail *Shortdrink*

Egie Moum, Norwegen, 1. Preis, ICC 1961, Gausdall

Glas: Cocktailglas
Zubereitung: im Shaker

Rum, Bacardi, Silver Label	$\frac{1}{3}$	2 cl	$\frac{2}{3}$ fl oz
Orangenlikör, Cusenier	$\frac{1}{3}$	2 cl	$\frac{2}{3}$ fl oz
Wermut, Noilly Prat	$\frac{1}{3}$	2 cl	$\frac{2}{3}$ fl oz

Sweet Raija Cocktail *Shortdrink*

Glas: Cocktailschale oder Creamer
Zubereitung: im Shaker
Garnitur: geriebene Schokolade

Tequila	$\frac{3}{6}$	3 cl	1 fl oz
Amaretto di Saronno Originale	$\frac{2}{6}$	2 cl	$\frac{2}{3}$ fl oz
Obers/Sahne	$\frac{1}{6}$	1 cl	$\frac{1}{3}$ fl oz

Tahiti Cocktail *Champagner-, Sektcocktail*

Glas: Sektschale
Zubereitung: im Shaker

Dry Gin	$\frac{1}{6}$	1 cl	$\frac{1}{3}$ fl oz
Cointreau	$\frac{1}{6}$	1 cl	$\frac{1}{3}$ fl oz
Zitronensaft	$\frac{1}{6}$	1 cl	$\frac{1}{3}$ fl oz

mit Champagner oder Sekt auffüllen

Take it Easy *Longdrink*

Herbert Bauer, Hotel Edelweiß, Zürs/Arlberg

Glas: großer Tumbler (Highballglas)
Zubereitung: im elektrischen Mixer
Garnitur: Orangenscheibe, Bananenscheibe, Kirsche

Rum, Bacardi, Silver Label	3/7	3 cl	1 fl oz
Cointreau	2/7	2 cl	2/3 fl oz
Batida de Coco	2/7	2 cl	2/3 fl oz
Zitronensaft	1 Spritzer		
mit frischem Blutorangensaft auffüllen			

Tango Cocktail *Shortdrink*

Glas: Cocktailglas

Zubereitung: im Shaker

Dry Gin	2/4	3 cl	1 fl oz
Wermut, trocken	1/4	1,5 cl	1/2 fl oz
Wermut, rot	1/4	1,5 cl	1/2 fl oz
Curaçao, orange	2 Spritzer		
Orangensaft auf das fertige Getränk	1 Spritzer		

Tauern-Punsch *warmer Punsch*

Bruno Hinterwirth, HFS, Bad Hofgastein, Österreich

Glas: Punsch- oder Teeglas

Zubereitung: im Gästeglas

Die Ingredienzien mit Zucker im Glas verrühren, mit heißem Schwarztee auffüllen.

Service: Unterteller, Serviette, Kaffeelöffel

Coruba-Rum	1/3	2 cl	2/3 fl oz
Galliano	1/3	2 cl	2/3 fl oz
Zitronensaft	1/3	2 cl	2/3 fl oz
Zucker	2 Barlöffel		

Taxco Fizz *Longdrink*

Glas: mittlerer Tumbler

Zubereitung: im Shaker

Tequila	2/3	4 cl	1 1/3 fl oz
Zitronensaft	1/3	2 cl	2/3 fl oz
Läuterzucker	2 Barlöffel		
Orangen-Bitter	2 Spritzer		
Eiweiß	1 ganzes		
mit Soda auffüllen			

T.E.E. Cocktail *Shortdrink*

Glas: Cocktailglas
Zubereitung: im Shaker

Cognac oder Weinbrand	2/6	2 cl	2/3 fl oz
Kirschwasser	1/6	1 cl	1/3 fl oz
Peach Brandy	2/6	2 cl	2/3 fl oz
Campari	1/6	1 cl	1/3 fl oz

Tee-Grog *Grog*

Glas: Grogglas
Zubereitung: im Gästeglas
Garnitur: Zitronenscheibe
Service: Unterteller, Serviette, Kaffeelöffel

Rum, dunkel	2/3	4 cl	1 1/3 fl oz
Zitronensaft	1/3	2 cl	2/3 fl oz
Würfelzucker	2–3 Stück		
Gewürznelken	2 Stück		

mit heißem Tee auffüllen

Temptress Cocktail *Shortdrink*

David William Smith, UKBG, 16. ICC 1982, Albufeira, Portugal

Glas: Cocktailglas
Zubereitung: im Shaker

Dry Gin, Gordon's	3/10	1,8 cl	2/3 fl oz
Crème de Mandarine	3/10	1,8 cl	2/3 fl oz
Wermut, Martini, trocken	2/10	1,2 cl	1/3 fl oz
Lime Juice	1/10	0,6 cl	1/6 fl oz
Eiweiß	1/10	0,6 cl	1/6 fl oz

Tequila Daisy *Longdrink*

Glas: Sekt- oder Cobblerglas
Zubereitung: im Gästeglas, mit gestoßenem Eis
Garnitur: Cocktailkirsche, Orangen- oder Zitronenscheibe
Service: Limonadenlöffel, Trinkhalm

Tequila	6/8	6 cl	2 fl oz
Zitronensaft	1/8	1 cl	1/3 fl oz
Grenadine-Sirup	1/8	1 cl	1/3 fl oz

Tequila Fizz *Longdrink*

Bruno Hinterwirth, HFS, Bad Hofgastein, Österreich

Glas: mittlerer Tumbler

Zubereitung: im Shaker

Tequila	2/3	4 cl	1 1/3 fl oz
Zitronensaft	1/3	2 cl	2/3 fl oz
Grenadine-Sirup	2 Barlöffel		
Eiweiß	1 ganzes		
mit Soda auffüllen			

Tequila Martini Cocktail *Shortdrink*

Glas: Cocktailglas

Zubereitung: im Mixglas

Garnitur: Zitronenzeste

Tequila	2/3	4 cl	1 1/3 fl oz
Wermut, Martini, extra trocken	1/3	2 cl	2/3 fl oz

Tequila Sour *Shortdrink*

Glas: kleiner Tumbler

Zubereitung: im Shaker

Garnitur:
1. Orangenscheibe und Cocktailkirsche
2. Orangenscheibe, Cocktailkirsche und Zitronenscheibe auf Garnitur-Stick

Tequila	4/6	4 cl	1 1/3 fl oz
Curaçao, weiß	1/6	1 cl	1/3 fl oz
Zitronensaft	1/6	1 cl	1/3 fl oz

Texas Fizz *Longdrink*

Glas: mittlerer Tumbler

Zubereitung: im Shaker

Dry Gin	1/4	1,5 cl	1/2 fl oz
Peach Brandy	1/4	1,5 cl	1/2 fl oz
Orangensaft	1/4	1,5 cl	1/2 fl oz
Zitronensaft	1/4	1,5 cl	1/2 fl oz
Läuterzucker	2 Barlöffel		
mit Soda auffüllen			

The Golden Friedenship *Longdrink*

Risto Juhani Rousku, FBSK, 1. Preis, 2. IC, Amaretto-di-Saronno-Originale-Wettbewerb 1983, Italien

Glas: Tumbler
Zubereitung: im Shaker
Garnitur: Orangenspirale, Cocktailkirsche

Amaretto di Saronno Originale	1/3	2 cl	2/3 fl oz
Wermut, Martini, rot	1/3	2 cl	2/3 fl oz
Rum, Bacardi, Silver Label	1/3	2 cl	2/3 fl oz
mit Ginger Ale, Schweppes, auffüllen			

The Long Run *Longdrink*

Fritz Schaller, ÖBU, Bar-Taverne „Don Frederico", Jochberg, Tirol, 2. Preis, 2. IC, Amaretto-di-Saronno-Originale-Wettbewerb 1983, Italien

Glas: Tumbler, etwas Eis
Zubereitung: im Shaker
Garnitur: 1/2 Orangenscheibe, Kirsche, frische Pfefferminze

Amaretto di Saronno Originale	3/10	1,8 cl	3/6 fl oz
London Dry Gin, Beefeater	3/10	1,8 cl	3/6 fl oz
Wermut, Martini, trocken	1/10	0,6 cl	1/6 fl oz
Ananassaft, ungesüßt	3/10	1,8 cl	3/6 fl oz
mit gleicher Menge Sodawasser auffüllen			

The Prize Idiot *Longdrink*

Kristján R. Runólfsson, BCI, 16. ICC 1982, Albufeira, Portugal

Glas: mittlerer Tumbler, mit Eiswürfeln
Zubereitung: im Shaker
Garnitur: Zitronenboot, grüne Kirsche, Cocktailstick

Wodka, Smirnoff	3/8	3 cl	1 fl oz
Crème de Bananes, Bols	3/8	3 cl	1 fl oz
Grenadine-Sirup	1/8	1 cl	1/3 fl oz
Zitronensaft	1/8	1 cl	1/3 fl oz

Tia Alexandra Cocktail *Shortdrink*

Glas: Cocktailschale oder Creamer
Zubereitung: im Shaker

Dry Gin	1/3	2 cl	2/3 fl oz
Tia Maria	1/3	2 cl	2/3 fl oz
Obers/Sahne	1/3	2 cl	2/3 fl oz

Tiger Tail *Longdrink*

Glas: großer Tumbler (Highballglas)
Zubereitung: im Gästeglas
Pastis und Orangensaft im Glas verrühren, dann Eiswürfel beigeben und dekorieren.
Garnitur: Orangenscheibe

Pastis	2/6	2 cl	2/3 fl oz
Orangensaft	4/6	4 cl	1 1/3 fl oz

Tipsy Cocktail *Shortdrink*

Glas: Cocktailglas
Zubereitung: im Shaker
Garnitur: Zitronenzeste

Jamaica-Rum	2/4	3 cl	1 fl oz
Curaçao, orange	1/4	1,5 cl	1/2 fl oz
Zitronensaft	1/4	1,5 cl	1/2 fl oz

T'N'T *sonstiger Longdrink*

Glas: großer Tumbler (Highballglas)
Zubereitung: im Gästeglas, mit Eiswürfeln
Garnitur: Zitronenscheibe
Service: Stirer

Tia Maria		4 cl	1 1/3 fl oz
mit Tonic Water auffüllen			

Toade Cocktail *Shortdrink*

Pyo Hwa Sik, KBA, 16. ICC 1982, Albufeira, Portugal

Glas: Cocktailglas
Zubereitung: im Shaker
Garnitur: Zitronenschale

Gin, Seng Ju	4/10	2,4 cl	3/4 fl oz
Curaçao, weiß	2/10	1,2 cl	1/3 fl oz
Zitronensaft	4/10	2,4 cl	3/4 fl oz

Toddy Cocktail *Shortdrink*

Glas: Cocktailglas
Zubereitung: im Shaker

Scotch Whisky	1/3	2 cl	2/3 fl oz
Coruba-Rum	1/3	2 cl	2/3 fl oz
Zitronensaft	1/3	2 cl	2/3 fl oz
Läuterzucker	2 Barlöffel		

Tomato Cocktail *Pick-me-up*

Glas: großer Tumbler (Highballglas)
Zubereitung: im Gästeglas, mit Eiswürfeln
Die Zutaten in der angegebenen Reihenfolge verwenden.
Garnitur: Zitronenspalte und Pfefferminzzweig

Tomatensaft	3/6	3 cl	1 fl oz
Dry Gin	2/6	2 cl	2/3 fl oz
Zitronensaft	1/6	1 cl	1/3 fl oz

*** Tom Collins** *Longdrink*

Glas: großer Tumbler (Highballglas) oder Collinsglas (übergroßer Tumbler)
Zubereitung: im Gästeglas, mit Eiswürfeln So lange rühren, bis sich das Glas beschlägt.
Garnitur: Zitronenscheibe und Cocktailkirsche
Service: Trinkhalm

Dry Gin	2/3	4 cl	1 1/3 fl oz
Zitronensaft	1/3	2 cl	2/3 fl oz
Läuterzucker		2 Barlöffel	
mit Soda auffüllen			

Topaya *Fancy drink*

Franz Bartl, BS f. d. Gastgewerbe, Wien

Glas: Cognacschwenker
Zubereitung: im Mixglas
Garnitur: Zitronenspirale

Papaya-Nektar	2/5	3 cl	1 fl oz
Tomatensaft	2/5	3 cl	1 fl oz
Zitronensaft	1/5	1,5 cl	1/2 fl oz

Salz, Pfeffer, Tomatensaft, Worcestershire-Sauce nach Geschmack

Topsy Cocktail *Shortdrink*

Glas: Cocktailglas
Zubereitung: im Shaker
Garnitur: Cocktailkirsche

Cognac oder Weinbrand	2/6	2 cl	2/3 fl oz
Curaçao, weiß	1/6	1 cl	1/3 fl oz
Sherry, Amontillado	2/6	2 cl	2/3 fl oz
Wermut, rot	1/6	1 cl	1/3 fl oz

Toreador Cocktail *Shortdrink*

Glas: Cocktailschale oder Creamer
Zubereitung: im Shaker
Garnitur: ein Barlöffel geschlagenes Obers/geschlagene Sahne, etwas Kakaopulver

Tequila	2/4	3 cl	1 fl oz
Crème de Cacao	1/4	1,5 cl	1/2 fl oz
Obers/Sahne	1/4	1,5 cl	1/2 fl oz

Tornado *Longdrink*

Giorgio Tairiol, ÖBU, Reiss-Bar, Wien

Glas: großer Tumbler (Highballglas)
Zubereitung: im Shaker
Garnitur: Grapefruitscheibe, Cocktailkirsche

Dry Gin	2/4	3 cl	1 fl oz
Maraschino	1/4	1,5 cl	1/2 fl oz
Grenadine-Sirup	1/4	1,5 cl	1/2 fl oz
Ananassaft	1 Spritzer		

mit frischem Grapefruitsaft auffüllen

Toscanini Cocktail *Champagner-, Sektcocktail*

Glas: Sektschale
Zubereitung: im Shaker

Cognac oder Weinbrand	1/3	2 cl	2/3 fl oz
Cordial-Médoc	1/3	2 cl	2/3 fl oz
Cointreau	1/3	2 cl	2/3 fl oz

mit Champagner oder Sekt auffüllen

Träumerei-Cocktail *Shortdrink*

Josef Stoxreiter, WIFI Innsbruck, Österreich

Glas: Cocktailglas
Zubereitung: im Shaker

Coruba-Rum	2/4	3 cl	1 fl oz
Grenadine-Sirup	1/4	1,5 cl	1/2 fl oz
Zitronensaft	1/4	1,5 cl	1/2 fl oz

Trinidad Swizzle *Longdrink*

Glas: großer Tumbler (Highballglas), mit gestoßenem Eis
Zubereitung: im Shaker, mit gestoßenem Eis, Swizzle-stick
Garnitur: Orangenscheibe, Pfefferminzzweig, Cocktailkirsche

Rum, dunkel	3 cl	1 fl oz
Rum, hell	3 cl	1 fl oz
Grand Marnier	3 cl	1 fl oz
Mangosaft	1,5 cl	1/2 fl oz
Lime Juice	1 cl	1/3 fl oz
Grenadine-Sirup	2 Spritzer	

*** Trinity Cocktail** *Shortdrink*

Glas: Cocktailglas
Zubereitung: im Mixglas

Dry Gin	1/3	2 cl	2/3 fl oz
Wermut, trocken	1/3	2 cl	2/3 fl oz
Wermut, rot	1/3	2 cl	2/3 fl oz

Tropical *Longdrink*

Peter Wölfl, BS f. d. Gastgewerbe, Baden, Österreich

Glas: großer Tumbler (Highballglas), mit gestoßenem Eis
Zubereitung: Honigmelone im elektrischen Mixer pürieren
Garnitur: Limonenscheibe

Batida de Coco	4 cl	1 1/3 fl oz
Lime Juice	1 Barlöffel	
Honigmelone	1/2 kleine	

Tropical Cocktail *Shortdrink*

Glas: Cocktailglas
Zubereitung: im Shaker

Maraschino	1/3	2 cl	2/3 fl oz
Crème de Cacao	1/3	2 cl	2/3 fl oz
Wermut, trocken	1/3	2 cl	2/3 fl oz
Angostura-Bitter	1 Spritzer		

Tropical Coffee *Longdrink*

Glas: großer Tumbler (Highballglas)
Zubereitung: im Gästeglas, mit Eiswürfeln
Garnitur: Limonenscheibe

Kaffeelikör	1/2	3 cl	1 fl oz
Lime Juice	1/2	3 cl	1 fl oz

mit Tonic Water auffüllen

Tropicana *Tropicana/Colada*

Fritz Schaller, ÖBU, Bar-Taverne „Don Frederico“, Jochberg, Tirol, Österreich

Glas: großer Tumbler (Highballglas) oder Kokosnuß
Zubereitung: im elektrischen Mixer
Garnitur: frische Ananas, Kirsche, etwas Eis in das fertige Getränk geben

Rum, Bacardi, Silver Label	1/6	1 cl	1/3 fl oz
Marillenlikör, Bailoni	1/6	1 cl	1/3 fl oz
Batida de Coco	4/6	4 cl	1 1/3 fl oz
Coruba-Rum, dunkel		2 Spritzer	
Ananassaft		8 cl	2 2/3 fl oz
Orangensaft		4 cl	1 1/3 fl oz

Try Again Cocktail *Shortdrink*

Rocco Morgante, „Honky Tonk“, Mailand

Glas: Cocktailglas
Zubereitung: im Shaker
Garnitur: 1/2 Orangenscheibe

Grappa	1/3	2 cl	2/3 fl oz
Curaçao, weiß	1/3	2 cl	2/3 fl oz
Campari	1/3	2 cl	2/3 fl oz
Läuterzucker	2 Spritzer		

Tu & Io *Shortdrink*
Bruno Travaglia, ÖBU, Hotel Waldhaus, Sils/Maria, Schweiz, 1. Preis NCK 1984, Salzburg
7. Preis ICC 1984, Hamburg

Glas: Cocktailglas
Zubereitung: im Mixglas, rühren
Garnitur: Olive, Zitrone

Wodka, Moskovskaya	2/3	4 cl
Wermut, Noilly Prat	1/3	2 cl
Apricot Brandy, Bols	1 Tropfen	

Türkenblut I *Fancy drink*
Glas: Sektschale oder -kelch
Zubereitung: im Gästeglas

Das Glas zu 1/3 mit Rotwein füllen und dann mit 2/3 Sekt oder Champagner auffüllen.

Türkenblut II *sonstiger Longdrink*
Glas: Biertulpe
Zubereitung: im Gästeglas

Die Biertulpe zu 2/3 mit kaltem Pilsner füllen, vorsichtig mit rotem Sekt auffüllen.

Tuttosi Cocktail *Shortdrink*
Elio Cattaneo, Italien, 1. Preis, Saint Vincent, Italien, 1969

Glas: Cocktailglas
Zubereitung: im Mixglas
Garnitur: Orangenzeste

Whisky, Canadian Club	4/10	2,4 cl	3/4 fl oz
Weinbrand, Royal Stock	2/10	1,2 cl	1/3 fl oz
Wermut, Martini, rot	2/10	1,2 cl	1/3 fl oz
Galliano	1/10	0,6 cl	1/6 fl oz
Mandarinenlikör	1/10	0,6 cl	1/6 fl oz

Tuxedo Junction Cocktail *Shortdrink*
Glas: Cocktailglas
Zubereitung: im Shaker
Garnitur: Cocktailkirsche

Dry Gin	1/3	2 cl	2/3 fl oz
Maraschino	1/3	2 cl	2/3 fl oz
Wermut, trocken	1/3	2 cl	2/3 fl oz
Pastis	1 Spritzer		
Orangen-Bitter	1 Spritzer		

∗ Twenty-four Cocktail *Shortdrink*
Kurt Nemecek, LBS f. d. Gastgewebe, Waldegg, Österreich

Glas: Cocktailglas
Zubereitung: im Shaker

Curaçao, weiß	1/3	2 cl	2/3 fl oz
Cognac oder Weinbrand	1/3	2 cl	2/3 fl oz
Grenadine-Sirup	1 Barlöffel		
Zitronensaft	2 Barlöffel		

∗ Up and Down Cocktail *Shortdrink*
Glas: Cocktailglas
Zubereitung: im Mixglas

Dry Gin	2/3	4 cl	1 1/3 fl oz
Wermut, rot	1/3	2 cl	2/3 fl oz
Orangen-Bitter	1 Tropfen		

Up-to-date Cocktail *Shortdrink*
Glas: Cocktailglas
Zubereitung: im Mixglas
Garnitur: Zitronenspirale

Rye Whisk(e)y	3/6	3 cl	1 fl oz
Grand Marnier	1/6	1 cl	1/3 fl oz
Wermut, trocken	2/6	2 cl	2/3 fl oz
Angostura-Bitter	1 Spritzer		

Vanderbilt Cocktail *Shortdrink*

Glas: Cocktailglas

Zubereitung: im Shaker

Cognac oder Weinbrand	3/4	4,5 cl	1 1/2 fl oz
Cherry Brandy	1/4	1,5 cl	1/2 fl oz
Grenadine-Sirup	3 Spritzer		
Orangen-Bitter	2 Spritzer		

Venetian Sunset Cocktail *Shortdrink*

Glas: Cocktailglas

Zubereitung: im Mixglas

Dry Gin	3/6	3 cl	1 fl oz
Grand Marnier	1/6	1 cl	1/3 fl oz
Campari	1/6	1 cl	1/3 fl oz
Wermut, trocken	1/6	1 cl	1/3 fl oz

Vermont Cocktail *Shortdrink*

Glas: Cocktailglas

Zubereitung: im Shaker

Calvados	4/6	4 cl	1 1/3 fl oz
Grenadine-Sirup	1/6	1 cl	1/3 fl oz
Zitronensaft	1/6	1 cl	1/3 fl oz

Vermouth Cassis Cocktail *Shortdrink*

Glas: kleiner Tumbler

Zubereitung: im Gästeglas, mit Eiswürfeln

Crème de Cassis	1/6	1 cl	1/3 fl oz
Wermut, trocken	5/6	5 cl	1 2/3 fl oz

Vermouth-Champagner-Cocktail 1 *Champagner-, Sektcocktail*

Glas: Sektschale
Zubereitung: im Gästeglas
Garnitur: Zitronenscheibe

Wermut, trocken	2 cl	2/3 fl oz

mit Champagner oder Sekt auffüllen

Vermouth-Champagner-Cocktail 2 *Champagner-, Sektcocktail*

Glas: Sektschale
Zubereitung: im Gästeglas
Garnitur: Zitronenscheibe

Wermut, rot	2 cl	2/3 fl oz

mit Champagner oder Sekt auffüllen

Vesuvio Cocktail *Shortdrink*

Eugenio Cornito Viola, Hotel Vesuvio, Neapel

Glas: Cocktailglas
Zubereitung: im Shaker

Dry Gin	1/3	2 cl	2/3 fl oz
Cognac oder Weinbrand	1/3	2 cl	2/3 fl oz
Curaçao, weiß	1/3	2 cl	2/3 fl oz
Drambuie	3 Spritzer		

Victory Cocktail *Shortdrink*

Karl Lux, ÖBU, Hotel Vienna Intercontinental

Glas: Cocktailglas
Zubereitung: im Shaker

Himbeergeist	1/3	2 cl	2/3 fl oz
Curaçao, blau	1/3	2 cl	2/3 fl oz
Zitronensaft	1/3	2 cl	2/3 fl oz
Eiweiß	1 Barlöffel		

Victory Comfort Cocktail *Shortdrink*

Björn Vifill Porleifsson, BCI, 16. ICC 1982, Albufeira, Portugal

Glas: Cocktailschale oder Creamer
Zubereitung: im Shaker
Garnitur: Orangenspirale, Schokoladespäne

Southern Comfort	4/12	2 cl	2/3 fl oz
Parfait Amour, Bols	2/12	1 cl	1/3 fl oz
Crème de Bananes, Bols	1/12	0,5 cl	1/6 fl oz
Obers/Sahne	5/12	2,5 cl	5/6 fl oz

Vienna Girl Cocktail *Shortdrink*

Leo Schwabl, ÖBU, 2. Preis NCK 1952, Wien

Glas: Cocktailschale oder Creamer
Zubereitung: im Shaker

Dry Gin, Öller	1/6	1 cl	1/3 fl oz
Curaçao, orange, Bols	2/6	2 cl	2/3 fl oz
Wermut, Cinzano, trocken	2/6	2 cl	2/3 fl oz
Obers/Sahne	1/6	1 cl	1/3 fl oz

Viking Special Cocktail *Shortdrink*

Helmut Godovits, M/S Vistafjord, Norwegian-American Cruises

Glas: Cocktailglas
Zubereitung: im Shaker
Garnitur: Orangenscheibe, Cocktailkirsche

Tequila	2/3	4 cl	1 1/3 fl oz
Apricot Brandy	1/3	2 cl	2/3 fl oz
Orangen- und Zitronensaft	je 1 Barlöffel		

Vinum Special *Longdrink*

Peter Roth, Kronenhallen-Bar, Zürich

Glas: großer Tumbler (Highballglas), mit Eiswürfeln
Zubereitung: im Gästeglas
Garnitur: Zitronenspirale, Cocktailkirsche

Kirsch, Dettling	2 cl	2/3 fl oz
Wermut, Martini, trocken	2 cl	2/3 fl oz
Citronelle	2 cl	2/3 fl oz
Weißwein, trocken	10 cl	3 1/3 fl oz
mit Mineralwasser auffüllen		

Virginia Egg-nog *Egg-nog*

Glas: großer Tumbler (Highballglas)
Zubereitung: im Shaker
Garnitur: geriebene Muskatnuß
Service: Unterteller, Serviette, Limonadenlöffel, Trinkhalm

Bourbon Whisk(e)y	2/3	4 cl	1 1/3 fl oz
Jamaica-Rum	1/3	2 cl	2/3 fl oz
Obers/Sahne	3 Barlöffel		
Läuterzucker	2 Barlöffel		
Ei	1 ganzes		
mit kalter Milch auffüllen			

Virgin Islanders Cocktail *Shortdrink*

Glas: Cocktailglas
Zubereitung: im Shaker
Garnitur: Cocktailkirsche

Dry Gin	3/6	3 cl	1 fl oz
Forbidden-Fruit-Likör	2/6	2 cl	2/3 fl oz
Crème de Menthe, weiß	1/6	1 cl	1/3 fl oz

Virgin Island Twist *Shortdrink*

Glas: Sektkelch oder -schale
Zubereitung: im Shaker

Rum, Appleton, weiß	2/6	2 cl	2/3 fl oz
Maraschino	1/6	1 cl	1/3 fl oz
Ananassaft	2/6	2 cl	2/3 fl oz
Grenadine-Sirup	1/6	1 cl	1/3 fl oz

Virgin Mary *alkoholfreier Drink*

Glas: mittlerer Tumbler, mit Eiswürfeln
Zubereitung: im Shaker

Tomatensaft	12 cl	4 fl oz
Zitronensaft	2 cl	2/3 fl oz
Worcestershire-Sauce	2 Spritzer	
Salz	1 Prise	
Pfeffer	1 Prise	

Vodkatini Cocktail 1 (Wodka-Martini) *Shortdrink*

Glas: Cocktailglas
Zubereitung: im Mixglas
Garnitur: Zitronenzeste

Wodka	2/3	4 cl	1 1/3 fl oz
Wermut, Martini, extra trocken	1/3	2 cl	2/3 fl oz

Vodkatini Cocktail 2 (Wodka-Martini) *Shortdrink*

Glas: Cocktailglas
Zubereitung: im Mixglas
Garnitur: Zitronenzeste

Wodka	5/6	5 cl	1 2/3 fl oz
Wermut, Martini, extra trocken	1/6	1 cl	1/3 fl oz

Vodkatini Sweet Cocktail (Wodka-Martini) *Shortdrink*

Glas: Cocktailglas
Zubereitung: im Mixglas
Garnitur: Sauerkirschen

Wodka	2/3	4 cl	1 1/3 fl oz
Wermut, rot	1/3	2 cl	2/3 fl oz
Angostura-Bitter	2 Spritzer		

Volcana Cocktail *Shortdrink*

Glas: Cocktailglas

Zubereitung: im Shaker, mit gestoßenem Eis

Wodka	$^1/_4$	1,5 cl	$^1/_2$ fl oz
Southern Comfort	$^2/_4$	3 cl	1 fl oz
Crème de Cacao	$^1/_4$	1,5 cl	$^1/_2$ fl oz

Volver *Longdrink*

José Ramos, UBB, 16. ICC 1982, Albufeira, Portugal

Glas: mittlerer Tumbler

Zubereitung: im Gästeglas

Garnitur: Pfefferminzblatt, Zitronenscheibe, Cocktailkirsche

Wodka	$^1/_2$	3 cl	1 fl oz
Crème de Bananes	$^1/_4$	1,5 cl	$^1/_2$ fl oz
Cointreau	$^1/_4$	1,5 cl	$^1/_2$ fl oz

mit Orangensaft auffüllen

Waldmeisterbowle *Bowle*

4–6 Personen

Bowlengefäß, Bowlengläser und Untertassen oder Weinkrug und Weingläser, Kaffeelöffel

Zubereitung: Den Staubzucker, den Zitronen- und Orangensaft in das Bowlengefäß geben. Die Waldmeisterbüschel gut auswaschen und in die Schüssel hängen, mit einer Flasche Weißwein aufgießen und dann ca. eine Stunde im Kühlschrank ziehen lassen. Vor dem Servieren mit dem restlichen Wein und dem Sekt auffüllen.

Staubzucker	2 Eßlöffel	
Waldmeister	2–3 Bündchen	
Zitronensaft	3 cl	$1^1/_3$ fl oz
Orangensaft	5 cl	$1^2/_3$ fl oz
Weißwein, trocken	2 Flaschen	
Champagner oder Sekt	1 Flasche	

Waldorf-Cocktail *Shortdrink*

Glas:	Cocktailglas
Zubereitung:	im Shaker

Bourbon Whisk(e)y	1/3	2 cl	2/3 fl oz
Pastis	1/3	2 cl	2/3 fl oz
Wermut, rot	1/3	2 cl	2/3 fl oz
Angostura-Bitter	3 Spritzer		

Waldzauber-Cocktail *Shortdrink*
Josef Stoxreiter, WIFI, Innsbruck, Österreich

Glas:	Cocktailglas
Zubereitung:	im Shaker

Cognac oder Weinbrand	1/2	3 cl	1 fl oz
Orangensaft	1/2	3 cl	1 fl oz
Kakao-Nuß-Likör	1 Spritzer		
Waldmeister	1 Spritzer		

Wedding Bells Cocktail *Shortdrink*

Glas:	Cocktailglas
Zubereitung:	im Shaker

Dry Gin	2/6	2 cl	2/3 fl oz
Dubonnet	2/6	2 cl	2/3 fl oz
Cherry Brandy	1/6	1 cl	1/3 fl oz
Orangensaft	1/6	1 cl	1/3 fl oz

Wellingtonia Cocktail *Shortdrink*
Harry Trummer, HFS, Bad Gleichenberg, Österreich

Glas:	Cocktailglas
Zubereitung:	im Shaker

Steirischer Apfelschnaps	1/3	2 cl	2/3 fl oz
Cointreau	1/3	2 cl	2/3 fl oz
Orangensaft	1/3	2 cl	2/3 fl oz
Orangen-Bitter	1 Spritzer		

*** Wembley Cocktail** *Shortdrink*

Glas: Cocktailglas
Zubereitung: im Shaker

Scotch Whisky	1/3	2 cl	2/3 fl oz
Wermut, trocken	1/3	2 cl	2/3 fl oz
Ananassaft	1/3	2 cl	2/3 fl oz

Wermut-Cobbler *Longdrink*

Glas: Cobblerglas
Zubereitung: im Gästeglas, 2/3 mit gestoßenem Eis gefüllt
Garnitur: Ananasstücke, Bananenscheiben, halbe Orangenscheiben
Service: Unterteller, Serviette, Limonadenlöffel, Trinkhalm

Chartreuse, grün	1/4	1,5 cl	1/2 fl oz
Chartreuse, gelb	1/4	1,5 cl	1/2 fl oz
Grenadine-Sirup	1/4	1,5 cl	1/2 fl oz
Lime Juice	1/4	1,5 cl	1/2 fl oz

mit trockenem Wermut auffüllen

Wermut-Drink *Longdrink*

Glas: mittlerer Tumbler
Zubereitung: im Gästeglas, mit Eiswürfeln

Wermut, trocken	5/6	5 cl	1 2/3 fl oz
Crème de Cassis	1/6	1 cl	1/3 fl oz

mit Soda auffüllen

*** Wermut-Flip** *Flip*

Glas: Flipglas oder Sekttulpe
Zubereitung: im Shaker oder im elektrischen Mixer
Garnitur: geriebene Muskatnuß

Wermut, rot	4 cl	1 1/3 fl oz
Läuterzucker	1 Barlöffel	
Eigelb	1 ganzes	

∗ Wermut-Tonic *Longdrink*

Glas: mittlerer Tumbler
Zubereitung: im Gästeglas, mit Eiswürfeln

Wermut, trocken	2 cl	2/3 fl oz
Wermut, rot	2 cl	2/3 fl oz
Angostura-Bitter	1 Spritzer	

mit Tonic Water auffüllen

Wertschacher Hüttenzauber *warmer Punsch*

Heinz Plamenig, HLA f. FV-Berufe, Villach, Österreich

Glas: Punsch- oder Teeglas
Zubereitung: im Gästeglas
Die Zutaten mit kochendem Wasser aufgießen, ziehen lassen, vor dem Servieren die Zimtstange entfernen.
Service: Unterteller, Serviette, Kaffeelöffel

Rum, dunkel, 80 Vol.-%	1/3	2 cl	2/3 fl oz
Hausobstler	1/3	2 cl	2/3 fl oz
Rotwein	1/3	2 cl	2/3 fl oz
Zimtstange	1 Stück		
Zucker	nach Geschmack		

Western Electric *Champagner-, Sektcocktail*

Charly Peysar, Gründungsmitglied und erster Präsident der ÖBU, Wien

Glas: Sektschale oder -kelch
Zubereitung: im Mixglas
Garnitur: Maraschinokirsche

Cognac oder Weinbrand	2/6	2 cl	2/3 fl oz
Cordial-Médoc	2/6	2 cl	2/3 fl oz
Curaçao, weiß	1/6	1 cl	1/3 fl oz
Maraschino	1/6	1 cl	1/3 fl oz

mit trockenem Champagner oder Sekt auffüllen

Western Rose Cocktail *Shortdrink*
Glas: Cocktailglas
Zubereitung: im Shaker

Dry Gin	2/4	3 cl	1 fl oz
Apricot Brandy	1/4	1,5 cl	1/2 fl oz
Wermut, trocken	1/4	1,5 cl	1/2 fl oz
Zitronensaft	1 Spritzer		

West India Flip *Flip*
Glas: Flipglas oder Sekttulpe
Zubereitung: im Shaker oder im elektrischen Mixer

Arrak	1/2	3 cl	1 fl oz
Crème de Bananes	1/2	3 cl	1 fl oz
Eigelb	1 ganzes		

Whip Cocktail *Shortdrink*
Glas: Cocktailglas
Zubereitung: im Shaker

Cognac oder Weinbrand	1/4	1,5 cl	1/2 fl oz
Curaçao, weiß	1/4	1,5 cl	1/2 fl oz
Pastis	1/4	1,5 cl	1/2 fl oz
Wermut, trocken	1/4	1,5 cl	1/2 fl oz

*** Whisky Daisy** *Longdrink*
Glas: Sekt- oder Cobblerglas
Zubereitung: im Shaker
Garnitur: Orangenscheibe, Kompottkirsche
Service: Limonadenlöffel, Trinkhalm

Scotch Whisky	2/3	4 cl	1 1/3 fl oz
Zitronensaft	1/3	2 cl	2/3 fl oz
Läuterzucker	1 Barlöffel		
Grenadine-Sirup	1 Spritzer		
ein Schuß Soda			

∗ Whisky Fix — *Longdrink*

Glas: Punschglas
Zubereitung: im Shaker
Das Gästeglas mit geschabtem Eis füllen.
Garnitur: Zitronenscheibe oder Früchte

Scotch Whisky	$\frac{2}{3}$	4 cl	$1\frac{1}{3}$ fl oz
Zitronensaft	$\frac{1}{3}$	2 cl	$\frac{2}{3}$ fl oz
Läuterzucker	2 Barlöffel		

∗ Whisky Flip — *Flip*

Glas: Flipglas oder Sekttulpe
Zubereitung: im Shaker oder im elektrischen Mixer
Garnitur: geriebene Muskatnuß

Scotch Whisky	4 cl	$1\frac{1}{3}$ fl oz
Läuterzucker	2 Barlöffel	
Eigelb	1 ganzes	

∗ Whisky Float — *Longdrink*

Glas: mittlerer Tumbler oder Sekttulpe
Zubereitung: im Gästeglas
Das Glas zu $\frac{3}{4}$ mit kaltem Soda auffüllen und den Whisky langsam über den Rücken eines Barlöffels gießen. Die Flüssigkeiten dürfen sich nicht mischen.

Scotch Whisky	4 cl	$1\frac{1}{3}$ fl oz
kaltes Soda		

∗ Whisky Grog — *Grog*

Glas: Grogglas
Zubereitung: im Gästeglas
Garnitur: Zitronenscheibe
Service: Unterteller, Serviette, Kaffeelöffel

Scotch Whisky	$\frac{2}{3}$	4 cl	$1\frac{1}{3}$ fl oz
Zitronensaft	$\frac{1}{3}$	2 cl	$\frac{2}{3}$ fl oz
Würfelzucker	2–3 Stück		

2 Gewürznelken, etwas Zimt, heißes Wasser

∗ Whisky Julep *Longdrink*

Glas: großer Tumbler (Highballglas)

Zubereitung: im Gästeglas

Die Blätter von zwei Pfefferminzzweigen in das Glas geben, mit zwei Barlöffeln Zucker bestreuen und mit dem Barlöffel ausdrükken. Die Blätter wieder entfernen und das Glas zu 3/4 mit feingestoßenem Eis füllen, mit Whisk(e)y und Angostura-Bitter aufgießen und mit etwas Wasser leicht verrühren.

Garnitur: frische Pfefferminzzweige, Ananasstücke

Service: Trinkhalm, Limonadenlöffel

Whisk(e)y (Scotch, Bourbon, Canadian oder Irish)	4 cl	1 1/3 fl oz
Angostura-Bitter	2 Spritzer	

∗ Whisky Puff *Longdrink*

Glas: großer Tumbler (Highballglas)

Zubereitung: im Shaker

Service: Trinkhalm

Scotch Whisky	6 cl	2 fl oz
Milch	4 cl	1 1/3 fl oz
mit Soda auffüllen		

∗ Whisky-Punsch *warmer Punsch*

Glas: Punsch- oder Teeglas

Zubereitung: im Gästeglas

Die Zutaten mit heißem Wasser aufgießen.

Service: Unterteller, Serviette, Kaffeelöffel

Scotch Whisky	2/3	4 cl	1 1/3 fl oz
Zitronensaft	1/3	2 cl	2/3 fl oz
Läuterzucker		2 Barlöffel	

∗ Whisky Rickey *Longdrink*

Glas: großer Tumbler (Highballglas) oder Collinsglas (übergroßer Tumbler)

Zubereitung: im Gästeglas, mit Eiswürfeln

Scotch Whisky	2/3	4 cl	1 1/3 fl oz
Zitronensaft	1/3	2 cl	2/3 fl oz
mit Soda auffüllen			

∗ Whisky Sour *Shortdrink*

Glas: kleiner Tumbler
Zubereitung: im Shaker
Garnitur: 1. Orangenscheibe und Cocktailkirsche
2. Orangenscheibe, Cocktailkirsche und Zitronenscheibe auf Garnitur-Stick

Whisk(e)y (Scotch, Bourbon, Canadian oder Irish)	2/3	4 cl	1 1/3 fl oz
Zitronensaft	1/3	2 cl	2/3 fl oz
Läuterzucker	1–2 Barlöffel		
eventuell mit Soda aufspritzen			

∗ Whisky Toddy *Longdrink*

Glas: kleiner Tumbler
Zubereitung: im Gästeglas mit gestoßenem Eis
Die Zutaten darüberleeren und gut durchrühren.
Garnitur: Zitronenscheibe
Service: Trinkhalm

Scotch Whisky	4 cl	1 1/3 fl oz
Läuterzucker	2–3 Barlöffel	
mit kaltem Wasser auffüllen		

White Elephant Cocktail *Shortdrink*

Glas: Cocktailschale oder Creamer
Zubereitung: im Shaker

Wodka	1/3	2 cl	2/3 fl oz
Crème de Cacao, weiß	1/3	2 cl	2/3 fl oz
Milch	1/3	2 cl	2/3 fl oz

∗ White Lady Cocktail *Shortdrink*

Glas: Cocktailglas
Zubereitung: im Shaker

Dry Gin	1/3	2 cl	2/3 fl oz
Curaçao, triple sec, oder Cointreau	1/3	2 cl	2/3 fl oz
Zitronensaft	1/3	2 cl	2/3 fl oz

*** White Lion Cocktail** *Shortdrink*

Glas: Cocktailglas

Zubereitung: im Shaker

Rum, Bacardi, Silver Label	3/4	4,5 cl	1 1/2 fl oz
Zitronensaft	1/4	1,5 cl	1/2 fl oz
Grenadine-Sirup	1 Barlöffel		
Läuterzucker	1 Barlöffel		
Angostura-Bitter	1 Spritzer		

White Nun Cocktail *Shortdrink*

Glas: Cocktailschale oder Creamer

Zubereitung: im Shaker

Dry Gin	2/4	3 cl	1 fl oz
Crème de Menthe, weiß	1/4	1,5 cl	1/2 fl oz
Obers/Sahne	1/4	1,5 cl	1/2 fl oz

White Rabbit Cocktail *Shortdrink*

Michel Bigot, IBA, Hotel Ritz, Paris, NCK Wien, 1982

Glas: Cocktailglas

Zubereitung: im Shaker

Garnitur: Pflaume

Cordial-Campari	3/6	3 cl	1 fl oz
Slibowitz, Mautner	2/6	2 cl	2/3 fl oz
Zitronensaft	1/6	1 cl	1/3 fl oz

White Russian Cocktail *Shortdrink*

Glas: Cocktailschale oder Creamer

Zubereitung: im Shaker

Wodka	3/6	3 cl	1 fl oz
Kahlúa	2/6	2 cl	2/3 fl oz
Obers/Sahne	1/6	1 cl	1/3 fl oz

White Spider Cocktail *Shortdrink*

Glas: Cocktailglas
Zubereitung: im Shaker

Wodka	1/2	3 cl	1 fl oz
Crème de Menthe, weiß	1/2	3 cl	1 fl oz

White Witch Cocktail *Shortdrink*

Glas: Cocktailglas
Zubereitung: im Shaker

Dry Gin	2/4	3 cl	1 fl oz
Cointreau	1/4	1,5 cl	1/2 fl oz
Zitronensaft	1/4	1,5 cl	1/2 fl oz

Wiener Grog *Grog*

Glas: Grogglas
Zubereitung: im Gästeglas
Garnitur: Zitronenscheibe
Service: Unterteller, Serviette, Kaffeelöffel

Rum, dunkel	4 cl	1 1/3 fl oz
Weinbrand	2 cl	2/3 fl oz
Würfelzucker	2–3 Stück	
Gewürznelke, Zimtrinde	je 1 Stück	

mit heißem Wasser oder Tee auffüllen

Windjammer *Longdrink*

Edi Engelbrechtsmüller, Hotel Post, St. Anton/Arlberg

Glas: großer Tumbler (Highballglas)
Zubereitung: im Shaker
Garnitur: Orangenscheibe

Rum, dunkel, 80 Vol.-%	3/14	3 cl	1 fl oz
Weinbrand	2/14	2 cl	2/3 fl oz
Dry Gin	1/14	1 cl	1/3 fl oz
Orangensaft	6/14	6 cl	2 fl oz
Zitronensaft	2/14	2 cl	2/3 fl oz
Staubzucker	1 Barlöffel		
Grenadine-Sirup	1 Spritzer		

Wodka Cocktail *Shortdrink*

Glas: Cocktailglas
Zubereitung: im Shaker

Wodka	4/6	4 cl	1 1/3 fl oz
Cherry Brandy	1/6	1 cl	1/3 fl oz
Zitronensaft	1/6	1 cl	1/3 fl oz

Wodka Collins *Longdrink*

Glas: großer Tumbler (Highballglas) oder Collinsglas (übergroßer Tumbler)
Zubereitung: im Gästeglas, mit Eiswürfeln So lange rühren, bis sich das Glas beschlägt.
Garnitur: Zitronenscheibe und Cocktailkirsche
Service: Trinkhalm

Wodka	2/3	4 cl	1 1/3 fl oz
Zitronensaft	1/3	2 cl	2/3 fl oz
Läuterzucker	2 Barlöffel		
mit Soda auffüllen			

Wodka Crusta *Shortdrink*

Glas: Crusta- oder Rotweinglas
Zubereitung: im Shaker
Garnitur: Zuckerrand, Zitronenspirale
Service: Trinkhalm

Wodka	2/4	3 cl	1 fl oz
Cognac oder Weinbrand	1/4	1,5 cl	1/2 fl oz
Wermut, rot	1/4	1,5 cl	1/2 fl oz
Läuterzucker	1 Barlöffel		
Orangen-Bitter	1 Spritzer		

Wodka Daisy *Longdrink*

Glas: Sektschale oder Cobblerglas
Zubereitung: im Shaker
Garnitur: Orangenscheibe, Kompottkirsche
Service: Limonadenlöffel, Trinkhalm

Wodka	2/3	4 cl	1 1/3 fl oz
Zitronensaft	1/3	2 cl	2/3 fl oz
Läuterzucker	1 Barlöffel		
Grenadine-Sirup	1 Spritzer		
ein Schuß Soda			

Wodka Fizz *Longdrink*

Glas: mittlerer Tumbler

Zubereitung: im Shaker

Wodka	2/3	4 cl	1 1/3 fl oz
Zitronensaft	1/3	2 cl	2/3 fl oz
Läuterzucker	3 Barlöffel		
mit Soda auffüllen			

Wodka Gimlet *Shortdrink*

Glas: kleiner Tumbler

Zubereitung: im Gästeglas, mit Eiswürfeln

Garnitur: Zitronenspalte

Wodka	5/6	5 cl	1 2/3 fl oz
Lime Juice	1/6	1 cl	1/3 fl oz

Wodka Side Car Cocktail *Shortdrink*

Glas: Cocktailglas

Zubereitung: im Shaker

Wodka	1/3	2 cl	2/3 fl oz
Cointreau	1/3	2 cl	2/3 fl oz
Zitronensaft	1/3	2 cl	2/3 fl oz

Wodka Sour *Shortdrink*

Glas: kleiner Tumbler

Zubereitung: im Shaker

Garnitur:
1. Orangenscheibe und Cocktailkirsche
2. Orangenscheibe, Cocktailkirsche und Zitronenscheibe auf Garnitur-Stick

Wodka	2/3	4 cl	1 1/3 fl oz
Zitronensaft	1/3	2 cl	2/3 fl oz
Läuterzucker	1–2 Barlöffel		

Wodka Twist *Shortdrink*

Glas:			Sektkelch oder -schale
Zubereitung:			im Mixglas
Garnitur:			Zitronenzeste
Wodka	2/3	4 cl	1 1/3 fl oz
Zitronensaft	1/3	2 cl	2/3 fl oz
Grenadine-Sirup	2 Barlöffel		

Wolgaschiffer-Cocktail *Shortdrink*

Glas:			Cocktailglas
Zubereitung:			im Mixglas
Wodka	1/3	2 cl	2/3 fl oz
Cherry Brandy	1/3	2 cl	2/3 fl oz
Orangensaft	1/3	2 cl	2/3 fl oz

Woodoo *alkoholfreier Drink*

Glas:			großer Tumbler (Highballglas)
Zubereitung:			im Gästeglas
			Einige Eiswürfel in das fertige Getränk geben.
Service:			Trinkhalm
Zitronensaft		1 cl	1/3 fl oz
Papaya-Nektar		2 cl	2/3 fl oz
Angostura-Bitter		1 Spritzer	
mit Bitter Lemon auffüllen			

Xanthia Cocktail *Shortdrink*

Glas:			Cocktailglas
Zubereitung:			im Shaker
Dry Gin	1/3	2 cl	2/3 fl oz
Cherry Brandy	1/3	2 cl	2/3 fl oz
Chartreuse, gelb	1/3	2 cl	2/3 fl oz

*** X.Y.Z. Cocktail** *Shortdrink*

Glas:	Cocktailglas
Zubereitung:	im Shaker

Rum, Bacardi, Amber Label	2/4	3 cl	1 fl oz
Cointreau	1/4	1,5 cl	1/2 fl oz
Zitronensaft	1/4	1,5 cl	1/2 fl oz

Yellow Bird 1 *Longdrink*

Helmut Godovits, M/S Vistafjord, Norwegian-American Cruises

Glas: kleiner Tumbler
Zubereitung: im Gästeglas, mit Eiswürfeln
Garnitur: Cocktailkirschen

Rum, Bacardi, Silver Label	4 cl	1 1/3 fl oz
Galliano	1 Schuß	
Zitronensaft	1 Barlöffel	
Orangensaft	1 Barlöffel	
Ananassaft	1 Barlöffel	

Yellow Bird 2 *Longdrink*

Peter Roth, Kronenhallen-Bar, Zürich

Glas: großer Tumbler (Highballglas), mit Eiswürfeln
Zubereitung: im elektrischen Mixer
Garnitur: Orangenscheibe, Grapefruitspalte

Wodka, Wyborowa	2 cl	2/3 fl oz
Wermut, Noilly Prat	2 cl	2/3 fl oz
Galliano	1 cl	1/3 fl oz

mit Grapefruitsaft auffüllen

Yellow Bird 3 *Longdrink*

Glas: großer Tumbler (Highballglas) oder Collinsglas (übergroßer Tumbler)
Zubereitung: im Shaker

Rum, dunkel	5 cl	1 2/3 fl oz
Crème de Bananes	2 cl	2/3 fl oz
Apricot Brandy	1 cl	1/3 fl oz
Orangensaft	9 cl	3 fl oz
Galliano	1 Spritzer	

Yellow Daisy Cocktail 1 *Shortdrink*
Glas: Cocktailglas
Zubereitung: im Shaker

Dry Gin	2/4	3 cl	1 fl oz
Grand Marnier	1/4	1,5 cl	1/2 fl oz
Wermut, trocken	1/4	1,5 cl	1/2 fl oz

Yellow Daisy Cocktail 2 *Shortdrink*
Glas: Cocktailglas
Zubereitung: im Shaker
Garnitur: Cocktailkirsche

Dry Gin	3/6	3 cl	1 fl oz
Grand Marnier	1/6	1 cl	1/3 fl oz
Wermut, trocken	2/6	2 cl	2/3 fl oz

Yellow Dream *Milchfrappé*
Karl Wenigmann, LBS f. d. Gastgewerbe, Schloß Hofen, Lochau/Bregenz, Österreich

Glas: großer Tumbler (Highballglas)
Zubereitung: im elektrischen Mixer mit gestoßenem Eis
Service: Trinkhalm

Crème de Bananes	2 cl	2/3 fl oz
Milch, frisch	1/8 Liter	
Vanilleeis	1 Kugel	
Zitronensaft	1 cl	1/3 fl oz
Banane, geschält	1/2	

Yellow Parrot Cocktail *Shortdrink*
Glas: Cocktailglas
Zubereitung: im Shaker

Chartreuse, gelb	1/3	2 cl	2/3 fl oz
Apricot Brandy	1/3	2 cl	2/3 fl oz
Pastis	1/3	2 cl	2/3 fl oz

Youth Dream *Longdrink*

Pyo Hwa Sik, KBA, 16. ICC 1982, Albufeira, Portugal

Glas: mittlerer Tumbler
Zubereitung: im Shaker
Garnitur: Orangen-, Ananasscheibe, Cocktailkirsche

Gin, Seng Ju	4/10	4 cl	1 1/3 fl oz
Orangensaft	5/10	5 cl	1 2/3 fl oz
Grenadine-Sirup	1/10	1 cl	1/3 fl oz
Läuterzucker	1 Barlöffel		

Yusmalis Cocktail *Shortdrink*

José Rafael Martinez, AVB, 16. ICC 1982, Albufeira, Portugal

Glas: Cocktailglas
Zubereitung: im Shaker
Garnitur: Cocktailkirsche

Cognac, Martell	2/4	3 cl	1 fl oz
Grand Marnier	1/4	1,5 cl	1/2 fl oz
Wermut, rot	1/4	1,5 cl	1/2 fl oz

Zarina Cocktail *Shortdrink*

Glas: Cocktailglas
Zubereitung: im Mixglas

Wodka	4/6	4 cl	1 1/3 fl oz
Apricot Brandy	2/6	2 cl	2/3 fl oz
Wermut, rot	1 Barlöffel		
Wermut, trocken	1 Barlöffel		

Za-za Cocktail *Shortdrink*

Glas: Cocktailglas
Zubereitung: im Mixglas

Dry Gin	1/2	3 cl	1 fl oz
Dubonnet	1/2	3 cl	1 fl oz
Angostura-Bitter	1 Spritzer		

Zazerac Cocktail *Shortdrink*

Glas: Cocktailglas
Zubereitung: im Shaker

Rum, Bacardi, Silver Label	1/3	2 cl	2/3 fl oz
Scotch Whisky	1/3	2 cl	2/3 fl oz
Anisette	1/3	2 cl	2/3 fl oz
Grenadine-Sirup	1 Spritzer		
Angostura-Bitter	1 Spritzer		

Zoombie *Longdrink*

Glas: übergroßer Tumbler (Zoombieglas), mit feingestoßenem Eis
Zubereitung: im Shaker und Gästeglas
Garnitur: Orangen-, Zitronenscheibe, Cocktailkirschen
Service: Trinkhalm

Rum, Bacardi, Silver Label	3 cl	1 fl oz
Rum, Bacardi, Amber Label	3 cl	1 fl oz
Jamaica-Rum	3 cl	1 fl oz
Lime Juice	2 cl	2/3 fl oz
Ananassaft	2 cl	2/3 fl oz
Apricot Brandy	2 cl	2/3 fl oz
Läuterzucker	1 Barlöffel	

Züri-Leu *Longdrink*

Peter Roth, Kronenhallen-Bar, Zürich, Goldenes Diplom Salon Culinaire Mondial 1977, IGEHO Basel

Glas: großer Tumbler (Highballglas), mit Eiswürfeln
Zubereitung: im Gästeglas
Garnitur: Zitronenscheibe, Orangenscheibe, zwei Cocktailkirschen

Wodka, Wyborowa	2/5	2 cl	2/3 fl oz
Wermut, Noilly Prat	2/5	2 cl	2/3 fl oz
Apricot Brandy, Bols	1/5	1 cl	1/3 fl oz

mit Grapefruitsaft auffüllen

EINTEILUNG DER REZEPTE NACH DEN BAR-GETRÄNKEGRUPPEN

Die Zubereitungsarten der folgenden Rezepte finden Sie im alphabetischen Rezeptteil.

Cocktails

A.B.C. Cocktail
Abbey Cocktail
Acapulco Cocktail
Ada Cocktail
Adam Cocktail
Adam and Eve Cocktail
Adria-blau-Cocktail
Affinity Cocktail 1
Affinity Cocktail 2
After-dinner-Cocktail
Aladin Cocktail
Alaska Cocktail
Alexander Cocktail
Alexander Rum Cocktail
Alexander Sister Cocktail
Alexandra Cocktail
Allen Special Cocktail
A.M.B.A. 1965 Cocktail
Ambrosia
American Beauty Cocktail 1
American Beauty Cocktail 2
Amuleto Cocktail
Angel's Face Cocktail
Angel's Kiss Cocktail
Angel's Wing Cocktail
Angers Rose Cocktail
Angler's Cocktail
Animation Cocktail
Anisette Cocktail
Anna-Cocktail 1
Anna-Cocktail 2
Annabella-Cocktail
Anniversary Cocktail
Apotheke 1
Apotheke 2
Appetizer Cocktail
Applejack Cocktail
Applepie Cocktail
Apple Sapling Cocktail
Après-Ski-Cocktail
Apricot Cocktail
Apricot Lady Cocktail
Apry Secco Cocktail
Ariadne Cocktail
Arosa Cocktail
Asbach Grand Cocktail
Asterix Cocktail
Atlantic Cocktail
Atta Boy Cocktail

Bacardi Cocktail 1
Bacardi Cocktail 2
Bahia Cocktail
Balalaika Cocktail
Ballet Russe Cocktail
Baltimore Bracer Cocktail
Banana Bliss Cocktail
Banana Daiquiri Cocktail
Banana Kiss Cocktail
Bananayca Cocktail
B and B Cocktail
Banshee Cocktail
Barbara Cocktail
Barfly's Dream Cocktail
Bar Kochba Cocktail
Baron Cocktail
Bazooka Cocktail
Bel Ami Cocktail
Bel Angevin Cocktail
Bella Italia Cocktail
Belle Epoque Cocktail
Bennett Cocktail
Bentley Cocktail
Berentzer Paradise Cocktail
Bermuda Rose Cocktail
Between the Sheets Cocktail
Biffi Cocktail
Bijou Cocktail
Bikini Cocktail
Black Boy Cocktail
Black Russian Cocktail 1
Black Russian Cocktail 2

Blenheim-Cocktail
Blinker-Cocktail
Block and Fall Cocktail
Blondie Cocktail
Blood and Sand Cocktail
Blue Bell Cocktail
Blue Bottle Cocktail
Blue Lady Cocktail
Blue Monday Cocktail
Blue Moon Cocktail
Bobby Burns Cocktail
Bols Royal Cocktail
Bombay Cocktail
Bonanza Cocktail
Bora-Bora-Cocktail
Borboleta Cocktail
Bosom Caresser Cocktail
Bourbon Cocktail
Bourbon Manhattan Cocktail
Bowbells Cocktail
Braemer Cocktail
Brandy Cocktail
Brandy Gimlet Cocktail
Brisas del Norte Cocktail
Bristol Selection Cocktail
Broadway Cocktail
Bronx Cocktail 1
Bronx Cocktail 2
Bronx Cocktail 3
Bronx Terrace Cocktail
Brooklyn Cocktail
Brown Lady Cocktail
Byrrh Cocktail

Cabral Cocktail
Café Brasil
California Cocktail
Calvados Cocktail
Calypso Cocktail
Campino Cocktail
Capetown Cocktail
Cardicas Cocktail
Caribean Sunset Cocktail
Carin Cocktail
Casablanca Cocktail
Casino Cocktail
C.C.C. Cocktail
Chalet Nr. 1
Champion Cocktail
Charlie Brown Cocktail
Charlie Chaplin Cocktail
Charlotta Cocktail
Charmeur Cocktail
Château de Chatel Cocktail
Cherry Blossom Cocktail
Chief's Lady
Chinese Cocktail
Chorus Lady Cocktail
Church Parade Cocktail
Cinzano Favorit Cocktail
Claire Cocktail
Clarendon Cocktail
Claridge Cocktail
Clover Club Cocktail
Clover Club Royal Cocktail
Cobenzl Vienna Cocktail
Cocteau Cocktail
Cœur France Cocktail
Cognac Cocktail
Comédie Cocktail
Conca d'Oro Cocktail
Coopenheering Cocktail
Cordial Cocktail
Coronation Cocktail
Crazy Green Fig Cocktail
Cream Dream Cocktail
Creole Cocktail 1
Creole Cocktail 2
Cresta Cocktail
Cross Bow Cocktail
Cuban Cocktail
Czarina Cocktail
Czar Pierre Cocktail

Da Gama Cocktail
Daiquiri Cocktail
Dandy Cocktail
Davis Cup Cocktail
Day Light Cocktail
Deauville Cocktail
Deep Sea Cocktail 1
Deep Sea Cocktail 2
Delicieuse Cocktail
Derby Cocktail
Devil's Cocktail
Diabolo Cocktail
Diki-Diki-Cocktail
Dingo Cocktail

Dip-an-fall-back Cocktail
Doctor Cocktail
Doktor-Schiwago-Cocktail
Dorado Cocktail
Dreaming Cocktail
Dream of Tahiti Cocktail
Dubonnet Cocktail
Duetto Cocktail

East India Cocktail
Ecstasy Cocktail
Eight Bells Cocktail
88th Seoul Cocktail
Elefantenschwanz-Cocktail
Elisa Cocktail
El Presidente
Elysée Cocktail
Embassy Royal Cocktail
Empire Cocktail
Empire Manhattan Cocktail
Empire Martini Cocktail
English Rose Cocktail
Esquire Manhattan Cocktail

Fairbank Cocktail
Fairy Belle Cocktail
Fallen Angel Cocktail
Fancy Free Cocktail
Feeling Cocktail
Femina Cocktail
Festrus Cocktail
Fibber Mc Gee Cocktail
Fidele Cocktail
Fifty-fifty Cocktail
First Night Cocktail
„5 m of Albufeira“ Cocktail
Fjord Club Cocktail
Flamingo Cocktail
Flying Dutchman Cocktail
Flying Superman Cocktail
Forester's Delight Cocktail
Frank's Cocktail
French Connection Cocktail
French Cream Cocktail
Frozen Banana Daiquiri Cocktail
Frozen Caruso Cocktail
Frozen Daiquiri Cocktail 1
Frozen Daiquiri Cocktail 2
Funny Girl

Galliano Special Cocktail
Gastein Valley Cocktail
Gertschi's Lady
Gibson dry Cocktail
Gibson extra dry Cocktail
Gimlet
Gin Cocktail
Gin and French Cocktail
Gin and It Cocktail
Gin and Sin Cocktail
Gino
Gloom Chaser Cocktail
Gloom Raiser Cocktail
Gloria Cocktail
Godfather Cocktail
Godmother Cocktail
Golden Cadillac Cocktail
Golden Dawn Cocktail
Golden Dream Cocktail
Golden Gin Cocktail
Golden Heart Cocktail
Golden Heath Cocktail
Golden Medaillon Cocktail
Golden Tatch Cocktail
Good Luck Cocktail
Graf-Heinrich-Cocktail
Grand Slam Cocktail
Grapefruit Cocktail
Grasshopper Cocktail
Green Hope Cocktail
Greta Garbo Cocktail
Großherzogin-Cocktail
Gypsy Cocktail

Haberfield Cocktail
Halbmond-Cocktail
Half and Half Cocktail
Harlem Joe Cocktail
Harry's Special Cocktail
Harvey Wallbanger Cocktail
Haute Couture Cocktail
Havanna Cocktail 1
Havanna Cocktail 2
Hawaiian Cocktail
Hiasls Spezialcocktail
High Life Cocktail
Hobnob Cocktail
Honeymoon Cocktail
Honeysuckle Cocktail

Hongkong Cocktail
Hrolfur Cocktail
Hurricane Cocktail

Ideal Cocktail
I.L.L.V.A. 83
Imperial Cocktail
Imperial Special Cocktail
Indianapolis F. 1
Ines Cocktail
Inspiration Cocktail 1
Inspiration Cocktail 2
International Cocktail
Irish Rose Cocktail
Irish-Steirisch-Cocktail
Isle of Skye Cocktail
Italian Orange Blossom
Italiker-Cocktail

Jack-in-the-Box Cocktail
Jade-Cocktail
Jamaica Cocktail
Jamaica Hope Cocktail
Jamaica Joe Cocktail
Jamaica Kiss Cocktail
Jamaican Cocktail
Jamaican Delight Cocktail
Jamaican Gimlet Cocktail
James Bond Cocktail
Jean Bonhomme Cocktail
Jet-Set Cocktail
Jimmy Lopez Manhattan Cocktail
Jockey Club Cocktail
John's Grove Cocktail
Joker Cocktail
Jubileum Cocktail
Jungfrau-Kristall-Cocktail
Jungle Jim Cocktail

Kapitänleutnant-Cocktail
Kentucky Sunset Cocktail
Kiki Cocktail
Kripo-Cocktail
Kurbag Cocktail

Lady's Cocktail
Lady's Favorite Cocktail
Lady Brown Cocktail
Lady Chatterly Cocktail
Lady Killer Cocktail
Latino Cocktail
Lena Cocktail
Lights of Albufeira Cocktail
Loli Ecijana Cocktail
Lolita Cocktail
Love Cocktail
Lucie Cocktail
Lucky Jim
Lugano-Tokio-Cocktail
Luna di Miele Cocktail
Luna Rossa Cocktail
Lupo di Mare Cocktail

Madagascar Cocktail
Madison Avenue Cocktail
Magnolia Cocktail
Mah Jong Cocktail
Maiden's Prayer Cocktail
Maiden's Wish Cocktail
Major Tom Cocktail
Mallorca Cocktail
Mandarin Cocktail
Manhattan Cocktail 1
Manhattan Cocktail 2
Manhattan dry Cocktail
Manhattan Latin Cocktail
Manhattan Perfect Cocktail
Manhattan sweet Cocktail 1
Manhattan sweet Cocktail 2
Mar del Plata Cocktail
Margarita Cocktail
Marietta Junior Cocktail
Mario Cocktail
Martini dry Cocktail 1
Martini dry Cocktail 2
Martini dry Cocktail 3
Martini extremely dry Cocktail
Martini medium Cocktail
Martini sweet Cocktail
Mary of Scotland
Mary Pickford Cocktail
Mayfair Cocktail
Mayflower Cocktail
Memories Cocktail
Memory Cocktail
Merry Widow Cocktail
Mexican Martini Cocktail
Milano 83

Millionaire Cocktail
Million Dollar Cocktail
Mississippi Cocktail
Mona Lisa Cocktail
Mon Ami Cocktail
Monkey Gland Cocktail
Monte Carlo Cocktail
Montego Bay Cocktail
Moonlight Cocktail 1
Moonlight Cocktail 2
Moonshine Cocktail
Morning Rose Cocktail
Moxa Cocktail
Mr. New Yorker Cocktail
Müller-Spezialcocktail
Musketeer Cocktail

Naked Lady Cocktail
Napoleon Cocktail
Nassau Sherry Cocktail
National Cocktail
Natural Cocktail
Negroni
Nevada Cocktail
Never Alone Cocktail
New Orleans Cocktail
New Yorker Cocktail 1
New Yorker Cocktail 2
„Nicki L"
Nordlicht-Cocktail
„original norrsken"
Nouvelle Cocktail
N.T. Amour

Oasis Cocktail
Old Fashioned Bourbon Cocktail
Old Fashioned Gin Cocktail
Old Tom Cocktail
Olympia Cocktail
Olympic Cocktail
Opening Cocktail
Orange Bloom Cocktail
Orange Blossom Cocktail
Orangeotang Cocktail
Oriental Cocktail

Pall Mall Cocktail
Panamac
Panama Cocktail
Pan American Cocktail
Panique Cocktail
Papagallo Aperitif
Paradise Cocktail
Parisian Love Cocktail
Parsenn Cocktail
Party Hit Cocktail
Passion Daiquiri Cocktail
Peace Offering Cocktail
Peach Daiquiri Cocktail
Pedi Cocktail
Pentastar Cocktail
Perfect Gin Cocktail
Petite Fleur Cocktail
Petito Cocktail
Picca Cocktail
Piccadilly Cocktail
Pick-me-up Cocktail
Pineapple Cocktail
Pink Baby Cocktail
Pink Daiquiri Cocktail
Pink Gin Cocktail
Pink Lady Cocktail
Pink Panther Cocktail
Pink Rose Cocktail
Pirate's Prize Cocktail
Planter's Cocktail 1
Planter's Cocktail 2
Platinum Blonde Cocktail
Plaza Cocktail
Polly's Cocktail
Possenhofen-Cocktail
Prager-Frühling-Cocktail
Primo Amore Cocktail
Prince Charles Cocktail
Princess Cocktail
Princeton Cocktail

Quasimodo Cocktail
Quattro Cocktail
Queen Elizabeth Cocktail
Queen Mary Cocktail
Queen's Cocktail
Queenie's Cocktail

Rauhreif-Cocktail
Rebecca-Louise-Cocktail
Red Azur Cocktail
Red Lady

Red Lion Cocktail
Red Skin Cocktail
Red Viking Cocktail
Rhett Butler Cocktail
Riviera Cocktail
Roberta Cocktail
Rob Roy Cocktail
Rocking-chair Cocktail
Rolls Royce Cocktail 1
Rolls Royce Cocktail 2
Rose Cocktail
Rose de la Paix Cocktail
Rose de Paris Cocktail
Rose Grillon Cocktail
Roter-Apfel-Cocktail
Roter Spion
Royal Cocktail
Royal Assent Cocktail
Royal Pine Cocktail
Royal Smile Cocktail 1
Royal Smile Cocktail 2
Rubirosa Cocktail
Rum-Martini-Cocktail
Rumona Stinger Cocktail
Russian Bear Cocktail
Russisches Ballett
Rusty Nail
Rye Lane Cocktail

Saint Claire Cocktail
Santa Margarita Cocktail
Santa Vittoria Cocktail
Santiago Cocktail
Santo Domingo Cocktail
Satan's Whiskers Cocktail
Savoy Hotel Special Cocktail
Sazerac Cocktail
Scarlett O'Hara Cocktail
Scotch Drink Cocktail
Sea Breeze Cocktail
Sea Cow Cocktail
Seebär-Cocktail
Serpent's Tooth Cocktail
Shamrock Cocktail
Sherry Cocktail 1
Sherry Cocktail 2
Side Car Cocktail
Silver Cocktail
Silver Bullet Cocktail
Silver Star
Singapore Cocktail
Sir Knight Cocktail
Smiler Cocktail
Snowdrop Cocktail
Snow White Cocktail
South Camp Special Cocktail
Spanish Town Cocktail
Special Lady Cocktail
Stabelizer Cocktail
Star Prayer Cocktail
Stella Australis Cocktail
Stella's Joy Cocktail
Stinger Cocktail
St. Regis Cocktail
Sundowner Cocktail
Surprise des Bois Cocktail
Sweet Dream Cocktail
Sweet Girl Cocktail
Sweet Lady Cocktail
Sweet Memories Cocktail
Sweet Raija Cocktail

Tango Cocktail
T.E.E. Cocktail
Temptress Cocktail
Tequila Martini Cocktail
Tia Alexandra Cocktail
Tipsy Cocktail
Toade Cocktail
Toddy Cocktail
Topsy Cocktail
Toreador Cocktail
Träumerei-Cocktail
Trinity Cocktail
Tropical Cocktail
Try Again Cocktail
Tu & Io
Tuttosi Cocktail
Tuxedo Junction Cocktail
Twenty-four Cocktail

Up and Down Cocktail
Up-to-date Cocktail

Vanderbilt Cocktail
Venetian Sunset Cocktail
Vermont Cocktail
Vermouth Cassis Cocktail

Vesuvio Cocktail
Victory Cocktail
Victory Comfort Cocktail
Vienna Girl Cocktail
Viking Special Cocktail
Virgin Islanders Cocktail
Vodkatini Cocktail 1
Vodkatini Cocktail 2
Vodkatini Sweet Cocktail 3
Volcana Cocktail

Waldorf-Cocktail
Waldzauber-Cocktail
Wedding Bells Cocktail
Wellingtonia Cocktail
Wembley Cocktail
Western Rose Cocktail
Whip Cocktail
White Elephant Cocktail
White Lady Cocktail
White Lion Cocktail
White Nun Cocktail
White Rabbit Cocktail
White Russian Cocktail
White Spider Cocktail
White Witch Cocktail
Wodka Cocktail
Wodka Gimlet Cocktail
Wodka Side Car Cocktail
Wolgaschiffer-Cocktail

Xanthia Cocktail
X.Y.Z. Cocktail

Yellow Daisy Cocktail 1
Yellow Daisy Cocktail 2
Yellow Parrot Cocktail
Yusmalis Cocktail

Zarina Cocktail
Zaza Cocktail
Zazerac Cocktail

Champagner-, Sektcocktails

A.B.C. Cocktail
Airmail Cocktail
Alfonso Cocktail
American Glory 1
American Glory 2
Apricot Cocktail
April Shower
Austrian Airlines
Bacardi Flyer Cocktail
Bénédictine-Champagne-Cocktail
Black Pearl
Capitano
Caribean Champagne
Champagne Pick-me-up Cocktail
Champagner-Cocktail 1
Champagner-Cocktail 2
Champagner-Cocktail 3
Cicero
Edgar Wallace Cocktail
Erdbeer-Sekt-Cocktail
Flying Beauty Cocktail
French 75 Cocktail
Golden Kiwi Cocktail
Golden Lady Cocktail
Grand Prix Cocktail
Grapefruit Cocktail
GT 33 Cocktail
Happy Youth Cocktail
Harry's Grand Special Cocktail
Hemingway-Rum-Cocktail
Hi-Fly Cocktail
Hölle-Cocktail
IBU Cocktail 1
IBU Cocktail 2
Imperial Delight
Kir Royal
Knock-out Cocktail
Lady Diana
L.A.P. Special Cocktail
Lonely Cocktail
Maracuja Cocktail
Mary Rose Cocktail
Moulin Rouge Cocktail
Nicos Special Cocktail
Ohio Cocktail 1
Ohio Cocktail 2
Olle-Cocktail
Passat

Prince of Wales Cocktail
Red Kiss Cocktail
Red Velvet Cocktail
Ritz Cocktail
Ruin Cocktail
Schiwago-Melodie-Cocktail
Sirk Royal
Sonny Boy Cocktail
Spezial-Cocktail 1
Spezial-Cocktail 2
Spring „83"
Stolichnaya Dream
Summer Cocktail
Tahiti Cocktail
Toscanini Cocktail
Wermut-Champagner-Cocktail 1
Wermut-Champagner-Cocktail 2
Western Electric

Alkoholfreie Drinks
(Non-alcoholic drinks)

Amazonas
Apfelsaft-Cobbler
Der Wecker
Florida
Grapefruit Cocktail
Hawaii Cocktail
Liebes-Tatar
Lucky Driver
Maracuja-Trunk
Obst-Cobbler
Orangen-Drink
Refresher
Russisches Feuer
Southern Beauty
Virgin Mary
Woodoo

Bowlen (Bowls) und Cups
Ananasbowle
Apfelbowle
Aprikosenbowle
Beerencocktail
Claret Cup
Erdbeerbowle
Feuerzangenbowle
Früchtewodka
Gurkenbowle
Himbeerbowle
Kalte Ente
Kullerpfirsich
Marillenbowle
Orangenbowle
Pfirsichbowle
Sangria
Waldmeisterbowle

Cafés mit Alkohol
Irish coffee
Phärisäer
Rüdesheimer Kaffee
Steirisch Kaffee

Cobblers
American Beauty Cobbler
Ananas-Cobbler
Balaton Cobbler
Brandy Cobbler
Champagner-Cobbler
Erdbeer-Cobbler
Gibson Girl Cobbler
Kaffee-Cobbler
Marsala Cobbler
Portwine Cobbler
Sherry Cobbler
Wermut-Cobbler

Collinses

Applejack Collins
Brandy Collins
Collins Extra
Colonel Collins
Jack Collins
John Collins
Juan Collins
Mike Collins
Pedro Collins
Pierre Collins
Rum Collins
Sandy Collins
Tom Collins
Wodka Collins

Coolers

Apricot Cooler
Brandy Cooler
Durstlöscher-Cooler
Flamingo Cooler
Gin Cooler
Highland Cooler
Manhattan Cooler
Misty Cooler
Olympia Cooler
Safari Cooler
Saratoga Cooler

Crustas

Apricot Crusta
Bourbon Crusta
Brandy Crusta
Gin Crusta
Imperial Crusta
Normandie Crusta
Rosemarie-Crusta
Rosina-Crusta
Ski Crusta
Wodka Crusta

Daisies

Applejack Daisy
Bourbon Daisy
Brandy Daisy
Champagner-Daisy
Gin Daisy
Maraska Daisy
Rum Daisy
Tequila Daisy
Whisky Daisy
Wodka Daisy

Egg-nogs

American Egg-nog
Baltimore Egg-nog
Brandy Egg-nog
Brandy Egg-nog (warm)
Breakfast Egg-nog
Coffee Egg-nog
French Egg-nog
Manhattan Egg-nog
New Orleans Egg-nog
Rum Egg-nog
Samba Egg-nog
Scotch Egg-nog
Sherry Egg-nog
Virginia Egg-nog

Fancy drinks

Americano
Barbed Wire
Blanc Cassis
Bull's Eye
Cuba Libre
Danach
Feigenwodka
French 75
Hot Buttered Rum
Irish Mist
Knickebein
Mai Tai 1
Mai Tai 2
Moscow Mule
Nikolaschka (Rittmeister)
Pimm's Nr. 1 Cup
Planter's Punch 1
Planter's Punch 2
Planter's Punch 3
Queen's Peg
Salty Dog
Scotch Mist
Screw Driver
Silvia
Steamboat Queen
Stone Fence
Topaya
Türkenblut

Fixes

Brandy Fix
Gin Fix
Rum Fix
Whisky Fix

Fizzes

Alabama Fizz
American Fizz
Ananas-Fizz
Apricot Fizz
Astoria Fizz
Brandy Fizz
Champagne Fizz
Cola Fizz
Cream Fizz
Diamond Fizz
Dijon Fizz
Dubonnet Fizz
Gin Fizz
Ginger Fizz
Golden Fizz
Green Fizz
Harakiri Fizz
Ingwer-Fizz
Irish Fizz
May Blossom Fizz
Mont Blanc Fizz
Morning Glory Fizz
New Orleans Fizz
Peppermint Fizz
Pineapple Fizz
Rum Fizz
Silver Fizz
Singapore Fizz
Taxco Fizz
Tequila Fizz
Texas Fizz
Wodka Fizz

Flips

Amore Flip
Bacardi Flip
Barman's Flip
Boston Flip
Brandy Flip
Burgundy Flip
Butterfly Flip
Cacao Flip
Calvados Flip
Cherry Brandy Flip
Coffee Flip
Cream Flip

Gasparone Flip
Gonzales Flip
Jonkaano Surprise Flip
Madeira Flip
Mango Flip
Miss Banana Flip
Mothermilk Flip
Pernod Flip
Pink Flip
Porto Flip
Rose Flip
Rum Flip
Sherry Flip 1
Sherry Flip 2
Sifi Flip
Wermut-Flip
West India Flip
Whisky Flip

Floats

Brandy Float
Champagner-Brandy-Float
Elixier-Float
Whisky Float

Frappés

Likörfrappés
Anisette Frappé
Cherry Brandy Frappé
Crème de Menthe Frappé
Fromme Helene
Mocca Frappé
Nap Frappé

Milchfrappés
Brigitta
Erdbeerfrappé
Himbeerfrappé
Kiwimix
Lumumba
Yellow Dream

Glühweine

Hot Locomotive
Negus

Grogs

Brandy Grog
Gin Grog
Honig-Grog
Kaffee-Grog
Port Royal Grog
Tee-Grog
Whisky Grog
Wiener Grog

Highballs

Admiral Highball
Alhambra Highball
Bermuda Highball
Bourbon Highball
Brandy Highball
Country Highball
Eton Highball
Holiday Highball
Kirsch-Highball
Moulin Rouge Highball
New Kingston Special Highball
Pompier Highball
Rye Highball

Juleps

Bacardi Julep
Brandy Julep
Mint Julep
Gin Julep
Whisky Julep

Longdrinks

Air Conditioner
Alleluia Longdrink
Amaretto Special
Amorettino
Antigua Stinger
Applejack Rabbit

Baldora „82“
Banana Punch
Basel 79
Beachbanger
Belle Etage Cocktail
Big Bamboo
Bleu Moon
Blue Caribic
Boccia Balls
Bora-Bora

Caramba
Caribean Sunrise
Carneval Jump-Up
China Fresca Aperitif
Claudia
Cool Melon
Copacabana
Cosmic Fantasy
Creole
Croaster

Dallas
Derby Daiquiri
Don Frederico
Doppelscotch
Dream of Stolichnaya

Egghead
Eisbär
Evas Apfel

Flying High

Galliano Kir
Gargarin
Gin Tropical
Grapefruit-Tonic
Gritti Cocktail

Harvey Wallbanger
Hellbrunn
Hemingway's
Horse's Neck

Jamaica Punch
Japonais
Joe Carioca
„JR“

Karibischer Cocktail
Kentucky
Kir
Kir Framboise
Kontiki Bird

Lazy Daze
Leuchtturm
Lucky

Maestoso
Mandarin
Menuette
Mexico Dream
Mississippi Punch
Mistral
Morning Dew

Opris
Overdrive

Palm Beach
Peters Rose
Pierrino
Pik-As
Pink Cricketer
Pink Devil

Pirate's Revenge
Pluton Cocktail
Puerto Rico Mix

Qui

Rabbit's Revenge
Ramcooler
Red Nevea
Renaissance
Rève de Romanow
Riesenlöscher
Royal Daiquiri Cocktail
Rubino

Schweppes Memory
Sea Urchin
Sex Rouge
Shark's Tooth
Silvia
Smirnoff Sweet-Sour
Sonnenuntergang
Strade del Sole
Sunset
Sun Stroke

Take it Easy
The Golden Friedenship
The Long Run
The Prize Idiot
Tiger Tail
Tornado
Tropical
Tropical Coffee

Vinum Special
Volver

Wermut-Drink
Wermut-Tonic
Windjammer

Yellow Bird 1
Yellow Bird 2
Yellow Bird 3
Youth Dream

Zoombie
Züri-Leu

Milk-shakes

Bahamas Cow
Bananenmilch Tia Maria
Brown Cow
Erdbeerdrink
Erdbeershake
Harvey Cowpuncher
Himbeershake
Jamaica Cow
Reviver

Pick-me-ups

Bar-Potage (Barbotage)
Bloody Mary 1
Bloody Mary 2
Bloody Mary 3
Bloody Mary 4
Brandy Pick-me-up
Bull Shot
Champagne Pick-me-up
Fernet Menthe
Katerdrink
Prairie Oyster
Stahl und Eisen
Tomato Cocktail

Pousse-cafés

American Flag Pousse-café
Angel's Kiss Pousse-café
Angel's Tip Pousse-café
Austria Pousse-café
Blutgeschwür-Pousse-café
Grasshopper Pousse-café

Jungfrau-Pousse-café
Lady's Favorite Pousse-café
Paris Pousse-café
Rainbow Pousse-café
Stars and Stripes Pousse-café

Puffs

Brandy Puff
Gin Puff
Whisky Puff

Punsche (Punches)

Arrak-Punsch, warm
Arrak-Punsch, kalt
Banana-Punsch, warm
Brandy-Punsch, warm
Brandy-Punsch, kalt
Calvados-Punsch, kalt
Claret-Punsch, kalt
Genova-Punsch, warm
Holländer-Punsch, warm
Negrita-Punsch, warm
Orangenpunsch, warm
Royal-Punsch, kalt
Schlummer-Punsch, warm
Tauern-Punsch, warm
Wertschacher Hüttenzauber, warm
Whisky-Punsch, warm

Rickeys

Brandy Rickey
Gin Buck Rickey
Gin Rickey
Rum Rickey
Whisky Rickey

Sangarees

Ale Sangaree
Brandy Sangaree
Dubonnet Sangaree
Rotwein-Sangaree
Sherry Sangaree

Slings

Bombay Sling
Bourbon Sling
Brandy Sling 1
Brandy Sling 2
Florida Sling
Gin Sling
Malayan Sling
Papaya Sling
Russian Sling
Singapore Sling

Sodas

Amer Picon Soda
Basrah Champagne Soda
Byrrh Soda
Kahlúa'n Soda
Mezz' e Mezz' Soda
Snow Ball

Sonstige Longdrinks

Amer George
Black Velvet
Half and Half
Herrengedeck
Jean Bière
Mule
Radlerhalbe
Rum and Ginger Ale
Rum and Tonic
Shandy
T'N'T
Türkenblut

Sours

Applejack Sour
Armagnac Sour
Asbach Sour
Barbados Sour
Bourbon Sour
Brandy Sour
California Sour
Claret Sour
Continental Sour
Delicious Sour
Fireman's Sour
Galliano Sour
Gin Sour
Pimento Sour
Pisco Sour
Rum Sour
Sabra Sour
Southern Sour
Tequila Sour
Whisky Sour
Wodka Sour

Swizzles

Brandy Swizzle
Gin Swizzle
Trinidad Swizzle

Toddies

Acapulco Toddy
Brandy Toddy
Brandy Toddy, hot
Gin Toddy, hot
Rum Toddy
Rum Toddy, hot
Scotch Toddy, hot
Whisky Toddy

Tropicanas/Coladas

Casita Colada
Maracuja Colada
Piña Colada 1
Piña Colada 2
Piña Creole
Tropicana

Twists

Brandy Twist
Gin Twist
Guyanese Twist
Virgin Island Twist
Wodka Twist

97 STANDARDREZEPTE IN DER BAR

Die Zubereitungsarten dieser Rezepte finden Sie im alphabetischen Rezeptteil. Die Empfehlungen der Internationalen Barkeeper Vereinigung (International Barkeeper Association) wurden dabei berücksichtigt.

Alexander Cocktail
Alexandra Cocktail
Americano
Angel's Face Cocktail
Angel's Kiss Cocktail
Angel's Kiss Pousse-café
Apotheke 1
Apotheke 2

Bacardi Cocktail 1
Bacardi Cocktail 2
B and B Cocktail
Between the Sheets Cocktail
Black Russian Cocktail 1
Bloody Mary 1
Bourbon Manhattan Cocktail
Brandy Flip
Brandy Sour
Breakfast Egg-nog
Bronx Cocktail 1
Bronx Cocktail 2
Bronx Cocktail 3
Bull's Eye

Champagnercocktail 1
Champagnercocktail 2
Champagnercocktail 3
Crème de Menthe Frappé
Cuba Libre

Daiquiri Cocktail
Dubonnet Cocktail

French Connection Cocktail
French 75 Cocktail
Frozen Daiquiri Cocktail 1
Frozen Daiquiri Cocktail 2

Gibson dry Cocktail
Gin and French Cocktail
Gin and It Cocktail
Gin Fizz
Golden Fizz
Godfather Cocktail
Godmother Cocktail
Golden Cadillac Cocktail
Grasshopper Cocktail

Harvey Wallbanger Cocktail
Horse's Neck

IBU Cocktail 1
IBU Cocktail 2

John Collins

Kir
Kir Royal

Mai Tai 1
Mai Tai 2
Manhattan Cocktail 1
Manhattan Perfect Cocktail
Manhattan sweet Cocktail 1
Margarita Cocktail
Martini dry Cocktail 1
Martini dry Cocktail 2
Martini dry Cocktail 3
Martini medium Cocktail
Martini sweet Cocktail
Moscow Mule

Negroni Aperitif

Ohio Cocktail 1
Ohio Cocktail 2
Old Fashioned Bourbon Cocktail
Orange Blossom Cocktail

Panamac
Piña Colada 1
Piña Colada 2

Pink Gin Cocktail
Pink Lady Cocktail
Planter's Cocktail 1
Planter's Cocktail 2
Planter's Punch 1
Planter's Punch 2
Planter's Punch 3
Porto Flip
Prairie Oyster
Prince of Wales Cocktail

Rob Roy Cocktail
Rose Cocktail
Rusty Nail

Screw Driver
Sherry Flip 1
Side Car Cocktail
Silver Bullet Cocktail
Singapore Sling
Stinger Cocktail

Tom Collins

Vodkatini Cocktail 1
Vodkatini Cocktail 2

Whisky Julep
Whisky Sour
White Lady Cocktail
White Russian Cocktail
Wodka Gimlet
Wodka Sour

Zoombie

179 REZEPTE FÜR DIE HAUSBAR

Die Zubereitungsarten der folgenden Rezepte finden Sie im alphabetischen Rezeptteil. Sie sind mit einem Stern markiert.

Abbey Cocktail
Adam and Eve Cocktail
Affinity Cocktail 1
Affinity Cocktail 2
American Fizz
Angler's Cocktail
Annabella Cocktail
Anniversary Cocktail
Arosa Cocktail
Atlantic Cocktail

Bacardi Cocktail 1
Bacardi Cocktail 2
Bacardi Flip
Bacardi Julep
Barfly's Dream Cocktail
Barman's Flip
Baron Cocktail
Bel Angevin Cocktail
Bennett Cocktail
Between the Sheets Cocktail
Blinker-Cocktail
Bora-Bora-Cocktail
Brandy Cobbler
Brandy Collins
Brandy Cooler
Brandy Crusta
Brandy Egg-nog
Brandy Egg-nog, warm
Brandy Fizz
Brandy Flip
Brandy Float
Brandy Highball 1
Brandy Puff
Brandy-Punsch
Brandy-Punsch, kalt
Brandy Rickey
Brandy Sangaree
Brandy Sling 1
Brandy Sour
Brandy Toddy
Brandy Toddy, hot
Brandy Twist
Breakfast Egg-nog

Bronx Cocktail 1
Bronx Cocktail 2
Bronx Cocktail 3
Bronx Terrace Cocktail

California Cocktail 1
Chorus Lady Cocktail
Church Parade Cocktail
Clover Club Cocktail
Clover Club Royal Cocktail
Cognac Cocktail
Cola Fizz
Collins Extra
Country Highball
Cream Fizz
Cream Flip
Creole Cocktail 2
Croaster

Daiquiri Cocktail
Derby Daiquiri
Diabolo Cocktail

Empire Martini Cocktail

Fairbank Cocktail
Fibber McGee Cocktail
Fifty-fifty Cocktail
Fireman's Sour
French Egg-nog

Gasparone Flip
Gibson Dry Cocktail
Gibson Extra Dry Cocktail
Gin Buck Rickey
Gin Cocktail
Gin and French Cocktail
Gin and It Cocktail
Gin and Sin Cocktail
Gin Cooler
Gin Daisy
Gin Fix
Gin Fizz
Gin Puff
Gin Rickey
Gin Sling
Gin Sour
Gin Toddy, hot
Gin Twist

Ginger Fizz
Golden Fizz
Golden Gin Cocktail
Gonzales Flip
Grapefruit Cocktail
Grapefruit Tonic
Gypsy Cocktail 1

Haberfield Cocktail
Harakiri Fizz
Havanna Cocktail 2
Hawaiian Cocktail
Highland Cooler
Honeysuckle Cocktail

Jean Bonhomme Cocktail

Karibischer Cocktail

Lady Chatterly Cocktail
Love Cocktail

Madagascar Cocktail
Madison Avenue Cocktail
Magnolia Cocktail
Maiden's Prayer Cocktail
Manhattan Egg-nog
Manhattan Latin Cocktail
Martini Dry Cocktail 1
Martini Dry Cocktail 2
Martini Dry Cocktail 3
Martini Dry Cocktail 4
Martini Medium Cocktail
Martini Sweet Cocktail
Million Dollar Cocktail
Morning Rose Cocktail
Musketeer Cocktail

Natural Cocktail
New Orleans Fizz

Oasis Cocktail
Old Tom Cocktail
Olympia Cooler
Orange Bloom Cocktail
Orange Blossom Cocktail

Pedro Collins
Perfect Gin Cocktail

Pierre Collins
Pineapple Cocktail
Pineapple Fizz
Pink Baby Cocktail
Pink Daiquiri Cocktail
Pink Gin Cocktail
Pink Lady Cocktail
Pink Rose Cocktail
Plaza Cocktail
Polly's Cocktail

Queenie's Cocktail
Queen's Cocktail

Rauhreif-Cocktail
Reviver
Rob Roy Cocktail
Rolls Royce Cocktail 2
Royal Fizz
Royal Smile Cocktail 2
Rum Fix
Rum Toddy
Rum Toddy, hot

Sandy Collins
Saratoga Cooler
Scotch Drink Cocktail
Scotch Mist
Scotch Toddy, hot
Side Car Cocktail
Sifi Flip
Silver Fizz
Smiler Cocktail

Tom Collins
Trinity Cocktail
Twenty-four Cocktail

Up and Down Cocktail

Wembley Cocktail
Wermut-Flip
Wermut-Tonic
Whisky Daisy
Whisky Fix
Whisky Flip
Whisky Float
Whisky Grog
Whisky Julep
Whisky Puff
Whisky Punsch
Whisky Rickey
Whisky Sour
Whisky Toddy
White Lady Cocktail
White Lion Cocktail

X.Y.Z. Cocktail

BETRIEBSLEHRE

GESCHICHTLICHE ENTWICKLUNG DER GASTWIRTSCHAFTLICHEN BETRIEBE UND DER ALKOHOLISCHEN GETRÄNKE

Wann und wo die ersten alkoholischen Getränke hergestellt wurden, ist nicht genau bekannt. Im Vorderen Orient wurde bereits vor 8.000 Jahren Wein erzeugt. Die älteste Mostpresse aus dieser Zeit wurde in Mesopotamien gefunden.
Auch die Biererzeugung geht schon auf die Sumerer zurück. Den Sumerern folgten die Babylonier als Beherrscher des Landes zwischen Euphrat und Tigris. Bei den Babyloniern gab es die ersten Verordnungen über den Ausschank und den Vertrieb von alkoholischen Getränken.
Im klassischen Griechenland erreichte vor allem die Weinwirtschaft einen hohen Entwicklungsstand. Man unterschied bereits zwischen Gastwirtschaft als Beherbergungs- und Verpflegungsbetrieb und Schankwirtschaft als reinem Verpflegungsbetrieb.
Die Römer entwickelten verschiedene Schankwirtschaften. Die **„taberna“,** eine Art Weinschenke, deren Name sich bis heute erhalten hat, und in Kurorten das **„thermipolium“,** einen Vorläufer der Bar, in dem gewürzte Getränke, Limonaden und Wein verkauft wurden.
In Nordeuropa bei den Germanen wurde aus Honig das erste alkoholische Getränk erzeugt (Met). Seine berauschende Wirkung wurde als Übergang göttlicher Kräfte auf den Menschen gedeutet. Die Biererzeugung war den Germanen ebenfalls schon bekannt.
Sehr früh entdeckte man auch, daß Dampf durch Abkühlen wieder zu Wasser wird. Die Kunst des Destillierens sollen angeblich die Araber erfunden haben. In unseren Breitengraden wurde erstmals im Mittelalter mit primitiven Geräten Branntwein hergestellt. Zu dieser Zeit entstanden auch die ersten Tavernen in Mitteleuropa. Um eine Taverne zu errichten, benötigte man die Zustimmung des Landesherrn. Gegen Bezahlung in Geld oder Naturalien verlieh er das sogenannte „Tabernrecht“.
Etwa im 13. Jahrhundert begann der große Aufschwung des Branntweines. Zunächst wurde er für den persönlichen Bedarf in den Haushalten erzeugt, später galt er als Medizin und wurde in den Apotheken verkauft, bis er schließlich in den Wirtshäusern und von Weinhändlern gehandelt wurde.
Ursprünglich wurde nur Wein als Grundprodukt der Destillation verwendet, daher der Name „Branntwein“. Später brannte man auch Früchte und Korn zu hochprozentigen Getränken.
Im 16. Jahrhundert entstand eine regelrechte Branntweinindustrie. Schnaps wurde zum Volksgetränk – mit all seinen unliebsamen Folgen.
Im Laufe der Jahrhunderte entwickelten sich aus den einfachen Tavernen Kneipen, die sich besonders in Frankreich zur Zeit Ludwigs XIV. immer mehr verfeinerten. Es entstanden die ersten Hotels und Restaurants.
Ende des 17. Jahrhunderts kamen in Europa die ersten Kaffeehäuser auf, die man von den Türken kennengelernt hatte.

In Amerika entwickelten sich zur Zeit der Kolonialisierung die Bars. Das Wort „Bar“ kommt von „Barriere“. In den Drugstores, den kleinen Handelsgeschäften der Siedlungen, trafen sich die Einwanderer, um einzukaufen und ihre aufregenden Erlebnisse bei „einigen Gläschen“ zu besprechen. Nicht selten arteten solche Gespräche in wilde Raufereien aus. Um sich zu schützen, sperrten die Drugstorebesitzer den Ladentisch und die Regale durch eine Balkenschranke, eine „Barriere“, ab. In diesen Bars gab es noch keine Sitzgelegenheiten.

Aus den Bars der Siedlerzeit entwickelten sich die sogenannten **Western-Saloons.** Sie waren mit einer Theke ausgestattet, an der die Barriere zum Anlehnen angebracht war. Die Western-Saloons stellen die Urform der American Bar dar.

In der **Prohibitionszeit** starb jedoch die Institution der Western-Saloons aus. Die Puritaner, die vehement um ein Alkoholverbot kämpften, erreichten, daß Präsident Wilson durch ein Verfassungsgesetz für alle amerikanischen Staatsbürger Herstellung, Verkauf, Transport und Ein- und Ausfuhr alkoholischer Getränke verbot (Gesetz vom 16. 1. 1919). Die führende Kraft im Kampf gegen den Alkohol war die „Anti-Saloon-Liga“, die von einem Geistlichen in Ohio gegründet wurde und bald mehrere hunderttausend Mitglieder umfaßte.

Im Ersten Weltkrieg finanzierte die „Anti-Saloon-Liga“ einen Feldzug gegen den Alkohol. Whisk(e)y wurde verdammt, weil er den Soldaten an der Front das Brotgetreide stähle.

Den deutschen Brauern in Amerika wurde vorgeworfen, mit dem Feind zusammenzuarbeiten. Arbeiter würden durch den Genuß von Alkohol unproduktiv und hemmten somit die kriegswichtige Industrie. Unter dieser Propaganda hatten besonders die Bierbrauer zu leiden. Aufgrund ihrer deutschen Namen waren sie häufig Ziel für den Haß der Bevölkerung. Schließlich wurde auch das Bier verboten.

Doch die Brauer waren findige Leute. Sie brachten Malzsirup mit Hopfenaroma auf den Markt, der „zufällig“ die Namen der früheren Biersorten, wie zum Beispiel „Old Würzburg“ und „Old Heidelberg“, trug. In der Gebrauchsanweisung wurde davor gewarnt, dem Produkt Hefe zuzusetzen und es bei einer Temperatur zwischen 6 und 9 Grad gären zu lassen, da sonst verbotenes Bier entstehe.

Da der Sirup nicht leicht zu verschicken war, stellten die Brauer schließlich Bierpulver, in Ziegel gepreßt, her, das auch die Hefe enthielt und nur mehr mit Wasser angesetzt werden mußte.

Berufe, in denen man Alkohol benötigte und deshalb eine Bezugslizenz vom Staat bekam, waren seit dem 16. Jänner 1919 besonders begehrt. Drogerien wurden zu ernsthaften Konkurrenten der Schwarzbrenner. Der für medizinische Zwecke benötigte Alkohol wurde mit Farben und Essenzen in Whisk(e)y, Gin, Rum und Brandy verwandelt. Auch der Schmuggelhandel blühte.

Ausländische Schiffe brachten Spirituosen bis an die 12-Meilen-Zone, um sie dann von der „Rum-Row-Flotte“ an Land schmuggeln zu lassen. Die Schmuggler waren die „Bootlegger“, die gleichzeitig illegale Einwanderer ins Land brachten. Das Schmuggelgut wurde „Moonshine“ genannt und in geheimen Schenken, sogenannten „Speakeasies“ (Lei-

sesprecher), „Joints“ oder „Blind pigs“ („blinde Polizisten“), gehandelt. In der Prohibitionszeit verbreitete sich der Schwarzhandel so weit, daß er 1928 das größte Gewerbe in den USA mit 800.000 Beschäftigten war und jährlich einen Umsatz von vier Milliarden Dollar erzielte. Obwohl sich die Preise für Alkoholika vervielfacht hatten, wurde während der Prohibition mehr getrunken als je zuvor in der amerikanischen Geschichte.
Auf den Wahlplakaten Roosevelts wurde die Aufhebung des 18. Verfassungsgesetzes, das das Alkoholverbot beinhaltete, angekündigt. Roosevelt wurde Präsident, und am 5. Dezember 1933 war die Prohibition zu Ende.
In Amerika hatte man schon vor der Prohibitionszeit erkannt, daß man in der Bar als Verkaufsstätte von alkoholischen Getränken einen größeren Gewinn erzielen konnte als in den Restaurants. In den Hotels wurden daher Bars als Kommunikationszentren eingerichtet. Mit der Entwicklung des Fremdenverkehrs kam die Bar auch nach **Europa.** Um die Jahrhundertwende wurden in den Großhotels die ersten Bars eingerichtet. Man erkannte die Bedeutung dieser Einrichtung, der Komfort nahm zu, und die Umsätze stiegen.
Der Barman fungierte als Animateur. Man konnte sich mit ihm unterhalten und ihm beim Mixen der Cocktails zusehen.

Das erste Cocktailbuch wurde im Jahre 1862 von dem berühmten Barmixer **Jerry Thomas** herausgegeben („The Bon-Vivant's Guide, or How to mix drinks“). Jerry Thomas war der erste Barmixer, der den Cocktail in Europa bekannt machte. 1868 erschien das zweite Cocktailbuch von Berufsmixer **Harry Johnson** („The New and Improved Illustrated Bartenders Manual or How to Mix Drinks of the Present Style“).
Um die Jahrhundertwende, als Barmixer in Amerika ein besonders angesehener Beruf war und die Mixer schon in einer Bartender-Union zusammengeschlossen waren, setzte sich der Cocktail auch in Europa durch. Die Blütezeit der „American Bars“, wie die neuen exklusiven Gaststätten bezeichnet wurden, begann nach dem Ersten Weltkrieg. In Europa hat das deutschsprachige Hotel- und Gastgewerbe wesentlich dazu beigetragen, daß sich der neue Berufszweig durchsetzen konnte und die europäischen Bars sich zu den führenden der Welt entwickelten. Einer der europäischen „Cocktailpioniere“ ist **Harry Schraemli,** der 1913 in der Schweiz das erste Lehrbuch herausbrachte. In der Hotelfachschule Luzern bekamen die angehenden Barmixer die schulische Grundlage für ihre Berufspraxis. „Das große Lehrbuch der Bar“ ist ein weltweit anerkanntes Nachschlagewerk für Gastronomen, Kellner und Barmen.

BARTYPEN, BARFORMEN, BAREINRICHTUNG

EINTEILUNG DER BARS

American Bar

Sie ist die Urform und die heute am meisten verbreitete Barform. Mittelpunkt der American Bar ist die Bartheke, an der der Großteil der Konsumation erfolgt, eventuell werden auch kleinere Speisen, wie Snacks und Sundries, eingenommen.

Tanzbar, Diskothek

Entwickelt hat sich die Tanzbar aus den Ballhäusern des 16. Jahrhunderts, die es in allen europäischen Städten gab. In Wien erinnert zum Beispiel der Ballhausplatz daran.
Wichtigster Bestandteil der Tanzbar oder Diskothek ist eine große Tanzfläche, die Bartheke steht meist im Hintergrund. Der Gästekreis besteht vorwiegend aus einem tanzfreudigen Publikum. Während in der Tanzbar eine Kapelle spielt, wird die Musik in einer Diskothek über Hi-Fi-Verstärker von einem Diskjockey präsentiert. Um den Nostalgietrend, der vor allem viele Jugendliche anspricht, mitzumachen, entstehen aus vielen Diskotheken wieder Tanzbars im alten Stil mit entsprechender Einrichtung in Samt, Plüsch und Brokat.

Espressobar, Tagesbar, Le bistro

Die Espressobar ist eine Einrichtung, die aus Italien und Frankreich kommt. Sie ist auf raschen Gästewechsel eingestellt – die Getränke werden häufig im Stehen eingenommen. Es werden hauptsächlich Espressos und Aperitifs konsumiert.

Restaurantbar

Die Restaurantbar ist eine Einrichtung der First-Class-Restaurants. Die Besucher dieser Restaurants trinken vor dem Essen einen Aperitif oder Cocktail und nach dem Essen einen Digestif. Die Restaurantbar führt die gängigen Markenartikel der Getränkeindustrie und eine Reihe von Cocktails.

Bier-Bar, Pub

Pubs sind sozusagen eine geheiligte Institution der Engländer. Viele europäische Länder haben in den letzten Jahren diesen Bartyp übernommen, und es sind auch bei uns typische Bier-Bars entstanden. Meist sind sie mit Holz und Messing eingerichtet. Background-Musik und gediegene Einrichtung tragen dazu bei, daß sich die Pub-Besucher wohl fühlen. Serviert wird in erster Linie Bier; manche Pub-Besitzer bieten bis zu 100 verschiedene Biersorten an. „Gepflegte" Biere tragen wesentlich zur Umsatzsteigerung in einer Bar bei. In Pubs werden auch Snacks angeboten.

Eisbar, Schneebar

In höher gelegenen Wintersportorten gibt es häufig die sogenannten Eisbars.
Hier wird eine Bartheke aus Schnee aufgebaut und mit Wasser bespritzt, damit sie gefriert und die nötige Standfestigkeit erhält. Die Gäste kommen mit den Skiern bis zur Bar und trinken hier einen Aperitif, Grog, Glühwein, Schnaps oder „Jagatee".

Snack-Bar

Auch die Snack-Bar hat ihren Ursprung in Amerika. Sie ist auf rasches Servieren kleiner Gerichte spezialisiert und bietet meist nur eine begrenzte Getränkeauswahl an. Aus diesem Grund wird die Snack-Bar bei uns mitunter auch als „Schnellimbiß" bezeichnet. Die Snack-Bar wird den Anforderungen unserer Zeit gerecht.

Cocktail-Bar

Sie ist der Prototyp aller Bars und durch ihre individuelle Ausstattung charakterisiert. Die Cocktail-Bar ist nicht nur in Hotels zu finden. In größeren Städten sind Cocktail-Bars vielfach in eleganten Nachtklubs oder exklusiven Restaurants eingerichtet. Das Hauptaugenmerk liegt auf der Zubereitung von Cocktails. Bareinrichtung und Barpersonal prägen die Atmosphäre der Bar und müssen daher sorgfältig ausgewählt werden.

Milchbar, Eisdiele

In der Milchbar werden hauptsächlich alkoholfreie Milchmischgetränke, Milk-shakes, zubereitet. Daneben werden Eisspezialitäten, Joghurtspeisen und frische Früchte angeboten.

Hotelbar

Sie soll den Anforderungen aller vorher beschriebenen Bartypen gerecht werden. Die Hotelbar wird vor allem von den Hotelgästen besucht. Sie stellt das Kommunikationszentrum in einem Hotel dar. Die Ausstattung soll daher gediegen sein und zum Aufenthalt einladen.
In der Hotelbar werden auch Cocktail-Empfänge, Fünfuhrtees und ähnliches abgehalten.

Night-Club

Bars in Night-Clubs sind vielfach mit Show-, Varieté-, Kabarett- und Striptease-Darbietungen kombiniert. Dadurch ist das Preisniveau sehr hoch. Die Qualität von Night-Clubs ist sehr unterschiedlich.

EINRICHTUNG DER BAR

Die Bar soll eine Stätte der Erholung sein, in der der Besucher vom Alltagsstreß abschalten und seine Kontakte pflegen kann. Bei der Einrichtung der Bar empfiehlt es sich, einen erfahrenen Fachmann heranzuziehen. Denn das „Flair" einer Bar wird von dem harmonischen Zusammenspiel Raumgestaltung, Einrichtung und Personal sowie von den Gästen bestimmt.

Die Bartheke

Die Bartheke kann in jeden Raum eingepaßt und nach dem Geschmack des Gastronomen angefertigt werden. Gebräuchlich sind eckige, runde und ovale Barformen. Jede Bartheke besitzt eine Platte, auf die die Gästegläser gestellt werden. Sie ist in der Regel 25 bis 30 cm tief. Darauf ist eine Armauflage für den Gast befestigt, das sogenannte „Lümmelbrett".
Gastplatte und Armauflage ragen 25 bis 30 cm über die Vorderkante des Barpultes hinaus, wodurch dem Gast ein Beinfreiraum geschaffen wird. An der Vorderseite sollte die Bar ein Ablagefach und eine integrierte Fußstütze haben. Die Gesamthöhe der Bartheke beträgt 1,15 m bis 1,20 m.
Die Bartheke im freien Raum: Sie hat den Vorteil, daß sie zum zentralen Blickfang einer Bar wird, ist allerdings meist teurer und muß einen großen Stauraum für Getränke haben, da der Barbetrieb durch ständige Nachlieferungen gestört werden würde. Ein weiterer Nachteil ist, daß der Barman gezwungen ist, einem Teil der Gäste den Rücken zuzukehren.
Die eingebaute Bar: Die Bartheke ist durch eine Wand seitlich oder rückwärts begrenzt. Der Barman hat einen besseren Überblick über seine Gäste und kann ihre Wünsche schneller erfüllen. Meist grenzt an die Barrückwand ein Nebenraum (Office), der als Lagerraum dient.
Innenausstattung der Bartheke: Eine rationelle Innenausstattung und Aufteilung der Bartheke ermöglicht dem Barman rasches und ökonomisches Arbeiten. Es ist darauf zu achten, daß er keine unnötigen Wege zurückzulegen hat. Die Barutensilien sollen griffbereit liegen.
Jede Theke hat einen gekühlten und einen ungekühlten Bereich. Die Unterteilung sollte in Gastro-Norm-Maßen erfolgen.
Zweckmäßig ist die Ausstattung der Türen, Klappen und Flaschenschubladen mit Einlaßgriffen, Magnetverschlüssen bzw. Spezialzylinderschlössern.
Moderne Bareinrichtungen haben kunststoffbeschichtete Metallroste, die mit Lochschienen verstellt werden können. Ein Umluftkühlsystem sorgt für gleichmäßige Kühlung; Kühlschubladen auf nichtrostenden Teleskopschienen sind am bedienungsfreundlichsten.

Unbedingt notwendig sind folgende Geräte und Einrichtungogegenstände:
- elektronische Registrierkassa
- Eiswürfelbereiter (Eismaschine)

- in die Arbeitsfläche eingebauter „Flaschensumpf" zur Kühlung von dauernd benötigten Flaschen und ein eingebauter Eisbehälter mit Abfluß für das Mundeis
- elektrischer Mixer
- elektrische (evtl. mechanische) Fruchtpresse
- Gläser-Spülmaschine
- elektrische Eismühle für Crushed ice
- Blitzkochplatte für Grogs und Punsche
- Nirosta-Abwasch mit zwei Becken
- Fach für Leerflaschen
- kipp- und aushängbarer Abfalleimer aus vernickeltem Stahlblech
- evtl. eine Bierzapfanlage
- Espressomaschine mit ausziehbarer Metallade für den Kaffeesud

Gläser- und Getränkeschrank

Hinter der Bartheke befinden sich die Gläser- und Getränkeregale, in deren oberem Bereich die Flaschen aufgestellt werden. Die Regalhöhe soll so bemessen sein, daß zwischen dem Verschluß einer durchschnittlich hohen Flasche und dem nächsthöheren Regal ein Abstand von 5 bis 10 cm bleibt.
Um dem Barman ein rationelles Arbeiten zu ermöglichen, empfiehlt es sich, die Flaschen nach einem System aufzustellen. Flaschen, die häufig verwendet werden, sollten in Griffweite stehen. Auch sollte jede Flasche ihren fixen Platz haben, sodaß der Barman nur mehr mechanisch danach zu greifen braucht. Seltener gebrauchte Spirituosen ordnet man so in die Regale, daß originelle Flaschenformen und internationale Etiketten dekorativ zur Wirkung kommen.
Diese Gestaltung des Spirituosenschrankes liefert einen wesentlichen Beitrag zur Atmosphäre in der Bar. Die aufgestellten Flaschen müssen täglich abgewischt, klebrige Flaschen mit lauwarmem Wasser abgewaschen werden. Etwa in der Mitte des Spirituosenschrankes ordnet man die Gläser an. In größeren Bars hingegen befinden sich die Gläser auf der unteren, inneren Arbeitsplatte der Theke.
Auch die Gläser sollten stets am gleichen Platz stehen und griffbereit gehalten werden. Es ist darauf zu achten, daß die Gläser nicht unter dem untersten Flaschenregal hervorstehen. Das verhindert, daß eine dem Barman entgleitende Flasche die Gläser zerschlägt.
In neueren Bars werden die Gläser auch häufig in einen Holzrahmen, der meist über der Bartheke angebracht ist, eingehängt.
Wichtig ist, daß der Barman zwischen Spirituosenschrank und Arbeitsfläche genügend Bewegungsfreiheit hat. Der Boden hinter der Bar sollte mit strapazierfähigem, fußfreundlichem und leicht zu pflegendem Material belegt sein. Er muß unbedingt täglich gereinigt werden.

Barsitzgelegenheiten

Es gibt fest montierte und frei aufgestellte Barhocker. Frei aufgestellte Barhocker bergen eine gewisse Unfallgefahr in sich, weil sie umkippen können.

Um die Bequemlichkeit eines Barhockers zu sichern, sollten Fußstützen und eine kleine Lehne angebracht sein. Leder oder Stoff ist als Bezug für die Sitzfläche vorzuziehen.

Beleuchtung

Die Beleuchtung ist von vorrangiger Bedeutung für die Atmosphäre in der Bar. Indirekte Beleuchtung und blendfreies Licht sind vorzuziehen. Das Licht sollte einen warmen, milden Farbton haben. Spotlights können auf bestimmte „Blickpunkte" – z. B. Bilder, Flaschenregale – oder auf die Decke gerichtet sein.

Belüftung

Da in einer Bar viel geraucht wird, soll eine gut funktionierende Klimaanlage für ständige Frischluft sorgen.

BAR-STAFF (BARPERSONAL)

Die Anforderungen, die an das Barpersonal gestellt werden, sind sehr hoch. Die wichtigsten Grundbedingungen sind körperliche Gesundheit und eine kräftige Konstitution. Kenntnis der Weltsprachen, verständliche Ausdrucksweise und erstklassige Umgangsformen sind unerläßlich für den beruflichen Erfolg. Der Wille zur Fortbildung, Ehrgeiz und vor allem Ehrlichkeit runden das Charakterbild des in der Bar Tätigen ab.
Alle diese Anforderungen sind in zweierlei Hinsicht gerechtfertigt. Einerseits vertraut der Unternehmer dem Barman seine teure Ware an, andererseits erwartet der Besucher einer guten Bar einen seriösen Barman hinter der Theke.
Grundsätzlich gilt für das Barpersonal, daß es sorgfältig ausgewählt werden muß, weil es großen Belastungen ausgesetzt ist. Es ist zu beachten, daß junge Menschen den Anforderungen meist erst nach einigen Jahren der Praxis gewachsen sind.

AUSBILDUNG UND BERUFSBILD

In einem Betrieb gibt es folgendes Personal:

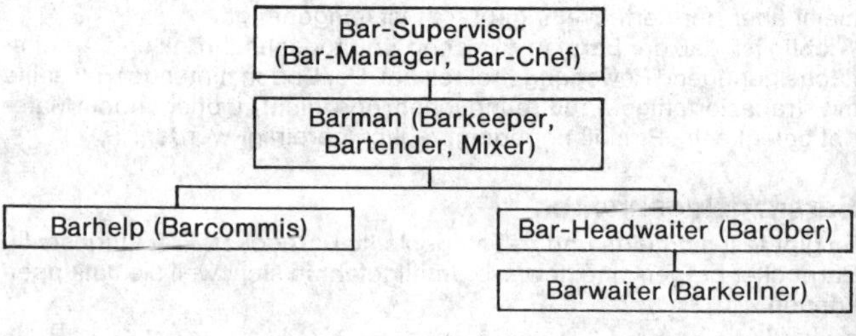

Bar-Supervisor (Bar-Manager, Bar-Chef)

Die Verwendung des Begriffs Management charakterisiert die Führungsaufgabe der Bar-Chefs. Führen heißt Delegieren von Aufgaben, Kontrolle und Förderung der Mitarbeiter.
Unter den modernen Managementtheorien eignet sich das Management by objectives (Management durch Zielvorgabe) am besten für die Leitung eines Barbetriebes.
Management durch Zielvorgabe bedeutet, daß der Manager jene Aufgaben, die seine Mitarbeiter bewältigen können, an sie delegiert. Die Mitarbeiter legen gemeinsam mit dem Bar-Chef die Betriebsziele fest, und der Bar-Chef kontrolliert die Erfüllung dieser Ziele. Bei Management durch Zielvorgabe ist es auch nicht nötig, daß das fachliche Können des Bar-Chefs das seiner Mitarbeiter in jeder Hinsicht überragt. Seine Aufgabe ist es vielmehr, das Können und Wissen seiner Mitarbeiter optimal einzusetzen.
Nur ein Barman, der diese Qualifikationen (Mitarbeiterführung, Kontrolle des Betriebsablaufs, Analyse von Ergebnissen u.a.) mitbringt, sollte diese Managementaufgabe übernehmen.

Barman (Barkeeper, Bartender, Mixer)

Die Laufbahn des Barman beginnt in der Regel als Kellner. Nach Absolvierung der Kellnerlehre oder der Doppellehre Koch und Kellner (z.B. in Österreich) an einer Berufsschule oder einer berufsbildenden mittleren oder höheren Lehranstalt (ersetzt die Lehre) besteht die Möglichkeit, als Barcommis die Grundkenntnisse des Mixberufes zu erlernen.
Voraussetzung für den Erfolg in dieser spezialisierten Berufssparte ist die grundsätzliche Bereitschaft zur Dienstleistung. Dienstleistung darf aber nicht als Lakaientum oder Unterwürfigkeit interpretiert werden.
Meistens vervollständigen junge Barcommis ihre Ausbildung im Ausland. Bevorzugte Länder sind England, Amerika, Frankreich und die Schweiz. Eine Auslandsweiterbildung ist sehr empfehlenswert, weil der junge Barcommis die Sitten und Gewohnheiten der verschiedenen Nationen und vor allem die wichtigsten Fremdsprachen lernt.
Besonders wichtig für einen Barman ist es, die englische Sprache perfekt zu beherrschen. Englisch ist die Fachsprache der Barmen, die Sprache der Fachliteratur und schließlich die gebräuchlichste Sprache zur Verständigung mit dem internationalen Publikum.
Nach mindestens einem Jahr einschlägiger Praxis als Mixer in einer guten Bar kann der Barcommis sich als Mitglied (Member) bei seiner nationalen Interessenvertretung (Barkeeper-Union) bewerben. Voraussetzungen für die Aufnahme sind die Bürgschaft zweier ordentlicher Mitglieder dieser Organisation und das Bestehen einer Aufnahmeprüfung (siehe Interessenvertretungen Seite 463ff.). Junge Barcommis können sich bei Wettbewerben und Mitgliedsversammlungen der Barkeeper-Unionen fachlich profilieren.
Unter Bartender versteht man im anglo-amerikanischen Raum den Besitzer oder Pächter einer Bar. In Europa steht dieser Begriff jedoch gleichbedeutend neben Barman, Barkeeper und Mixer.

Barhelp (Barcommis)

Der Barcommis ist der Gehilfe des Barman. Während der Barman der Psychologe in der Bar ist, der die Gäste unterhält und zum Trinken animiert, hat der Barcommis in erster Linie die Arbeiten zu erledigen. In seinen Aufgabenbereich fällt es, Getränke einfacher Art zu servieren, abzuservieren und auf Sauberkeit hinter der Bar zu achten.
Besondere Sorgfalt muß der Bar-Mise-en-place und dem Fassen der Getränke gelten.
Eine genaue Arbeitsteilung gibt es nicht. Es gilt der Grundsatz des Teamworks.

Bar-Headwaiter (Barober)

Der Barober ist verantwortlich für die Betreuung der Tische. Durch die individuelle Betreuung der Gäste soll der Barober zu einer angenehmen Atmosphäre beitragen und dadurch größere Umsätze erreichen. Auch für den Barober gilt, daß nur durch gute Kooperation mit dem Barman der Erfolg gesichert ist.

Barwaiter (Barkellner)

Er untersteht dem Barober und ist für das Service an den Bar-Tischen zuständig.

KLEIDUNG IN DER BAR

Da der Barman seine Tätigkeit stets vor Gästen ausführt, muß er seiner Berufskleidung größte Aufmerksamkeit zuwenden.
Prinzipiell gibt es keine feste Regel bezüglich Kleidung in der Bar. Vielfach wird die enganliegende weiße Barjacke (Stewardjacke) ohne Revers getragen. Dazu ein weißes Hemd mit Krawatte oder Mascherl.
In Großbetrieben sind färbige Jacken üblich, um den Bars eine eigene Note zu verleihen.
Schmuck sollte nicht getragen werden. Das Barpersonal übt einen Dienstleistungsberuf aus und erhält für besondere Dienstleistungen Trinkgeld. Schlichtes Auftreten ist daher anzuraten.

Bild 13: **Branntweingläser,** 1 Glas für Beerenobstbrände, 2 Glas für Gin und Grappa, 3 Glas für Kräuterbrände, 4 Glas für Kernobstbrände, 5 Glas für Aquavit, 6 Glas für Steinobstbrände

Bild 14: Fancy-Longdrinks

Bild 15: Magenbitter im Cordialglas

Bild 16: **Bar-Mise-en-place,** 1 Champagnerzange, 2 Barlöffel, 3 Barlöffel, 4 Eislöffel, 5 Barsieb, 6 Eiszange, 7 Eiszange, 8 Sektflaschenpatentverschluß, 9 Measure, 10 Hebekorkenzieher, 11 Hebekorkenzieher, 12 Strainer, 13 Eisschaufel, 14 Cocktailspießchen, 15 Garniturspieße, 16 Strohhalme, 17 Muskatnußreibe, 18 Garniturmes-

ser, 19 Zestenreißer, 20 Schneidbrett, 21 Zitruspresse, 22 Sirupfläschchen, 23 Dashbottle, 24 Rührglas mit Strainer, 25 Sirupfläschchen, 26 3teiliger Shaker, 27 Boston Shaker, 28 Hamilton beach, 29 3teiliger Shaker (alte Form), 30 3teiliger Shaker (alte Form), 31 3teiliger Shaker (alte Form), 32 Meßzylinder, 33 Eiskübel

Bild 17: Rüdesheimer Kaffee

Bild 18: Deutsche Obstbranntweine mit speziellen Kühlgläsern

Bild 19: **Alles Notwendige für die Hausbar,** *1 Eiskübel mit Eiszange, 2 Eisschaufel, 3 Strainer, 4 Hebekorkenzieher, 5 Meßbecher, 6 Meßzylinder, 7 Rührglas, 8 3teiliger Shaker, 9 Pfeffermühle, 10 Orange-Bitter, Tabascosauce, Worcestershiresauce*

DIE HAUSBAR

Da auch in Haushalten häufig Bars eingerichtet werden, sollen im Anschluß einige Tips und Anregungen gegeben werden.
Wer in seiner Wohnung keinen Raum für eine Bar zur Verfügung hat, wird sich entscheiden müssen, ob er einige Quadratmeter in einem Zimmer für eine Hausbar mit Theke und Regalen abzweigen kann oder ob er nur Platz für einen Barschrank hat.
Ein Barschrank fügt sich meist harmonischer in einen Raum ein als eine Bar.
Es gibt sehr viele Möglichkeiten, eine originelle Hausbar einzurichten.
Die Bar im **Wandschrank bzw. Wandverbau** kann innen mit Spiegeln ausgelegt werden. Die Beleuchtung schaltet sich beim Öffnen der aufklappbaren Arbeitsplatte ein. Diese Form einer geschlossenen Hausbar ist sehr raumsparend und praktisch.
Für alle, die die Bar gerne „tarnen" wollen oder deren Einrichtung rustikal ist, bietet die Bar im **Bauernschrank oder Bauernkasten** eine ideale Lösung. Dieser Schrank kann innen mit einer abwaschbaren Tapete (PVC-Folie) ausgelegt oder mit Rauchglas ausgekleidet sein und sollte mit zwei oder drei Regalbrettern und indirekter Beleuchtung ausgestattet werden.
Besonders in älteren Wohnungen bietet es sich an, die Bar in einer **Mauernische** zu installieren. Wird an der Rückwand der Mauernische ein Spiegel angebracht, erzielt man zusätzliche Tiefenwirkung. Als Verschluß wirken Rauchglastüren, Schmiedeeisentüren oder geschnitzte Holztüren hervorragend.
Neben diesen Formen der geschlossenen Bar gibt es viele Möglichkeiten, eine offene Hausbar einzurichten. Alte Möbelstücke lassen sich wunderbar zu einer Hausbar umfunktionieren. Dem Ideenreichtum sind keine Grenzen gesetzt.
Alte Bauernwiegen, Truhen und Bierfässer, ja sogar alte Nähmaschinen und Klaviere lassen sich mit ein wenig Geschick zu originellen Bars ausgestalten.
Besonders bei Platzmangel eignen sich **fahrbare Barwagen** hervorragend zum Verstauen der Flaschen und Bargeräte. Teewagen, wie man sie früher hatte, wirken sehr dekorativ.
Hat man ein Zimmer für die Einrichtung einer Hausbar zur Verfügung, so kann man dieses nach einem Motto ausgestalten.
Bei der **Tiroler Bar** werden die Wände mit Holz verschalt. Grobe Balken in geflammtem (angekohltem) Holz auf der Decke können einen sehr schönen Rahmen bilden. Als Dekoration werden alte bäuerliche Geräte, wie Sensen, Heugabeln, Ochsenjoche, Kuhglocken etc. aufgehängt.
Für die Einrichtung als **Trödlerbar** lassen sich billige Einrichtungsstücke auf Flohmärkten oder bei Auktionen erwerben.
Für die **Hafenbar** (Seemannsbar) gibt es eine Fülle von Dekorationsmaterialien. Tauwerk und Fischernetze am Plafond, Steuerräder, Bull-

augen, alte Schiffsmodelle, Anker, Kompasse, Schiffsmöbel, altes Segelzeug usw., das alles trägt dazu bei, eine Hafenbar nachzuempfinden.
Den Rahmen für eine **Jägerbar** soll eine rustikale Einrichtung aus Naturholz bilden. Als Accessoires können Jagdtrophäen, alte Waffen, Schützenscheiben, Felle, Jagdbilder etc. dienen.
Will man sich eine moderne Bar, z. B. eine **Disco-Bar,** zu Hause einrichten, kann man die Wände mit Alu- oder Goldfolie tapezieren und Posters aufhängen. Sitzgelegenheiten und Bar können aus farbigem Plexiglas sein. Lichteffekte unterstützen die Atmosphäre in der Disco-Bar.
Auch für **Sportlerbars** (Tennis-, Reit-, Flieger-, Motorsportbar) lassen sich relativ einfach lustige Einrichtungsgegenstände finden.
Die Gestaltung der Hausbar im Stil eines **englischen Pubs** ist schon etwas aufwendiger. Man benötigt alte Messingbeschläge, Reklamespiegel von Getränkefirmen, Wasserkrüge von Whisky-Firmen, Milchglas-Kugelleuchten, viktorianische Rumtöpfe aus Porzellan, alte Kristallspiegel, eine Gallionsfigur etc.
Daneben gibt es natürlich unzählige andere Möglichkeiten.

Drinks für die Hausbar

Für eine Hausbar genügt eine Grundausstattung von 7 Flaschen, um etwa 100 verschiedene Cocktails mixen zu können.

1 Flasche Scotch Whisky
1 Flasche Weinbrand
1 Flasche Gin
1 Flasche weißer Rum
1 Flasche Curaçao Triple sec oder Cointreau
1 Flasche Wermut rot
1 Flasche Wermut trocken

Darüber hinaus benötigt man Zitronen-, Orangen-, Ananas- und Grapefruitsaft, Grenadinesirup (aus dem Granatapfel) oder ersatzweise Himbeersaft, Angostura- und Orangenbitter (erhältlich im Spirituosenhandel oder im Feinkostgeschäft) und einige frische Eier sowie Obers, Milch und Läuterzucker.
Zum Auffüllen von Longdrinks sollte man Sodawasser, Mineralwasser, Tonic, Ginger Ale, Cola und Bitter Lemon im Haus haben.

Grundausrüstung mit Bargläsern und Bargeräten

An Bargläsern benötigt man kelch- oder schalenförmige Cocktailgläser und für Longdrinks schlanke, hochgezogene Gläser mit einem Inhalt von über 80 Gramm oder 8 cl (siehe Seite 422).
Die Hausbar sollte mit folgenden Bargeräten ausgestattet sein:

- Meßbecher (zum Abmessen der Zutaten; evtl. auch ein geeichtes Schnapsglas)
- Shaker (zum Schütteln der Getränke) aus Edelmetall (Nirosta)
- Mixglas
- Strainer (Barsieb zum Zurückhalten von Fruchtkernen und Eis), sollte in den Shaker oder das Mixglas passen

- langstieligem Barlöffel (zum Umrühren im Mixglas)
- Eisschaufel
- Cocktailstäbchen (groß und klein)

Mit diesen Zutaten und Utensilien können die anschließend angeführten 179 Drinks gemixt werden. Die Rezepte befinden sich im Teil 1 (Rezepte von A bis Z) und sind mit ✻ markiert.

Abbey Cocktail
Adam and Eve Cocktail
Affinity Cocktail 1
Affinity Cocktail 2
American Fizz
Angler's Cocktail
Annabella Cocktail
Anniversary Cocktail
Arosa Cocktail
Atlantic Cocktail

Bacardi Cocktail 1
Bacardi Cocktail 2
Bacardi Flip
Bacardi Julep
Barfly's Dream Cocktail
Barman's Flip
Baron Cocktail
Bel Angevin Cocktail
Bennett Cocktail
Between the Sheets Cocktail
Blinker-Cocktail
Bora Bora Cocktail
Brandy Cobbler
Brandy Collins
Brandy Cooler
Brandy Crusta
Brandy Egg-nog
Brandy Egg-nog, warm
Brandy Fizz
Brandy Flip
Brandy Float
Brandy Highball
Brandy Puff
Brandy-Punsch
Brandy-Punsch, kalt
Brandy Rickey
Brandy Sangaree
Brandy Sling 1
Brandy Sour
Brandy Toddy
Brandy Toddy, hot
Brandy Twist
Breakfast Egg-nog
Bronx Cocktail 1
Bronx Cocktail 2
Bronx Cocktail 3
Bronx Terrace Cocktail

California Cocktail 1
Chorus Lady Cocktail
Church Parade Cocktail
Clover Club Cocktail
Clover Club Royal Cocktail
Cognac Cocktail
Cola Fizz
Collins Extra
Country Highball
Cream Fizz
Cream Flip
Creole Cocktail 2
Croaster

Daiquiri Cocktail
Derby Daiquiri
Diabolo Cocktail

Empire Martini Cocktail

Fairbank Cocktail
Fibber McGee Cocktail
Fifty-fifty Cocktail
Fireman's Sour
French Egg-nog

Gasparone Flip
Gibson Dry Cocktail
Gibson Extra Dry Cocktail
Gin Buck Rickey
Gin and French Cocktail

Gin and It Cocktail
Gin and Sin Cocktail
Gin Cocktail
Gin Cooler
Gin Daisy
Gin Fix
Gin Fizz
Gin Puff
Gin Rickey
Gin Sling
Gin Sour
Gin Toddy, hot
Gin Twist
Ginger Fizz
Gipsy Cocktail
Golden Fizz
Golden Gin Cocktail
Gonzales Flip
Grapefruit Cocktail
Grapefruit Tonic

Haberfield Cocktail
Harakiri Fizz
Havanna Cocktail 2
Hawaiian Cocktail
Highland Cooler
Honeysuckle Cocktail

Jean Bonhomme Cocktail

Karibischer Cocktail

Lady Chatterly Cocktail
Love Cocktail

Madagascar Cocktail
Madison Avenue Cocktail
Magnolia Cocktail
Maiden's Prayer Cocktail
Manhatten Egg-nog
Manhattan Latin Cocktail
Martini Dry Cocktail 1
Martini Dry Cocktail 2
Martini Dry Cocktail 3
Martini Dry Cocktail 4
Martini Medium Cocktail
Martini Sweet Cocktail
Million Dollar Cocktail
Morning Rose Cocktail

Musketeer Cocktail

Natural Cocktail
New Orleans Fizz

Oasis Cocktail
Old Tom Cocktail
Olympia Cooler
Orange Bloom Cocktail
Orange Blossom Cocktail

Pedro Collins
Perfect Gin Cocktail
Pierre Collins
Pineapple Cocktail
Pinapple Fizz
Pink Baby Cocktail
Pink Daiquiri Cocktail
Pink Gin Cocktail
Pink Lady Cocktail
Pink Rose Cocktail
Plaza Cocktail
Polly's Cocktail

Queenie's Cocktail
Queen's Cocktail

Rauhreif-Cocktail
Reviver
Rob Roy Cocktail
Rolls Royce Cocktail 2
Royal Fizz
Royal Smile Cocktail 2
Rum Fix
Rum Toddy
Rum Toddy, hot

Sandy Collins
Saratoga Cooler
Scotch Drink Cocktail
Scotch Mist
Scotch Toddy, hot
Side Car Cocktail
Sifi Flip
Silver Fizz
Smiler Cocktail

Tom Collins
Trinity Cocktail

Twenty-four Cocktail

Up and Down Cocktail

Wembley Cocktail
Wermut-Flip
Wermut-Tonic
Whisky Daisy
Whisky Fix
Whisky Flip
Whisky Float
Whisky Grog
Whisky Julep
Whisky Puff
Whisky Punsch
Whisky Rickey
Whisky Sour
Whisky Toddy
White Lady Cocktail
White Lion Cocktail

X.Y.Z. Cocktail

DRINKS ZU DEN VERSCHIEDENEN TAGESZEITEN

Es sollen im Anschluß einige Empfehlungen gegeben werden, welche Drinks man zu den verschiedenen Gelegenheiten bzw. Einladungen offerieren kann.

Drinks vor dem Essen (Pre-dinner-drinks)

Sours
Martini-Cocktails
Champagner- oder Sektcocktails
Manhattan-Cocktails
Gibson Cocktail
Negroni
Side Car Cocktail
White Lady Cocktail
Old-Fashioned
Bloody Mary
Screw Driver

Drinks nach dem Essen (After-dinner-drinks)

Frappés
Black Russian Cocktail
Grasshopper Cocktail
B and B Cocktail
Rusty Nail
Stinger Cocktail
Golden Cadillac Cocktail
Alexander Cocktail
Irish coffee
Pharisäer
Rüdesheimer Kaffee
Steirisch Kaffee

Party-drinks

Highballs
Cups
Punches
Pousse-cafés
Harvey Wallbanger
Cuba Libre
Horse's Neck Highball
Salty Dog
Snow Ball

Erfrischungsdrinks (Less potent drinks)

Kir
Kir Royal
Americano
Piña Colada
Maracuja-Colada
Sangria
Pimm's Nr. 1

Bei heißem Wetter (Hot-weather drinks)

Cobblers
Cups
Collinses
Fizzes
Juleps
Rickeys
Planter's Punch
Singapore Sling

Exotische Drinks (Exotic drinks)

Mai Tai
Zoombie
Brandy Crusta
Margarita Cocktail
Cream Dream
Santa Domingo Cocktail

Nichtalkoholische Drinks; Drinks ohne Promille (Non alcoholic drinks) (vgl. auch Seite 376)

Orangen-Nogg
Liebes-Tatar
Grapefruit-Cocktail
Der Wecker
Russisches Feuer
Apfelsaft-Cobbler
Maracuja-Trunk
Amazonas
Obst-Cobbler

Katergetränke (Pick-me-ups)

Der Wecker
Prairie Oyster
Bloody Mary
Prairie Hen

MISE EN PLACE, GERÄTE, GLÄSER UND EIS IN DER BAR

MISE EN PLACE

Eine gute Mise en place ist die wichtigste Voraussetzung für ein reibungsloses, schnelles Arbeiten in der Bar. Sie umfaßt alle Vor- und Nachbereitungsarbeiten, wird je nach Betriebsart entweder vormittags oder nachmittags, aber jedenfalls vor Einsetzen des Geschäftsbetriebes durchgeführt.

Nachdem das Hilfspersonal die groben Putzarbeiten erledigt hat, beginnt das Barpersonal mit seinen Vorbereitungsarbeiten. Der Barman fordert mit Bestellbuch oder Warenanforderungsliste alle fehlenden Spirituosen, Erfrischungsgetränke, Mineral- und Sodawasser, Fruchtsäfte und sonstigen Ingredienzen, die man für die Zubereitung der Cocktails benötigt, vom Lagerkeller (Magazin) an und verstaut sie. Mit dem Durchschlag der Anforderungsliste kann er die Vollständigkeit der Lieferung kontrollieren. Grundsätzlich soll bei gängigen Spirituosen eine Reserve vorhanden sein, da es einen schlechten Eindruck auf den Gast macht, wenn auf der Getränkekarte verzeichnete Spirituosen nicht vorhanden sind oder erst geholt werden müssen.

Danach werden Putz- und Aufräumarbeiten vorgenommen. Alle Flaschen werden gesäubert (klebrige Likörflaschen werden z. B. mit lauwarmem Wasser gewaschen), Zuckersirup (Läuterzucker) wird in der Küche angefordert. Orangen- und Zitronensaft wird frisch gepreßt und der Saft in Glasflaschen mit Schraubverschluß umgefüllt und gekühlt, da diese Säfte durch den natürlichen Fruchtzuckergehalt leicht zu gären beginnen. Der Arbeitsbereich des Barmann wird nochmals gereinigt, die Bartheke wird poliert.

Die Barutensilien und Bargeräte werden geputzt, die Gläser sortiert. Die Sundries (Knabbergebäck, Erdnüsse, Mandeln, Kartoffelchips) werden in Schalen gefüllt und auf der Bartheke und den Tischen verteilt. Roheis aus der Eismaschine (Scotchmaster) muß in ausreichendem Maße bereitgehalten werden.

Man kontrolliert, ob genügend Rauchwaren vorhanden sind.

Barkultur kann man nur erreichen, wenn alles bis ins letzte Detail vorbereitet ist, die Mise en place durchgeführt wurde und alle Geräte bereitliegen.

Das Handwerkzeug des Barman steht oder liegt griffbereit vor ihm. Es sollte sich stets auf dem gleichen Platz befinden, so daß der Barman jedes Gerät, selbst wenn es dunkel ist, sofort findet. Nur wenn diese Voraussetzungen erfüllt sind, bleibt ausreichend Zeit für den Kontakt mit dem Gast, und nur dann ist ein perfektes Funktionieren des Barbetriebes gesichert.

BARUTENSILIEN UND BARGERÄTE

Die nachstehend in alphabetischer Reihenfolge angeführten Barutensilien und Bargeräte sind die Grundausrüstung für jede moderne Bar. Da Englisch die internationale Sprache der Barmen ist, sind die englischen Bezeichnungen in Klammer beigefügt.
Auch hier gilt das Gebot der absoluten Sauberkeit. Der Barman muß sich im klaren sein, daß ihm der Gast bei seiner Arbeit zusehen kann.

Barlöffel (Bar-spoon)
Der Barlöffel ist ein langstieliger Löffel aus Silber oder rostfreiem Stahl, der zum Rühren im hohen Rührglas (Mixglas) oder Gästeglas verwendet wird. Am Löffelstiel befindet sich oben ein Stößel (Muddler), der zum Zerdrücken von Blättern, Würfelzucker und Fruchtstücken verwendet wird.

Barmesser (Bar-knife)
Das Barmesser dient zum Schneiden der Früchte und zum Schälen von Orangen und Zitronen, wenn die Schalen für Cocktailgarnituren benötigt werden. Es sollte vorne spitz sein, damit man die Früchte aufspießen kann.

Barsieb (Strainer)
Das Barsieb soll Eisstücke, Zitronenkerne und ähnliches beim Eingießen in die Gläser zurückhalten. Das Sieb paßt in den Shaker (Schüttelbecher) oder das Rührglas. Es ist aus rostfreiem Stahl oder Silber, den Rand bildet eine Spiralfeder.

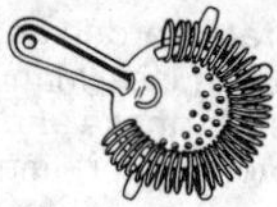

Barzange (Korkenzange) (Bar-tongs)
Sie ist ein Mehrzweckgerät, das zum Lösen festsitzender Sektkorken oder Schraubverschlüsse, zum Aufzwicken von Drahtösen (Agraffen) etc. verwendet wird.

Bitter- oder Spritzflasche (Dash-bottle)
In der Regel sind es Glas- oder Kristallflaschen mit einem sogenannten Spritzkorkenverschluß. Meist füllt man in diese Flaschen Angostura-, Orange- oder Peach-Bitter, von denen man nur einige Tropfen oder Spritzer benötigt.

Champagnerzange
Zum Öffnen festsitzender Champagner- oder Sektkorken.

Cocktailstäbchen (Cocktail-sticks)
Kleine Stäbchen aus Hartplastik oder Naturbambus, mit denen man Oliven, Kirschen, Perlzwiebeln usw. aufspießt und ins Gästeglas gibt.

Dosenöffner (Can-opener)
Ein Allzwecköffner zum Öffnen von Frucht- und Gemüsesaftdosen.

Eishammer (Ice-hammer)
Zum Zerkleinern von Eisstücken (Cobbler ice, Crushed ice).

Eiskübel (Ice-bucket)
Es handelt sich dabei um einen kleinen Glas-, Silber- oder Metallkübel, in dem das Roheis aufbewahrt wird. Auch die Mundeisstücke für den Gast befinden sich darin.

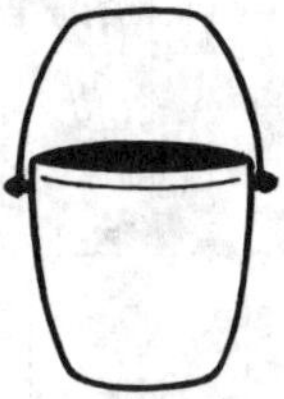

Eismühle (Ice-grinder)
Es gibt sie in elektrischer oder mechanischer Ausführung. Sie wird zur Erzeugung von geschabtem Eis (Shaved ice) oder gestoßenem Eis (Crushed ice) verwendet.

Eisschaufel (Ice-shovel, Ice-scoop)
Zum Herausnehmen der Mundeisstücke aus dem Eiskübel. Diese kleine Schaufel aus Silber oder Edelmetall ist mit Löchern ausgestattet, so daß das Schmelzwasser abrinnen kann.

Eisstecher (Ice-pin)
Zum Lösen von festgefrorenen Eisstücken.

Eiszange (Ice-tongs)
Man benötigt sie, um die Eisstücke in das Mix-Gerät oder Glas zu geben.

Elektrische Eismaschine (Ice-machine, Scotchmaster)
Ein Gerät zur Herstellung von Roheis in verschiedenen Formen.

Elektrischer Mixer (Electric mixer)
Dieses Gerät mit stufenloser Geschwindigkeitsschaltung wird zum Pürieren frischer Früchte und zur Zubereitung von Frozen drinks, Frappés, Milk-shakes etc. verwendet.

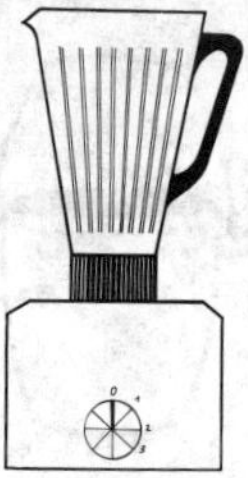

Fruchtpresse (Squeezer)
Sie wird zum Auspressen frischer Zitrusfrüchte verwendet. Es gibt mechanische und elektrische Modelle.

Hamilton Beach (Blender)
Dieses elektrische Mixgerät mit drei Geschwindigkeitsstufen eignet sich vorzüglich zur Zubereitung schwer vermengbarer Getränke, besonders für Getränke auf Milch-, Obers- oder Fruchtbasis und für Getränke, die mit Eiern zubereitet werden.

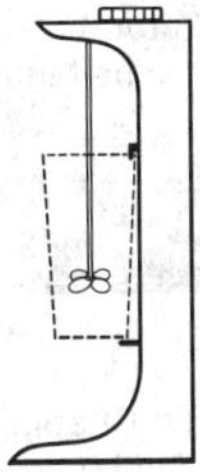

Korken (Corks)
Diese Spezialkorken benötigt man zum Verschließen von frischgepreßten Säften in Flaschen, um das Gären zu verhindern.

Korkenzieher – Schankkorkenzieher (Bottle-opener)
Er wird nur als Schankgerät, nicht für Arbeiten vor dem Gast verwendet.

Korkenzieher – Hebekorkenzieher (Bottle-opener)
Er ist mit einem Schneidmesser, einem Sektreißer und einer Spirale mit nicht zu engem Gewinde versehen.

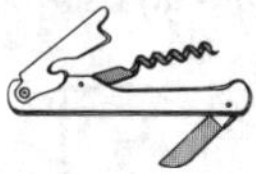

Kronenkorkenöffner (Bottle-opener)
Zum Öffnen von Flaschen mit Kronenkorkverschluß.

Meßbecher (Measure, Jigger)
Die meisten Meßbecher sind aus Nirosta-Edelstahl und haben auf der einen Seite eine Einteilung für 2 cl und auf der anderen Seite eine Einteilung für 4 cl. Die Maßeinteilung auf einer Seite kann auch für 5 cl geeicht sein.

Meßzylinder
Man verwendet sie zum „Auslitern" (Ausmessen) von Flaschen, vor allem dann, wenn der Barman einen Barstock hat und am Saisonende die Spirituosen messen muß.

Muskatnußreibe (Grater, Grander)
Sie wird zum Abreiben der Muskatnuß verwendet, die man für Flips und Egg-noggs benötigt. Die aromatische Muskatnuß wird im Hohlraum der Muskatnußreibe aufbewahrt.

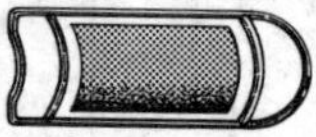

Patent-Sektflaschenverschluß
Zum Verschließen von geöffneten Champagner- und Sektflaschen. Er wird dann verwendet, wenn der Sekt oder Champagner glasweise ausgeschenkt wird.

Quirl (Swizzle-stick)
Manche Gäste möchten die Kohlensäure aus dem Schaumwein entfernen. Mit dem Quirl wird die Kohlensäure zum Entweichen gebracht. Für die Gäste sollten darum Quirle bereitgehalten werden. Als Ersatz dienen auch Trinkhalme.

Rührglas – Mixglas (Mixing glass)
Cocktails, die nicht geschüttelt werden müssen, weil sich die Ingredienzen leicht vermischen, verrührt man im Mixglas. Es faßt einen Liter und reicht daher für 3 bis 4 Cocktails und die entsprechende Menge Eiswürfel.

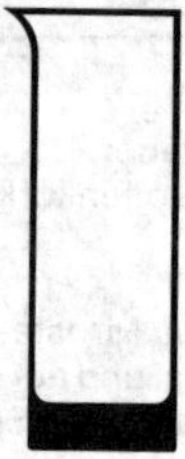

Schneidbrett (Carving-board)
Zum Zerteilen der Früchte benötigt man ein Brett, das eine Saftrinne haben sollte.

Schüttelbecher (Shaker)
Er wird dann verwendet, wenn schwere und dickflüssige Zutaten (Eier, Sirup usw.) gut vermischt werden müssen. Er ist aus Nirosta-Stahl oder Silber. Der Shaker soll immer gut vorgekühlt werden.
Der dreiteilige Shaker (Standard-shaker) enthält ein Sieb, um die Eisstücke im Shaker zurückzuhalten.
Der zweiteilige Shaker (Boston-shaker) wird vom professionellen Barman bevorzugt. Da er kein integriertes Sieb hat, wird nach dem Schütteln des Getränkes im unteren Teil des Shakers ein Barsieb eingesetzt. Das Getränk kann dann schnell ins Glas abgeseiht werden.

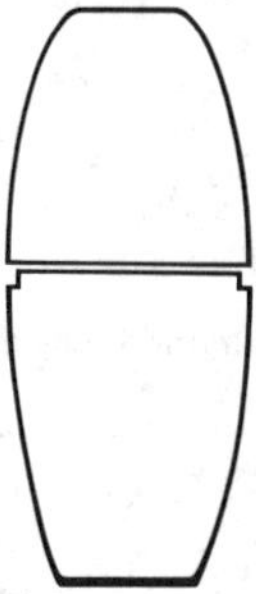
Zweiteiliger Shaker

Dreiteiliger Shaker

Trinkhalme (Straws)
Viele Bargetränke, vor allem Cocktails, werden mit einem Trinkhalm getrunken. Es sollen daher immer genügend Trinkhalme in Ständern oder Gläsern auf der Bartheke und den Tischen bereitstehen.

Untersetzer (Coasters, Underliner)
Untersetzer können aus Metall, Silber, Stoff oder Papier sein. Sie dienen als Tropfenfänger.

Zestenreißer
Zum Herstellen von Spiralen aus den Schalen von Zitrusfrüchten.

GLÄSER IN DER BAR

Ein feines, elegantes Glas erhöht den Genuß am Cocktail und gibt ihm ein schönes Aussehen. Zudem sollte ein Glas zweckmäßig sein und die Form der Drink-Art entsprechen. Güte und Design der Gläser geben Auskunft über den Standard des Betriebes. Ein Grundsortiment an Spezialgläsern muß jede Bar führen, um die Cocktails den internationalen Regeln entsprechend zu servieren.
Alle Gläser müssen selbstverständlich sauber sein, und sie dürfen keinen beschädigten Rand haben.

Arten der Bargläser

Cocktailgläser

a) Cocktailglas für klare, gerührte Cocktails
b) Creamer für trübe, cremige Cocktails
c) Cocktailschale für alle anderen Cocktails und Pick-me-ups

Tumbler

Charakteristisch für Tumblers ist der doppelt dicke Glasboden. Tumblers gibt es in verschiedenen Größen.

a) **Kleiner Tumbler:** Inhalt zirka 16 cl (160 g oder 5½ Unzen). Verwendung für Frucht- und Gemüsesäfte, Sours, kalte Toddies etc.
b) **Mittlerer Tumbler:** Inhalt zirka 20 cl (200 g oder 7 Unzen). Verwendung für Fizzes, Egg-noggs etc.
c) **Großer Tumbler (Highball-Glas):** Inhalt zirka 28 cl (280 g oder 10 Unzen). Verwendung für Highballs, kalte Sangarees, Swizzles und für die meisten Long- und Fancy drinks.
d) **Collinsglas (übergroßer Tumbler):** Inhalt zirka 32 cl (320 g oder 11 Unzen). Verwendung für Collinses, Coolers, Punches, Rickeys und Limonaden.
e) **Slingglas (übergroßer Tumbler):** Inhalt zirka 40 cl (400 g oder 14 Unzen). Verwendung für Slings und Sangarees.
f) **Old-fashioned-Glas (übergroßer Tumbler):** Inhalt zirka 32 cl (320 g oder 11 Unzen). Verwendung für Old-fashioned-Cocktails und für Cocktails und Plain drinks (pure Getränke), die „on the rocks“ (auf Eis) oder als Frappé serviert werden.

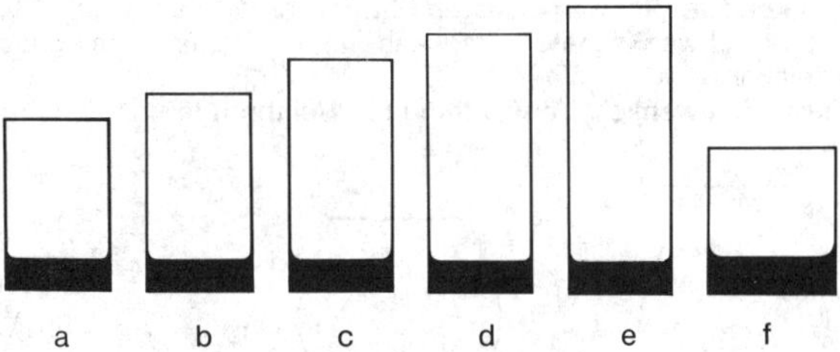

Wein- und Schaumweingläser
a) Rotweinglas
b) Weißweinglas
c) Süd-, Süß- und Dessertweinglas
d) Sekt- und Champagnerglas

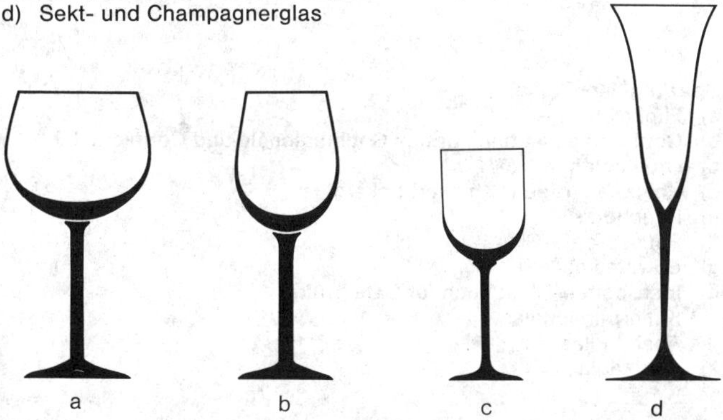

Likör- oder Cordialgläser (Liquor-glass, Cordial-glass)
Gibt es in Form von Likörschalen und Gläsern mit Tulpenform.

Schwenker oder Schwenkschalen (Snifter)

a) Große Schwenkschalen: Verwendung für Cognac, Armagnac und Edelliköre
b) Kleine Schwenker: Verwendung für Weinbrände und Obstbranntweine

a a b

Spezialgläser

a) Flipkelch
b) Cobblerglas (in den Formen Cobblerschale und Cobblerkelch)
c) Crustaglas
d) Knickebein- oder Knickerbockerglas
e) Punchglas
f) Pousse-café-Glas
g) Bowlenglas
h) Irish-coffee-Glas: auch für Café brûlot
i) Kullerpfirsichglas
j) Absinthglas
k) Wodkaglas

a b b

c

d

e

f

g

h

i

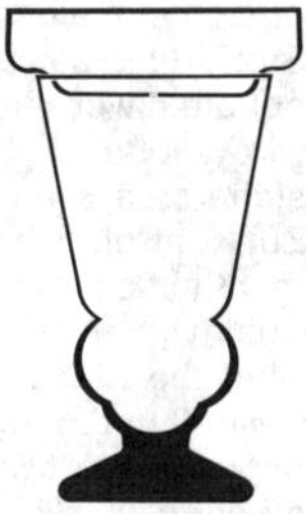
j

k

Biergläser
Biertulpen, -schwenker und -kelch:
für Flaschenbier

Daneben benötigt man eine große Anzahl von **Karaffen** für die frischgepreßten Frucht- und Gemüsesäfte, Sirupe sowie Obers und Milch. Zu Drinks, die mit Wasser getrunken werden, stellt man **Krüge** mit frischem Wasser auf die Bartheke und die Tische.

Reinigung der Gläser

Jedes Glas muß nach Gebrauch gespült werden.
Hygienisch einwandfrei reinigt man die Gläser, wenn sie zuerst in handheißem, mit etwas Soda versetztem Wasser mit der Hand bearbeitet werden. Zum Spülen wird eine Gläserbürste benutzt, die nach der Hygieneordnung vorgeschrieben ist. Es ist besonders darauf zu achten, daß die in warmem Spülmittelwasser gewaschenen Gläser von Fett- und Lippenstiftspuren befreit sind. Zum Nachspülen benutzt man warmes, klares Wasser.
Heute werden vielfach Gläserspülmaschinen verwendet.
Zum Abtropfen werden die Gläser mit der Öffnung nach unten auf einem Stoff- oder Schaumgummituch abgestellt. Die noch warmen Gläser werden anschließend trockengerieben und poliert. Dazu benutzt man am besten ein leinenes oder halbleinenes, nicht faserndes Tuch, da diese Stoffart am saugfähigsten ist. Beim Polieren muß das Glas sachgemäß gehalten werden, da sonst die Gefahr besteht, daß der Stiel abgedreht wird. Hohe Stielgläser sind mit besonderer Vorsicht zu reinigen. Am sichersten ist es, wenn sie am Stiel in der hohlen Hand gehalten werden. Zur Kontrolle wird das Glas gegen das Licht gehalten. Es darf auch dabei nicht mit der bloßen Hand angefaßt werden.
Aus hygienischen Gründen darf ein Glas niemals angehaucht werden. Sind die Gläser verstaubt, werden sie zuerst mit kaltem Wasser ausgespült und dann in warmem Wasser mit Spülmittel gewaschen. Das ist notwendig, da sonst der Staub die Gläser verschmieren und blind machen würde.
Die Gläser werden immer mit der Öffnung nach unten im Gläserschrank aufbewahrt, damit kein Staub hineingelangen kann. Ausnahmen bilden Gläser, die wegen ihrer Form leicht umkippen.

Gesetzliche Bestimmungen

Alle offenen Getränke müssen in geeichte Gläser, Karaffen und Krüge gefüllt werden.
In **Österreich** gelten die Bestimmungen des **Maß- und Eichgesetzes** (MEG) 1950 bzw. der Schankgefäßverordnung in der Fassung BGBl. 296/61 vom 2. Dezember 1961.
Folgende Schankgefäße sind zulässig:

2 l	
1,5 oder $1\frac{1}{2}$ l	0,1 l oder 10 cl
1 l, 0,5 l	$\frac{1}{16}$ l
0,3 l	0,05 l oder 5 cl
$\frac{1}{4}$ l oder 0,25 l	0,04 l oder 4 cl
0,2 l	$\frac{1}{32}$ l
$\frac{1}{8}$ l	0,02 l oder 2 cl

Nach § 20 MEG sind **Schankgefäße** jene Gläser, Krüge, Flaschen, Karaffen und ähnliche Gefäße, die zur Verabreichung von Getränken in Gast-, Schank- und Speisewirtschaften oder ähnlichen Einrichtungen dienen und erst bei Bedarf gefüllt werden (Bier, weinhältige und weinähnliche Getränke, Most, Trinkbranntweine, alkoholfreie Getränke, Milch und Milcherzeugnisse).
Ausnahmen: Tee, Kaffee, Milchmischgetränke.
Schankgefäße müssen mit einem Füllstrich, mit der Bezeichnung der Inhaltsmenge und dem Litermaß versehen sein. Strich und Bezeichnung müssen durch Schnitt, Schliff, Brand usw. angebracht und leicht erkennbar sein.
Nach § 22 MEG sind Inhaber aller Betriebe, die Schankgefäße verwenden, verpflichtet, geeichte Flüssigkeitsmaße zur Prüfung der Schankgefäße bereitzuhalten. Für Schankgefäße der Größen 0,5 l, 0,3 l, $^1/_4$ l und $^1/_8$ l genügen z. B. Flüssigkeitsmaße von $^1/_4$ l und 0,3 l.

In der **Bundesrepublik Deutschland** werden Schankgefäße im Eichgesetz definiert als Gefäße, die zum gewerbsmäßigen Ausschank von Getränken gegen Entgelt bestimmt sind und erst bei Bedarf gefüllt werden.
Die Schankgefäße werden unterteilt in Gefäße, die zum Trinken des eingefüllten Getränkes verwendet werden, und in Gefäße zum Überbringen von Getränken, die aus anderen Gefäßen getrunken werden.
Für Trinkgefäße sind folgende Größen zulässig:

3 l	0,25 l
2 l	0,2 l
1,5 l	0,1 l
1 l	10 cl
0,5 l	5 cl
0,4 l	4 cl
0,3 l	2 cl

Schankgefäße zum Umfüllen gibt es in folgenden Größen:

5 l	1 l
4 l	0,5 l
3 l	0,25 l
2 l	0,2 l
1,5 l	

EIS IN DER BAR

Fast alle Cocktails werden mit Roheis hergestellt, und sehr viele Getränke werden mit Eis serviert. In einer modernen Bar sorgt eine elektrische Eismaschine für die Versorgung mit hygienisch einwandfreiem Roheis. Eismaschinen arbeiten vollautomatisch und werden durch Thermostat gesteuert. Es ist zweckmäßig, das fertige Eis aus der Maschine zu nehmen, bevor der Barbetrieb einsetzt. Mit der Eismaschine kann Eis in beliebiger Form hergestellt werden. Die glasklaren Eiswürfel haben als kompakter Vollkörper die größte Kältereserve und schmelzen langsamer als jede andere Form.

Auszug aus den gesetzlichen Bestimmungen

In Österreich:
Eis, welches zum Genuß dienen oder mit Lebensmitteln in Berührung kommen soll, muß aus Wasser, welches sich sowohl bei der chemischen als auch bei der bakteriologischen Untersuchung als unbedenklich erweist, hergestellt sein.

In der Bundesrepublik Deutschland:
Wasser, auch in gefrorenem Zustand, für Betriebe, in denen Lebensmittel hergestellt oder behandelt werden oder die Lebensmittel gewerbsmäßig in den Verkehr bringen, muß die Beschaffenheit von Trinkwasser haben.

In der Schweiz:
Zum unmittelbaren Genuß dienendes oder als Zusatz zu Speisen oder Getränken bestimmtes Eis jeder Art muß farblos und frei von sichtbaren Verunreinigungen sein. Beim Schmelzen muß es Wasser, das in chemischer und bakteriologischer Hinsicht dem Trinkwasser entspricht, ergeben.
Die Verwendung von Eis bei der Herstellung von Bar-Getränken hat folgende Gründe:

- Das Eis muß einen Drink möglichst stark abkühlen, ohne ihn stark zu verwässern (es sei denn, das Rezept verlangt es). Aus der verwendeten Eisart und der Dauer des Schüttelns ergibt sich der Grad der Verdünnung.
- Zerschlagenes oder gemahlenes Eis soll manche Drinks kühlen und verdünnen bzw. leichter machen. Es wird bei stark aromatischen Grundsubstanzen wie z. B. bei Crème de Menthe (Pfefferminzlikör) verwendet (in Form von Frappés, z. B. Menthe-Frappé, Rusty Nail).
- Bei einigen Longdrinks oder Getränken „on the rocks“ müssen die Eiswürfel den Cocktail oder die Spirituose möglichst lange im Glas kühl halten. Eine allmähliche Verdünnung tritt damit automatisch ein. Für Longdrinks sollte man möglichst große Eiswürfel verwenden.
- Fancy-ice-cubes werden für besondere optische und geschmackliche Effekte verwendet.

Eisarten

Crushed ice
Feingestoßenes Eis mit feiner Körnung (kleine Stücke).

Cobbler ice
Crushed ice mit groberer Körnung.

Shaved ice
Geschabtes Eis, auch Schnee-Eis genannt. Es wird in der Eismühle (Ice-grinder) zubereitet.

Ice-cubes
Eiswürfel

Fancy-ice-cubes
Eiswürfel mit eingeschlossenen Fruchtstückchen (Mandarinenstückchen, Maraschinokirschen etc.). Es gibt auch Fancy-ice-cubes, die mit Fruchtsäften, Grenadine-Sirup, starkem Tee oder Kaffee eingefärbt werden.

BARSTOCK, BARKARTE, MASZE UND VOLUMPROZENTE IN DER BAR

DER BARSTOCK

Er ist abhängig von der Größe der Bar und vom Gästekreis, der diese Bar frequentiert, d. h., eine internationale Bar wird zwangsläufig einen größeren Barstock haben als eine Bar, die nur regionale Bedeutung hat. Aber auch mit einem kleinen, aber guten Sortiment an Getränken kann man eine Fülle von gängigen Mixgetränken erstellen (vgl. Hausbar, Seite 410).

Gliederung eines Barstocks

a) **Basisgetränke:** In jeder Bar müssen 5 Basisgetränke vorhanden sein. Auf einem von ihnen ist jedes alkoholische Bargetränk aufgebaut:
   - Cognac, Weinbrand
   - Whisk(e)y (Scotch, Canadian, Irish, American)
   - Wodka
   - Rum (dunkler und weißer)
   - Gin

b) **Wermut:** trocken, süß, rot

c) **Dessertweine:** Sherry, Portwein

d) **Bitters:** Fernet, Campari, Rossbacher

e) **Würzbitters:** Angostura-, Orange- und Peach-Bitter

f) **Anisées:** Pernod, Ricard, Ouzo

g) **Weitere Branntweine:** in Form von Geisten und Wässern (Kirsche, Apfel, Birne, Himbeere)

h) **Liköre**

i) **Schaumweine:** Champagner, Sekt

j) **Weine**

k) **Biere**

l) **Alkoholfreie Getränke und Sirupe:** Frucht- und Gemüsesäfte, aber auch Filler wie Tonic Water, Bitter Lemon, Ginger Ale, Coca-Cola usw. sowie Zuckersirup, Grenadine-Sirup (Granatapfelsirup), Orgeat-Sirup (Mandelmilchsirup), Papaya- und Maracuja-Sirup u. a.

m) **Garnituren:** frische Früchte wie Orangen, Zitronen, Limetten, Früchte und Beeren der Saison, Cocktailkirschen, Perlzwieberln, Oliven

n) **Zucker:** Würfel-, Feinkristall-, Staub-, Rohzucker

Beispiel eines Barstockes

Cognacs und Weinbrände
Martell
Courvoisier
Camus
Delamain
Bouchet V.S.O.P.
Asbach Uralt
Scharlachberg

Whisk(e)ys

Malt Scotch Whisky
Glenlivet
Glengoyne

Blended Scotch Whisky
Black & White
VAT 69
White Horse
Ballantine's 12 Years Old
Dimple-Haig
Chivas Regal

Canadian Whisk(e)y
Seagram's V.O.
Canadian Club
Black Velvet

Irish Whisk(e)y
John Jameson
Old Bushmills

American Whisk(e)y
Old Grand Dad
Four Roses
Jack Daniel's

Wodka
Moskovskaya
Stolichnaya
Wyborowa

Rum
Bacardi Silver Label
Myers's Planters' Punch
Coruba

Gin
Bols Silver Top
Beefeater Gin
Gordon's Dry Gin

Wermut
Noilly Prat
Martini Extra Dry
Martini Bianco
Martini Rosso
Cinzano Rosso
Punt e Mès

Dessertweine
Osborne Fino
Sandeman Dry Don, Amontillado
Harvey's Bristol Cream
Cockburn's Ruby Port
Sandeman White Port
Marsala
Porto Ruby
Samos

Bitters
Fernet-Branca
Underberg
Rossbacher
Campari Bitter
Unicum

Würzbitters
Angostura-Bitter
Peach-Bitter
Orange-Bitter

Anisées
Pernod
Yeni Rakı
Ouzo

Branntweine
Zuger Kirsch
Schladerer Himbeergeist
Le Bon Père William
Barack Palinka
Badel Slibovica

Père Magloire Calvados
Marquis de Montesquieu

Liköre
Grand Marnier
Tia Maria
Cointreau
Kahlúa
Drambuie
Chartreuse Verte
Irish Mist
Bols Triple Sec
Bols Blue Curaçao
De Kuyper Crème de Cacao weiß
Bols Crème de Menthe weiß
Peppermint Get
Bols Crème de Mocca
Fockink Abricot Brandy
Advockaat
D.O.M. Bénédictine

Schaumweine
Hochriegl Alte Reserve
Schlumberger Sparkling
Kleinoscheg Schilchersekt
Veuve Clicquot-Ponsardin
Louis Roederer Cristal
Moët & Chandon Dom Perignon

Weine

Offene Weißweine:
Grüner Veltliner, Undhof, Wieden, Fritz Salomon, Stein an der Donau

Offene Rotweine:
St. Laurent, Chorherrenstift Klosterneuburg

Flaschenweine weiß:
Rheinriesling Ried Klaus, Josef Jamek, Joching (Wachau)
Pinot Blanc, Klosterkellerei Siegendorf (Burgenland)
Johannesberger, Klaus, Winzergenossenschaft Johannesburg e. G., Rüdesheim
Soave Secco, Venetien (Italien)

Flaschenweine rot:
Schlumberger Goldeck Kabinett
Gevrey Chambertin, Joseph Droutin, Beaune, Burgund (Frankreich)
Fleurie, Joseph Droutin, Beaujolais, Burgund (Frankreich)
Barbaresco, Piemont (Italien)

Biere
Puntigamer Pils
Löwenbräu
Tuborg

Alkoholfreie Getränke

Frucht- und Gemüsesäfte:
Frischer Orangensaft
Frischer Zitronensaft
Frischer Grapefruitsaft
Ananassaft
Tomatensaft

Mixers (Fillers):
Schweppes Bitter Lemon
Tonic Water
Ginger Ale
Coca-Cola
7Up
Kinley's Club Soda
Römerquelle-Mineralwasser

Sirupe:
Canadou-Cane-Sirup (Zuckerrohr-Sirup)
Zuckersirup
Maracujasirup
Bols-Grenadine-Sirup
Papayasirup
Orgeat-Sirup (Mandelmilch)
Coconut Cream

Garnituren
Orangen, Zitronen, rote und grüne Cocktailkirschen, grüne Oliven mit Kernen oder gefüllt, Perlzwieberln, Früchte und Beeren der Saison, frische Pfefferminze, Muskatnuß

Zucker
Staub-, Feinkristall-,
Rohzucker (braun),
Würfelzucker

Sonstiges
Milch, Obers, Eier

DIE BARKARTE

Die Barkarte ist die Visitenkarte der Bar. Sie unterscheidet sich von einer Weinkarte lediglich im Format. Eine moderne Barkarte enthält nicht nur Cocktails und Mixgetränke, sondern auch alle erhältlichen alkoholischen und nichtalkoholischen Getränke. Die Barkarte muß sauber, übersichtlich und geschmackvoll ausgeführt sein. Bei Preisänderungen müssen neue Karten hergestellt werden.
Die nachfolgend angeführten Muster einer Barkarte zeigen, wie die Aufteilung der Getränke erfolgen kann:

Kleine Barkarte

Aperitifs
Cinzano, Martini
Noilly Prat
Campari Soda, Dubonnet
Pernod

Sherrys
Domecq La Ina
Sandeman Dry Don, Amontillado
Gonzales Byass & Cia. Tio Pepe
Harveys «Bristol Milk»
Williams & Humbert's Dry Sack

Portwein
Niepoort's Colheita 1936

Fruchtwodka spezial

Cocktails
Martini, Gibson, Vodkatini
White Lady, Side Car
Bloody Mary, Screw Driver
Champagne Cocktail
Grasshopper
Daiquiri, Margarita,
Fallen Angel
Manhattan, Rob Roy,
Old Fashioned
Stinger
Rusty Nail
Apple Jack

Longdrinks
Americano
Lemon Cooler (alkoholfrei)
Planter's Punch
Tom Collins, Horse's Neck,
Gin Fizz
Pedro Collins
Harvey Wallbanger

Whiskys
John Haig, White Label
Red Label, White Horse, J & B
Black & White, Grand Macnish
VAT 69, Ballantine's, Cutty Sark

Dimple Scotch, Glendfiddich
Chivas Regal, Black Label,
Jack Daniel's
Canadian Club, Seagram's V.O.
Old Grand Dad, Harper's,
Four Roses

Sours
Scotch Sour
Bourbon Sour

Veuve Clicquot,
Ponsardin, Brut
Reims, France

Cognac
Hennessy bras armé

Cognacs V.S.O.P.
Martell, Bisquit
Rémy Martin, Courvoisier
Martell Cordon bleu

Weinbrand
Asbach Uralt
Stock Royal
Scharlachberg Meisterbrand

Schnäpse
Gordon's Gin
Vodka Wyborowa
Doornkaat
Genever Hulstkamp, Akvavit
Bacardi Rum, Schinkenhäger
Barack Palinka, Slibowitz
Wodka Stolichnaya
Calvados
Williams Birne, Kirschwasser
Fernet-Branca, Underberg

Liköre
Crème de Menthe, Cointreau
Cherry Heering, Maraschino Luxardo
Bénédictine D.O.M.
Chartreuse, Grand Marnier,
Drambuie
Cordial Médoc

Die durch Einrahmung besonders hervorgehobenen Produkte sind jene, die der Betrieb forcieren möchte.

Große Barkarte

COCKTAILS

Trocken – Dry
Martini
Manhattan
Old Fashioned
Negroni
Rob Roy

Halbsüß – Medium
Bronx
Daiquiri
Side Car
White Lady
Black Russian
Stinger

Süß – Sweet
Alexander
Moulin-Rouge
Lady Favorit
Grasshopper
Paradise
Rose

VARIOUS LONGDRINKS

Americano
Singapore Sling
Screw Driver
Harvey Wallbanger

Pimm's Nr. 1
Planter's Punch
GT 33
Cuba Libre

FIZZES

Gin
Brandy
Silver
Texas
Royal

FLIPS

Portwein
Sherry
Brandy
Champagner

DAISIES

Brandy
Ascot
Canadian
Champagner

CHAMPAGNER-COCKTAILS

Ohio
Prince of Wales
Flying Beauty

FANCY DRINKS

Apotheke
Prairie Oyster
Nikolaschka
Bloody Mary
Pick-me-up
Auferstehung

COLLINSES

Tom
Brandy
Rum
John
Wodka

SOURS

Whisky
Brandy
Gin
Rum

FRAPPÉS

B & B
Rusty Nail
Peppermint
Marie Brizard
Cointreau

WEINBRÄNDE (2 cl)

Asbach Uralt
Scharlachberg
Bouchet***
Stock***
Dujardin Imperial

COGNACS (2 cl)

Hennessy VSOP
Hennessy***
Martell Cordon bleu
Rémy Martin VSOP
Courvoisier***
Bisquit Duboché***

APERITIFS (5 cl)

Martini (Dry, Bianco, Rosé)
Cinzano (Dry, Sweet, Rosso)

Noilly Prat (Dry)
Carpano (Punt e Mès)
Dubonnet
Pernod
Ricard
St-Raphaël
Cynar
Campari mit Soda ($^1/_{32}$)

SÜDWEINE (5 cl)

Sandeman white Port
Sandman red Port
Sandeman Sherry
Sherry Tio Pepe
Sherry Primero
Madeira
Malaga
Marsala

WHISKYS (4 cl)

Scotch
Black and White
White Horse
Ballantinés
VAT 69
Dewar's White Label
Johnnie Walker
Langs
Chivas Regal
Johnnie Walker Black Label
Dimple Haig
Ballantine's over 12 Years
Glenfiddich – Glenlivet

Bourbon
Four Roses
Old Grand Dad
Jim Beam
Jack Daniel's Black Label

Rye – Canadian
Seagram's V.O.
Canadian Club
Hiram Walker's American Rye
Crown Royal

Irish
Tullamore Dew
Power's Irish
John Jameson
Old Bushmills

SPIRITUOSEN – SCHNÄPSE (2 cl)

Barack Palinka
Aalborg Akvavit
Calvados
Doornkaat
Steinhäger
Gordon's Gin
Schinkenhäger
Genever
Himbeergeist, Schladerer
Kirschwasser, Schladerer
Slibowitz (Sliwowitz)
Williams
Bacardi Rum
Lemon Hart
Coruba-Rum
Wodka Wyborowa
Wodka Moskowskaya
Wodka Zubrowka
Wodka Smirnoff

LIKÖRE (2 cl)

Bols Crème de Menthe
Bols Apricot Brandy
Bols Crème de Cacao
Bols Curaçao Triple Sec
Bols Curaçao Bleu
Cointreau
Grand Marnier
Bénédictine D.O.M.
Tia Maria
Kahlúa
Chartreuse, grün oder gelb
Cherry Heering
Advockaat
Eierlikör
Keuck Turkish Mocca-Liqueuer
Drambuie
Maraschino Luxardo

Amaretto di Saronno
Half om Half
Echte Kroatzbeere

BITTERS (2 cl)

Underberg
Fernet-Branca
Rossbacher
Jägermeister

ÖSTERREICHISCHE SCHAUMWEINE

Schlumberger Sparkling
Extra Dry
Hochriegl, halbsüß
Kleinoscheg Schilchersekt

DEUTSCHE SCHAUMWEINE

Henkell trocken
Henkell Royal
Deinhard Cabinet
Matheus Müller Blau-Rot
Fürst Metternich

CHAMPAGNER

Heidsieck Brut
G.H. Mumm Cordon Rouge
Dom Perignon
Laurent-Perrier Ultra Brut
Krug Brut Réserve

BIERE

Brau-AG, Lager
Reininghaus, Pils, Graz
Adambräu, Export, Innsbruck
Dortmunder Union, Pils
Löwenbräu, Export
Heineken
Tuborg Luxus Gold
Pilsner Urquell
Guinness Export Stout

ALKOHOLFREIE GETRÄNKE

Fruchtsäfte (0,2 l)
Ananassaft
Orangensaft Natur
Traubensaft
Grapefruitsaft

Limonaden (0,2 l)
Coca-Cola
Sprite
Ginger Ale
Tonic Water
Bitter Lemon
Golden Fresh

Mineralwasser
Alpquell
Gasteiner
Güssinger
Römerquelle
Club Soda

DIE MASZE UND VOLUMPROZENTE IN DER BAR

Barmaße

Bei den nachfolgend angeführten Barmaßen und ihrer Umrechnung handelt es sich um die international üblichen Werte.

Barmaß	Umrechnung
1 Dash (Spritzer)	1/3 Barlöffel 1/6 Teelöffel 0,08 Zentiliter
1 Bar-spoon (Barlöffel)	3 Spritzer 1/2 Teelöffel 1/6 Eßlöffel 1/12 Unze 0,25 Zentiliter
1 Tea-spoon (Teelöffel)	6 Spritzer 2 Barlöffel 1/3 Eßlöffel 1/6 Unze 0,5 Zentiliter
1 Table-spoon (Eßlöffel)	18 Spritzer 6 Barlöffel 3 Teelöffel 1/2 Unze 1/3 Meßglas 1/4 Zentiliter
1 Fluid ounce, Ounce, Pony (Unze)	12 Barlöffel 6 Teelöffel 2 Eßlöffel 2/3 Meßglas 1/4 Weinglas 1/6 Split 1/8 Schale 2,8 Zentiliter
1 Centiliter (Zentiliter)	12 Spritzer 4 Barlöffel 2 Teelöffel 2/3 Eßlöffel 1/3 Unze 2/9 Meßglas

Barmaß	Umrechnung
1 Jigger, Gill (Meßglas)	18 Barlöffel 9 Teelöffel 3 Eßlöffel $1\frac{1}{2}$ Unzen $\frac{3}{8}$ Weinglas $\frac{1}{4}$ Split 4,3 Zentiliter
1 Wine-glass (Weinglas)	8 Eßlöffel 4 Unzen $2\frac{2}{3}$ Meßgläser $\frac{2}{3}$ Split $\frac{1}{2}$ Schale 11,2 Zentiliter
1 Split	12 Eßlöffel 6 Unzen 4 Meßgläser $1\frac{1}{2}$ Weingläser $\frac{3}{4}$ Schale 17,2 Zentiliter
1 Cup (Schale)	16 Eßlöffel 8 Unzen $5\frac{1}{3}$ Meßgläser 2 Weingläser $1\frac{1}{3}$ Split 23 Zentiliter

Ausschankmaße

	Österreich, Bundesrepublik Deutschland	Schweiz
Cocktails	6 cl	5 cl
Whisk(e)y	4 cl	4 cl
Spirituosen	2 cl	2,5 ol
Südweine	5 cl	4 cl

Flaschenmaße

Flascheninhalt	theor. Ausschankmengen		tatsächl. Ausschankmengen (abzüglich einer 6%igen Marge)	
	Spirituosen 1 Glas = 2 cl	Südweine 1 Glas = 5 cl	Spirituosen 1 Glas = 2 cl	Südweine 1 Glas = 5 cl
1 Liter (100 cl)	50 Gläser	20 Gläser	47 Gläser	19 Gläser
0,75 Liter (75 cl)	37 Gläser		35 Gläser	
0,7 Liter (70 cl)	35 Gläser	14 Gläser	33 Gläser	13 Gläser

Die tatsächliche Ausschankmenge berechnet sich also aus der theoretischen Ausschankmenge abzüglich der Marge, die in obigem Beispiel mit 6 Prozent angenommen wurde.

Flascheninhalte und Volumprozente (Vol.-%)

Aperitifs

Marke	cl	Vol.-%
Martini Vermouth Dry	100	18,5
Martini Vermouth Bianco	100	16,5
Cinzano Bianco	100	16,5
Punt e Mès	100	16,3
Porto Sandeman	70	20,0
Sherry Tio Pepe	70	20,0
Aperol	100	11,0
Pastis	70	45,0
Ricard	70	45,0
Pernod	70	45,0
Cynar	100	16,5
Rabarbaro Zucca	100	16,0
Amaro Ramazotti	100	32,0
Bitter Campari	100	23,0
Pimm's No. 1	70	40,0
Rossi	100	18,0

Branntweine

Dabei handelt es sich um die gängigen Werte. Für den Export werden die Branntweine auch mit höherem Alkoholgehalt erzeugt.

Marke	cl	Vol.-%
Cognac Courvoisier	70	40,0
Cognac Bisquit	70	40,0
Cognac Rémy Martin	70	40,0

Marke	cl	Vol.-%
Cognac Hennessy	70	40,0
Cognac Martell	70	40,0
Cognac Stock 84	70	40,0
Cognac Carlos I	70	40,0
Gordon's Gin	70	40,0
Beefeater Gin	70	40,0
Gilbey's Gin	70	43,0
Booth's Gin	70	43,0
Tanqueray Gin	70	43,0
Whisky Ballantine's	70	43,0
Whisky J & B	70	43,0
Whisky Johnnie Walker	70	43,0
Whisky Glen Grant	70	40,0
Whisky Black & White	70	43,0
Whisky Chivas Regal	70	43,0
Whisky John Haig	70	43,0
Whisky Ancestor De Luxe	70	43,0
Whiskey Jim Beam	70	43,0
Whisky Dimple Haig	70	43,0
Whisky Vat 69	70	43,0
Whisky Old Parr	70	43,0
Whisky Dewar's White Label	70	43,0
Whisky White Horse	70	43,0
Whisky Club 99	70	41,0
Whisky Canadian Club	70	42,0
Whiskey Harper's	70	43,0
Whiskey Four Roses	70	43,0
Whisky Hiram Walker	70	43,0
Whiskey Old Grand Dad	70	43,0
Whisky Old Forester	70	43,0
Whiskey Old Taylor	70	43,0
Whisky Seagram's V.O.	70	40,0
Whisky The Macallan	70	43,0
Whisky Buchanan	70	40,0
Wodka Crystal	70	40,0
Wodka Smirnoff	70	40/50/80
Wodka Wyborowa	70	45,0
Wodka Moskovskaya	70	40,0
Wodka Eristoff	70	40,0
Wodka Zubrowka	70	40,0
Wodka Samovar	70	40,0
Wodka Puschkin	70	40 bis 55
Wodka Krepkaya	70	55,0
Wodka Relsky	70	43,0
Rum Bacardi	70	40,0
Rum Negrita	70	40,0
Rum Coruba	70	43/74

Marke	cl	Vol.-%
Rum Captain Morgan	70	41,0
Rum Appleton Dark	70	40,0
Rum Ron Corona	70	44,0
Grappa Piave	70	42,0
Grappa Julia	70	42,0
Marc de Champagne	70	42,0
Marc de Bourgogne	70	42,0
Calvados	70	40,0
Genever Bols	100	40,0
Genever Fockink	100	40,0
Hulstkamp Bessen Genever	100	25,0
Steinhäger, Schlichte im großen Krug	100	40,0
Wacholder	70	40 bis 45
Doornkaat	70	40,0
Kirschwasser Dettling	70	46,0
William's	70	43 bis 50

Liköre

Marke	cl	Vol.-%
Bols, verschiedene Liköre	70	22 bis 27
Chartreuse verte	70	55,0
Chartreuse jaune	70	43,0
Chartreuse Elixir Vègètal	70	68,0
Cherry Brandy Heering	70	24,0
Cointreau	70	40,0
Cordial Campari	70	36,0
Crème de Cassis	70	16,0
Drambuie	70	40,0
Fernet-Branca	72,3	45,0
Grand Marnier	70	38,0
Kahlúa	70	26,5
Maraschino Luxardo	50	32,0
Tia Maria	70	34,0

Die nachfolgende Tabelle gibt einen Überblick über die **spezifischen Gewichte** ausgewählter Getränke. Ausgangspunkt ist das Wasser mit 1.000 Gramm. Bei den übrigen Produkten handelt es sich um gängige Werte, die mitunter abweichen können.

Wasser	1.000 g	Curaçao, orange	1.075 g
Alkohol pur (96 %)	793 g	Curaçao, Triple sec	1.083 g
Angostura-Bitter	940 g	Eau-de-vie	956 g
Anisette	1.115 g	Genever	952 g
Apricot Brandy	1.080 g	Gin	941 g

Aquavit	942 g	Goldwasser	1.110 g
Cherry Brandy	1.051 g	Half on Half	1.075 g
Cognac oder Weinbrand	940 g	Kirschwasser	941 g
Crème de Banane	1.140 g	Kümmellikör	1.050 g
Crème de Cacao	1.135 g	Maraschino	1.094 g
Crème de Mandarin	1.075 g	Orange-Bitter	963 g
Crème de Menthe	1.125 g	Parfait Amour	1.125 g
Crème de Roses	1.150 g	Sirup (Grenadine usw.)	1.270 g
Crème de Vanille	1.050 g	Whisk(e)y	940 g
Curaçao, blau	1.065 g	Wodka	950 g

PRAKTISCHES MIXEN

Bargetränke kann man im Shaker (shake), im Rühr- oder Mixglas (stir) und im Gästeglas (build) zubereiten. Die Arbeitsgeräte müssen sofort nach Gebrauch gewaschen und getrocknet werden.

ZUBEREITUNG IM SHAKER

Im Shaker werden alle Getränke mit schwer vermengbaren Ingredienzien, wie Sirupe, Liköre. Milch, Obers, Eier, zubereitet, um durch Schütteln eine Emulsion zu erhalten. Man kann dazu auch einen elektrischen Mixer (Hamilton Beach) verwenden.

a) Vorkühlen des Shakers, indem man ihn mit Eiswürfeln füllt.
b) Bereitstellen des geeigneten Gästeglases für den bestellten Drink.
c) Frappieren (Kühlen) des Gästeglases.
d) Bereitstellen aller im Rezept vorgesehenen Ingredienzien, und zwar so, daß man sie leicht mit der rechten Hand ergreifen kann.
e) Herrichten der Garnitur.
f) Eiswasser aus dem Shaker abseihen.
g) Mit einem Meßglas oder Meßbecher die Menge der Ingredienzien messen und in den Shaker gießen. Die gebrauchten Flaschen werden sofort wieder verschlossen und auf ihren Platz zurückgestellt.
h) Shaker gut schließen.
i) Den Shaker mit den Fingerspitzen halten und kräftig schütteln. Ein Cocktail soll mindestens 10 Sekunden lang stark geschüttelt werden.
j) Das Gästeglas beim Stiel oder im unteren Drittel halten und das Getränk eingießen. Ist der Inhalt des Shakers für mehrere Drinks bestimmt, soll abwechselnd eingeschenkt werden. Einerseits muß die gleiche Menge in jedem Glas sein **(gleiche Quantität),** und andererseits muß ein gleichbleibender Geschmack **(gleiche Qualität)** garantiert sein. Da unten im Shaker das Schmelzwasser ist, würde der als letzter eingeschenkte Cocktail dünner schmecken.
k) Das Getränk mit der Garnitur versehen.

ZUBEREITUNG IM RÜHR- ODER MIXGLAS

Im Rührglas werden die klaren Drinks zubereitet oder Cocktails, deren Bestandteile sich leicht vermengen lassen.

a) Vorkühlen des Rührglases, indem man es mit Eiswürfeln füllt.
b) Bereitstellen des Gästeglases für den bestellten Drink.
c) Frappieren (Kühlen) des Gästeglases.
d) Bereitstellen der Flaschen, und zwar rechts vom Gästeglas.
e) Herrichten der Garnitur.
f) Eiswasser aus dem Rührglas abgießen.

g) Ingredienzien aus den bereitgestellten Flaschen abmesen und in das Rührglas geben.
h) Mit dem Barlöffel den Cocktail gut rühren und anschließend mit dem Strainer (Barsieb) in das Gästeglas abseihen.
i) Wurden im Rührglas mehrere Drinks gemixt, wird wieder abwechselnd eingeschenkt.
j) Das Getränk garnieren und sofort servieren.

Ist eine Bestellung an gleichen Drinks so groß, daß sie nicht in einem Shaker bzw. Rührglas zubereitet werden kann, wird der Inhalt des ersten Shakers bzw. Rührglases gleichmäßig auf alle Gläser aufgeteilt und dann mit der zweiten Mischung aufgefüllt.

ZUBEREITUNG IM GÄSTEGLAS

Viele Bargetränke, wie Highballs, Collinses, Slings, Fancy drinks, Pick-me-ups und Champagnercockteils, werden im Gästeglas zubereitet. Hier sind der Barlöffel und das Barmesser die wichtigsten Arbeitsgeräte.

VERTRÄGLICHKEIT DER ALKOHOLIKA UND ZUTATEN VON COCKTAILS

Die besten Kombinationen zwischen:
Sirup – Likör – Fruchtsaft – Spirituosen

1. Fruchtsäfte (Orangen, Zitronen, Limetten, Ananas usw.)
2. Sirupe
3. Milch, Rahm, Eier, Zucker, Muskat, Honig usw.
4. Weine und Weinbrände (Cognac, Brandy, Armagnac, Wermut, Marsala, Sherry, Portwein usw.)
5. Wacholder-Destillate (Gin, Genever, Steinhäger)
6. Getreidedestillate (Whisk(e)y, Wodka, Aquavit, Arrak)
7. Früchte- und Pflanzendestillate (Rum, Calvados, Kirschwasser, Tequila, Barack, Framboise)
8. Liköre (Cointreau, Curaçao, Cherry Brandy, Apricot Brandy, Cordial, Crème de Banane, Mocca, Cacao, Peppermint, Chartreuse, Bénédictine, Parfait Amour, Strega, Galliano)

Gruppe 1 mit Gruppen 2, 3, 4, 5, 6, 7, 8
Gruppe 2 mit Gruppen 1, 3, 4, 5, 6, 7
Gruppe 3 mit Gruppen 4, 6, 7
Gruppe 4 mit Gruppen 5, 6, 7, 8
Gruppe 5 mit Gruppen 1, 2, 4, 8
Gruppe 6 mit Gruppen 1, 2, 3, 4, 5, 7, 8
Gruppe 7 mit Gruppen 1, 2, 3
Gruppe 8 mit Gruppen 1, 4, 5, 6

ARTEN DER BARFÜHRUNG, KALKULATION, GETRÄNKEKONTROLLE FÜR DEN BARBEREICH

ARTEN DER BARFÜHRUNG

Ist der Betriebsinhaber gleichzeitig Barman und arbeitet er allein in der Bar, dann erübrigt sich die Warenkontrolle, da der Erlös ja ausschließlich durch seine Hände geht. Aber ein gewissenhafter Barbesitzer wird immer eine ordnungsgemäße Buchhaltung führen, um jederzeit feststellen zu können, ob er wirtschaftlich gearbeitet hat.
Anders ist es, wenn der Barinhaber einen Barkeeper beschäftigt. Dieses Dienstverhältnis kann auf zwei Arten organisiert sein.

Der Angestellte Barman führt die Bar auf Rechnung des Hauses

Diese Art der Betriebsführung kommt am häufigsten vor, vor allem in großen Hotels.
Die Kontrolle beginnt hier bereits bei der Übernahme der Bar. Zuerst wird eine Bestandsaufnahme aller vorhandenen Produkte gemacht. Bei dieser Barinventur werden sämtliche Spirituosen, Südweine und Liköre in Milliliter bzw. Zentilitern berechnet und in ein Inventarbuch oder auf Inventarbögen eingetragen. Sonstige Produkte, wie Soda- und Mineralwasser, Eier, Früchte, Obers usw., werden ebenfalls in die dafür bestimmten Spalten im Inventarbuch verbucht. Die Inventaraufnahme ergibt den **Barstock,** für den der Barman durch seine Unterschrift haftet. Alle Waren, die später in der Bar benötigt werden, müssen vom Barman mit einer Anforderungsliste aus dem Keller bezogen werden. Der Kellermeister benötigt eine Durchschrift des Anforderungszettels. Der Kontrolleur trägt die gelieferten Produkte und ihre Preise in die entsprechenden Rubriken im Inventarbuch ein.
Der Barman ist genau wie der Barkellner verpflichtet, für jede Bestellung sofort, das heißt, bevor das Getränk serviert wird, einen **Bon** auszustellen. Jeder Bon wird mit der Bezeichnung des Getränkes beschriftet und aufgespießt. Nach Barschluß werden die Bons im Kontrollbüro abgeliefert. Der Kontrolleur trägt die Preise der nach Getränkekategorien geordneten Bons in das Warenverkaufsbuch ein. Die Bareinnahmen werden täglich vom Barman unabhängig vom Kontrollbüro abgerechnet.
Die Inventur sollte regelmäßig alle 14 Tage oder wenigstens einmal im Monat, und zwar am Monatsletzten, erfolgen. Der Kontrolleur addiert den Bestand am Tag der Übergabe der Bar oder am Tag der letzten Kontrolle mit allen inzwischen bezogenen Produkten. Die im Warenverkaufsbuch eingetragenen Zahlen werden ebenfalls addiert, und diese Zahlen werden ins Inventarbuch übertragen und abgezogen. Das Resultat ergibt den Bestand, der noch vorhanden sein muß.

Die nachfolgende Tabelle ist eine sogenannte Stockliste, die Angaben erfolgen in Milliliter.

	Mix-Gin	Gordon's Gin	Whisk(e)y	Wh. Label Whisky	Wh. Horse Whisky	Canadian Whisk(e)y	Bourbon Whisk(e)y	Wermut Dry	Wermut rot	Cinzano rot
Stock am 1.	2.000	1.500	3.000	740	1.100	2.300	760	2.000	3.000	2.000
Bezug am 3.	1.000	750	1.000	750	740	1.450	740	1.000	1.000	1.000
Bezug am 5.	2.000	1.460	2.000	720	1.400	720	730	1.000	2.000	1.000
Bezug am 7.	2.000	730	1.000	700	720	730	750	1.000	2.000	1.000
Total	7.000	3.840	7.000	2.910	3.960	5.200	2.980	5.000	8.000	5.000
Verkauf laut Bons	6.460	3.460	2.800	2.000	1.600	2.590	2.000	3.460	3.530	4.000
Bestand am 8.	540	380	4.200	910	2.360	2.610	980	1.540	4.470	1.000
usw.										

Die nachfolgende Tabelle zeigt, wie die Aufstellung des Eingangsinventars aussehen kann.

Artikel	Anzahl Flaschen	Flascheninhalt (in cl)	Ausschankmaß (in cl)	Gläser pro Flasche	Marge	Preis pro Glas (in S)	Total S
Wermut							
Martini Dry	1	100	5	20	1		
Sherry							
Sandeman	1	70	5	14	1		
White Label	1	75	4	17,5	1,5		
Canadian Club	1	75	4	17,5	1,5		
Martell***	1	70	2	35	2		
Gordon's Gin	1	75	2	37,5	2,5		
Cointreau	1	75	2	37,5	2,5		
Total	7						

Mit obigen Angaben einverstanden

Der Betriebsinhaber   Der Barman

Der Angestellte Barman führt die Bar auf eigene Rechnung

In diesem Falle ist der Barman sozusagen der Pächter der Bar. Der Barinhaber stellt die Betriebsräume mit allen Einrichtungen dem Barman (Barkeeper) zur Verfügung. Der Barman übernimmt also den ganzen Barstock. Im Inventarbuch wird der Bestand festgehalten. Für diesen übernommenen Stock muß der Barman, wenn er ihn nicht gleich bezahlt, eine Kaution hinterlegen. Der Barman verpflichtet sich, alle Waren nur vom Barinhaber zu kaufen. Er übernimmt die Waren in Kommission. Die Verrechnungszeiträume sind von Betrieb zu Betrieb verschieden.
Die Preise der auf der Barkarte verzeichneten Getränke werden vom Barinhaber festgesetzt oder im Übereinkommen von Barman und Barinhaber bestimmt.
Bei der Bestandsaufnahme, in Saisonbetrieben zum Beispiel nach Saisonschluß, werden die Flaschen „ausgelitert" (mit dem Meßzylinder gemessen) und dem Barinhaber zurückverrechnet.
Bei diesem System der Betriebsführung wird keine Barkontrolle im eigentlichen Sinne des Wortes durchgeführt, da der Barman die Bar ja auf eigene Rechnung übernommen hat. Der Barinhaber muß sich weitgehend auf die Ehrlichkeit seines Angestellten verlassen. Von dieser Ehrlichkeit kann unter Umständen seine ganze Existenz abhängen, denn in einer Bar, die auf Rechnung des Barmixers geführt wird, ist eine sichere Kontrolle kaum durchzuführen.
Um ihren Angestellten einen zusätzlichen Anreiz zu geben, durch korrektes Arbeiten mehr zu verdienen, sind viele Barinhaber dazu übergegangen, dem Barman einen Schwund von bis zu 6 Prozent pro Flasche zu gewähren (vgl. Marge, Seite 452).

Tabelle Eingangsinventar siehe nebenstehende Seite.

KALKULATION IN DER BAR

Um den Verkaufspreis eines Drinks richtig berechnen zu können, muß man die Getränkemenge in Zentilitern angeben.
Hierbei geht man von folgenden Voraussetzungen aus (vgl. auch Seite 450).

- Der Inhalt der Flasche muß bekannt sein.
- Das Fassungsvermögen der Gläser muß ebenfalls bekannt sein, ein Cocktailglas kann z. B. bis zu 9 cl, ein Longdrinkglas bis zu 30 cl Flüssigkeit beinhalten.
- Man verwendet Meßgläser mit 2 cl, 4 cl und 5 cl Inhalt.
- Ein Dash bzw. Spritzer aus einer Flasche ist zirka 0,08 cl.

Laut Rezept kann man den Preis errechnen und die Kontrolle und Abrechnung in der Bar durchführen.

Muster einer Kalkulation (am Beispiel des Alexander-Cocktails):

2 cl Cognac oder Weinbrand	S
2 cl Crème de Cacao	S
2 cl Obers	S
Wareneinsatz	S
+ Rohaufschlag	S
Grundpreis	S
+ 10 % Alkoholsteuer	S
+ 10 % Getränkesteuer	S
Zwischensumme I	S
+ 15 % Bedienungszuschlag	S
Zwischensumme II	S
+ 20 % Mehrwertsteuer	S
Inklusivverkaufspreis	

Die berechnete Mehrwertsteuer von 20 Prozent gilt für Österreich, in der Bundesrepublik Deutschland beträgt sie 14 Prozent. Auch die Alkohol- und Getränkesteuer werden nur in Österreich eingehoben.
Der Rohaufschlag ist von Betrieb zu Betrieb unterschiedlich hoch.

GETRÄNKEKONTROLLE FÜR DEN BARBEREICH

Zielsetzungen

Ein Getränkekontrollsystem soll das Verhältnis des Getränkewareneinsatzes zu den Einnahmen für die Getränke darstellen.
Es soll verhindert werden, daß das Barpersonal eigene Waren kauft und verkauft, Ware selbst trinkt, verschenkt, tauscht, billigere Waren für teurere verkauft, qualitativ unterschiedliche Getränke mischt oder streckt, falsche Drinkeinheiten oder Cocktailrezepte verwendet oder Einnahmen veruntreut.
Diesen Ansprüchen an eine umfassende Barkontrolle werden heute die elektronischen Registrierkassen und die weiterentwickelten Computerkassen gerecht. Der wichtigste Unterschied zwischen den beiden ist, daß die Computerkassa programmierbar ist.
Um das für den Betrieb geeignete Kassensystem auswählen zu können, müssen folgene Fragen beantwortet werden:

- Über welche Speicherfähigkeiten verfügt die Registrierkassa?
- Ist der Speicher noch ausbaufähig?
- Können andere Geräte wie Drucker, Magnetband etc. angeschlossen werden?
- Welche Programme gibt es für die Computerkassa?
- Ist eine eigene Programmierung leicht möglich?
- Was kosten Änderungen der Programme bzw. zusätzlich bestellte Programme?

- Werden Bedienungslehrgänge, Programmlehrgänge angeboten?
- Wie lange sind die Liefer- und Garantiezeiten?
- Kann durch die Einführung der Registrierkassa Personal gespart werden, oder ist zusätzliches Personal erforderlich?
- Wie sind die Service- und Wartungsmöglichkeiten geregelt?
- Welche Maßnahmen sind im Hinblick auf den Ausfall des Computers zu treffen?

Darüber hinaus ist zu überlegen, ob eine computergesteuerte Schankanlage gekauft werden soll, die ein zuverlässigeres und genaueres Arbeiten ermöglicht.

Maßnahmen zur Einführung eines Getränkekontroll-Systems

Bei der Einführung eines Getränkekontrollsystems empfehlen sich folgende fünf Maßnahmen:

a) **Einheitliches Code-Nummern-System für alle Getränke:** Eine Numerierung der Getränke erleichtert die Inventur. Alle Getränkekontrollformulare und Getränkekarten müssen ein einheitliches Code-Nummern-System aufweisen, das mit der nummernmäßigen Lagerung im Gesamtgetränkelager übereinstimmt.

b) **Standardisierte Drinkeinheiten:** Verbindlich vorgeschriebene Maßeinheiten sind für die Bar und alle übrigen Getränkeausgabestellen festzulegen. Diese Maßeinheiten werden in Zentilitern angegeben und auf der Getränkekarte ausgedruckt. Das Barpersonal muß dazu angehalten werden, alle alkoholischen Drinks mit geeichten Meßbechern oder -gläsern oder Flaschenportionsausgießern auszuschenken.

c) **Standardisierte Glaswaren:** Die Menge und die Qualität der Gläser hängen vom Standard der Bar ab. Purgetränke sind in geeichten Gläsern auszuschenken. Bei Mixgetränken ist das nicht erforderlich.

d) **Standardisierte Rezepte für Mixgetränke:** Standardisierungen von Rezepten sind Voraussetzung für die Kontrolle. Der Barman ist dazu anzuhalten, daß sie auch eingehalten werden. Darüber hinaus sind entsprechende Richtlinien für Sonderwünsche der Gäste festzulegen.

e) **Festgelegte Bestandsmengen in der Bar:** Für jede Getränkemarke ist ein bestimmter Normalbestand auf Grund von Erfahrungswerten aus der Verkaufsanalyse festzulegen. Durch diesen „Soll-Flaschenbestand" lassen sich Überbestellungen aus dem Getränkelager vermeiden. Auch der tägliche Durchschnittsverbrauch ist dadurch leichter kontrollierbar.

Ablauf der Getränkekontrolle

1. Schritt: Berechnung des Soll-Verkaufswertes pro Flasche bzw. eines Glases (mit einem Inhalt von 2 cl)
2. Schritt: Einführung eines einheitlichen Getränkeausgabeverfahrens
3. Schritt: Durchführung der Barinventur

4. Schritt: Berechnung des Soll-Getränkeverbrauchs
5. Schritt: Soll-Ist-Vergleich des Getränkeverbrauchs
6. Schritt: Soll-Ist-Vergleich der Einnahmen und der Kosten
Die Computerkassen ermöglichen ein tägliches Ermitteln der Ergebnisse der Schritte vier bis sechs. Am Monatsende werden die Monatssummen ausgeworfen.

1. SCHRITT: BERECHNUNG DES SOLL-VERKAUFSWERTES PRO FLASCHE BZW. EINES GLASES (MIT EINEM INHALT VON 2 cl)
Es wird ein Liste erstellt, in der alle Getränke und Zutaten aufscheinen, die in der Bar verwendet werden. Für jedes Getränk wird der Inhalt der Flasche in Zentilitern ermittelt. Die Flaschen sind nachzumessen, da der angegebene Inhalt in vielen Fällen nicht mit dem tatsächlichen übereinstimmt. Anschließend wird die Zahl der Gläser angegeben, die mit dem Inhalt einer Flasche mit einer bestimmten Menge (z. B. 2 cl) gefüllt werden können. Für diese Arbeit verwendet man den Meßbecher.
Es hängt vom Betrieb ab, ob ein Schwund **(Marge)** berücksichtigt wird oder nicht. Sehr häufig findet man die Vereinbarung, daß je nach Flascheninhalt 1 bis 3 Gläser abgezogen werden, das sind bis zu 6 Prozent Schwund.
Nun setzt man den Verkaufspreis für 2 cl fest.
Aus der Multiplikation des Verkaufspreises von 2 cl mit der Gläseranzahl erhält man den Soll-Verkaufspreis pro Flasche.

Soll-Verkaufspreis pro Flasche = Verkaufspreis für 2 cl × Gläseranzahl.

Kalkulationsbuch

Produkt	Flaschen-inhalt in cl	Gläser anzahl (2 cl) abzügl. Schw.	Preis für 2 cl	Ausschankmaß pur	Ausschankmaß Preis	Preis pro Fl. bzw. Zutat
Angostura-Bitter	22,7	–	–	–	–	100,–
Martell***	70	33	30,–	2 cl	30,–	990,–
Cointreau	75	35	40,–	2 cl	40,–	1.400,–
Curaçao	70	33	25,–	2 cl	25,–	825,–
Gin	75	35	25,–	2 cl	25,–	875,–
Sherry	70	33	20,–	5 cl	60,–	660,–
Soda	100	47	0,74	–	–	35,–
Cinzano rosso	100	47	15,–	5 cl	45,–	705,–
Bouchet***	100	47	35,–	2 cl	35,–	1.645,–
Canadian Club	75	35	20,–	4 cl	40,–	700,–
VAT 69	75	35	20,–	4 cl	40,–	700,–
Läuterzucker	100	47	0,43	–	–	100,–
Eier (St.)						10,–
Kirschen (Glas)	18 St.					54,–
Orangen (St.)						15,–
Zitronen (St.)						15,–

Es ist Sache des Betriebes, ob der Preis inklusive aller Durchläufer (Alkoholsteuer, Getränkesteuer, Bedienungszuschlag, Mehrwertsteuer) oder ohne Durchläufer (Nettoverkaufspreis) erfaßt wird. Diese Zusammenstellung wird als **Kalkulationsbuch** bezeichnet. Alle Schritte sollen auf dem vorhergehenden vereinfachten Musterkalkulationsbuch aufbauen; es handelt sich um rechnerische Preise.

Von Vorteil ist es auch, wenn für die verschiedenen Mischgetränke eine Preisangabe extra ausgeworfen wird, die sich durch Addition der Preise der Mischungsteile leicht ermitteln läßt (siehe Seite 456).
Von der Preispolitik des Betriebes hängt es ab, ob der Kartenpreis über oder unter dem kalkulierten Verkaufspreis festgelegt wird. Weiters ist hier zu berücksichtigen, ob für Pur- und Mischgetränke gleiche oder unterschiedliche Getränkequalitäten verwendet werden.
Mit dem Wert der Spalte „Preis pro Flasche bzw. Zutat" wird die Bar belastet. Dies ist der erwartete Mindestumsatz durch den Verkauf an die Gäste.

2. SCHRITT: EINFÜHRUNG EINES EINHEITLICHEN GETRÄNKEAUSGABEVERFAHRENS

Jede Ausgabe von Getränken und Zutaten erfolgt nur gegen Bon oder Fassungsschein. Zusätzlich ist zu fordern, daß volle Flaschen nur gegen die Rückgabe der leeren Flaschen ausgefolgt werden. Die ausgegebenen Waren sind in ein Fassungsbuch einzutragen.

Für das Musterbeispiel hat das **Fassungsbuch** folgenden Inhalt:

Produkt	Fl.-Bezug bzw. Stk.-Bezug am:				Summe	Umrechnung	
	1.3.	2.3.	3.3.	4.3. bis 31.3.		Gläseranzahl je Fl. abzügl. Schw.	Menge in Gläsern
Angostura-Bitter	–	1	–	–	1	–	–
Martell***	–	1	1	35	37	33	1.221
Cointreau	1	2	1	24	28	35	980
Curaçao	–	1	–	23	24	33	792
Gin	2	3	2	70	77	35	2.695
Sherry	2	4	4	72	82	33	2.706
Soda	3	5	5	128	141	47	6.627
Cinzano rosso	2	2	2	54	60	47	2.820
Bouchet***	–	1	1	15	17	47	799
Canadian Club	6	4	6	161	177	35	6.195
VAT 69	2	4	2	111	119	35	4.165
Läuterzucker	1	1	1	16	19	47	893
Eier	24	40	20	396	480	–	–
Kirschen	10	5	8	230	253	18	4.554
Orangen	–	20	25	625	670	2	1.340
Zitronen	50	50	40	1.260	1.400	2	2.800

Dem Betrieb bleibt es überlassen, ob er dabei die Bar mit Gläsern oder Flaschen für die bezogenen Waren belastet und ob die Belastung mit oder ohne Schwund vorgenommen wird. Oft wird eine Unterscheidung dadurch getroffen, daß die Flaschen mit Kennzeichen (z. B. Stempel) versehen werden.

Eine weitere Möglichkeit, ein Getränkeausgabeverfahren zu organisieren, ist, daß jedes verkaufte Getränk boniert wird. Nur gegen Vorlage des Verkaufsbons wird dann eine neue Flasche ausgefolgt. Der besondere Vorteil dieser Vorgangsweise liegt darin, daß man durch die Beobachtung eines längeren Zeitraumes die Konsumgewohnheiten der Gäste erfassen kann.

3. SCHRITT: DURCHFÜHRUNG DER BARINVENTUR

Die Barinventur soll zweimal im Monat in unregelmäßigen Abständen durchgeführt werden.

Das wesentlichste Ziel der Inventur ist die Überprüfung des Warenverbrauchs. Es wird festgestellt, ob die Menge der bezogenen Waren mit der Menge der verbrauchten Waren (Umsatz) übereinstimmt. Liegen wesentliche Abweichungen vor, so sind geeignete Kontrollen zur Klärung dieses Unterschiedes durchzuführen.

Daneben soll die Barinventur auch die Kontrolle der Bargeräte, Gläser usw. einschließen.

Die Ergebnisse der Inventur werden vom Kontrolleur und vom verantwortlichen Barkeeper unterschrieben.

4. SCHRITT: BERECHNUNG DES SOLL-GETRÄNKEVERBRAUCHS

Auf Basis einer Umsatzstatistik für die Getränke lt. Barkarte (Tabelle 1) kann der Warenverbrauch (Tabelle 2) festgestellt werden. Keine besonderen Schwierigkeiten bereitet die Ermittlung des mengenmäßigen Verbrauchs der Purgetränke. Dagegen erfordern die Mixgetränke einigen Rechenaufwand, weil der Verbrauch mengenmäßig auf die Grundstoffe aufzuteilen ist. Durch den Einsatz der EDV verliert dieser Kontrollschritt seine Arbeitsintensität.

Tabelle 1

Datum	Bronx	Side Car	Manhattan	Martell***	Cointreau	VAT 69	Gin Fizz	Sherry Flip	Whisky Sour
1.	36	15	63	42	25	55	16	31	66
2.	48	–	22	33	41	68	41	72	25
3.	55	33	46	51	28	57	–	50	53
4. bis 31.	1.175	811	1.490	1.124	918	1.880	645	787	1.296
Total	1.314	859	1.621	1.250	1.012	2.060	702	940	1.440

Ohne Einsatz der EDV wären folgende Arbeitsschritte notwendig:

1. Für jedes ausgegebene Getränk wird ein Bon ausgeschrieben (Purgetränke: 1 Bon, Mischgetränke: für jeden Bestandteil ein Bon).
2. Die Bons für das einzelne Produkt werden addiert.
3. Die ermittelte Summe wird in die Bezugseinheiten (Flasche, Glas) umgerechnet.

Tabelle 2

Anzahl der ausgeschenkten Drinks / Mischungsteile in 2 cl bzw. Stück	Angostura-Bitter	Martell***	Cointreau	Curaçao	Gin	Sherry	Soda	Cinzano rosso	Bouchet***	Canadian Club	VAT 69	Läuterzucker	Orangensaft, frisch gepreßt	Zitronensaft, frisch gereßt	Eier	Kirschen
1.314 Bronx					1.314			1.314					1.314			
859 Side Car				859					859					859		
1.621 Manhattan	auf Wunsch							1.621		3.242						1.621
1.250 Martell***		1.250														
1.012 Cointreau			1.012													
2.060 VAT 69											4.120					
702 Gin Fizz					1.404		2.106					351		351		
940 Sherry Flip						2.820						470			940	
1.440 Whisky Sour							4.320			2.880				1.440		2.880
11.198		1.250	1.012	859	2.718	2.820	6.426	2.935	859	6.122	4.120	821	1.314	2.650	940	4.501
Gläseranzahl je Flasche abzüglich Schwund		33	35	33	35	33	47	47	47	35	35	47	1 St. =2 Gl.	1 St. =2 Gl.	1 St. =2 Gl.	18 St. im Glas
Soll-Verbrauch in Flaschen		37,9	28,9	26,0	77,7	85,5	136,7	62,5	18,3	175,0	117,7	17,5	St. 657	St. 1.325	St 470	250

Für eine korrekte Kontrolle muß auch der Getränkekonsum, der auf Kosten des Hauses geht (Hausbon), in die Warenverbrauchsliste aufgenommen werden.

5. SCHRITT: SOLL-IST-VERGLEICH DES GETRÄNKEVERBRAUCHS

a) Der **Soll-Verbrauch** ergibt sich aus der Warenverbrauchsliste. Wie weit der Soll-Verbrauch vom Ist-Verbrauch abweichen darf, läßt sich nicht klar abgrenzen. Je nach der Getränkeart und der Höhe des Ist-Verbrauchs kann eine Differenz von 1 bis 3 Prozent zum Soll-Verbrauch als Toleranzgrenze angenommen werden. Je höher der Ist-Verbrauch ist, desto niedriger ist in der Regel die zulässige Abweichung. In diesem Fall wird nämlich die Schillingdifferenz absolut immer größer. Die Höhe der tolerierten Abweichung wird auch davon abhängen, wieviel Schwund von vornherein berücksichtigt wurde. Auch das Produkt spielt eine Rolle.

b) **Ist-Verbrauch:**

ANFANGSBESTAND (lt. Anfangsinventur)
+ ZUGANG (lt. Fassungsbuch)

Zwischensumme
– ENDBESTAND (lt. Schlußinventur)

IST-VERBRAUCH

In der nachfolgenden Tabelle zur Berechnung des Ist-Verbrauchs erfolgt die Mengenangabe in Flaschen (Fl.), Gläsern zu 2 cl (Gl.) bzw. Stück (St.).

Erläuterungen (zur Tabelle nachfolgende Seite):

1) Hier ist ein Vergleich nicht zweckmäßig, da die Mengeneinheiten – Angostura-Bitter wird ja nur in Spritzern beigegeben – schwer zu berechnen sind.
2) Dieses Plus bedeutet, daß vom kalkulierten Schwund ein Teil verkauft wurde.
3) Dieses Minus bedeutet, daß der kalkulierte Schwund um 12 Gläser überschritten wurde, was jedoch in die Toleranzgrenze von bis zu 6 Prozent Schwund fällt, da die Berechnungsgrundlage 2.730 Gläser (zu 2 cl) sind.
4) Über den kalkulierten Schwund hinaus wurden hier 4 Flaschen mehr verbraucht. Es bedarf sofortiger Nachforschungen.
5) Das Plus von 91 Gläsern ist sehr hoch, daher ist nachzurechnen, ob es noch innerhalb des kalkulierten Schwundes liegt.
6) Auf Grund der unterschiedlichen Saftausbeute der Orangen und der notwendigen Frische des Orangensaftes kann es auch bei reeller Arbeit zu Differenzen kommen.

Produkt	Anfangsbestand	Zugang	Zwischensumme	Endbestand	Ist-Verbrauch	Soll-Verbrauch	Differenz	
		+	=	–	=			
Angostura-Bitter (in Fl.)	0,5	1	1,5	0,7	0,8	–	–	1)
Martell*** (in Gl.)	66	1.221	1.287	49	1.238	1.250	+ 12	2)
Cointreau (in Gl.)	35	980	1.015	52	963	1.012	+ 49	
Curaçao (in Gl.)	26	840	866	18	848	859	+ 11	
Gin (in Gl.)	87	2.695	2.782	52	2.730	2.718	– 12	3)
Sherry (in Gl.)	66	2.706	2.772	49	2.723	2.820	+ 97	
Soda (in Gl.)	141	6.580	6.721	94	6.627	6.426	–201	4)
Martini Dry (in Gl.)	94	2.820	2.914	70	2.844	2.935	+ 91	5)
Bouchet*** (in Gl.)	58	799	857	23	834	859	+ 25	
Canadian Club (in Gl.)	52	6.195	6.247	87	6.160	6.122	– 38	
VAT 69 (in Gl.)	70	4.120	4.190	87	4.103	4.120	+ 17	
Läuterzucker (in Gl.)	47	893	940	94	846	821	– 25	
Eier (in St.)	10	480	490	10	480	470	– 10	
Kirschen (in St.)	36	4.554	4.590	60	4.530	4.501	– 29	
Orangensaft (in Gl.)	40	1.400	1.440	20	1.420	1.314	–106	6)
Zitronensaft (in Gl.)	30	2.800	2.830	20	2.810	2.650	–160	

6. SCHRITT: SOLL-IST-VERGLEICH DER EINNAHMEN UND KOSTEN

a) **Berechnung des Soll-Ist-Wareneinsates (WES)**

Produkt	WES pro Glas (2 cl)	Ist-WES in Gläsern (2 cl)	Ist-WES in S	Soll-WES in Gläsern (2 cl)	Soll-WES in S
Martell	6,00	1.238	7.428,00	1.250	7.500,00
Cointreau	2,80	963	2.696,40	1.012	2.833,60
Curaçao	2,10	848	1.780,80	859	1.803,90
–	–	–	–	–	–
–	–	–	–	–	–
–	–	–	–	–	–
Summe			83.231,80		82.907,20

Ist-Wareneinsatz in S = Wareneinsatz pro Glas (2 cl) in S × Ist-Wareneinsatz in Gläsern (2 cl)
Soll-Wareneinsatz in S = Wareneinsatz pro Glas (2 cl) in S × Soll-Wareneinsatz in Gläsern (2 cl)
Die errechnete Differenz von S 324,60 ist tolerierbar.
Eine zusätzliche Aussage wird erreicht, wenn der Wareneinsatz für die Getränke und die Hilfsstoffe getrennt ermittelt wird.

b) **Berechnung des Soll-Umsatzes und Vergleich mit dem Ist-Umsatz**

Der Soll-Umsatz wird berechnet auf Grund des Soll-Wareneinsatzes.
Der Ist-Umsatz wird dem Losungsbuch entnommen.
Zwischen den beiden Umsatzzahlen gibt es keine Differenz, wenn der Preis eines Getränkes sowohl als Purgetränk auch als Bestandteil eines Mixgetränkes der gleiche ist (z. B. 2 cl Gin kosten S 25,–) und der kalkulierte Preis auch auf die Karte gesetzt wird.
Richtet man sich jedoch nach Marktpreisen, so ist der Wareneinsatzanteil je nach Preishöhe des verkauften Produktes unterschiedlich. Um hier sinnvoll kontrollieren zu können, muß für die verwendeten Produkte ein gewogener Durchschnitt ermittelt werden, der wie folgt berechnet wird (am Beispiel Gin).

-Durchschnittspreis auf Grund der kalkulierten Preise

Produkt	kalkul. Preis		Anzahl		Umsatz
Bronx	50,–	×	1.314	=	65.700,–
Gin Fizz	55,–	×	702	=	38.610,–
			2.016	=	104.310,–
			1	=	51,74

Der Durchschnittspreis für ein verkauftes Glas beträgt S 51,74.

-Durchschnitttspreis auf Grund der Marktpreise (der am Markt erzielbaren Preise)

Produkt	Markt-preis		Anzahl		Umsatz
Bronx	55,–	×	1.314	=	72.270,–
Gin Fizz	65,–	×	702	=	45.630,–
			2.016	=	117.900,–
			1	=	58,48

Der Durchschnittspreis für ein verkauftes Glas beträgt S 58,48.

-Durchschnittlicher Verkaufspreis für ein Glas Gin auf Grund des erzielbaren Marktpreises

Durchschnittspreis	Gin-Preis
51,74	25,–
58,48	x

x=28,26

Auf Grund des Marktpreises ist ein Glas Gin (2 cl) mit S 28,26 Verkaufspreis zu verrechnen. Das ergibt einen durchschnittlichen Flaschenerlös bei 35 Gläsern Ausschank von S 989,10 (vergleiche Seite 452).
Für das nachfolgende Musterbeispiel rechnen wir mit den kalkulierten Verkaufspreisen. Sie sind auf volle Schillingbeträge auf- oder abgerundet.

-Berechnung des Soll-Umsatzes

Produkt	Soll-WES in Gläsern		Verkaufs-preis		Soll-Umsatz
Martell	1.250	×	30,–	=	37.500,–
Cointreau	1.012	×	40,–	=	40.480,–
Curaçao	859	×	25,–	=	21.475,–
–	–		–		–
–	–		–		–
–	–		–		–
Summe					557.773,–

-Berechnung des kumulierten Ist-Umsatzes und der Wareneinsatzquote (WES)

Datum/Tag	Ist-Umsatz	Ist-Umsatz kumuliert	Ist-WES	Ist-WES kumuliert	WES-Quote
1. Dienstag	17.459,–	17.459,–	2.843,30	2.843,30	16,29
2. Mittwoch	17.336,–	34.795,–	2.501,30	5.344,60	15,36
3. Donnerstag	18.757,–	53.552,–	2.836,90	8.181,50	15,28
– –	–	–	–	–	–
– –	–	–	–	–	–
– –	–	–	–	–	–
31.		557.420,–		83.231,80	14,93

Die Differenz zwischen Soll-Umsatz (557.773,–) und Ist-Umsatz (557.420,–) ist unbedeutend.

Die **Wareneinsatzquote** drückt aus, wieviel Prozent der Wareneinsatz vom Umsatz beträgt, die Berechnungsformel lautet: Wareneinsatz × 100, dividiert durch den Umsatz.

Die Wareneinsatzquote kann sowohl für den Tag als auch für den erreichten Gesamtumsatz mehrerer Tage bzw. eines Monats berechnet werden. Die hier berechnete Wareneinsatzquote bezieht sich immer auf den kumulierten Umsatz und den Ist-Wareneinsatz.
Wenn darüber hinaus die Wareneinsatzquote auch noch auf Basis des Soll-Wareneinsatzes berechnet wird, erlaubt ihr Vergleich mit der Wareneinsatzquote des Ist-Wareneinsatzes ein profundes Urteil über die Wirtschaftlichkeit des Warenverbrauchs.

c) **Berechnung des Mindestumsatzes auf Grund des Ist-Wareneinsatzes**

Ist der Mindestumsatz niedriger als der Ist-Umsatz, so war es möglich, auch einen Teil des kalkulierten Schwundes zu verkaufen. Liegt das Umsatzplus jedoch außerhalb des kalkulierten Schwundes, so liegen Unregelmäßigkeiten vor, die entsprechende Kontrollen erfordern. Eine Ursache für dieses Umsatzplus könnte sein, daß Waren eingeschmuggelt wurden.
Ist der Mindestumsatz höher als der Ist-Umsatz, so könnte es sein, daß Getränke nicht boniert und somit Umsätze hinterzogen wurden oder daß die standardisierten Rezepte nicht eingehalten wurden.

Produkt	Anzahl		Verkaufs-preis		Mindest-umsatz
Martell	1.250	×	30,–	=	37.500,–
Cointreau	1.012	×	40,–	=	40.480,–
Curaçao	859	×	25,–	=	21.475,–
–	–		–		–
–	–		–		–
–	–		–		–
Summe					552.465,–

Vergleich:

Ist-Umsatz	S 557.420,–
Mindestumsatz	S 552.465,–
Differenz	+ S 4.955,–

Die Differenz beträgt zirka 1 % des Mindestumsatzes. Dies besagt, daß vom kalkulierten Schwund von zirka 5 % ein Fünftel verkauft werden konnte.

Im Anschluß sollen einige aussagekräftige **Kennzahlen** der Getränkekontrolle vorgestellt werden, die sich auf Basis der errechneten Zahlen ermitteln lassen.

a) Vergleich von Soll-WES und Ist-WES

Ist-WES	S 83.232,–
Soll-WES	S 82.907,–
Differenz	– S 325,–

Die Differenz besagt, in welchem Ausmaß ein tatsächlicher Verlust eingetreten ist.

b) Berechnung der Wareneinsatzquoten

Soll-WES-Quote:

Soll-WES	S 82.907,–	14,87 %
+ Brutto-Rohaufschlag (Soll)	S 474.513,–	85,13 %
Ist-Umsatz	S 557.420,–	100 %

Ist-WES-Quote:

Ist-WES	S 83.231,–	14,93 %
+ Brutto-Rohaufschlag (Ist)	S 474.189,–	85,07 %
Ist-Umsatz	S 557.420,–	100 %

c) Möglicher Umsatz auf Grund des Ist-Wareneinsatzes

Es wurde eine Soll-WES-Quote von 14,87 % errechnet. Damit wurde ein Umsatz von S 557.420,– erzielt. Welcher Umsatz wäre möglich auf Grund der Ist-WES-Quote von 14,93 %?

14,87 %	S 557.420,–
14,93 %	x

x = S 559.669,–

Bei sonst gleichbleibenden Bedingungen wäre also ein Umsatz von S 559.669,– möglich gewesen.

Die Aussagekraft dieser Kennzahlen erhöht sich, wenn sie mit den Kennzahlen vorhergehender Perioden verglichen werden.

INTERNATIONALE INTERESSENVERTRETUNGEN

Die IBA (International Bartender Association), der Dachverband aller nationalen Barkeeper-Vereinigungen, hat es sich zum Ziel gesetzt, den Ausbau und die Pflege der Berufs- und Standesinteressen seiner Mitglieder zu fördern und die Heranbildung eines tüchtigen und fachkundigen Berufsnachwuchses zu unterstützen.
Die IBA mit Sitz in Paris richtet die alle drei Jahre stattfindende ICC (International Cocktail Competition) aus. Teilnehmer sind ausschließlich die Gewinner der nationalen Ausscheidungen, der sogenannten NCK (nationalen Cocktail-Konkurrenzen). Im Teil 1 dieses Buches – Rezepte von A bis Z – finden Sie die Gewinner-Cocktails der letzten Jahre.

IBA-RULES, ARBEITSRICHTLINIEN BEI WETTBEWERBEN

Nachfolgend werden die Regeln, die bei ICCs bindend sind, kurz erläutert.

1. Bei allen ICCs sind nur IBA-Mitgliedsländer zugelassen.
2. Die ICC wird vom Veranstaltungsland unter Berücksichtigung der ICC-Rules ausgerichtet, wobei sich das Organisationskomitee des Veranstalterlandes das Recht vorbehält, einen Teilnehmer oder ein Rezept nicht zu akzeptieren, wenn er oder es nicht gewissen Normen entspricht.
3. Das Veranstaltungskomitee setzt sich aus dem IBA-Präsidenten, dem IBA-Vizepräsidenten und dem Präsidenten des Veranstalterlandes zusammen.
4. Jedes IBA-Mitgliedsland präsentiert drei Rezepte, und zwar je einen
   - Pre-dinner-cocktail (trocken oder halbtrocken)
   - After-dinner-cocktail (süß)
   - Longdrink (Collins-Type)
5. **Ingredienzien:**
   a) Maximal fünf Ingredienzien, inklusive der Zutaten, von denen nur Tropfen oder Spritzer beigegeben werden.
   b) Cocktails und Longdrinks sollten nicht mehr als 7 cl Alkoholika enthalten.
   c) Alle Fruchtsäfte, Sirupe, Bitters, kohlensäurehältigen oder nicht kohlensäurehältigen Getränke und alle auf dem Markt erhältlichen Getränke sind erlaubt.
   Eiscremes und Sorbets sind nicht erlaubt.
   d) Molkereiprodukte und ihr Ersatz mit Ausnahme von Frischmilch, Obers und Eiern sind nicht erlaubt!
   e) Ingredienzien, die im Handel nicht erhältlich sind, dürfen nicht verwendet werden. Geöffnete Flaschen oder Dosen sind nicht zugelassen.

6. **Garnituren:**
   Es dürfen nur die Standardgarnituren, die vom Veranstaltungsland und vom Organisationskomitee zugelassen sind, verwendet werden.
7. Alle Rezepte müssen in Brüchen bzw. Tropfen und Spritzern angegeben werden.
8. Zum Messen darf ein Meßglas verwendet werden.
9. Folgende **Zubereitungsarten** sind erlaubt:
   a) handgerührt im Rührglas oder Gästeglas
   b) im Shaker
   c) im Blender (elektrischen Mixer)
   Die Teilnehmer dürfen ihre eigenen Bargeräte verwenden.
10. Die **Gläser** werden vom Veranstaltungsland zur Verfügung gestellt.
    a) Cocktailgläser mit 9 cl
    b) Longdrinkgläser mit 30 cl
11. Alle Teilnehmer sollten genügend Ingredienzien haben, um fünf Drinks für die Konkurrenz und weitere fünf Drinks für einen eventuell durchzuführenden Ausscheidungskampf („reshake“) herstellen zu können.
12. Den Teilnehmern wird für das Mixen von Cocktails fünf Minuten, von Longdrinks sieben Minuten Zeit gegeben.
13. Die Auslosung der Konkurrenz erfolgt durch Ziehung.
14. Die Teilnehmer sollten sich in einer Barman-Uniform oder in der Club-Dreß ihres Landes präsentieren.
15. Jedes IBA-Mitgliedsland sollte seine drei eingesandten Rezepte (vgl. Pkt. 4) von verschiedenen Barmen zubereiten und präsentieren lassen. Es kann aber auch ein Barman des Landes alle drei eingesandten Rezepte zubereiten.
16. Alle Rezepte werden Eigentum der IBA.

DIE ÖSTERREICHISCHE BARKEEPER-UNION (ÖBU)

1926 fanden sich qualifizierte Barmixer in Österreich zusammen, um eine österreichische Barmeister-Vereinigung zu gründen. Am 16. Februar des gleichen Jahres erhielt diese neue Vereinigung die Bezeichnung „Internationale Barmeister Union“ (IBU) im Genfer Verband, Landesteil Österreich, und wurde als Zweigverein des Internationalen Genfer Verbandes (IGV) geführt.
Erster Präsident dieser Vereinigung war Charly Peysar, der Vater des heutigen Ehrenmitgliedes Alfred Peysar. 1927 veranstaltete die IBU die erste große Cocktail-Konkurrenz in Wien, zu der bereits 133 Cocktailrezepte eingesandt wurden und an der auch einige ausländische Barmixer teilnahmen.
1928 nahm die IBU erstmals an einer internationalen Konkurrenz teil, die in Madrid abgehalten wurde.
Die Österreicher placierten sich damals hervorragend und konnten den 2. und den 4. Platz erringen.
Bei einer Cocktail-Konkurrenz im Jahre 1930 in Berlin belegte ein Österreicher einen ausgezeichneten 5. Platz.

1938, als Österreich an Deutschland angeschlossen wurde, mußte auch die IBU ihre Vereinstätigkeit einstellen. Auch in der Nachkriegszeit war vorerst jede Vereinstätigkeit untersagt. 1953 gelang es dann den Präsidenten Charly Peysar und Max Pakora, mit einigen älteren und jüngeren Barkollegen die Sektion IBU im IGV neu zu gründen und wieder zu beleben.
Schon zwei Jahre später, im Jahre 1955, suchte die IBU um die Aufnahme in die 1951 gegründete Dachorganisation „International Bartenders Association" (IBA) an. Dem Ansuchen wurde 1957 stattgegeben, aber der Name mußte auf „Österreichische Barkeeper-Union" (ÖBU) geändert werden.
Seither nimmt die ÖBU an allen internationalen Meetings und Cocktail-Konkurrenzen mit Erfolg teil und ist bestrebt, im Sinne dieses weltweiten Verbandes mitzuarbeiten und international Freundschaft zu pflegen.
1974 erfolgte bei der ÖBU-Jahreshauptversammlung ein Antrag und Abstimmungsbeschluß auf Trennung vom IGV. Nach längeren Verhandlungen unter damaliger Führung des langjährigen ÖBU- und heutigen Ehrenpräsidenten Ernst Bardorf konnte mit dem IGV ein einheitlicher Lösungsbeschluß erreicht werden. Ab September 1975 ist nun die ÖBU ein selbständiger Fachverein.
In der Zeit von November 1975 bis November 1983 wurde die ÖBU unter der Präsidentschaft von Hubert Dworschak und seinen Mitarbeitern im Vorstand erfolgreich ausgebaut. Hubert Dworschak wurde 1983 die Ehrenpräsidentschaft der ÖBU zuerkannt.
Seit 1983 leitet und führt Heinz Lenger als Präsident mit seinem Vorstandsteam die Österreichische Barkeeper-Union. Die Ziele der Fachvereinigung ÖBU sind unpolitisch, humanitär und berufsbildend.
Die von der Loslösung und vom Selbständigwerden bedingte Neuformierung und Stärkung des Vereines gestattet eine ständige Steigerung der Vereinsinitiativen, die durch die Mitgliedschaft und massive Unterstützung der österreichischen Getränkeindustrie ermöglicht wird.
Viele neue, vor allem jugendliche Barkollegen haben sich der ÖBU, dem in Österreich einzigen Fachverein in dieser Sparte, angeschlossen.
Für diesen Berufsnachwuchs ebenso wie für erfahrene Mitglieder kann die Union heute regen Kontakt bei heimischen und internationalen Schulungen, Exkursionen, Fachveranstaltungen und Mixkonkurrenzen vermitteln.
Eine Entwicklungsförderung zum qualifizierten Fachmann – die auch der Leistungssteigerung im österreichischen Fremdenverkehr dient.
Viele Erfolge der Mitglieder bei den internationalen Berufskonkurrenzen der letzten Jahre unterstreichen die Richtigkeit dieser Bemühungen.
1980/81: 8 ÖBU-Bartender erringen 9 Preise (1. bis 3. Platz) bei fünf internationalen Bewerben.
1981/82: 4 ÖBU-Mitglieder gewinnen 5 Preise bei drei ausländischen Konkurrenzen.
1982/83: Bei vier Auslandskonkurrenzen konnten 8 Österreicher zwei 2., einen 3. Preis und die Plätze 4, 5, 6 und 11 erreichen.
Einen beachtlichen 2. Preis bei einer weltweiten Ausscheidung (über 1.000 Einsendungen) konnte ein ÖBU-Mitglied erringen.

1984: Beim jüngsten Auslandswettbewerb wurden 2 ÖBU-Teilnehmer für ihre Leistungen mit dem 1. Preis für Cocktails, dem Preis für beste Facharbeit und dem 3. Preis für Longdrinks ausgezeichnet.
Beim größten internationalen Jugendwettkampf in Turin (Italien), der jährlich stattfindet, konnte innerhalb von 10 Jahren (1973 bis 1983) sechsmal der 2. Platz durch die Juniormitglieder errungen werden.

DIE DEUTSCHE BARKEEPER-UNION (DBU)

Im Jahre 1909 gründeten Hans Schönfeld, John Leybold, Fred Wood-Bilton, Emil Beltz und R. Toeska die „Internationale Barkeeper-Union" nach dem Muster der „Bartender-Union" in den USA, die einen in Europa noch ziemlich unbekannten Berufsstand vertrat.
Von dieser Union, dem „Verein der Barmixer", wurde die erste Barkeeper-Zeitung in Europa herausgebracht. Dieses „America-Bar-Journal" wurde von den Mitgliedern des rapide wachsenden Verbandes unter Leitung von John Leybold in der Alten Wallgasse in Köln gedruckt und wöchentlich in verschiedene Länder versandt.
Im Jahre 1913 wurde das erste deutsche Barbuch herausgegeben. Hans Schönfeld und John Leybold hatten dieses Buch, das „Lexikon der Getränke", zusammengestellt, das während der nächsten Jahre richtungweisend für den ganzen Berufsstand war.
Der Ausbruch des Ersten Weltkrieges im Jahre 1914 brachte der gutfundierten und ausgebauten Interessengemeinschaft ein jähes Ende. Als sich die IBU-Mitglieder im Jahre 1918 unter Führung des Vizesekretärs A. T. Neirath trafen, um die Union aus dem ungewollten Ruhestand zu wecken, waren allgemeine wirtschaftliche Schwierigkeiten zu überwinden. Es sollte noch zwei Jahre dauern, bis die IBU wieder ins Leben gerufen werden konnte – als Unterabteilung im Internationalen Genfer Verband. Die Union etablierte sich in kurzer Zeit, und Sektionen wurden in Berlin, Hamburg, Köln, Düsseldorf, Frankfurt, Dresden und München gegründet.
In den zwanziger Jahren, der Blütezeit der „American Bar" und des Barmixens vor dem Zweiten Weltkrieg, festigte sich diese Berufssparte in der Gastronomie und wurde als Elitetruppe des Genfer Verbandes angesehen. Es war daher verständlich, daß die IBU mit ihren 200 Mitgliedern sich innerhalb des Genfer Verbandes eine eigene Satzung wünschte. Eine Forderung, der im Jahre 1928 nachgekommen wurde. Es sollte aber nicht lange dauern, bis die IBU wiederum in einen ungewollten Ruhestand treten mußte, der durch die Weltwirtschaftskrise und den Zweiten Weltkrieg begründet war.
Im Jänner 1950 wurde die Neugründung der Sektion München unter dem Vorsitz von Conrad Rosenow bekanntgegeben. Die Sektionen Frankfurt und Hannover folgten. Im März 1950 fand die erste überregionale Nachkriegstagung in Hamburg statt, wo die Gründung der Sektionen Berlin, Düsseldorf und Köln beschlossen wurde. Im Dezember 1950 wurde in München mit der Industrie- und Handelskammer die erste Bar-

mixerprüfung abgehalten. Anläßlich der International Cocktal Competition im Jahre 1950 in London holte Fred Friede den 2. Preis nach Deutschland.
Erst jetzt wurde den deutschen Barmixern bewußt, daß sich die schon vor Jahren im Ausland gebildeten Fachverbände in einer internationalen Organisation, der „International Bartenders Association", zusammengeschlossen hatten. Die Verbände nannten sich nach ihren Heimatländern.
Für die deutschen Barmixer war eine Namensänderung ihres Verbandes unumgänglich, um international bestehen zu können. Eine Trennung der IBU vom Internationalen Genfer Verband wurde notwendig. Im Juli 1953 konstituierte sich in Hannover die „Deutsche Barkeeper-Union e. V.", kurz DBU genannt.
Der Anschluß an die IBA hat es ermöglicht, daß deutsche Barmixer auf internationaler Ebene für ihr fachliches Können ausgezeichnet wurden, das nicht nur dem Bargewerbe, sondern der gesamten deutschen Gastronomie zugute kommt.
Im Oktober 1955 wurden die Barmixer Theo Hürten, Fritz Bonnet, Otto Orlowski und Bruno Winter, das DBU-Team in Amsterdam, von der Geheimjury der holländischen Ho-Re-Ca für die korrekte und fachmännische Arbeitsweise mit dem 1. Preis ausgezeichnet.
Im Oktober 1959 brachte Charly Waidmann aus Berlin anläßlich der International Cocktail Competition in Kopenhagen für seinen Cocktail „Petit Fleur" den 1. Preis nach Hause.
Im April 1960 errang Fritz Weinberger in San Remo den 2. Preis für Deutschland.
Im Oktober 1961 wurden die Mitglieder der im Jahre 1955 gegründeten Sektion Baden-Baden auf der 12. Bundesfachschau in Stuttgart mit acht Goldmedaillen und zwei Silbermedaillen ausgezeichnet.
Im November 1965 brachte Reinhold Kleinhubbert den 2. Preis von der International Cocktail Competition in Buenos Aires nach Deutschland.
Seit 1977 leitet Präsident Jürgen E. Falke die Geschicke der DBU. Er ist gleichzeitig der Vizepräsident der IBA für Europa.

DIE SCHWEIZER BARKEEPER-UNION (SBU)

Am 23. Mai 1927 gründeten John Sigrist, Tony Vogt und Hans Jung im Hotel Simplon in Zürich die Schweizer Barkeeper-Union. Bis zu diesem Zeitpunkt waren die Barkeeper in einer Verbindung zusammengeschlossen, die in den Genfer Verband (La Genevoise) eingegliedert war.
In der konstituierenden Gründungssitzung wurde John Sigrist zum ersten Präsidenten (1927 bis 1937) gewählt, und die Geschäftsordnung wurde festgelegt. Das Hauptziel der Vereinigung war es, das Ansehen des Berufstandes zu fördern.
Von 1937 bis 1941 leitete Gustav Döbeli als neuer Präsident die Geschicke der Union. Am 9. Juni 1941 wurde die Präsidentschaft dem Gründungsmitglied Hans Jung bis 1947 übertragen.

Durch die Kriegswirren trat auch in der Schweiz eine Verlangsamung der Aktivitäten ein.
Männer wie Roger Lebet, die die Zukunft der SBU prägen sollten, traten dem Verband bei. Inzwischen wurde Willy Lanz zum Präsidenten ernannt, ihm folgte Leo Larini.
1954 organisierte Hans Jung im Hospes von Bern den ersten internationalen Cocktailwettbewerb auf Schweizer Boden, an dem 13 Nationen teilnahmen.
Unter dem Präsidenten Georges Sievi und dem aufstrebenden Roger Lebet, dem späteren Schatzmeister (Kassier) der IBA, wurde mit Barleuten anderer Länder die IBA gegründet.
Am 17. November 1957 fand das 30-Jahr-Jubiläum der Schweizer Vereinigung im Kasino Bern statt. In der Hauptversammlung wurde Roger Lebet zum Präsidenten ernannt. Roger Lebet entpuppte sich als tüchtiger Organisator, so wurden unter ihm Sektionen in verschiedenen Städten gegründet. Trotz seiner großen beruflichen Belastung vertrat Roger Lebet die Schweiz bei allen Kongressen der IBA.
Zum 50-Jahr-Jubiläum im Hotel Inter-Continental in Genf bei Gilbert Gaille trat Roger Lebet nach 20jähriger unermüdlicher Tätigkeit als Präsident zurück. Dieses Fest war ein großes Ereignis zu Ehren von Roger Lebet und der SBU. Der Präsident der IBU Amgelo Zola und der französische Präsident Michel Bigot sprachen die Dankesworte.
Seit 1977 leitet Gilbert Gaille, der nach mehrjähriger Mitgliedschaft einstimmig zum Präsidenten ernannt wurde, die Geschicke der SBU. Unter seinem Vorsitz und mit der nachfolgenden „jungen Generation" hat die SBU an Mitgliedern und Ansehen ständig gewonnen.

Erfolge der SBU bei internationalen Cocktail-Wettbewerben
1963 – St. Vincent, 2. Platz durch Roger Crittin
1966 – Buenos Aires, 2. Platz durch Alain Ostertag
1967 – Palma de Mallorca, 2. Platz durch Präsident Roger Lebet
1973 – Los Angeles, IBA-Kongreß, 3. Platz in der Mannschaftswertung
1982 – Albufeira, Portugal, 2. Platz durch Präsident Gilbert Gaille; 3. Platz durch Peter Roth

NAMEN UND ANSCHRIFTEN DER INTERESSENVERTRETUNGEN

In der IBA sind heute 28 Landesverbände aus vier Kontinenten vereint. Die nachfolgende Liste beinhaltet die Adressen der IBA sowie ihrer Mitgliedsverbände und die Namen der Präsidenten.

IBA	Michel Bigot 6, Rue Saussier-Leroy 75017 Paris, France

Argentinien AMBA	Juan José Rodriguez Av. Juan de Garay 1927 C. P. 1256 Buenos Aires, Argentina
Australien ABG	Alexander R. Beaumont ABG P. O. Box 156 2011 Sydney N.S.W., Australia
Belgien UBB	Georges Broucke Rue d'Edimbourg 15 1050 Bruxelles, Belgium
Brasilien ABB	Antonio Tarcisio O. Marques Rua Lisboa 321 – Pinheiros São Paolo, Brazil
Dänemark DBL	Per Valet Postbox 230 1502 Copenhagen, Denmark
Deutschland DBU	Jürgen E. Falcke Rentzelstraße 36–40 2000 Hamburg 13, Bundesrepublik Deutschland
Finnland FBSK	Martti Hämäläinen Box 150, Helsingfors 13 00131 Helsinki, Finland
Frankreich ABF	Daniel Willems 6, Rue Saussier-Leroy 75017 Paris, France
Großbritannien VKBG	P. Burbidge 70 Brewer Street-Piccadilly London W1 R 3PJ, Great Britain
Holland NBC	J. G. van Hagen Tollenhof 21 4041 Kesteren, Nederland
Irland BAI	John Fitz Patrick c/o Martello Jury's Hotel Ballsbridge Dublin 4, Irland
Island BCI	Ragnar Petursson P. O. Box 7114 127 Reykjavik, Iceland

Italien AIBES	Luigi Parenti Via Baldissera 2 20129 Milano, Italia
Japan ANBA	Kiyoshi Imai c/o Lions Mansion, Dogenzaka 610 2-19-3 Digenzaka-Shibuja-Ku, Tokyo 150, Japan
Jugoslawien DBS	Alfred Polak c/o Hotel Lev, Vošnjakova 1 6100 Ljubljana, Jugoslavia
Kanada BAC	Tom Harlund P. P. Box 1135, Adelaide St. East Toronto, Ontario M5C 2K5, Canada
Korea KBA	Pyo Kwa Sik 398 Junghung 1, Dong, Sungbuk-Ku Seoul, Korea
Malta MBG	Carmelo Bonavia P. O. Box 368, Valletta, Malta
Mexiko ABM	Roberto Castellanos Aovar Conceles u. 28 2 Piso, Mexico 1, D.F.
Norwegen NBF	Ole Skjeldal Postbox 2554, Solli Oslo 2, Norway
Österreich ÖBU	Heinz Lenger Tigergasse 6/2 1080 Wien, Österreich
Portugal ABP	Luiz Gonzaga da Costa Pereira Travessa da Fabrica dos Pentes 27-1 Lisboa 1, Portugal
Spanien ABE	José Lugue Duque de Medicinaceli 2 Madrid, Spain
Schweden SBG	Kölbjorn „Kolle" Weiseth Postbox 7579 103 93 Stockholm, Sweden

Schweiz SBU	Gilbert Gaille 16 Camille Martin 1203 Geneve, Switzerland
Ungarn SBH	Janos Karczag c/o Hungarhotels, Petöfi Sandor u. 14 1052 Budapest, Hungary
USA USBG	Anthony „Buddy" Giacco 4805 Lindley Avenue Tarzana, California 91356, USA
Venezuela AVB	Mario Spicciani Av. Libertador – Edif. Nuevo Centro, Piso 11/B Chacao-Caracas 1060, Venezuela

TRINKZEREMONIEN, TRINKSPRÜCHE UND TOASTS

TRINKZEREMONIEN

Bereits die Perser, Griechen, Römer, Kelten und Germanen hatten ihre eigenen Trinksitten.
Im Mittelalter gab es ein Trinkzeremoniell, das in höfischen Kreisen streng eingehalten wurde. Jeder Herr hatte einen Mundschenk, der von jedem Getränk den ersten Schluck probieren mußte, ehe er einschenken durfte. Damit sollte eine Vergiftung des Herrn ausgeschlossen werden.
Die ersten alkoholischen Getränke wurden in Klöstern hergestellt. Die Mönche widmeten jedes Glas, das sie tranken, einem Heiligen, um nicht den Anschein zu erwecken, nur des Genusses wegen zu trinken. Diese Trinkzeremonie, der sogenannte Minnetrunk, wurde so übertrieben, daß in einem Edikt schließlich eine Einschränkung der Heiligen, auf die getrunken werden durfte, getroffen wurde.
Die weltlichen Trinkbruderschaften benutzten die Sitte des Gesundtrinkens zu ausschweifenden Gelagen. Es gab einen Willkommenstrunk, einen Ehrentrunk, einen Rundtrunk und einen Abschiedstrunk. Trinkfest zu sein galt schon damals als besondere Mannestugend.
In manchen Trinksprüchen drückt sich der Glaube aus, daß der Wein eine magische Kraft besitzt. Das lateinische „Prosit" – „Es möge nützen" oder, freier übersetzt, „Wohl bekomm's" – ist seit dem 16. Jahrhundert der Zutrunk der Deutschen. Ebenso ist die Abwandlung „Prost" in Österreich seit dem 16. Jahrhundert gebräuchlich. Auch die Sitte des Anstoßes mit den Gläsern geht auf diese Zeit zurück. Es war eine deutsche Sitte, die unter dem Begriff „trinquer" nach Frankreich kam.
Das skandinavische „Skål" heißt Schale und hat seinen Ursprung in der Wikingerzeit. Es bedeutete, daß der Zutrinkende keine Waffe, sondern ein Trinkgefäß in der Hand hielt. Im Mittelalter wurde die mit Met und Bier gefüllte Schale mit einem Trinkspruch im Kreis herumgereicht. Bei Festen war es Sitte, daß die Gäste auf die Knie fallen und ihr Haupt entblößen mußten, ehe sie aus der Schale trinken durften. König Christian IV., der Dänemark von 1588 bis 1648 regierte, führte persönliche Trinkgefäße ein, mit denen man sich zutrinken konnte. Das Wort Skål wurde beibehalten und ist noch heute der Zuspruch der Skandinavier.
Aus England stammt der Begriff „einen Toast ausbringen". Beim Rundtrunk wurde vom Ältesten, der einen Trinkspruch ausbringen mußte, ein Stück Brot ins Glas gegeben. Wenn das Glas die Runde gemacht hatte, mußte er den Rest austrinken und das Brot aufessen. Das Trinkzeremoniell wird besonders in „Trinkbruderschaften" (z. B. Studentenverbindungen) gepflegt.

TRINKSPRÜCHE

Here's to you, as good as you are,
And here's to me, as bad as I am,
But as good as you are, and as bad as I am,
I'm as good as you are, as bad as I am!

Here's to our wives and sweethearts,
May they never meet!

Essen ist ein Bedürfnis des Magens,
trinken ist ein Bedürfnis des Geistes!
Claude Tillier

Der Wein ist unter den Getränken das nützlichste,
unter den Arzneien die schmackhafteste und
unter den Nahrungsmitteln das angenehmste.
Plutarch (um 50 bis 120)

Trinksprüche in der deutschen Literatur

Trunken müssen wir alle sein!
Jugend ist Trunkenheit ohne Wein;
trinkt sich das Alter wieder zur Jugend,
so ist es wundervolle Tugend.
Für Sorgen sorgt das liebe Leben,
und Sorgenbrecher sind die Reben.
Goethe

Trink ihn aus, den Trank der Labe,
und vergiß den großen Schmerz!
Wundervoll ist Bacchus' Gabe,
Balsam fürs zerriss'ne Herz.
Schiller

Tafellied

Viel Essen macht viel breiter
und hilft zum Himmel nicht.
Es kracht die Himmelsleiter,
kommt so ein schwerer Wicht.
Das Trinken ist gescheiter,
das schmeckt schon nach Idee,
da braucht man keine Leiter,
das geht gleich in die Höh'.
Joseph von Eichendorff

TOASTS

Albanien	Paich
Amerika	Your health
Arabien	Sidha
Australien	Bottom's up
Bolivien	A suya salud
China	Kānpeī
Dänemark (skand. Länder)	Skål
Deutschland	Prosit
England	Cheers
Finnland	Kippis
Frankreich	A votre santé
Griechenland	Lyia sos
Holland	Gesondheit
Indien	Mubarik
Indonesien	Perdamian
Iran	Salamati shemoh
Irland	Slainte
Island	Minni Heilsa
Israel	Lochaim
Italien	Salute
Japan	Kampei
Jugoslawien	Zivijo
Malaysia	Slamat
Neuseeland	Kia ora
Österreich	Prost
Polen	Na zdrovje
Portugal	Pela sua saude
Rumänien	No rock
Rußland	Zvasha darovia (na zdrovje)
Spanien	Salud
Südafrika	Gesondheid
Tschechoslowakei	Nazdar
Türkei	Şerifinize
Ungarn	Egeszsegere

FACHAUSDRÜCKE

After-dinner-cocktails	Cocktails, die nach dem Essen gereicht werden. Sie sind in der Regel süßer, d. h. mit mehr Likör zubereitet. Sie sollen verdauungsfördernd wirken
Aperitif-cocktails	Appetitanregende Cocktails aus Bitters, Wermut, trockenen Weinen, Zitrussäften etc.
Before-dinner-cocktails	Trocken gehaltene Cocktails, die appetitanregend wirken sollen
Blend	Vermengen, mischen, aber auch Mischung, z. B. Whisky-Blend = Whiskyverschnitt aus Malt- und Grain-Whisky
Blender	Mischer; darunter versteht man ein elektrisches Mixgerät, den Hamilton Beach
Blending	Verschnitt von zwei oder mehreren Komponenten
Boston Shaker	Zweiteilliger Schüttelbecher
Build in glass	Die Zubereitung eines Cocktails oder Mixgetränkes erfolgt im Gästeglas
Chaser	Jene Getränke, die einen Drink komplettieren, z. B. bei einem Longdrink, bei dem die Hauptbestandteile, die geshakt, gerührt oder im Glas zubereitet werden, mit einer Flüssigkeit auf die gewünschte Menge aufgefüllt werden. Chaser sind z. B. Tonic Water, Bitter Lemon, Bitter Orange, Ginger Ale, 7Up, Coca-Cola, Fruchtsäfte, Sekt, Bier, Milch
Chilled	Gekühlt, vorgekühlt, z. B. Chilled glass = gekühltes Glas
Crushed ice	Feingestoßenes Eis, kleine Stücke mit feiner Körnung
Crustas	Cocktailgruppe; charakterisiert durch den Zuckerrand auf dem Glas („Crusta")
Dash	Spritzer, Tropfen, der Dash ist das Maß bei starken Aromaten, Sirupen und Bitters, z. B.

	Eau de Fleurs d'Oranges, Grenadine-Sirup, Angostura-, Orange-, Peach-Bitter
Dash-bottle	Kleine Glasflasche mit einem sogenannten Spritzkorken
Digestifs	Verdauungsfördernde Drinks, die nach dem Essen gereicht werden
Fancy-drinks	Zu Deutsch „Phantasiegetränke", alle jene Getränke, die in keine andere Gruppe der Mixgetränke eingereiht werden können
Fancy-ice-cubes	Eiswürfel, in die kleine Fruchtstücke eingefroren sind
Fill	Auffüllen, einen Drink mit Fruchtsaft, Limonade, Sodawasser, Sekt o. ä. komplettieren
Filler	Wie Chaser
Fizzy	Perlend
Float	Fertigungsart, Aromatisierung, die zum Schluß auf das Bargetränk kommt, oben schwimmt und nicht verrührt werden darf
Frosted	Gefroren; ein Glas oder eine Flasche ist mit einem dünnen Eisfilm überzogen
Gill	Original Whisk(e)yausschankmaß von 1½ Unzen = 42 g
Grind	Reiben, mahlen
Hamilton Beach	Wie Blender
Ice-cubes	Eiswürfel
Iced	Geeist, wie frosted
Jigger	Meßglas für 2 cl und 4 cl, evtl. auch für 5 cl
Measure	Wie Jigger
Mixer	Wie Chaser oder Filler
Mixing-glass	Rührglas zur Herstellung leicht vermengbarer Cocktails

Muddler	Stößel am Barlöffelende, der zum Zerdrücken oder Zerstoßen von Geschmacksträgern, wie z. B. von Würfelzucker, Kräutern oder Früchten, dient
Mug	Alte Bezeichnung für einen Bierkrug mit Henkel aus Ton, Steingut oder Zinn
Nip	Kleiner Schluck, kleine Menge
Non-alcoholic drink	Cocktails ohne Verwendung alkoholischer Getränke
Nutmeg	Muskatnuß
On the rocks	Wörtliche Übersetzung „auf den Felsen (oder Steinen)". Bestellform für Getränke auf Eis (z. B. Whisk[e]y on the rocks = Whisk[e]y mit Eiswürfeln)
Peel	Schale, schälen. In der Barsprache versteht man darunter ein Stück Zitronen-, Orangen- oder Limettenschale, das zur Aromatisierung in einen Drink gegeben wird
Pitcher	Offener Krug (z. B. Water-pitcher = Wasserkrug, Wine-pitcher = Weinkrug)
Plain	Unverdünnt, unvermischt; Bestellform für Getränke pur (ohne Eis)
Poures	Flaschenportionierer, Portioniervorrichtung auf Flaschen (mit 2 cl, meist aber mit 4 cl)
Pouring drink	1. Basisgetränk, wie z. B. Cognac, Wodka, Rum, Gin, Whisk(e)y, pur serviert. In vielen Betrieben üblich, wenn der Gast nur Cognac, Whisky usw. verlangt ohne eine Marke oder Zubereitungsart 2. Ein Getränk, das direkt aus der Flasche ins Glas eingeschenkt und serviert wird
Pre-dinner-cocktails	Französische Bezeichnung für Before-dinner-cocktails
Sediment	Auch Depot genannt; Ablagerung bei alten Weinen (z. B. französischen Rotweinen) und Dessertweinen (z. B. Sherry, Vintage-Port)

Shake	Schütteln; Zubereitung im Schüttelbecher
Sparkling	Schäumend, z. B. Sparkling wine = Schaumwein, Sekt
Squeeze	Pressen, auspressen
Standard-Shaker	Dreiteiliger Schüttelbecher
Stir	Rühren, damit ist eine Zubereitungsart gemeint, bei der die Ingredienzien im Rühr- oder Gästeglas mit dem Barlöffel gerührt werden
Straight up	Wie Plain
Strain	Abseihen; Zurückhalten des Eises oder der Eisstücke im Shaker oder Rührglas, wenn der Drink in das Gästeglas gegossen wird
Strainer	Barsieb
Straw	Stroh; damit ist der früher übliche Strohhalm gemeint, der heute weitgehend durch Plastikhalme verdrängt wurde
Sugar edge	Zuckerrand auf dem Glas; als Garnitur für Crustas und Fancy-drinks. Alle Getränke mit Zuckerrand sind ohne Trinkhalm zu servieren, da das Getränk über den Zucker getrunken werden soll
Sugar lip	„Zuckerlippe", wie Sugar edge
Sugar rim	Wie Sugar edge
Sundries	Knabbergebäck, z. B. Mandeln, Nüsse
Topped	Abschließen des Drinks oder der Glasöffnung mit flüssiger Creme oder Schlagobers
Twirling-stick	Quirl
Twist	Drehen; Drehen der Zitronen-, Orangen- oder Limettenschale über dem Gästeglas, damit die ätherischen Öle auf den Drink spritzen (z. B. bei den Twists)
Underliner	Untersetzer für Gläser

WARENKUNDE

Alkohol
Einteilung der Spirituosen

ALKOHOL

Der Name Alkohol stammt von den arabischen Wörtern „alko“ und „hol“ ab, was soviel wie „Der Berauschende“ bedeutet.
Der Name wurde von dem berühmten Arzt und Philosophen Paracelsus aufgegriffen und eingeführt.
Alkohol spielt in der heutigen Gesellschaft eine nicht unbedeutende Rolle. Abhängig von der Höhe des Konsums, ist er ein Genußmittel oder ein Suchtgift. Alkohol wird zur großen Gefahr, wenn er in so großen Mengen genossen wird, daß man davon abhängig geworden ist.
Er ist eine wasserklare Flüssigkeit mit scharfem Geruch und brennendem Geschmack. Die Formel für Alkohol, den wir trinken können, nämlich den Trinkalkohol (Äthylalkohol), lautet C_2H_5OH.
Äthylalkohol wird auch Weingeist oder Sprit genannt. Alkohol wird durch Gärung (niedrigprozentiger Alkohol, z. B. Bier und Wein) oder Destillation (hochprozentiger Alkohol – Spirituosen) von zucker- oder stärkehältigen Stoffen (Pflanzen) gewonnen.

GEWINNUNG VON ALKOHOL DURCH HEFEGÄRUNG

Stärke
aus Getreide
und stärkehältigen
Pflanzen

Enzyme spalten
die Stärke in Zucker

Zucker
aus Früchten
und sonstigen
Pflanzen

↓

Zuckerhaltige Maische

↓

Gärung durch Hefe

↓

Umwandlung des Zuckers in

↓

Alkohol und Kohlensäure
(vergorene Maische)

↓

Verdichtung des Alkohols durch
Destillation

Durch die Hefegärung werden z. B. Traubenmost zu Wein, Obstsäfte zu Obstwein und Bierwürze zu Bier.
Will man hochprozentigen Alkohol haben, muß man dem Alkohol Wasser entziehen. Da Alkohol schon bei 78,3° C zu verdampfen beginnt, Wasser aber erst bei 100° C, muß man die Alkoholdämpfe auffangen und durch Kühlung wieder verflüssigen. Diesen Vorgang nennt man Destillieren.
Je öfter destilliert wird, desto hochprozentiger ist der Alkohol.
Reiner Alkohol hat 90 Vol.-% Alkoholgehalt, der Rest ist Wasser.
Absoluter Alkohol hat 100 Vol.-% Alkoholgehalt, wird aber nur im Labor erzeugt.

METHODEN DER DESTILLATION

Pot-still-Verfahren

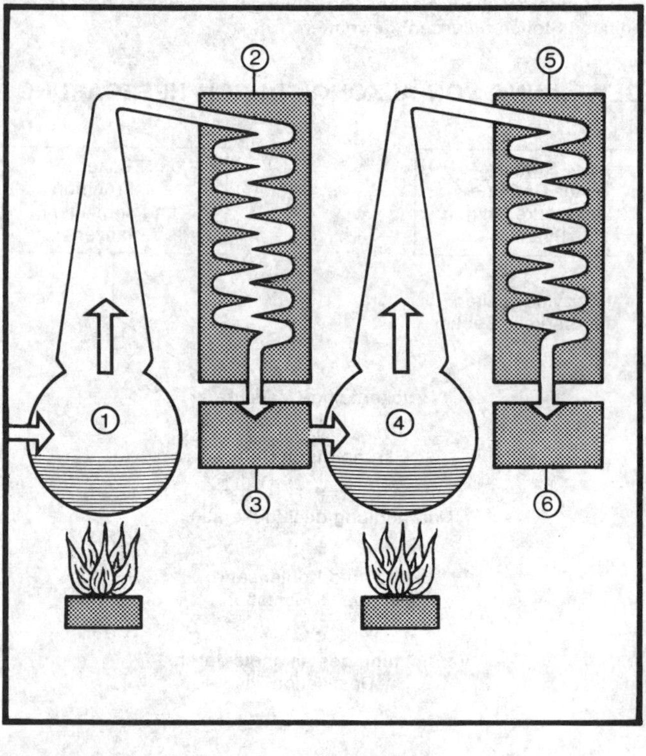

Es wurde bei der Destillation von Whisk(e)y erstmals angewendet.
Bei diesem Verfahren erfolgt die Destillation in zwei voneinander unabhängigen Brennvorgängen in zwei Kupferkesseln (Pot stills).
Die Maische („wort") kommt in die Würzblase (Wash still) (1), wo sie das erste Mal destilliert wird.
Über den Kondensator (Condenser) (2) werden die alkoholischen Dämpfe verflüssigt. Das entstandene Produkt, der Rauhbrand (Low wine) wird in einem Behälter (Low wine receiver) (3) gesammelt und hat zirka 30 Vol.-% Alkoholgehalt. Der Rauhbrand wird der Alkoholblase (Spirit still) (4) zugeführt und dort ein zweites Mal destilliert. Anschließend nochmals kondensiert (5), wobei der Vorlauf (Foreshots) und der Nachlauf (Feints) ausgeschieden werden.
Nur der Mittellauf, das Herzstück (Potable spirit), gelangt in den Sammelbehälter (Safe, 6).
Da in Destillerien mehrere Pot-still-Anlagen gleichzeitg in Betrieb sind, werden die Mittelläufe der verschiedenen Sammelbehälter zur weiteren Veredelung in einen Sammeltank (Spirit receiver) geleitet.
Das Pot-still-Verfahren liefert Alkohol besserer Qualität als das Patent-still-Verfahren. Der Alkoholgehalt ist jedoch geringer, nämlich 60 bis 70 Vol.-%.

Patent-still-Verfahren (Continuous-, Stein- oder Coffey-still-Verfahren)

Die kontinuierliche Säulendestillation, wie dieses Verfahren bei uns bezeichnet wird, wurde von dem Schotten Stein entwickelt und im Jahre 1831 von dem Iren Aeneas Coffey verbessert. Die irische Bezeichnung lautet Column-still-Verfahren.
Die Patent-still-Anlage besteht hauptsächlich aus zwei Kammern, dem „analyser" und dem „rectifier". Im „analyser" werden oben die heiße Würze (1) und unten der Wasserdampf (2) eingeleitet. Der Wasserdampf drückt den Alkoholdampf durch die Dampfleitung (Vapour pipe) in den Rektifizierer (3).
Durch die perforierten Bodenplatten werden die übrigen Flüssigkeiten von den Alkoholdämpfen getrennt und im Analyser ausgeschieden (4). Im „rectifier" werden der Vor- und Nachlauf ausgeschieden (5). Der Mittellauf wird kondensiert und in einen Sammelbehälter (Spirit receiver) geleitet (6).
Anschließend wird der überschüssige, reine Wasserdampf durch ein Ventil abgelassen (7).
Die in sich geschlossene Patent-still-Anlage wiederholt in gleicher Zeit zirka 20mal den Destillationsvorgang des Pot-still-Verfahrens. Dadurch ist ein wirtschaftlicheres Brennen größerer Mengen möglich. Die Alkoholausbeute beträgt zirka 80 bis 85 Vol.-%.

Patent-still-Verfahren

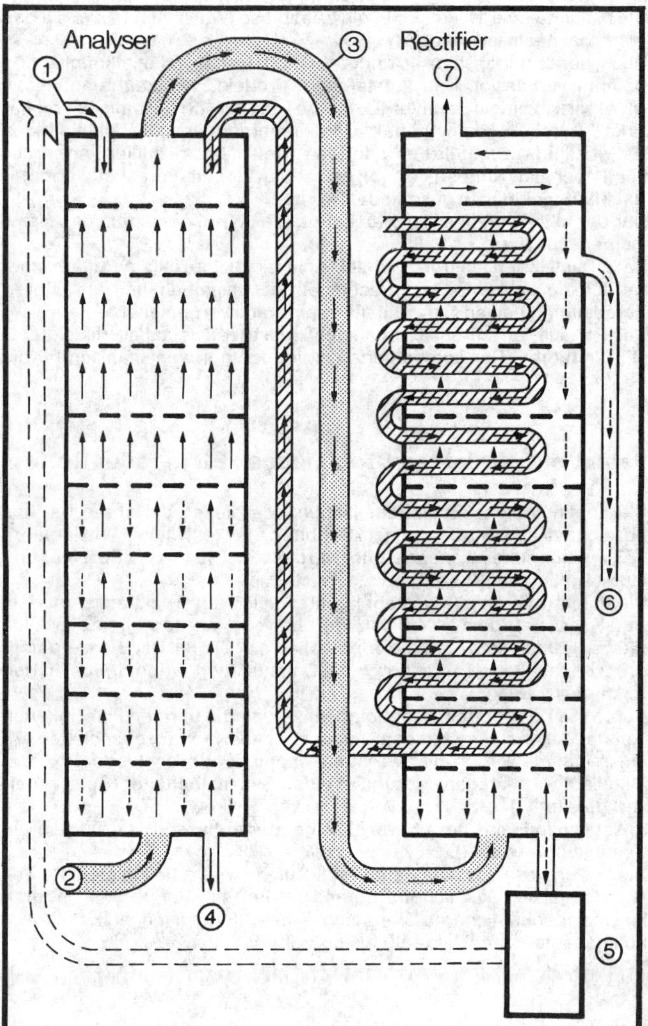

Alambic-Verfahren (Charenteser Brennverfahren)

Die Maische oder der Rauhbrand (einmal gebrannte Maische oder Brouillis) wird im Wärmer vorgewärmt (1) und gelangt danach in die Brennblase (2). Sie befindet sich immer über offenem Feuer.
Die aufsteigenden Alkoholdämpfe gelangen in den sog. Schwanenhals (Col de cygne)(3), der die Dämpfe dem Kondensator (4) zuführt. Der Kondensator (franz. Serpentin) besteht aus einer gewundenen Rohrschlange, in der die Alkoholdämpfe verflüssigt werden. Das entstandene Produkt, der Rauhbrand, wird noch zwei- bis dreimal destilliert. Bei der letzten Destillation werden Vorlauf (Tête) und Nachlauf (Queue) ausgeschieden. Nur das Mittelstück (Cœur) wird zur weiteren Veredelung herangezogen.

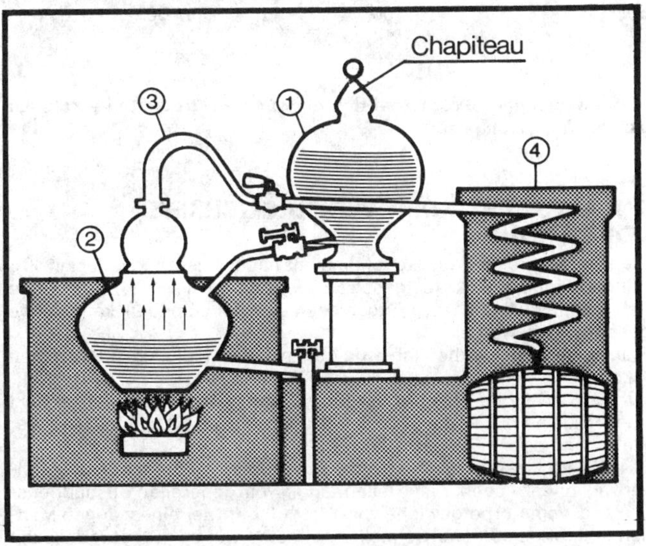

MASSEINHEITEN FÜR ALKOHOL

Die Maßeinheit für Alkohol wurde von Gay Lussac eingeführt. Heute wird diese Maßeinheit, die mit G. L. abgekürzt wird, großteils in Volumprozenten angegeben. Nur im anglo-amerikanischen Raum ist die Angabe des Alkoholgehaltes in Gay-Lussac heute noch fallweise gebräuchlich. Hauptsächlich wird er jedoch in Amerika in „proof" gemessen. In England sind ebenfalls die Proofs bzw. Sykes üblich. Sie werden jedoch anders berechnet. Die Umrechnungsformel lautet: 1 Volumprozent = 2 American proof = 1,75 British proof (Sykes).

Nachfolgende Tabelle gibt einen Überblick über den Alkoholgehalt der verschiedenen Länder. Es handelt sich um gerundete Werte.

Vol.-% (Gay-Lussac)	American proof	British proof (Sykes)
10	20	17,50
20	40	35
30	60	52,50
40	80	70
41	82	71,75
42	84	73,50
43	86	75,25
44	88	77
45	90	78,75
50	100	87,50
57,14	114,28	100
60	120	105

Alle angegebenen Proofs bei den angeführten Produkten verstehen sich als American proofs.

ANHALTSWERTE DER VERTRÄGLICHKEIT VON ALKOHOL

Die Toleranzgrenze des Alkoholkonsums haben Wissenschafter mit 80 g reinem Alkohol pro Tag festgesetzt. Es wurde erwiesen, daß die gesunde Leber eines Mannes pro Tag diesen Alkohol abbauen kann, ohne geschädigt zu werden.
Frauen vertragen erheblich weniger, nämlich lediglich 30 g reinen Alkohol.
80 g reinem Alkohol entsprechen fünf Gläser Wein oder acht Gläser Sekt oder 13 kleine Biere oder 11 Gläser Branntwein aus Obst oder 14 Gläser Weinbrand oder 17 Gläser Likör.
Es handelt sich dabei um Werte, die an der obersten Grenze der Alkoholverträglichkeit liegen. Diese ist abhängig vom generellen Gesundheitszustand, vom Körpergewicht, vom Alter (der Körper eines jungen Menschen baut den Alkohol schneller ab) sowie von der Tagesverfassung (nie bei Ärger, Aufregung, Sorgen oder Müdigkeit trinken). Ebenso kommt es darauf an, wieviel man gegessen hat (nie auf nüchternen Magen trinken, denn der Alkohol geht direkt ins Blut über) und wie schnell man trinkt.
Dauernder Konsum von Alkohol in jeder Form führt früher oder später zu Lebererkrankungen und Nierenschäden.
Für die Verkehrsteilnehmer sind die Kenntnisse über die Verträglichkeit von Alkohol wichtig. Die Reaktionsfähigkeit wird nach dem Konsum von Alkohol stark vermindert. Ebenso werden die Entscheidungszeit, die Aufmerksamkeit, die Sehfähigkeit, das Geschwindigkeitsgefühl und die Gleichgewichtsempfindungen verschlechtert. In den Oststaaten gilt die 0,0-Promille-Grenze, während in den meisten westeuropäischen Staa-

ten die Promillegrenze zwischen 0,5 und 0,8 liegt.

In zirka 12 Stunden wird 1 ‰ Blutalkohol im Körper abgebaut.
Irrig ist die Ansicht, daß Kaffee den Alkohol im Blut herabsetzt. Gerade das Gegenteil ist der Fall. Kaffee regt den Blutkreislauf enorm an. Eine Untersuchung von Professor Prokop brachte folgendes Ergebnis:

Alkoholkonsum	ohne Kaffee	mit Kaffee
nach 90 Minuten	0,71 ‰	0,83 ‰
nach 135 Minuten	0,84 ‰	0,93 ‰
nach 180 Minuten	0,60 ‰	0,81 ‰

EINTEILUNG DER SPIRITUOSEN

Gestreckte Edelbranntweine

- aus Wein
  - 35 %
    Weinbrandverschnitt, enthält ein Drittel des Alkoholgehaltes aus Weindestillat, Rest Monopolalkohol

    Brandy = mind. 15 % Alkohol aus Weindestillat, Rest Monopolalkohol
- aus Getreide
  - 40 %
    Import-Whisky/Whiskey (Blended)
    Whisky, österr. Erzeugnis mind. 30 % d. Alkoholgehaltes Malt-Anteil, Rest Monopolalkohol
- aus Obst, Beeren oder Wurzeln
  - 35 %
    Obstler
    Slibowitz/Slivowitz
    Marillenbrand
    Williams Birne
    Eberesche/Vogelbeeren
    mind. 30 % d. Alkoholgehaltes Originaldestillat, Rest Monopolalkohol
    Enzian und Wacholder mind. 5 % d. Alkoholgehaltes aus Originaldestillat

GESETZLICHE BESTIMMUNGEN IN ÖSTERREICH

Echte Edelbrände

aus Wein	aus Getreide (Roggen, Weizen, Gerste, Mais)	aus Obst	aus Zuckerrohr bzw. Reis
38 %	40 %	38 %	38 %
Weinbrand Cognac, Armagnac Import-Weinbrand/-Brandy aus Italien, Spanien und anderen Ländern	Malt Whisky (Scotch) Malt Whiskey (Irish, Bourbon)	Echter Slibowitz/Slivowitz Echter Kirschbranntwein (-wasser) Echter Marillenbranntwein (Barack) Echter Apfel-, Birnenbranntwein bzw. Mischungen (z. B. echter Obstler) Echte Williams Birne Echte Beerenbranntweine Calvados (aus Apfelwein)	Jamaica-Rum Übersee-Rum Arrak

GESETZLICHE BESTIMMUNGEN IN ÖSTERREICH

Trinkbranntweine

- aus Getreide
  - 38 %
    Import-Wodka/-Vodka
    (Rußland, Polen, Deutschland)
- aus Monopolalkohol
  - 38 %
    Inländer-Rum
    (Aromatisierung mit Rum-Essenz)
    Wodka
    - 35 %
      Aquavit
      Korn, Ansatzkorn

      Ausnahmen: Schank-Rum
      22,5 %
      (darf nicht in Flaschen abgefüllt an den Endverbraucher abgegeben werden)

Branntweine nach besonderen bzw. traditionellen Verfahren

- 35 %
  Import-Gin (aus Korn)
  Import-Genever (aus Korn)
  Beerengeist
  (Himbeer-, Brombeer-, Heidelbeer-Geist etc.)
  = Beerenobst + Monopolalkohol
  Gin (Dry Gin)
  Steinhäger (-heger)
  = Monopolalkohol + Aromatisierung

Liköre

- 22,5 %
  Kräuter-, Gewürz-, Bitterliköre, Fruchtsaftliköre
  Kakao-, Kaffeeliköre
  Destillatliköre
  Sonstige Likörarten wie Danziger Goldwasser
  Honiglikör (Bärenfang) etc.
  Ausnahmen: alle Emulsions-, Milch- und Sahne-Liköre = 15 %
  (z. B. Eierlikör etc.)
  Eierweinbrand enthält mind. 50 % des Alkohols aus Weindestillat, Rest Monopolalkohol

DEKLARATIONSVORSCHRIFTEN FÜR SPIRITUOSEN IN ÖSTERREICH

Bezüglich des Alkoholgehaltes besteht keine Deklarationspflicht. Folgende Zusätze dürfen angebracht werden.
Österreichisches Erzeugnis: nur für Waren, die in Österreich erzeugt werden.
Ausländisches Erzeugnis: Das Produkt kommt in der Flasche original aus dem Ausland.
Ausländisches Erzeugnis, in Österreich abgefüllt: Die Ware wird in Trinkstärke in Großbehältern eingeführt, die Abfüllung wird in Österreich vorgenommen. Durch diesen Vorgang werden Zollkosten eingespart.
Ausländisches Erzeugnis, in Österreich fertiggestellt: Die Ware wird in Großbehältnissen hochprozentig eingeführt und in Österreich durch Zugabe von demineralisiertem oder destilliertem Wasser auf Trinkstärke herabgesetzt und abgefüllt. Durch diesen Vorgang werden beträchtliche Zollkosten eingespart.

GESETZLICHE BESTIMMUNGEN IN DER BUNDESREPUBLIK DEUTSCHLAND

1. Branntweine sind extraktfreie oder extraktarme Spirituosen mit oder ohne Geschmackszutaten.
2. Der Alkoholgehalt muß mindestens 32 Raumhundertteile betragen, soweit nicht in den Artikeln 14 bis 35 etwas anderes bestimmt ist.
3. Edelbranntweine sind insbesondere Branntweine aus Korn, Obst gemäß Artikel 20 und Zuckerrohr, die einen besonders wertvollen Geschmack und Geruch aufweisen, sowie Qualitätsbranntweine aus Wein.

Die gesetzlichen Branntweinmonopol- und Steuervorschriften enthalten keine erschöpfenden Begriffsbestimmungen für Branntwein.
Der § 1 a der Grundbestimmungen zum Branntweinmonopolgesetz enthält nur eine Teildefinition; danach ist es ohne Bedeutung, ob der in dem Erzeugnis enthaltene Alkohol im Wege der Destillation oder durch ein anderes Verfahren gewonnen, und ob das Erzeugnis durch Zusatz von Gelatine, Seife, Kieselgur oder ähnlichen Stoffen in eine feste oder halbfeste Form gebracht worden ist.

- **Trinkbranntweine**
  - aus Zuckerrohr und Reis
    - Rum 38 %
      - Rum-Verschnitt 38 %, 5 % des Alkoholanteils aus Original-Rum
    - Arrak 38 %
      - Arrak-Verschnitt 38 %, 10 % des Alkoholanteils aus Original-Arrak
  - Spezialbranntweine
    - Klarer 32 %
    - Aufgesetzter 32 %
    - Enzian 38 %
    - Aquavit 35 %
    - Wodka 40 %
    - Bittere 32 %
    - Boonekamp 40 %
- **Liköre**
  - Kräuter-, Gewürz- und Bitterliköre 30 oder 32 %
  - Fruchtsaftliköre 25 oder 32 %
  - Kakao-, Kaffee- und Teeliköre 25 %
  - Emulsionsliköre 14 % (Eierlikör)
  - Sonstige Liköre wie Danziger Goldwasser 38 %
  - Honiglikör 35 % (Bärenfang)
  - Cordial Médoc 38 %
- **Sonstiges**
  - Punschextrakte 30 oder 32 %
  - Mischgetränke mit Alkohol 12 bis 15 %
  - Cocktails, Mischungen von Branntweinen, Likören, Frucht- und Pflanzensäften

GESETZLICHE BESTIMMUNGEN IN DER BUNDESREPUBLIK DEUTSCHLAND

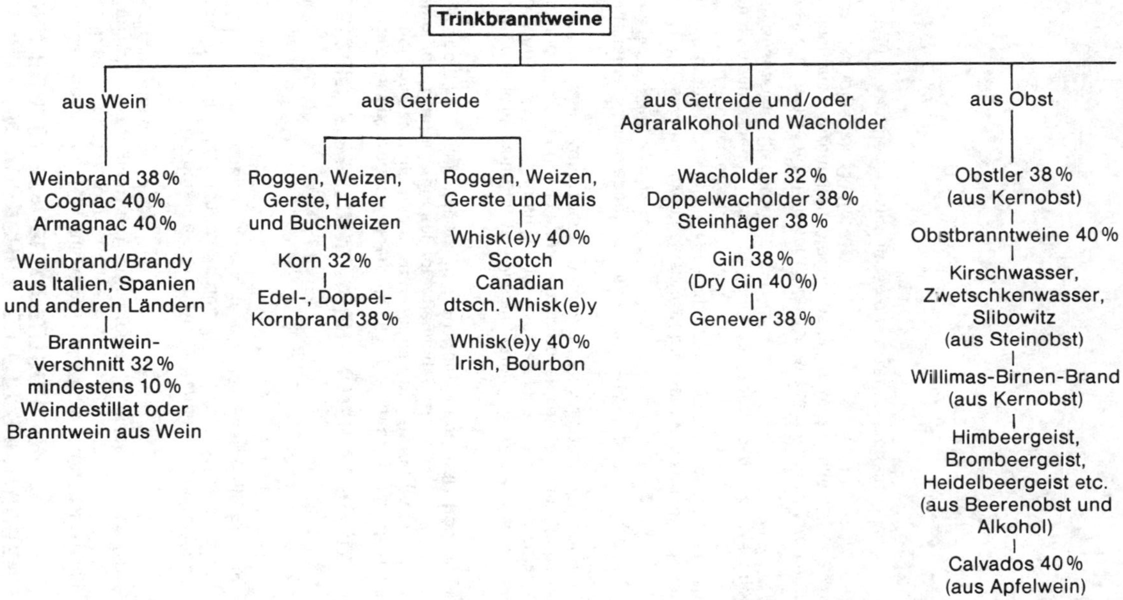

DEKLARATIONSVORSCHRIFTEN FÜR SPIRITUOSEN IN DER BUNDESREPUBLIK DEUTSCHLAND

Deutsches Erzeugnis: Nur für Waren die in der Bundesrepublik Deutschland erzeugt werden.
Ausländisches Erzeugnis: Das Produkt kommt in Flaschen oder in Großbehältnissen aus dem Ausland.

In allen EG-Mitgliedsländern, also auch in der Bundesrepublik Deutschland, müssen alle Flaschen, die in den Verkehr gebracht werden, mit dem Volumprozentgehalt und dem EAN-Code (siehe Seite 882) versehen sein.

GESETZLICHE BESTIMMUNGEN IN DER SCHWEIZ

Destillate oder gebrannte Wasser sind alle Erzeugnisse der Destillation vergorener Pflanzenteile (Maischen), wobei der Gärung oft eine Umwandlung der Stärke in Zucker vorangegangen ist.
Der Alkoholgehalt muß mindestens 40 Vol.-% und darf höchstens 55 Vol.-% betragen.

Verschnitte sind Mischungen von Destillaten mit Feinsprit, wobei 50 Prozent des Alkohols vom echten Branntwein stammen müssen. Verschnitte, die nicht dieser Bestimmung entsprechen, dürfen nur noch als „Branntwein" ohne Zusatzbezeichnung in den Verkehr gebracht werden.
Der Alkoholgehalt muß ebenfalls mindestens 40 Vol.-% bzw. höchstens 55 Vol.-% betragen.

Liköre sind Mischungen von Feinsprit, gebrannten Wassern und deren Verschnitten mit Wasser, Zucker und mit den ihre Art bestimmenden Zusätzen und Aromastoffen.
Sie müssen mindestens 20 Vol.-% Alkohol und zehn Prozent Zucker enthalten (Ausnahme: Eierlikör).

Bitter sind Getränke aus Feinsprit, Wasser, Auszügen aus bitteren und aromatischen Pflanzenteilen, ätherischen Ölen und Zucker.
Mindestalkoholgehalt: 20 Vol.-%.

Im übrigen gelten die Bestimmungen des Erzeugerlandes.

Branntweine

Weindestillate

Zu jedem Kapitel werden die gesetzlichen Bestimmungen in Österreich, in der Bundesrepublik Deutschland und in der Schweiz sowie die jeweiligen Erzeugungsverfahren angeführt.

WEINDESTILLATE

Weindestillate sind Produkte, die aus Wein durch Destillation hergestellt werden. Genauere Definitionen geben die gesetzlichen Bestimmungen der einzelnen Länder.

In Österreich

Das Bundesministerium für Gesundheit und Umweltschutz hat im September 1983 für Weinbrand neue Kodexbestimmungen bekanntgegeben. Um den Erzeugern und Importeuren genügend Zeit zur Umstellung zu geben, wurde für das Inkrafttreten der neuen Richtlinien eine Übergangsfrist bis 30. Juni 1984 gewährt. Für den Handel endete die Übergangsfrist am 30. Juni 1985.

Auszug aus den neuen Kodexbestimmungen

1. Weindestillat ist ein aus Brennwein oder anderem für Brennzwecke geeignetem Wein durch sachgemäße Destillation hergestelltes Erzeugnis.
2. Brennwein braucht vor der Destillation vom eigenen Hefetrub nicht getrennt zu werden. Zu Brennzwecken kann auch Wein ohne Mängel verwendet werden, dessen Alkoholgehalt durch Zusatz von Weindestillat verstärkt worden ist. Hefe-(Geläger-)Preßwein im Sinne des Weingesetzes kann zur Herstellung von Weindestillat verwendet werden.
3. Aromastoffe aller Art und Alkohol anderer Herkunft werden dem Weindestillat nicht zugesetzt.
4. Werden kostmäßig Abweichungen von der normalen Beschaffenheit festgestellt und sind diese für die Beurteilung des Produktes von Bedeutung, ist das Beurteilungsergebnis über eine kommissionelle Prüfung abzusichern.
5. DerAlkoholgehalt von Weindestillat liegt zwischen 55 und 75 Vol.-%.
6. Produkte der Weindestillation, welche den obigen Anforderungen nicht mehr genügen, werden nicht als Weindestillat in den Verkehr gebracht. Produkte, welche die angeführten chemisch-analytischen Anforderungen lediglich hinsichtlich des Gesamtestergehaltes nicht erfüllen, können zur Herstellung von Weinbrandverschnitt verwendet werden.

In der Bundesrepublik Deutschland

Das Weingesetz von 1971 verzichtete auf die Unterscheidung zwischen verschiedenen Herstellungsmethoden und schreibt generell als untere Abtriebsgrenze für jegliches Weindestillat 52 Vol.-% und als obere Grenze 86 Vol.-% vor. Dabei ist es gleichgültig, ob das Weindestillat zu Branntwein aus Wein weiterverarbeitet oder als Aufstärkungsdestillat verwendet wird.

Der zur Destillation von Brennwein verwendete Wein muß verkehrsfähig, d. h. dem Gesetz entsprechender Wein sein.
Die Bezeichnungsvorschriften für in- und ausländische Weindestillate sind die gleichen. Sie müssen als Weindestillat und mit dem Wort „Erzeugnis" bezeichnet werden, wobei die nationale Herkunft vorangesetzt werden muß, z. B. „Weindestillat – deutsches Erzeugnis". Dabei muß der Alkoholgehalt in Grad angegeben werden.

In der Schweiz

Weindestillat ist ein frisches Destillat von Wein oder mit seiner Hefe gemischtem Wein.

BRANNTWEINE AUS WEIN

Alle Brennereierzeugnisse aus Wein, die unter Zusatz von destilliertem bzw. demineralisiertem Wasser auf Trinkstärke herabgesetzt werden, gehören in die Gruppe der Branntweine aus Wein.
Die berühmtesten, nämlich Cognac und Armagnac, stammen aus Frankreich. Sie dürfen ausschließlich aus Weinen der geschützten Gebiete Charente (für Cognac) und Gascogne (für Armagnac) gebrannt werden. Dies ist auch der Unterschied zu Weinbrand bzw. Brandy.
In Österreich, der Bundesrepublik Deutschland, Portugal, Spanien, Italien, Jugoslawien und Griechenland werden sehr gute Weinbrände erzeugt. Ihre Weine stammen jedoch nicht aus geschützten Herkunftsgebieten.

ARMAGNAC

Armagnac ist ein Qualitätsbranntwein aus Wein, und zwar aus weißen Trauben. Er hat eine über 500jährige Tradition und wurde schon früher als der bekanntere Cognac gebrannt. Die älteste dokumentarisch belegte Urkunde stammt aus dem Jahre 1461.
Die Bezeichnung Armagnac ist nach französischem Recht solchen Branntweinen vorbehalten, die aus Weinen gewonnen werden, die in dem durch die Verordnung von 1909 abgegrenzten Gebiet der Gascogne (Nordabhang der Pyrenäen) geerntet werden. Dieses Produktionsgebiet wird in drei Zonen geteilt:

a) **Bas-Armagnac:** Hier wachsen die besten Trauben auf sandigen Böden rings um die kleine Stadt Eauze. Es stammen durchschnittlich 55 Prozent des zu Armagnac verarbeiteten Weines aus diesem Gebiet.
b) **Ténarèze oder auch la Ténarèze:** Die Reben dieses Gebietes gedeihen auf Tonböden, die Armagnac-Erzeugnisse sind leichter und altern schneller als jene aus dem Bas-Armagnac-Gebiet. Aus diesem Gebiet stammen durchschnittlich 42 Prozent des Weines.
c) **Haut-Armagnac:** In diesem Gebiet herrschen Kreideböden vor. Der Armagnac ist von geringerer Qualität. Von hier kommen zirka drei Prozent des Weines.

Der weitaus größte Teil von Armagnac wird aus Mischungen der einzelnen Gebiete hergestellt. Die Bezeichnung „Appellation Armagnac“ bzw. „Région délimitée“ oder „Appellation Contrôlée“ bestätigen die Herkunft aus dem Gesamtgebiet des Armagnacs. Werden Angaben gemacht, die auf eine Teilregion hinweisen, z. B. „Bas-Armagnac“, dann muß der gesamte Wein aus dieser Gegend stammen.
Nach den behördlichen Bestimmungen darf Armagnac nur in der Zeit von Oktober (Traubenernte) bis zum 30. April des folgenden Jahres

destilliert werden. Er darf nur mit einem Begleitschein (Acquit à caution régionale jaune d'or) in den Verkehr gebracht werden. Armagnac unterliegt der Überwachung des B.N.I.A. (Bureau National Interprofessionnel de l'Armagnac).
Der hellgoldene Armagnac ist nicht so mild wie Cognac, sondern eher feurig und herb und hat ein einzigartiges Bukett.

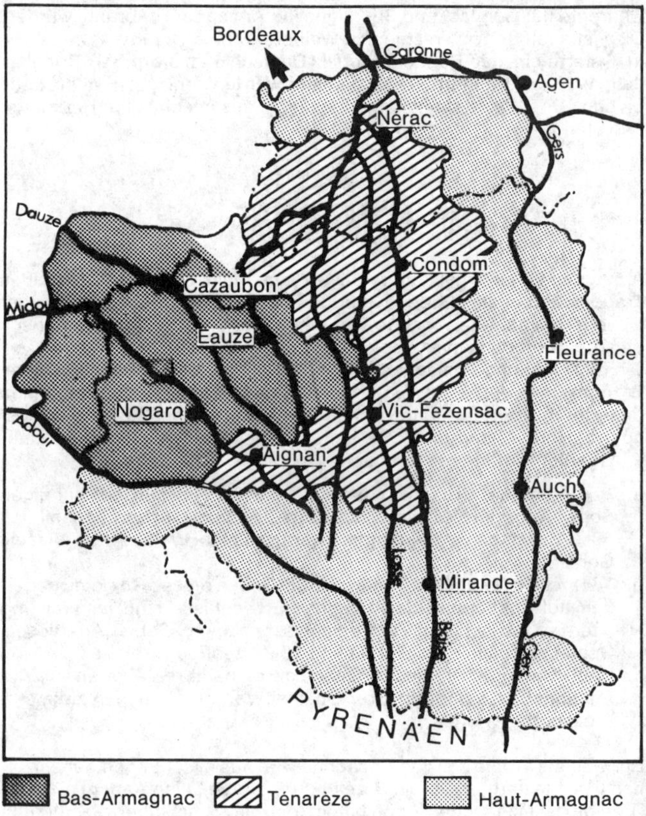

Gesetzliche Bestimmungen

In Österreich

Weinbrand (seit 1. Juli 1985; die frühere Bezeichnung war echter Edelbrand aus Wein) mit einem Mindestalkoholgehalt von 38 Vol.-%.

In der Bundesrepublik Deutschland

Qualitätsbranntwein aus Wein mit einem Mindestalkoholgehalt von 38 Vol.-%.

In der Schweiz

Trinkbranntwein aus Wein mit einem Mindestalkoholgehalt von 40 Vol.-%.

Erzeugung

Zur Armagnac-Erzeugung werden hauptsächlich folgende Rebsorten verwendet: Folle Blanche (Picpoul), St. Émilion, Colombard, Jurançon und Baco 22 A (das ist eine Kreuzung aus der Folle-Blanche- und der amerikanischen Noah-Rebe, die nur im Bas-Armagnac-Gebiet angebaut wird, da sie ausschließlich auf sandigen Böden gut gedeiht).

Destillation

Im Gegensatz zu Cognac, bei dem eine bestimmte Menge Wein in einer geschlossenen Brennblase zweimal destilliert wird (Alambic-Verfahren), wird Armagnac nach dem Continuous-still-Verfahren (siehe Seite 485) destilliert. Seit 1972 ist aber auch die zweifache Destillation nach dem Charenteser Brennverfahren (siehe Seite 487) erlaubt, bei der bis zu 72 Vol.-% Alkoholgehalt destilliert werden darf. Für das kontinuierliche Brennverfahren ist nach französischem Gesetz ein Alkoholgehalt zwischen 52 und 63 Vol.-% vorgeschrieben. Der Alkoholgehalt wird bei diesem Brennverfahren durch Regelung der Temperatur im Brennapparat einerseits und durch Regelung des Weinzulaufs andererseits reguliert. Aufgrund des kontinuierlichen Brennverfahrens hat Armagnac Bestandteile des Weines, die bei der Cognacbereitung ausgeschieden werden; ein raffiniertes System aus durchlöcherten Platten und Röhren sorgt dafür, daß Armagnac frei von allen schädlichen Bestandteilen ist, aber besonders viele Duft- und Geschmacksstoffe des Mostes enthält. Der zu brennende Wein darf mit Kräutern, Haselnüssen und Pflaumen versetzt werden (Bouquetières), was dem Armagnac seinen besonderen Geschmack und sein ausgeprägtes Aroma verleiht.

↓

Lagerung und Reifung

Armagnac wird in Eichenfässern, den Barriques, mit einem Fassungsvermögen von 225 bis 420 Liter gelagert. Die Fässer sind aus Eichen des Departements Gers. Früher wurde Holz aus der Limousin-Eiche verwendet, was den Nachteil hatte, daß sich die Farbe des Armagnacs nicht von der des Cognacs unterschied. Die Fässer lagern in Kellern in zwei Reihen übereinander. Junge Destillate kommen stets in frische, ungebrauchte Fässer. Nach einer gewissen Zeit werden sie dann in ältere, gebrauchte Fässer umgefüllt, die nicht mehr so viele Gerbstoffe an das Weindestillat abgeben. Nach Erreichung des ausgewogensten Reifegrades werden die Weindestillate in Großbehälter umgefüllt, in denen sie sich kaum noch verändern.

↓

Verdünnen

Um Armagnac auf die gewünschte Trinkstärke von 38, 40 und 43 Vol.-% Alkohol zu bringen, wird ihm im Laufe der Lagerzeit einige Male destilliertes Wasser oder ein Gemisch aus schwachem Armagnac mit destilliertem Wasser (Faible) beigegeben. Die Herabsetzung auf Trinkstärke erfolgt also – ähnlich wie bei Weinbrand und Cognac – in mehreren Einzelschritten. Sie dauert einige Wochen.

↓

Verschneiden

Im Gegensatz zu Cognac werden die besten Armagnac-Erzeugnisse unverschnitten als Jahrgangs-Armagnac, **Millésimés,** abgefüllt und verkauft. Armagnac darf aber auch verschnitten in den Handel kommen. Diese Verschnitte bestehen selten aus Destillaten eines einzigen Jahrganges. Vielmehr werden verschiedene Jahrgänge miteinander vermählt, um so eine möglichst hohe und vor allem gleichbleibende Qualität zu erzielen. Entscheidend für die Altersangabe auf dem Etikett ist dabei immer das jüngste in diesem Armagnac verwendete Destillat.

↓

Abfüllung

Vor der Abfüllung in Flaschen unterliegt Armagnac strengen staatlichen Kontrollen.

Staatliche Kontrolle

Wie kaum ein anderes Getränk unterliegt Armagnac strengen gesetzlichen Vorschriften und Kontrollen. Dafür sorgt das B.N.I.A. Jedes Destillat, das im Laufe einer Brennkampagne hergestellt wurde, wird sorgfältig auf einem Konto notiert, das am 1. Mai, dem Ende der Brennkampagne, die Nummer 0 erhält. Am 1. Mai des nächsten Jahres erhält dieses Konto die Nummer 1 usw. Diese Überwachung durch den französischen Gesetzgeber währt 6 Jahre (Konto 5). Bei allen Armagnacs, die darüber hinausgehende Altersangaben haben, besteht keine staatliche Kontrolle.

Namensbezeichnungen, gestaffelt nach dem Alter

mindestens ein- bis dreijährige Faßlagerung	*** (Trois Étoiles) bis ******* (Sept Étoiles)

dreijährige Faßlagerung	V.S. (Very Special) Sélection De Luxe
vierjährige Faßlagerung	Superieur Premièr Choix Grande Sélection
fünfjährige Faßlagerung	Réserve V.O. (Very Old) V.S.O.P. (Very Superior Old Pale) V.E.G.A. (Very Enjoyable Grande Armagnac) V.V.S. (Very Very Superior) Grande Fine
über fünfjährige Faßlagerung	Extra Vieux Napoléon Vieille Réserve Hors d'Age V.V.S.O.P. (Very Very Superior Old Pale) X.O. (Extremly Old)

Da das Wort „pale", das auf deutsch „fahl" bedeutet, eigentlich eine negative Wertung hat, wird es heute vielfach durch das Wort „product", auf deutsch „Produkt", ersetzt. Armagnac wird mit zunehmender Lagerzeit nicht fahl, sondern er nimmt je nach Alter des Fasses eher mehr Farbe an.

COGNAC

Cognac ist ein Qualitätsbranntwein aus Wein, und zwar aus Weißweinen, die ausschließlich aus dem gesetzlich geschützten Gebiet der Charente kommen. Die Charente liegt nördlich von Bordeaux, ihr Zentrum ist die Stadt Cognac, die dem Branntwein aus Wein seinen Namen gegeben hat.
Der erste Cognac wurde angeblich im 100jährigen Krieg zwischen England und Frankreich hergestellt. Die Weinbauern konnten wegen der Kriegswirren ihren Wein nicht absetzen und kamen auf die Idee, den Wein zu konzentrieren, nämlich zu destillieren. Die Nachfrage nach diesem neuen Getränk stieg von Jahr zu Jahr. Bereits im 17. Jahrhundert wurde „eau-de-vie de vin" bzw. „eau-de-vie de Cognac" ins Ausland exportiert und verschaffte sich weltweit einen so guten Namen, daß jährlich zirka 28.000 Fässer (Barriques) verschifft wurden. In dieser Zeit etablierten sich auch die bedeutendsten Cognac-Firmen. Bald reichte der Wein der Charente zur Befriedigung des Bedarfs nicht mehr aus, obwohl ihre Weinbaufläche zirka 100.000 ha umfaßte. Auch Weine aus den benachbarten Departements wurden zur Herstellung von Cognac verwendet.

Heute jedoch umfaßt die vom Fluß Charente bewässerte „Région délimitée" zirka 65.000 ha. Sie wurde 1909 gesetzlich festgelegt, nachdem man bereits 1860 in einer Aufteilung der einzelnen Gebiete, die bis heute gilt, die Feststellung verankerte, daß jene Gebiete den besten Cognac hervorbringen, deren Böden stark kreidehaltig sind.
Alle französischen Branntweine aus Wein, die nicht die regional genau festgelegte Herkunftsbezeichnung Cognac tragen dürfen, werden als **„eau-de-vie de vin"** bezeichnet und im deutschsprachigen Raum als „französischer Weinbrand" oder „Brandy" in den Verkehr gebracht.
Die „Région délimitée", aus der Cognac stammen darf, gliedert sich in folgende sechs Anbaugebiete:

a) **Grande Champagne:** Von hier stammt der beste Cognac. Er ist rassig und bukettreich. Das resultiert aus dem sehr kreidereichen Boden. Aus diesem Gebiet kommen zirka 15 Prozent der zu Cognac verarbeiteten Weine.
Cognac, der ausschließlich aus Trauben dieses Gebietes hergestellt wird, trägt die Bezeichnung **Grande Fine Champagne.**

b) **Petite Champagne:** Auch hier wachsen die Reben auf Kreideböden. Der Kreideanteil ist jedoch etwas geringer als in der Grande Champagne. Die Weine sind feinblumig und feurig. Aus der Petite Champagne kommen etwa 19 Prozent der Cognac-Weine.
Ein Verschnitt von Weinen der Petite Champagne und der Grande Champagne wird als **Fine Champagne** bezeichnet, wenn der Anteil an Weinen der Grande Champagne mindestens 51 Prozent beträgt.

Diese Champagne de Cognac ist nicht zu verwechseln mit der ostfranzösischen Champagne, aus der der Champagner stammt.

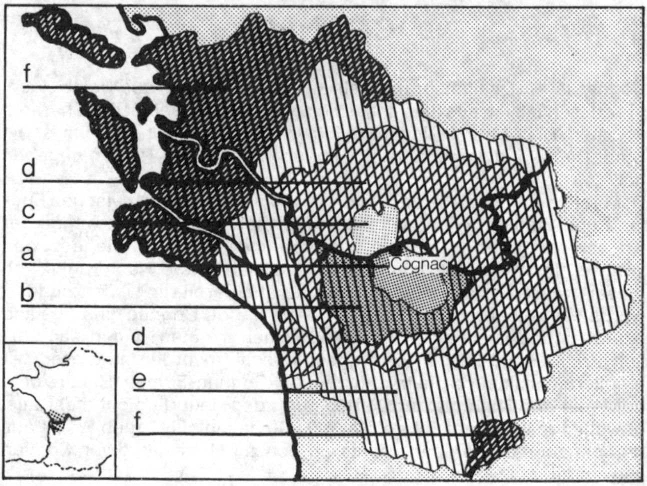

c) **Les Borderies:** Die Böden sind gelber und fetter, der Wein hat ein kräftigeres Aroma. Der aus ihm gebrannte Cognac ist zwar am körperreichsten und mit einer sehr ausgeprägten Duftnote, er läßt aber die besondere Feinheit vermissen. Der Anteil am Gesamtertrag liegt bei rund 5 Prozent.

d) **Fins Bois:** Aus diesem Gebiet stammt der größte Teil des Grundmaterials für die „Drei-Sterne-Cognacs". Das Gebiet umfaßt zirka 41 Prozent des Gesamtertrages.

e) **Bons Bois:** Dieses relativ waldige Gebiet liegt rund um die vorhergehenden Gebiete. Hier werden sehr „feurige" Cognacs erzeugt. Der Ertrag liegt bei rund 17 Prozent des Gesamtgebietes.

f) **Bois Ordinaires und Bois Communs:** Dieser Bereich liegt im westlichsten Teil der Charente, und zwar am Atlantik. Er umfaßt auch die Inseln Ré und Oléron und liefert Weine ohne besonderen Charakter. Auf dieses Gebiet entfallen zirka 3 Prozent des Gesamtertrages.

Die Cognac-Produktion wird seit 1941 von der französischen Staatsverwaltung, dem B.N.I.C. (Bureau National Interprofessionnel du Cognac) überwacht. Dieses Büro stellt eine Prüfurkunde aus, die erst das Recht verleiht, ein Erzeugnis als Cognac zu bezeichnen. Darüber hinaus ist ein Begleitschein (Acquit-à-caution régionale jaune d'or) vorgeschrieben, ohne den der Verkauf als Cognac sowohl innerhalb Frankreichs als auch im Export nicht möglich ist.

Gesetzliche Bestimmungen

In Österreich

Weinbrand (seit 1. Juli 1985; die frühere Bezeichnung war echter Edelbrand aus Wein) mit einem Mindestalkoholgehalt von 38 Vol.-%.

In der Bundesrepublik Deutschland

Qualitätsbranntwein aus Wein mit einem Mindestalkoholgehalt von 40 Vol.-% (gemäß der französischen Gesetzgebung).
Seit 1974 darf Cognac nur noch in Flaschen abgefüllt nach Deutschland exportiert werden.

In der Schweiz

Trinkbranntwein aus Wein mit einem Mindestalkoholgehalt von 40 Vol.-% (gemäß der französischen Gesetzgebung).

Acquit-à-caution régionale jaune d'or (Begleitschein, Vorderseite)

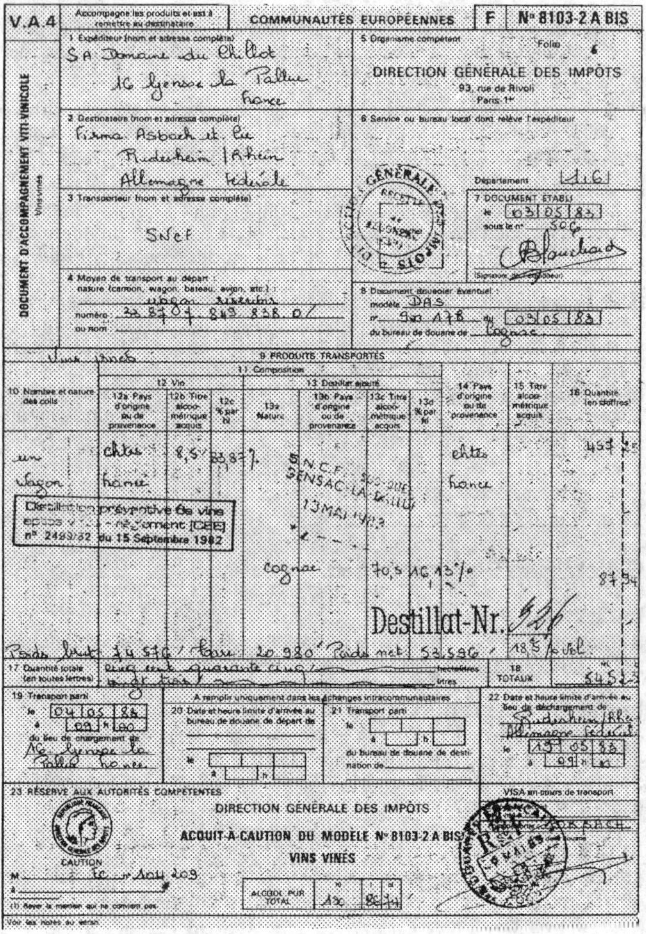

Acquit-à-caution régionale jaune d'or (Begleitschein, Rückseite)

24. CHANGEMENTS ÉVENTUELS DE MOYEN DE TRANSPORT

25. Date	26. Nouveau moyen de transport	27. Nouveau transporteur (nom et adresse complète)
	Nature : N° ou nom :	
	Nature : N° ou nom :	
	Nature : N° ou nom :	
	Nature : N° ou nom :	

28. INCIDENTS ÉVENTUELS AU COURS DU TRANSPORT

29. Relation des faits et des mesures prises

Le 19 , nous soussignés agents à , Direction de , département d' , avons procédé aux constatations consignées au cadre ci-dessous et dont il résulte une perte de que nous attribuons à

NUMÉROS des vaisseaux	CONTENANCE	RESTE		PERTE		AVARIES CONSTATÉES à chaque récipient
		en volume	en alcool pur	en volume	en alcool pur	

30. Visa des autorités compétentes

Cadre à remplir en cas de non-conformité entre les quantités énoncées à l'acquit et celles reconnues à l'arrivée

	VOLUME		ALCOOL PUR		
	hl	l	hl	l	cl
Extrait de l'acquit ci-dessus					
Quantité reconnue à l'arrivée Creux de route à %					
TOTAUX					
Différence { en plus / en moins					

qui motive la saisie du chargement.

Suivant une déclaration de transit inscrite au bureau **JARNAC** n° 49, le transport du chargement énoncé d'autre part a été interrompu du 4 mai 83 à dix heures minutes du matin jusqu'au 13/5/83 à 15 heures minutes du

Le Receveur local

NOTA

Les échanges ne peuvent avoir lieu qu'en vertu d'autorisation et dans des conditions spéciales.

Indications relatives au scellement ou au plombage (nature du scellement, nombre de plombs ou de cachets, numéro de la pince ou du cachet).

8703 GB
18.05.83 * 00024
Hauptzollamt Wiesbaden
-Zollamt Rüdesheim-

Eingang 18. MAI 1983
Nr. 43+00 2773. 183

NOTES

Les dates sont exprimées en mentionnant dans l'ordre le jour par un nombre de 01 à 31, le mois par un nombre de 01 à 12 et l'année par les deux derniers chiffres de l'année en cause (72, etc.)

Les heures sont exprimées en mentionnant dans l'ordre l'heure par un nombre de 00 à 24 et les minutes par un nombre de 00 à 60.

Erzeugung

Seit 1955 dürfen die Winzer nur noch die gesetzlich zugelassenen Reben anpflanzen, um die Qualität des Cognacs zu garantieren. In der Hauptsache werden die Traubensorten Folle Blanche, Colombard und St. Émilion sowie fünf weitere Rebsorten angebaut. Auf die drei Hauptrebsorten entfallen mehr als 80 Prozent des Ertrages. Der Anteil der fünf weniger bedeutenden Rebsorten darf nicht mehr als 10 Prozent betragen. Die Weine werden nicht filtriert, sondern mit der Hefe gebrannt.

Vorwärmen

Der zu brennende Wein wird im Weinwärmer auf zirka 60° C vorgewärmt.

↓

Brennen

Der vorgewärmte Wein wird in Brennblasen, den Alambics, zweimal über offenem Feuer gebrannt (Charenteser Brennverfahren, siehe Seite 487). Der erste Brand heißt Rauhbrand (Brouillis) und hat etwa 25 bis 30 Vol.-% Alkoholgehalt. Im zweiten Brand, dem Feinbrand (Bonne chauffée), werden der Vorlauf (Tête) und der Nachlauf (Queue) ausgeschieden. Der Mittellauf (Cœur) hat zwischen 60 und 70 Vol.-% Alkoholgehalt und die beste Qualität. Er ist auch frei von unerwünschten Unreinheiten.

↓

Lagerung und Reifung

Ebenso wichtig wie das Brennen ist für den Cognac das Lagern in Fässern aus dem Holz der Limousin-Eiche. Dieses Holz ist besonders grobporig und luftdurchlässig, so daß der Sauerstoff von außen einwirken und gleichzeitig Alkohol sich verflüchtigen kann. Der Cognac kann daher atmen und damit besser reifen.
Der ursprünglich farblose Branntwein mit einem durchschnittlichen Alkoholgehalt von 70 Vol.-% nimmt die Gerbsäure (Tannin) der Eichenfässer auf und erhält dadurch seine Farbe. Auch die Schärfe des Alkohols wird gemildert. Durch den dem Faß (Barrique) entzogenen Holzextrakt bildet sich das charakteristische Aroma des Cognacs.
In neuen Fässern verbleibt das Weindestillat jedoch nur relativ kurze Zeit, um nicht allzuviel von den Holzextraktstoffen aufzunehmen. Längere Lagerzeiten erfolgen stets in älteren Fässern. Der Volumsverlust beträgt zirka 4 Prozent pro Jahr.

↓

Verdünnen

Um Cognac auf die gewünschten Trinkstärken von 40 bzw. 43 Vol.-% Alkohol zu bringen, wird ihm während der Lagerzeit einige Male destilliertes Wasser oder ein Gemisch aus destilliertem Wasser mit schwachem Cognac (Faible) beigegeben. Die Herabsetzung auf Trinkstärke erfolgt also in mehreren Einzelschritten und dauert einige Wochen.

↓

Verschneiden

Französische Bezeichnung „Mariage" (Hochzeit). Es werden stets Destillate verschiedener Jahrgänge und Sorten miteinander verschnitten, um so eine möglichst gleichbleibende Qualität zu erzielen. Das Verschneiden von Cognac ist eine besondere Kunst des Kellermeisters, der allein die Anzahl der zu verwendenden Destillate und deren Mengenanteile bestimmt.

↓

Abfüllung

Vor der Abfüllung in Flaschen unterliegt Cognac strengen staatlichen Kontrollen.

Staatliche Kontrolle

Die Herstellung und Lagerung von Cognac unterliegt strengen gesetzlichen Vorschriften und Kontrollen. Sie sind ähnlich den Gesetzen für Armagnac. Für die Einhaltung sorgt das B.N.I.C. Jedes Destillat, das in der Zeit vom 1. Oktober eines Jahres bis zum 30. September des nächsten Jahres hergestellt wurde, wird auf dem Konto 0 notiert. Jeweils am 1. Oktober erfolgt die neue Einreihung in die nächsthöhere Alterskontenklasse und geht bis zum Konto 6. Bei allen Cognacs, die älter als sechs Jahre sind, besteht keine staatliche Kontrolle.

Namensbezeichnungen, gestaffelt nach dem Alter

Seit 1974 dürfen auf den Flaschen keine Altersangaben in Zahlen angebracht werden. Es gibt eine Vielzahl von Altersbezeichnungen für Cognac.

mindestens ein- bis dreijährige Faßlagerung	*** (Trois Étoiles) bis ******* (Sept Étoiles)
dreijährige Faßlagerung	Sélection Cuvée Spéciale Monopole Fine De Luxe V.S. (Very Special)
vierjährige Faßlagerung	Superieur Premièr Choix Grande Sélection
fünfjährige Faßlagerung	V.O. (Very Old) V.S.O.P. (Very Superior Old Pale) Réserve V.S.O. (Very Superior Old) O.P. (Old Pale) V.V.S. (Very Very Superior) Grande Fine

sechsjährige Faßlagerung und älter	Extra Vieux Vieille Réserve Napoléon V.V.S.O.P. (Very Very Superior Old Pale) V.V.O.P. (Very Very Old Pale) Cordon Rouge V.X.O. (Very Extremly Old) Hors d'Age Age Inconnu TVFC (Très Vieille Fine Champagne) Très Rare Fine Champagne V.O.C.B. (Very Old Cognac Brandy) V.O.C.B. (Very Old Champagne Brandy) V.V.E.S.O.P. (Very Very Extra Superior Old Pale)

Da das Wort „pale", das auf deutsch „fahl" bedeutet, eigentlich eine negative Wertung hat, wird es heute vielfach durch das Wort „product", auf deutsch „Produkt", ersetzt. Cognac wird mit zunehmender Lagerzeit nicht fahl, sondern er nimmt je nach Alter des Fasses eher mehr Farbe an.

WEINBRAND/BRANDY

Weinbrand, im Mittelalter „aqua ardens" (brennendes Wasser) oder „aqua vitae" (Lebenswasser) genannt, ist ein Branntwein aus Wein. Man nimmt an, daß Weinbrand in Europa das älteste alkoholische Destillat ist. Urkundlich wurde Weinbrand schon im 14. Jahrhundert erwähnt. Er wurde ursprünglich nur für medizinische Zwecke verwendet und war nur in Apotheken erhältlich.

In den deutschsprachigen Ländern wurde Weinbrand bis 1919 als Cognac oder Kognak bezeichnet. Nach Ende des Ersten Weltkrieges wurde im Versailler Vertrag von 1919 den deutschsprachigen Ländern untersagt, für Produkte aus gebranntem Wein die Bezeichnung Cognac weiterhin zu gebrauchen.

Die bereits seit der Jahrhundertwende von Hugo Asbach verwendete Bezeichnung „Weinbrand" wurde nach einer Phasc allgemeinder Unsicherheit 1921 in das neue Weingesetz in der Bundesrepublik Deutschland als verbindliche Bezeichnung für solche Produkte vorgeschrieben, die „nach Art des Cognacs" hergestellt wurden.

Gesetzliche Bestimmungen

In Österreich

Echter Edelbrand aus Wein mit einem Mindestalkoholgehalt von 38 Vol.-%.

Dazu zählen
- Weinbrand (seit 1. Juli 1985; die frühere Bezeichnung war echter Weinbrand)
- Cognac
- Armagnac
- Import-Weinbrand/-Brandy aus Deutschland, Italien, Spanien und anderen Ländern.

Weinbrandverschnitt (seit 1. Juli 1985; die frühere Bezeichnung war gestreckter Edelbrand aus Wein) mit einem Mindestalkoholgehalt von 35 Vol.-%. Weitere Bestimmungen siehe Seite 515ff.

Weinbrand enthält laut Empfehlung des Verbandes der Spirituosenindustrie mindestens 30 Prozent des Alkoholgehaltes aus Weindestillat und maximal 70 Prozent Monopolalkohol. Brandy enthält mindestens 15 Prozent seines Alkoholgehaltes aus Weindestillat und den Rest aus Monopolalkohol (maximal 85 Vol.-%).

Das Bundesministerium für Gesundheit und Umweltschutz hat in Österreich für Weinbrand neue Kodexbestimmungen bekanntgegeben. Sie ersetzen damit die vorstehend genannten Vorschriften „Echer Edelbrand aus Wein“ und „Gestreckter Edelbrand aus Wein“ bis auf weiteres. Sie haben volle Gesetzeskraft, obwohl sie lediglich in Form eines Regierungserlasses vorliegen, der jederzeit vom Ministerium abgeändert werden kann. Der Erlaß erfolgte im September 1983. Um den Erzeugern und Importeuren genügend Zeit zur Umstellung zu geben, wurde für das Inkrafttreten der neuen Richtlinien eine Übergangsfrist bis 30. Juni 1984 gewährt. Für den Handel endete die Übergangsfrist mit 30. Juni 1985.

Auszug aus den neuen Kodexbestimmungen

1. Weinbrand wird aus Weindestillat durch Herabsetzen des Alkoholgehaltes mit destilliertem Wasser hergestellt, wobei der Alkoholgehalt noch mindestens 38 Vol.-% beträgt und der Alkohol ausschließlich aus Weindestillat stammt.
2. Zur Herstellung von Weinbrand können außer Weindestillat und Wasser noch folgende Typagestoffe zur Bonifizierung verwendet werden:
   a) Zucker, Traubensaft, Traubensaftkonzentrat (Dicksaft), mit Weindestillat stumm gespriteter Traubensaft (Mistella), Süßweine (z. B. Malaga, Marsala, Samos), deren Alkoholkomponente allenfalls mit Weindestillat erhöht worden ist.
   b) Abrundungsmittel; als solche kommen auf kaltem Wege hergestellte Auszüge von Eichenholz, Dörrpflaumen, grünen Walnüssen und getrockneten bzw. gerösteten Mandelschalen in Betracht. Bei der Herstellung eines alkoholischen Auszuges wird nur Weindestillat verwendet.

c) Zuckercouleur nach Maßgabe der Lebensmittelfarbstoffverordnung.
3. Andere Stoffe, insbesondere Geläger- oder Tresterdestillate, Destillate von Früchten, Nebenprodukte der Weindestillation (Vorläufe, Weinhefeöle), natürliche oder künstliche Aromastoffe, Essenzen (Aromen), Kompositionen u. ä., dürfen dem Weinbrand nicht zugesetzt werden.
4. Die Zeit der Lagerung beträgt bei Weinbrand mindestens ein halbes Jahr.
5. Werden kostenmäßig Abweichungen von der normalen Beschaffenheit festgestellt und sind diese für die Beurteilung des Produktes von Bedeutung, ist das Beurteilungsergebnis über eine kommissionelle Prüfung abzusichern.
6. Bei Destillation aus Weißweinen darf der Methanolgehalt höchstens 100 mg/100 ml reinen Alkohol betragen (bei Destillation aus Rotweinen kann der Methanolgehalt bis auf 180 mg/100 ml reinen Alkohol ansteigen).
7. Die Sachbezeichnung „Weinbrand" wird auf dem Hauptetikett im Sichtfeld deutlich sicht- und lesbar angebracht.
8. Weinbrand, der in seiner Bezeichnung einen Hinweis auf lange Lagerung enthält, wird mindestens ein Jahr lang gelagert.
   Buchstabengruppen, wie z. B. „V.O.", „V.S." oder „V.S.O.P.", sind als Hinweis auf lange Lagerung anzusehen. Die Lagerzeit des zur Herstellung des Weinbrandes verwendeten Weindestillates wird höchstens bis zu zwei Dritteln der für das Endprodukt verlangten Gesamtlagerzeit angerechnet.

In der Bundesrepublik Deutschland

Qualitätsbranntwein aus Wein mit einem Mindestalkoholgehalt von 38 Vol.-%.
In die gleiche Qualitätsgruppe gehören auch
- Cognac
- Armagnac
- Weinbrand/Brandy aus Italien, Spanien und anderen Ländern.

Nach dem deutschen Weingesetz vom 14. Juli 1971 und der Novelle vom 27. August 1982 hat Weinbrand folgende Kriterien zu erfüllen:
- Er wird ausschließlich auf der Grundlage von Weindestillat hergestellt,
- die zur Herstellung verwendeten Weintrauben stammen ausschließlich von empfohlenen oder zugelassenen Rebsorten,
- die Mindestlagerdauer für das gesamte verwendete Weindestillat beträgt sechs Monate in Eichenfässern,
- für Alters- oder Qualitätshinweise beträgt die Mindestlagerdauer zwölf Monate,
- die Lagerung muß in Eichenfässern erfolgen, die nicht mehr als 1.000 Liter Fassungsvermögen haben,

- jede Flasche muß eine amtliche Prüfnummer tragen, die nach Ablauf von zwölf Monaten spätestens neu beantragt werden muß; innerhalb dieser Frist muß jede Flasche völlig der Qualität entsprechen, für die die Prüfnummer erteilt wurde.

Alle Produkte, die diese Auflagen nicht erfüllen können, dürfen nicht als Weinbrand bezeichnet werden. Sie werden Branntwein aus Wein genannt und können z. B. ohne Lagerung unmittelbar nach der Destillation weiterverarbeitet und in den Verkehr gebracht werden.

In der Schweiz

Trinkbranntwein aus gelagertem Weindestillat mit einem Mindestalkoholgehalt von 40 Vol.-%.

Erzeugung

Die Herstellungsmethode von Weinbrand entspricht der von Cognac (siehe Seite 510 ff.).

WEINBRANDVERSCHNITTE

Weinbrandverschnitt ist ein Destillat, das nicht hundertprozentig aus Wein hergestellt wird. Genauere Definitionen geben die gesetzlichen Bestimmungen der einzelnen Länder.

In Österreich

Das Bundesministerium für Gesundheit und Umweltschutz hat im September 1983 für Weinbrand neue Kodexbestimmungen bekanntgegeben. Um den Erzeugern und Importeuren genügend Zeit zur Umstellung zu geben, wurde für das Inkrafttreten der neuen Richtlinien eine Übergangsfrist bis 30. Juni 1984 gewährt. Für den Handel endete die Übergangsfrist am 30. Juni 1985.

Auszug aus den neuen Kodexbestimmungen

1. Weinbrandverschnitt wird aus Weindestillat, destilliertem Wasser und Äthylalkohol (Sprit) für Genußzwecke hergestellt. Der Alkohol des Weinbrandverschnittes stammt mindestens zu einem Drittel aus Weindestillat.
2. Folgende Zusätze und Behandlungsweisen sind bei der Herstellung von Weinbrandverschnitt erlaubt:
   a) Zucker, Traubensaft, Traubensaftkonzentrat (Dicksaft), mit Weindestillat stumm gespriteter Traubensaft (Mistella) und Süßweine (z. B. Malaga, Marsala, Samos), deren Alkoholkomponente allenfalls mit Weindestillat erhöht worden ist.

b) Abrundungsmittel, das sind auf kaltem Wege hergestellte Auszüge von Eichenholz, Dörrpflaumen, grünen Walnüssen und getrockneten bzw. gerösteten Mandelschalen.
c) Zuckercouleur nach Maßgabe der Lebensmittelfarbstoffverordnung. Für die Herstellung der alkoholischen Auszüge kann auch Äthylalkohol (Sprit) verwendet werden.

3. Andere Stoffe, insbesondere Geläger- oder Tresterdestillate, Destillate von Früchten, Nebenprodukte der Weindestillation (Vorläufe, Weinhefeöle), natürliche oder künstliche Aromastoffe, Essenzen (Aromen), Kompositionen u. ä. dürfen dem Weinbrandverschnitt nicht zugesetzt werden.
4. Werden kostmäßig Abweichungen von der normalen Beschaffenheit festgestellt und sind diese für die Beurteilung des Produktes von Bedeutung, ist das Beurteilungsergebnis über eine kommissionelle Prüfung abzusichern.
5. Die Untersuchungsergebnisse müssen einen aus Weindestillat stammenden Alkoholanteil von mindestens einem Drittel ergeben.
6. Der Mindestalkoholgehalt von Weinbrandverschnitt beträgt 35 Vol.-%.
7. Bei Destillation aus Weißweinen darf der Methanolgehalt höchstens 60 mg/100 ml reinen Alkohol betragen. Bei Destillation aus Rotweinen kann der Methanolgehalt bis auf 80 g/100 ml reinen Alkohol ansteigen.
8. Wird zur Herstellung von Weinbrandverschnitt Weindestillat, welches die angeführten chemisch-analytischen Anforderungen lediglich hinsichtlich des Gesamtestergehaltes nicht erfüllt, verwendet, wird der Destillatanteil so bemessen, daß der Gesamtester-Mindestwert von 18 mg/100 ml reinen Alkohol nicht unterschritten wird.
9. Die Sachbezeichnung „Weinbrandverschnitt“ wird auf dem Hauptetikett im Sichtfeld deutlich sicht- und lesbar in einer eine Täuschung des Konsumenten ausschließenden Weise angebracht. Im Falle einer Wortteilung wird der unmittelbare Zusammenhang der Sachbezeichnung gewahrt.
10. Eine Lagerung ist weder für den Weindestillatsanteil noch für das Gesamtprodukt vorgeschrieben.

In der Bundesrepublik Deutschland

Weinbrandverschnitt war nach dem Weingesetz von 1930 ein Getränk, das durch Vermischen von Weinbrand mit Agraralkohol anderer Art hergestellt wurde, wobei 10 Prozent des Alkoholgehaltes aus Weinbrand stammen mußten.

Nach dem geltenden Weingesetz von 1971 darf das Wort „Wein“ allein oder in Verbindung mit anderen Wörtern nur verwendet werden, wenn eine bundesrechtliche Regelung dies vorsieht. Dies gilt jedoch nur für Getränke, die nicht Erzeugnisse im Sinne des Weingesetzes sind.

Da für die Bezeichnung „Weinbrandverschnitt“ im Gegensatz etwa zu den Bezeichnungen „Obstwein“ oder „Trinkbranntwein“ eine solche

Regelung nicht besteht, ist ihre Verwendung somit unzulässig. Das o. a. Getränk muß vielmehr als „Branntweinverschnitt" bezeichnet werden.

In der Schweiz

Als Weinbrandverschnitt (Branntweinverschnitt) müssen Erzeugnisse bezeichnet werden, die in der Maische oder im fertigen Zustand einen Zusatz von Alkohol erhalten haben. Der Zusatz von Alkohol darf nur in Form von Feinsprit oder Extrafeinsprit geschehen. Die Verwendung von Zucker oder anderen fremden durch Vergärung Alkohol liefernden Stoffen zur Herstellung von Branntweinverschnitt ist verboten.

BRANNTWEINE AUS WEINHEFE

Sie werden durch Destillation des in der Weinhefe (Geläger, Glöger, Klöger, Trub oder Drusen) oder in der Obstweinhefe (Mosthefe) verbleibenden Alkohols gewonnen.
Branntwein aus Weinhefe enthält reichlich Weinhefeöle und wird meist mit einem Alkoholgehalt von 45 Vol.-% in den Verkehr gebracht.
Nur in der Bundesrepublik Deutschland dürfen Branntweine aus Weinhefe zur Weinbrandherstellung verwendet werden.

BRANNTWEINE AUS WEINTRESTERN

Weintresterbranntweine sind Branntweinerzeugnisse, die aus den Preßrückständen der Weinmaische (weiße und rote Trauben) hergestellt werden. Ebenso gibt es Tresterbranntweine aus Kern- und Beerenobst, aus Biermaische und aus Getreidemaische.
Tresterbranntweine enthalten viele Fuselöle und weisen einen höheren Methylalkoholgehalt als die Branntweine auf, die im ersten Destillationsvorgang im Charenteser-Brennverfahren (siehe Seite 487) gewonnen werden. Außerdem ist bei Tresterbranntweinen der Anteil von Oenanthäther sehr hoch, der die meisten anderen Geschmacksstoffe überdeckt und so eine charakteristische Geschmacksnote bei allen Tresterbranntwein-Produkten erzeugt.
In Frankreich und in Italien kennt man Tresterbranntweine aus Wein seit dem 15. Jahrhundert. Heute hat jedes Weingebiet Frankreichs seinen typischen **Marc,** auch als Eau-de-vie de Marc bezeichnet. Die besten und beliebtesten französischen Tresterbranntweine sind der Marc de Champagne und der Marc de Bourgogne.

Die Tresterbranntweine Italiens heißen **Grappa.** Die besten Grappas werden aus roten Trauben gewonnen. Venetien und Friaul haben die längste Grappa-Tradition. Ein guter Grappa lagert zwischen zwei und vier Jahren. Dabei bestimmt das Holz der Lagerfässer den Geschmack und die Farbe dieses Produktes. Ein in Kirschenholzfässern gereifter Grappa schmeckt deutlich süßer, ein in Eichenfässern gereifter Grappa herber. Hat der Grappa eine dunkle Farbe, so weist dies auf eine lange Lagerung in Kastanienholz hin.

Gesetzliche Bestimmungen

In Österreich

Echte Edelbrände mit einem Mindestalkoholgehalt von 38 Vol.-%.
Gestreckte Edelbrände mit einem Mindestalkoholgehalt von 35 Vol.-%.

In der Bundesrepublik Deutschland

Tresterbranntweine müssen einen Mindestalkoholgehalt von 38 Vol.-% aufweisen.

In der Schweiz

Trinkbranntweine mit einem Mindestalkoholgehalt von 40 Vol.-%.

Erzeugung

In der Regel werden die Preßrückstände (Preßkuchen oder Trester) mit Wasser aufgegossen, vergoren und anschließend gebrannt.

Branntwein aus Wein von A bis Z

A

Adet
Sammelbezeichnung für echte italienische Weinbrände von hervorragender Qualität; hell- bis dunkelbraun
40 bis 43 Vol.-%

Adet De Luxe – Frankreich
Cognac
40 Vol.-%
Erzeugnis der Fa. Adet Seward S. A., Cognac

Adet Napoléon – Frankreich
Cognac
40 Vol.-%

Adet*** – Frankreich
Cognac
40 Vol.-%

Adet V.S.O.P. – Frankreich
Cognac
40 Vol.-%

Adet V.S.O.P. Fine Champagne – Frankreich
Cognac
Region: Grande und Petite Champagne; 40 Vol.-%

A.E. Dor Age d'Or – Frankreich
Cognac
Region: Grande Champagne
36 Vol.-%
Erzeugnis der Fa. Phillipe & Jacques Rivière, Jarnac

A.E. Dor Hors d'Age – Frankreich
Cognac
Region: Grande Champagne
48 Vol.-%

A.E. Dor V.S.O.P. – Frankreich
Cognac
Region: Grande Champagne
40 Vol.-%

Age Inconnu
Zusatzbezeichnung für sehr alte Erzeugnisse wie z. B. Cognac oder Armagnac; wörtliche Übersetzung: Alter unbekannt

Alambic
Zwiebelförmige Brennblase bei der Cognacdestillation, die bereits um 1500 erfunden wurde

Aleksander Vinjak – Jugoslawien
Import-Weinbrand/-Brandy
40 Vol.-%
Erzeugnis der Fa. Vinarska Vizba, Štip

Alko Vinjak – Jugoslawien
Import-Weinbrand/-Brandy
40 Vol.-%
Erzeugnis der Fa. Fructal-Alko, Ljublijana

Almeida Aquardente Velha – Portugal
Import-Weinbrand/-Brandy
Erzeugnis der Fa. Almeida & Co., Vila Nova de Gaija

Altes Stammfaß – Österreich
Weinbrand
38 Vol.-%
Erzeugnis der Fa. Julius Meinl, Wien

Amad Chardon – Frankreich
Cognac
40 Vol.-%
Erzeugnis der Fa. Amad in Cognac, die der Cynar-Gruppe angehört

Amiaud Napoléon – Frankreich
Cognac
Region: Petite Champagne
40 Vol.-%

Amiaud Réserve – Frankreich
Cognac
Region: Petite Champagne
40 Vol.-%

Amiaud *** – Frankreich
Cognac
Region: Petite Champagne
40 Vol.-%

Antier *** – Frankreich
Cognac
Region: Fins Bois
40 Vol.-%

Antier Vieille Réserve – Frankreich
Cognac
Region: Fins Bois
40 Vol.-%

Antier V.S.O.P. – Frankreich
Cognac
Region: Fins Bois
40 Vol.-%

Antiqua V.S.O.P. – Portugal
Import-Weinbrand/-Brandy
40 Vol.-%

Aquardente
Portugiesische Bezeichnung für Weinbrand

Aquardente 1920 – Portugal
Import-Weinbrand/-Brandy
40 Vol.-%
Erzeugnis der Fa. Ribero & Ferreira LDA

Ararat – UdSSR
Import-Weinbrand/-Brandy
Lagerzeit 3 Jahre
40 Vol.-%
kommt aus Armenien, daher auch als Armenian Brandy bezeichnet

Archambaud Napoléon – Frankreich
Cognac
Region: Grande Champagne
40 Vol.-%

Archambaud Très Vieille Réserve – Frankreich
Cognac
Region: Grande Champagne
40 Vol.-%

Archambaud V.S.O.P. – Frankreich
Cognac
Region: Grande Champagne
40 Vol.-%

Ardente
Sammelbezeichnung für echte italienische Weinbrände, die meist in Oberitalien, Triest und Bologna erzeugt werden

Armenian Brandy
Andere Bezeichnung für →Ararat

Arzente
Sammelbezeichnung für italienische Weinbrände, die in Güte und Geschmack Cognac ähnlich sind und zwischen 38 und 40 Vol.-% aufweisen

Asbach Uralt – BRD
Weinbrand
40 Vol.-%
Erzeugnis der Fa. Asbach, Rüdesheim/Rhein
Vertrieb in Österreich: Asbach-Doornkaat, Wien

Aubert V.S.O.P. – Frankreich
Cognac
Region: Bois Ordinaires
40 Vol.-%

Audebert – Frankreich
Cognac
Region: Fins Bois
40 Vol.-%

Audouin Réserve – Frankreich
Cognac
Region: Grande Champagne
40 Vol.-%

Audouin Vieille Réserve – Frankreich
Cognac
Region: Grande Champagne
40 Vol.-%

Augier V.S.O.P. – Frankreich
Cognac
40 Vol.-%
Erzeugnis der Fa. Augier Frères & Co., die sich im Besitz der Seagramgruppe befindet

Averys of Bristol Grande Champagne 1928 – England
Cognac
Region: Grande Champagne
38,2 Vol.-%
Spezialabfüllung der Fa. Averys of Bristol Ltd., Bristol

B

Babinot Fine – Frankreich
Cognac
Region: Fins Bois
40 Vol.-%

Babinot V.S.O.P. – Frankreich
Cognac
Region: Fins Bois
40 Vol.-%

Bache-Gabrielsen
Großhandelshaus für Cognac mit Sitz in Cognac, Frankreich

Badel Grappa – Jugoslawien
Branntwein aus Weintrestern
Lagerung in Eichenfässern
Erzeugnis der Fa. Badel-Vinoprodukte, Zagreb

Badel Vinjak – Jugoslawien
Import-Weinbrand/-Brandy
40 Vol.-%

Bagaceira – Portugal
Branntwein aus Sherry- und Portweintrestern
klares helles Braun
40 und 60 Vol.-%

Baluet Fine – Frankreich
Cognac
Region: Fins Bois
40 Vol.-%

Baluet Vieux – Frankreich
Cognac
Region: Fins Bois
40 Vol.-%

Barbeau Réserve V.S.O.P. – Frankreich
Cognac
Region: Fins Bois
40 Vol.-%

Barnett Très Rare – Frankreich
Cognac
40 Vol.-%

Barnett X.O. – Frankreich
Cognac
40 Vol.-%

Baron de Chastelard – Frankreich
Cognac
40 Vol.-%
Erzeugnis der Fa. Godet Frères, La Rochelle

Baron de L'if Réserve – Frankreich
Cognac
Region: Grande Champagne
40 Vol.-%

Baron de L'if Sélection – Frankreich
Cognac
Region: Grande Champagne
40 Vol.-%

Baron de Montignac Hors d'Age – Frankreich
Cognac
40 Vol.-%

Baron Otard Extra – Frankreich
Cognac
Region: Grande Champagne
Der Anteil des Weines aus der Grande Champagne ist aus dem Jahre 1902

Erzeugnis der Fa. Otard S.A. Château de Cognac, Cognac
Vertrieb in Österreich: Fa. Polacek, Gerasdorf/Wien

Baron Otard Napoléon Réserve Austerlitz Fine Champagne – Frankreich
Cognac
Region: Grande und Petite Champagne
40 Vol.-%

Baron Otard Prince de Cognac – Frankreich
Cognac
40 Vol.-%

Baron Otard V.S.O.P. – Frankreich
Cognac
40 Vol.-%

Baron Otard X.O. – Frankreich
Cognac
40 Vol.-%

Barriasson V.S.O.P. – Frankreich
Cognac
40 Vol.-%
Erzeugnis der Fa. Barriasson, die der Martini-&-Rossi-Gruppe angehört

Barros Aquardente Velha – Portugal
Import-Weinbrand/-Brandy
40 Vol.-%

Batard Vieille Réserve – Frankreich
Cognac
40 Vol.-%

Baudy*** – Frankreich
Cognac
Region: Grande Champagne
40 Vol.-%

Baudy V.S.O.P. – Frankreich
Cognac
Region: Grande Champagne
40 Vol.-%

Beau Extra Vieille – Frankreich
Cognac
Region: Grande Champagne
46 Vol.-%

Beau Hors d'Age – Frankreich
Cognac
Region: Grande Champagne
43 Vol.-%

Beau Vieille Réserve – Frankreich
Cognac
Region: Grande Champagne
40 Vol.-%

Bégaud Napoléon – Frankreich
Cognac
Region: Fins Bois und Les Borderies
40 Vol.-%

Beguin Réserve – Frankreich
Cognac
Region: Petite Champagne
40 Vol.-%

Belmare V.S.O.P. – Frankreich
Armagnac
Region: Bas-Armagnac
40 Vol.-%

Benoit & Martini Hors d'Age – Frankreich
Cognac
Region: Fins Bois
40 Vol.-%

Benoit & Martini Napoléon – Frankreich
Cognac
Region: Fins Bois
40 Vol.-%

Benoit & Martini Vieille Réserve – Frankreich
Cognac
Region: Fins Bois
40 Vol.-%

Bergier Vieille Réserve – Frankreich
Cognac

Region: Petite Champagne
40 Vol.-%
jährliche Produktion des Hauses Bergier zirka 25.000 Flaschen

Bergier V.S.O.P. – Frankreich
Cognac
Region: Petite Champagne
40 Vol.-%

Berry Bros & Rudd 1976 – England
Cognac
41,6 Vol.-%
Eigenabfüllung der Fa. Berry Bros & Rudd, London; der Cognac wird in England gelagert und darf ausschließlich aus der Grande Champagne stammen

Berry Bros & Rudd 1980 – England
Cognac
33 Vol.-%
Eigenabfüllung der Fa. Berry Bros & Rudd, London; der Cognac wird in England gelagert und darf ausschließlich aus der Grande Champagne stammen

Bertrand de Chenevières – Frankreich
Cognac
40 Vol.-%
Erzeugnis der Fa. Michèle Clair & Co., Matha

Birot Fine Champagne – Frankreich
Cognac
Region: Petite Champagne
40 Vol.-%

Bisquit
Französische Cognacerzeugerfirma mit Sitz in Jarnac, gegründet 1819 von Alexandre Bisquit
Firmenwortlaut: Bisquit Dubouché & Co., jährliche Produktion zirka 6 Millionen Flaschen
Vertrieb der Bisquit-Produkte in Österreich: Fa. Mounier, Wien

Bisquit Extra Vieille Grande Fine Champagne – Frankreich
Cognac
Region: Grande und Petite Champagne
40 Vol.-%

Bisquit Napoléon – Frankreich
Cognac
40 Vol.-%

Bisquit Saint Martial *** – Frankreich
Cognac
40 Vol.-%

Bisquit Triumph – Frankreich
Cognac
40 Vol.-%

Bisquit V.S.O.P. – Frankreich
Cognac
40 Vol.-%

Biteaud Vieille Réserve – Frankreich
Cognac
Region: Grande Champagne
40 Vol.-%

Biteaud V.S.O.P. – Frankreich
Cognac
Region: Grande Champagne
40 Vol.-%

Birolleau Sélection – Frankreich
Cognac
Region: Petite Champagne
40 Vol.-%

Birolleau V.S.O.P. – Frankreich
Cognac
Region: Petite Champagne
40 Vol.-%

B.N.I.A.
Abkürzung für → Bureau National Interprofessionnel du Armagnac

B.N.I.C.
Abkürzung für → Bureau National Interprofessionnel du Cognac

Bobadilla Extra Etiqueta Negra – Spanien
Import-Weinbrand/-Brandy
40 Vol.-%
Erzeugnis der Fa. Bobadilla y Cia.

Bobadilla 103 – Spanien
Import-Weinbrand/-Brandy
38 Vol.-%

Bobadilla Reserva Gran Capitan – Spanien
Import-Weinbrand/-Brandy
40 Vol.-%

Bobe Hors d'Age – Frankreich
Cognac
Region: Petite Champagne
40 Vol.-%

Bobe Vieille Réserve – Frankreich
Cognac
Region: Petite Champagne
40 Vol.-%

Bocuse – Frankreich
Cognac
40 Vol.-%
Erzeugnis der Fa. Croizet, St. Mêmes-les-Carrières

Boisé
Französische Bezeichnung für einen Cognac oder Eau-de-vie, in dem Eichenblätter schwimmen

Boizumeau Napoléon – Frankreich
Cognac
Region: Petite Champagne
40 Vol.-%

Boizumeau V.S.O.P. – Frankreich
Cognac
Region: Petite Champagne
40 Vol.-%

Bols 1575 – Holland
Import-Weinbrand/-Brandy
40 Vol.-%
Erzeugnis der Fa. Bols, Amsterdam

Bonaparte
Zusatzbezeichnung für Branntweine aus Wein; hauptsächlich bei Cognac verwendet; sagt über die Qualität des Produktes nichts aus

Bossis Napoléon – Frankreich
Cognac
Region: Fins Bois
40 Vol.-%

Botrys – Griechenland
Import-Weinbrand/-Brandy
40 Vol.-%

Bouchet* naturmild** – Österreich
Branntwein aus Wein
35 Vol.-%
Erzeugnis der Fa. Mautner-Markhof, Wien

Bouchet Extra Mild – Österreich
Branntwein aus Wein
35 Vol.-%

Bouchet V.V.S.O.P. – Österreich
Weinbrand
38 Vol.-%

Boulestin – Frankreich
Cognac
40 Vol.-%
Erzeugnis der Fa. Boulestin, die im Besitz der Fa. Otard, Cognac, ist

Boulle V.S.O.P. – Frankreich
Cognac
Region: Petite Champagne
40 Vol.-%

Bourdet Napoléon – Frankreich
Cognac
Region: Grande Champagne
40 Vol.-%

Boutelleau S.A.
Französische Cognacerzeugerfirma; im Besitz von M. Marcel Braastad, dem auch die Cognacfirmen Tiffon und Delamain gehören; jährliche Produktion zirka

120.000 Flaschen – die Trauben dafür werden gekauft

Boutet – Frankreich
Cognac
40 Vol.-%

Boyard – Frankreich
Cognac
40 Vol.-%

Brande
Portugiesische Bezeichnung für Weinbrände, die aus dem Duoro-Gebiet (Portweingebiet) kommen und deren Grundlage Weine dieses Gebietes sind; diese Destillate werden in Portweinfässern gelagert und besitzen daher einen sortentypischen Geruch und Geschmack

Brandy
Englische Bezeichnung für Weinbrand und Cognac sowie portugiesische Bezeichnung für Weinbrand

Brard-Blanchard V.S.O.P. – Frankreich
Cognac
Region: Fins Bois
40 Vol.-%
Erzeugnis der Fa. Brard-Blanchard, die als eine der wenigen biologischen Weinbau betreibt

Breau Vieille Réserve – Frankreich
Cognac
Region: Grande Champagne
41 Vol.-%

Breau V.S.O.P. Réserve – Frankreich
Cognac
Region: Grande Champagne
40 Vol.-%

Brillat Savarin Grande Fine – Frankreich
Armagnac
40 Vol.-%
Vertrieb in Österreich:
Fa. Asbach-Doornkaat, Wien

Brugerolle
Cognacerzeugerfirma mit Sitz in Matha; gegründet um 1860; Firmenwortlaut: Cognac Brugerolle SA; jährlicher Verkauf von Cognacerzeugnissen: zirka 700.000 Flaschen; die Firma besitzt zirka 50 ha Rebfläche und hat für den Zukauf von Rebgut Verträge mit Weinbauern in allen Gebieten der Charente; erzeugt auch Eaux-devies und Liköre
Cognac-Handelsmarken: Bigord, Bonfire, Bonheur, Comerone, Lavoisier, Loti, Majos Murat, Robin-Sorel

Brugerolle Aigle d'Or – Frankreich
Cognac
40 Vol.-%

Brugerolle Aigle Rouge – Frankreich
Cognac
40 Vol.-%

Brugerolle Fine Charente – Frankreich
Cognac
40 Vol.-%

Brugerolle Luxe – Frankreich
Cognac
40 Vol.-%

Brugerolle *** – Frankreich
Cognac
40 Vol.-%

Brugerolle Tropical Night – Frankreich
Cognac
42 Vol.-%
Wurde speziell für die Zubereitung von Bargetränken geschaffen

Brugerolle V.S.O.P. – Frankreich
Cognac
40 Vol.-%

Bureau National Interprofessionnel du Armagnac
Staatliche Institution, die Urkunden über die Erzeugung, Güte, Lagerdauer und Bezeichnung der Armagnac-Destillate ausstellt; Abkürzung: B.N.I.A.

Bureau National Interprofessionnel du Cognac
Staatliche Institution, die Urkunden über die Erzeugung, Güter, Lagerdauer und Bezeichnung der Cognac-Destillate ausstellt; Abkürzung: B.N.I.C.

C

Calisniac V.S. – Frankreich
Cognac
40 Vol.-%

Calisniac V.S.O.P. – Frankreich
Cognac
40 Vol.-%

Calisniac X.O. – Frankreich
Cognac
40 Vol.-%

Camel Teresa Raiz – Italien
Branntwein aus Weintrestern
Aus Cabernet-, Tokai-, Merlot- und Sauvignontrauben hergestellt; in Eichenholzfässern gelagert; weiß
40 Vol.-%
Erzeugnis der Fa. Camel, Friaul
Vertrieb in Österreich: Fa. Wunderlich, Wien

Camille – Frankreich
Cognac
40 Vol.-%

Camus
Französische Cognacerzeugerfirma mit Sitz in Cognac; gegründet 1863; eine der größten in der Cognacbranche; besitzt mehr als 100 ha Rebfläche in der Grande Champagne und in den Borderies: jährlicher Verkauf: zirka 5 Millionen Flaschen

Camus Célébration – Frankreich
Cognac
40 Vol.-%

Camus Grand V.S.O.P. – Frankreich
Cognac
40 Vol.-%

Camus Napoléon – Frankreich
Cognac
40 Vol.-%

Camus Napoléon Extra – Frankreich
Cognac
40 Vol.-%

Camus V.S.O.P. – Frankreich
Cognac
40 Vol.-%

Camus X.O. – Frankreich
Cognac
40 Vol.-%

Cardinal – Frankreich
Cognac
40 Vol.-%
Erzeugnis der Fa. Camus, Cognac

Carlos I – Spanien
Import-Weinbrand/-Brandy
40 Vol.-%
Erzeugnis der Fa. Pedro Domecq, Jerez de la Frontera

Carlos III Solera Reservada – Spanien
Import-Weinbrand/-Brandy
37,8 Vol.-%
Erzeugnis der Fa. Pedro Domecq, Jerez de la Frontera

Carrières – Frankreich
Cognac
40 Vol.-%
Erzeugnis der Fa. Croizet, St. Même-les-Carrières

Carte d'Or – Frankreich
Cognac
40 Vol.-%
Erzeugnis der Fa. Castillon-Renault, Cognac

Carvalho Aquardente Reserva – Portugal
Import-Weinbrand/-Brandy
40 Vol.-%

Castillon Grande Fine Champagne – Frankreich
Cognac
Region: Grande und Petite Champagne
40 Vol.-%
Erzeugnis der Fa. Castillon-Renault, Cognac

Castillon Napoléon – Frankreich
Cognac
40 Vol.-%

Castillon Old Vintages Blend – Frankreich
Cognac
40 Vol.-%

Castillon V.S.O.P. – Frankreich
Cognac
40 Vol.-%

Castillon X.O. – Frankreich
Cognac
40 Vol.-%

CCG
Compagnie Commerciale de Guyenne; heutige Bezeichnung der Fa. → Meukow

Cellou Très Vieux – Frankreich
Cognac
Region: Fins Bois
40 Vol.-%
Erzeugnis der Fa. Bernard Cellou, Jonzac

Cerclé V.S.O.P. – Frankreich
Cognac
Region: Bons Bois
40 Vol.-%
Erzeugnis der Fa. Pierre Cerclé, Baignes-Ste-Radegonde

Cezar Vinjak – Jugoslawien
Import-Weinbrand/-Brandy
40 Vol.-%
Erzeugnis der Fa. Marian Badel, Zagreb

Chabanneau – Frankreich
Armagnac
40 Vol.-%
Erzeugnis der Fa. Chabanneau & Co., Cognac, die der Fa. Camus angehört

Chabanneau Napoléon – Frankreich
Cognac
40 Vol.-%

Chabanneau V.S.O.P. – Frankreich
Cognac
40 Vol.-%

Chabernaud Vieille Réserve – Frankreich
Cognac
Region: Grande Champagne
40 Vol.-%
Erzeugnis der Fa. Viviane Chabernaud, Criteuil-la-Magdeleine

Chabernaud V.S.O.P. – Frankreich
Cognac
Region: Grande Champagne
40 Vol.-%

Chaignier Réserve – Frankreich
Cognac
Region: Petite Champagne und Fins Bois
40 Vol.-%
Erzeugnis der Fa. Pascal Chaignier, Guitinières

Chaignier V.S.O.P. – Frankreich
Cognac
Region: Petite Champagne und Fins Bois; 40 Vol.-%

Chainier Napoléon – Frankreich
Cognac
Region: Petite Champagne
40 Vol.-%
Erzeugnis der Fa. Chainier Guy & Fils, Arthenac

Chainier Vieille Réserve – Frankreich
Cognac
Region: Petite Champagne
40 Vol.-%

Chainier V.S.O.P. – Frankreich
Cognac
Region: Petite Champagne
40 Vol.-%

Chai
Helle, luftige Lagerhalle, in der der Cognac in Eichenfässern lagert und reift

Chantré – BRD
Branntwein aus Wein
38 Vol.-%

Charpentron *** – Frankreich
Cognac
Region: Grande Champagne
40 Vol.-%
Erzeugnis der Fa. Claude Charpentron, Jarnac

Charpentron Vieille Réserve Spécial – Frankreich
Cognac
Region: Grande Champagne
40 Vol.-%

Charpentron V.S.O.P. – Frankreich
Cognac
Region: Grande Champagne
40 Vol.-%

Château Chesnel Extra Vieille Fine Champagne – Frankreich
Cognac
Region: Grande und Petile Champagne
40 Vol.-%

Château Chesnel Grande Fine Champagne „Prestige" – Frankreich
Cognac
Region: Grande und Petite Champagne
40 Vol.-%

Château de Beaulon Blason – Frankreich
Cognac
40 Vol.-%
Erzeugnis der Fa. Christian Thomas, St.-Dizant-Gua

Château de Beaulon Collection – Frankreich
Cognac
40 Vol.-%
Erstmals 1980 in kleinster Menge erzeugt

Château de Beaulon Extra – Frankreich
Cognac
40 Vol.-%

Château de Beaulon Vieille Fine – Frankreich
Cognac
40 Vol.-%

Château de Bois Charente – Frankreich
Cognac
Region: Grande und Petite Champagne
40 Vol.-%
Erzeugnis der Fondation Fougerat, Bois-Charente

Château de Bois Charente Vieille Réserve – Frankreich
Cognac
Region: Grande und Petite Champagne
40 Vol.-%
Dieser Cognac wird vom B.N.I.C. für Versuchszwecke benützt

Château de Brizambourg Napoléon – Frankreich
Cognac
Region: Fins Bois
40 Vol.-%
Erzeugnis der Fa. Pierre Hard, Brizambourg

Château de Fontpinot – Frankreich
Cognac
Region: Grande Champagne
40 Vol.-%
Erzeugnis der Fa. P. Frapin & Co. S.A., Segonzac

Château de Lignières – Frankreich
Cognac
40 Vol.-%
Erzeugnis der Fa. Bisquit, Rouillac

Château d'Uffaut – Frankreich
Cognac
40 Vol.-%
Handelsmarke der Fa. Camus, Cognac

Château du Plessis – Frankreich
Cognac
40 Vol.-%
Handelsmarke der Fa. Camus, Cognac

Château Labarthe – Frankreich
Armagnac
Region: Bas-Armagnac

Château Montifaud Extra Vieux – Frankreich
Cognac
Region: Petite Champagne
45 Vol.-%
Erzeugnis der Fa. Vallet & Cie., Jarnac-Champagne

Château Montifaud Hors d'Age – Frankreich
Cognac
Region: Petite Champagne
40 Vol.-%

Château Montifaud Napoléon – Frankreich
Cognac
Region: Petite Champagne
40 Vol.-%

Château Montifaud *** – Frankreich
Cognac
Region: Petite Champagne
40 Vol.-%

Château Montifaud V.S.O.P. – Frankreich
Cognac
Region: Petite Champagne
40 Vol.-%

Château Pantel – Frankreich
Cognac
40 Vol.-%

Château Paulet Age Inconnu – Très Rare – Frankreich
Cognac
40 Vol.-%
Erzeugnis der Fa. Château Paulet, Cognac-Châteaubernard, seit 1975 im Besitz der Pernod-Ricard-Gruppe

Château Paulet Borderies Très Vieilles – Frankreich
Cognac
47 Vol.-%

Château Paulet *** Écusson Rouge** – Frankreich
Cognac
50 Vol.-%

Château Paulet Fine Champagne Extra Vieille Réserve Louis XVI – Frankreich
Cognac
Region: Grande und Petite Champagne
40 Vol.-%

Château Paulet Napoléon – Frankreich
Cognac
40 Vol.-%

Château Paulet Paradis – Frankreich
Cognac
40 Vol.-%
Dieser Cognac wird ausschließlich für Japan hergestellt

Château Paulet V.S.O.P. Réserve – Frankreich
Cognac
40 Vol.-%

Château Paulet X.O. Fine Champagne – Frankreich
Cognac
Region: Grande und Petite Champagne
40 Vol.-%

Chauchet Extra – Frankreich
Cognac
Region: Grande Champagne
40 Vol.-%
Erzeugnis der Fa. Guy Chauchet, Segonzac

Chauchet V.S.O.P. – Frankreich
Cognac
Region: Grande Champagne
40 Vol.-%

Chauraud *** – Frankreich
Cognac
Region: Fins Bois
40 Vol.-%
Erzeugnis der Fa. Claude Chauraud, Pons

Chauraud Vieille Réserve – Frankreich
Cognac
Region: Fins Bois; 40 Vol.-%

Chauraud V.S.O.P. – Frankreich
Cognac
Region: Fins Bois
40 Vol.-%

Cinnamon Brandy – England
Dieser Branntwein aus Wein hat in der Flasche eine Stange Zimtrinde, die ihm den typischen Zimtgeschmack verleiht

Clair Guyclair Napoléon – Frankreich
Cognac
40 Vol.-%
Erzeugnis der Fa. Guy Clair, Matha

Clémentines à l'Armagnac
In Armagnac eingelegte Klementinen

Clés des Ducs – Frankreich
Armagnac
40 Vol.-%
Erzeugnis der Fa. Izarra, Bayonne, die der Fa. Seagram angehört
Vertrieb in Österreich: Fa. Seagram, Wien

Clés des Ducs Extra Grande Réserve – Frankreich
Armagnac
Aus dem Gebiet um Bayonne
41 Vol.-%

Clés des Ducs Grande Réserve – Frankreich
Armagnac
Aus dem Gebiet um Bayonne
40 Vol.-%

Clés des Ducs *** – Frankreich
Armagnac
Aus dem Gebiet um Bayonne
40 Vol.-%

Clés des Ducs V.S.O.P. – Frankreich
Armagnac
Aus dem Gebiet um Bayonne
40 Vol.-%

Cœur
Herz; der Feinbrand, das Mittelstück oder der Mittellauf bei der Cognac-Destillation

Cognac de la Couronne – Frankreich
Cognac
40 Vol.-%
Erzeugnis der Fa. Cusenier

Cognac Grande Champagne Très Vieille – BRD
Cognac
Region: Grande Champagne
40 Vol.-%
Erzeugnis der Fa. Haus Grashoff, Bremen

Cognac Hermelle – Frankreich
Cognac
Region: Grande Champagne
40 Vol.-%
Erzeugnis der Fa. Pierre Gourry, Segonzac

Cognac Horse d'Age Domaine de Guignefolle – Frankreich
Cognac
Region: Fins Bois
40 Vol.-%
Erzeugnis der Fa. Landreau et Cie., Verdille

Cognacjahrgänge
Sehr gute: 1929, 1937, 1939, 1946, 1947, 1948, 1957, 1964
Gute: 1924, 1928, 1940, 1941, 1942, 1943, 1950, 1952, 1954, 1958, 1961, 1962, 1967
Durchschnittliche: 1938, 1944, 1951, 1953, 1955, 1956
Mäßige: 1934, 1936, 1645, 1949, 1959, 1960, 1963, 1965, 1966, 1968, 1972

Cognac Vieille Fine Champagne – Frankreich
Cognac
Region: Grande und Petite Champagne
40 Vol.-%
Erzeugnis der Fa. Crolzel, Jarnac

Col de cygne
Französische Bezeichnung für die gewundene Leitung des Alambic-Destillationsgerätes, in dem das Destillat kondensiert; wörtlich: Schwanenhals

Comandon
Französische Cognacerzeugerfirma mit Sitz in Jarnac; gegründet 1921; einst im Besitz der Likörerzeugerfirma Bénédictine; gehört aber jetzt der Hine-Gruppe an; produziert jährlich zirka 350.000 Flaschen

Comandon Fine Champagne Napoléon – Frankreich
Cognac
Region: Grande und Petite Champagne; 40 Vol.-%

Comandon Grande Champagne – Frankreich
Cognac
Region: Grande Champagne
45 Vol.-%

Comandon Très Vieille Extra Age – Frankreich
Cognac
Region: Grande Champagne
40 Vol.-%

Combe*** – Frankreich
Cognac
Region: Petite Champagne
40 Vol.-%
Erzeugnis der Fa. Gabriel Combe, Jonzac

Compte 2
In diese Gruppe zählt man alle Cognacs, die eine zweijährige Faßlagerung nach der Destillation aufweisen; die zugelassenen Zusatzbezeichnungen für mindestens zwei Jahre gelagerte Produkte sind:
* 1 Étoile
** 2 Étoiles
*** 3 Étoiles
**** 4 Étoiles
***** 5 Étoiles
Sélection
De Luxe
V.S.
Surchoix

Ambassade
Anniversaire
Armoiries
Blason
Blond
Carte Blanche
Choix de la Maison
Constellation
Couronne
Crest
Crown
Diplomat
Drapeau
Dry
Échanson
Écusson
Écusson Rouge
E.L. = Extra Light
Élégance
Festival
Fin
Fleurons
Gala
Gastronome
G.C.S.
Maison
Major
Mondial
Mon Général
Monopole
Monsieur
One Cluster
One Shield
Pavillon
Prédilection
Prestige
Privilège
Promotion
Qualité Spéciale
Rassis
Record
Régal
Régal des Gourmets
Sans Souci
S.E. = Spécial Europe
Séduction
Sélect
Sélection ***
Sélection du Domaine
Sélection du Lys
Sélection Spéciale
S.L. Specially Light
Signature
Soleil
Souvenir
Spécial
Spécial ***
Special Dry
Spécial Gastronomie
Spécial pour Cuisine
Spécial pour Fruits
Special Selection
Spécial Propriétaire
Splendid Selection
Three Clusters
Three Crown
Three Shields
Trois Couronnes
Trois Diamants
Trois Étoiles Luxe
Trois Poignards
Tropical De Luxe
Two Clusters
Two Shields
Very Special
V.L. = Very Light
V.S.S.

Compte 3

In diese Gruppe zählt man alle Cognacs, die eine dreijährige Faßlagerung nach der Destillation aufweisen; die zugelassenen Zusatzbezeichnungen für mindestens drei Jahre gelagerte Produkte sind:

****** 6 Étoiles
******* 7 Étoiles
Supérieure

Cuvée Supérieure
Cuvée Très Bonne
Grande Sélection
Qualité Supérieure

Compte 4

In diese Gruppe zählt man alle Cognacs, die eine vierjährige Faßlagerung nach der Destillation auf-

weisen; die zugelassenen Zusatzbezeichnungen für mindestens vier Jahre gelagerte Produkte sind:
Vieux
V.O.
V.S.O.P.
Réserve

Qualité Rare
Rare
Very Superior Old Pale
V.O.P.
V.S.O.
V.V.S.

Compte 5
In diese Gruppe zählt man alle Cognacs, die eine fünfjährige Faßlagerung nach der Destillation aufweisen; die zugelassenen Zusatzbezeichnungen für mindestens fünf Jahre gelagerte Produkte sind:
V.V.S.O.P.
Grande Réserve

Private Réserve
Réserve de ma Cave
Réserve du Château
Réserve du Domaine
Réserve Familiale
Réserve du Logis
Réserve Maison
Réserve Particulière
Réserve Personnelle
Réserve (du) Producteur
Réserve du Propriétaire
Réserve de la Propriété
Réserve Spéciale du Maître de Chai
Réserve Superieur
Réservo du Vieil Alambic
Réserve du Viticulteur
Souvenir V.S.O.P.

Compte 6
In diese Gruppe zählt man alle Cognacs, die eine sechsjährige Faßlagerung nach der Destillation aufweisen; die zugelassenen Zusatzbezeichnungen für mindestens sechs Jahre gelagerte Produkte sind:
Extra
X.O.
Napoléon
Royal
Très Vieux
Vieille Réserve
Or
Age d'Or
Ancestral
Ancestrale Réserve de Famille
Casque d'Or
Consul
Cour Impériale
Directoire
Excellence
Extra Vieille Or
Extra Vieux
Flamme d'Or
Gold
Gold Réserve
Goutte d'Or
Grand Age
Grand Aigle
Grand Siècle
Grande Armée
Héritage
Hors Classe
Hors Pair
Impérial
Maréchal
Mathusalem
Le Meilleur de la Maison
Nec Plus Ultra
Old Vintage
Régence
Réserve des Ancetres
Réserve des Grands Ducs
Réserve Limitée
Réserve Personnelle Limitée
Royal Quality
Sans Age
Sans Rival
Sélection des Ancetres
Suprème
Tradition Impériale
Très Rare

Très Vieille Réserve
Très Vieux
Vénérable
Vieille Réserve
Vieille Réserve Ancestrale
X.L.

Comte de Dampierre Napoléon – Frankreich
Cognac
Region: Bons Bois
40 Vol.-%

Compte de Dampierre *** – Frankreich
Cognac
Region: Bons Bois
40 Vol.-%

Comte de Dampierre Vieux – Frankreich
Cognac
Region: Bon Bois
40 Vol.-%

Comte de Dampierre V.S.O.P. – Frankreich
Cognac
Region: Bons Bois
40 Vol.-%

Comte de la Fayette V.S.O.P. Fine Champagne – Frankreich
Cognac
Region: Grande und Petite Champagne
40 Vol.-%
Erzeugnis der → UNICOOP

Comte de Lafont Fine Pale Cognac – Frankreich
Cognac
40 Vol.-%
Erzeugnis der Fa. Philippe de Castaigne & Co., Jarnac

Comte de Lafont * Fine Pale** – Frankreich
Cognac
40 Vol.-%
Wird ausschließlich für den Export nach England erzeugt

Comte de la Garde – Frankreich
Cognac
40 Vol.-%
Erzeugnis der Fa. Castillon-Renault, Cognac

Coñac
Spanische Schreibweise für Cognac

Condé de Osborne – Spanien
Import-Weinbrand/-Brandy
40 Vol.-%
Spitzenprodukt der Fa. Osborne, Porto de Santa Maria

Coronet V.S.Q. – USA
Import-Weinbrand/-Brandy
40 Vol.-%

Cosson Très Vieille Réserve Fine Champagne – Frankreich
Cognac
Region: Grande und Petite Champagne
40 Vol.-%
Erzeugnis der Fa. Gilles Cosson, Barbezeiux-St.-Hilaire

Cosson Vieille Réserve Fine Champagne – Frankreich
Cognac
Region: Grande und Petite Champagne
40 Vol.-%

Cosson V.S.O.P. Blason Fine Champagne – Frankreich
Cognac
Region: Grande und Petite Champagne
40 Vol.-%

Cosson V.S.O.P. Fine Champagne – Frankreich
Cognac
Region: Grande und Petite Champagne
40 Vol.-%

Couillaud Vieille Réserve – Frankreich
Cognac

Region: Petite Champagne und Fins Bois
40 Vol.-%
Erzeugnis der Fa. Pierre und Robert Couillaud, Archiac

Couillaud V.S.O.P. – Frankreich
Cognac
Region: Petite Champagne und Fins Bois
40 Vol.-%

Couprie Hors d'Age – Frankreich
Cognac
Region: Grande Champagne
45 Vol.-%
Erzeugnis der Fa. André Couprie, Barbezieux

Couprie Napoléon – Frankreich
Cognac
Region: Grande Champagne
40 Vol.-%

Couprie Très Vieille Réserve – Frankreich
Cognac
Region: Grande Champagne
40 Vol.-%

Couprie V.S.O.P. – Frankreich
Cognac
Region: Grande Champagne
40 Vol.-%

Courbette – Österreich
Branntwein aus Wein
38 Vol.-%
Erzeugnis der Fa. Reininghaus, Graz

Courbette V.S.O.P. – Österreich
Weinbrand
38 Vol.-%
Zusatzbezeichnung bedeutet: „Vieux – Supérieur – Original – Pur"

Courcel – Frankreich
Cognac
40 Vol.-%
Erzeugnis der Fa. La Martiniquaise, Charenton bei Paris

Courvoisier S.A.
Französische Cognacerzeugerfirma mit Sitz in Jarnac; gegründet Mitte des 19. Jahrhunderts; gehört seit 1964 dem kanadischen Konzern Hiram Walker an; mit einer jährlichen Produktion von zirka 15 Millionen Flaschen ist Courvoisier die viertgrößte Cognacfirma der Welt; Hauptabnehmermärkte sind die USA, die alleine zirka 5,5 Millionen Flaschen pro Jahr importieren, und Großbritannien
Vertrieb in Österreich: Fa. Martini & Rossi, Wien

Courvoisier Château Limoges Fine Champagne – Frankreich
Cognac
Region: Grande und Petite Champagne
40 Vol.-%

Courvoisier Cour Impériale Grand Cru – Frankreich
Cognac
Region: Grande Champagne
40 Vol.-%

Courvoisier Extra Vieille Grande Champagne – Frankreich
Cognac
Region: Grande Champagne
40 Vol.-%

Courvoisier Napoléon Fine Champagne – Frankreich
Cognac
Region: Grande und Petite Champagne
40 Vol.-%

Courvoisier V.S.O.P. – Frankreich
Cognac
40 Vol.-%

Courvoisier V.S. *** – Frankreich
Cognac
40 Vol.-%

Courvoisier X.O. – Frankreich
Cognac
40 Vol.-%
Diese Qualität wurde erstmals 1984 auf den Markt gebracht

Croizet
Handelshaus und Destillerie für Cognac mit eigener Rebfläche von zirka 150.000 ha in der Grande Champagne; gegründet wurde das Haus Philippe und Jacques Eymard Croizet 1805 in St. Même-les-Carrières; jährliche Produktion zirka 400.000 bis 450.000 Flaschen

Croizet Age Inconnu – Frankreich
Cognac
40 Vol.-%

Croizet Bonaparte Fine Champagne – Frankreich
Cognac
Region: Grande und Petite Champagne
40 Vol.-%

Croizet Fine Champagne – Frankreich
Cognac
Region: Grande und Petite Champagne
40 Vol.-%

Croizet Fine Champagne Château Flaville – Frankreich
Cognac
Region: Grande und Petite Champagne
40 Vol.-%

Croizet Lot 33 Régional Fine Champagne – Frankreich
Cognac
Region: Grande und Petite Champagne; 42 Vol.-%

Croizet Lot 42 – Frankreich
Cognac
Region: Grande Champagne
46 Vol.-%

Croizet Lot 97 – Frankreich
Cognac
Region: Grande Champagne
45 Vol.-%

Croizet Lot Piton – Frankreich
Cognac
Region: Grande Champagne
44 Vol.-%

Croizet Napoléon – Frankreich
Cognac
Region: Fins Bois; 40 Vol.-%

Croizet Napoléon Fine Champagne – Frankreich
Cognac
Region: Grande und Petite Champagne; 40 Vol.-%

Croizet Réserve des Héritiers – Frankreich
Cognac
40 Vol.-%

Croizet Réserve des Héritiers Grande Fine Champagne – Frankreich
Cognac
Region: Grande und Petite Champagne; 40 Vol.-%

Croizet Réserve Particulière – Frankreich
Cognac
40 Vol.-%
Spitzenerzeugnis der Fa. Croizet

Croizet Réserve Royale Fine Champagne – Frankreich
Cognac
Region: Grande und Petite Champagne; 40 Vol.-%

Croizet *** – Frankreich
Cognac
Region: Fins Bois; 40 Vol.-%

Croizet V.S.O.P. – Frankreich
Cognac
Region: Fins Bois
40 Vol.-%

Croizet V.S.O.P. Fine Champagne – Frankreich
Cognac
Region: Grande und Petite Champagne
40 Vol.-%

Croizet X.O. Age Inconnu – Frankreich
Cognac
40 Vol.-%

D

Dalta Cia Grappa Stravecchia – Italien
Branntwein aus Weintrestern
wasserklar mit leichtem Rotschimmer
40 Vol.-%
Erzeugnis der Fa. Buton & Co., Triest

Dana Admiral Brandy – Jugoslawien
Import-Weinbrand/-Brandy
38 Vol.-%
Erzeugnis der Fa. Dana, Mirna

Danflou Extra – Frankreich
Cognac
Region: Grande Champagne
40 Vol.-%
Erzeugnis der Fa. Denis-Mounié, Jarnac

Danflou Fine Champagne – Frankreich
Cognac
Region: Grande und Petite Champagne
40 Vol.-%

Daudin Napoléon – Frankreich
Cognac
Region: Grande und Petite Champagne
40 Vol.-%
Erzeugnis der Fa. Jean Daudin & Fils, Touzac

Daudin Très Rare Vieille Réserve – Frankreich
Cognac
Region: Petite Champagne
40 Vol.-%

Daudin Très Vieille Réserve – Frankreich
Cognac
Region: Grande Champagne
40 Vol.-%

Daudin *** – Frankreich
Cognac
Region: Grande und Petite Champagne
40 Vol.-%

Daudin V.S.O.P. – Frankreich
Cognac
Region: Grande und Petite Champagne
40 Vol.-%

David Hors d'Age – Frankreich
Cognac
Region: Petite Champagne
40 Vol.-%
Erzeugnis der Fa. Robert David & Fils, Archiac

David Napoléon – Frankreich
Cognac
Region: Petite Champagne
40 Vol.-%

David Réserve – Fankreich
Cognac
Region: Petite Champagne
40 Vol.-%

David V.S.O.P. – Frankreich
Cognac
Region: Petite Champagne
40 Vol.-%

De Grasse – Frankreich
Cognac
40 Vol.-%
Erzeugnis der Fa. Bisquit, Jarnac

Delabonne No. 15 – Frankreich
Cognac
Region: Petite Champagne
40 Vol.-%
Erzeugnis der Fa. Odette Delabonne, Châteauneuf-sur-Charente

Delabonne No. 40 – Frankreich
Cognac
Region: Petite Champagne
40 Vol.-%

Delabonne No. 80 – Frankreich
Cognac
Region: Petite Champagne
40 Vol.-%

Delabonne V.S.O.P. – Frankreich
Cognac
Region: Petite Champagne
40 Vol.-%

De Lachenaie – Frankreich
Cognac
40 Vol.-%
Erzeugnis der Fa. Hardy, Cognac

De la Croix Bequet – Frankreich
Cognac
40 Vol.-%
Erzeugnis der Fa. Brugerolle, Matha

De Lagrange – Frankreich
Cognac
40 Vol.-%
Erzeugnis der Fa. Gaston de Lagrange, Cognac, die der Martini-&-Rossi-Gruppe angehört

Delamain
Die Cognacerzeugerfirma Ranson & Delamain wurde 1763 gegründet; seit 1920 ist sie im Besitz der Familien Braastad und Sauzy und trägt nur mehr den Namen Delamain; Firmensitz ist in Cognac; besitzt keine eigenen Rebflächen, sodaß für alle Cognacs Brennwein aus der Petite und Grande Champagne angekauft werden muß; Delamain-Erzeugnisse zählen zu den allerbesten; es werden Sonderabfüllungen mit unterschiedlichen Bezeichnungen und Alkoholgehalten für viele Restaurants der Luxusklasse komponiert und abgefüllt

Delamain Grande Champagne – Frankreich
Cognac
Region: Grande Champagne
40 Vol.-%

Delamain Liquid Gold – Frankreich
Cognac
40 Vol.-%
Diese Bezeichnung ist ausschließlich für den Export bestimmt

Delamain Or Liquide – Frankreich
Cognac
40 Vol.-%

Delamain Pale and Dry – Frankreich
Cognac
40 Vol.-%

Delamain Réserve de la Famille – Frankreich
Cognac
40 Vol.-%
Trägt auf jedem Flaschenetikett eine fortlaufende Kontrollnummer

Delamain Très Belle – Frankreich
Cognac
Region: Grande Champagne
40 Vol.-%

Delamain Très Vénérable – Frankreich
Cognac
40 Vol.-%
Dieser Cognac ist ausschließlich für den Export in die USA bestimmt

Delamain Très Vieux – Frankreich
Cognac
Region: Grande Champagne
40 Vol.-%

Delamain *** – Frankreich
Cognac
40 Vol.-%

Delamain Vester Fine Champagne – Frankreich
Cognac
Region: Grande und Petite Champagne
40 Vol.-%

De la Motte Hors d'Age – Frankreich
Cognac
Region: Petite Champagne
40 Vol.-%

De la Motte Napoléon – Frankreich
Cognac
Region: Petite Champagne
40 Vol.-%

De la Motte *** – Frankreich
Cognac
Region: Petite Champagne
40 Vol.-%

De la Motte V.S.O.P. – Frankreich
Cognac
Region: Petite Champagne
40 Vol.-%

De Lotherie Coupe 15 ans – Frankreich
Cognac
Region: Grande Champagne
40 Vol.-%
Erzeugnis der Fa. Edith Lotherie, Segonzac

De Luze Damain du Chaigne Prèmier Cru du Cognac – Frankreich
Cognac
Erzeugnis der Fa. A. De Luze & Fils, gegründet 1820; heute im Besitz der Fa. Rémy Martin, Cognac
Vertrieb in Österreich: Fa. GHG, Linz

De Luze Grande Champagne – Frankreich
Cognac
Region: Grande Champagne
40 Vol.-%

De Luze * Grand Cognac** – Frankreich
Cognac
40 Vol.-%

De Luze V.S.O.P. – Frankreich
Cognac
40 Vol.-%

Denis-Mounié
Französische Cognacerzeugerfirma mit Sitz in Jarnac, gegründet 1838; wurde 1977 von der Likörerzeugerfirma Bénédictine übernommen und ist seit 1981 im Besitz der Hine-Gruppe, die wiederum der British Distillers Company angehört

Denis-Mounié Extra Hors d'Age – Frankreich
Cognac
Region: Grande Champagne
40 Vol.-%

Denis-Mounié Grande Réserve Eduard VII – Frankreich
Cognac
40 Vol.-%

Denis-Mounié Napoléon X.O. – Frankreich
Cognac
40 Vol.-%

Denis-Mounié Très Rare Fine Champagne Edouard VIII – Frankreich
Cognac
Region: Grande und Petite Champagne
40 Vol.-%

Denis-Mounié V.S.O.P. Fine Champagne – Frankreich
Cognac
Region: Grande und Petite Champagne
40 Vol.-%

De Rochenac – Frankreich
Cognac
40 Vol.-%
Erzeugnis der Fa. Hardy, Cognac

Desse Réserve – Frankreich
Cognac
Region: Grande Champagne
40 Vol.-%
Erzeugnis der Fa. Gabriel Desse, Segonzac

Desse Vieille Réserve – Frankreich
Cognac
Region: Grande Champagne
40 Vol.-%

Desse V.S.O.P. – Frankreich
Cognac
Region: Grande Champagne
40 Vol.-%

Deutz Vieux Marc de Champagne – Frankreich
Branntwein aus Weintrestern
klar mit leichtem Gelbstich
40 Vol.-%
Erzeugnis der Fa. Deutz und Geldermann, Reims

De Valle Barriasson – Frankreich
Cognac
40 Vol.-%
Erzeugnis der Fa. Gaston de Lagrange, Cognac, die der Martini-&-Rossi-Gruppe angehört

De Ville V.S.O.P. – Frankreich
Import-Weinbrand/-Brandy
40 Vol.-%

Dolva V.O. – Portugal
Import-Weinbrand/-Brandy
Erzeugnis der Fa. Da Silva, Oporto

Domaine des Brissons de Laage Napoléon – Frankreich
Cognac
Region: Petite Champagne
40 Vol.-%
Erzeugnis der Fa. Raymond Bertrand & Fils, Jonzac

Domaine des Brissons de Laage Vieille Réserve – Frankreich
Cognac
Region: Petite Champagne
40 Vol.-%

Domaine des Brissons de Laage V.S.O.P. – Frankreich
Cognac
Region: Petite Champagne
40 Vol.-%

Domaine du Faucaudat V.S.O.P. – Frankreich
Cognac
41 Vol.-%
Erzeugnis der Fa. Gilbert Ricard, Segonzac

Dormont – Frankreich
Cognac
40 Vol.-%
Erzeugnis der Fa. A. Dormont & Fils, die der Fa. Camus, Cognac, angehört

Dorville – Frankreich
Cognac
40 Vol.-%
Erzeugnis der Fa. Bisquit, Jarnac

Drusenbrand
In Deutschland und in der Schweiz gebräuchliche Bezeichnung für Hefebranntwein

Duboigalant Napoléon Fine Champagne – Frankreich
Cognac
Region: Petite Champagne
40 Vol.-%

Duboigalant * Luxe** – Frankreich
Cognac

Region: Petite Champagne
40 Vol.-%

Duboigalant V.R.X.O. Fine Champagne – Frankreich
Cognac
Region: Petite Champagne
40 Vol.-%

Duboigalant X.O. Fine Champagne – Frankreich
Cognac
Region: Petite Champagne
40 Vol.-%

Duc d'Aquitaine Hors d'Age – Frankreich
Armagnac
40 Vol.-%
Trägt die Zusatzbezeichnung „Appelation Armagnac Controllée"
Erzeugnis der Fa. Ducastaing & Cie., Vic-Fezensac en Armagnac

Duc de Théon Vieille Fine Champagne – Frankreich
Cognac
Region: Grande und Petite Champagne
40 Vol.-%
Erzeugnis der Fa. Sté Commerciale de Théon Fannoy-Camus, Cozes

Duc de Théon V.S.O.P. – Frankreich
Cognac
40 Vol.-%

Duc de Théon X.O. – Frankreich
Cognac
40 Vol.-%

Duchamp Vieille Réserve – Frankreich
Cognac
40 Vol.-%
Erzeugnis der Fa. René Duchamp, Matha

Duchamp V.S.O.P. – Frankreich
Cognac
40 Vol.-%

Dudognon Grande Fine Champagne 1er Cru du Cognac Extra Hors d'Age – Frankreich
Cognac
Region: Grande und Petite Champagne
40 Vol.-%
Erzeugnis der Fa. Raymond Dudognon, Segonzac

Dudognon Napoléon – Frankreich
Cognac
Region: Grande und Petite Champagne
42 Vol.-%

Dudognon Réserve des Ancetres – Frankreich
Cognac
Region: Grande und Petite Champagne
40 Vol.-%

Dudognon * Sélection** – Frankreich
Cognac
Region: Grande und Petite Champagne
40 Vol.-%

Dudognon V.S.O.P. – Frankreich
Cognac
Region: Grande und Petite Champagne
42 Vol.-%

Dujardin Fine – BRD
Weinbrand
40 Vol.-%
Erzeugnis der Fa. Dujardin, Rüdesheim/Rhein; vormals Gebrüder Melcher

Dujardin Imperial – BRD
Weinbrand
40 Vol.-%

Dujardin Melcher's Rat – BRD
Weinbrand
40 Vol.-%

Duluc Grande Fine Champagne Réserve Familiale – Frankreich
Cognac
Region: Grande und Petite Champagne
40 Vol.-%
Erzeugnis der Fa. Gatien Duluc, Touzac

Duluc Grande Fine Champagne Vieille Réserve – Frankreich
Cognac
Region: Grande und Petite Champagne
40 Vol.-%

Dupont Monopol – Frankreich
Cognac
40 Vol.-%
Erzeugnis der Fa. J. Dupont & Cie., Cognac

Dupont Réserve Napoléon – Frankreich
Cognac
40 Vol.-%

Dupont V.S.O.P. – Frankreich
Cognac
40 Vol.-%

Dupuis Extra – Frankreich
Cognac
Region: Grande Champagne
40 Vol.-%
Erzeugnis der Fa. C. Dupuis Fils & Co., Barbezieux

Dupuis Hors d'Age – Frankreich
Cognac
42 Vol.-%

Dupuis Réserve de la Maison – Frankreich
Cognac
42 Vol.-%

Dupuy Extra – Frankreich
Cognac
Region: Grande Champagne
40 Vol.-%
Erzeugnis der Fa. Guy Dupuy, Segonzac

Dupuy Vieille Réserve – Frankreich
Cognac
Region: Grande Champagne
40 Vol.-%

Dupuy Hors d'Age – Frankreich
Cognac
Region: Grande Champagne
40 Vol.-%
Erzeugnis der Fa. A. Edmond Dupuy & Co., Cognac

Dupuy Jeune Fine Champagne – Frankreich
Cognac
Region: Grande und Petite Champagne
40 Vol.-%

Dupuy Napoléon Réserve Fine Champagne – Frankreich
Cognac
Region: Grande und Petite Champagne
40 Vol.-%

Dupuy V.S.O.P. – Frankreich
Cognac
40 Vol.-%

Dupuy X.O. Fine Champagne – Frankreich
Cognac
Region: Grande und Petite Champagne
40 Vol.-%

Dürnstein Glöger-Reserve – Österreich
Branntwein aus Weinhefe
Lagerzeit 9 Jahre im Eichenfaß
40 Vol.-%
Erzeugnis der Winzergenossenschaft Wachau, Dürnstein

Dürnstein Reserve – Österreich
Branntwein aus Wein
Lagerzeit 7 und 9 Jahre im Eichenfaß
38 Vol.-%

Duroc V.S.O.P. Napoléon – Frankreich
Import-Weinbrand/-Brandy
40 Vol.-%

E

E. & J. – USA
Import-Weinbrand/-Brandy
Erzeugnis der Fa. E. & J., Modesto
40 Vol.-%

Eau-de-vie de Cognac
Frühere französische Bezeichnung für Cognac; erstmals 1726 von Monsieur Gervais niedergeschrieben

Eau-de-vie de Vin Pur – Frankreich
Import-Weinbrand/-Brandy
40 Vol.-%
Erzeugnis der Fa. André le Marquis

Eau-de-vie de Montenegro – Jugoslawien
Branntwein aus Weintrestern
47 Vol.-%

Egrappé
Französische Zusatzbezeichnung für Branntweine aus Wein, die aus entstielten (gerebelten) Trauben hergestellt werden

Eniseli – UdSSR
Import-Weinbrand/-Brandy
Lagerzeit mindestens 12 Jahre; Lagerdauer muß auf dem Etikett angegeben sein
43 Vol.-%

Espléndido – Spanien
Import-Weinbrand/-Brandy
38 Vol.-%

Estève Hors d'Age – Frankreich
Cognac
Region: Petite Champagne
40 Vol.-%
Erzeugnis der Fa. Jacques Estève, Archiac

Estève Napoléon – Frankreich
Cognac
Region: Petite Champagne
40 Vol.-%

Etschart *** – Frankreich
Armagnac
40 Vol.-%

Etschart V.S.O.P. – Frankreich
Armagnac
40 Vol.-%

Exshaw Château de Cognac Age d'Or – Frankreich
Cognac
Region: Grande Champagne
40 Vol.-%
Erzeugnis der Fa. John Exshaw S.A., Cognac; seit 1975 im Besitz der Fa. Otard

Exshaw Château de Cognac Extra – Frankreich
Cognac
Region: Grande Champagne
40 Vol.-%

Exshaw Château de Cognac No. 1 – Frankreich
Cognac
Region: Grande Champagne
40 Vol.-%

Exshaw Château de Cognac V.S.O.P. – Frankreich
Cognac
40 Vol.-%

F

Fabuloso – Spanien
Import-Weinbrand/-Brandy
Erzeugnis der Fa. Palomino & Vergara a S.A., Jerez

Faible
Andere Bezeichnung für → Petite eau

Falandy Vieille Réserve – Frankreich
Cognac
Region: Grande Champagne
40 Vol.-%
Erzeugnis der Fa. Falandy-Liandry & Cie., Cognac

Falandy V.S.O.P. Fine Champagne – Frankreich
Cognac
Region: Grande und Petite Champagne
40 Vol.-%

Favraud Napoléon Extra Réserve – Frankreich
Cognac
40 Vol.-%
Erzeugnis der Fa. Favraud S.A.R.L., Jarnac

Favraud V.S.O.P. – Frankreich
Cognac
40 Vol.-%

Favraud V.S. *** – Frankreich
Cognac
40 Vol.-%

Favraud X.O. – Frankreich
Cognac
40 Vol.-%

Fedon V.S.O.P. – Frankreich
Cognac
Region: Fins Bois
40 Vol.-%

Feiner Tresterbrand 1963 – Österreich
Branntwein aus Weintrestern
wasserklar, mit leichtem Gelbstich
Erzeugnis der Gugelhof-Brennerei, Hallein; gegründet 1641

Ferrand Réserve Ancestrale – Frankreich
Cognac
Region: Grande Champagne
40 Vol.-% und 43 Vol.-%
Erzeugnis der Fa. Pierre Ferrand, Segonzac

Ferrand Réserve de la Propriété – Frankreich
Cognac
Region: Grande Champagne
40 Vol.-%

Ferrand Sélection des Anges – Frankreich
Cognac
Region: Grande Champagne
40 Vol.-%

Ferreira Aquardente Reserva – Portugal
Import-Weinbrand/-Brandy
40 Vol.-%

Feu nu
Französische Bezeichnung für das offene Holzfeuer unter der Brennblase bei der Cognacdestillation; gesetzlich vorgeschrieben

Fillioux Cep d'Or – Frankreich
Cognac
Region: Grande Champagne
40 Vol.-%
Erzeugnis der Fa. Jean Fillioux, Segonzac

Fillioux Coq *** – Frankreich
Cognac
Region: Grande Champagne
40 Vol.-%

Fillioux Réserve Familiale – Frankreich
Cognac
Region: Grande Champagne
40 Vol.-%

Fillioux Spécial Amateur – Frankreich
Cognac
Region: Grande Champagne
44 Vol.-%

Floquet – Frankreich
Cognac
40 Vol.-%
Erzeugnis der Fa. Gaston de Lagrange, Cognac

Font-Borne Réserve Familiale – Frankreich
Cognac
Region: Grande Champagne
40 Vol.-%
Erzeugnis der Fa. Georges Jobit, Châteauneuf-sur-Charente

Font-Borne Très Vieux – Frankreich
Cognac
Region: Grande Champagne
40 Vol.-%

Forgeron Vieille Réserve – Frankreich
Cognac
Region: Grande Champagne
40 Vol.-%
Erzeugnis der Fa. Michel Forgeron, Segonzac

Forgeron V.S.O.P. – Frankreich
Cognac
Region: Grande Champagne
40 Vol.-%

Foucher Vieille Réserve – Frankreich
Cognac
Region: Fins Bois
40 Vol.-%

Foucher V.S.O.P. – Frankreich
Cognac
Region: Fins Bois
40 Vol.-%

Framboises à l'Armagnac
In Armagnac eingelegte Himbeeren

Frandon *** – Frankreich
Cognac
Region: Petite Champagne
40 Vol.-%

Frandon Vieille Réserve – Frankreich
Cognac
Region: Petite Champagne
40 Vol.-%

Frandon V.S.O.P. – Frankreich
Cognac
Region: Petite Champagne
40 Vol.-%

Fransac Extra – Frankreich
Cognac
Region: Grande Champagne
40 Vol.-%
Erzeugnis der Fa. Georges Fransac, Thenac

Fransac Extra-Exception – Frankreich
Cognac
Region: Grande Champagne
40 Vol.-%

Fransac Vieille Réserve de la Maison – Frankreich
Cognac
43 Vol.-%

Frapin Château de Fontpinot – Frankreich
Cognac
41 Vol.-%
Erzeugnis der Fa. P. Frapin & Co. S. A., Segonzac

Frapin Napoléon – Frankreich
Cognac
Region: Grande Champagne
40 Vol.-%

Frères de Chevessac Très Vieux – Frankreich
Cognac
40 Vol.-%
Erzeugnis der Fa. Merlet & Fils, Chaniers

Frères de Chevessac X.O. – Frankreich
Cognac
40 Vol.-%

Fromy V.S.O.P. – Frankreich
Cognac
40 Vol.-%
Erzeugnis der Fa. Cusenier

Frouin Vieille Réserve – Frankreich
Cognac
Region: Petite Champagne
40 Vol.-%
Erzeugnis der Fa. Jean Frouin, Barbezieux-St.-Hilaire

Frouin V.S.O.P. – Frankreich
Cognac
Region: Petite Champagne
40 Vol.-%

Fructal Grappa Naravno – Jugoslawien
Branntwein aus Weintrestern
45 Vol.-%
Erzeugnis der Fa. Fructal

Fundador – Spanien
Import-Weinbrand/-Brandy
40 Vol.-%
Erzeugnis der Fa. Pedro Domecq, Jerez de la Frontera

G

Gacon Spécial *** – Frankreich
Cognac
Region: Fins Bois
40 Vol.-%
Erzeugnis der Fa. Francis Gacon, Matha

G.A.E.C. de la Petite Garonne Vieille Réserve – Frankreich
Cognac
Region: Fins Bois
40 Vol.-%

G.A.E.C. de la Petite Garonne V.S.O.P. – Frankreich
Cognac
Region: Fins Bois
40 Vol.-%

Gaston de Lagrange Napoléon – Frankreich
Cognac
40 Vol.-%
Erzeugnis der Firma Gaston de Lagrange S.A., Cognac, die der Martini-&-Rossi-Gruppe angehört

Gaston de Lagrange Prestige – Frankreich
Cognac
Region: Grande Champagne
40 Vol.-%

Gaston de Lagrange V.S.O.P. – Frankreich
Cognac
Region: Fine Champagne
40 Vol.-%

Gaston de Lagrange X.O. – Frankreich
Cognac
Region: Grande Champagne
40 Vol.-%

Gautier Prestige – Frankreich
Cognac
40 Vol.-%
Erzeugnis der Fa. Gautier S.A., Aigre, die der Berger-Gruppe angehört

Geffard Vieille Réserve – Frankreich
Cognac
Region: Grande Champagne
40 Vol.-%
Erzeugnis der Fa. Henri Geffard, Segonzac

Geffard V.S.O.P. – Frankreich
Cognac
Region: Grande Champagne
40 Vol.-%

General Ulrich Wille – BRD
Branntwein aus Weintrestern
Aus Klenertrauben hergestellt; wasserklar
41 Vol.-%

Gerland – Frankreich
Armagnac
40 Vol.-%

Gerland Pruneaux à l'Armagnac – Frankreich
In Armagnac eingelegte Dörrpflaumen dieser Firma

Giraud Napoléon – Frankreich
Cognac
Region: Grande Champagne
40 Vol.-%
Erzeugnis der Fa. Paul Giraud in Châteauneuf-sur-Charente

Giraud Vieille Réserve – Frankreich
Cognac
Region: Grande Champagne
40 Vol.-%

Gelägerbrand
In Österreich gebräuchliche Bezeichnung für Hefebranntwein

Glägerbrand
In Österreich begräuchliche Bezeichnung für Hefebranntwein

Godet Extra Réserve Fine Champagne – Frankreich
Cognac
Region: Grande und Petite Champagne
40 Vol.-%
Erzeugnis der Fa. Godet Frères, La Rochelle

Godet V.S.O.P. Gastronome Fine Champagne – Frankreich
Cognac
Region: Grande und Petite Champagne
40 Vol.-%

Goldbranntwein
Trinkbranntwein mit Zusatz von Weinhefe und Zuckercoleur hergestellt
32 Vol.-%

Goldquell *** – Österreich
Branntwein aus Wein
Marke gesetzlich geschützt
Erzeugnis der Fa. Wunderlich, Wien

Golvet Napoléon – Frankreich
Cognac
Region: Grande Champagne
40 Vol.-%
Erzeugnis der Fa. Robert Golvet, Segonzac

Golvet V.S.O.P. – Frankreich
Cognac
Region: Grande Champagne
40 Vol.-%

Goudoulin – Frankreich
Armagnac
Abfülljahr wird auf dem Etikett angegeben
40 Vol.-%

Gourmel Age des Épices – Frankreich
Cognac
43 Vol.-%
Erzeugnis der Fa. Pierre & Michèle Voisin, Cognac

Gourmel Age des Fleurs – Frankreich
Cognac
41 Vol.-%

Gourmel Quintessence – Frankreich
Cognac
43 Vol.-%

Gourry Napoléon – Frankreich
Cognac
Region: Grande Champagne
40 Vol.-%
Erzeugnis der Fa. Gourry de Chadeville, Segonzac; seit 1619 im Familienbesitz

Goyard Vieux Marc de Champagne Vieille Réserve – Frankreich
Branntwein aus Weintrestern
Ausschließlich aus dem Gebiet der Champagne
40 Vol.-%

Gran Canciller – Spanien
Import-Weinbrand/-Brandy
Erzeugnis der Fa. Palomino & Vergara S.A., Jerez

Grappa Ceretto – Italien
Branntwein aus Weintrestern
Aus Nebbiolotrauben hergestellt; wasserklar
43 Vol.-%
Vertrieb in Österreich: Vinothek St. Stephan, Wien

Grappa Julia Riserva Stravecchia – Italien
Branntwein aus Weintrestern
40 Vol.-%
Erzeugnis der Fa. Stock, Turin

Grappa La Ticinella – Schweiz
Branntwein aus Weintrestern
Im Tessin hergestellt; mit Weinraute in der Flasche; klar
40 Vol.-%
Andere Bezeichnung: Grappa Nostaro Ticinese

Grappa Montagliari – Italien
Branntwein aus Weintrestern
wasserklar mit leichtem Rotschimmer; Flaschen sind mit fortlaufenden Kontrollnummern versehen
Erzeugnis der Fa. Giovanni Capelli, Chianti
Vertrieb in Österreich: Vinothek St. Stephan, Wien

Grappa Nostrano Ticinese
Andere Bezeichnung für → Grappa La Ticinella

Griottes à l'Armagnac
In Armagnac eingelegte Weichseln oder Sauerkirschen

Grom Brandy – Jugoslawien
Import-Weinbrand/-Brandy
38 Vol.-%
Erzeugnis der Fa. Talis, Marburg

Grusiniak – UdSSR
Import-Weinbrand/-Brandy
Lagerzeit mindestens 3 Jahre
zwischen 45 und 48 Vol.-%

Guerbé Logis – Frankreich
Cognac
Region: Grande Champagne
40 Vol.-%
Erzeugnis der Fa. Jean Guerbé & Co., Segonzac

Guerbé 1er Cru de Cognac Grande Réserve – Frankreich
Cognac
Region: Grande Champagne
40 Vol.-%

Guerbé Spécial – Frankreich
Cognac
Region: Grande Champagne
40 Vol.-%

Guiet Vieille Réserve – Frankreich
Cognac
Region: Grande Champagne
40 Vol.-%
Erzeugnis der Fa. Daniel Guiet, Segonzac

Guillon-Painturaud Réserve – Frankreich
Cognac
Region: Grande Champagne
40 Vol.-%
Erzeugnis der Fa. Jean-Pierre Guillon, Segonzac

Guionnet Vieille Réserve – Frankreich
Cognac
Region: Grande Champagne
40 Vol.-%
Erzeugnis der Fa. Bernard Guionnet, Segonzac

Guionnet V.S.O.P. – Frankreich
Cognac
Region: Grande Champagne
40 Vol.-%

Guy de Bersac Napoléon – Frankreich
Cognac
40 Vol.-%
Erzeugnis der Fa. Domaine du Chillot, Segonzac

H

Hardy Noces d'Argent – Frankreich
Cognac
40 Vol.-%
Erzeugnis der Fa. A. Hardy & Co., Cognac, gegründet 1863

Hardy Noces d'Or – Frankreich
Cognac
40 Vol.-%

Hardy Perfection – Frankreich
Cognac
40 Vol.-%
Zur Zeit der teuerste Cognac der Welt; wird in 0,7-l-Kristallflaschen angeboten und kostet DM 6.000,–; vor einigen Jahren wurde diese Marke auch in Amerika eingeführt; Preis pro Flasche US$ 3.750,–

Hardy Réserve de la Famille – Frankreich
Cognac
42 Vol.-%

Hardy V.S.O.P. – Frankreich
Cognac
40 Vol.-%

Hardy V.S.O.P Fine Champagne – Frankreich
Cognac
Region: Grande und Petite Champagne
40 Vol.-%

Harrier – Frankreich
Cognac
40 Vol.-%
Handelsmarke der Fa. Comandon, Jarnac, die der Hine-Gruppe angehört

Harrods Napoléon Extra Très Vieille Fine Champagne – Frankreich
Cognac
Region: Grande und Petite Champagne
40 Vol.-%
Diese Marke wird ausschließlich für das Londoner Warenhaus von der Fa. Château Paulet erzeugt und ist in Frankreich nicht erhältlich

Harrods Sélection Paradis 1895 – Frankreich
Cognac
40 Vol.-%
Diese Marke wird ausschließlich für das Londoner Warenhaus von der Fa. Château Paulet erzeugt und ist in Frankreich nicht erhältlich

Hautefort *** – Frankreich
Cognac
40 Vol.-%
Erzeugnis der Fa. Godet Frères, La Rochelle

Hennessy
Gehört mit der Firma Martell zu den ältesten und größten Cognacfirmen und wurde 1765 vom Iren Richard Hennessy gegründet; verfügt über einen einzigartigen Vorrat an alten Cognacs; der Lagerbestand wird mit über 100 Millionen Flaschen angegeben; die Firma JA's Hennessy & Co. in Cognac besitzt zirka 250 ha Rebfläche; zusätzlich werden die Trauben von zirka 2.000 Winzern gekauft; jährlicher Umsatz: über 20 Millionen Flaschen, von denen der größte Teil exportiert wird; durch Fusion mit der Champagnerfirma Moët & Chandon wurde 1970 die Moët-Hennessy-Gruppe gegründet

Hennessy Bras d'Or Napoléon – Frankreich
Cognac
40 Vol.-%

Hennessy Extra – Frankreich
Cognac
40 Vol.-%
Wird seit ungefähr 1981 nicht mehr erzeugt

Hennessy Paradis – Frankreich
Cognac
40 Vol.-%

Hennessy, Richard
Irländer, der 1765 die Cognacfirma Hennessy gründete; Erfinder der Altersbezeichnung → V.S.O.P.

Hennessy V.S.O.P. Fine Champagne – Frankreich
Cognac
Region: Grande und Petite Champagne
40 Vol.-%

Hennessy V.S. *** – Frankreich
Cognac
40 Vol.-%

Hennessy X.O. – Frankreich
Cognac
40 Vol.-%

Henri Mounier Napoléon – Frankreich
Cognac
40 Vol.-%
Handelsmarke der UNICOOP, Cognac

Henri Mounier Vieille Réserve – Frankreich
Cognac
Region: Grande Champagne
40 Vol.-%

Henri Mounier V.S. – Frankreich
Cognac
40 Vol.-%

Henri Mounier V.S.O.P. – Frankreich
Cognac
40 Vol.-%

Henri Mounier X.O. – Frankreich
Cognac
40 Vol.-%

Heriard Dubreuil Réserve du Logis – Frankreich
Cognac
42 Vol.-%
Erzeugnis der Fa. Jaques Heriard Dubreuil, Aigre

Hine S.A.
Cognacerzeugerfirma mit Sitz in Jarnac; gegründet 1763; gehört der British Distillers Company an; durch Zusammenschluß mit den Firmen Denis-Mounié, Comandon und Guy Gautier wurde die Hine-Gruppe geschaffen; jährlicher Verkauf: zirka 2,5 Millionen Flaschen
Vertrieb in Österreich: Fa. Kattus, Wien

Hine Antique Vieille Fine Champagne – Frankreich
Cognac
Region: Grande und Petite Champagne
40 Vol.-%

Hine Family Reserve – Frankreich
Cognac
Region: Grande Champagne
45 Vol.-%
Ausschließlich für den Export bestimmt

Hine Napoléon – Frankreich
Cognac
40 Vol.-%

Hine Old Vintage – Frankreich
Cognac
Region: Grande Champagne
40 Vol.-%

Ausschließlich für den Export bestimmt

Hine* De Luxe** – Frankreich
Cognac
40 Vol.-%

Hine Vieux V.S.O.P. – Frankreich
Cognac
40 Vol.-%

Hine V.S.O.P. Fine Champagne – Frankreich
Cognac
Region: Grande und Petite Champagne
40 Vol.-%

Hine X.O. – Frankreich
Cognac
40 Vol.-%

Huaco – Peru
Import-Weinbrand/-Brandy
Wird in fast allen südamerikanischen Ländern erzeugt; farblos, da er nicht in Eichenfässern gelagert wird

Hugel Marc de Gewürztraminer – Frankreich
Branntwein aus Weintrestern
Ausschließlich aus Gewürztraminertrauben hergestellt; klar
45 Vol.-%
Erzeugnis der Fa. Hugel, Riquewihr/Elsaß

I

Insuperable Solera Especial – Spanien
Import-Weinbrand/-Brandy
40 Vol.-%
Erzeugnis der Fa. Gonzalez y Byass & Co.

Istra Premier – Jugoslawien
Import-Weinbrand/-Brandy
40 Vol.-%
Erzeugnis der Fa. Istravino, Rijeka

J

Jacobi 1880 – BRD
Weinbrand
38 Vol.-%
Erzeugnis der Fa. Jacobi KG, Stuttgart

J. & B. Early Landed Late Bottled – England
Cognac
40 Vol.-%
Eigenmarke der Fa. Justinerini & Brooks, London

Janneau Fondateur V.S.O.P. – Frankreich
Armagnac
40 Vol.-%
Erzeugnis der Fa. Etienne Janneau, London
Vertrieb in Österreich: Fa. Gürtler, Wien

Janneau Tradition – Frankreich
Armagnac
40 Vol.-%

Janneau Trés Vieille Réserve – Frankreich
Armagnac
40 Vol.-%

Janneau*** – Frankreich
Armagnac
40 Vol.-%

Janneau Vieille Réserve – Frankreich
Armagnac
40 Vol.-%

Janneau V.S.O.P. – Frankreich
Armagnac
40 Vol.-%

Jean Canon – Frankreich
Cognac
40 Vol.-%
Erzeugnis der Fa. Camus, Cognac

Jean de Malliac – Frankreich
Armagnac
Aus dem Gebiet Montréal – Gers
40 und 43 Vol.-%

Jerignac – Spanien
Import-Weinbrand/-Brandy
40 Vol.-%

Jochinger Marc vom Riesling – Österreich
Branntwein aus Weintrestern
wasserklar
Erzeugnis des Weingutes Josef Jamek, Joching/Wachau

Joly V.S.O.P. – Frankreich
Cognac
Region: Petite Champagne
40 Vol.-%

Jousson Réserve des Ancetres – Frankreich
Cognac
Region: Grande Champagne
40 Vol.-%

Jules Robin – Frankreich
Cognac
40 Vol.-%
Erzeugnis der Fa. Jules Robin, die im Besitz der Fa. Martell & Cie. ist

Julius Meinl V.S.O.P. – Österreich
Weinbrand
38 Vol.-%
Erzeugnis der Fa. Julius Meinl, Wien

Julliard Réserve – Frankreich
Cognac
Region: Petite Champagne
40 Vol.-%
Erzeugnis der Fa. Pierre Julliard, Pons

Jullien V.S.O.P – Frankreich
Cognac
40 Vol.-%
Erzeugnis der Fa. André Jullien, Segonzac

Jullien V.X.O. – Frankreich
Cognac
40 Vol.-%

Jullien X.O. – Frankreich
Cognac
40 Vol.-%

Juttaud V.S.O.P – Frankreich
Cognac
Region: Bons Bois
40 Vol.-%

K

Kanyak – Türkei
Import-Weinbrand/-Brandy
Meist etwas süßlicher Geschmack
38 bis 40 Vol.-%

Klarer aus Wein
Deutscher Sammelbegriff für alle Destillate aus Wein, die nicht in Eichenfässern gelagert werden und daher wasserklar bleiben; wie →Zinn 40

Kognac
1. Schreibweise und Bezeichnung für Cognac um die Jahrhundertwende; heute noch im Mittleren Osten für Branntweine aus Wein üblich
2. Russische Bezeichnung für Branntweine, die aus Weinen von der Krim und Kaukasien hergestellt werden; die Klassifizierung erfolgt nach Sternen und gibt nicht das Alter, sondern die Alkoholprozente an: *** 40 Vol.-%; **** 41 Vol.-%; ***** 42 Vol.-%

Kosher Lanxner *** – Belgien
Cognac
40 Vol.-%
Erster Cognac, der von der Union der Orthodoxen Rabbiner zum Passover-Fest (Ostern) 1984 in

Bild 25: Calvados mit Deckelgläsern

Bild 24: Weinbrand im Weinbrandschwenker

Bild 23: Grappa (Tresterbranntwein)

Bild 22: Asbach Sour im Old-Fashioned-Glas (Rezept Seite 70)

Bild 21: Cognac im Cognacschwenker (Snifter)

Bild 20: Brandy Float (links, Rezept Seite 100), Weinbrand im Schwenker

Bild 26: St. Raphaël weiß (vorne), St. Raphaël rot (Mitte), St. Raphaël auf Eis (hinten)

Bild 27: Cognac in Cognacschwenkschalen

den USA zum Genuß für die jüdische Bevölkerung freigegeben wurde
Erzeugnis der Firmen R. & B. Lanxner, Brüssel, und Staub & Cie., Cognac
Vertrieb in den USA: Paramount Brands Inc., N.Y.

Kressmann – Frankreich
Armagnac
40 Vol.-%

L

Labarthe – Frankreich
Armagnac
Region: Bas-Armagnac
Mit unterschiedlicher Lagerdauer und unterschiedlicher Jahrgangsangaben im Handel
40 Vol.-%

Laberdolive – Frankreich
Armagnac
Region: Bas-Armagnac
40 Vol.-%
Besonders bekannte Armagnacs dieser Firma sind aus den Jahren 1911 und 1942

La Cognatheque
Größte Sammlung von Cognacerzeugnissen; befindet sich in: Cognac, 10, Place Jean Monnet

Lafontan Fine V.S.O.P. – Frankreich
Armagnac
Region: Pay's d'Auge
40 Vol.-%
Erzeugnis der Fa. Castelnau, d'Auzan, Gers
Vertrieb in Österreich: Fa. Mounier, Wien

Lagrange – Frankreich
Import-Weinbrand/-Brandy
40 Vol.-%

La Grange du Bois Hors d'Age – Frankreich
Cognac
40 Vol.-%
Erzeugnis der Fa. Cartais Lamaure, Jarnac

La Grange du Bois Vieux – Frankreich
Cognac
40 Vol.-%

Lánchid-Brandy – Ungarn
Import-Weinbrand/-Brandy
Lagerzeit 8 bis 10 Jahre
Nach der Budapester Lánchid (Kettenbrücke) benannt

Landier Napoléon – Frankreich
Cognac
Region: Fins Bois
40 Vol.-%
Erzeugnis der Fa. Remi Landier & Fils „Le Chai des Pères", Jarnac

Landier Spécial Gastronomie – Frankreich
Cognac
Region: Fins Bois
40 Vol.-%

Landier V.S.O.P. – Frankreich
Cognac
Region: Fins Bois; 40 Vol.-%

Landreau Réserve – Frankreich
Cognac
Region: Grande Champagne
40 Vol.-%
Erzeugnis der Fa. Paul und Daniel Landreau, Barbezieux-St.-Hilaire

Landreau Vieille Réserve – Frankreich
Cognac
Region: Grande Champagne
40 Vol.-%

Landreau V.S.O.P. – Frankreich
Cognac
Region: Grande Champagne
40 Vol.-%

Landry Hors d'Age – Frankreich
Cognac
Region: Petite Champagne
42 Vol.-%
Erzeugnis der Fa. Domaine de Beaulieu, Germignac

La part des anges
Französische Bezeichnung für den natürlicher Schwund, der beim Lagern von Cognac in den Fässern durch Verdunstung entsteht; wörtlich: Der Anteil der Engel

Larresingle – Frankreich
Armagnac
40 Vol.-%

Larsen
Cognacerzeugerfirma mit Sitz in Cognac; gegründet 1926; verarbeitet die Produktionen anderer Winzer; exportiert zirka 95 Prozent seiner Erzeugnisse hauptsächlich nach Japan, Südkorea, Taiwan, Norwegen und Nordamerika; einer der zehn größten Cognacexporteure der Welt

Larsen Extra – Frankreich
Cognac
40 Vol.-%

Larsen Grande Fine Spéciale – Frankreich
Cognac
Region: Grande und Petite Champagne
40 Vol.-%

Larsen Grande Fine V.S.O.P. – Frankreich
Cognac
Region: Grande und Petite Champagne
40 Vol.-%

Larsen Napoléon – Frankreich
Cognac
Region: Grande Champagne
40 Vol.-%

Larsen Spécial *** – Frankreich
Cognac
40 Vol.-%

Larsen Très Vieux – Frankreich
Cognac
40 Vol.-%

Larsen T.V.F.C. – Frankreich
Cognac
40 Vol.-%
Abkürzung steht für: The Veritable Fine Champagne (der wirklich feine Champagner)

Larsen V.S.O.P. – Frankreich
Cognac
40 Vol.-%

Lascaux V.S.O.P. – Frankreich
Cognac
Region: Grande Champagne
40 Vol.-%
Erzeugnis der Fa. Maurice Lascaux, St.-Même-les-Carrières

Latour Extra – Frankreich
Cognac
Region: Grande Champagne
40 Vol.-%
Erzeugnis der Fa. F. Latour & Co., Cognac, die einen Großteil ihrer Erzeugnisse nach Großbritannien, in die DDR sowie in die USA exportiert

Latour Fine Champagne – Frankreich
Cognac
Region: Grande und Petite Champagne
40 Vol.-%

Latour *** – Frankreich
Cognac
40 Vol.-%

Latour V.S.O.P. Napoléon – Frankreich
Cognac
40 Vol.-%

Laval Napoléon – Frankreich
Cognac
Region: Grande Champagne
40 Vol.-%
Erzeugnis der Fa. Jean Laval, Segonzac

Laval Très Vieille Réserve – Frankreich
Cognac
Region: Grande Champagne
40 Vol.-%

Laval V.S.O.P. – Frankreich
Cognac
Region: Grande Champagne
40 Vol.-%

Lavenat Napoléon – Frankreich
Cognac
Region: Fins Bois
40 Vol.-%

Lavenat*** – Frankreich
Cognac
40 Vol.-%

Lavenat Vieille Réserve – Frankreich
Cognac
Region: Fins Bois
40 Vol.-%

La Vie Armagnac – Frankreich
Armagnac
40 Vol.-%

Lavigne Réserve Familiale – Frankreich
Cognac
Region: Grande Champagne
40 Vol.-%
Erzeugnis der Fa. Robert Lavigne, Barbezieux-St.-Hilaire

Lavigne V.S.O.P. – Frankreich
Cognac
Region: Grande Champagne
40 Vol.-%

Le Château d'Ambleville – Frankreich
Cognac
Region: Grande Champagne
40 Vol.-%
Erzeugnis der Fa. Raymond Ragnaud, Barbezieux-St.-Hilaire

Le Moine Légendaire – Frankreich
Branntwein aus Weintrestern
40 Vol.-%
Erzeugnis der Fa. Lejay-Lagoute, Dijon

Le Noble – Frankreich
Cognac
40 Vol.-%

Lepanto Insuberable – Spanien
Import-Weinbrand/-Brandy
43 Vol.-%
Erzeugnis der Fa. Gonzales y Byass

Lepanto Soberano – Spanien
Import-Weinbrand/-Brandy
40 Vol.-%

Les Celliers du Tropique Grande Fine – Frankreich
Cognac
Region: Grande und Petite Champagne
40 Vol.-%
Erzeugnis der Fa. Charlemagne, Angoulême

Les Celliers du Tropique*** – Frankreich
Cognac
Region: Fins Bois
40 Vol.-%

Les Celliers du Tropique Vieille Réserve – Frankreich
Cognac
Region: Fins Bois
40 Vol.-%

Les Grands Chais de France Comte Joseph – Frankreich
Cognac
40 Vol.-%
Erzeugnis der Fa. Joseph Helfrich, Kirrwiller (Elsaß); gegründet 1979

Les Grands Chais de France Extra – Frankreich
Cognac
Region: Grande Champagne
40 Vol.-%

Les Grands Chais de France Paradis Royal – Frankreich
Cognac
40 Vol.-%

Les Plassons Sélection – Frankreich
Cognac
Region: Bons Bois
40 Vol.-%
Erzeugnis der Fa. Jean Marie Faillon, Montmoreau-St.Cybard

Leyrat Brut de Fûts – Frankreich
Cognac
Region: Fins Bois
43 oder 45 Vol.-%
Erzeugnis der Fa. Edgar Leyrat, Domaine de Chez Maillard, Claix-Blanzac

Leyrat Fine – Frankreich
Cognac
Region: Fins Bois
40 Vol.-%

Leyrat Napoléon – Frankreich
Cognac
Region: Fins Bois
40 Vol.-%

Leyrat Vieille Réserve – Frankreich
Cognac
Region: Fins Bois
42 Vol.-%

Leyrat V.S.O.P. – Frankreich
Cognac
Region: Fins Bois
40 Vol.-%

Lheraud Cognac Spécial Cuisine – Frankreich
Cognac
Region: Petite Champagne
50 Vol.-%
Erzeugnis der Fa. Guy Lheraud, Domaine de Lasdoux, Châteauneuf-sur-Charente

Lheraud Réserve du Templier – Frankreich
Cognac
Region: Petite Champagne
42 Vol.-%

Lheraud Vieille Réserve – Frankreich
Cognac
Region: Petite Champagne
43 Vol.-%

Lheraud V.S.O.P. – Frankreich
Cognac
Region: Petite Champagne
40 Vol.-%

Liandry Réserve X.O. – Frankreich
Cognac
Region: Grande Champagne
Erzeugnis der Fa. Falandy-Liandry & Cie., Cognac

Liandry V.S.O.P. Fine Champagne – Frankreich
Cognac
Region: Grande und Petite Champagne; 40 Vol.-%

Lichine & Co.
Getränkehandelshaus mit Sitz in Bordeaux; die Fa. Alexis Lichine & Co. gehört dem britischen Konzern Bass Charrington an und vertreibt neben Wein auch alten Cognac aus der Grande Champagne

Logis de Barbe Hors d'Age – Frankreich
Cognac
Region: Grande Champagne
40 Vol.-%

Logis de Barbe V.S.O.P. – Frankreich
Cognac
Region: Grande Champagne
40 Vol.-%

Logis de l'Ajasson Médaillon *** – Frankreich
Cognac
Region: Grande Champagne
40 Vol.-%
Erzeugnis der Fa. Logis de l'Ajasson, Châteauneuf-sur-Charente

Logis de l'Ajasson Réserve – Frankreich
Cognac
Region: Grande Champagne
40 Vol.-%

Logis de l'Ajasson Vieille Réserve – Frankreich
Cognac
Region: Grande Champagne
40 Vol.-%

Logis de la Montagne Hors d'Age – Frankreich
Cognac
Region: Fins Bois
40 Vol.-%
Erzeugnis der Fa. La Montagne, Barbezieux-St.-Hilaire

Logis de la Montagne *** – Frankreich
Cognac
Region: Fins Bois; 40 Vol.-%

Logis de la Montagne Vieille Réserve – Frankreich
Cognac
Region: Fins Bois
40 Vol.-%

Logis de la Montagne V.S.O.P. – Frankreich
Cognac
Region: Fins Bois; 40 Vol.-%

Logis de la Mothe *** – Frankreich
Cognac
Region: Grande Champagne
40 Vol.-%
Erzeugnis der Firmenvereinigung Mme Armand Jullien & Roissac, Barbezieux

Logis de la Mothe V.S.O.P. – Frankreich
Cognac
Region: Grande Champagne
40 Vol.-%

Logis de la Mothe X.O. – Frankreich
Cognac
Region: Grande Champagne
45 Vol.-%

Logis de Montifaud Réserve – Frankreich
Cognac
Region: Grande und Petite Champagne; 40 Vol.-%
Erzeugnis der Fa. Pierre Landreau, Segonzac

Logis de Montifaud Vieux – Frankreich
Cognac
Region: Grande und Petite Champagne
40 Vol.-%

Louis Dellys Extra – Frankreich
Cognac
40 Vol.-%
Handelsmarke der Fa. Larsen, Cognac

Louis Dellys Napoléon – Frankreich
Cognac
40 Vol.-%

Louis Dellys *** – Frankreich
Cognac
40 Vol.-%

Louis Dellys V.S.O.P – Frankreich
Cognac
40 Vol.-%

Louis Royer Cournonsky – Frankreich
Cognac
40 Vol.-%
Erzeugnis der Fa. Louis Royer & Co., Jarnac

Louis Royer Grande Fine Champagne Extra – Frankreich
Cognac
Region: Grande und Petite Champagne
40 Vol.-%

Louis Royer Napoléon – Frankreich
Cognac
40 Vol.-%

Louis Royer V.S.O.P. Fine Champagne – Frankreich
Cognac
Region: Grande und Petite Champagne
40 Vol.-%

Louis Royer X.O. – Frankreich
Cognac
40 Vol.-%

Lourson Napoléon – Frankreich
Import-Weinbrand/-Brandy
38 Vol.-%

Lozovača – Jugoslawien
Branntwein aus Weintrestern
42 Vol.-4
Erzeuignis der Fa. Blato, Korčula

M

Magno – Spanien
Import-Weinbrand/-Brandy
40 Vol.-%
Erzeugnis der Fa. Osborne, Porto de Santa Maria

Maison Landreau–Maurin – Frankreich
Cognac
Region: Fins Bois
40 Vol.-%
Erzeugnis der Fa. Domaine de Guignefolle, Aigre

Malbec*** – Frankreich
Cognac
Region: Fins Bois
40 Vol.-%

Malbec Vieille Réserve – Frankreich
Cognac
Region: Fins Bois
40 Vol.-%

Malbec V.S.O.P. – Frankreich
Cognac
Region: Fins Bois
40 Vol.-%

Marcadier Napoléon – Frankreich
Cognac
Region: Grande Champagne
40 Vol.-%

Marcadier Vieille Réserve – Frankreich
Cognac
Region: Grande Champagne
40 Vol.-%

Marcadier V.S.O.P. – Frankreich
Cognac
Region: Grande Champagne
40 Vol.-%

Marc de Bourgogne Égrappé 1963 – Frankreich
Branntwein aus Weintrestern
Ausschließlich aus dem Weinbaugebiet Burgund; gerebelt; aus dem Jahr 1963
40 Vol.-%
Erzeugnis der Fa. Simon Aîné, Beaune

Marc de Bourgogne Égrappé*** – Frankreich
Branntwein aus Weintrestern
Ausschließlich aus dem Weinbaugebiet Burgund; gerebelt
40 Vol.-%

Marc de Champagne Très Vieux – Frankreich
Branntwein aus Weintrestern
42 Vol.-%
Erzeugnis der Fa. Heidsieck & Co., Reims

Marc de Dôle du Valais Treize Étoiles – Schweiz
Branntwein aus Weintrestern
40 Vol.-%
Erzeugnis der Fa. Orsat

Marc de Provence - Vieux Marc de Rosé – Frankreich
Branntwein aus Weintrestern
leicht rötlich; 43 Vol.-%
Erzeugnis der Fa. Domaine Ott

Marchive Napoléon – Frankreich
Cognac
Region: Fins Bois; 40 Vol.-%

Marchive Très Vieille Réserve – Frankreich
Cognac
Region: Fins Bois; 45 Vol.-%

Marchive V.S.O.P. – Frankreich
Cognac
Region: Fins Bois; 40 Vol.-%

Marèchal Marmont Vinjak-Suhi – Jugoslawien
Import-Weinbrand/-Brandy
40 Vol.-%
Erzeugnis der Fa. Alko-Fructal, Ljublijana

Marett Age Inconnu – Frankreich
Cognac
Region: Grande und Petite Champagne; 40 Vol.-%
Handelsmarke der Fa. AMAD, die der Cynar-Gruppe angehört

Marett Ambassade X.O. – Frankreich
Cognac
Region: Grande und Petite Champagne; 40 Vol.-%

Marett Napoléon – Frankreich
Cognac
Region: Grande und Petite Champagne; 40 Vol.-%

Marett V.S.O.P. – Frankreich
Cognac
Region: Grande und Petite Champagne
40 Vol.-%

Mariacron – BRD
Weinbrand
38 Vol.-%
Erzeugnis der Fa. Mariacron, Oppenheim, die der Fa. Eckes angehört

Maria Ruiz – Spanien
Branntwein aus Weintrestern
40 Vol.-%
Vertrieb in Österreich: Fa. Wunderlich, Wien

Marnier-Lapostolle *** – Frankreich
Cognac
40 Vol.-%
Erzeugnis der Fa. Marnier-Lapostolle, Neauphle-le-Château
Vertrieb in Österreich: Fa. Roullet, Wien

Marnier-Lapostolle V.S.O.P. – Frankreich
Cognac
Region: Fine Champagne
40 Vol.-%

Marnier-Lapostolle X.O. – Frankreich
Cognac
Region: Grande Champagne
40 Vol.-%
Erstmals 1984 im Handel erhältlich

Marquis de Caussade Extra – Frankreich
Cognac
40 Vol.-%

Marquis de Montesquiou Grande Réserve – Frankreich
Armagnac
41 Vol.-%
Vertrieb in Österreich: Fa. Roullet, Wien

Marquis de Montesquiou Hors d'Age – Frankreich
Armagnac
40 Vol.-%

Marquis de Montesquiou Napoléon – Frankreich
Armagnac
40 Vol.-%

Marquis de Montesquiou 1952 – Frankreich
Armagnac
42 Vol.-%

Marquis de Montesquiou X.O. – Frankreich
Armagnac
41 Vol.-%

Marquis de St. Maigrin Vieille Réserve Extra – Frankreich
Cognac
Region: Bons Bois
40 Vol.-%

Marquis de St. Maigrin V.S.O.P. – Frankreich
Cognac
Region: Bons Bois
40 Vol.-%

Marrot Napoléon – Frankreich
Cognac
Region: Fins Bois
40 Vol.-%

Marrot *** – Frankreich
Cognac
Region: Fins Bois
40 Vol.-%

Marrot V.S.O.P. – Frankreich
Cognac
Region: Fins Bois
40 Vol.-%

Martell
Französische Cognacerzeugerfirma mit Hauptsitz in Cognac; gegründet 1715 von dem von der Insel Jersey kommenden Jean Martell; Firmenwortlaut: J. & F. Martell; Jahresumsatz zirka 24 Millionen Flaschen, davon werden 96 Prozent exportiert; bedeutende Auslandsmärkte sind: England, USA, China, Japan, Bundesrepublik Deutschland...
Vertrieb in Österreich: Fa. Gürtler, Wien

Martell Cordon Argent Extra – Frankreich
Cognac
40 Vol.-%

Martell Cordon Bleu – Frankreich
Cognac
40 Vol.-%

Martell Cordon Noir – Frankreich
Cognac
40 Vol.-%
Wird nur in Duty free shops verkauft

Martell Cordon Rubis – Frankreich
Cognac
40 Vol.-%

Martell Médaillon V.S.O.P. – Frankreich
Cognac
40 Vol.-%

Martell Réserve du Fondateur – Frankreich
Cognac
40 Vol.-%
Von diesem Produkt wurden insgesamt nur 2.160 Flaschen hergestellt, wobei der jüngste Cognac zum Verschnitt dieses Spitzenproduktes aus dem Jahre 1921 stammte

Martell *** – Frankreich
Cognac
40 Vol.-%

Martell V.S. *** – Frankreich
Cognac
40 Vol.-%

Martell X.O. – Frankreich
Cognac
40 Vol.-%

Martin *** – Frankreich
Cognac
Region: Bons Bois; 40 Vol.-%

Martinaud Napoléon – Frankreich
Cognac
Region: Bons Bois; 40 Vol.-%
Erzeugnis der Fa. H. Martinaud, Baignes-St.-Radegonde

Martinaud Très Vieux – Frankreich
Cognac
Region: Bons Bois
40 Vol.-%

Martinaud Vieux – Frankreich
Cognac
Region: Bons Bois
40 Vol.-%

Martinaud V.S.O.P. – Frankreich
Cognac
Region: Bons Bois
40 Vol.-%

Massé *** – Frankreich
Cognac
Region: Bons Bois
41 Vol.-%

Massé Vieille Réserve – Frankreich
Cognac
Region: Bons Bois
41 Vol.-%

Massé V.S.O.P. – Frankreich
Cognac
Region: Bons Bois
41 Vol.-%

Massenez Marc d'Alsace Gewürztraminer – Frankreich
Branntwein aus Weintrestern
Aus Gewürztraminertrauben hergestellt; wasserklar
45 Vol.-%

Maxime Trijol – Frankreich
Cognac
40 Vol.-%
Erzeugnis der Fa. Duboigalant S.A.R.L., Archiac

Maxim's Réserve du Prince Eugéne – Frankreich
Cognac
40 Vol.-%
Eigenmarke des Etablissements Maxim in Paris

Maxim's V.S.O.P. Fine Champagne – Frankreich
Cognac
Region: Grande und Petite Champagne
40 Vol.-%
Eigenmarke des Etablissements Maxim in Paris

Maziers Réserve Napoléon – Frankreich
Cognac
Region: Petite Champagne
40 Vol.-%

Maziers **** – Frankreich
Cognac
Region: Petite Champagne
40 Vol.-%

Maziers V.S.O.P. – Frankreich
Cognac
Region: Petite Champagne
40 Vol.-%

Ménard Grande Fine Ancestrale – Frankreich
Cognac
Region: Grande Champagne
45 Vol.-%
Erzeugnis der Fa. Ménard, St.-Même-les-Carrières

Ménard Réserve Familiale – Frankreich
Cognac
Region: Grande Champagne
40 Vol.-%

Ménard Sélection des Domaines – Frankreich
Cognac
Region: Grande Champagne
40 Vol.-%

Ménard Tradition Impérial – Frankreich
Cognac
Region: Grande Champagne
40 Vol.-%

Ménard Vieille Réserve Extra – Frankreich
Cognac
Region: Grande Champagne
42 Vol.-%

Menuet Extra – Frankreich
Cognac
Region: Grande Champagne
40 Vol.-%
Erzeugnis der Fa. Menuet, St.-Même-les-Carrières

Menuet *** – Frankreich
Cognac
Region: Grande Champagne
40 Vol.-%

Menuet Vieille Réserve – Frankreich
Cognac
Region: Grande Champagne
40 Vol.-%

Menuet V.S.O.P – Frankreich
Cognac
Region: Grande Champagne
40 Vol.-%

Mercier Hors d'Age – Frankreich
Cognac
Region: Grande Champagne
43 Vol.-%
Erzeugnis der Fa. Le Pible (Paul & Gérard Mercier), Segonzac

Mercier Vieux Cognac – Frankreich
Cognac
Region: Grande Champagne
40 Vol.-%
Erzeugnis der Fa. P. Mercier, Segonzac

Mercier V.S.O.P. – Frankreich
Cognac
Region: Grande Champagne
40 Vol.-%

Merlin Hors Pair – Frankreich
Cognac
Region: Petite Champagne
40 Vol.-%

Merlin Vieille Réserve – Frankreich
Cognac
Region: Petite Champagne
40 Vol.-%

Meslier Petite Fine Champagne – Frankreich
Cognac
Region: Grande und Petite Champagne
40 Vol.-%

Meslier Vieille Réserve de la Grande Champagne – Frankreich
Cognac
Region: Grande Champagne
40 Vol.-%

Metaxa
Größte griechische Spirituosenerzeugerfirma mit Sitz in Piräus; gegründet wurde die Fa. S. A. Metaxa 1888 von Spyros Metaxa; exportiert in über 50 Länder der Welt
Vertrieb in Österreich: Fa. Gürtler, Wien

Metaxa Amphora ******* – Griechenland
Import-Weinbrand/-Brandy
40 Vol.-%

Metaxa ***** – Griechenland
Import-Weinbrand/-Brandy
40 Vol.-%
Aus roten Trauben hergestellt

Metaxa Golden Age V.O. – Griechenland
Import-Weinbrand/-Brandy
40 Vol.-%
Altgelagertes Produkt

Metaxa Grande Fine 50 Years Old – Griechenland
Import-Weinbrand/-Brandy
40 Vol.-%

Metaxa Grand Olympian Reserve – Griechenland
Import-Weinbrand/-Brandy
40 Vol.-%
Extrem langgelagertes Produkt

Metaxa Mastic – Griechenland
Import-Weinbrand/-Brandy
helles Braun; 46 Vol.-%
ist ein →Mastic-Mastica

Metaxa ***** Gold Label** – Griechenland
Import-Weinbrand/-Brandy
40 Vol.-%

Methode Charantaise
Andere Bezeichnung für den Brennvorgang bei der Cognacdestillation; siehe Alambic-Verfahren Seite 487

Meukow
Cognacerzeugerfirma; gegründet 1862 von den Gebrüdern Meukow aus Schlesien und bis nach dem Ersten Weltkrieg betrieben; danach wurde die Firma A.C. Meukow & Cie. enteignet und an eine englische Firma mit Niederlassung in Cognac verkauft; diese Gruppe nennt sich heute **Compagnie Commerciale de Guyenne (CCG)**

Meukow Cordon d'Or Extra Age – Frankreich
Cognac
40 Vol.-%
Wird seit Ende der siebziger Jahre nicht mehr erzeugt

Meukow Napoléon – Frankreich
Cognac
40 Vol.-%

Meukow N.P.U. Fine Champagne V.R.X.O. – Frankreich
Cognac
Region: Grande und Petite Champagne
40 Vol.-%

Meukow Très Vieux Rarissime – Frankreich
Cognac
41,3 Vol.-%

Meukow V.S.O.P. – Frankreich
Cognac
40 Vol.-%

Meukow V.S. *** – Frankreich
Cognac
40 Vol.-%

Meukow X.O. – Frankreich
Cognac
40 Vol.-%

Moët & Chandon Marc de Champagne – Frankreich
Branntwein aus Weintrestern
Ausschließlich aus dem Gebiet der Champagne; hellbraun, klar
42 Vol.-%
Erzeugnis der Fa. Moët & Chandon, Epernay; gegründet 1743

Monnet Anniversaire – Frankreich
Cognac
40 Vol.-%
Erzeugnis der Fa. J. G. Monnet & Co., Cognac, seit 1966 im Besitz der Fa. Scharlachberg, Sturm & Co., Bingen/Rhein
Vertrieb in Österreich: Fa. Scharlachberg, Salzburg

Monnet Extra Belle Réserve – Frankreich
Cognac
40 Vol.-%

Monnet Josephine Extra Belle Réserve – Frankreich
Cognac
40 Vol.-%
Wird ausschließlich in einer Kristallkaraffe angeboten

Monnet Josephine Fine Champagne – Frankreich
Cognac
Region: Grande und Petite Champagne
40 Vol.-%

Monnet Napoléon – Frankreich
Cognac
40 Vol.-%

Monnet ** Tradition** – Frankreich
Cognac
40 Vol.-%

Monnet V.S. Club Sélect – Frankreich
Cognac
40 Vol.-%

Monnet V.S.O.P. – Frankreich
Cognac
40 Vol.-%

Monnet X.O. – Frankreich
Cognac
40 Vol.-%

Monsieur Gervais
Erwähnte erstmals im 17. Jhdt. die Bezeichnung „Eau-de-vie de Cognac", was er für den besten Branntwein der Welt hielt

Montagu – Frankreich
Cognac
40 Vol.-%
Handelsmarke der Fa. Comandon, Jarnac

Montauzier Vieille Réserve Napoléon – Frankreich
Cognac
40 Vol.-%

Monteru – Frankreich
Cognac
40 Vol.-%
Handelsmarke der Fa. Comandon, Jarnac

Moreau *** – Frankreich
Cognac
40 Vol.-%

Moreau V.S.O.P. – Frankreich
Cognac
40 Vol.-%

Morin Extra – Frankreich
Cognac
40 Vol.-%
Erzeugnis der Fa. Pierre Croizet, Cognac

Morin Napoléon – Frankreich
Cognac
40 Vol.-%

Morin Vieille Réserve – Frankreich
Cognac
40 Vol.-%

Morton – Frankreich
Cognac
40 Vol.-%
Erzeugnis der Fa. Alfred Morton & Co., die im Besitz der Fa. Adet Seward S.A. in Cognac ist

Mossion – Frankreich
Cognac
Region: Fins Bois
Lagerzeit 10 bis 12 Jahre
Cognac wird durch natürliche Reduktion auf seinen Alkoholgehalt gebracht; kein Wasserzusatz

Moucheboeuf *** – Frankreich
Cognac
Region: Bons Bois
45 Vol.-%

Moulin Napoléon – Frankreich
Cognac
Region: Fins Bois
40 Vol.-%

Moulin Sélection – Frankreich
Cognac
Region: Fins Bois
40 Vol.-%

Moullon Grande Champagne – Frankreich
Cognac
Region: Grande Champagne
40 Vol.-%
Erzeugnis der Fa. Moullon, die der CCG angehört

Moullon Napoléon Extra – Frankreich
Cognac
40 Vol.-%

Mounier Riesling Weinbrand – Österreich
Weinbrand
Aus österreichischen Rieslingreben hergestellt
Lagerzeit mindestens drei Jahre in Cognacfässern; bernsteinfarben
38 Vol.-%
Erzeugnis der Fa. Mounier, Korneuburg

Moullon V.S.O.P. – Frankreich
Cognac
40 Vol.-%

Moyet Très Vieille – Frankreich
Cognac
Region: Grande Champagne
40 Vol.-%
Erzeugnis der Fa. Ets. Moyet S.A., Cognac

Moyet*** – Frankreich
Cognac
Region: Fins Bois
40 Vol.-%
Erzeugnis der Fa. Claude Moyet, Jarnac

Moyet Vieille Fine Flamme d'Or – Frankreich
Cognac
Region: Fins Bois
40 Vol.-%

Moyet V.S.O.P. – Frankreich
Cognac
Region: Fins Bois
40 Vol.-%

Moyet X.O. Napoléon – Frankreich
Cognac
40 Vol.-%
Erzeugnis der Fa. Ets. Moyet S.A., Cognac

Murray Vieille Réserve – Frankreich
Cognac
Region: Grande Champagne
40 Vol.-%

N

Napoléon
Zusatzbezeichnung für Branntweine aus Wein; hauptsächlich bei Cognac verwendet; sagt über die Qualität des Produktes nichts aus

Napoléon Fine Champagne – Frankreich
Cognac
Region: Grande und Petite Champagne
Erzeugnis der Fa. B. Gassies & Co., die der Fa. Château Paulet angehört

Napoléon Fine Champagne Vat 93 – Frankreich
Cognac
Region: Grande und Petite Champagne
40 Vol.-%

Napoléon Réserve Spécial – Frankreich
Cognac
Region: Grande Champagne
40 Vol.-%

Naulin – Frankreich
Cognac
40 Vol.-%
Handelsmarke der Fa. J. Dupont & Cie., Cognac

Navip Stari Vinjak – Jugoslawien
Import-Weinbrand/-Brandy
Lagerzeit 8 Jahre
Erzeugnis der Fa. Navip-Zemun, Belgrad

Nicolas Hors d'Age – Frankreich
Cognac
Region: Grande Champagne
40 Vol.-%

Nicolas Réserve – Frankreich
Cognac
42 Vol.-%

Nicolas Réserve Impériale – Frankreich
Cognac
Region: Grande Champagne
40 Vol.-%

Nicou – Frankreich
Cognac
Region: Fins Bois
40 Vol.-%

Niel * Fine Champagne** – Frankreich
Cognac
Region: Grande und Petite Champagne
40 Vol.-%
Handelsmarke der Fa. E. Moyer S.A., Cognac

Noblet Vieille Réserve – Frankreich
Cognac
Region: Fins Bois
40 Vol.-%

Normandin-Mercier Grande Champagne Vieille – Frankreich
Cognac
Region: Grande Champagne
50 Vol.-%

Normandin-Mercier Napoléon – Frankreich
Cognac
40 Vol.-%
Erzeugnis der Fa. J. Normandin-Mercier, Dompierre-sur-Mer; ausschließlich für den Export in die USA bestimmt

Normandin-Mercier Petite Champagne Vieille – Frankreich
Cognac
Region: Petite Champagne
56 Vol.-%

Normandin-Mercier Réserve – Frankreich
Cognac
Region: Grande Champagne
40 Vol.-%

Normandin-Mercier Très Vieille – Frankreich
Cognac
Region: Grande Champagne
40 Vol.-%

Normandin-Mercier Vieille Fine Champagne – Frankreich
Cognac
Region: Grande und Petite Champagne
40 Vol.-%

Nostranello – Schweiz
Branntwein aus Weintrestern
wasserklar
40 Vol.-%

O

Ordonneau Hors d'Age – Frankreich
Cognac
40 Vol.-%

Ordonneau Napoléon – Frankreich
Cognac
40 Vol.-%

Ordonneau V.S.O.P. – Frankreich
Cognac
40 Vol.-%

Osborne Independencia – Spanien
Import-Weinbrand/-Brandy
40 Vol.-%
Erzeugnis der Fa. Osborne, Port de Santa Maria

Otard
Französische Cognacerzeugerfirma mit Sitz in Cognac; gegründet 1795 von Baron Otard; Jahresproduktion zirka 2 Millionen Flaschen, wovon 90 Prozent exportiert werden; Firmenwortlaut: Otard S.A. Château de Cognac

O.V.B.
Abkürzung für Old Vintage Blend; eine Zusatzbezeichnung für Cognacverschnitte, bei denen Produkte alter Jahrgänge verwendet werden; Destillate mit dieser Zusatzbezeichnung sind ausschließlich für den Export bestimmt

P

Pacaud *** – Frankreich
Cognac
Region: Les Borderies
40 Vol.-%

Pain *** – Frankreich
Cognac
Region: Les Borderies
40 Vol.-%
Erzeugnis der Fa. René Pain, Cherves-Richemont

Pain V.S.O.P. – Frankreich
Cognac
Region: Les Borderies
40 Vol.-%
Erzeugnis der Fa. André Pain, Cherves-Richemont

Paquerau Vieille Réserve – Frankreich
Cognac
Region: Fins Bois
65 und 40 Vol.-%

Paradis
Unter Markenschutz gestellte Bezeichnung für einen bestimmten Cognac der Fa. Château Paulet, der ausschließlich nach Japan exportiert wird; gleiche Bezeichnung ließ sich die Fa. Hennessy für einen speziellen Cognac unter Markenschutz stellen – dieser darf in alle Länder außer Japan exportiert werden

Parca Napoléon – Frankreich
Cognac
Region: Fins Bois
40 Vol.-%

Pasquet Grande Réserve – Frankreich
Cognac
Region: Grande Champagne
40 Vol.-%
Erzeugnis der Fa. Jean-Luc Pasquet, Châteauneuf-sur-Charente

Pasquet Napoléon – Frankreich
Cognac
Region: Grande Champagne
40 Vol.-%

Pasquet Très Vieux – Frankreich
Cognac
Region: Grande Champagne
40 Vol.-%

Pasquinot *** – Frankreich
Cognac
40 Vol.-%
Erzeugnis der Fa. Gilbert Ricard, Segonzac

Paul du Vigneau 1934 – Frankreich
Armagnac
40 Vol.-%

Erzeugnis der Fa. Paul du Vigneau, Condom/Gers

Paul du Vigneau 1959 – Frankreich
Armagnac
40 Vol.-%

Paul du Vigneu V.S.O.P. – Frankreich
Armagnac
40 Vol.-%

Paynaud Vieille Réserve – Frankreich
Cognac
Region: Grande Champagne
40 Vol.-%

Paynaud V.S.O.P. – Frankreich
Cognac
Region: Grande Champagne
40 Vol.-%

Pelletant Vieille Réserve – Frankreich
Cognac
Region: Fins Bois
40 Vol.-%

Pelletant V.S.O.P. – Frankreich
Cognac
Region: Fins Bois
40 Vol.-%

Pellisson Fine Champagne Mondial Extra – Frankreich
Cognac
Region: Grande und Petite Champagne
40 Vol.-%
Erzeugnis der Fa. Pellisson, die im Besitz der Fa. Hennessy ist

Pellisson * Fine Champagne** – Frankreich
Cognac
Region: Grande und Petite Champagne
40 Vol.-%

Pellisson V.S.O.P. – Frankreich
Cognac
40 Vol.-%

Pelluchon Vieille Réserve – Frankreich
Cognac
Region: Les Borderies
40 Vol.-%

Peltier-Maurin Vieux – Frankreich
Cognac
Region: Grande Champagne
40 Vol.-%

Peltier-Maurin V.S.O.P. – Frankreich
Cognac
Region: Grande Champagne
40 Vol.-%

Perrin Cognac de Propriétaire – Frankreich
Cognac
43 Vol.-%
Erzeugnis der Fa. Jean Perrin, Segonzac

Petite eau
Cognac, der mit destilliertem Wasser versetzt ist und maximal einen Alkoholgehalt von 27 Vol.-% aufweist; wird zum Herabsetzen des Cognacs auf Trinkstärke verwendet; andere Bezeichnung: Faible

Petit Napoléon – Frankreich
Cognac
Region: Bons Bois; 40 Vol.-%
Erzeugnis der Fa. André-Yves Petit, Brossac

Petit *** – Frankreich
Cognac
Region: Bons Bois; 40 Vol.-%

Petit Vieille Réserve – Frankreich
Cognac
Region: Bons Bois
40 und 43 Vol.-%

Petit Vieux – Frankreich
Cognac
Region: Fins Bois; 40 Vol.-%
Erzeugnis der Fa. Albert Petit, Montmoreau-St. Cybard

Petit V.S.O.P. – Frankreich
Cognac
Region: Bons Bois
40 Vol.-%
Erzeugnis der Fa. André Yves Petit, Brossac

Peuchet Héritiers d'Audicourt – Frankreich
Cognac
Region: Grande Champagne
40 Vol.-%
Erzeugnis der Fa. Peuchet, Paris, und Bougival, die auf alte Cognacs spezialisiert ist

Peuchet Marquis du Lys – Frankreich
Cognac
Region: Grande Champagne
40 Vol.-%

Peuchet Plantié du Chêne – Frankreich
Cognac
Region: Grande Champagne
40 Vol.-%

Peuchet Réserve de l'Empéreur – Frankreich
Cognac
Region: Grande Champagne
40 Vol.-%

Peuchet Vieille Diligence – Frankreich
Cognac
Region: Grande Champagne
40 Vol.-%

Peuchet Vieille Réserve Fine Champagne – Frankreich
Cognac
Region: Grande und Petite Champagne
40 Vol.-%

Peyrot Réserve Napoléon – Frankreich
Cognac
Region: Grande Champagne
40 Vol.-%

Peyrot Réserve V.S.O.P. – Frankreich
Cognac
Region: Grande und Petite Champagne
40 Vol.-%

Peyrot V.S.O.P. – Frankreich
Cognac
Region: Grande und Petite Champagne
40 Vol.-%

Philebert – Frankreich
Cognac
40 Vol.-%
Handelsmarke der Fa. Comandon, Jarnac

Philippe de Castaigne Extra Vieux – Frankreich
Cognac
Region: Fins Bois; 40 Vol.-%
Erzeugnis der Fa. Philippe Castaigne & Co., Domaine de Lafont, Jarnac

Philippe de Castaigne Réserve Ancienne – Frankreich
Cognac
Region: Fins Bois
40 Vol.-%
Dieser Cognac wird ausschließlich in 1,5-l-Flaschen (Magnum) abgefüllt

Philippon Héritage de mes Vieux – Frankreich
Cognac
Region: Petite Champagne
40 Vol.-%

Philippon Très Vieille Réserve – Frankreich
Cognac
Region: Petite Champagne
40 Vol.-%

Philippon Très Vieux – Frankreich
Cognac
Region: Petite Champagne
44 Vol.-%

Pilla Dieci Anni Grand Réserve O.P. – Italien
Import-Weinbrand/-Brandy
Lagerzeit 10 Jahre in Eichenfässern
40 Vol.-%
Erzeugnis der Fa. Pilla, Bologna

Pillet Hors d'Age – Frankreich
Cognac
Region: Bons Bois
40 Vol.-%

Pimm's No. 3 Cup – England
Wie Pimm's No. 1, jedoch auf Basis von Cognac hergestellt

Pinard *** – Frankreich
Cognac
Region: Fins Bois
40 Vol.-%

Pinaud Hors d'Age – Frankreich
Cognac
Region: Les Borderies
40 Vol.-%

Pinaud Napoléon – Frankreich
Cognac
Region: Les Borderies
40 Vol.-%

Pinaud V.S.O.P. – Frankreich
Cognac
Region: Les Borderies
40 Vol.-%

Pineau des Charentes
Wird durch Mischen von Cognac oder Eau-de-vie de vin mit Traubensaft hergestellt; gesetzlich geschütztes Produkt der Charente; weiß oder rot
zirka 20 bis 25 Vol.-%

Pineau Napoléon – Frankreich
Cognac
Region: Petite Champagne
40 Vol.-%
Erzeugnis der Fa. Claude Pineau, Archiac

Pineau *** – Frankreich
Cognac
Region: Petite Champagne
40 Vol.-%

Pineau V.S.O.P. – Frankreich
Cognac
Region: Petite Champagne
40 Vol.-%

Pisco
Branntwein aus Wein
Aus Muskatellertrauben hergestellt; Destillat wird in Tongefäßen gelagert und bleibt hell und wasserklar; bedeutendstes Herkunftsland ist Peru, aber auch Argentinien und Chile erzeugen Pisco
40 bis 45 Vol.-%

Pisco d'Italia
Sammelbezeichnung für alle in Italien erzeugten Branntеine aus Wein oder Weintrestern; die Farbenskala reicht von wasserklar bis hellbraun

Pissot *** – Frankreich
Cognac
Region: Grande Champagne
40 Vol.-%

Pissot Vieille Réserve – Frankreich
Cognac
Region: Grande Champagne
40 Vol.-%

Pissot V.S.O.P. – Frankreich
Cognac
Region: Grande Champagne
40 Vol.-%

Plaize Vieille Réserve – Frankreich
Cognac
Region: Fins Bois; 40 Vol.-%

Pluchon V.S.O.P. – Frankreich
Cognac
Region: Grande Champagne
40 Vol.-%

Polo Aguardente Portugesa ***** – Portugal
Import-Weinbrand/-Brandy
Lagerzeit 5 Jahre; 40 Vol.-%
Erzeugnis der Fa. Montanha, Anadia

Portejoie Réserve – Frankreich
Cognac
Region: Grande Champagne
40 Vol.-%

Portejoie Vieille Réserve – Frankreich
Cognac
Region: Grande Champagne
40 Vol.-%

Portugiesischer Weinbrand
Dieser „Aquardente" wird hauptsächlich aus den Weinen des Portweingebietes hergestellt und danach in alten Portweinfässern gelagert

Pouilloux Josette
Cognacerzeugerfirma mit Sitz in Pons; erzeugt neben traditionellen Cognacs auch junge (kurze Zeit gelagerte) Cognacs wie Fine Cognac, Grande Fine Champagne Sélection und Fine Champagne

Pouilloux Napoléon – Frankreich
Cognac
Region: Grande Champagne
40 Vol.-%

Pouilloux Vieille Réserve – Frankreich
Cognac
Region: Petite Champagne
40 Vol.-%

Pouilloux V.S.O.P. – Frankreich
Cognac
Region: Grande Champagne
40 Vol.-%

Povardarie Original Vinjak – Jugoslawien
Import-Weinbrand/-Brandy
Kommt aus Mazedonien
40 Vol.-%
Erzeugnis der Zik-Povardarie, Vardar

1er Cru de Cognac d'Age – Frankreich
Cognac
Region: Grande Champagne
40 Vol.-%
Erzeugnis der Fa. Gilbert Ricard, Segonzac

Praepositus – Österreich
Branntwein aus Weinhefe
38 Vol.-%
klar, hellgelb
Erzeugnis der Winzergenossenschaft Dürnstein/Wachau

Presidente – Spanien
Import-Weinbrand/-Brandy
40 Vol.-%
Erzeugnis der Fa. Pedro Domecq, Jerez de la Frontera

Prince Hubert du Polignac Dynastie – Frankreich
Cognac
Region: Grande Champagne
40 Vol.-%
Erzeugnis der UNICOOP, Cognac
Vertrieb in Österreich: Fa. Wunderlich, Wien

Prince Hubert du Polignac Napoléon Fine Champagne – Frankreich
Cognac
Region: Grande und Petite Champagne
40 Vol.-%

Prince Hubert du Polignac *** – Frankreich
Cognac
40 Vol.-%

Prince Hubert du Polignac V.S. – Frankreich
Cognac
40 Vol.-%

Prince Hubert du Polignac V.S.O.P. Fine Champagne – Frankreich
Cognac
Region: Grande und Petite Champagne
40 Vol.-%

Prince Hubert du Polignac X.O. – Frankreich
Cognac
40 Vol.-%

Prioulat*** – Frankreich
Cognac
Region: Grande Champagne
40 Vol.-%
Erzeugnis der Fa. Pierre Prioulat, Segonzac

Prioulat Vieille Réserve – Frankreich
Cognac
Region: Grande Champagne
40 Vol.-%

Prioulat V.S.O.P. – Frankreich
Cognac
Region: Grande Champagne
40 Vol.-%

Prirodna Rakija Lozovača – Jugosalwien
Branntwein aus Weintrestern
42 Vol.-%
Erzeugnis der Fa. Ilstravino, Rijeka

Private Stock of Alexis Lichine – Frankreich
Cognac
Region: Grande Champagne
42 Vol.-%

Pruneaux à l'Armagnac
In Armagnac eingelegte Pflaumen

Pruneaux d'Agen
Die beste und bekannteste Pflaumensorte, die in Armagnac eingelegt wird

Prunier S.A.
Französische Spirituosenfirma in Cognac; mit Schwerpunkt Cognac- und Likörerzeugung; zu den bekanntesten Handelsmarken der Firma zählen: Brissac, Briand & Co., Charrier, Comte de Germignac, Duparc, De Marsy, Cordonnier, Germain & Cie., Cognac Patriarche, Albert Robin

Prunier Napoléon – Frankreich
Cognac
40 Vol.-%

Prunier Réserve de la Famille – Frankreich
Cognac
40 Vol.-%

Prunier Très Vieille – Frankreich
Cognac
Region: Grande Champagne
40 Vol.-%

Prunier V.S.O.P. – Frankreich
Cognac
40 Vol.-%

Prunier X.O. – Frankreich
Cognac
40 Vol.-%

Q

Queron Antique – Frankreich
Cognac
40 Vol.-%

Queron Hors d'Age – Frankreich
Cognac
40 Vol.-%

Queron Napoléon – Frankreich
Cognac
40 Vol.-%

Queron V.S.O.P. – Frankreich
Cognac
40 Vol.-%

Queue
Deutsch: Schwanz; gemeint ist der sogenannte „Nachlauf" bei der Destillation von Wein

R

Rabaud Vieille Réserve – Frankreich
Cognac
Region: Fins Bois
40 Vol.-%

Rabaud V.S.O.P. – Frankreich
Cognac
Region: Fins Bois
40 Vol.-%

Raby V.S.O.P. – Frankreich
Cognac
Region: Fins Bois
40 Vol.-%

Raffait Hors d'Age – Frankreich
Cognac
Region: Les Borderies
40 Vol.-%

Raffait Réserve Vieille Fine-Soleil d'Or – Frankreich
Cognac
Region: Les Borderies
40 Vol.-%

Ragnaud
Cognacerzeugerfirma mit Sitz in Barbezieux-St.-Hilaire; destilliert und vertreibt seine Produkte ausschließlich selbst; der für gute Qualität bekannte Familienbetrieb besitzt einige Weinberge in der Grande Champagne; Firmenwortlaut: Marcel Ragnaud, Domaine de la Voûte

Ragnaud Extra – Frankreich
Cognac
Region: Grande Champagne
43 Vol.-%

Ragnaud Grande Champagne – Frankreich
Cognac
Region: Grande Champagne
41 Vol.-%

Ragnaud Héritage Mme Paul Ragnaud – Frankreich
Cognac
Region: Grande Champagne
Besondere Jahrgänge 1902, 1903 und 1904
40 Vol.-%

Ragnaud Réserve Spécial – Frankreich
Cognac
Region: Grande Champagne
43 Vol.-%

Rambaud Vieille Réserve – Frankreich
Cognac
Region: Petite Champagne
40 Vol.-%
Erzeugnis der Fa. Guy Rambaud, Archiac

Ramnoux V.S.O.P. – Frankreich
Cognac
Region: Fins Bois
40 Vol.-%

Ranson Grande Fine Champagne – Frankreich
Cognac
Region: Grande und Petite Champagne
42 Vol.-%
Erzeugnis der Fa. Jacques Ranson, Segonzac, die Partner der Fa. Delamain ist und auch die Fa. Rémy Martin beliefert

Raynal Napoléon – Frankreich
Import-Weinbrand/-Brandy
40 Vol.-%

Réau Frères Fine Champagne V.S.O.P. – Frankreich
Cognac
Region: Grande und Petite Champagne
40 Vol.-%
Erzeugnis der Fa. Réau-Richard & Cie., die der CCG angehört

Réau Frères Napoléon – Frankreich
Cognac
40 Vol.-%

Réau Frères V.S. Fine Champagne – Frankreich
Cognac
Region: Grande und Petite Champagne
40 Vol.-%

Réau Frères V.S.O.P. – Frankreich
Cognac
40 Vol.-%

Réau Frères X.O. – Frankreich
Cognac
40 Vol.-%

Rechou Très Vieux – Frankreich
Cognac
Region: Grande Champagne
40 Vol.-%

Rechou *** – Frankreich
Cognac
Region: Grande Champagne
40 Vol.-%

Rechou Vieille Réserve – Frankreich
Cognac
Region: Grande Champagne
40 Vol.-%

Rémy Martin
Französische Cognacerzeugerfirma mit Sitz in Cognac; gegründet 1724; die Firma E. Rémy Martin & Co. S.A. besitzt zirka 150 ha Rebfläche in der Grande Champagne und hat mit rund 1.200 Winzern Kontrakte, die es ermöglichen, im Jahr zirka 17 Millionen Flaschen zu verkaufen, zirka 95 Prozent der Produktion werden exportiert
Vertrieb in Österreich: Fa. GHG, Linz

Rémy Martin Centaure Crystal Fine Champagne – Frankreich
Cognac
Region: Grande und Petite Champagne
40 Vol.-%
Wird ausschließlich in Kristallkaraffen angeboten

Rémy Martin Centaure Extra Fine Champagne – Frankreich
Cognac
Region: Grande und Petite Champagne
40 Vol.-%

Rémy Martin Centaure Napoléon Fine Champagne – Frankreich
Cognac
Region: Grande und Petite Champagne
40 Vol.-%

Rémy Martin Centaure Royal Fine Champagne – Frankreich
Cognac
Region: Grande und Petite Champagne
40 Vol.-%

Rémy Martin Centaure X.O. Fine Champagne – Frankreich
Cognac
Region: Grande und Petite Champagne
40 Vol.-%

Rémy Martin Cuvée Speciale – Frankreich
Cognac
Region: Grande Champagne
40 Vol.-%
Diese Spezialabfüllung wurde 1974 anläßlich des 250jährigen Firmenjubiläums in den Handel gebracht

Rémy Martin Louis XIII – Frankreich
Cognac
Region: Grande Champagne
40 Vol.-%

Rémy Martin *** – Frankreich
Cognac
Region: Petite Champagne
40 Vol.-%

Rémy Martin V.S. Fine Champagne – Frankreich
Cognac
Region: Grande und Petite Champagne
40 Vol.-%

Renaud Hors d'Age – Frankreich
Cognac
Region: Fins Bois
40 Vol.-%
Erzeugnis der Fa. Georges Renaud, Cognac

Renaud V.S.O.P. – Frankreich
Cognac
Region: Fins Bois
40 Vol.-%

Renault Carte Noire Extra – Frankreich
Cognac
40 Vol.-%
Erzeugnis der Fa. Renault, die der Castillon-Renault-Gruppe angehört

Renault Carte Noire X.O. – Frankreich
Cognac
40 Vol.-%

Renault Napoléon – Frankreich
Cognac
40 Vol.-%

Renault Old Vintage Blend – Frankreich
Cognac
40 Vol.-%

Renault V.S.O.P. – Frankreich
Cognac
40 Vol.-%

Renault V.S. *** – Frankreich
Cognac
40 Vol.-%

Reserva Gran Capitan – Spanien
Import-Weinbrand/-Brandy
40 Vol.-%
Erzeugnis der Fa. Bobadilla y Cia., Jerez

Reynac Pineau des Charentes – Frankreich
Ist ein →Pineau des Charentes; weiß
19 Vol.-%

Ribero Aquardiente – Portugal
Import-Weinbrand/-Brandy
40 Vol.-%
Erzeugnis der Fa. Ribero & Ferreira LDA

Richard Fine Champagne Aristocrate – Frankreich
Cognac
Region: Grande und Petite Champagne
40 Vol.-%
Erzeugnis der Fa. Frères Richard, die der CCG angehört

Richard Fine Champagne V.S.O.P – Frankreich
Cognac
Region: Grande und Petite Champagne
40 Vol.-%

Richard Napoléon – Frankreich
Cognac
40 Vol.-%

Richard X.O. – Frankreich
Cognac
40 Vol.-%

Rivière Hors d'Age – Frankreich
Cognac
Region: Petite Champagne
40 Vol.-%
Erzeugnis der Fa. Jean-Noel Rivière, Châteauneuf-sur-Charente

Rivière Sélection – Frankreich
Cognac
Region: Fins Bois; 50 Vol.-%

Erzeugnis der Fa. Roland Rivière, Jonzac

Rivière Spécial – Frankreich
Cognac
Region: Fins Bois
50 Vol.-%

Rivière Vieille Réserve – Frankreich
Cognac
Region: Petite Champagne
40 Vol.-%
Erzeugnis der Fa. Jean-Noel Rivière, Châteauneuf-sur-Charente

Richard Löwenherz – Österreich
Branntwein aus Wein
wasserklar; ausgeprägtes Weinbukett
38 Vol.-%
Erzeugnis der Winzergenossenschaft Wachau, Dürnstein

Robin Extra – Frankreich
Cognac
40 Vol.-%
Erzeugnis der Fa. Jules Robin, Cognac, die im Besitz der der Fa. Martell & Cie. ist

Robin Napoléon – Frankreich
Cognac
40 Vol.-%

Robin Très Vieille Fine Cognac – Frankreich
Cognac
Region: Grande und Petite Champagne
40 Vol.-%

Robin V.S.O.P. Fine Champagne – Frankreich
Cognac
Region: Grande und Petite Champagne
40 Vol.-%

Roffignac Grande Fine Champagne – Frankreich
Cognac
Region: Grande und Petite Champagne; 40 Vol.-%
Erzeugnis der Fa. Comte F. de Roffignac, Cherves-Richemont

Roffignac Extra Vieille Fine Champagne – Frankreich
Cognac
Region: Grande und Petite Champagne
40 Vol.-%

Roffignac Fine Champagne Prestige – Frankreich
Cognac
Region: Grande und Petite Champagne
40 Vol.-%

Rothschild V.S.O.P. Extra Fine – Frankreich
Import-Weinbrand/-Brandy
40 Vol.-%

Roubault Cognac de Propriétaire – Frankreich
Cognac
Region: Fins Bois
42 Vol.-%

Roullet Amber Gold – Frankreich
Cognac
Region: Fins Bois
40 Vol.-%
Erzeugnis der Fa. Serge Roullet & Cie., Jarnac

Roullet Vieille Réserve – Frankreich
Cognac
Region: Fins Bois
40 Vol.-%

Roullet V.S.O.P. – Frankreich
Cognac
Region: Fins Bois
40 Vol.-%

Roux Crystal Dry – Frankreich
Cognac
40 Vol.-%
Speziell licht gehalten, eignet sich daher zur Cocktailzubereitung

Rouyer Damoisel V.S.O.P. – Frankreich
Cognac
40 Vol.-%
Erzeugnis der Fa. Rouyer Guillet & Cie., Saintes

Rouyer Guillet Brevet Royal – Frankreich
Cognac
40 Vol.-%

Rouyer Guillet Rois de France – Frankreich
Cognac
40 Vol.-%

Rouyer Guillet Vieille Borderies – Frankreich
Cognac
Region: Les Borderies
40 Vol.-%

Rouyer V.S.O.P. – Frankreich
Cognac
40 Vol.-%

Rouyer X.O. – Frankreich
Cognac
40 Vol.-%

Royal Misa V.S.O.P. – Spanien
Import-Weinbrand/-Brandy
40 Vol.-%
Erzeugnis der Fa. Marques de Misa

S

Salignac
Cognacerzeugerfirma in Cognac, die jährlich zirka 1,8 Millionen Flaschen produziert; gohört dem Hiram-Walker-Konzern an; 70 Prozent der Produktion werden exportiert; Hauptauslandsmärkte sind die USA und Hongkong

Salignac Napoléon – Frankreich
Cognac
40 Vol.-%

Salignac Très Vieille Grande Fine Champagne – Frankreich
Cognac
Region: Grande und Petite Champagne
43 Vol.-%

Salignac Très Vieille Grande Réserve – Frankreich
Cognac
40 Vol.-%

Salignac *** – Frankreich
Cognac
40 Vol.-%

Salignac V.S.O.P. – Frankreich
Cognac
40 Vol.-%

Samalens Cuvée Anniversaire – Frankreich
Armagnac
Region: Bas-Armagnac
40 Vol.-%

Samalens Vieille Relique – Frankreich
Armagnac
Region: Bas-Armagnac
40 Vol.-%

Samalens V.S.O.P. – Frankreich
Armagnac
Region: Bas-Armagnac
40 Vol.-%

Sauvaget Hors d'Age – Frankreich
Cognac
Region: Grande Champagne
40 Vol.-%

Sauzeau Napoléon – Frankreich
Cognac
Region: Grande Champagne
40 Vol.-%

Sauzeau Réserve – Frankreich
Cognac
Region: Grande Champagne
40 Vol.-%

Sauzin Vieille Réserve – Frankreich
Cognac
Region: Grande Champagne
40 Vol.-%

Scharlachberg *** – Österreich
Weinbrand-Verschnitt
35 Vol.-%
Erzeugnis der Fa. Scharlachberg, Salzburg

Scharlachberg Meisterbrand V.S.O.P. – Österreich
Branntwein aus Wein
38 Vol.-%

Schloß Rüdesheim V.S.O.P. – BRD
Weinbrand
40 Vol.-%

Seguinot Réserve – Frankreich
Cognac
Region: Grande Champagne
40 Vol.-%

Seguinot V.S.O.P. – Frankreich
Cognac
Region: Grande Champagne
40 Vol.-%

Sélection E. Leyrat – Frankreich
Cognac
Region: Fins Bois
43 Vol.-%
Erzeugnis der Fa. Edgar Leyrat, Domaine de Chez Maillard, Claix-Blanzac

Sempé – Frankreich
Armagnac
40 Vol.-%

Serplet Vieux Cognac – Frankreich
Cognac
Region: Grande Champagne
40 Vol.-%

Sica de Puy Gaudin
Händler für Cognacerzeugnisse von sieben angeschlossenen unabhängigen Winzern; Hauptmarke der Firma ist Guérin Frères *** aus der Region Fins Bois; weitere Handelsmarken: Atlantique, l'Estuaire, Delatour, Drovineau, Henri de Brière, Rambour, Ruter Frères, Viticulteurs Saintongeais

Sieur de Plaisance Hors d'Age – Frankreich
Cognac
40 Vol.-%
Erzeugnis der Fa. Guy Testaud, Barbezieux-St.-Hilaire

Sieur de Plaisance Napoléon – Frankreich
Cognac
40 Vol.-%

Sieur de Plaisance V.S.O.P. – Frankreich
Cognac
40 Vol.-%

Soberano Insuperable – Spanien
Import-Weinbrand/-Brandy
40 Vol.-%
Erzeugnis der Fa. Gonzales y Byass

Souza Aguardente – Portugal
Import-Weinbrand/-Brandy
40 Vol.-%
Erzeugnis der Fa. Vierra de Souza & Co., Oporto

Souza Aguardente V.V.S.O.P. ***** – Portugal
Import-Weinbrand/-Brandy
40 Vol.-%

Spanischer Weinbrand
Dieser „Aguardente" hat durch die Lagerung in Sherryfässern einen eigenen unverkennbaren Geruch und Geschmack

Special Lozova – Jugoslawien
Branntwein aus Weintrestern
35 Vol.-%

Staub V.S.O.P. – Frankreich
Cognac
40 Vol.-%
Erzeugnis der Fa. Staub & Cie., Cognac, die in Zusammenarbeit mit der Fa. Lanxner, Brüssel, den koscheren Cognac →Kosher Lanxner *** herstellt

Stock Ardente – Italien
Import-Weinbrand/-Brandy
schwer, wuchtig
40 Vol.-%
Erzeugnis der Fa. Stock, Turin

Stock Riserva Speziale – Italien
Import-Weinbrand/-Brandy
Alt gelagert
40 Vol.-%

Stock „84" Dieci Anni – Italien
Import-Weinbrand/-Brandy
40 Vol.-%

Suire Sélection *** – Frankreich
Cognac
Region: Bons Bois
40 Vol.-%

Suire V.S.O.P. Réserve – Frankreich
Cognac
Region: Bons Bois
40 Vol.-%

T

Taillefer Hors d'Age – Frankreich
Cognac
Region: Grande Champagne
45 Vol.-%

Taillefer Vieille Réserve – Frankreich
Cognac
40 Vol.-%

Taillefer V.S.O.P. Fine Champagne – Frankreich
Cognac
Region: Grande und Petite Champagne
40 Vol.-%

Takovo Lozovača – Jugoslawien
Branntwein aus Weintrestern
45 Vol.-%
Erzeugnis der Fa. Takovo, Gornji Milanovac

Templier Vieille Réserve – Frankreich
Cognac
Region: Petite Champagne
40 Vol.-%

Templier V.S.O.P. – Frankreich
Cognac
Region: Petite Champagne
40 Vol.-%

Terry Centinario 1900 – Italien
Import-Weinbrand/-Brandy
Extrem lange Lagerzeit
40 Vol.-%

Terry Gran Reserva – Italien
Import-Weinbrand/-Brandy
Lange Lagerzeit
40 Vol.-%

Tesseron Hors d'Age – Frankreich
Cognac
Region: Fins Bois
40 Vol.-%

Tesseron Vieille Réserve – Frankreich
Cognac
Region: Fins Bois
40 Vol.-%

Tesseron V.S.O.P – Frankreich
Cognac
Region: Fins Bois
40 Vol.-%

Testaud Grande Fine Champagne – Frankreich
Cognac
Region: Grande und Petite Champagne
40 Vol.-%
Erzeugnis der Fa. Guy Testaud, Barbezieux-St.-Hilaire

Tête
Deutsch: Kopf; gemeint ist der sogenannte „Vorlauf" bei der Destillation von Wein

Texier – BRD
Weinbrand
38 Vol.-%

Texier Fine Champagne – Frankreich
Cognac
Region: Petite Champagne
40 Vol.-%
Erzeugnis der Fa. Roger Texier, Barbezieux-St.-Hilaire

Texier Grande Fine Champagne – Frankreich
Cognac
Region: Petite Champagne
40 Vol.-%

Texier Napoléon ******* – Frankreich
Cognac
Region: Petite Champagne
40 Vol.-%

The Brandy of Napoléon
Englische Bezeichnung für → Courvoisier Napoléon Fine Champagne

Thorin V.S.O.P. – Frankreich
Cognac
Region: Grande Champagne
43 Vol.-%

Tiffon Extra Fine Champagne – Frankreich
Cognac
Region: Grande und Petite Champagne; 40 Vol.-%
Erzeugnis der Fa. M. Tiffon S.A., Jarnac

Tiffon Hors d'Age – Frankreich
Cognac
40 Vol.-%
Wird ausschließlich für den Export in die USA und nach Japan hergestellt

Tiffon Napoléon – Frankreich
Cognac
40 Vol.-%
Wird ausschließlich für den Export in die USA hergestellt

Tiffon V.S. – Frankreich
Cognac
40 Vol.-%
Wird ausschließlich für den Export in die USA hergestellt

Tiffon V.S.O.P. Fine Champagne – Frankreich
Cognac
Region: Grande und Petite Champagne
40 Vol.-%

Tisserand – BRD
Weinbrand
40 Vol.-%

Touzain Réserve – Frankreich
Cognac
Region: Grande Champagne
40 Vol.-%

Tradition & Qualité – Frankreich
Cognac
40 Vol.-%
Erzeugnis der UNICOGNAC, Cognac

Tres Cepas – Spanien
Import-Weinbrand/-Brandy
40 Vol.-%
Erzeugnis der Fa. Pedro Domecq, Jerez de la Frontera

Tripelon Napoléon – Frankreich
Cognac
Region: Petite Champagne
40 Vol.-%
Erzeugnis der Fa. Roger Tripelon, Segonzac

Tripelon Vieille Réserve – Frankreich
Cognac
Region: Petite Champagne
40 Vol.-%

Tripelon V.S.O.P. – Frankreich
Cognac
Region: Petite Champagne
40 Vol.-%

U

UNICOGNAC
Kurzform für Union Coopérative de la Région délimitée du Cognac et du Pineau des Charentes; gegründet wurde diese Vereinigung von Winzern und Destillerien Anfang der sechziger Jahre dieses Jh.s; sie hat mehr als 10.000 ha Rebfläche in der Petite Champagne, in den Fins Bois und in den Bons Bois; es werden jedoch jährlich noch Zukäufe getätigt; UNICOGNAC produziert neben 1,3 bis 1,5 Millionen Flaschen Cognac auch Pineau des Charentes und Weinbrände; Hauptmarken sind: Jules Gautret, Bon Roy, Ansac, D'Anglar, André Dorbet, De la Cour, De Forsac, Darnac, Cognac Union, Delignac, Tradition & Qualité, Vice Roi

UNICOOP
Kurzform für Union Coopérative des Viticulteurs Charentais; gegründet wurde diese Winzergenossenschaft mit Sitz in Cognac 1931; die Vereinigung hat rund 3.500 unabhängige Winzer mit einer Gesamtrebfläche von zirka 5.500 ha in allen Gebieten der Charente mit Ausnahme der Bois Ordinaires; Qualitätsmarke der UNICOOP ist Prince Hubert de Polignac

V

Valadon Cognac Sélection – Frankreich
Cognac
Region: Petite Champagne
40 Vol.-%

Valois – Frankreich
Cognac
40 Vol.-%
Cognacmarke der UNICOOP

Vecchia Grappa di Prosecco – Italien
Branntwein aus Weintrestern
Lagerzeit 8 Jahre; 42 Vol.-%
In grünen Champagnerflaschen abgefüllt, mit Champagnerkorken und Agraffe verschlossen
Erzeugnis der Fa. Andrea da Ponte, Conegliana

Vecchia Romagna – Italien
Import-Weinbrand/-Brandy
Schwer, wuchtig
40 Vol.-%
Erzeugnis der Fa. Stock, Turin

Vecchia Romagna 1820 – Italien
Import-Weinbrand/-Brandy
40 Vol.-%
Erzeugnis der Fa. Buton

Vecchia Romagna Etichetta Nera – Italien
Import-Weinbrand/-Brandy
Lange Lagerung in Eichenfässern
40 Vol.-%

Vecchia Romagna Etichetta Oro – Italien
Import-Weinbrand/-Brandy
Sehr lange Lagerung in Eichenfässern
40 Vol.-%
Spitzenprodukt der Fa. Buton

Veltlinerbrand – Österreich
Branntwein aus Wein
Lagerzeit 7 Jahre
helle Bernsteinfarbe; ausschließlich aus der Veltlinertraube hergestellt
Erzeugnis der Winzergenossenschaft Wachau, Dürnstein

Véritable Marc de Chez-nous Vieux – Schweiz
Branntwein aus Weintrestern
helles Braun
40 Vol.-%

Vice Roi – Frankreich
Cognac
40 Vol.-%
Cognacmarke der UNICOGNAC, Cognac

Viejo Veterano – Spanien
Import-Weinbrand/-Brandy
40 Vol.-%
Erzeugnis der Fa. Osborne, Porto de Santa Maria

Vigier Latour – Frankreich
Cognac
40 Vol.-%
Cognacmarke der UNICOOP, Cognac

Vinasse
Alkoholfreie Substanz, die bei der Armagnac-Destillation im kontinuierlichen Kolonnen-Brennverfahren nach dem Destillationsvorgang übrigbleibt

Vinet Hors d'Age – Frankreich
Cognac
Region: Petite Champagne
40 Vol.-%
Erzeugnis der Fa. Guy Vinet, Archiac

Vinet V.S.O.P. – Frankreich
Cognac
Region: Petite Champagne
40 Vol.-%

Vinjak
Jugoslawische Bezeichnung für Weinbrand

Vollaud Sélection *** – Frankreich
Cognac
Region: Petite Champagne
40 Vol.-%

Vollaud V.S.O.P. – Frankreich
Cognac
Region: Petite Champagne
40 Vol.-%

V.S.O.P.
Altersbezeichnung für mindestens vier Jahre gelagerten Cognac, erfunden von Richard Hennessy; die Abkürzung für „Very Superior Old Product" wird in Frankreich scherzhaft als „Versez sans oublier personne" – „Ausschenken und keinen vergessen" interpretiert

W

Wachauer Glögerbrand – Österreich
Branntwein aus Weinhefe und Weintrestern
Lagerzeit 9 und 15 Jahre
klar, leichter Braunstich
40 Vol.-%
Erzeugnis der Winzergenossenschaft Wachau, Dürnstein

Winkelhausen – BRD
Weinbrand
40 Vol.-%

Z

Zinn 40 – BRD
Branntwein aus Wein
Unter Mitverwendung von Weintrestern hergestellt; wasserklar
40 Vol.-%
Ist ein → Klarer aus Wein

Zrinski Vinjak Original – Jugoslawien
Import-Weinbrand/-Brandy
40 Vol.-%
Erzeugnis der Fa. Badel-Vinoprodukte, Zagreb

Branntweine

Getreidedestillate

Zu jedem Kapitel werden die gesetzlichen Bestimmungen in Österreich, in der Bundesrepublik Deutschland und in der Schweiz sowie die jeweiligen Erzeugungsverfahren angeführt.

GETREIDEDESTILLATE

Getreidedestillate sind Produkte, die aus Getreide durch Destillation hergestellt werden.
Dazu zählen Aquavit, Genever, Gin, Whisk(e)y und Wodka.
Im letzten Kapitel der Getreidedestillate, den sonstigen Getreidebranntweinen, sind alle Erzeugnisse zusammengefaßt, deren Basis Roggen, Weizen, Gerste, Hafer, Mais, Reis, Hirse, Mohrenhirse, Buchweizen, Getreidetrester oder Biertrester sind.

AQUAVIT

Die Schreibweisen Aquavit und Akvavit leiten sich vom lateinischen Begriff Aqua vitae (Lebenswasser) ab.
Im deutschsprachigen Raum ist Aquavit ein Branntwein, der unter Verwendung eines Destillats von Kräutern, Gewürzen oder Drogen, vorwiegend Kümmel, hergestellt ist. Der Zusatz ätherischer Öle ist unzulässig.
In anderen Ländern, z. B. in Italien, ist Aquavit die Bezeichnung für alle blanken, klaren Branntweine.
Im Mittelalter wurde Aquavit (Aqua vitae) aus Wein, später aus Kartoffeln und erst seit Ende des 17. Jahrhunderts aus Getreide hergestellt. Damals wurden Aromastoffe wie Wacholderbeeren, Malz, Honig, Dillkraut und Kümmel für die Geschmacksgebung verwendet. Nach und nach hat sich jedoch Kümmel als die dominante Geschmacksgebung bei Aquavit durchgesetzt.
Einer der ersten Erzeuger von Aquavit war der aus Thorn in Polen stammende Isidor Henius, der sich in Aalborg im Jahre 1846 am Südufer des Limfjordes eine Destillerie erbaute.
Aquavit unterscheidet sich von einem Kornbranntwein durch seinen feinen, aromatischen Geschmack, der immer eine vornehme Kümmelnote aufweist.
Laut der dänischen Herstellerfirma A/S de Danske Spritfabrikker kann Aquavit seinen Geschmack am besten mit einem Alkoholgehalt von 40 bis 45 Vol.-% entfalten. In den Nordländern wird Aquavit eiskalt getrunken.

Gesetzliche Bestimmungen

In Österreich

Trinkbranntwein aus Monopolalkohol mit einem Mindestalkoholgehalt von 35 Vol.-%.

In der Bundesrepublik Deutschland

Trinkbranntwein (Spezialbranntwein) mit einem Mindestalkoholgehalt von 35 Vol.-%.

In der Schweiz

Trinkbranntwein mit einem Mindestalkoholgehalt von 40 Vol.-%.

Erzeugung

Die Grundlage bei der Herstellung von Aquavit sind feinst filtrierter 96volumprozentiger Alkohol, die feinsten Kümmelsamen aus Dänemark und Holland sowie eine Kräutermischung, die ein Geheimnis der jeweiligen Erzeugerfirma ist. Destilliertes oder demineralisiertes Wasser bildet ebenfalls einen wichtigen Bestandteil.

Destillation

Aus Kümmel, Anis und anderen Würzstoffen wird nach Zugabe von Alkohol im Patent-still-Verfahren (siehe Seite 485 ff.) ein Destillat hergestellt. Nur der Mittellauf wird zur weiteren Veredelung verwendet.

↓

Mischen

Das Würzdestillat wird mit neutralem Alkohol und eventuell mit destilliertem bzw. demineralisiertem Wasser im sog. Aquavit-Tank vermischt, bis die gewünschte Geschmacksneutralität erreicht ist. Danach kommt dieses Produkt zur Reifelagerung.

↓

Lagerung

Spitzenqualitäten werden meist in Sherry- oder Portweinfässern gelagert.

↓

Abfüllung

Aquavit von A bis Z

Aalborg Akvavit – Dänemark
kristallklar; 45 Vol.-%
Vertrieb in Österreich: Fa. Martini & Rossi, Wien

Aalborg Jubiläums Akvavit – Dänemark
Er wurde erstmals zum 100. Gründungstag der Firma A/S de Danske Spritfabrikker im Jahre 1946 hergestellt; er ist besonders mild und enthält neben Kümmel auch Dillkraut und -samen; goldgelb
45 Vol.-%

Aalborg Tafel Akvavit – Dänemark
gold- oder strohgelb
45 Vol.-%

Anderson O.P. – Schweden
wasserklar, gelbschimmernd
40 Vol.-%

A/S de Danske Spritfabrikker
1881 Übernahme des Unternehmens von Isidor Henius; erzeugt seit damals unverändert seinen Aquavit, wobei der Kümmel hierfür auf 20 ha Fabriksgrund angebaut wird; 1923 wurde dem Unternehmen das dänische Sprit- und Aquavit-Monopol übertragen; die tägliche Produktionsmenge beträgt über 100.000 Flaschen und wird in über 100 Länder exportiert; 1924 Gründung einer Niederlassung in Borlin, später einer zweiten in Buxtehude, BRD

Bommerlunder – BRD
40 Vol.-%
Erzeugnis der Fa. Dethleffsen, Flensburg
Vertrieb in Österreich: Fa. Stroh, Klagenfurt

Christians Havner – Dänemark
40 Vol.-%
Vertrieb in Österreich: Fa. Gürtler, Wien

Dansk Akvavit
Dänische Schreibweise und Bezeichnung für Aquavit

Extra Akvaviitti – Finnland
Wird aus finnischem Weizen mit Zusatz von Gewürzen und Kräutern destilliert; wasserklar und goldgelb
38 bis 43 Vol.-%

Falu – Schweden
Ist ein likörartiger Aquavit mit Pomeranzen- und Kümmelgeschmack
bis 50 Vol.-%

Henius, Isidor
war der erste, der 1846 in Aalborg, Dänemark, Aquavit herstellte

Holger Danske – Dänemark
Original Danske Aquavit mit feinem Kümmelaroma; Lagerung in alten Madeira- oder Portweinfässern; gelb
40 Vol.-%
Erzeugnis der A/S de Danske Spritfabrikker, Aalborg

Holger Danske Luksus – Dänemark
Ausgeprägtes Dillaroma; Lagerung in alten Madeira- oder Portweinfässern; gelb
40 Vol.-%

Islandsk Akvavit – Island
40 Vol.-%

Jule Akvavit – Dänemark
Erstmals 1984 im Handel erhältlich; klar; 43 Vol.-%

Erzeugnis der A/S de Danske Spritfabrikker, Aalborg

Kronenkreuz Tafel-Aquavit – BRD
Produkt der Berliner Niederlassung der A/S de Danske Spritfabrikker; erstmals 1975 nach altem dänischen Rezept hergestellt
lichtgold
41 Vol.-%

Line Aquavit – Norwegen
Die Reifung des Destillates erfolgt in Sherryfässern, die auf Schiffe verladen werden und von Oslo bis Sydney den Äquator passieren; erst dann erhält dieser Aquavit die Bezeichnung „Line Aquavit", wobei man glaubt, daß die Bewegung des Schiffsrumpfes sowie die Luft eine wesentliche Rolle beim Reifungsprozeß spielen; der Schiffsname und die Dauer der Reise werden auf jeder Flasche als Qualitätsbeweis vermerkt
goldgelb
41 Vol.-%

Loitens Aquavit – Norwegen
Leichter Kümmelgeschmack
40 Vol.-%

Lysholm – Norwegen
40 Vol.-%

Malteserkreuz Aquavit – BRD
Produkt der Berliner Niederlassung der A/S de Danske Spritfabrikker; der erste Malteserkreuz Aquavit verließ die Fabrik am 18. Februar 1924; kristallklar
43 Vol.-%
Vertrieb in Österreich: Fa. Martini & Rossi, Wien

Ödakra Tafel Akvavit – Schweden
Farbloser Aquavit mit Zusätzen von Koriander und Fenchel

Okowita – Polen
Nach dänischem Vorbild hergestellt; leichter Kümmelgeschmack; wasserklar

Rajamä Akvaviitti – Finnland
kristallklar
41 Vol.-%

Sterne Akvavit – Dänemark
38 Vol.-%
Erzeugnis der A/S de Danske Spritfabrikker, Aalborg

Sterne Export Akvavit – Dänemark
40 Vol.-%

GENEVER

Genever, auch Jenever, leitet sich vom lateinischen Wort Juniperus sowie vom französischen Wort Genièvre (Wacholder) ab.
Gebrannt wird Genever/Jenever seit dem Ende des 15. Jahrhunderts. Erstmals wurde er im holländischen Ort Schiedam bei Rotterdam erzeugt, von wo bis heute die besten Produkte kommen. Die holländische Firma Erven Lucas Bols gibt an, die erste Firma zu sein, die Genever erzeugt hat.
Der Ort Schiedam ist bis heute ein Hauptort der Genevererzeugung, da hier der sog. Moutwijn, das Ausgangsprodukt für alle Genevererzeugnisse des Landes, hergestellt wird. Schiedam gab dem Genever auch die Bezeichnung Schiedamer, die heute ein Synonym für Genever geworden ist.
Genever wird heute in vielen Ländern hergestellt. Er hat einen Mindestalkoholgehalt von 38 bis 43 Vol.-%. Die beste Qualität kommt aber nach wie vor aus Holland, da nur hier die Verwendung von Moutwijn vorgeschrieben ist.

Gesetzliche Bestimmungen

In Österreich

Branntwein nach besonderem bzw. traditionellem Verfahren mit einem Mindestalkoholgehalt von 35 Vol.-%.

In der Bundesrepublik Deutschland

Trinkbranntwein mit einem Mindestalkoholgehalt von 38 Vol.-%. Er wird aus einer Maische von Getreide und reichlich Darrmalz gebrannt, wobei die notwendige Zugabe von Wacholderbeeren spätestens während des letzten Destillationsvorganges erfolgen kann oder er wird unter reichlicher Verwendung von Geneverdestillat mit Sprit oder Kornsprit hergestellt. Der Zusatz ätherischer Öle stellt eine Verfälschung dar.

In der Schweiz

Trinkbranntwein mit einem Mindestalkoholgehalt von 40 Vol.-%. Genever wird durch Destillation von Kornbranntwein unter Zugabe von Wacholderbeeren und anderen pflanzlichen Aromastoffen hergestellt.

Erzeugung

Als Basis für die Erzeugung von Genever werden in Holland ⅓ Gerste, ⅓ Roggen und ⅓ Mais verwendet.

Maischen

Aus den Ingredienzien wird unter Zusatz von Darrmalz eine Maische hergestellt, die stufenweise vergoren wird.

↓

Destillation

Die vergorene Maische wird in drei aufeinanderfolgenden Brennvorgängen destilliert, wobei spätestens beim letzten Brennvorgang die Geschmacksträger wie Wacholderbeeren, Anis, Kümmel, Koriander usw. zugesetzt werden müssen.
Dabei entsteht der sog. **Moutwijn,** der auch unter dem Namen **Landelt** im Handel ist. Hauptsächlich wird Moutwijn aber zu Oude (alten) und Jonge (jungen) Genever weiterverarbeitet.

↓

Lagerung und Abfüllung

Arten

Man unterscheidet zwischen Oude Genever und Jonge Genever. Diese Bezeichnungen beziehen sich jedoch nicht auf die Lagerdauer. Oude bedeutet nach alter Art. Alle holländischen Erzeugerfirmen stellen beide Arten her.
Oude Genever: hat als wichtigsten Bestandteil Moutwijn, der mindestens 5 Prozent der Menge ausmachen muß. Dazu kommt neutraler Sprit, der hauptsächlich aus Melasse hergestellt wird. Weiters kommen unvergorene Wacholderbeeren, Anis, Kümmel, Koriander usw. dazu. Dies wird nochmals destilliert. Oude Genever hat einen ausgeprägten Malzgeschmack.
Jonge Genever: ist ein einfacher, klarer Kornbranntwein, der mit wenig oder ohne Moutwijn hergestellt wird. Er kann ein leichtes Wacholderaroma aufweisen.
Citronenjenever: ist ein halbsüßer Genever mit ausgeprägtem Zitronengeschmack; er wird ausschließlich in Holland erzeugt und hat 38 Vol.-%.
Bessenjenever: ist ein Gemisch aus Genever und Fruchtsaft, meist Johannisbeersaft. Er wird ausschließlich in Holland erzeugt und hat 38 Vol.-%.
Dessenjenever: ist ein leicht süßlicher Genever. Auch er wird ausschließlich in Holland erzeugt und hat zwischen 38 und 43 Vol.-%.

Genever von A bis Z

Bokma Jenever – Holland
40 Vol.-%
Erzeugnis der Fa. Bokma, Leeuwarden, Holland
Vertrieb in Österreich: Fa. Mounier, Wien

Bols Jenever – Holland
38 bis 40 Vol.-%
Erzeugnisse der Fa. Lucas Bols, Amsterdam
Vertrieb in Österreich: Fa. Mautner-Markhof, Wien
Bols ist in Holland ein Synonym für Genever

Coebergh
Holländische Spirituosenerzeugerfirma, die gleichnamigen Genever herstellt

De Kuyper Holland Genever
Amerikanische Handelsbezeichnung für Genever der Fa. De Kuyper, Amsterdam
Vertrieb in Österreich: Fa. Polacek, Gerasdorf/Wien

Dutch Gin
Englische Bezeichnung für Genever

Filliers Oude Graanjenever – Belgien
Lagerzeit 5 Jahre
38 Vol.-%
Erzeugnis der Fa. Graanstokerij Fillers, Deinze

Fockink Jenever – Holland
38 Vol.-%
Erzeugnis der Fa. Fockink, Rotterdam

Genièvre de Hasselt – Belgien
40 Vol.-%

Hulstkamp Jenever – Holland
38 Vol.-%
Erzeugnis der Fa. Hulstkamp, Rotterdam

Jedekazet J.D.K.Z. Jonge Jenever – Holland
38 Vol.-%
Erzeugnis der Fa. De Kuyper & Zoon, Amsterdam

Jedekazet J.D.K.Z. Oude Jenever – Holland
40 Vol.-%

Korn-Genever
Deutsche Bezeichnung für Genever

Meder Hoppe
Holländische Spirituosenerzeugerfirma, die gleichnamigen Genever herstellt

Van der Schalk
Holländische Spirituosenerzeugerfirma, die gleichnamigen Genever mit 40 Vol.-% herstellt

GIN

Gin ist ein Branntwein, der unter Verwendung von Destillaten aus Wacholderbeeren und Gewürzen hergestellt wird.
Das Wort Gin hat den gleichen Ursprung wie Genever, nämlich das französische Wort Genièvre (Wacholder) und das lateinische Wort Juniperus.
König Wilhelm III. von Oranien hatte, als er im Jahre 1689 zum König von England, Schottland und Irland gekrönt wurde, den Genever aus Holland mitgebracht. Bald wurde der in England erzeugte Genever Gin genannt. Doch er war nur eine billige Kopie des holländischen Originals. Zur Herstellung wurde meist ein billiger Kornsprit oder ein Tresterdestillat verwendet, während Genever in Holland aus hochwertigen Getreidesorten gebrannt und mit Auszügen aus Wacholderbeeren versetzt wurde.
Im Laufe der Zeit wurde die Zusammensetzung des Gin-Destillats verfeinert. Zu Beginn des 19. Jahrhunderts erschienen die ersten mit Sorgfalt hergestellten Gins. Heute gehört er zu den edelsten Spirituosen.
Gerste und Roggen bilden die Grundlage. Das Korn wird vergoren und mit Auszügen von Wacholderbeeren und Gewürzmischungen versetzt. Diese Gewürzmischungen bestehen hauptsächlich aus Koriandersamen, Angelikawurzeln, Anis, Kümmel, Kalmus, Kardamomen (scharfes Gewürz aus den Samen von Ingwergewächsen) und den ätherischen Ölen von Zitronen und Bitterorangen. Die Gewürzmischung darf nur dosiert beigegeben werden, damit die Geschmacks- und Geruchsstoffe des Wacholders nicht verfälscht oder gar übertönt werden.

Gesetzliche Bestimmungen

In Österreich

Branntwein nach besonderem bzw. traditionellem Verfahren mit einem Mindestalkoholgehalt von 35 Vol.-%. Dazu zählt Import-Genever (aus Korn).

In der Bundesrepublik Deutschland

Trinkbranntwein aus Korn mit Auszügen aus Wacholderbeeren mit einem Mindestalkoholgehalt von 38 Vol.-%.
Dry Gin hat einen Mindestalkoholgehalt von 40 Vol.-%.

In der Schweiz

Trinkbranntwein mit einem Mindestalkoholgehalt von 40 Vol.-%.
Er ist ein Destillat aus Korn- oder Melassesprit unter Zugabe von Wacholderbeeren und anderen pflanzlichen Aromastoffen oder unter Zugabe eines verdünnten Gin-Destillates, das mit Korn- oder Melassesprit versetzt wird.

Erzeugung

Destillation

Die Kornmaische wird hauptsächlich im Patent-still-Verfahren (siehe Seite 485 ff.) durch zweimalige Destillation hergestellt, wobei es zwei verschiedene Methoden gibt:

a) Die aufsteigenden Alkoholdämpfe werden direkt über die frischen Wacholderbeeren geleitet. Die Alkoholdämpfe nehmen die Aroma- und Geschmacksstoffe der Wacholderbeeren auf.

b) Frische Wacholderbeeren und die weiteren Würzstoffe werden in Kornbrand eingeweicht, und das Ganze wird zur Kornmaische gemischt, die anschließend destilliert wird.

↓

Lagerung

Das Destillat wird in Zisternen mit Glasbeschichtung oder in Steingutbehältern, neuerdings auch in Edelstahltanks gelagert. Der Gin macht bei der Lagerung keinen Reifungsprozeß durch, das Destillat wird lediglich zum Homogenisieren gelagert. Je länger die Lagerung ist, umso mehr überschüssige Aromastoffe des Wacholders werden abgebaut.

↓

Verdünnen

Das Destillat wird mit destilliertem oder demineralisiertem Wasser versetzt und so auf die gewünschte Trinkstärke gebracht. In England liegt diese zwischen 38 und 45 Vol.-%.

↓

Abfüllung

Produktzuordnung von A bis Z auf Grundlage folgender Einteilung:

Dry Gin: ist ein ungesüßter Gin mit einem Mindestalkoholgehalt von 40 Vol.-%.
London Dry Gin: ist ein ungesüßter Gin mit einem Mindestalkoholgehalt von 40 bis 45 Vol.-%.
Old Tom Gin: ist ein leicht gesüßter Gin.
Plym oder Plymouth Gin: ist ein leicht gesüßter Gin.
Versetzte Gins: Sie unterscheiden sich von den oben genannten in Farbe, Geschmack und Alkoholgehalt. Während reiner Gin wasserklar ist, nehmen die versetzten Gins die Farbstoffe der Zusätze auf. Dazu zählen folgende Arten:
Sloe Gin: Dem Gin werden Schlehen zugesetzt, und zwar so lange, bis der Gin ihre Aroma- und Farbstoffe aufgenommen hat und kastanienfarben geworden ist. Die Schlehen werden abgeseiht, danach wird er filtriert, bis er blank ist.
Almond Gin: ist ein mit Bittermandeln versetzter Gin.
Apple Gin: mit intensivem Apfelgeschmack und -geruch.
Lemon Gin: Er wird mit Auszügen aus Zitronen und Zitronenschalen oder mit Zitronenessenz versetzt.
Orange Gin: ist ein Gin mit Auszügen von Bitterorangen.

Gin von A bis Z

Alko Gin – Jugoslawien
42 Vol.-%
Erzeugnis der Fa. Fructal, Ajdovščina

Ancient Bottled Gin – Kanada
In Spezialflaschen (alte Flaschenformen) abgefüllt
86 Proof/43 Vol.-%
Erzeugnis der Fa. Seagram
Vertrieb in Österreich:
Fa. Seagram, Wien

Avoca Gin – Australien
80 Proof/40 Vol.-%

Barclay's Distilled – USA
London Dry Gin
80 Proof/40 Vol.-%

Barton's – USA
Dry Gin
90 Proof/45 Vol.-%

Beefeater Gin – England
80 und 86 Proof/40 und 43 Vol.-%
Erzeugnis der Fa. James Burrough Ltd., London
Vertrieb in Österreich: Fa. Martini & Rossi, Wien

Beefeater Distilled – England
London Dry Gin
94 Proof/47 Vol.-%

Bellows – USA
London Dry Gin
80 Proof/40 Vol.-%

Bellow's Gin 94 – USA
94 Proof/47 Vol.-%

Blackcurrant Gin
Versetzter Gin
Mit dem Saft von schwarzen Johannisbeeren gefertigt

Bols – Holland
London Dry Gin
43 Vol.-%
Erzeugnis der Fa. Bols, Amsterdam; wird in vielen Ländern in Lizenz hergestellt
Vertrieb in Österreich: Fa. Mautner-Markhof, Wien

Bols Silver Top – Holland
40 Vol.-%

Bolton Gin – USA
80 Proof/40 Vol.-%

Bombay – England
Dry Gin
86 Proof/43 Vol.-%

Boodles British Chathan – England
London Dry Gin
94,4 Proof/47,2 Vol.-%
Erzeugnis der Fa. Cock, Russel & Co. Ltd.; wird in den USA in Lizenz mit 92 Proof/46 Vol.-% hergestellt

Boord's Finest – England
Dry Gin
80 Proof/40 Vol.-%
Erzeugnis der Fa. Boord & Sons Ltd., London; wird in den USA in Lizenz nach dem Originalrezept hergestellt

Board's Old Tom Gin – England
Plymouth Gin
80 Proof/40 Vol.-%

Booth's – USA
London Dry Gin
90 Proof/45 Vol.-%

Booth's High & Dry – England
London Dry Gin
80 Proof/40 Vol.-%
Erzeugnis der Booth Distilling Company Ltd., London
Vertrieb in Österreich: Fa. Martini & Rossi, Wien

Bosford Extra – Italien
Dry Gin
40 Vol.-%
Nach altem Originalrezept von der Fa. Martini & Rossi, Turin, erzeugt
Vertrieb in Österreich: Fa. Martini & Rossi, Wien

Brigadier Gin – USA
80 Proof/40 Vol.-%

Burnett's White Satin – England
London Dry Gin
86 Proof/43 Vol.-%
Wird in den USA in Lizenz mit 80 Proof/40 Vol.-% hergestellt

Burrough's – England
London Dry Gin
94 Proof/47 Vol.-%
Erzeugnis der Fa. James Burrough Ltd., London; gegründet 1820; wird in den USA in Lizenz mit 80 Proof/40 Vol.-% hergestellt

Burtons Gin – USA
90 Proof/45 Vol.-%

Calvert – USA
London Dry Gin
80 Proof/40 Vol.-%

Canada Dry Gin – USA
Dry Gin
80 Proof/40 Vol.-%

Carmel Gin – Israel
45 Vol.-%

Carnaby's Gin – USA
80 Proof/40 Vol.-%

Clyde's Distilled – USA
London Dry Gin
80 Proof/40 Vol.-%

Coates – England
Plymouth Gin
94,4 Proof/47,2 Vol.-%

Cossack Gin – USA
80 und 90 Proof/40 und 45 Vol.-%

Curtis – England
London Dry Gin
86 Proof/43 Vol.-%

Donald's – England
London Dry Gin
94 Proof/47 Vol.-%

Duggan's Gin – USA
90,4 Proof/45,2 Vol.-%

Findlater Gin – England
80 Proof/40 Vol.-%

Finsbury – England
London Dry Gin
80 Proof/40 Vol.-%

Fleischmann's – USA
Dry Gin
80 Proof/40 Vol.-%

Frangos Gin – Australien
86 Proof/43 Vol.-%

G. & J. Original – England
London Dry Gin
80 Proof/40 Vol.-%
Erzeugnis der Fa. Gilbert & John Greenall Ltd., Warrington
Vertrieb in Österreich: Fa. Polacek, Gerasdorf/Wien

Georgi Gin – USA
80 Proof/40 Vol.-%

Gilbert's Gin – USA
80 und 94,4 Proof/40 und 47,2 Vol.-%

Gilbey's – England
London Dry Gin
94 Proof/47 Vol.-%

Glenmore Gin – USA
80 Proof/40 Vol.-%

Gordon's Gin – England
80 Proof/40 Vol.-%
Erzeugnis der Fa. Tanqueray, Gordon & Co. Ltd., London
Vertrieb in Österreich: Fa. Kattus, Wien

Gordon's – England
London Dry Gin
94 Proof/47 Vol.-%

Gordon's Jeeves Gin – England
Dry Gin
40 Vol.-%
Vertrieb in Österreich: Fa. Wunderlich, Wien

Greenalls Gin – England
80 Proof/40 Vol.-%

Greeting Card Gin – England
94,6 Proof/47,3 Vol.-%

Guckenheimer Distilled – USA
Dry Gin
80 Proof/40 Vol.-%

Heinrich Dry – BRD
Dry Gin
Unter Verwendung von Mittelmeer-Wacholderbeeren nach einem speziellen Verfahren hergestellt
40 Vol.-%

Henkes' Black Label – Holland
Dry Gin
Korndestillat mit ausgeprägtem Geschmack nach Zitronenmelisse; weiters werden Wacholderbeeren, Lavendelblüten, Koriander, Hopfenblüten und Kümmel beigegeben
40 Vol.-%
Vertrieb in Österreich: Fa. Scharlachberg, Salzburg

Hiram Walker – England
London Dry Gin
86 Proof/43 Vol.-%
Vertrieb in Österreich: Fa. Gürtler, Wien

Hiram Walker Crystal Palace Gin – USA
80 Proof/40 Vol.-%

Hollooway's – England
London Dry Gin
86 Proof/43 Vol.-%

Horse Guard – England
London Dry Gin
86 Proof/43 Vol.-%
Erzeugnis der Fa. Thomas Shaw, London und Glasgow

House of Lords Gin – England
Durch längere Lagerung in Fässern hat dieses Produkt einen gelblichen Farbton 86 Proof/43 Vol.-%
Erzeugnis der Fa. Booth Distilling Ltd., London
Vertrieb in Österreich: Fa. Martini & Rossi, Wien

Jacquin London Tower Gin – USA
80 Proof/40 Vol.-%

Kimber Gin – Australien
86 Proof/43 Vol.-%

Knights Gin – USA
80 Proof/40 Vol.-%

Leopard's Head Gin – England
94 Proof/47 Vol.-%

Leroux Sloe Gin – USA
Versetzter Gin
30 Vol.-%
Erzeugnis der Fa. Leroux, die im Besitz der Seagram-Gruppe ist

Little John Gin – USA
94 Proof/47 Vol.-%

London Mist – USA
80 und 94,4 Proof/40 und 47,2 Vol.-%

Lord Richmond – England
London Dry Gin
40 Vol.-%
Erzeugnis der Richmond Distillers Ltd., London und Glasgow

Mc Cormick Gin – USA
80,6 Proof/40,3 Vol.-%

Milshire Gin – USA
London Dry Gin
80 Proof/40 Vol.-%

Mounier Gin – Österreich
Dry Gin
wasserklar; 40 Vol.-%
Erzeugnis der Fa. Mounier, Korneuburg

Nicholson Lamplighter – England
London Dry Gin
80 Proof/40 Vol.-%
Vertrieb in Österreich:
Fa. Asbach-Doornkaat, Wien

Nuyens Gin – USA
80 und 90 Proof/40 und 45 Vol.-%

Old Boys Gin – Jugoslawien
40 Vol.-%
Erzeugnis der Fa. Talis, Marburg

Old General – England
London Dry Gin
80 Proof/40 Vol.-%
Erzeugnis der Southwark Distillers Company Ltd.

Old Inn – England
London Dry Gin
80 Proof/40 Vol.-%
Erzeugnis der Fa. Porterhouse Ltd., London

Old Mr. Boston – USA
London Dry Gin
90 Proof/45 Vol.-%

Old Mr. Boston English Market Distilled Gin – USA
80 Proof/40 Vol.-%

Old Tom Gin
Andere Bezeichnung für →Plymouth Gin

Originali Dry Juniper Gin – Jugoslawien
Dry Gin
42 Vol.-%
Erzeugnis der Fa. Dana, Mirna

Paramount Light & Dry – USA
Dry Gin
90 Proof/45 Vol.-%

Park & Tilford Gin – USA
80 Proof/40 Vol.-%

Pimm's No. 1 Cup – England
Auf Basis von Gin unter Verwendung verschiedener Kräuter und Pflanzenauszüge hergestellt; 184o von James Pimm erfunden; stellte ersten Gin-Sling dar
34 Vol.-%
Wird mit Champagner, Sekt, Tonic Water, Ginger Ale oder Zitronenlimonade vollendet
Vertrieb in Österreich: Fa. Gürtler, Wien

Plym
Englische Kurzbezeichnung für Plymouth Gin

Prime Minister – England
80 Proof/40 Vol.-%

Rare Export Gin – USA
94 Proof/47 Vol.-%

Rawlings – England
London Dry Gin
80 Proof/40 Vol.-%

Regal Club Gin – USA
80 Proof/40 Vol.-%

Regnier Sloe Gin – Brasilien
Versetzter Gin
Braunton, klar
30 Vol.-%
Erzeugnis der Fa. Regnier do Brasil, die im Besitz der Fa. Cointreau ist

Royal Silver Gin – USA
80 Proof/40 Vol.-%

Safari Gin – USA
94,1 Proof/47,2 Vol.-%

Schenley – USA
London Dry Gin
90 Proof/45 Vol.-%

Schenley Smooth American Gin – USA
80 Proof/40 Vol.-%

Seager Evans & Co.
Spirituosenerzeugerfirma mit Sitz in London; gegründet 1793; gehört der Schenley-Gruppe an

Seager's – England
London Dry Gin
80 und 86 Proof/40 und 43 Vol.-%
Erzeugnis der Fa. Seager Evans & Co., London
Vertrieb in Österreich: Fa. Roullet, Wien

Seager's Special – England
London Dry Gin
86 Proof/43 Vol.-%

Seagram's Extra Dry – USA
Dry Gin
80 Proof/40 Vol.-%

Skol Gin – USA
80 Proof/40 Vol.-%

Spindrift Gin – USA
80 Proof/40 Vol.-%

Squires Gin – England
80 und 86 Proof/40 und 43 Vol.-%

St. Andrew's Gin – USA
80 Proof/40 Vol.-%

Stitzel-Weller Canada Dry – USA
Dry Gin
80 Proof/40 Vol.-%

Stonehouse Gin – USA
80 Proof/40 Vol.-%

Stuyvesant Gin – USA
80 Proof/40 Vol.-%

Takovo – Jugoslawien
Dry Gin
40 Vol.-%
Erzeugnis der Fa. Takovo, Gornji Milanovac

Tanqueray Gin – England
86 Proof/43 Vol.-%
Erzeugnis der Fa. Tanqueray, Gordon & Co. Ltd., London
Vertrieb in Österreich: Fa. GHG, Linz

Tanqueray – England
London Dry Gin
94 Proof/47 Vol.-%

Tanqueray Special Dry English Distilled Gin – England
Dry Gin
94,6 und 86 Proof/47,3 und 43 Vol.-%

Tanqueray, Gordon & Co. Ltd.
Spirituosenerzeugerfirma mit Hauptsitz in London; 1898 aus den Firmen Tanqueray und Gordon & Co. gegründet; Tochterfirmen in New Jersey, Plainfield, Illinois, Union City, Kalifornien, Südafrika, Neuseeland, Kanada und Spanien

Uganda Waragi Gold Seal Gin – Uganda
90 Proof/45 Vol.-%

Uganda Waragi Red Top Gin – Uganda
86 Proof/43 Vol.-%

Vickers Gin – USA
80 Proof/40 Vol.-%

Waterford – USA
London Dry Gin
90 Proof/45 Vol.-%

White Corner – Jugoslawien
Dry Gin
40 Vol.-%
Erzeugnis der Fa. Talis, Marburg

White Crown Gin – USA
80 Proof/40 Vol.-%

White House – England
London Dry Gin
82 Proof/41 Vol.-%

WHISK(E)Y

Das Wort Whisk(e)y stammt aus dem Gälischen und ist eine Abkürzung des Wortes „uisge beatha“ oder „usquebaugh“. Es ist gleichbedeutend mit Lebenswasser, entsprechend dem lateinischen Aquavit („aqua vitae“) und dem französischen „eau-de-vie“.
Whisk(e)y ist der bedeutendste Getreidebrand und kommt ursprünglich aus Schottland und Irland.
Früher wurde er nur aus Gerste und Hafer hergestellt, heute werden auch Weizen, Mais und Roggen zur Herstellung verwendet.

Nach dem Oxford-Dictionary sind die beiden Schreibweisen Whisky und Whiskey zugelassen, wobei die Schreibweise mit „e“ ursprünglich den irischen Whisk(e)y vom schottischen unterscheiden sollte.
Heute wird in Kanada und in den USA hauptsächlich, aber nicht ausschließlich die Schreibweise mit „e“ verwendet.

Gesetzliche Bestimmungen

In Österreich

Echter Edelbrand aus Getreide (Roggen, Weizen, Gerste, Mais) mit einem Mindestalkoholgehalt von 40 Vol.-%.
Echte Edelbrände aus Getreide sind:
- Malt Whisky (Scotch) und
- Malt Whisk(e)y (Irish, Bourbon).

Gestreckter Edelbranntwein aus Getreide mit einem Mindestalkoholgehalt von 40 Vol.-%.
Gestreckte Edelbranntweine aus Getreide sind:
- Import-Whisk(e)y (Blended) und
- Whisky österreichischer Erzeugung, wobei mindestens 30 Prozent des Alkoholgehaltes aus Malz sein müssen, der Rest ist Monopolalkohol.

In der Bundesrepublik Deutschland

Trinkbranntwein aus Getreide (Roggen, Weizen, Gerste, Mais) mit einem Mindestalkoholgehalt von 40 Vol.-%.
Dazu zählen:
- deutscher Whisky,
- Scotch Whisky,
- Canadian Whisk(e)y,
- Irish Whisk(e)y und
- Bourbon Whisk(e)y.

In der Schweiz

Trinkbranntwein aus vergorener Maische von Körnerfrüchten (meist Gerste, Roggen oder Mais) mit einem Mindestalkoholgehalt von 40 Vol.-%.

Er unterscheidet sich vom Kornbranntwein durch einen charakteristischen Geschmack, der durch die Art der Rohstoffe, deren Behandlung und Verarbeitung (vor allem durch eine leichte Räucherung für Scotch Whisky) bedingt ist. Whisky jeder Art muß bei der Einfuhr von einem Ursprungszeugnis und einem Attest des Ursprungslandes begleitet sein, mit welchem ein Mindestalter von drei Jahren bescheinigt wird. Whisky darf nur unter dem Namen des Ursprungslandes in den Verkehr gebracht werden.

Erzeugung

Mälzen

Das Getreide wird nach Größe sortiert, gereinigt, in Wasser eingeweicht und anschließend gekeimt. Dabei wird durch das Ferment Diastase Stärke in vergärbaren Zucker umgewandelt, und es entsteht das sogenannte Grünmalz. Dieses wird getrocknet und danach geschrotet.

↓

Maischen

Das geschrotete Malz wird in Maischbottichen unter ständigem Umrühren mit heißem Wasser vermischt (Maische). Dabei werden die zuckerhältigen Teile von den übrigen Malzschrotteilen gelöst. Anschließend wird diese zuckerhältige Flüssigkeit von den festen Malzbestandteilen getrennt (Würze).

↓

Gären

Die Würze wird in Gärbottiche, deren Fassungsvermögen zwischen 9.000 und 50.000 Litern liegt, gegeben. Durch Zusatz von natürlicher Hefe wird der Zucker in Alkohol und Kohlensäure umgewandelt (vergorene Würze).

Man bezeichnet das als **Sweet-** oder **Mellow-mash-Verfahren.** Daneben gibt es ein zweites Verfahren, das **Sour-mash-Verfahren.** Hier werden der Würze neben der Hefe die Maischrückstände aus dem vorangegangenen Gärprozeß zugesetzt. Dadurch wird der Gärvorgang beschleunigt.

Nur beim American Whisk(e)y wird das Gärverfahren auf dem Etikett vermerkt.

↓

Destillation

Destilliert wird die vergorene Würze zu Whisk(e)y entweder nach dem Pot-still-Verfahren (siehe Seite 484 ff.) oder nach dem Patent-still-Verfahren (siehe Seite 485 ff.).

Diese beiden Formen der Destillation werden unterschiedlich angewendet. Die nachfolgende Tabelle gibt einen Überblick über die wichtigsten Whisk(e)ysorten und ihre Destillation.

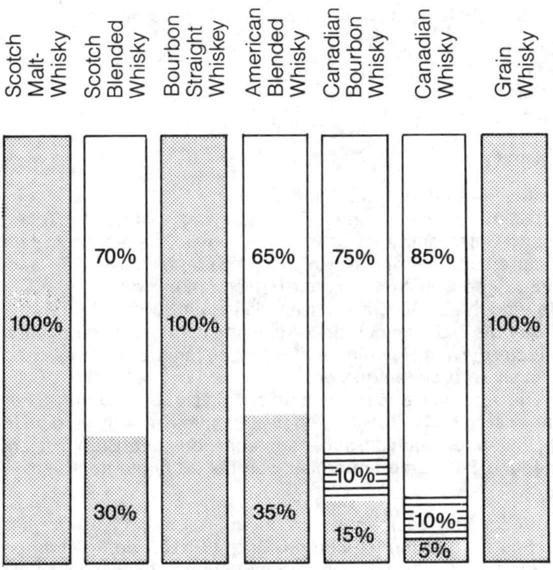

Whisky von schwerem Charakter (Pot-still-Verfahren — Brennblase)

Whisky von leichterem Charakter (automatische Brennkolonne)

Whisky von ultraleichtem Charakter (Patent-still-Verfahren — automatische Mehrkolonnenanlage)

↓

Lagerung

Das Destillat wird in neue Eichenfässer oder alte Sherry- bzw. Portweinfässer gefüllt und sollte mindestens drei Jahre gelagert werden. Spitzenprodukte lagern zwölf und mehr Jahre.

Arten

Grundsätzlich unterscheidet man zwischen
Unverschnittenem Whisk(e)y – Straight Whisk(e)y – Unblended Whisk(e)y – er ist ein reines, also unverschnittenes Produkt –
und
Verschnittenem Whisk(e)y – Blended Whisk(e)y – er besteht aus Malt Whisk(e)y und Grain Whisk(e)y.

Nach dem **Herkunftsland** unterscheidet man folgende Sorten:

Scotch Whisky
Irish Whisk(e)y
American Whisk(e)y
Canadian Whisk(e)y

SCOTCH WHISKY

Die Heimat des Whiskys ist Schottland.
Dem Mönch John Cor wird die erste Erzeugung eines whiskyähnlichen Getränkes aus Gerstenmalz im Jahre 1294 zugeschrieben. Im frühen Mittelalter war dieses Getränk als Heilmittel bekannt. Bis zum 16. Jahrhundert konnte jeder seine Gerste ohne Einschränkung destillieren. Um 1550 wurde jedoch ein Gesetz erlassen, das allen Bürgern in der Zeit vom 1. Oktober bis 1. Dezember die Herstellung verbot. Ausgenommen waren Edelleute, die aus eigenen Gerstevorräten für ihren persönlichen Bedarf „aqua vitae" brennen durften.
Anfang des 18. Jahrhunderts wurde eine Whiskysteuer eingeführt. Für jede Gallone (viereinhalb Liter) mußten zwei Pennies bezahlt werden. In dieser Zeit entstanden auch die sogenannten Moonshine-Brennereien, einsam gelegene Schwarzbrennereien, von denen heute noch einige existieren.

Nach dem britischen Steuergesetz darf nur in Schottland hergestellter Whisky als Scotch bezeichnet werden. Er muß nach den geltenden Bestimmungen für Trinkbranntwein und nach einem bestimmten Verfahren hergestellt werden und mindestens drei Jahre gelagert werden. Die Lagerung erfolgt in Portwein- oder Sherryfässern.
Bei Spitzenerzeugnissen kann die Lagerdauer bis zu dreißig Jahre betragen. Das auf dem Etikett angegebene Alter bezieht sich immer auf das jüngste Whiskydestillat, das zum Verschneiden verwendet wurde.
Für die Herstellung und die weltweite Verbreitung von schottischem Whisky sind folgende Whiskyhersteller noch bis heute von Bedeutung: die Firmen Haig, Dewar, Mac Donald, Walker, Mackie, Buchanan, Smith, Teacher und Sanderson.

Schottischer Whisky hat als einziger Whisky den typischen Rauchgeschmack, der beim Darren des Gerstenmalzes über offenem Torffeuer entsteht. Ferner sind für die Güte des schottischen Whiskys die reine, würzige Luft und das weiche, klare Berg- und Moorwasser von größter Bedeutung.

Man unterscheidet nach der Herstellung und der Region folgende schottische Whiskys:

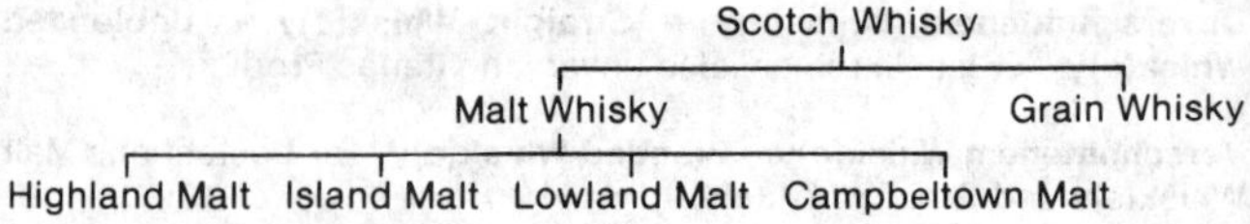

MALT WHISKY (MALZ-WHISKY)

Das ist die ursprüngliche Form des Whiskys. Er besteht aus reiner Gerste, die man zum Keimen bringt (Malz). Er ist daher ein Straight Whisky (unverschnittenes Produkt). Der Malt Whisky wird im Pot-still-Verfahren durch zweimalige Destillation hergestellt (siehe Seite 484 ff.). Danach wird er mindestens drei Jahre in Eichenfässern oder alten Sherry- bzw. Portweinfässern gelagert. Spitzenprodukte lagern zwölf und mehr Jahre.

Straight Malt Whisky kann unter folgenden Bezeichnungen auf den Markt kommen: Single Malt, Pure Malt, All Malt, Unblended Malt, Rare All Malt und Rare Old Malt. Diese Bezeichnungen sind aber nur dann zulässig, wenn das Malz aus einer einzigen Destillerie kommt, d. h., wenn er unverschnitten ist.
Die Bezeichnung **Vatted Malt** bedeutet, daß der Whisky zwar aus reinen Malz-Whiskys hergestellt wird, diese aber aus verschiedenen Destillerien kommen. In den verschiedenen Gegenden werden unterschiedliche Malt-Whisky-Arten erzeugt.

a) Highland Malt
Das ist ein Sammelbegriff für alle Produkte, die nördlich der Trennlinie von Greenock im Westen und Dundee im Osten Schottlands hergestellt werden. Er hat das am feinsten ausgeprägte Aroma aller Malt Whiskies und gilt daher als beste Sorte.
Die bekanntesten Brennereien in den Highlands sind in Speyside, Glenlivet, -Glenlivet, The Glenlivet, Aberfeldy, Balmenach, Banffshire und Clynelish.
Eine Sonderstellung unter den Highland-Malt-Whiskies nimmt der **Eastern Malt** ein. Er ist durch einen besonders ausgeprägten Torfgeschmack charakterisiert. Zu den Eastern Malts zählen: Glenrothes, Tamnavulin, Glenfiddich, Cardow, Glen Elgin und Highland Park.

b) Lowland Malt
Das ist ein Sammelbegriff für alle Produkte, die südlich der Trennlinie von Greenock im Westen und Dundee im Osten Schottlands als Malt Whisky hergestellt werden.
Der Lowland Malt hat einen leichteren, milderen Torfgeschmack als der aus den Highlands. Er wird daher sehr gerne mit Grain Whisky zum **Blended Scotch Whisky** verschnitten.

c) Island Malt
Diese Whiskies werden auf den Inseln Skye, Mull, Orkney, Jura und Islay hergestellt.
Der Islay Malt Whisky nimmt eine Sonderstellung ein, da er der kräftigste aller Malt Whiskies ist.

d) Campbeltown Malt
Er stammt von der Halbinsel Kintyre mit zwei bekannten Whiskybrennereien, die weiche, milde Highland Malt Whiskies mit ganz leichtem Torfgeschmack herstellen.

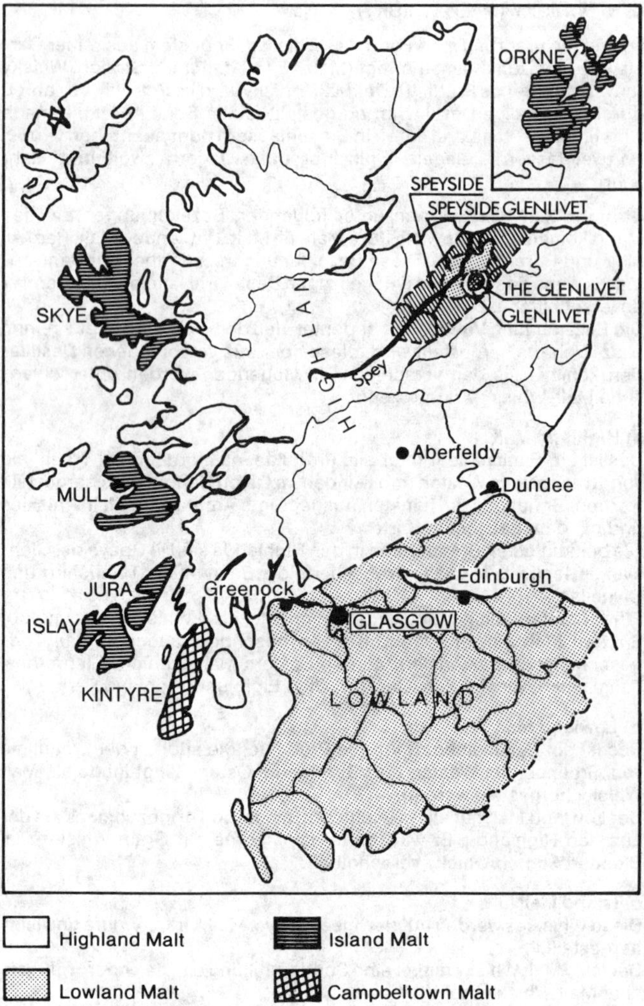
ORKNEY
SPEYSIDE
SPEYSIDE GLENLIVET
THE GLENLIVET
GLENLIVET
SKYE
HIGHLAND
Spey
Aberfeldy
Dundee
MULL
Edinburgh
JURA
Greenock
ISLAY
GLASGOW
KINTYRE
LOWLAND
Highland Malt
Island Malt
Lowland Malt
Campbeltown Malt

GRAIN WHISKY (KORN-WHISKY)

Er besteht aus verschiedenem Getreide (Roggen, Hafer) und wird im Patent-still-Verfahren durch kontinuierliche Destillation (siehe Seite 485 ff.) hergestellt. Er stammt hauptsächlich aus den Lowlands.
Der Grain Whisky ist mild und leicht und hat wenig Farbe. Er wird hauptsächlich zum Verschneiden verwendet (Blended Scotch Whisky).
Es gibt nur wenige Grain Whiskies, die in Flaschen abgefüllt in den Handel kommen.

IRISH WHISK(E)Y

Irischer Whisk(e)y wurde angeblich schon im 11. Jahrhundert von irischen Mönchen hergestellt. Urkundlich erwähnt wird er jedoch erst in der Mitte des 18. Jahrhunderts. Die Whisk(e)yerzeugung in Irland ist damit ebenso alt wie die schottische. Der Unterschied liegt in den verwendeten Grundmaterialien. Gerste, Weizen, Hafer und Roggen, manchmal auch Zuckerrohrmelasse werden zur Herstellung verwendet. Um die Mitte des 18. Jahrhunderts waren in Irland an die 2.000 Destillerien beheimatet; die Zentren der Herstellung waren Cork, Dublin, Belfast, Tullamore, Kilbeggan, Kineadine, Lochrin und Dodderbank. Zu diesem Zeitpunkt waren zwei renommierte Whisk(e)ydynastien maßgeblich für den Aufschwung von irischem Whisk(e)y verantwortlich – nämlich die Familie Haig aus Schottland und die Familie Jameson aus Irland.
Heute ist die Whisk(e)yerzeugung Irlands zentralisiert. In unmittelbarer Nähe von Dublin befindet sich die Zentraldestillerie, die alle auf dem Markt befindlichen irischen Whisk(e)ymarken nach den Rezepten der Besitzer herstellt.

Destilliert wird irischer Whisk(e)y ausschließlich im Pot-still-Verfahren (siehe Seite 484 ff.) durch dreimalige Destillation. Die Pot-stills (Kupferkessel) haben in Irland mehr als das Doppelte an Fassungsvermögen, als es in Schottland üblich ist. Diese beiden Faktoren, nämlich die dreimalige Destillation und das Fassungsvermögen der Pot-stills, ergeben einen weiteren Unterschied zum schottischen Whisky.

Die Mindestlagerdauer für irische Whiskys beträgt drei, meistens jedoch zehn oder zwölf Jahre. Gelagert werden sie in Sherry-, Bourbon-, Rum- oder amerikanischen Eichenfässern aus weißer Eiche.
Nach der Lagerung wird der Whisk(e)y verschnitten, und zwar aus Whiskys aus verschiedenen Fässern. Dies entspricht dem sogenannten **Vatting** in Schottland. Hierbei werden hervorragende Qualitäten mit individueller Note in Farbe und Geschmack gewonnen. Dieser Verschnitt kommt unter dem Namen Irish Whisk(e)y auf den Markt.

Irish Whisk(e)y hat einen milderen und malzigeren Geschmack als Scotch, da hier wie auch beim amerikanischen und beim kanadischen Whisk(e)y das Malz nicht über Torffeuer gedarrt wird.
In den letzten Jahren wurde wegen der gestiegenen Nachfrage ein neues Verfahren entwickelt. Dabei wird beim Mischprozeß dem faßgereiften Whisk(e)y Alkohol aus anderen Getreidearten beigegeben. Diese Produkte müssen als **Blended Irish Whiskies** bezeichnet werden.

AMERICAN WHISK(E)Y

Unter dieser Bezeichnung werden alle in Amerika erzeugten Whisk(e)yarten geführt. 1640 ist ein gewisser **Hendriksen** urkundlich erwähnt, der auf Anordnung der holländischen Kolonie in den USA Whisk(e)y brannte.
Ab der zweiten Hälfte des 18. Jahrhunderts wurde von schottischen und irischen Auswanderern Whisk(e)y in größeren Mengen hergestellt.
Im Laufe der Zeit begann man als Grundmaterialien nicht nur Gerste, sondern auch Mais und Roggen zu verwenden, die in Amerika, bedingt durch die Klima- und Bodenverhältnisse, gediehen. So entstanden eigene Whisk(e)ysorten: der **Bourbon** und der **Rye Whisk(e)y.**
Diese Whiskys haben eine Mindestlagerzeit von drei Jahren. Sie werden in angekohlten Fässern aus 100- bis 300jähriger weißer Eiche gelagert. Diese Fässer dürfen nur einmal verwendet werden.

Die wichtigsten und bekanntesten amerikanischen Bundesstaaten, die Whisk(e)y erzeugen, sind Maryland, Alabama, Kentucky und Tennessee.

Es gibt folgende Arten von American Whisk(e)y:

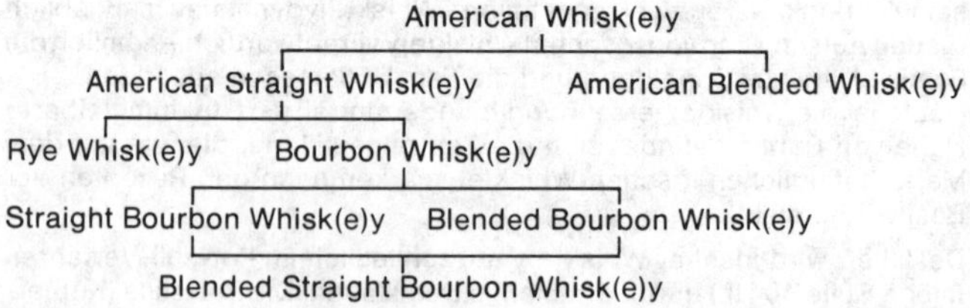

AMERICAN STRAIGHT WHISK(E)Y

a) **Rye Whisk(e)y** ist ein Destillat aus einer gemaischten Getreidemischung mit einem Mindestanteil von 51 Prozent Roggen. Er wird im Patent-still-Verfahren (siehe Seite 485 ff.) hergestellt.
b) **Bourbon Whisk(e)y** ist ein Destillat aus einer gemaischten Getreidemischung mit einem Mindestanteil von 51 Prozent Mais. Er wird im Pot-still-Verfahren (siehe Seite 484 ff.) hergestellt.
Straight Bourbon Whisk(e)y wird mit 40 und 62 Vol.-% Alkoholgehalt erzeugt. Die Getreidemischung muß mindestens 51 Prozent und darf höchstens 79 Prozent Mais beinhalten. Destilliert wird der amerikanische Straight Bourbon Whisk(e)y im Pot-still-Verfahren, jedoch nur in einer einmaligen Destillation.
Er wird sowohl im **Sour-mash-Verfahren** als auch im **Sweet-mash-Verfahren** (Mellow-mash) hergestellt.

Blended Bourbon Whisk(e)y ist eine Mischung aus verschiedenen Bourbon Whiskies mit einem Mindestanteil von 51 Prozent Straight Bourbon (unverschnitten).

Beim **Blended Straight Bourbon Whisk(e)y** dürfen ausschließlich Straight Bourbon Whiskies vermischt werden. Es dürfen auch keine Geschmacksträger verwendet werden. Dieser Verschnitt ähnelt dem schottischen Vatted Malt.

AMERICAN BLENDED WHISK(E)Y
Dieser Whisk(e)ytyp entstand nach der Prohibition (Alkoholverbot) im Jahre 1934 und ist ein Verschnitt aus Mais- oder Roggenwhisk(e)y mit Grain-spirit (Alkohol aus Getreide).
Darüber hinaus gibt es eine Sonderform des American Whisk(e)ys, den **White Whisky.** Er ist seit 1970 im Handel und unterscheidet sich auch in der Schreibweise (ohne „e") von den American Whiskies.
White Whisky ist ein Trinkbranntwein aus Getreidemischungen. Er wird nicht in Holzfässern gelagert und nimmt daher keine Farbe an, sondern bleibt wasserklar.

CANADIAN WHISK(E)Y

Canadian Whisk(e)y ist ein Sammelbegriff für alle in Kanada erzeugten Whisk(e)yprodukte, die in der Regel aus mehr als 50 Prozent Mais hergestellt werden, wobei aber auch Gersten-, Roggen- und Weizenmalz zuläsig sind.
Die Erzeugung von kanadischem Whisk(e)y wurde Anfang des 20. Jahrhunderts von englischen, schottischen und irischen Einwanderern begonnen.
Canadian Whiskies werden ausschließlich im Patent-still-Verfahren (siehe Seite 485 ff.) erzeugt. Die kontinuierliche Destillation wird aber zweimal durchgeführt.
Canadian Whisk(e)y wird sofort nach der Destillation mit Grain Whisk(e)y verschnitten und unterscheidet sich so deutlich von allen übrigen Whisk(e)y-Erzeugnissen.
Die Mindestlagerzeit von Canadian Whisk(e)y beträgt vier Jahre. Gute Produkte werden bis zu zwölf Jahre in Eichenfässern gelagert.
Die Produktionsstätten und die Anbaugebiete der Getreidearten, die für die Whisk(e)y-Erzeugung verwendet werden, befinden sich ausschließlich im Süden Kanadas.

Der Canadian Whisk(e)y ist heller als Scotch, Irish oder American Whisk(e)y. Er ist leichter und wird daher sehr gerne für Cocktails verwendet. Canadian Whisk(e)y wird weltweit fälschlicherweise als Rye Whisk(e)y bezeichnet, obwohl in Kanada auch sehr viele Bourbons erzeugt werden.

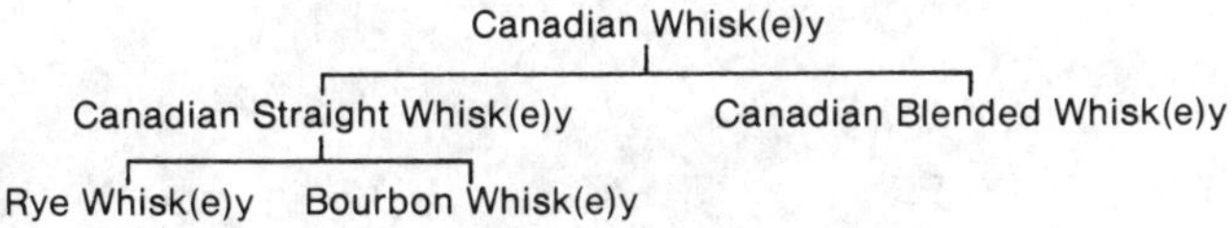

CANADIAN STRAIGHT WHISK(E)Y

a) **Canadian Rye Whisk(e)y** ist ein Destillat einer Getreidemischung, deren Hauptbestandteil Roggen sein muß.

b) **Canadian Bourbon Whisk(e)y** ist ein Destillat einer Getreidemischung, deren Hauptbestandteil aus Mais sein muß.

CANADIAN BLENDED WHISK(E)Y ist ein Destillat, das aus gemaischtem und ungemaischtem Getreide hergestellt wird und mit Grain-spirit verschnitten wird.

Whisk(e)y von A bis Z

A

Aberfeldy – Schottland
Pure Highland Malt Scotch Whisky
Destillerie Aberfeldy in Aberfeldy, gegründet 1896, im Besitz der Fa. John Dewar; gesamte Produktion ausnahmslos zum Blenden

Aberlour-Glenlivet – Schottland
Single Highland Malt Scotch Whisky
Region: Speyside-Glenlivet (Eastern Malt)
Lagerzeit 8, 10 und 12 Jahre
80, 86 und 112 Proof/40, 43 und 56 Vol.-%
Destillerie Aberlour, gegründet 1826 von John James Grant; frühere Bezeichnung der Destillerie: Milton Aberlour-Glenlivet wird auch zum Blenden verwendet

Adams Antique – Kanada
Canadian Whiskey
86 Proof/43 Vol.-%

Allen's American Blend – USA
American Blended Whiskey
86 Proof/43 Vol.-%

A.M.
Die englische Abkürzung für „Vormittag" wurde von der Fa. William Sanderson zum Markenzeichen für leichte Whiskysorten gemacht, die am Vormittag angeboten werden

Ambassador – Schottland
Blended Scotch Whisky
84 Proof/42 Vol.-%

Ambassador Royal – Schottland
Blended Scotch Whisky
Lagerzeit 12 Jahre
84 Proof/42 Vol.-%

Ambassador Twenty-five – Schottland
Blended Scotch Whisky
Lagerzeit 25 Jahre
84 Proof/42 Vol.-%

American barrel
Amerikanisches Whisk(e)ylagerfaß mit 172 bis 190 Liter Fassungsvermögen

American Pioneer – USA
Kentucky Straight Bourbon Whiskey
Im Sour-mash-Verfahren hergestellt
Lagerzeit 6 Jahre
80 Proof/40 Vol.-%

Ancestor De Luxe – Schottland
Blended Scotch Whisky
Alt gelagerter Scotch, ohne Altersangabe
86 Proof/43 Vol.-%
Erzeugnis der Fa. John Dewar

Ardbeg – Schottland
Pure Highland Malt Scotch Whisky
Region: Isle of Islay (Island Malt)
Lagerzeit 10 und 25 Jahre
80 und 86 Proof/40 und 43 Vol.-%
Destillerie Ardbeg in Ardbeg, gegründet 1815 von McDougall, im Besitz der Hiram-Walker-Gruppe; gesamte Erzeugung für Blended Whiskies; keine Flaschenabfüllung

Arthur Bell & Sons Ltd.
Größte schottische Whiskyerzeugerfirma; 1825 in Perth gegründet; die Destillerien Dufftown, Inchgower, Blair Athol und Pittyvaich gehören ihr an; nach John-

nie Walker sind die Bell-Produkte die meistverkauften der Welt

Auchentoshan – Schottland
Single Lowland Malt Scotch Whisky
Lagerzeit 5 und 12 Jahre
80 und 86 Proof/40 und 43 Vol.-%
Destillerie Auchentoshan, gegründet 1825 in Old Kilpatrick; dieser Whisky durchläuft eine dreimalige Destillation, was eine Rarität bei der schottischen Whiskyerzeugung darstellt; frühere Bezeichnung für Destillerie und Marke: Auchintoshan

Auchintoshan
Frühere Bezeichnung für →Auchentoshan

Auchroisk – Schottland
Single Highland Malt Scotch Whisky
Destillerie Auchroisk, gegründet 1970

Aultmore – Schottland
Pure Highland Malt Scotch Whisky
Region: Speyside (Eastern Malt)
Lagerzeit 12 Jahre
80 und 86 Proof/40 und 43 Vol.-%
Destillerie Aultmore in Keith, gegründet 1895 von A. Edwar, im Besitz der Fa. John & Robert Harvey Ltd.

B

Baby Whisk(e)y
Junger, ungelagerter Whisk(e)y

Balblair – Schottland
Pure Highland Malt Scotch Whisky – (Eastern Malt)
Lagerzeit 10 Jahre
80 und 112 Proof/40 und 56 Vol.-%
Destillerie Balblair in Edderton, gegründet 1790, im Besitz der Hiram-Walker-Gruppe

Ballantine's – Schottland
Blended Scotch Whisky
80 Proof/40 Vol.-%
Erzeugnis der Fa. George Ballantine & Sons Ltd., Schottland; im Besitz der Fa. Hiram Walker & Sons Ltd.
Vertrieb in Österreich: Fa. Mautner-Markhof, Wien

Ballantine's Brown Label – Schottland
Blended Scotch Whisky
Lagerzeit 12 Jahre
80 und 86 Proof/40 und 43 Vol.-%
Erzeugnis der Fa. George Ballantine & Sons Ltd., Schottland; im Besitz der Fa. Hiram Walker & Sons Ltd.

Ballantine's Very Old – Schottland
Blended Scotch Whisky
Lagerzeit 30 Jahre
80 und 86 Proof/40 und 43 Vol.-%
Erzeugnis der Fa. George Ballantine & Sons Ltd., Schottland; im Besitz der Fa. Hiram Walker & Sons. Ltd.

Balmenach – Schottland
Pure Highland Malt Scotch Whisky
Region: Speyside (Eastern Malt)
Destillerie Balmenach in Cromdale, gegründet 1824 von McGregor; dieser stark aromatisierte Whisky wird nicht in Flaschen gefüllt, sondern zum Blenden verwendet; diese Marke wurde 1930 mit zwölf anderen von Aeneas→ McDonald zu den allerbesten Highland Malt Whiskies gezählt

Banff – Schottland
Pure Highland Malt Scotch Whisky
Destillerie Banff in Banff, gegrün-

det 1824; Lizenzvergabe an Slater, Rodger & Co. Ltd., Glasgow

Barton's Reserve – USA
American Blended Whiskey
80 und 90 Proof/40 und 45 Vol.-%

Barton's Reserve Premium – USA
American Blended Whiskey
80 Proof/40 Vol.-%

Barton's Supreme – Kanada
Canadian Whiskey
80 Proof/40 Vol.-%

Beam's Black Label – USA
Kentucky Straight Bourbon Whiskey
Im Sour-mash-Verfahren hergestellt
Lagerzeit 8 Jahre
90 Proof/45 Vol.-%
Vertrieb in Österreich: Fa. Scharlachberg, Salzburg

Beam's Choice Black Label – USA
Kentucky Straight Bourbon Whiskey
Lagerzeit 100 Monate
90 Proof/45 Vol.-%

Beam's 8 Star Blend – USA
American Blended Whiskey
80 Proof/40 Vol.-%

Beam's Private Stock – USA
American Blended Whiskey
80 Proof/40 Vol.-%

Bellows Partners Choice – USA
American Blended Whiskey
86 Proof/43 Vol.-%

Bellows Reserve – USA
American Blended Whiskey
90 Proof/45 Vol.-%

Bell's Extra Special – Schottland
Blended Scotch Whisky
86 Proof/43 Vol.-%
Erzeugnis der Fa. Arthur Bell & Sons Ltd.
Vertrieb in Österreich: Fa. Roullet, Wien

Bell's 12 Years Old – Schottland
Blended Scotch Whisky
Lagerzeit 12 Jahre
86 Proof/43 Vol.-%
Erzeugnis der Fa. Arthur Bell & Sons Ltd.

Bell's 20 Years Old – Schottland
Blended Scotch Whisky
Lagerzeit 20 Jahre
86 Proof/43 Vol.-%
Erzeugnis der Fa. Arthur Bell & Sons Ltd.

Bell's 30 Years Old – Schottland
Blended Scotch Whisky
Lagerzeit 30 Jahre
86 Proof/43 Vol.-%
Erzeugnis der Fa. Arthur Bell & Sons Ltd.; abgefüllt in goldfarbigen Flaschen, die die Form einer Glocke haben

Benchmark – USA
Kentucky Straight Bourbon Whiskey
Im Sour-mash-Verfahren hergestellt
86 Proof/43 Vol.-%
Erzeugung und Abfüllung in der Old Benchmark Distilling Company, Louisville, Kentucky

Benchmark De Luxe – USA
Straight Bourbon Whiskey
Lagerzeit 6 Jahre
86 Proof/43 Vol.-%
Erzeugnis der Fa. Seagram

Benmore
Whiskydestillerie auf der Halbinsel Kintyre, die Campbeltown Malts (Highland Malts) erzeugt

Ben Nevis – Schottland
Grain Whisky
Destillerie Ben Nevis Grain Distillery in Fort William, gegründet

1878 von P. McDonald, im Besitz der Fa. Ben Nevis Distilling Ltd.; wird ausnahmslos zum Blenden verwendet

Ben Nevis – Schottland
Pure Highland Malt Scotch Whisky
Destillerie Ben Nevis in Fort William, gegründet 1825, im Besitz der Fa. Long John Distillers Ltd.; die gesamte Erzeugung wird ausnahmslos zum Blenden verwendet

Benriach-Glenlivet – Schottland
Pure Highland Malt Scotch Whisky
Region: Speyside-Glenlivet
Destillerie Benriach in Longmorn, gegründet 1894, im Besitz der Longmorn Distillery Company Ltd.; die Produktion wird hauptsächlich zum Blenden verwendet; die Destillerie wurde 1903 geschlossen und nahm erst 1965 die Produktion wieder auf

Benrinnes – Schottland
Pure Highland Malt Scotch Whisky
Region: Speyside
Destillerie Benrinnes in Aberlour, gegründet 1835; keine Flaschenfüllung, wird nur zum Blenden verwendet

Ben Wyvis – Schottland
Pure Highland Malt Scotch Whisky
Destillerie Ben Wyvis in Invergordon, gegründet 1965; gehört der Fa. Invergordon Destillers Ltd. an

Berry's All Malt Whisky – Schottland
Vatted Malt Scotch Whisky

Black & White – Schottland
Blended Scotch Whisky
80 Proof/40 Vol.-%
Erzeugnis der Fa. James Buchanan, Schottland
Vertrieb in Österreich: Fa. Kattus, Wien

Black & White Distillery
→James Buchanan & Co.

Black Bear Rare Old Scotch Whisky – Schottland
Blended Scotch Whisky
Trägt die Zusatzbezeichnung „Light"; Erzeugnis der Fa. Fergus Macivor Ltd., Leith

Black Bush Special De Luxe – Irland
Irish Whiskey
Lange Lagerzeit
86 Proof/43 Vol.-%
Erzeugnis der Od Bushmill Company

Black Label
Gütebezeichnung für schottische und amerikanische Whisk(e)ys; sie haben einen besonders hohen Malzanteil und werden sehr lange gelagert; z. B. Johnnie Walker Black Label, Jack Daniel's Black Label

Black Velvet – Kanada
Canadian Whisky
Lagerzeit 5 Jahre
In der Barfachsprache „BV" genannt
80 Proof/40 Vol.-%

Bladnoch – Schottland
Single Lowland Malt Scotch Whisky
Lagerzeit 8 Jahre
80 Proof/40 Vol.-%
Destillerie Bladnoch in Bladnoch, gegründet 1817, seit 1956 im Besitz der Bladnoch Distillery Ltd.; ein sehr leichter Malt-Whisky-Typ

Blended Scotch Whisky
Sammelbegriff für alle schottischen Whiskyverschnitte; der erste, der einen Whiskyverschnitt erzeugte, war Andrew Usher; er war bei Smith in Edinbourg beschäftigt, der die Smith's Glenlivet Malt Whiskies erzeugte; 1853 verschnitt er einige dieser Whiskies; das entstandene Produkt be-

zeichnete er als **Vatted Malt,** ein Begriff, der heute noch üblich ist; erst später wurden Malt Whiskies mit Grain Whiskies verschnitten; damit entstand ein neuer Whiskytyp – der Blended Scotch Whisky

Bon – Australien
Australische Whiskymarke

Bonded Beam – USA
Kentucky Straight Bourbon Whiskey
Lagerzeit 8 Jahre
100 Proof/50 Vol.-%

Bond Hall – USA
American Blended Whiskey
90 Proof/45 Vol.-%

Bonded Whisk(e)y
Unter Zollverschluß drei bis sieben Jahre gelagerter Whisk(e)y

Bourbon De Luxe – USA
American Blended Whiskey
80 Proof/40 Vol.-%

Bourbon De Luxe
Qualitätsbezeichnung bei Straight und Kentucky Straight Bourbon Whisk(e)y

Bourbon Supreme – USA
Straight Bourbon Whiskey
80 Proof/40 Vol.-%

Bowmore – Schottland
Pure Highland Malt Scotch Whisky
Region: Isle of Islay (Island Malt)
Lagerzeit 8 und 12 Jahre
80 und 86 Proof/40 und 43 Vol.-%
Destillerie Bowmore, gegründet 1779 (die älteste Destillerie der Insel), im Besitz der Sheriff's Bowmore Distillery Ltd. und seit 1963 auch der Stanley P. Morrison Ltd. Extrem ausgeprägtes rauchiges Aroma und extrem ausgeprägter rauchiger Geschmack

Braes of Glenlivet – Schottland
Pure Highland Malt Scotch Whisky
Region: Speyside-Glenlivet
Destillerie Braes of Glenlivet in Braes of Glenlivet, gegründet 1973, im Besitz der Fa. Chivas Brothers Ltd., die der Fa. Seagram angehört; wird seit 1974 nicht mehr abgefüllt und vertrieben, sondern nur noch für die Handelsmarke Chivas Regal erzeugt

Branch water
Klares Wasser aus schottischen Highland-Bächen, das für die Whiskyerzeugung verwendet wird

Brechin
Frühere Bezeichnung für →North Port

Brora – Schottland
Pure Highland Malt Scotch Whisky
Lagerzeit 12 Jahre
80, 86, 92 und 114 Proof/40, 43, 46 und 57 Vol.-%
Destillerie Brora, gegründet 1819; frühere Bezeichnung von Marke und Destillerie: Clynelish; diese Marke wurde 1930 mit zwölf anderen von Aeneas→McDonald zu den allerbesten Malt Whiskies gezählt

Bruichladdich – Schottland
Pure Highland Malt Scotch Whisky
Region: Isle of Islay (Island Malt)
Lagerzeit 5 und 10 Jahre
86 Proof/43 Vol.-%
Destillerie Bruichladdich in Port Charlotte, gegründet 1881; gehört seit 1960 der Fa. Invergordon Distillers Ltd. an

Buchanan's Reserve – Schottland
Blended Scotch Whisky
Lagerzeit 12 Jahre
86 Proof/43 Vol.-%
Vertrieb in Österreich: Fa. Kattus, Wien

Bunnahabhain – Schottland
Pure Highland Malt Scotch Whisky

Region: Isle of Islay (Island Malt)
Lagerzeit 8 und 12 Jahre
80 Proof/40 Vol.-%
Destillerie Bunnahabhain, gegründet 1881; gehört der DCL an; die gesamte Produktion wird fast ausschließlich nach Japan exportiert

Burke & Barry – USA
Kentucky Blended Bourbon Whiskey
86 Proof/43 Vol.-%

Butt
Whisk(e)ylagerfaß mit 500 Liter Fassungsvermögen

BV
Abkürzung für →Black Velvet

C

Calvert Extra – USA
American Blended Whiskey
80 Proof/40 Vol.-%

Canada House – Kanada
Canadian Whisky
Lagerzeit 4 Jahre
80 Proof/40 Vol.-%

Canadian Club – Kanada
Canadian Whisky
80 und 86 Proof/40 und 43 Vol.-%
Erzeugnis der Destillerie Hiram Walker & Sons Ltd., Walkersville, Kanada; in der Barfachsprache „CC“ genannt
Vertrieb in Österreich: Fa. Gürtler, Wien

Canadian Limited – Kanada
Canadian Whisky
Lagerzeit 4 Jahre
80 Proof/40 Vol.-%

Canadian Majesty – Kanada
Canadian Whisky
80 Proof/40 Vol. -%

Canadian Mist – Kanada
Canadian Whisky
80 Proof/40 Vol. -%

Canadian Rare Mark IV – Kanada
Canadian Whisky
80 und 86,8 Proof/40 und 43,4 Vol.-%

Canadian River – Kanada
Canadian Whisky
Lagerzeit 4 Jahre
86,8 Proof/43,4 Vol.-%

Canadian Ten – Kanada
Canadian Whisky

Caol Ila – Schottland
Pure Highland Malt Scotch Whisky
Region: Isle of Islay (Island Malt)
Destillerie Caol Ila in Port Askaig, gegründet 1846, im Besitz der Fa. Bulloch, Lade & Co. Ltd., die der DCL angehört

Caperdonich – Schottland
Pure Highland Malt Scotch Whisky
Region: Speyside
80 Proof/40 Vol.-%
Destillerie Caperdonich (Glen Grant 2) in Rothes, gegründet 1897, seit 1965 im Besitz der Scotish Malt Distillers Ltd.; dieses Produkt ist ein besonders leichter Malt-Whisky-Typ

Captain Cook – Australien
Australische Whiskymarke

Captain's Table – Kanada
Blended Canadian Whisky
80 Proof/40 Vol.-%

Cardhu – Schottland
Single Highland Malt Scotch Whisky
Region: Speyside-Strathspay (Eastern Malt)
Lagerzeit 8 und 12 Jahre, in Sherryfässern
80 und 86 Proof/40 und 43 Vol.-%
Destillerie Cordow in Knockando,

gegründet 1824, im Besitz der Fa. John Walker & Sons Ltd.; licht goldfarben; in kleinen Mengen hergestellt; diese Marke wurde 1930 mit zwölf anderen von Aeneas→McDonald zu den allerbesten Highland Malt Whiskies gezählt
Vertrieb in Österreich: Fa. Mounier, Wien

Car-Dhu – Schottland
Frühere Bezeichnung für →Cardhu

Cardow – Schottland
Seit 1983 die Bezeichnung für →Cardhu

Carstairs White Seal – USA
American Blended Whiskey
80 Proof/40 Vol.-%

Carstairs White Seal 72 – USA
American Blended Whiskey
72 Prozent Straight-Whiskey-Anteil
80 Proof/40 Vol.-%

Cattos Gold – Schottland
Blended Scotch Whisky
86 Proof/43 Vol.-%

CC
Abkürzung für →Canadian Club

Chivas Regal – Schottland
Blended Scotch Whisky
Lagerzeit 12 Jahre
86 Proof/43 Vol.-%
Herstellung und Vertrieb durch die Fa. Chivas Brothers Ltd., Schottland, im Besitz der Fa. Seagram
Vertrieb in Österreich:/ Fa. Seagram, Wien

Choice Old Cameron Brig – Schottland
Grain Whisky
Destillerie Cameron Bridge in Windygates, gegründet 1824 von John Haig, im Besitz der Fa. John Haig & Co.; einer der wenigen Grain Whiskies, die im Handel in Flaschen abgefüllt erhältlich sind

Clan Campbell De Luxe – Schottland
Blended Scotch Whisky
Lagerzeit 12 Jahre

Clan Campbell Light – Schottland
Blended Scotch Whisky
Lagerzeit 5 Jahre

Clan Mac Gregor – Schottland
Blended Scotch Whisky
86 Proof/43 Vol.-%

Clarion – Schottland
Blended Scotch Whisky
86 Proof/43 Vol.-%

Club 99 – Schottland
Blended Scotch Whisky
80 Proof/40 Vol.-%
Erzeugnis der Fa. Kintocher Whisky Company Ltd., Schottland

Clynelish – Schottland
Frühere Bezeichnung für →Brora

Cnoc-an-Dhu – Schottland
Frühere Bezeichnung für →Knockando

Coleburn – Schottland
Pure Highland Malt Scotch Whisky
Eastern Malt
Destillerie Coleburn in Elgin, gegründet 1896, seit 1915 im Besitz der Fa. John Walker & Sons Ltd., die für J. & G. Steward Ltd. destilliert; er wird ausschließlich zum Blenden verwendet

Commons House – Schottland
Whiskymarke von James Buchanan, die heute nicht mehr produziert wird

Convalmore – Schottland
Single Highland Malt Scotch Whisky

Region: Speyside
Destillerie Convalmore in Dufftown, gegründet 1900, im Besitz der Fa. W. P. Lowrie & Co. Ltd.; er wird ausschließlich zum Blenden verwendet

Corby's – Kanada
Canadian Whisky

Cork Distillers Ldt.
Zusammenschluß der Destillerien in Cork und Midleton im Jahre 1867; in Midleton ist heute noch der größte Destillierkessel der Welt mit einem Fassungsvermögen von 1.424 Hektoliter zu besichtigen.

Cragganmore – Schottland
Pure Highland Malt Scotch Whisky
Region: Speyside
Destillerie Cragganmore in Ballindalloch, gegründet 1869 von John Smith, im Besitz der Fa. D. &. J. McCallum; wird ausschließlich zum Blenden verwendet

Craigellachie – Schottland
Pure Highland Malt Scotch Whisky
Region: Speyside
Destillerie Craigellachie in Craigellachie, gegründet 1890, im Besitz der Fa. White Horse Distillers Ltd.; wird ausschließlich zum Blenden verwendet

Craigs – Schottland
Blended Scotch Whisky
80 Proof/40 Vol.-%

Crawford – Schottland
Blended Scotch Whisky
80 Proof/40 Vol.-%

Cresthill – Schottland
Blended Scotch Whisky
80 Proof/40 Vol.-%

Crown Royal – Kanada
Canadian Whisky
80 Proof/40 Vol.-%
Spitzenprodukt der Fa. Seagram; wurde 1939 anläßlich des Besuches des englischen Königs Georg VI. erstmals erzeugt; wird in Flaschen mit Kronenform angeboten
Erzeugnis der Fa. Seagram, Kanada

Crown Sterling – Kanada
Canadian Whisky
86,8 Proof/43,4 Vol.-%

Crown Sterling – Schottland
Blended Scotch Whisky
86,8 Proof/43,4 Vol.-%

Culross – Schottland
Vatted Malt Scotch Whisky

Custom House – USA
American Blended Whiskey
80 Proof/40 Vol.-%

Cutty Sark – Schottland
Blended Scotch Whisky
Über 86 Proof/über 43 Vol.-%
Erzeugnis der Fa. Berry Brothers & Rudd Ltd., Schottland
Vertrieb in Österreich: Fa. Polacek, Gerasdorf/Wien

D

Dailuaine – Schottland
Pure Highland Malt Scotch Whisky
Region: Speyside
Destillerie Dailuaine in Carron, gegründet 1852, im Besitz der Fa. Dailuaine-Talisker Distillers Ltd., die der DCL angehört; er wird ausschließlich zum Blenden verwendet

Dalaruan
Whiskydestillerie auf der Halbinsel Kintyre, die Campbeltown Malts (Highland Malts) erzeugt

Dalintober
Whiskydestillerie auf der Halbinsel Kintyre, die Campbeltown Malts (Highland Malts) erzeugt

Dallas Dhu – Schottland
Pure Highland Malt Scotch Whisky
Region: Speyside
Destillerie Dallas Dhu, gegründet 1899 in Forres, im Besitz der Fa. Benmore Distillers Ltd., die der DCL angehört

Dalmore – Schottland
Pure Highland Malt Scotch Whisky
Lagerzeit 12 und 20 Jahre
80 und 86 Proof/40 und 43 Vol.-%
Destillerie Dalmor in Alness, gegründet 1839 von McKenzie, im Besitz der Firmen McKenzie Brothers Ltd. und Whyte & Macky Ltd.

Dalmore-Whiskies
Gruppenbezeichnung für besonders weiche Highland Malt Whiskies, Begriff ist in Europa und den USA gebräuchlich

Dalwhinnie – Schottland
Pure Highland Malt Scotch Whisky
Destillerie Dalwhinny, Zentralschottland

Dant, J. W.
Whisk(e)yerzeuger und -abfüllfirma mit Sitz in Frankfort, Kentucky, und Niederlassungen in Lawrenceburg, Kentucky, und in Indiana

DCL
Abkürzung für →Distillers Company Ltd.

Deanston Malt – Schottland
Single Highland Malt Scotch Whisky
Lagerzeit 8 Jahre
80 Proof/40 Vol.-%
Destillerie Deanston in Doue; frühere Bezeichnung für Destillerie und Marke: Deanston Mill

Deanston Mill – Schottland
Frühere Bezeichnung für →Deanston Malt

De Luxe
Qualitätsbezeichnung für einen Whisk(e)y mit hohem Straight-Whisk(e)y-Anteil

Deutscher Whisky
Ein Korn- oder Getreidebranddestillat mit charakteristischem Whiskygeschmack und -geruch; das für den Verschnitt mit Originalwhisky (Malt Whisky) verwendete Kornfeindestillat wird vorwiegend aus Gerste, Weizen oder Roggen hergestellt; deutscher Whisky hat einen Mindestalkoholgehalt von 40 Vol.-%

Dewar, John
Einer der ersten, der Whiskyverschnitt erzeugte und in Flaschen abfüllte

Dewar's – Schottland
Pure Highland Malt Scotch Whisky
Lagerzeit 12 Jahre
86 Proof/43 Vol.-%
Erzeugnis der Fa. John Dewar & Sons Ltd., Perth

Dewar's De Luxe – Schottland
Blended Scotch Whisky
Lagerzeit 12 Jahre
80 Proof/40 Vol.-%
Erzeugnis der Fa. John Dewar & Sons Ltd., Perth

Dewar's Pure Malt Whisky – Schottland
Vatted Malt Scotch Whisky
Erzeugnis der Fa. John Dewar & Sons Ltd., Perth

Dewar's White Label – Schottland
Blended Scotch Whisky
80 Proof/40 Vol.-%
Erzeugnis der Fa. John Dewar & Sons Ltd., Perth

Dimple Haig – Schottland
Blended Scotch Whisky
Lagerzeit 12 Jahre
80 Proof/40 Vol.-%

Erzeugnis der Fa. John Haig: charakteristisch für dieses Produkt ist die Flaschenform, sie ist dreieckig und seitlich eingedrückt (Pinched bottle)

Distillers Company Limited
1877 aufgrund der schlechten wirtschaftlichen Lage der Korn-Whisky-Erzeuger in den Lowlands von Schottland gegründet; heute größter Zusammenschluß von Scotch-Whisky-Herstellern; kontrolliert zirka die Hälfte des Whiskyhandels; die ersten Mitgliedsfirmen waren: Steward & Co., John Haig & Co., John Bald & Co., Robert Mowbray, McNab Brothers & Co. und Macfarlane & Co.; John und Hugh Haig waren die Direktoren; Andrew Usher kam dazu; 1925 traten die Firmen John Dewar, Johnnie Walker und James Buchanan der Gesellschaft bei; 1927 Peter Mackie und 1937 William Sanderson; weitere Firmen, die ihr heute angehören: Benmore Distilleries Ltd., Buchanan-Dewar Ltd., Bulloch, Lade & Co. Ltd., Donald Fisher Ltd., D. & J. Mac Callum Ltd., Dailuaine-Talisker Ltd., Graggan-more Distillery Co. Ltd., Greenlees Ltd., James Watson & Co. Ltd., J. & W. Hardie Ltd., John Begg Ltd., John McEwan & Co. Ltd., John Robertson & Sons Ltd., John Walker & Sons Ltd., L. & R. Harvey & Co. Ltd., Low Robertson & Co Ltd., Mac Donald, Macleay Duff Distillers Ltd., Scottish Malt Distillers Ltd., Slater Rodger & Co. Ltd., White Horse Distillers Ltd., W. P. Lowrie & Co. Ltd.; Abkürzung: DCL

Doctor's Special – Schottland
Blended Scotch Whisky
80 Proof/40 Vol.-%

Draff
Englische Bezeichnung für Rückstände (Trester), die im Maischbottich nach Ablassen der Würze zurückbleiben; diese enthalten zirka 25 Prozent des gemälzten und ungemälzten Getreides; sie werden als Viehfutter verwendet; andere Bezeichnung: Spent grain

Double Q Q Very Old – Schottland
Blended Scotch Whisky
Lagerzeit 12 Jahre
Vol.-% werden nicht angegeben

Double-V Selected Whiskies – Schottland
Blended Scotch Whisky
Erzeugnis der Hiram-Walker-Gruppe in Dumbarton

Dufftown-Glenlivet – Schottland
Pure Highland Malt Scotch Whisky
Region: Speyside-Glenlivet (Eastern Malt)
Lagerzeit 8 Jahre
80, 86 und 92 Proof/40, 43 und 46 Vol.-%
Destillerie Dufftown in Dufftown, gegründet 1896, im Besitz der Fa. Arthur Bell & Sons Ltd.
Vertrieb in Österreich: Fa. Roullet, Wien

Dufftown-Whiskies
Gruppenbezeichnung für weniger aromatische Highland Malt Whiskies; dieser Begriff ist in Europa und Amerika gebräuchlich

Duggans Reserve – USA
American Blended Whiskey
90 Proof/45 Vol.-%

Dunglass Pure Malt Whisky – Schottland
Vatted Malt Scotch Whisky

Duncan's – Schottland
Blended Scotch Whisky
80 Proof/40 Vol.-%

DYC Dry – Spanien
Spanische Whiskymarke mit Zusatzbezeichnung Fino Blend (fei-

ner Verschnitt); 42 Vol.-%
Erzeugnis der Fa. Palaznelos de Eresma Segovia

E

Early Times – USA
Kentucky Straight Bourbon Whiskey
86 Proof/43 Vol.-%
Erzeugnis der Early Times Distilling Company, Louisville, Kentucky

Eastern Malt
Sammelbegriff für schottische Highland Malt Whiskies mit einem ausgeprägten Torfgeschmack; zu den Eastern Malts zählen u.a. Glenrothes, Glenfiddich, Glen Elgin, Tamnavulin, Cardow und Highland Park; geographisch liegen die meisten der Eastern-Malt-Brennereien im Nordosten Schottlands (östlich des Speytales), aber auch im Norden Schottlands und auf den Inseln Orkney, Islay und Skye werden Whiskys, die diese Zusatzbezeichnung tragen, erzeugt

Einzel-Whisky
Deutsche Bezeichnung für →Single Whisky

F

Federal Club – USA
American Blended Whiskey
90 Proof/45 Vol.-%

Feints
Englische Bezeichnung für Nachlauf im Pot-still-Verfahren und für Vor- und Nachlauf im Patent-still-Verfahren

Fleischmann's – USA
Kentucky Straight Bourbon Whiskey
100 Proof/50 Vol.-%

Fleischmann's Preferred – USA
American Blended Whiskey
90 Proof/45 Vol.-%

Fleischmann's Preferred 65 – USA
American Blended Whiskey
65 Prozent Straight-Whisky-Anteil
90 Proof/45 Vol.-%

Foreshots
Englische Bezeichnung für Vorlauf im Pot-still- und Patent-still-Verfahren

Four Roses – USA
American Blended Whiskey
80 Proof/40 Vol.-%
Vertrieb in Österreich: Fa. Seagram, Wien

Four Roses – USA
Kentucky Straight Bourbon Whiskey
Lagerzeit 6 Jahre
86 Proof/43 Vol.-%

Four Roses Premium – USA
American Blended Whiskey
80 Proof/40 Vol.-%

Frontenac – Kanada
Canadian Whisky
86,8 Proof/43,4 Vol.-%

G

Gallon
1. Englische Maßeinheit für 4,543 Liter
2. Amerikanische Maßeinheit für 3,78 Liter

George Dickel # 8 – USA
Tennessee Straight Bourbon Whiskey
Im Sour-mash-Verfahren hergestellt
86 Proof/43 Vol.-%
Erzeugnis der Fa. George Dickel

Vertrieb in Österreich: Fa. Roullet, Wien

George & J. G. Smith's The Glenlivet – Schottland
Pure Highland Malt Scotch Whisky
Lagerzeit 15 Jahre
80 Proof/40 Vol.-%
Erzeugnis der Fa. George & J. G. Smith

George & J. G. Smith's The Glenlivet 1938 – Schottland
Pure Highland Malt Scotch Whisky
80 Proof/40 Vol.-%
Erzeugnis der Fa. George & J. G. Smith, aus dem Jahre 1938

Gilbert's Blend – USA
American Blended Whiskey
80 Proof/40 Vol.-%

Gilbert's Canadian Royal – Kanada
Canadian Whisky
80 Proof/40 Vol.-%

Gilbey's Spey Royal – Schottland
Blended Scotch Whisky
84 Proof/42 Vol.-%
Vertrieb durch die Fa. Gilbey & Co., London

Glen Albyn – Schottland
Pure Highland Malt Scotch Whisky
80 Proof/40 Vol.-%

Glenallachie – Schottland
Single Highland Malt Scotch Whisky
Lagerung 8 Jahre
80 Proof/40 Vol.-%
Destillerie Glenallachie in Aberlour, gegründet 1967, im Besitz der Fa. Mackinlay-McPhearson Ltd.

Glenburgie-Glenlivet – Schottland
Pure Highland Malt Scotch Whisky
Region: Speyside-Glenlivet
Lagerzeit 5 Jahre
86 Proof/43 Vol.-%
Destillerie Glenburgie in Forres, gegründet 1810 von William Paul, heute im Besitz der Hiram-Walker-Gruppe: diese Marke wurde 1930 mit zwölf anderen von Aeneas→ McDonald zu den allerbesten Highland Malt Whiskies gezählt

Glencadam – Schottland
Pure Highland Malt Scotch Whisky
Destillerie Glencadam in Brechin, gegründet 1825, betrieben von der Fa. Ballantine & Sons Ltd., im Besitz der Hiram-Walker-Gruppe; er wird ausnahmslos zum Blenden verwendet

Glendale – Schottland
Blended Scotch Whisky
86 Proof/43 Vol.-%

Glenderry Private Reserve Churchill – Schottland
Blended Scotch Whisky
Lagerzeit 13 Jahre
86 Proof/43 Vol.-%

Glen Deveron – Schottland
Single Highland Malt Scotch Whisky
Region: Speyside
Lagerzeit 8 Jahre
80 Proof/40 Vol.-%
Destillerie McDuff in Banff, gegründet 1960, im Besitz der Fa. William Lawson Distillers Ltd.

Glen Drummond – Schottland
Vatted Malt Scotch Whisky

Glendullen – Schottland
Single Highland Malt Scotch Whisky
Region: Speyside-Glenlivet
Lagerung 12 Jahre
94 Proof/47 Vol.-%
(außergewöhnliche Gradation)
Destillerie Glendullen in Dufftown, im Besitz der Fa. McDonald & Greenlees Ltd., die der DCL ange-

hört, dieses Produkt trug einst die Zusatzbezeichnung Glenlivet

Glen Elgin – Schottland
Pure Highland Malt Scotch Whisky
Region: Speyside-Glenlivet (Eastern Malt)
Lagerzeit 12 Jahre
86 Proof/43 Vol.-%
Destillerie Glen Elgin, gegründet 1898 von Peter Mackie, im Besitz der Fa. White Horse Distillers Ltd., früher war er unter der Bezeichnung Glen Elgin-Glenlivet im Handel

Glenesk – Schottland
Single Highland Malt Scotch Whisky
Lagerzeit 12 Jahre, in alten Sherryfässern
80 und 86 Proof/40 und 43 Vol.-%
Destillerie Hillside in Montrose, gegründet 1897 von James Iles, im Besitz der Fa. William Sanderson & Sons Ltd.; frühere Bezeichnung für Destillerie und Marke: Montrose
Vertrieb in Österreich: Fa. GHG, Linz

Glenfarclas-Glenlivet – Schottland
Pure Highland Malt Scotch Whisky
Region: Speyside-Glenlivet
Lagerzeit 5, 7, 8, 15, 21 und 25 Jahre
80, 86, 92, 114 und 118 Proof/ 40, 43, 46, 57 und 59 Vol.-%
Destillerie Glenfarclas in Ballindallach, gegründet 1836 von R. Hay, im Besitz der Fa. J. & G. Grant Ltd.

Glenfiddich-Glenlivet – Schottland
Pure Highland Malt Scotch Whisky
Region: Speyside-Glenlivet (Eastern Malt)
Lagerzeit 8 Jahre
80 und 86 Proof/40 und 43 Vol.-%
Destillerie Glenfiddich (Glen Grant 1) in Dufftown, gegründet 1886, im Besitz von William Grant

Glen Flagler – Schottland
Single Lowland Malt Scotch Whisky
Lagerung 5 und 8 Jahre
86 Proof/43 Vol.-%
Destillerie Moffat in Airdrie, gegründet 1964, gehört der Fa. Inverhouse Distillers Ltd. an

Glen Forres – Schottland
Single Highland Malt Scotch Whisky
86 Proof/43 Vol.-%
Destillerie Edradour in Pitlochry, gegründet 1837, im Besitz der Fa. William Whiteley & Co. Ltd., London, früher ausschließlich zum Blenden verwendet, erste Flaschenfüllung im Jahre 1979

Glen Foyle – Schottland
Pure Highland Malt Scotch Whisky
80 Proof/40 Vol.-%

Glen Garioch – Schottland
Single Highland Malt Scotch Whisky
Lagerzeit 8 Jahre
80 und 86 Proof/40 und 43 Vol.-%
Destillerie Glen Garioch in Old Meldrum, gegründet 1797, seit 1970 im Besitz der Fa. Stanley Morrison Ltd.; früher ausschließlich zum Blenden verwendet, erste Flaschenfüllung im Jahre 1972

Glen Garioch – Schottland
Vatted Malt Scotch Whisky
80 und 86 Proof/40 und 43 Vol.-%
Destillerie Glen Garioch in Old Meldrum, gegründet 1797, seit 1970 im Besitz der Fa. Stanley Morrison Ltd.

Glen-Garioch-Whiskies
Gruppenbezeichnung für stark rauchige Highland Malt Whiskies

Glenglassaugh – Schottland
Pure Highland Malt Scotch Whisky
Destillerie Glassaugh bei Portsoy, gegründet 1875, gehört der Fa. Highland Distillers Ltd. an

Glengoyne – Schottland
Single Highland Malt Scotch Whisky
Lagerzeit 8 Jahre
80 und 86 Proof/40 und 43 Vol.-%
Destillerie Glengoyne (eine der südlichstgelegenen Highland-Malt-Destillerien) in Killearn, gegründet 1833 von Archibald McLellan, im Besitz der Fa. Lang Brothers Ltd., die sich mit der Fa. Robert & Baxter Ltd. zusammengeschlossen hat, dieser Single Malt wird auch für leichte Blended Whiskies verwendet
Vertrieb in Österreich: Fa. Wunderlich, Wien

Glen Grant 1 – Schottland
Zweiter Name für die Destillerie Glenfiddich →Glenfiddich-Glenlivet

Glen Grant 2 – Schottland
Zweiter Name für die Destillerie →Caperdonich

Glen Grant-Glenlivet – Schottland
Pure Highland Malt Scotch Whisky
Region: Speyside-Glenlivet (Eastern Malt)
Lagerzeit 5, 8, 10, 15, 21, 35 und 38 Jahre zwischen 80 und 114 Proof/40 und 57 Vol.-%
Destillerie Glen Grant in Rothes, gegründet 1840 von der Fa. James & John Grant Ltd., seit 1978 im Besitz der Seagram-Gruppe, diese Marke wurde 1930 mit zwölf anderen von Aeneas→McDonald zu den allerbesten Highland Malt Whiskies gezählt

Glenisla – Schottland
Frühere Bezeichnung für →Strathmill

Glenkeith-Glenlivet – Schottland
Pure Highland Malt Scotch Whisky
Region: Speyside-Glenlivet
Destillerie Glenkeith in Keith, gegründet 1957 und im Besitz der Fa. Seagram, er wird ausschließlich zum Blenden verwendet

Glenleven – Schottland
Vatted Malt Scotch Whisky
Lagerzeit 12 Jahre
Erzeugnis der Fa. John Haig & Company Ltd.

Glenlivet
Geographische Untergruppe von Speyside-Glenlivet in Schottland; die Glenlivet-Malt-Whisky-Destillerien, die in der Nähe der Glenlivet-Destillerie sind, dürfen für ihre Whiskyerzeugnisse im Markennamen die Bezeichnung „Glenlivet“ führen, und zwar in der Form „Name der Destillerie, Bindestrich, Glenlivet“ (z.B. Dufftown-Glenlivet)

Glenlivet & Glen Grant Distillers Ltd.
Whiskyerzeugerfirma, gegründet 1952 durch Zusammenschluß der Firmen William Smith Grant und George Smith

Glenlochy – Schottland
Pure Highland Malt Scotch Whisky
Destillerie Glenlochy in Fort William, gegründet 1898 von David McAndie, gehört der SMDL an; die gesamte Produktion wird ausnahmslos zum Blenden verwendet

Glenlossie – Schottland
Pure Highland Malt Scotch Whisky
Region: Speyside

Destillerie Glenlossie bei Elgin, gegründet 1876 von der Fa. John Duff & Company Ltd., im Besitz der Fa. John Haig & Company Ltd., die der DCL angehört, er wird ausschließlich zum Blenden verwendet, diese Marke wurde 1930 mit zwölf anderen Single Malt Whiskies von Aeneas→McDonald zu den allerbesten Highland Malt Whiskies gezählt

Glen Mhor – Schottland
Pure Highland Malt Scotch Whisky
Lagerzeit 6, 8, 10 Jahre
80, 86 und 114 Proof/40, 43 und 57 Vol.-%
Destillerie und Erzeugerfirma Glen Mhor in Inverness, gegründet 1892 von J. Birnie und J. McKinlay; gehört seit 1973 der SMDL an

Glenmorangie – Schottland
Pure Highland Malt Scotch Whisky
Lagerzeit 10 Jahre
86 Proof/43 Vol.-%
Erzeugnis der Fa. The Glenmorangie Distillers Company, Train, gegründet 1853
Vertrieb in Österreich: Chorherrenstift Klosterneuburg

Glen Moray-Glenlivet – Schottland
Single Highland Malt Scotch Whisky
Region: Speyside-Glenlivet
Lagerzeit 8 und 10 Jahre
80 und 86 Proof/40 und 43 Vol.-%
Destillerie Glen Moray in Elgin, gegründet 1897, im Besitz der Fa. Mac Donald & Muir Ltd., ein typischer Vertreter der sogenannten Speyside-Glenlivet Malt Whiskies

Glen Nevis – Schottland
Campbeltown Malt Scotch Whisky

Glen Rossie – Schottland
Blended Scotch Whisky
86 Proof/43 Vol.-%

Glenrothes-Glenlivet – Schottland
Single Highland Malt Scotch Whisky
Region: Speyside-Glenlivet (Eastern Malt)
Lagerzeit 8, 10 und 20 Jahre
80 und 92 Proof/40 und 46 Vol.-%
Destillerie Glenrothes in Rothes, gegründet 1878 von Robert Dick; sie gehört der Fa. Highland Distillers Ltd. an

Glen Scotia – Schottland
Single Highland Malt Scotch Whisky
Region: Campbeltown
Lagerzeit 5 und 8 Jahre
80 und 86 Proof/40 und 43 Vol.-%
Destillerie Glen Scotia, gegründet 1832, im Besitz der Fa. A. Gilles & Co. Ltd., Glasgow; frühere Bezeichnung für Destillerie und Marke: Scotia; ein typischer Vertreter der Campbeltown Malt Whiskies

Glenside – Schottland
Campbeltown Malt Scotch Whisky

Glen Sloy – Schottland
Vatted Malt Scotch Whisky

Glen Spey – Schottland
Pure Highland Malt Scotch Whisky
Region: Speyside-Glenlivet (Eastern Malt)
Destillerie Glen Spey in Rothes, gegründet 1885 von James Steward und im Besitz der Fa. W. & A. Gilbey Ltd.; die gesamte Produktion wird ausnahmslos zum Blenden verwendet; frühere Bezeichnung für Marke und Destillerie: Glen Spey-Glenlivet

Glen Spey-Glenlivet – Schottland
Frühere Bezeichnung für →Glen Spey

Glentauchers – Schottland
Pure Highland Malt Scotch Whisky
Lagerzeit 5 und 12 Jahre
80 Proof/40 Vol.-%
Destillerie Glentauchers in Mulben, gegründet 1898, im Besitz der Fa. James Buchanan Ltd.

Glenturret – Schottland
Single Highland Malt Scotch Whisky
Lagerzeit 7, 8 und 12 Jahre
86 und 92 Proof/43 und 46 Vol.-%
Destillerie Glenturret in Crieff, gegründet 1775, im Besitz von James Fairlie

Glenugie – Schottland
Pure Highland Malt Scotch Whisky
Destillerie Glenugie bei Peterhead (östlichste Destillerie Schottlands), gegründet 1875, im Besitz von Long John International; die gesamte Produktion wird ausnahmslos zum Blenden verwendet

Glenury-Royal – Schottland
Single Highland Malt Scotch Whisky
Lagerzeit 12 Jahre
80 Proof/40 Vol.-%
Destillerie Glenury in Stonehaven, gegründet 1836 von Barcley Allardice, im Besitz der Fa. John Gillon & Co. Ltd.

Golden Wedding – USA
American Whiskey
80 Proof/40 Vol.-%

Graig Scott – Schottland
Blended Scotch Whisky
86,8 Proof/43,4 Vol.-%

Grand Crest Gold Label – Australien
Australische Whiskymarke
40 Vol.-%

Guckenheimer's Reserve – USA
American Blended Whiskey
80 Proof/40 Vol.-%

H

Haig Gold Label – Schottland
Blended Scotch Whisky
86 Proof/43 Vol.-%
Erzeugnis der Fa. Haig & Co. Ltd., Schottland

Haig, Robert
Entstammt altem schottischen Geschlecht, das Whisky erzeugt; gründete 1627 eigene Firma; 1699 erzeugte diese Firma nachweisbar eine Menge von 128 Gallonen in drei Monaten, was für die damalige Zeit eine fast unvorstellbare Menge war; in der zweiten Hälfte des 18. Jahrhunderts stellte die Firma das erste Mal Blended Whisky her; bis dahin wurde ausschließlich Malt Whisky produziert; John Haig (eine der bedeutendsten Persönlichkeiten in der Haig-Dynastie), der 1878 starb, war es auch, der dem Coffey-still-Verfahren zum Durchbruch verhalf; das bekannteste Produkt der Firma ist der Dimple-Haig

Harper's – USA
Straight Bourbon Whiskey
80 Proof/40 Vol.-%
Erzeugnis der I. W. Harper Company

Hartey Parker's – Schottland
Blended Scotch Whisky
86,8 Proof/43,4 Vol.-%

Harwood – Kanada
Canadian Whisky
80 Proof/40 Vol.-%

Hazelburn
Whiskydestillerie auf der Halbinsel Kintyre, die Campbeltown Malts (Highland Malts) erzeugt

Henry McKenna – USA
Straight Bourbon Whiskey
Im Sour-mash-Verfahren hergestellt

Lagerzeit 6 Jahre
86 Proof/43 Vol.-%
Erzeugnis der Fa. Henry McKenna in Farifield, Kentucky

Highland Clan – Schottland
Blended Scotch Whisky
86 Proof/43 Vol.-%

Highlander's Bagpiper – Schottland
Pure Highland Malt Scotch Whisky
82 Proof/41 Vol.-%

Highland Fusilier – Schottland
Vatted Malt Scotch Whisky

Highland Mist – Schottland
Blended Scotch Whisky

Highland Nectar De Luxe – Schottland
Blended Scotch Whisky
Lagerzeit 12 Jahre

Highland Park – Schottland
Single Highland Malt Scotch Whisky
Region: Isle of Orkney (Isl. Malt)
Lagerzeit 8, 12, 17 und 18 Jahre
86 Proof/43 Vol.-%
Destillerie Highland Park in Kirkwall, gegründet 1789 von David Robertson; seit 1895 im Besitz der Fa. William Grant Ltd., die seit 1936 der Highland Distillers Ltd. angeschlossen ist. Zur Trocknung des Malzes wird dem Torffeuer Heidekraut beigegeben, was diesen Whisky auch geschmacklich charakterisiert; diese Marke wurde 1930 mit zwölf anderen Single Malt Whiskies von Aeneas→McDonald zu den allerbesten Highland Malt Whiskies gezählt

Highland Queen – Schottland
Blended Scotch Whisky
86 Proof/43 Vol.-%

Hiram Walker & Sons Ltd.
Schottische Gesellschaft, der →Hiram Walker Company

Hiram Walker Company
Einer der größten Spirituosenkonzerne der Welt mit Sitz in Kanada; es gehören ihm folgende Gesellschaften und Destillerien an: James & George Stodart Ltd., George Ballantine & Sons Ltd., Taylor & Ferguson Ltd., Balblair Distillery Ltd., Hiram Walker & Sons Ltd., Ardbeg, Balblair, Dumbarton, Glenburgie, Glencadam, Inverleven, Lomond, Miltonduff, Pulteney und Scapa

Hiram Walker Special Canadian – Kanada
Canadian Whisky
80 Proof/40 Vol.-%
Erzeugnis der Hiram Walker Company

Hoffman's – USA
Kentucky Straight Bourbon Whiskey
90 Proof/45 Vol.-%

Hogshead
Englische Bezeichnung für ein Whiskylagerfaß mit einem Fassungsvermögen von 250 bis 295 Litern

House of Stewart – Schottland
Blended Scotch Whisky
86 Proof/43 Vol.-%

I

IDV
Abkürzung für →Invergordon Distillers Ltd.

Imperial – USA
American Blended Whiskey
Lagerzeit 4 Jahre
80 Proof/40 Vol.-%

Imperial gallon
→Winchester gallon

Imperial-Glenlivet – Schottland
Pure Highland Malt Scotch Whisky

Region: Speyside-Glenlivet
Destillerie Imperial in Carron, gegründet 1887 von Thomas Macenzie; die gesamte Produktion wird ausnahmslos zum Blenden verwendet

Inchgower – Schottland
Single Highland Malt Scotch Whisky
Region: Speyside
Lagerzeit 12 Jahre
80 und 86 Proof/40 und 43 Vol.-%
Destillerie Inchgower in Buckie, gegründet 1822 von Alexander Wilson, im Besitz der Fa. Arthur Bell & Sons Ltd.; frühere Bezeichnung für Destillerie und Marke: Tochieneal; ein selter weicher Malt Whisky
Vertrieb in Österreich: Fa. Roullet, Wien

Inchgower-Whiskies
Gruppenbezeichnung für weniger aromatische Highland Malt Whiskies

Invergordon – Schottland
Grain Whisky
Destillerie Invergordon, die der Fa. Invergordon Distillers Ltd. angehört

Invergordon Distillers Ltd.
Whiskyerzeugerfirma, der folgende Destillerien angehören: Ben Wyvis, Tamnavulin, Bruichladdich, Tullibardine, Invergordon und Knockando

Inver House – Schottland
Blended Scotch Whisky
80 Proof/40 Vol.-%

Irischer Trinkspruch
Never steal another man's wife and never water another man's whiskey

Irisch Distillers Group
Zusammenschluß der irischen Whiskybrennereien aus Waterford, Midleton, Cork, Galway und Antrin zu einer Zentralbrennerei in Dublin; gegründet 1966

Islay Mist – Schottland
Blended Scotch Whisky
Lagerzeit 8 Jahre
84 Proof/42 Vol.-%
Erzeugnis der Fa. Long John Distillers Ltd.; milder Whiskytyp, aus Grain Whisky, Speyside und Islay Malt Whiskies hergestellt

Isle of Jura – Schottland
Single Highland Malt Scotch Whisky
Region: Isle of Jura (Island Malt)
Lagerzeit 8 Jahre
80 und 86 Proof/40 und 43 Vol.-%
Destillerie Isle of Jura, gegründet 1810, im Besitz der Fa. Charles Mackinley & Co. Ltd.; erste Flaschenabfüllung im Jahre 1974

I. W. Harper – USA
Kentucky Straight Bourbon Whiskey
100 Proof/50 Vol.-%
Erzeugnis der Fa. I. W. Harper Company
Vertrieb in Österreich: Fa. Martini & Rossi, Wien

J

Jack Daniel's
Whisk(e)yerzeugerfirma, gegründet 1866 in Lynchburg, Tennessee; zwölf Millionen Flaschen Jahresproduktion

Jack Daniel's Old No. 7 Black Label – USA
Tennessee Bourbon Whiskey
Im Sour-mash-Verfahren hergestellt und über Holzkohlenfilter gefiltert

90 Proof/45 Vol.-%
Vertrieb in Österreich: Fa. Mautner-Markhof, Wien

Jacquin Premium – USA
American Blended Whiskey
Lagerzeit 10 Jahre
86 Proof/43 Vol.-%

James B. Beam Distilling Company
Whisk(e)yerzeugerfirma, gegründet 1795 in Clermont, Kentucky

James Buchanan & Co.
Whiskyerzeugerfirma mit Sitz in London; gegründet 1884 von James Buchanan, einem Kanadier mit schottischen Eltern; die Fa. schloß sich mit der Fa. W. P. Lowrie zusammen, und die erzeugten Produkte trugen den Namen „Buchanan's Special"; später wurde der Name des Produktes nochmals geändert, und zwar zu der heute weltweit bekannten Marke „Black & White"; 1898 Kauf der Londoner Destillerie Swan, die in Black & White Distillery umbenannt wurde; 1915 Zusammenschluß mit John Dewar & Sons Ltd.

Jamie's 08 – Schottland
Blended Scotch Whisky
Erzeugnis der Fa. Hiram Walker & Sons Ltd.

J & B
Abkürzung des Firmennamens →Justerini & Brooks

J & B – Schottland
Blended Scotch Whisky
86 Proof/43 Vol.-%
Erzeugnis der Fa. Justerini & Brooks Ltd., Schottland

Jim Beam – USA
Kentucky Straight Bourbon Whiskey
Im Sour-mash-Verfahren hergestellt
Lagerzeit 4 Jahre
80 Proof/40 Vol.-%
Erzeugnis der Fa. James B. Beam Distilling Company in Clermont, Kentucky
Vertrieb in Österreich: Fa. Scharlachberg, Salzburg

John Begg Blue Cap – Schottland
Blended Scotch Whisky
86 Proof/43 Vol.-%
Ein Produkt der Fa. John Begg, Schottland
Vertrieb in Österreich: Fa. Polacek, Gerasdorf/Wien

John Begg 1885 Gold Cap – Schottland
Blended Scotch Whisky
84 Proof/42 Vol.-%
Erzeugnis der Fa. Royal Lochnagar Distillers, Balmoral
Vertrieb in Österreich: Fa. Polacek, Gerasdorf/Wien

John Dewar & Sons Ltd.
Die Firma mit Sitz in London gehört zu den größten Whiskyproduzenten der Welt; sie wurde 1880 von den beiden Söhnen John Dewars gegründet; 1915 Zusammenschluß mit der Fa. James Buchanan & Co.; Werbeslogan: „The Whisky Of His Forfathers"

John Jameson – Irland
Irish Whiskey
Lagerzeit 5 Jahre
80 Proof/40 Vol.-%
Erzeugnis der Bownstreet Distillery, Dublin
Vertrieb in Österreich: Fa. Kattus, Wien

John Jameson 12 Years Old – Irland
Irish Whiskey
Lagerzeit 12 Jahre
86 Proof/43 Vol.-%
Braunes Etikett; Erzeugnis der Fa. John Jameson, Dublin

Vertrieb in Österreich: Fa. Kattus, Wien

Johnnie Walker
Wein- und Spirituosenfirma; gegründet 1820 von John Walker in Kilmarnock, Schottland; eine der meistgekauften Whiskymarken der Welt

Johnnie Walker Black Label Extra Special – Schottland
Blended Scotch Whisky
Lagerzeit 12 Jahre
80 Proof/40 Vol.-%
Erzeugnis der Fa. John Walker & Sons Ltd., Schottland, die seit 1925 der DCL angehört
Vertrieb in Österreich: Fa. Mounier, Wien

Johnnie Walker Red Label – Schottland
Blended Scotch Whisky
86 Proof/43 Vol.-%
Der meistverkaufte Scotch Whisky der Welt; Erzeugnis der Fa. John Walker & Sons Ltd., Schottland, die seit 1925 der DCL angehört
Vertrieb in Österreich: Fa. Mounier, Wien

Johnnie Walker Swing – Schottland
Blended Scotch Whisky
Lagerzeit 12 Jahre
86,8 Proof/43,4 Vol.-%
Kommt in der sogenannten „swing-bottle“ in den Handel; wird in anderen Ländern auch Celebrety genannt

John Walker & Sons Ltd.
1880 gegründete Spirituosenerzeugerfirma mit Sitz in London, die wöchentlich über drei Millionen Flaschen produziert; 1925 Beitritt zur DCL; das bekannte Firmenzeichen, den Mann mit Frack, Spazierstock, Zylinder und Monokel entwarf der englische Künstler Tom Brownes; Werbeslogan: „Born 1820 – Still Going Strong“

Justerini & Brooks
Schottische Whiskyerzeugerfirma, der u. a. die Destillerie Knockando angehört

J. W. Dant – USA
Bonded Bourbon Whiskey
100 Proof/50 Vol.-%
Erzeugnis der Fa. J. W. Dant Distilling Company in Frankfort, Kentucky

J. W. Dant – USA
Kentucky Straight Bourbon Whiskey
100 Proof/50 Vol.-%
Erzeugnis der Fa. J. W. Dant Distilling Company in Lawrenceburg, Kentucky

J. W. Dant Gold Label – USA
American Blended Whiskey
80 und 86 Proof/40 und 43 Vol.-%
Erzeugnis der Fa. J. W. Dant Distilling Company in Frankfort, Kentucky

J. W. Dant Old Bourbon – USA
Bourbon Whiskey
80 Proof/40 Vol.-%
Erzeugnis der Fa. J. W. Dant Distilling Company in Frankfort, Kentucky

J. W. Dant Special Reserve – USA
Kentucky Straight Bourbon Whiskey
Im Sour-mash-Verfahren hergestellt; abgefüllt von der J. W. Dant Distilling Company in Frankfort und in Lawrenceburg, Kentucky, sowie in Indiana

K

Kennedy's – Kanada
Canadian Whisky
Lagerzeit 8 Jahre
80 Proof/40 Vol.-%

Kentucky Gentleman – USA
American Blended Whiskey
86 Proof/43 Vol.-%

Kentucky Gentleman – USA
Straight Bourbon Whiskey
86 Proof/43 Vol.-%

Kentucky Gentleman 60 – USA
American Blended Whiskey
60 Prozent Straight-Whiskey-Anteil
86 Proof/43 Vol.-%

Kentucky Tavern – USA
Straight Bourbon Whiskey
Lagerzeit 4 Jahre
80 Proof/40 Vol.-%
Vertrieb in Österreich: Fa. Seagram, Wien

Kessler – USA
American Blended Whiskey
80 Proof/40 Vol.-%

Kiln
Trockenofen (Darre), in dem bei der Herstellung von schottischem Whisky das Malz über Torffeuer getrocknet wird

Kinclaith – Schottland
Single Lowland Malt Scotch Whisky
Destillerie Kinclaith in Glasgow, gegründet 1957, im Besitz der Fa. Long John Distillers Ltd.; die wöchentliche Produktionsmenge von über 20.000 Liter wird ausschließlich zum Blenden verwendet

King George IV – Schottland
Blended Scotch Whisky
80 Proof/40 Vol.-%

King's Choice – Schottland
Blended Scotch Whisky
Erzeugnis der Fa. Hiram Walker & Sons Ltd.

King's Crest – Kanada
Canadian Whisky
86,8 Proof/43,4 Vol.-%

Kings Ransom – Schottland
Blended Scotch Whisky
86 Proof/43 Vol.-%
Erzeugnis der Fa. William Whiteley, Perthshire

Kinloch – Schottland
Campbeltown Malt Scotch Whisky

Kinshey Silver Blended – USA
American Blended Whiskey
80 Proof/40 Vol.-%

Kintyre – Schottland
Campbeltown Malt Scotch Whisky

Knockando – Schottland
Single Highland Malt Scotch Whisky
Region: Speyside
Lagerzeit 12 Jahre
80 Proof/40 Vol.-%
Destillerie Knockando in Knokkando, gegründet 1889 von Ian Thompson, im Besitz der Fa. Justerini & Brooks, frühere Bezeichnung für Destillerie und Marke: Cnoc-an-Dhu

Knockdhu – Schottland
Pure Highland Malt Scotch Whisky
Region: Speyside
Destillerie Knockdhu in Knock/Huntley, gegründet 1839; gehört der DCL an; dieses Produkt wird ausschließlich zum Blenden verwendet

L

Labelling
Englische Bezeichnung für die Etikettierung von Flaschen

Lagavulin 1 – Schottland
Pure Highland Malt Scotch Whisky
Region: Isle of Islay (Island Malt)
Destillerie Lagavulin in Port Ellen, gegründet 1962 von William Grant, im Besitz der Fa. William Grant & Sons Ltd.

Lagavulin 2 – Schottland
Grain Whisky
Region: Isle of Islay (Island Malt)
Destillerie Lagavulin in Port Ellen, gegründet 1962 von der Fa. William Grant & Sons Ltd.; dieser Whisky wird ausnahmslos zum Blenden verwendet

Laird o' Logan De Luxe – Schottl.
Blended Scotch Whisky
86 Proof/43 Vol.-%
Erzeugnis der Fa. White Horse Distillers Ltd., die der DCL angehört; er hat sehr hohen Malt-Whisky-Anteil

Laird's Premium – Kanada
Canadian Whisky
80 und 86,8 Proof/40 und 43,4 Vol.-%

Langs – Schottland
Blended Scotch Whisky
80 Proof/40 Vol.-%
Erzeugnis der Fa. Lang Brothers Ltd., die sich 1965 mit der Fa. Robert & Braxter Ltd. zusammengeschlossen hat
Vertrieb in Österreich: Fa. Wunderlich, Wien

Laphroaig – Schottland
Pure Highland Malt Scotch Whisky
Region: Isle of Islay (Island Malt)
Lagerzeit 10 Jahre
86 Proof/43 Vol.-%
Destillerie Laphroaig in Port Ellen, gegründet 1820 von J. Johnston, im Besitz der Fa. Long John Distillers Ltd.; dieser Whisky hat ausgeprägtes Aroma und ausgeprägten Rauchgeschmack

Lauder's – Schottland
Blended Scotch Whisky
80 Proof/40 Vol.-%
Erzeugnis der Fa. Hiram Walker & Sons Ltd.

Lerdaig – Schottland
Frühere Bezeichnung für →Tobermory

Light Whisk(e)y
Zusatzbezeichnung für einen ultraleichten, meist im Continuous-still-Verfahren erzeugten Whisk(e)y; in Amerika weit verbreitet

Linkwood – Schottland
Single Highland Malt Scotch Whisky
Region: Speyside (Eastern Malt)
Lagerzeit 12 Jahre
86 Proof/43 Vol.-%
Destillerie Linkwood in Elgin, gegründet 1821 von William Brown; diese Marke wurde 1930 mit zwölf anderen Single Malt Whiskies von Aeneas→McDonald zu den allerbesten Highland Malt Whiskies gezählt

Linlithgow – Schottland
Frühere Bezeichnung für →St. Magdalene

Lionstone Figurines – USA
Kentucky Straight Bourbon Whisky
80 Proof/40 Vol.-%

Littlemill – Schottland
Single Lowland Malt Scotch Whisky
Lagerzeit 6 und 8 Jahre
80 und 86 Proof/40 und 43 Vol.-%
Destillerie Littlemill in Bowling, gegründet 1772, im Besitz der Fa. Barton Distilling Ltd., Alexandria, Schottland

Lochead – Schottland
Campbeltown Malt Scotch Whisky

Loch Lomond – Schottland
Single Highland Malt Scotch Whisky
86 Proof/43 Vol.-%
Destillerie Loch Lomond in Alexandria, gegründet 1966, im Besitz der Fa. Barton Distilling Ltd., dieser Whisky wird auch zum Blenden verwendet

Lochnagar – Schottland
Single Highland Malt Scotch Whisky
Lagerzeit 12 Jahre
80 und 86 Proof/40 und 43 Vol.-%
Destillerie Lochnagar in Balmoral, gegründet 1824 von John Robertson, die der DCL angehört; frühere Bezeichnung für Destillerie und Marke: Royal Lochnagar

Lochruan – Schottland
Campbeltown Malt Scotch Whisky

Lochside – Schottland
Pure Highland Malt Scotch Whisky
Destillerie Lochside in Montrose, gegründet 1957 von J. Hobbs, seit 1973 im Besitz der spanischen Gesellschaft Destilerias y Crianza del Whisky in Madrid; die gesamte Produktion wird ausnahmslos zum Blenden verwendet

Logan De Luxe – Schottland
Blended Scotch Whisky
80 Proof/40 Vol.-%
Erzeugnis der Fa. White Horse Distillers Ltd., die der →DCL angehört
Vertrieb in Österreich: Fa. Martini & Rossi, Wien

Long John De Luxe – Schottland
Blended Scotch Whisky
80 und 86 Proof/40 und 43 Vol.-%
Erzeugnis der Fa. Long John Distillers Ltd.

Long John Fine Scotch – Schottland
Pure Highland Malt Scotch Whisky
Lagerzeit 12 Jahre
86 Proof/43 Vol.-%
Erzeugnis der Fa. Long John Distillers Ltd.

Long John Finest Scotch – Schottland
Blended Scotch Whisky
80 und 86 Proof/40 und 43 Vol.-%
Erzeugnis der Fa. Long John Distillers Ltd.

Long John Distillers Ltd.
Schottische Gesellschaft des Spirituosenkonzerns →Long John International; sie wurde 1856 von den Söhnen John Mac Donalds in Glasgow gegründet

Long John International
Amerikanischer Spirituosenkonzern, dem folgende Gesellschaften und Destillerien angehören: D. Johnston & Co. Ltd., Long John Distillers Ltd., Glenugie, Kinclaith, Laphoraig, Strathclyde, Tormore, Ben Nevis und Glen Moray

Longmorn-Glenlivet – Schottland
Single Highland Malt Scotch Whisky
Region: Speyside-Glenlivet (Eastern Malt)
Lagerzeit 8 und 12 Jahre
80 Proof/40 Vol.-%
Destillerie Longmorn in Longmorn, gegründet 1894 von John Duff; gehört der DCL an; diese Marke wurde mit zwölf anderen von Aeneas →McDonald zu den allerbesten Highland Malt Whiskies gezählt

Longrow – Schottland
Campbeltown Malt Scotch Whisky

Lord Calvert – Kanada
Canadian Whisky
80 und 82 Proof/40 und 41 Vol.-%

Lord Nelson – USA
American Blended Whiskey
80 Proof/40 Vol.-%

Lowrie's – Schottland
Blended Scotch Whisky
86 Proof/43 Vol.-%
Erzeugnis der Fa. W. P. Lowrie & Co., Schottland, die der DCL angehört

Low wine
Das Produkt des ersten Brennvorganges, das beim Pot-still-Verfahren aus der Würze mit dem Wash-still-Gerät gewonnen wird

M

Macallan-Whiskies
Gruppenbezeichnung für weichere Highland Malt Whiskies

MacCallum's Perfection – Schottland
Blended Scotch Whisky
Erzeugnis der Fa. MacCallum, die der DCL angehört

Mac Donald, John
Gründete 1825 in Fort William (Schottland) am Fuße des Ben Nevis eine Whiskydestillerie; sein Spitzname war Long John; seine Söhne gründeten die Whiskyerzeugerfirma Long John Distillers Ltd.

Mac Donald & Muir Ltd.
Whiskeyerzeugerfirma, der die Destillerie Glen Moray angehört

Mac Guinness – Kanada
White Canadian Whisky
84 Proof/42 Vol.-%
Kommt weiß und whisk(e)yfarben in den Handel

Mackie & Co.
Schottische Whiskyerzeugerfirma, gegründet 1883 in Edingburgh; eine der ersten Whiskybrennereien Schottlands, die Pure Malt Whiskies mit Whiskies aus dem Patent-still-Verfahren verschnitt; 1924 Umwandlung des Firmennamens von Mackie & Co. in →White Horse Distillers Ltd.

Mackinlay's – Schottland
Blended Scotch Whisky
80 Proof/40 Vol.-%
Erzeugnis der Fa. Mackinlay Distillers, Schottland

Mac Naughton – Kanada
Canadian Whisky
80 Proof/40 Vol.-%

Makers's Mark – USA
Straight Bourbon Whisky
90 und 101 Proof/45 und 50,5 Vol.-%

Malt
Englische Bezeichnung für Malz, das für Whisky meist, in Schottland ausschließlich aus Gerste hergestellt wird

Mannochmore – Schottland
Pure Highland Malt Scotch Whisky

Mar Lodge – Schottland
Vatted Malt Scotch Whisky
Lagerzeit 8 Jahre

Martin's VVO – Schottland
Blended Scotch Whisky
Lagerzeit 8 Jahre
86 Proof/43 Vol.-%

Match Special Malt – Schottland
Pure Malt Highland Scotch Whisky
Lagerzeit 8 Jahre
86 Proof/43 Vol.-%
Erzeugnis der Fa. Burn Brae Ltd., Perth

Mattingly & Moore – USA
Straight Bourbon Whiskey

Lagerzeit 5 Jahre
80 Proof/40 Vol.-%

Maturation
Englische Bezeichnung für Reifung bzw. Lagerung

Mc Coll's Gold Label – Schottland
Blended Scotch Whisky
80 Proof/40 Vol.-%

Mc Cormick – USA
Straight Bourbon Whiskey
86 Proof/43 Vol.-%

McDonald, Aeneas
Schottischer Whiskykenner, der im Jahre 1930 in London folgende Scotch Whiskies zu den 13 besten ernannte: The Glenlivet, Glenburgie, Royal Brackla, Linkwood, Clynelish, Glen Grant, Cardow, Glenlossie, The Macallan, Highland Park, Balmenach, Longmorn, Talisker

McKenna, Henry
Whisk(e)yerzeugerfirma, gegründet 1855 in Farifield, Kentucky

Medley's – USA
Kentucky Straight Bourbon Whiskey
Im Sour-mash-Verfahren hergestellt
80 Proof/40 Vol.-%
Vertrieb in Österreich: Fa. GHG, Linz

Medley's – USA
Straight Bourbon Whiskey
86 Proof/43 Vol.-%

Medley's Bourbon Charcoal Filtred – USA
Kentucky Straight Bourbon Whiskey
86 Proof/43 Vol.-%
Dieser Whiskey wird über speziellen Holzkohlenfiltern gefiltert

Michter's Colonial Pot Still Sour Mash Decanter – USA
Bourbon Whiskey
Im Sour-mash-Verfahren hergestellt
86 Proof/43 Vol.-%

Michter's „King Tut" – USA
Bourbon Whiskey
Im Sour-mash-Verfahren hergestellt und im Pot-still-Verfahren destilliert
86 Proof/43 Vol.-%
Abgefüllt im Keramik-Dekanter mit 23-Kar.-Gold-Auflage

Michter's Pot Still Sour Mash – USA
Bourbon Whiskey
Im Sour-mash-Verfahren hergestellt und im Pot-still-Verfahren destilliert
86 Proof/43 Vol.-%

Milburn – Schottland
Pure Highland Malt Scotch Whisky
Lagerzeit 12 Jahre
86 Proof/43 Vol.-%
Destillerie Milburn in Inverness, gegründet 1807, im Besitz der Fa. Maclay Duff Ltd., Glasgow

Milton
Frühere Bezeichnung der Aberlour-Destillerie → Aberlour-Glenlivet

Milton-Duff-Glenlivet – Schottland
Single Highland Malt Scotch Whisky
Region: Speyside-Glenlivet
Lagerzeit 12 und 13 Jahre
86 Proof/43 Vol.-%
Destillerie Milton-Duff in Elgin, gegründet 1824, im Besitz der Fa. George Ballantine & Sons Ltd.; frühere Bezeichnung für Destillerie und Marke: Mossotowie
Vertrieb in Österreich: Fa. Mautner-Markhof, Wien

Montrose
Frühere Bezeichnung für
→ Glenesk

Mortlach – Schottland
Pure Highland Malt Scotch Whisky
Region: Speyside-Glenlivet
Lagerzeit 12 Jahre
80 Proof/40 Vol.-%
Destillerie Mortlach in Dufftown, gegründet 1823 von J. Findlater; dieser Whisky trägt manchmal die Zusatzbezeichnung Glenlivet, also Mortlach-Glenlivet

Mossotowie
Frühere Bezeichnung für
→ Milton-Duff-Glenlivet

Mount Vernon – USA
American Blended Whiskey
80 Proof/40 Vol.-%

Mount Vernon 66 – USA
American Blended Whiskey
66 Prozent Straight-Whiskey-Anteil
80 Proof/40 Vol.-%

Muirhead's – Schottland
Blended Scotch Whisky
80 Proof/40 Vol.-%
Erzeugnis der Fa. Ch. Muirhead & Sons Ltd., Schottland

N

Ne plus ultra – Schottland
Blended Scotch Whisky

North Port – Schottland
Pure Highland Malt Scotch Whisky
Destillerie North Port, gegründet von der Fa. Gunthrie Bros Ltd., die der DCL angehört; dieses Produkt wird ausnahmslos zum Blenden verwendet; frühere Bezeichnung für Marke und Destillerie: Brechin

Nose-glass
Englische Bezeichnung für das hochstielige Riech- und Prüfglas des Brennmeisters und des Blendmeisters; dient der Überprüfung der Bouquetstoffe im Whisky

North British Distillers Company
Von William Sanderson und Andrew Usher gegründet; diese Vereinigung sollte eine Konkurrenz zur → DCL bilden, wurde jedoch einige Jahre später von dieser übernommen

North of Scotland Malt Distillers Association
Frühere Bezeichnung für → The Pot Still Malt Distillers' Association of Scotland

O

Oban – Schottland
Pure Highland Malt Scotch Whisky
Lagerzeit 12 Jahre
86 Proof/43 Vol.-%
Destillerie Oban in Oban, gegründet 1794 von Stephenson, im Besitz der Fa. J. Hopkins & Co. Ltd.; weist geschmackliche Unterschiede zu den anderen Highland Whiskies auf

Octave
Englische Bezeichnung für ein Whiskylagerfaß mit 45 bis 68 Liter Fassungsvermögen

O.F.C.
Zusatzbezeichnung bei Canadien Whiskey; bedeutet Old Fine Canadian

O.F.C. – Schottland
Blended Scotch Whisky
86,8 Proof/43,4 Vol.-%

Old Bourbon House – USA
Straight Bourbon Whiskey
80 Proof/40 Vol.-%

Old Bushmill – Irland
Irish Whiskey

80 und 86 Proof/40 und 43 Vol.-%
Erzeugnis der Old Bushmill Company; als ältester Whisk(e)y der Welt bezeichnet

Old Charter – USA
Straight Bourbon Whisky
Lagerzeit 10 Jahre
86 Proof/43 Vol.-%

Old Cobb – Australien
Australische Whiskymarke

Old Crow – USA
Kentucky Straight Bourbon Whiskey
Lagerzeit 6 Jahre
86 Proof/43 Vol.-%
Produkt der Old Crow Distilling Company in Frankfort, Kentucky; abgefüllt durch die Fa. W. A. Gaines

Old Dover – USA
Bonded Kentucky Straight Bourbon Whiskey
100 Proof/50 Vol.-%

Old Family – USA
Kentucky Straight Bourbon Whiskey
80 Proof/40 Vol.-%
Erzeugnis der Old Family Distilling Company in Orvensboro, Kentucky

Old Fettercairn – Schottland
Single Highland Malt Scotch Whisky
Lagerzeit 8 Jahre
80 Proof/40 Vol.-%
Destillerie Fettercairn, seit 1971 im Besitz dor Tomintoul-Glenlivet-Company Ltd.; ein sehr schnell reifender Highland Malt Whisky

Old Fitzgerald – USA
Kentucky Straight Bourbon Whiskey
Im Sour-mash-Verfahren hergestellt
Lagerzeit 8 Jahre
90 Proof/45 Vol.-%
Erzeugnis der Fa. Stitzel & Weller Distillery in Louisville, Kentucky

Old Fitzgerald 1849 – USA
Kentucky Straight Bourbon Whiskey
Lagerzeit 6 Jahre
86 und 100 Proof/43 und 50 Vol.-%

Old Forester – USA
Bonded Kentucky Straight Bourbon Whiskey
100 Proof/50 Vol.-%

Old Grand Dad – USA
Bonded Bourbon Whiskey
100 Proof/50 Vol.-%

Old Grand Dad – USA
Kentucky Straight Bourbon Whiskey
86 und 100 Proof/43 und 50 Vol.-%

Old Heaven Hill – USA
Bonded Kentucky Straight Bourbon Whiskey
100 Proof/50 Vol.-%

Old Kentucky Rifle – USA
Straight Bourbon Whiskey
86 Proof/43 Vol.-%

Old Mr. Boston Canadian River – Kanada
Canadian Whisky
Lagerzeit 4 Jahre
86,8 Proof/43,4 Vol.-%
Erzeugnis der Fa. Old Mr. Boston

Old Mr. Boston 5 Star – Kanada
Canadian Whisky
Lagerzeit 3 Jahre
80 Proof/40 Vol.-%
Erzeugnis der Fa. Old Mr. Boston

Old Overholt – USA
American Blended Whiskey

Old Parr – Schottland
Blended Scotch Whisky

Lagerzeit 12 Jahre
86 Proof/43 Vol.-%
Erzeugnis der Fa. McDonald Greenlees Ltd.

Old Pulteney – Schottland
Single Highland Malt Scotch Whisky
Lagerzeit 8 Jahre
80 Proof/40 Vol.-%
Destillerie Pulteney in Wick (die nördlichste Destillerie des schottischen Festlandes), gegründet 1826 von J. Henderson

Old Red Fox – USA
Kentucky Straight Bourbon Whiskey
Lagerzeit 8 Jahre

Old Smuggler – Schottland
Blended Scotch Whisky
86 Proof/43 Vol.-%
Destillerie Dumbarton, im Besitz der Fa. Hiram Walker & Sons Ltd. Vertrieb in Österreich: Fa. Asbach-Doornkaat, Wien

Old Taylor – USA
Kentucky Straight Bourbon Whiskey
86 und 100 Proof/43 und 50 Vol.-%
Vertrieb in Österreich: Fa. Mounier, Wien

Old Weller – USA
Straight Bourbon Whiskey
Lagerzeit 7 Jahre
107 Proof/53,5 Vol.-%
Erzeugnis der Fa. Stitzel & Weller Distillery in Louisville, Kentucky

O.P.
Abkürzung für „over proof“

Ord – Schottland
Pure Highland Malt Scotch Whisky
Lagerzeit 12 Jahre
86 Proof/43 Vol.-%
Destillerie Ord in Muir-of-Ord, gegründet 1838 von McLennan; zur Trocknung des Malzes wird dem Torffeuer Heidekraut beigegeben, das diesen Whisky geschmacklich charakterisiert

Order of Merit 1966 De Luxe – Kanada
Canadian Whisky
80 Proof/40 Vol.-%
Name leitet sich von der höchsten kanadischen Auszeichnung „Order of Merit“ ab; er ist besonders mild

Original Gallonage
Erste Mengenmessung eines frisch destillierten Whiskys vor Beginn der Lagerzeit

Over proof
Englische Bezeichnung für Spirituosen, die die Grade des →Proof spirits überschreiten

P

Paddy Old Irish – Irland
Irish Whiskey
84 Proof/42 Vol.-%
Erzeugnis der Cork Distillers Company Ltd.

Paddy Old Irish De Luxe – Irland
Irish Whiskey
84 Proof/42 Vol.-%
Erzeugnis der Cork Distillers Company Ltd., irische Whiskeyspezialität mit Rauchgeschmack; über Torffeuer gedarrt

Park & Tilford Reserve – USA
American Blended Whiskey
80 Proof/40 Vol.-%

Passport – Schottland
Blended Scotch Whisky
80 Proof/40 Vol.-%

P.G.
Abkürzung für „proof gallon“

Philadelphia – USA
American Blended Whiskey
80 Proof/40 Vol.-%

Pimm's No. 2 Cup – England
Wie Pimm's No. 1, jedoch auf Basis von Whisky

Pinch Haig
Amerikanische Bezeichnung für die in Europa übliche Bezeichnung des →Dimple Haig

Pinch Haig & Haig 5 Star – Schottland
Blended Scotch Whisky
86 Proof/43 Vol.-%

Pinch Haig De Luxe – Schottland
Blended Scotch Whisky
86 Proof/43 Vol.-%
Spitzenprodukt der Fa. John Haig & Co. Ltd., Schottland; er kommt in der außergewöhnlichen dreieckigen, seitlich eingedrückten Flasche, der sogenannten Pinched bottle, in den Handel

Pinwinnie Royal Scotch – Schottland
Blended Scotch Whisky
Lagerzeit 12 Jahre
Vol.-% werden nicht angegeben
Erzeugnis der Fa. Inver House Distillers Ltd., Airdrie

Pittyvaich-Glenlivet – Schottland
Pure Highland Malt Scotch Whisky
Region: Speyside-Glenlivet
Destillerie Pittyvaich in Dufftown, gegründet 1973, im Besitz der Fa. Arthur Bell & Sons Ltd.

P.M.
Die englische Abkürzung für „Nachmittag" wurde von der Firma William Sanderson zum Markenzeichen für kräftige Whiskysorten, die am Nachmittag angeboten werden, gemacht

Port Ellen – Schottland
Pure Highland Malt Scotch Whisky
Region: Isle of Islay (Island Malt)
Destillerie Port Ellen in Port Ellen, gegründet 1825 und im Besitz der Fa. Low Robertson & Co., hier experimentierte Aeneas Coffey mit dem Stein-still-Verfahren, welches er verbesserte zum sogenannten Coffey-still- oder Continuous-still-, aus dem später das Patent-still-Verfahren wurde; dieser Whisky wird ausschließlich zum Blenden verwendet

Pot ale
Flüssigkeit, die beim Pot-still-Verfahren bei der Whisk(e)yerzeugung nach dem ersten Destillationsvorgang im Destillationsapparat verbleibt

Power's Blended Irish – Irland
Blended Irish Whiskey
80 Proof/40 Vol.-%
Erzeugnis der Fa. John Power & Sons, Dublin, gegründet 1791
Vertrieb in Österreich: Fa. Polacek, Gerasdorf/Wien

Power's Gold Label – Irland
Irish Whiskey
80 Proof/40 Vol.-%
Erzeugnis der Fa. John Power & Sons, Dublin

Prince Charlie – Schottland
Blended Scotch Whisky
80 Proof/40 Vol.-%
Erzeugnis der Fa. Lawson & Smith Ltd., Schottland

Proof gallon
Englische Maßeinheit; 1 P.G. = 8,5 Flaschen mit 0,7 l Whisk(e)y mit 43 Vol.-%

Proof spirit
Ist nach dem britischen Monopolgesetz eine Spirituose, deren Volumen bei einer Temperatur von

51° Fahrenheit (10,5° Celsius) exakt 12/13 des gleichen Volumens destillierten Wassers wiegt; Proof spirit wird in Sykes-Graden gemessen

Q

Quarter
Whiskylagerfaß mit einem Fassungsvermögen von 127 bis 159 Liter

Queen Anne – Schottland
Blended Scotch Whisky
80 Proof/40 Vol.-%
Erzeugnis der Fa. Hill Thomson & Co., Schottland

R

Rauchkorn
Andere Bezeichnung für →deutschen Whisky

Real Scotch – Schottland
Whiskymarke von James Buchanan, die heute nicht mehr produziert wird

Red Hackle – Schottland
Blended Scotch Whisky
80 Proof/40 Vol.-%

Red Seal – Schottland
Whiskymarke von James Buchanan, die heute nicht mehr produziert wird

Regal Club – Kanada
Canadian Whisky
Lagerzeit 3 Jahre
80 Proof/40 Vol.-%

Regauge Gallonage
Mengenmessungen, die während der Lagerzeit von Whisk(e)y vorgenommen werden; Werte liegen unter den der Original Gallonage, da während der Lagerung Whisk(e)y verdunstet

Rieclachan – Schottland
Campbeltown Malt Scotch Whisky

Rob Roy – Schottland
Blended Scotch Whisky

Rock and Rye
Siehe *sonstige Liköre,* Seite 755 und Seite 796

Roggenwhisky
Deutsche Bezeichnung für Rye Whisk(e)y

Rosebank – Schottland
Lowland Malt Scotch Whisky
Lagerzeit 8 Jahre
80 Proof/40 Vol.-%
Destillerie Rosebank, gegründet 1842 von James Rankine, im Besitz der Distillers Agency Ltd., Edinburgh

Royal Ages – Schottland
Blended Scotch Whisky
86 Proof/43 Vol.-%
Erzeugnis der Fa. Justerini & Brooks, London

Royal Brackla – Schottland
Pure Highland Malt Scotch Whisky
Destillerie Royal Brackla in Nairn, gegründet 1812 von W. Fraser; gehört der DCL an; dieser Whisky wird ausschließlich zum Blenden verwendet; er wurde 1930 mit zwölf anderen Single Malt Whiskies von Aeneas→McDonald zu den allerbesten Highland Malt Whiskies gezählt

Royal Choice De Luxe – Schottl.
Blended Scotch Whisky
Lagerzeit 12 Jahre
84 Proof/42 Vol.-%; Erzeugnis der Fa. Long John & Sons Ltd.

Royal Culross – Schottland
Vatted Malt Scotch Whisky

Royal Household – Schottland
Whiskymarke von James Buchanan, die heute nicht mehr produziert wird

Royal Lochnagar – Schottland
Frühere Bezeichnung für → Lochnagar

Royal Salut – Schottland
Blended Scotch Whisky
Extrem lang gelagert
86 Proof/43 Vol.-%
Spitzenprodukt der Fa. Chivas Brothers Ltd., die der DCL angehört; kommt in blauen Samtsäckchen in den Handel
Vertrieb in Österreich: Fa. Seagram, Wien

Royal Scot – Schottland
Blended Scotch Whisky
Lagerzeit 5 Jahre
86 Proof/43 Vol.-%

S

Saltyre – Schottland
Blended Scotch Whisky
Lagerzeit 12 Jahre
Vol.-% werden nicht angegeben

Sanderson, Kenneth
Seit 1926 Vorsitzender der Fa. William Sanderson & Sons Ltd.

Sanderson, William
Gründete 1863 die Whiskyerzeugerfirma William Sanderson Ltd. in Leith, Schottland; 1937 Beitritt zur DCL; die Firma erzeugt eine der bekanntesten Whiskymarken, nämlich VAT 69; dieser Name entstand bei einer Verkostung der Whiskyverschnitte, wo Sanderson der des 69. Fasses (Faß = Vat) am besten schmeckte

Sanderson, William Mark
Sohn von William Sanderson; ließ erstmals 1880 Whisky in kleinen Mengen abfüllen; seine Firma schloß sich 1885 mit nicht organisierten Whiskyerzeugern zu der → North British Distillers Company zusammen

Scapa – Schottland
Single Highland Malt Scotch Whisky
Region: Isle of Orkney (Island Malt)
Lagerzeit 8 Jahre
80 und 114 Proof/40 und 57 Vol.-%
Destillerie Kirkwall, gegründet 1885 von der Fa. Marfarlane & Townsed Ltd., im Besitz der Hiram-Walker-Gruppe

Schenley O.F.C. – Kanada
Canadian Whisky
Lagerzeit 8 Jahre
80 Proof/40 Vol.-%
Erzeugnis der Fa. Schenley Ltd.
O.F.C. = Old Fine Canadian

Scotch grain
Andere Bezeichnung für Grain Whisky in Schottland; dieser Getreidebranntwein wird aus der Maische von Weizen, Mais und gemälzter Gerste im Patent-still-Verfahren destilliert

Scotch Grey De Luxe – Schottland
Blended Scotch Whisky
86,8 Proof/43,4 Vol.-%

Scotch Whisky Association
Schottischer Whiskyverband, in dem die wichtigsten Destillerien und Markenhersteller für schottische Whiskies zusammengeschlossen sind; Anschrift: 20 Atholl Crescent, Edinburgh, EH 3 8 HF, Schottland

Scotia – Schottland
Frühere Bezeichnung für → Glen Scotia

Scotish Malt Distillers Ltd.
Zusammenschluß von unabhängigen schottischen Malz-Destillerien, die nicht der DCL angehören

Seagram
Größter Spirituosenkonzern der Welt mit Sitz in Kanada, dem folgende Gesellschaften und Destillerien angehören: Chivas Brothers Ltd., Caperdonich, Longmorn, Benriach, Glen Grant, Strathisla, Braes of Glenlivet, Glen Keith, The Glenlivet

Seagram's 100 Pipers De Luxe – Schottland
Blended Scotch Whisky
80 und 86 Proof/40 und 43 Vol.-%
Erzeugnis der Glen Keith-Glenlivet Distillery in Keith, im Besitz der Fa. Joseph E. Seagram & Sons Ltd., Schottland
Vertrieb in Österreich: Fa. Seagram, Wien

Seagram's 7 Crown – USA
American Blended Whiskey
80 Proof/40 Vol.-%
Erzeugnis der Fa. Joseph E. Seagram & Sons, Lawrenceburg

Seagram's V.O. – Kanada
Blended Canadian Whisky
Lagerzeit 6 Jahre
86,8 Proof/43,4 Vol.-%
Erzeugnis der Fa. Joseph E. Seagram & Sons Ltd., Waterloo, Ontario

Single Whisky
Whisky, der ausschließlich aus Produkten einer Destillerie hergestellt wird; dies gilt sowohl für Grain als auch für Malt Whisky

SMDL
Abkürzung für → Scotish Malt Distillers Ltd.

Smith, George
Gründete 1858 die schottischen Destillerien Drumin und Cairngarm in Minmore

Smith Grant, William
Whiskyerzeugerfirma, die 1952 mit der Gesellschaft von George Smith zu der Firma Glenlivet & Glen Grant Distillers Ltd. zusammengeschlossen wurde

Smith's-Glenlivet – Schottland
Pure Highland Malt Scotch Whisky
Lagerzeit 8, 12 und 15 Jahre
80, 92 und 114 Proof/40, 46 und 57 Vol.-%
Ein Lizenzerzeugnis der Fa. Gordon & McPhail, Elgin; die Lizenz ist von der „The Glenlivet-Distillery" in Glenlivet

Smith, John Gordon
Sohn von George Smith; er erreichte durch Prozesse, daß die von ihm erzeugten Whiskies aus den Destillerien Craigellachie und Benrinnes als einzige den Markennamen „Glenlivet" (→ The Glenlivet) führen dürfen

Something Special – Schottland
Blended Scotch Whisky
80 Proof/40 Vol.-%

Spent grain
Andere Bezeichnung für → Draff

Speyburn – Schottland
Pure Highland Malt Scotch Whisky
Region: Speyside (Eastern Malt)
Destillerie Speyburn in Rothes, gegründet 1897; gehört der DCL an; dieses Produkt wird ausschließlich zum Blenden verwendet

Spey Royal – Schottland
Pure Highland Malt Scotch Whisky
Region: Speyside
Erzeugnis der Fa. W. & A. Gilbey Ltd.

Speyside
Geographische Untergruppe von Highland entlang des Spey-Tales und der Nebentäler

Bild 28: Junior Julep im Tumbler (links), Mint Julep im Tankard (rechts, Rezept Seite 240)

Bild 29: Scotch on the rocks (links), Malt Whisky up (rechts)

Bild 30: Bourbon Old-Fashioned im Old-Fashioned-Glas (links), Bourbon Manhattan Cocktail im Cocktailglas (Mitte, Rezept Seite 95), Schwenker (Snifter)

Bild 31: Eisgekühlter Klarer mit Feige

Bild 32: Russischer Wodka mit klassischen Wodkagläsern

Bild 33: Wodka Sour (vorne, Rezept Seite 363), Screw Driver (Rezept Seite 316)

Bild 34: Bourbon Whiskey

Bild 35: 1 kleiner Tumbler, 2 mittlerer Tumbler, 3 Highballglas, 4 Collinsglas, 5 Slingglas, 6 Rührglas mit Barlöffel und -sieb, 7 Old-Fashioned-Glas

Speyside-Glenlivet
Geographische Untergruppe von Speyside

Speyside-Strathspay
Herkunftsbezeichnung für einige im Spey-Tal erzeugte Whiskys (z. B. Cardhu)

Spingbank – Schottland
Campbeltown Malt Scotch Whisky
Lagerzeit 5, 8, 12, 15, 21 und 25 Jahre
80, 86, 92 und 114 Proof/40, 43, 46 und 57 Vol.-%
Destillerie Spingbank, gegründet 1828 von A. Mitchell, im Besitz der Fa. J. A. Mitchell & Co. Ltd.; ein typischer Vertreter der Campbeltown Malt Whiskies; durchläuft eine dreimalige Destillation, was eine Rarität bei der schottischen Whiskyerzeugung darstellt

Spingside – Schottland
Campbeltown Malt Scotch Whisky

Spirit-still
Alkoholblase; zweiter Destillierkessel im Pot-still-Verfahren

Spring River – USA
Bourbon Whiskey
86 Proof/43 Vol.-%

Spring River – USA
Bonded Kentucky Straight Bourbon Whiskey
100 Proof/50 Vol.-%

Stewarts Cream of Barley – Schottland
Blended Scotch Whisky
Trägt die Zusatzbezeichnung Special Reserve Scotch

Stillbrook – USA
American Straight Whiskey
Lagerzeit 4 Jahre
80 Proof/40 Vol.-%

St. Magdalene – Schottland
Single Lowland Malt Scotch Whisky
Destillerie St. Magdalene in Linlithgow, gegründet 1800 von Sebastian Henderson; gehört der DCL an; dieser Whisky wird ausschließlich zum Blenden verwendet; frühere Bezeichnung von Destillerie und Marke: Linlithgow

Stonehouse – USA
Bourbon Whiskey
80 Proof/40 Vol.-%

Stone House – Kanada
Canadian Whisky
80 Proof/40 Vol.-%

Strathconon – Schottland
Single Highland Malt Scotch Whisky
Lagerzeit 12 Jahre
86 Proof/43 Vol.-%
Vertrieb in Österreich: Fa. Kattus, Wien

Strathconon – Schottland
Vatted Malt Scotch Whisky
86 Proof/43 Vol.-%

Strathislä – Schottland
Pure Highland Malt Scotch Whisky
80 Proof/40 Vol.-%
Whisky mit feinem Aroma; Erzeugnis der Strathislä-Glenlivet-Distillery Company Ltd.; dieses Produkt wurde 1937 destilliert

Strathislä-Glenlivet – Schottland
Single Highland Malt Scotch Whisky
Region: Speyside-Glenlivet
Lagerzeit 8 und 15 Jahre
80 und 114 Proof/40 und 57 Vol.-%
Destillerie Abelour, gegründet 1786 von G. Taylor, im Besitz der Chivas Brothers Ltd.; dieser Whisky wird auch zum Blenden verwendet; frühere Bezeichnung der Destillerie: Milton

Strathmill – Schottland
Pure Highland Malt Scotch Whisky
Region: Speyside

Destillerie Strathmill in Keith, gegründet 1892; gehört der IDV an; frühere Bezeichnung für Destillerie und Marke: Glenisla

Strathspey – Schottland
Vatted Malt Scotch Whisky

Strongbow
Mann normannischer Abstammung, der angeblich das Geheimnis der Destillation von Schottland nach Irland brachte

Suntory Royal – Japan
Blended Whisky
86,8 Proof/43,4 Vol.-%
Hergestellt und abgefüllt von der Fa. Suntory Ltd. in Yamazaki, Japan

SVG
Abkürzung für Specially Vatted
→ Glen Garioch

Swing – Schottland
Blended Scotch Whisky

T

Talisker – Schottland
Single Highland Malt Scotch Whisky
Region: Isle of Skye (Island Malt)
Lagerzeit 8 und 12 Jahre
80, 86, 92 und 114 Proof/40, 43, 46 und 57 Vol.-%
Destillerie Talisker in Carbost, gegründet 1830 von H. & K. Macaskill, im Besitz der Fa. Dailuaine-Talisker Distillery Ltd., die der DCL angehört; diese Marke wurde 1930 mit zwölf anderen von Aeneas → McDonald zu den allerbesten Highland Malt Whiskies gezählt

Tamdhu-Glenlivet – Schottland
Single Highland Malt Scotch Whisky
Region: Speyside-Glenlivet
Destillerie Tamdhu in Knockando, gegründet 1897; gehört der DCL an; leichter Torfgeschmack

Tamnavulin-Glenlivet – Schottland
Pure Highland Malt Scotch Whisky
Region: Speyside-Glenlivet (Eastern Malt)
Lagerzeit 8 Jahre
86 Proof/43 Vol.-%
Destillerie Tamnavulin in Ballindalloch, gegründet 1966; gehört der IDV an

Teacher & Sons Ltd.
Whiskyerzeugerfirma, gegründet 1850 in Glasgow; 1860 erste Exporte in andere Länder und Gründung von Niederlassungen in Manchester und London

Teacher's Highland Cream – Schottland
Blended Scotch Whisky
80 Proof/40 Vol.-%
Erzeugnis der Fa. Teacher & Sons Ltd., Schottland
Vertrieb in Österreich: Fa. Scharlachberg, Salzburg

Teacher, William
Gründete 1830 eine Whiskyerzeugerfirma in Glasgow, die heute ihre Blended Scotch Whiskies in über 140 Länder exportiert

The Antiquary De Luxe – Schottland
Blended Scotch Whisky
Lagerzeit 12 Jahre
80 Proof/40 Vol.-%
Destillerie J. & W. Hardie, Vertrieb Fa. Sanderson & Sons Ltd.; dieser Whisky hat den Ruf, einer der besten De-Luxe-Whiskys der Welt zu sein

The Balvenie – Schottland
Pure Highland Malt Scotch Whisky
Region: Speyside
Lagerzeit 8 Jahre

80 und 86 Proof/40 und 43 Vol.-%
Destillerie Balvenie in Dufftown, gegründet 1892 von William Grant

The Blair Athol – Schottland
Pure Highland Malt Scotch Whisky
Lagerzeit 8 Jahre
80, 86 und 92 Proof/40, 43 und 46 Vol.-%
Destillerie Blair Athol in Pitlochry, gegründet 1826 von Mr. Connacher, seit 1933 im Besitz der Fa. Arthur Bell & Sons Ltd.

The Famous Grouse – Schottland
Blended Scotch Whisky
86 Proof/43 Vol.-%
Vertrieb in Österreich: Fa. Gürtler, Wien

The Glendronach – Schottland
Single Highland Malt Scotch Whisky
Lagerzeit 8 und 12 Jahre
80 und 86 Proof/40 und 43 Vol.-%
Destillerie Glendronach in Huntley, gegründet 1826 von James Allardyce, seit 1933 im Besitz der Fa. William Teacher & Sons Ltd.
Vertrieb in Österreich: Fa. Scharlachberg, Salzburg

The Glenlivet – Schottland
Pure Highland Malt Scotch Whisky
Region: Speyside-Glenlivet
Lagerzeit 12 Jahre
80 und 86 Proof/40 und 43 Vol.-%
Destillerie Glenlivet, gegründet 1824 von George Smith, seit 1978 im Besitz der Fa. Joseph E. Seagram & Sons Ltd.; diese Destillerie ist als einzige berechtigt, den Namen „The Glenlivet" zu führen und, im Gegensatz zu den anderen, den Namen „Glenlivet" ohne Bindestrich zu verwenden, diese Marke wurde 1930 mit zwölf anderen Single Malt Whiskies von Aeneas→McDonald zu den allerbesten Highland Malt Whiskies gezählt
Vertrieb in Österreich: Fa. Seagram, Wien

The Macallan – Schottland
Pure Highland Malt Scotch Whisky
Region: Speyside
Unterschiedlich lange Lagerzeit sowie unterschiedliche Gradationen bei der Abfüllung
Destillerie Macallan in Craigellachie, gegründet 1824 von Familie Kamp; diese Marke wurde 1930 mit zwölf anderen Single Malt Whiskies von Aeneas→McDonald zu den allerbesten Highland Malt Whiskies gezählt

The Pot Still Malt Distillers' Association of Scotland
Unterorganisation der →Scotch Whisky Association; Anschrift: 1, North Street, Elgin, Morayshire, Schottland

The Real Mackenzie – Schottland
Blended Scotch Whisky
86 Proof/43 Vol.-%
Destilliert und verschnitten von der Fa. P. Mackenzie & Co. Distillers, gegründet 1826 in Perth

The Tormore – Schottland
Pure Highland Malt Scotch Whisky
Region: Speyside
Lagerzeit 10 Jahre
86 Proof/43 Vol.-%
Destillerie Tormore in Advie, gegründet 1958 von der Fa. Seagar Evans & Co. Ltd., im Besitz der Fa. Long John International

Three Feathers – USA
American Blended Whisky
80 und 86 Proof/40 und 43 Vol.-%

Tobermory – Schottland
Single Highland Malt Scotch Whisky
Region: Isle of Mull (Island Malt)
Destillerie Tobermory in Lerdaig, gegründet 1823 von den Mackill Brothers, derzeit in privatem Besitz; dieses Produkt war unter folgenden Namen auf dem Markt: von 1823 bis 1924 unter Tobermory, von 1924 bis 1972 Destillerie geschlossen, von 1972 bis 1976 unter Lerdaig, seit 1978 unter Tobermory; er wird ausschließlich zum Blenden verwendet

Tochieneal – Schottland
Frühere Bezeichnung für →Inchgower

Tullibardine – Schottland
Single Highland Malt Scotch Whisky
Lagerzeit 5 und 10 Jahre
80 Proof/40 Vol.-%
Destillerie Tullibardine in Blackford, gegründet 1949, die der Fa. Invergordon Distillers Ltd. angehört

Tomatin – Schottland
Pure Highland Malt Scotch Whisky

Tom Dooley – USA
Kentucky Straight Bourbon Whiskey
Lagerzeit 6 Jahre

Tominatoul-Glenlivet – Schottland
Pure Highland Malt Scotch Whisky
Region: Speyside-Glenlivet
Lagerzeit 8 Jahre
80 und 86 Proof/40 und 43 Vol.-%
Destillerie Tominatoul in Ballindalloch (höchstgelegene Destillerie Schottlands), gegründet 1965, im Besitz der Tominatoul-Glenlivet Distillers Company Ltd.

Tower's – Irland
Irish Whisky

Tullamore Dew – Irland
Irish Whiskey
80 Proof/40 Vol.-%
Destillerie Tullamore Dew in Tullamore
Vertrieb in Österreich: Fa. Gürtler, Wien

Tullamore Dew Finest Old Irish Special – Irland
Irish Whiskey
86 Proof/43 Vol.-%
Destillerie Tullamore Dew in Tullamore; ist ein „Light Whiskey"

U

Uisce Beatha
Irische Schreibweise für „Wasser des Lebens" (Isch'-ke-ba'-ha)

Uisge Baugh – Irland
Blended Irish Whiskey
80 Proof/40 Vol.-%
Destillerie Tullamore Dew in Tullamore

Ullage
Englische Bezeichnung für den Volumsverlust, der bei der Lagerung von Whisk(e)y entsteht

Under proof
Englische Bezeichnung für Spirituosen, die die Grade des →Proof spirits unterschreiten

U.P.
Abkürzung für „under proof"

Usher, Andrew
Erfinder von Whisky-Verschnitt →Blended Scotch Whisky

V

Vat
Schottische Bezeichnung für ein Faß, in dem verschnittener Whisky gelagert wird

Vats
Schottische Bezeichnung für Whiskyverschnitte

Vat 69 – Schottland
Blended Scotch Whisky
86 Proof/43 Vol.-%
Erzeugnis der Fa. Sanderson & Sons Ltd., Leith; Markenname entstand bei einer Verkostung von Whiskyverschnitten, bei der William Sanderson der Whisky des 69. Fasses am besten schmeckte
Vertrieb in Österreich: Fa. GHG, Linz

Vatted Whisky
Whiskyverschnitt, der ausschließlich aus verschiedenen Single Malt Whiskies hergestellt wird

Vessky – UdSSR
Russische Bezeichnung für Whisky, gleichzeitig Markenname

Virginia Gentleman – USA
Straight Bourbon Whiskey
80 Proof/40 Vol.-%

W

Walker's De Luxe – USA
Straight Bourbon Whiskey
Lagerzeit 8 Jahre
80 und 86 Proof/40 und 43 Vol.-%
Erzeugnis der Fa. Hiram Walker & Sons Ltd.
Vertrieb in Österreich: Fa. Gürtler, Wien

Wash-still
Würzblase, erster Destillierkessel im Pot-still-Verfahren

Weller Special Reserve – USA
American Straight Whiskey
Lagerzeit 7 Jahre
90 Proof/45 Vol.-%
Erzeugnis der Fa. Stitzel & Weller Distillery in Louisville, Kentucky

White Heather De Luxe – Schottland
Blended Scotch Whisky
Lagerzeit 5 Jahre
86,8 Proof/43,4 Vol.-%
Erzeugnis der Fa. White Heather Distillers Ltd., Glasgow

White Horse – Schottland
Blended Scotch Whisky
80 Proof/40 Vol.-%
Erzeugnis der Fa. White Horse Distillers Ltd., die der DCL angehört
Vertrieb in Österreich: Fa. Martini & Rossi, Wien

White Horse Distillers Ltd.
Schottische Whiskyerzeugerfirma; erste, die einen Schraubverschluß bei ihren abgefüllten Whiskyflaschen einführte; bis 1924 hieß diese Destillerie →Mackie & Co.

Whiteside – Schottland
Blended Scotch Whisky
86,8 Proof/43,4 Vol.-%

Whyte & Mackay – Schottland
Blended Scotch Whisky

Wild Turkey – USA
Kentucky Straight Bourbon Whiskey
Lagerzeit 7, 8 und 12 Jahre
86,8 und 101 Proof/43,4 und 50,5 Vol.-%
Erzeugnis der Fa. Austin Nichols, Lawrenceburg

Wild Turkey – USA
Rye Whiskey
Lagerzeit 8 Jahre
101 Proof/50,5 Vol.-%
Erzeugnis der Fa. Austin Nichols, Lawrenceburg

Wild Turkey Baccarat Decanter – USA
American Straight Whiskey
Lagerzeit 8 Jahre
101 Proof/50,5 Vol.-%

Wild Turkey Limited Edition – USA
American Straight Whiskey
Lagerzeit 12 Jahre
101 Proof/50,5 Vol.-%
Erzeugnis der Fa. Austin Nichols, Lawrenceburg

William Lawson's – Schottland
Blended Scotch Whisky
Lagerzeit 8 Jahre
86 Proof/43 Vol.-%
Erzeugnis der Fa. William Lawson Ltd.
Vertrieb in Österreich: Fa. Martini & Rossi, Wien

Wilson – USA
American Blended Whiskey
80 Proof/40 Vol.-%

Winchester gallon
1. Alte englische Maßeinheit (3,78 Liter); andere Bezeichnung „imperial gallon"
2. Zweite Bezeichnung für „gallon" in Amerika

Windsor Supreme – Kanada
Canadian Whisky
80 Proof/40 Vol.-%

Wort
Würze bei der Whisk(e)yerzeugung, die im Maischbottich entsteht, wenn man das gemälzte Getreide mit heißem Wasser vermengt

Y

Yellowstone – USA
Straight Bourbon Whiskey
Im Sour-mash-Verfahren hergestellt
Lagerzeit 7 Jahre
91 Proof/45,5 Vol.-%
Erzeugnis der Fa. Yellowstone Distilling & Co., gegründet 1836 in Louisville, Kentucky
Vertrieb in Österreich: Fa. Polacek, Gerasdorf/Wien

Yellowstone Mellow – USA
Straight Bourbon Whiskey
Im Mellow-mash-Verfahren hergestellt
Lagerzeit 7 Jahre
91 Proof/45,5 Vol.-%
Erzeugnis der Fa. Yellowstone Distilling & Co., gegründet 1836 in Louisville, Kentucky

Yukon Jack – Kanada
Canadian Whisky
100 Proof/50 Vol.-%

WODKA

Wodka ist ein Branntwein, der nach besonderem Verfahren aus Korndestillat oder aus Sprit hergestellt wird. Ursprünglich gab es nur den Wodka aus Weizen oder Gerste. Um 1800 kam der Kartoffelwodka auf. Die wörtliche Übersetzung für diesen klaren, feinen Brand, der sich original Vodka schreibt, ist „Wässerchen". Es ist bis heute nicht geklärt, ob der erste Wodka in Polen oder in Rußland destilliert wurde. Beide Länder haben jedoch die bekanntesten und besteingeführten Wodkamarken der Welt.
Seit dem Ende des Ersten Weltkriegs wird er auch in vielen anderen Ländern in Lizenz nach polnischen und russischen Originalrezepten hergestellt. Außerdem haben England, Holland, die Bundesrepublik Deutschland, Finnland, Schweden und die USA in den letzten 20 Jahren vorzügliche eigene Wodkamarken hervorgebracht.

Gesetzliche Bestimmungen

In Österreich

Trinkbranntwein aus Getreide mit einem Mindestalkoholgehalt von 38 Vol.-%. Dazu zählt Import-Wodka/Vodka aus Rußland, Polen und der Bundesrepublik Deutschland.

Trinkbranntwein aus Monopolalkohol mit einem Mindestalkoholgehalt von 38 Vol.-%.

In der Bundesrepublik Deutschland

Trinkbranntwein (Spezialbranntwein) mit einem Mindestalkoholgehalt von 40 Vol.-%, der aus Melasse-Sprit und/oder Korndestillat nach besonderem Verfahren und/oder mit geringen Zusätzen hergestellt wird.
In der BRD darf sich nur ein Destillat Wodka nennen, welches aus der UdSSR, Polen oder Finnland kommt. Ausnahmen sind deutsche Produkte.
Der Extraktgehalt von Wodka darf 0,3 g in 100 ml nicht überschreiten. Zur Aromatisierung dürfen gemäß Aromen-Verordnung vom 22. Dezember 1981 cumarinhaltige Gräser, wie Büffel- und Mariengras, verwendet werden, sofern der Höchstgehalt an Cumarin von 10 mg/l im Fertigerzeugnis nicht überschritten wird.

In der Schweiz

Trinkbranntwein aus Korn oder Kartoffeln mit einem Mindestalkoholgehalt von 40 Vol.-%.
Er ist farblos bis schwach gelblich, hochrektifiziert und reinschmekkend. Eine kaum merkliche Aromatisierung mit Bonificateurs ist zulässig. Ein Methylalkoholgehalt bis 0,5 Vol.-‰, auf absoluten Alkohol

berechnet, ist gestattet. Im übrigen gelten sinngemäß die zahlenmäßigen Anforderungen an Extrafeinsprit des Schweizerischen Lebensmittelbuches.

Erzeugung

Grundmaterialien der Wodkaerzeugung sind entweder Getreidemischungen oder Kartoffeln sowie gedämpfte Kartoffeln, mit Gerstengrünmalz versetzt (Gersten- und Kartoffelmaische). In Amerika, Finnland und Schweden wird Wodka ausschließlich aus Getreide hergestellt (Grain Vodka).
Bei Wodka will man im Gegensatz zu anderen Spirituosen ein neutral schmeckendes Produkt. Durch das mehrmalige Brennen und Destillieren verliert Wodka auch fast alle Geschmacksstoffe, er wird rein und weich.

Destillation

Die oben genannte Maische wird meist in einem zweimaligen, in manchen Fällen auch in einem dreimaligen Brennvorgang im Patent-still-Verfahren (siehe Seite 485 ff.) destilliert.

↓

Filtration

Das Destillat wird so lange über Kohle oder Holzkohlenfilter filtriert, bis der Wodka möglichst geschmacksneutral und weich ist.
Zur Erzielung der Weichheit des Geschmacks sind heute jedoch auch andere Behandlungs- und Filtrationsverfahren üblich.

↓

Lagerung

Wodka wird in Edelstahltanks oder in glasierten Steingutbehältern gelagert, damit er keinen fremden Geruch, Geschmack und keine Farbe annehmen kann.

↓

Verdünnen

Mit destilliertem bzw. demineralisiertem Wasser wird Wodka in der Regel auf eine Trinkstärke von 40 bis 55 Vol.-% gebracht. Es gibt jedoch auch Extratrinkstärken bis 80 Vol.-%.

↓

Abfüllung

Arten

Klare Wodkas: Sie sind neutral im Geschmack, rein und weich.
Versetzte Wodkas: Sie werden mit Aromastoffen wie Bison-, Büffel- und Mariengras versetzt und haben eine Trinkstärke von 40 Vol.-% und mehr. Wodka wird aber auch mit Orangen, Mandarinen, Zitronen, Grapefruits, Äpfeln, Schlehen, Weichseln und Kirschen versetzt. Die Trinkstärke reicht von 25 bis 40 Vol.-%.

Wodka von A bis Z

Absolut – Schweden
Aus Getreide hergestellt
40 Vol.-% (blaues Etikett)
50 Vol.-% (rotes Etikett)
Vertrieb in Österreich:
Fa. Seagram, Wien

Allenka Vodka – USA
110 Proof/55 Vol.-%

Allen's Vodka – USA
94,4 Proof/47,2 Vol.-%

American Vodka – USA
80 Proof/40 Vol.-%

Anatevka – USA
80 Proof/40 Vol.-%

Baczewski Vodka – USA
100 Proof/50 Vol.-%

Badel Kasačok – Jugoslawien
40 Vol.-%
Erzeugnis der Fa. Badel, Zagreb

Baltic Special Vodka – Polen
40 Vol.-%
Erzeugnis des Monopolbetriebes Polmos, Warschau; Lizenzvergabe an einige Ostblockländer

Banzai Vodka – USA
80 und 100 Proof/40 und 50 Vol.-%

Barton's Vodka – USA
80 Proof/40 Vol.-%

Bellows Vodka – USA
80 Proof/40 Vol.-%

Bolshoi Vodka – USA
80 Proof/40 Vol.-%
Erzeugnis der Fa. Seagram
Vertrieb in Österreich: Fa. Seagram, Wien

Boord's Vodka – USA
80 Proof/40 Vol.-%

Borzoi Wodka
Nach russischem Originalrezept in vielen Ländern in Lizenz hergestellt; 40 Vol.-%

Burrough's Vodka – England
91,4 Proof/45,7 Vol.-%
Erzeugnis der Fa. James Burrough Ltd., London, gegründet 1820

Canada Dry Vodka – USA
80 Proof/40 Vol.-%

Closter Overproof Vodka – USA
103 Proof/51,5 Vol.-%

Čoka Vodka – Jugoslawien
40 Vol.-%
Erzeugnis der Fa. Čoka, Vinograd

Cossack Vodka – USA
80 und 100 Proof/40 und 50 Vol.-%

Crown Russe Vodka – USA
80 und 100 Proof/40 und 50 Vol.-%

Crystal Wodka – Jugoslawien
40 Vol.-%

Dr. Schiwago Wodka – Jugoslawien
40 Vol.-%
Erzeugnis der Fa. Takovo, Gornji Milanovac

Duggans Vodka – USA
90,4 Proof/45,2 Vol.-%

Eristoff Wodka
Nach Originalrezept des russischen Fürsten Nicolaus Alexandrowitsch Eristoff in vielen Ländern in Lizenz hergestellt
40 Vol.-%
Erzeugung und Vertrieb in Österreich: Fa. Martini & Rossi

Eristoff Vodka
Versetzter Wodka
Mit Schlehen aromatisiert; nach Originalrezept des russischen Fürsten Nicolaus Alexandrowitsch Eristoff in vielen Ländern in Lizenz hergestellt; rot
23 Vol.-%
Erzeugung und Vertrieb in Österreich: Fa. Martini & Rossi, Wien

Finlandia – Finnland
40 und 50 Vol.-%
Erzeugnis der Fa. Rajamäki, Finnland

Firewater Vodka – USA
105 Proof/52,5 Vol.-%

Fleischmann's Royal Vodka – USA
80 und 100 Proof/40 und 50 Vol.-%

Georgi Vodka – USA
80 Proof/40 Vol.-%

Gilbert's Vodka – USA
80 Proof/40 Vol.-%

Gilbey's Vodka – USA
80 und 100 Proof/40 und 50 Vol.-%

Glenmore Vodka – USA
80 Proof/40 Vol.-%

Gorbatschow Wodka – BRD
40 Vol.-% (blaues Etikett)
55 Vol.-% (schwarzes Etikett)
Erzeugnis der Fa. Gorbatschow & Co., Berlin

Gordon's Vodka – USA, England
80 und 100 Proof/40 und 50 Vol.-%

Gorzalka – Polen
Aus Roggen hergestellt
Lagerzeit mind. 10 Jahre in Eichenfässern; hellbraun, blank
40 Vol.-%

Gorzalka – UdSSR
Aus Getreide hergestellt; wörtliche Übersetzung „Gebranntes"
40 Vol.-%

Graf Keglevich
Nach altem Rezept des ungarischen Grafen Stephan Keglevich in vielen Ländern in Lizenz hergestellt
40 Vol.-%
Erzeugung und Vertrieb in Österreich: Fa. Stock, Linz

Grasovka – UdSSR, Polen
Versetzter Wodka
Mit Bisongras aromatisiert; gelbgrüner Schimmer, blank
42 Vol.-%

Hiram Walker Crystal Palace Vodka – USA
80 Proof/40 Vol.-%

Jacquin Vodka – USA
80 und 100 Proof/40 und 50 Vol.-%

Jalowcówka – Polen
Versetzter Wodka
Mit Wacholderbeeren aromatisiert

Kamchatka Vodka – USA
80 Proof/40 Vol.-%

Katrinka Vodka – USA
80 Proof/40 Vol.-%

Kord Vodka – USA
80 Proof/40 Vol.-%

Kosakenvodka Matka – BRD
40 Vol.-%
Erzeugnis der Fa. Kosaken-Kaffee Krisch, Preetz/Holstein

Koskenkorva Vodka – Finnland
40, 50 und 60 Vol.-%
Vertrieb in Österreich:
Fa. Roullet, Wien

Krepkaya Vodka – UdSSR, Polen
56 Vol.-%

Luksusowka – Polen
Für Export in USA als Luxusona bezeichnet; 40 und 50 Vol.-%
Erzeugnis des Monopolbetriebes Polmos, Warschau

Majorska Vodka – USA
80 und 100 Proof/40 und 50 Vol.-%

Mash Vodka – USA
80 Proof/40 Vol.-%

Melnikow – UdSSR
Auf Kornbasis hergestellt
45 Vol.-%

Moskovskaya Wodka – UdSSR
Auch Moskovskaja, Moskowskaja und Moskowskaya; ursprünglich mit 57 Vol.-% hergestellt, heute für den Export standardisiert auf 40 Vol.-%; grünes Etikett
Vertrieb in Österreich:
Fa. Asbach-Doornkaat, Wien

Moskovskaya Osobaya – UdSSR
Besonders mild
40 Vol.-%

Myśliwska – Polen
40 Vol.-%

Navip Slavijanskaya Vodka – Jugoslawien
40 Vol.-%
Erzeugnis der Fa. Navip-Zemun, Belgrad

Nikita Wodka – BRD
40 Vol.-%
Erzeugnis der Fa. Doornkaat AG, Norden/Ostfriesland

Nikolai Vodka – USA
80 und 100 Proof/40 und 50 Vol.-%

Nuyens Vodka – USA
80 Proof/40 Vol.-%

Originalna Vodka Apostolska – Jugoslawien
42,3 Vol.-%
Erzeugnis der Fa. Destilacija Dana, Mirna

Orzechówka – Polen
Versetzter Wodka
Mit Nußaroma; dunkelbraun

Old Mr. Boston Vodka – USA
80 und 100 Proof/40 und 50 Vol.-%

Park & Tilford Vodka – USA
80 Proof/40 Vol.-%

Pertsovka – UdSSR
Versetzter Wodka
Mit ausgeprägtem Paprikageschmack; pikant; klar, rötlich
40 Vol.-%

Pieprzówka – Polen
Versetzter Wodka
Mit Kresse aromatisiert; wörtliche Übersetzung „Pfefferwodka"

Popov Vodka – USA
80 und 100 Proof/40 und 50 Vol.-%

Puschkin Vodka Chrystal
Nach russischem Originalrezept in vielen Ländern in Lizenz hergestellt; 40 Vol.-%

Regal Club Vodka – USA
80 Proof/40 Vol.-%

Relska Vodka – USA
80 Proof/40 Vol.-%

Relsky Wodka
Nach russischem Originalrezept in vielen Ländern in Lizenz hergestellt
40 Vol.-%
Erzeugung und Vertrieb in Österreich: Fa. Mounier, Wien

Rogoschin Wodka
Nach Originalrezept der Fa. Bols, Amsterdam, in vielen Ländern in Lizenz hergestellt
40 Vol.-%
Erzeugung und Vertrieb in Österreich: Fa. Mautner-Markhof, Wien

Romanoff Vodka – USA
80 Proof/40 Vol.-%

Roter Rogoschin
Versetzter Wodka
Mit Schlehen aromatisiert; rot; nach Originalrezept der Fa. Bols, Amsterdam, in vielen Ländern in Lizenz hergestellt
Erzeugung und Vertrieb in Österreich: Fa. Mautner-Markhof, Wien

Rubinoff Vodka – USA
80 Proof/40 Vol.-%

Samovar Vodka – USA
86,8 Proof/43,4 Vol.-%

Schenley Vodka – USA
80 Proof/40 Vol.-%

Seagram's Imported Vodka – Kanada
80 Proof/40 Vol.-%
Erzeugnis der Seagram Distillers Company
Vertrieb in Österreich: Fa. Seagram, Wien

Seyringer Grapefruit mit Schuß – Österreich
Versetzter Wodka
Mit Grapefruit gefertigt; gelbbraun, trüb
25 Vol.-%

Sibirskaya – UdSSR
Auch Sibirskaja; sibirischer Wodka; aus 100 % Wintergetreide hergestellt
42 Vol.-%
Vertrieb in Österreich: Fa. GHG, Linz

Skol Vodka – USA
80 Proof/40 Vol.-%

Smirnoff
Nach Originalrezept von Pierre Smirnoff in vielen Ländern in Lizenz hergestellt
40 Vol.-% (rotes Etikett)
50 Vol.-% (blaues Etikett)
Erzeugung und Vertrieb in Österreich: Fa. Scharlachberg, Salzburg

Smirnoff De Czar Special Reserve Vodka – USA
82,6 Proof/41,3 Vol.-% (grünes Etikett)
Erzeugnis der Fa. Ste. Pierre Smirnoff et Fils, Hartford/Connecticut

Smirnoff Silver Hexagonal Vodka – USA
90,4 Proof/45,2 Vol.-%

Smirnoff Silver Label Vodka – USA
90,4 Proof/45,2 Vol.-%

Smirnoff, Pierre
Gründete 1818 in Moskau die gleichnamige Wodkaerzeugerfirma; sein Wodka erhielt viele Auszeichnungen; heute gehört die Firma Ste. Pierre Smirnoff et Fils zum amerikanischen Spirituosenkonzern Heublein in Hartford/Connecticut

Soplica – Polen
Versetzter Wodka
Mit Apfelaroma

Sovetskaya Pertsovka – UdSSR
Ausschließlich für den Export in die USA hergestellt
70 Proof/35 Vol.-%

Special Vodka – Jugoslawien
40 Vol.-%
ausschließlich in 0,5-l-Flaschen abgefüllt

Specjalna Żytnia – Polen
Auf Roggenbasis hergestellt
40 Vol.-%

Starka – Polen
Versetzter Wodka
Mit Malagawein, früher mit Tokajer versetzt

Starka - UdSSR
Versetzter Wodka
Mit Blättern des Krimapfel- und Krimbirnenbaumes aromatisiert und mit Likörwein versetzt
43 Vol.-%

Stolichnaja - UdSSR
Auch Stolichnaya, Stolitschnaja und Stolitschnaya; mit geringem Zuckerzusatz; früher 48 Vol.-%; heute 40 Vol.-% (rotes Etikett) und 50 Vol.-%
Vertrieb in Österreich: Fa. GHG, Linz

Stolowaja - UdSSR
Auch Stolovaja, Stolowaya und Stolovaya
50 Vol.-%

Stonehouse Vodka - USA
80 Proof/40 Vol.-%

Stuyvesant Vodka - USA
80 Proof/40 Vol.-%

Suntory Vodka - Japan
40 Vol.-%
Erzeugnis der Fa. Suntory Ltd., Osaka und Tokio

Takovo Limun Vodka - Jugoslawien
Versetzter Wodka
Mit Zitrone aromatisiert
40 Vol.-%

Tamirov Vodka - USA
80, 90 und 100 Proof/40, 45 und 50 Vol.-%

Tarniówka - Polen
Versetzter Wodka
Mit Schlehen aromatisiert

Tchaïka Vodka - Frankreich
Auf Weizenbasis hergestellt
40 Vol.-%
Erzeugnis der Fa. Moët-Hennessy, Cognac

Tovarisch Vodka - USA
80 Proof/40 Vol.-%

Turov Vodka - BRD
40 Vol.-%
Erzeugnis der Fa. Hasse, Steinhagen

Turgenjew Wodka - Österreich
38 Vol.-%
Erzeugnis der Fa. Landrichter, Wien

Tvarscki Double Vodka - USA
160 Proof/80 Vol.-%

Ukrainskaja Gorilka - UdSSR
Versetzter Wodka
Mit feinem Lindenblüten- und -honigbukett
45 Vol.-%

Vickers Vodka - USA
80 Proof/40 Vol.-%

Vladivar Imperial - England
80 Proof/40 Vol.-%
Erzeugnis der Fa. Gilbert & John Greenall Ltd., Warrington
Vertrieb in Österreich: Fa. Polacek, Gerasdorf/Wien

Vodka De Kuyper - Holland
40 Vol.-%
Erzeugnis derFa. De Kuyper, Amsterdam

White Crown Vodka - USA
80 Proof/40 Vol.-%

Wisniowka - Polen
Versetzter Wodka
Mit Kirschsaft aromatisiert

Wodka Maska - Jugoslawien
40 Vol.-%
Erzeugnis der Fa. Talis, Marburg

Wolfschmidt Vodka - USA
80 und 100 Proof/40 und 50 Vol.-%

Wundrovka Wodka - Österreich
40 Vol.-%
Erzeugnis der Fa. Wunderlich, Wien

Wyborowa – Polen
Auch Wyborva; auf Kornbasis hergestellt
40, 45 und 50 Vol.-%
Erzeugnis des Monopolbetriebes Polmos, Warschau
Vertrieb in Österreich:
Fa. Gürtler, Wien

Yubileynaja Osobaja – UdSSR
Versetzter Wodka
Erstmals Mitte der fünfziger Jahre hergestellt; mit Kräutern, Honig und Weindestillat aromatisiert
50 Vol.-%

Yuri Vodka – USA
80 Proof/40 Vol.-%

Zubrovka – UdSSR, Polen
Versetzter Wodka
Auch Zubrowka, Subrovka und Subrowka; das russische Produkt ist mit Bisongras versetzt; das polnische hat nur einen Bisongrashalm in der Flasche und ist daher heller in der Farbe; grünlich, blank
40 Vol.-%

Żyntia – Polen, UdSSR
Auf Roggenbasis hergestellt
40 Vol.-%
Erzeugnis des Monopolbetriebes Polmos, Warschau und des Monopolbetriebes Sojusplodoimport, Moskau
Vertrieb in Österreich:
Fa. Mounier, Wien

Żyntia Extra – Polen, UdSSR
Auf Roggenbasis hergestellt; ausschließlich für den Export erzeugt
40 Vol.-%

Żyntia Specjalna – Polen, UdSSR
Auf Roggenbasis hergestellt
45 bis 80 Vol.-%

SONSTIGE GETREIDEBRANNTWEINE

In diesem Kapitel sind alle Getreidedestillate zusammengefaßt, die nicht den Produktgruppen Aquavit, Genever, Gin, Whisk(e)y oder Wodka zuzuordnen sind. D. h., es sind alle Erzeugnisse auf Basis von Roggen, Weizen, Gerste, Hafer, Mais, Reis, Hirse, Mohrenhirse, Buchweizen, Getreidetrestern oder Biertrestern.
Reisbranntweine, Getreidebranntweine und **Biertresterbranntweine** haben nur regionale Bedeutung. Zum Mixen in der Bar werden sie kaum verwendet.
Näheres zu den Tresterbranntweinen siehe Seite 517 ff.

Aloja – Argentinien
Branntwein aus Getreide
wasserklar
zirka 40 Vol.-%

Apfelkorn
Ist ein mit Apfelsaft (oder Apfeldicksaft) gefertiger Getreidebranntwein

Bagaceira – Südamerika
Branntwein aus Getreide oder Getreidetrestern
klar, gelblich
andere Bezeichnung: Bagaco

Bagaco
Andere Bezeichnung für →Bagaceira

Berliner Kümmel – BRD
Branntwein aus Getreide
Mit Kümmel gefertigt;
hervorragende Qualität;
ausschließlich in Berlin hergestellt; in achteckigen Flaschen im Handel
wasserklar
40 Vol.-%
auch als Likör erzeugt

Bierbranntwein
Bayerische Bezeichnung für →Biertresterbranntwein

Biertresterbranntwein
Branntwein aus Biertrestern (Rückstände der geläuterten Biermaische)

Bolonachi – Ägypten
Branntwein aus Getreide
Weist starken Rauchgeschmack auf; dem schottischen Whisky ähnlich; hellbraun
40 Vol.-%

Breslauer
Deutsche Bezeichnung für einen Branntwein aus Getreide, der früher ausschließlich in Breslau erzeugt wurde

Bromi – Philippinen
Branntwein aus Getreide
Aus Reis hergestellt;
klar, gelblich; 26 Vol.-%

Chicha – Mittel- und Südamerika
Branntwein aus Mais
wasserklar, scharf brennend
40 bis 60 Vol.-%

Chicha de Morado – Peru
Branntwein aus Mais
Ausschließlich aus violetten Maissorten hergestellt; erinnert im Geschmack an Bourbon Whisk(e)y

Choclo – Ekuador
Branntwein aus Getreide
Hauptsächlich aus Mais und einer Getreidemischung hergestellt

Doornkaat
Bekannte deutsche Spirituosenerzeugerfirma; gegründet 1806 in Norden/Ostfriesland; bis heute ein Familienunternehmen

Doornkaat Der Ostfriesische – BRD
Branntwein aus Getreide
wasserklar
38 Vol.-%
Erzeugnis der Doornkaat AG, Norden/Ostfriesland
Vertrieb in Österreich: Fa. Asbach-Doornkaat, Wien

Edelkorn
Andere Bezeichnung für →Kornbrand-Doppelkorn

Finkel Jochen – Norwegen
Branntwein aus Getreide
Mit Wacholderbeerauszügen gefertigt; auch als norwegischer Gin bezeichnet; wasserklar
38 Vol.-%

Fürst Bismarck – BRD
Branntwein aus Getreide
wasserklar
38 Vol.-%
Vertrieb in der BRD: Fa. Asbach, Rüdesheim/Rhein

Fürst Bismarck Kornbrand – BRD
Branntwein aus Getreide
wasserklar
40 Vol.-%

Fürstensteiner Steinhäger – BRD
Branntwein aus Getreide
Ausgeprägter Wacholdergeschmack; wasserklar
40 Vol.-%
Erzeugnis der Fa. Fürstenhöfer, Steinhagen/Westfalen

Fu-Kwat-Muk-Kwa – China
Branntwein aus Getreide
Aus Reis mit Zusatz von Quitten und Tigerknochen gefertigt

Gelber Wein
Andere Bezeichnung für →Reiswein

Genje Sake – Japan
Branntwein aus Getreide
Aus Reis hergestellt; hellgelb
17,5 Vol.-%

German Gin
Englische Bezeichnung für →Steinhäger

Gründerbrand 1981 – BRD
Branntwein aus Getreide
Nach dem Originalrezept von Jan ten Doornkaat Koolmars, der 1806 die Fa. Doornkaat gründete, hergestellt; zum 175jährigen Firmenjubiläum der Fa. Doornkaat herausgegeben; wasserklar
40 Vol.-%
Vertrieb in Österreich: Fa. Asbach-Doornkaat, Wien

Hardenberg Rittersporn – BRD
Branntwein aus Getreide
Aus Roggen hergestellt; wasserklar
34 Vol.-%
Erzeugnis der Fa. Gräflich von Hardenberg'sche Kornbrennerei, Nörten-Hardenberg

Hasse's Original Steinhäger – BRD
Branntwein aus Getreide
wasserklar
45 Vol.-%
Erzeugnis der Fa. Hasse, Steinhagen/Westfalen

Hsi-Feng – China
Branntwein aus Getreide
Aus Sorghum (Mohrenhirse) hergestellt; klar bis hellgelb
28 bis 30 Vol.-%

Jaloviina – Finnland
Branntwein aus Getreide

Jückemöller Bure Korn – BRD
Branntwein aus Getreide
wasserklar
38 Vol.-%
Erzeugnis der Fa. Jückemöller, Steinhagen/Westfalen

Jückemöller Steinhäger – BRD
Branntwein aus Getreide
Ausgeprägter Wacholdergeschmack; wasserklar
40 Vol.-%

Kao-Liang – China
Branntwein aus Getreide
Aus Sorghum (Mohrenhirse) hergestellt; klar bis hellgelb
28 bis 30 Vol.-%

Klarer
Deutsche Bezeichnung für einen Trinkbranntwein einfachster Art, der meist aus Monopolsprit und Wasser hergestellt wird; auch als Weißer bezeichnet

Kohala – Thailand
Branntwein aus Getreide
Aus Gerste hergestellt

Korn
1. Abkürzung für Kornbranntwein
2. Sammelbezeichnung für Getreidearten
3. Die meistangebaute Getreideart eines Landes, z. B. in den USA: Corn = Mais; in Canada: Corn = Roggen usw.

Kornbrand-Doppelkorn
Ist ein →Kornbranntwein, dessen Mindestalkoholgehalt in der Bundesrepublik Deutschland 38 Vol.-% betragen muß; auch als Edelkorn bezeichnet

Kornbranntweine
Nach deutschem Gesetz Branntweine, die ausschließlich aus Gerste, Hafer, Weizen, Buchweizen und Roggen hergestellt werden; die charakteristischen Eigenschaften eines Kornbranntweines müssen erkennbar sein; die Verwendung von ätherischen Ölen zum Aromatisieren ist verboten; ihr Mindestalkoholgehalt muß 32 Vol.-% betragen

Kornfeindestillat
Die deutsche Bezeichnung für einen feinen, reinen Branntwein aus Korn; auch Kornsprit genannt

Kornkümmel
Deutsche Bezeichnung für einen Branntwein aus Getreide, der mit Kümmel aromatisiert wird

Kornsprit
Andere Bezeichnung für →Kornfeindestillat

Laubenpieper Apfelschluck – BRD
Branntwein aus Getreide
Mit Apfelsaft gefertigt; gelblich, klar
25 Vol.-%
Erzeugnis der Fa. Fugger, Steinacker KG, Berlin

Mo-Rai – China
Branntwein aus Getreide
Aus Reis hergestellt; mit Geflügelfleisch versetzt

Mounier Wodka – Österreich
Branntwein aus Getreide
wasserklar
38 Vol.-%
Erzeugnis der Fa. Mounier, Korneuburg

Mow Toy Wine
Andere Bezeichnung für →Mui Kwe Lu

Münchner Kindl – BRD
Branntwein aus Getreide
Aus Korn, Hopfen und Malz gefertigt; wasserklar
38 Vol.-%
Erzeugnis der Fa. Riemerschmid, München

Münsterländer – BRD
Branntwein aus Getreide
Originalprodukte tragen die Herkunftsbezeichnung „echt" oder „original" Münsterländer im Markennamen und kommen aus Westfalen; steht nur Münsterländer auf dem Etikett, so kann dieser überall in der Bundesrepublik Deutschland erzeugt werden

Mui Kwe Lu – China
Branntwein aus Getreide
43 bis 51 Vol.-%

Niewarker – BRD
Branntwein aus Getreide
Aus Weizen hergestellt
wasserklar
40 Vol.-%

Nordhäuser – BRD
Branntwein aus Getreide
wasserklar; 40 Vol.-%

Norwegischer Gin
Andere Bezeichnung für → Finkel Jochen

Old Boy's Whisky – Jugoslawien
Branntwein aus Getreide
Mit Karamel gefärbt und aromatisiert
Erzeugnis der Fa. Talis, Marburg

Olle – Guatemala
Branntwein aus Getreide
wasserklar
38 bis 40 Vol.-%

Ostdeutscher
Deutsche Bezeichnung für einen Trinkbranntwein mit keinem ausgeprägten Aroma

Pequet de Liège – Belgien
Branntwein aus Getreide
Ähnlich dem Genever, jedoch herber im Geschmack; wasserklar
40 Vol.-%

Ponteen – Irland
Branntwein aus Getreide
wasserklar
40 Vol.-%

Premium Koshu Sake – Japan
Branntwein aus Getreide
Aus Reis hergestellt; gelbbraun, klar; 17 Vol.-%
wird traditionsgemäß heiß serviert
Erzeugnis der Furusawa Sake Brewing Ltd., Yamagata

Raunikar Korn – Österreich
Branntwein aus Getreide
wasserklar
40 Vol.-%
Erzeugnis der Fa. Raunikar, Feldkirchen in Kärnten

Reisbranntwein
Branntwein aus Getreide
Aus Reis durch dreimalige Destillation hergestellt; klar
Ca. 20 bis 30 Vol.-%

Reiswein
In China und Tibet gebräuchliche Bezeichnung für einen Branntwein aus Reis
andere Bezeichnungen: Gelber Wein, Sake

Sake
Japanische Bezeichnung für → Reiswein

Sake Sui Shin – Japan
Branntwein aus Getreide
Aus Reis hergestellt
gelblich; 18 Vol.-%

Sam-Djiu
Andere Bezeichnung für
→ Samshu

Samshu – Ostasien
Branntwein aus Getreide
Aus Reis oder Sorghum (Mohrenhirse) hergestellt; dieses Produkt wird in der Regel dreimal destilliert und auf einen Alkoholgehalt von 20 bis 30 Vol.-% reduziert
Andere Bezeichnungen:
Santschoo und Sam-Djiu

Santschoo
Andere Bezeichnung für
→ Samshu

Schinkenhäger – BRD, Österreich
Branntwein aus Getreide
Auch „echter Steinhäger" genannt; wasserklar
38 Vol.-%
Erzeugnis der Fa. Bauer, Steinhager und Graz

Schnapper
Altdeutsches Wort, das soviel wie Schluck bzw. „eine einmalige Mundfüllung" bedeutet; das Wort Schnaps wurde davon abgeleitet

Schnapps
Amerikanische Schreibweise für → Schnaps

Schnaps
Im Volksmund Sammelbezeichnung für alle klaren Branntweine; von → Schnapper abgeleitet

Seyringer Apfel mit Schuß – Österreich
Branntwein aus Getreide
Mit dem Saft vollreifer Äpfel gefertigt; klar, bräunlich
25 Vol.-%
Erzeugnis der Fa. Seyringer Schloßbrände, Seyring, die im Besitz der Fa. Asbach-Doornkaat, Wien, ist

Steinhäger
Branntwein aus Getreide
Ausgeprägter
Wacholdergeschmack und -geruch; erstmals 1552 in Steinhagen in Westfalen erzeugt
40 bis 45 Vol.-%

Steinheger
Andere Schreibweise für → Steinhäger

Sura – Sri Lanka
Branntwein aus Getreide
Aus Reis unter Verwendung von Palmenblattspitzen hergestellt

Uerdinger Klarer – BRD
Branntwein aus Getreide
wasserklar
40 Vol.-%

Weißer
Andere Bezeichnung für → Klarer

Wunderlich Korn – Österreich
Branntwein aus Getreide
wasserklar
40 Vol.-%
Erzeugnis der Fa. Wunderlich, Wien

Zeer Oude Batavia Arrak – Java
Branntwein aus Getreide
Aus Reis, tropischen
Pflanzensäften und
Zuckerrohrsirup gefertigt;
klar mit Gelbton
40 Vol.-%

Branntweine

Obstdestillate

Zu jedem Kapitel werden die gesetzlichen Bestimmungen in Österreich, in der Bundesrepublik Deutschland und in der Schweiz sowie die jeweiligen Erzeugungsverfahren angeführt.

OBSTDESTILLATE

Dazu zählen alle Branntweine aus Beerenfrüchten, aus Steinobst und aus Kernobst. Zur Herstellung werden die frischen, vollen und vergorenen Früchte oder deren Fruchtfleisch bzw. Saft verwendet. Ein Zusatz von Zucker, anderen zuckerhaltigen Stoffen oder Alkohol ist nicht erlaubt. Eine Ausnahme bilden die als Geiste hergestellten Obstdestillate. Dabei werden die Früchte vor der Destillation in hochprozentigem Alkohol ausgelaugt.

Die **Obsttresterbranntweine,** die aus den Rückständen der Fruchtmaische oder Fruchtpresse hergestellt werden, wurden ebenfalls unter die Obstdestillate gereiht, und zwar zur jeweiligen Obstgattung.
Obsttresterbranntweine sind zwar Spezialitäten, haben jedoch in Folge ihrer geringen Herstellungsmenge wenig Bedeutung.
In Italien werden diese Produkte als „Grappa", in der Schweiz und in Frankreich als „Marc de..." bezeichnet.

Die Destillate aus Wildfrüchten und Schalenobst wurden in das Kapitel „Destillate aus sonstigen Pflanzen und Früchten" eingearbeitet (siehe Seite 717 ff.).

Bei den Obstdestillaten unterscheidet man zwischen wasserklaren Obstdestillaten, die in Ton-, Stein- und Glasgefäßen gelagert werden, um keine Farbe anzunehmen, und klaren Obstdestillaten, die in Holzfässern Farbe annehmen. Die Farbskala reicht je nach Lagerdauer von einem lichten Schimmerton bis zu Cognacbraun.
Obstdestillate sind jedoch immer klar. In der Regel werden sie in Trinkstärken von 38 bis 45 Vol.-% angeboten.

Im deutschsprachigen Raum werden Branntweine aus Obst gemeinhin als **Obstler** bezeichnet. Obstler wird aus Mischobst hergestellt. Bei Spitzenerzeugnissen wird jedoch meist nur Kernobst wie Äpfel und Birnen verwendet.
In der Bundesrepublik Deutschland ist die Bezeichnung Obstler bzw. Obstwasser für Kernobstbranntweine nur dann zulässig, wenn ein deutlich lesbarer Zusatz auf dem Etikett darauf hinweist, daß dieser nur aus Birnen und/oder Äpfeln hergestellt wurde.
Obstler ist wasserklar und weist meistens zwischen 40 und 45 Vol.-% Alkoholgehalt auf.
Je nach Reife und Zuckergehalt der Früchte ist die Ausbeute an Alkohol in reinster Form unterschiedlich hoch.
Aus 100 kg Äpfeln gewinnt man 2,8 bis 7,7 Liter, aus 100 kg Birnen 3 bis 6,5 Liter und aus 100 kg Obsttrestern 0,1 bis 4 Liter reinen Alkohol.

Nach der **Herstellung** werden die Obstdestillate in die Gruppen Geiste, Wässer und Brände klassifiziert.

Geiste
Um die Geschmacksstoffe der Früchte auszulaugen, werden sie vor der Destillation mit hochprozentigem Alkohol versetzt. Geiste werden hauptsächlich aus zuckerarmen Früchten, wie Beeren, hergestellt.

Wässer
Die Herstellung der Wässer erfolgt durch Destillation der vergorenen Fruchtmaische, der keinerlei Beigaben zugesetzt werden dürfen. Wässer werden hauptsächlich aus Steinobst hergestellt.

Brände sind Spirituosen, die in ihrer Bezeichnung die Endsilben „... brand", „... brandt", „... brannt" und „... brant" enthalten und ausschließlich aus Originalalkohol gewonnen werden.
Brände können entweder als Geiste oder als Wässer hergestellt werden.

Die bekanntesten Obstdestillate kommen aus Österreich, der Bundesrepublik Deutschland, aus der Schweiz, aus Frankreich, Ungarn und Jugoslawien.

Gesetzliche Bestimmungen

In Österreich

Echte Edelbrände aus Obst mit einem Mindestalkoholgehalt von 38 Vol.-%. Die Bezeichnung „echt" weist darauf hin, daß die Destillate ohne Verwendung von neutralem Alkohol hergestellt werden.
Dazu zählen:
- Echter Slibowitz/Slivowitz
- Echter Kirschbranntwein (-wasser)
- Echter Marillenbranntwein (Barack)
- Echter Apfel-, Birnenbranntwein bzw. Mischungen (z. B. echter Obstler)
- Echte Williamsbirne
- Echte Beerenbranntweine
- Calvados (aus Apfelwein)

Gestreckte Edelbranntweine aus Obst, Beeren oder Wurzeln mit einem Mindestalkoholgehalt von 35 Vol.-%.
Dazu zählen:
- Obstler
- Slibowitz/Slivowitz
- Marillenbrand
- Williamsbirne
- Eberesche/Vogelbeere
  Mindestens 30 Prozent des Alkoholgehaltes müssen aus Originaldestillat sein, der Rest ist Monopolalkohol.
- Enzian und Wacholder
  Mindestens 5 Prozent des Alkoholgehaltes müssen aus Originaldestillat sein.

In der Bundesrepublik Deutschland

Trinkbranntwein aus Obst
Dazu zählen:
- Obstler (aus Kernobst), 38 Vol.-%
- Obstbranntweine, 40 Vol.-%
- Kirschwasser, Zwetschkenwasser, Slibowitz (aus Steinobst)
- Williams-Birnen-Brand (aus Kernobst)
- Himbeergeist, Brombeergeist, Heidelbeergeist etc. (aus Beerenobst und Alkohol)
- Calvados (aus Apfelwein), 40 Vol.-%

In der Schweiz

Trinkbranntweine aus Obst und Beeren mit einem Mindestalkoholgehalt von 40 Vol.-%, höchstens darf er 55 Vol.-% betragen.

In der Bundesrepublik Deutschland und in der Schweiz dürfen Branntweine aus Obst (Brand, Wasser, Geist) nicht mit neutralem Alkohol verschnitten werden. Dies würde eine Verfälschung darstellen und zur Verkehrsunfähigkeit der jeweiligen Produkte führen.
Verschnitte von Obstwässern und Geisten untereinander sind dagegen erlaubt. Es dürfen jedoch nur die Obst- oder Beerenarten genannt werden, die zur Herstellung des jeweiligen Branntweines verwendet wurden. Begriffe wie „Kernobst“ oder „Steinobst“ sind ebenfalls erlaubt, wenn zur Herstellung des Obstbranntweines ausschließlich Früchte dieser Gattung verwendet wurden.
Die Bezeichnung „Obstbranntwein“ weist nicht auf eine Obst- oder Beerenart hin und ist deshalb nur für Branntweine aus mehreren Obstarten zulässig.

BRANNTWEINE AUS KERNOBST

BRANNTWEINE AUS ÄPFELN

In dieser Gruppe werden alle gebrannten Erzeugnisse zusammengefaßt, deren Grundlage Äpfel, Apfelsaft oder Apfelwein ist. Zu den am meisten verwendeten Apfelsorten zählen Boskop, Gravensteiner, Ontario, Renette, Champagner Renette, Cox Orange Renette, Golden Delicious, James Grieve, Jonathan und Zuccamaglio.

Die Zuordnung unserer Produkte von A bis Z erfolgt auf der Grundlage nachstehender Gruppeneinteilung.

Eau-de-vie de Pommes
Französische Bezeichnung für alle Branntweine aus Apfelsaft.

Eau-de-vie de Cidre
Französische Bezeichnung für alle Branntweine aus Apfelwein, die nicht aus dem abgegrenzten Calvadosgebiet kommen.
Es gibt drei Qualitätsbezeichnungen: **Eau-de-vie de Cidre de Bretagne** (ausschließlich aus Äpfeln der Bretagne), **Eau-de-vie de Cidre de Normandie** (ausschließlich aus Äpfeln der Normandie) und **Eau-de-vie de Cidre de Maine** (ausschließlich aus Äpfeln aus Maine).

CALVADOS

Ist ein Eau-de-vie de Cidre aus kleinen unscheinbaren Mostäpfeln. Er darf ausschließlich aus Äpfeln des streng abgegrenzten Calvadosgebietes hergestellt werden. Calvados stammt aus einem Küstengebiet in der Normandie, wo 1588 ein Schiff mit dem Namen Calvador unterging. Das Gebiet erhielt den Namen Calvador. Ab etwa 1800 wurde es dann Calvados genannt. Calvados wird auch als **„Cognac aus Äpfeln"** bezeichnet. Der Franzose nennt ihn kurz Calva.
Das Calvadosgebiet gliedert sich in folgende Teilgebiete: Pays d'Auge – Cotentin – L'Avranchin – Mortainais – Calvador – Domfrontais – La Vallée de l'Orne – Perche – Pays de la Risle – Pays du Merlerault – Pays de Bray.

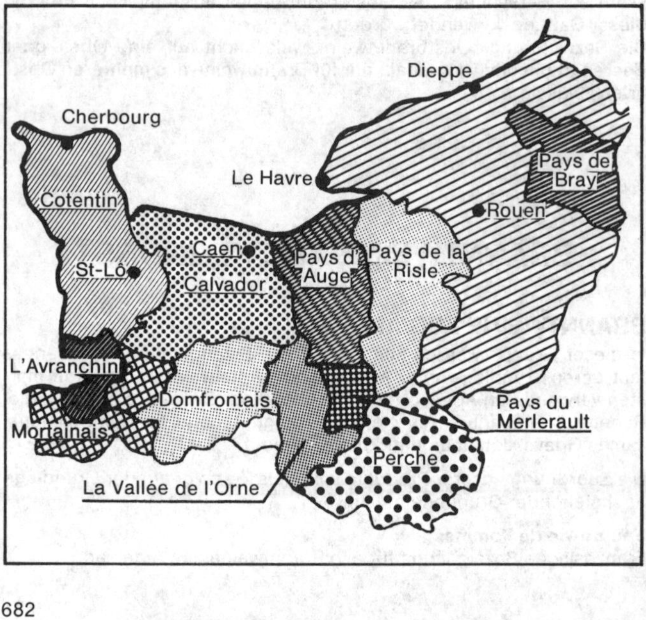

Pays d'Auge ist das einzige Calvadosgebiet, das seit dem Jahre 1942 eine „Appellation Controlée" hat. Dies besagt, daß der Calvados in diesem Gebiet aus gestampften Äpfeln mit einmonatiger Gärung und zweimaliger Destillation hergestellt werden muß, wobei 72 Vol.-% Alkoholgehalt erreicht werden müssen. Aus diesem Gebiet stammen die besten Calvadoserzeugnisse.
Um das Gebiet der Pays d'Auge ziehen sich hufeisenförmig die übrigen Calvadosgebiete.

Gesetzliche Bestimmungen

In Österreich

Echter Edelbrand aus Obst (aus Apfelwein) mit einem Mindestalkoholgehalt von 38 Vol.-%.

In der Bundesrepublik Deutschland

Trinkbranntwein aus Obst (aus Apfelwein) mit einem Mindestalkoholgehalt von 40 Vol.-%.

In der Schweiz

Trinkbranntwein aus Obstwein mit einem Mindestalkoholgehalt von 40 Vol.-%.

Erzeugung

Grundlage für die Herstellung von Calvados sind die kleinen unscheinbaren Mostäpfel dieses Gebietes.

Maischen

Die Maische wird mittels eigener Maschinen rasch zu einem feinen Brei, den der Franzose als **„le fromage"** bezeichnet, zermahlen. Danach wird die Maische in einer 14tägigen (bzw. einmonatigen), schnellen Gärung vergoren. Das vergorene Produkt nennt man **Cidre** (Apfelmost).

↓

Erste Zwischenlagerung

Dieser Apfelmost wird, nach Apfelsorten getrennt, in großen Fässern ein Jahr lang gelagert.

↓

Erste Destillation

Die Destillation erfolgt in zwei Brennvorgängen im Alambic-Verfahren (siehe Seite 487). Im ersten Brennvorgang erreicht das Destillat (Petit eau, Rauhbrand) etwa 25 Vol.-% Alkoholgehalt.

↓

Zweite Zwischenlagerung

Der Rauhbrand lagert nun mehrere Monate und wird dann ein zweites Mal gebrannt.

↓

Zweite Destillation

Im zweiten Brennvorgang wird der gelagerte Rauhbrand von Vor- und Nachlauf befreit, und nur der Mittellauf (Cœur, Herzstück), der 72 Vol.-% Alkoholgehalt aufweisen muß, wird zur weiteren Veredelung verwendet.

↓

Verschneiden

Das gewonnene Produkt wird nun mit destilliertem Wasser auf einen Alkoholgehalt von 55 bis 60 Vol.-% reduziert.

↓

Lagerung und Reifung

Diese vollzieht sich in neuen Eichenfässern, wobei sich der Alkoholgehalt bis auf die ideale Trinkstärke von 40 bis 50 Vol.-% verringert. Bei der Lagerung verringert sich nicht nur der Alkoholgehalt, sondern hier entfaltet das Produkt das gewünschte, köstliche Apfelbukett. Die Farbe ändert sich vom hellen, durchsichtigen Bernsteinfarbton je nach Alterung bis zum satten, fast undurchsichtigen Dunkelbraun. Die Mindestlagerdauer beträgt ein Jahr.

↓

Abfüllung

Vor der Abfüllung in Flaschen wird das Produkt zu einer immer gleichen Cuvée von den einzelnen Firmen „komponiert".

Namensbezeichnungen, gestaffelt nach dem Alter

mindestens zweijährige Faßlagerung	Vieux oder Réserve
mindestens dreijährige Faßlagerung	V.O. oder Vieille Réserve
mindestens vierjährige Faßlagerung	V.S.O.P.
mindestens fünfjährige Faßlagerung	Extra, Napoléon
über fünfjährige Faßlagerung	Age Inconnu, V.Y.O.
mindestens zehnjährige Faßlagerung	Hors d'Age

Marc de Pommes

Französische Bezeichnung für Branntweine aus Apfeltrestern.

BRANNTWEINE AUS BIRNEN

Darunter versteht man alle gebrannten Erzeugnisse, deren Grundlage Birnen, Birnensaft oder Birnenmost ist. Einige bekannte Birnensorten sind: Alexander Lucas, Boscs, Jeanne d'Arc, Gute Luise, Williams Christbirne und Madame Verté.

Eau-de-vie de Poires

Französische Bezeichnung für alle Branntweine aus Birnen.
Eine Besonderheit stellt der **Williams-Birnen-Brand (Eau-de-vie de Poires William)** dar. So darf nur ein Birnenbranntwein bezeichnet wer-

den, der ausschließlich aus der Maische der Williams Christbirne hergestellt wurde. Viele der Williams-Birnen-Brände haben eine ganze Frucht dieser Birnenart in der Flasche. Je länger man die Frucht mit dem Brand in der Flasche läßt, um so gehaltvoller wird dieser.

Marc de Poires
Französische Bezeichnung für alle Branntweine aus Birnentrestern.

Marc de Poires William
Französische Bezeichnung für alle Branntweine aus Trestern der Williams Christbirne.

BRANNTWEINE AUS QUITTEN

Darunter versteht man alle gebrannten Erzeugnisse, deren Grundlage Quitten sind. Quitten sind die birnen- bis apfelförmigen, herbsäuerlich bis bitter schmeckenden Früchte des Quittenbaumes, der in Zentralasien, Europa und Japan heimisch ist.

Eau-de-vie de Coing
Französische Bezeichnung für alle Branntweine aus Quitten.

Marc de Coing
Französische Bezeichnung für alle Branntweine aus Quittentrestern.

Branntwein aus Kernobst von A bis Z

Alpenland Obstler – Österreich
Branntwein aus Obst
Hauptsächlich aus Äpfeln und Birnen hergestellt; wasserklar
Erzeugnis der Fa. Scharlachberg, Salzburg

Apfelbrand
Andere Bezeichnung für Branntwein aus Äpfeln

Apfelbranntwein
Deutsche Bezeichnung für Branntwein aus Äpfeln

Apfelkorn
Korndestillat, das mit Apfelsaft gefertigt wird
andere Bezeichnung: Apfelkornschnaps
meist 35 bis 38 Vol.-%

Apfelkornschnaps
Andere Bezeichnung für →Apfelkorn

Apple Brandy
Englische und amerikanische Bezeichnung für Branntwein aus Äpfeln

Applejack
Amerikanische Bezeichnung für Branntwein aus Äpfeln

Aquardiente di Sidra – Spanien
Branntwein aus Äpfeln
Lagerung in alten Sherryfässern
40 Vol.-%

Bätzi – Schweiz
Branntwein aus Äpfeln
40 Vol.-%

Berghof Eau-de-vie de Poires Williams – Schweiz
Branntwein aus Birnen
Aus Williams Christbirnen hergestellt; wasserklar
40 Vol.-%
Erzeugnis der Berghof-Produkte Gesellschaft, Zug

Berghof Gravensteiner – Schweiz
Branntwein aus Äpfeln
Aus Gravensteiner Äpfeln hergestellt; wasserklar
40 Vol.-%

Birnenbrand
Andere Bezeichnung für Branntwein aus Birnen

Boulard Fine – Frankreich
Calvados
Branntwein aus Äpfeln
Region: Pays d'Auge
40 Vol.-%
Erzeugnis der Fa. Boulard, Yvetot, gegründet 1825
Vertrieb in Österreich: Fa. Martini & Rossi, Wien

Boulard Grande Fine – Frankreich
Calvados
Branntwein aus Äpfeln
Region: Pays d'Auge
40 Vol.-%

Boulard Hors d'Age – Frankreich
Calvados
Branntwein aus Äpfeln
Region: Pays d'Auge
43 Vol.-%
Trägt die Zusatzbezeichnung „Appellation Calvados Pays d'Auge Controlée"

Boulard X.Y.O. – Frankreich
Calvados
Branntwein aus Äpfeln
Lagerzeit 10 Jahre
40 Vol.-%

Bouquet – Frankreich
Calvados
Branntwein aus Äpfeln
40 Vol.-%
Trägt die Zusatzbezeichnung „Appellation Calvados Réglementée“
Erzeugnis der Fa. Kervent-Le Solencon, Boutiers

Busnel – Frankreich
Calvados
Branntwein aus Äpfeln
40 Vol.-%
betont pikanter Apfelgeschmack
Vertrieb in Österreich: Fa. Mounier, Wien

Calvaclub 1963 Vieille En Futs De Chene Depuis – Frankreich
Calvados
Branntwein aus Äpfeln
Region: Pays d'Auge; 40 Vol.-%
Erzeugnis der Fa. S.J.A.O., Paris
Vertrieb in Österreich: Fa. Roullet, Wien

Calvaclub V.O. – Frankreich
Calvados
Branntwein aus Äpfeln
40 Vol.-%

Calvador Très Vieux – Frankreich
Calvados
Branntwein aus Äpfeln
Region: Calvador; 40 Vol.-%

Cidre
Französische Bezeichnung für Apfelwein – das Ausgangsprodukt für die Calvadoserzeugung

Cidre doux
Französische Bezeichnung für Apfelsaft

Cloche de Corneville – Frankreich
Calvados
Branntwein aus Äpfeln
Region: Pont-Audemer
40 Vol.-%

Closter William Christ – BRD
Branntwein aus Birnen
Aus Williams Christbirnen hergestellt; wasserklar
40 Vol.-%

Coquerel Marquis de la Pomme – Frankreich
Calvados
Branntwein aus Äpfeln
40 Vol.-%
Vertrieb in Österreich: Fa. Mautner-Markhof, Wien

Coquerel Reglementée – Frankreich
Calvados
Branntwein aus Äpfeln
40 Vol.-%

Dauphin – Frankreich
Calvados
Branntwein aus Äpfeln
Region: Pays d'Auge
40 Vol.-%

Dettling Birn – Schweiz
Branntwein aus Birnen
Aus Williams Christbirnen hergestellt; wasserklar
40 Vol.-%
Erzeugnis der Fa. Dettling, Kanton Schwyz
Vertrieb in Österreich: Fa. Gürtler, Wien

Dettling Williams Birnengeist – Schweiz
Branntwein aus Birnen
Aus Williams Christbirnen hergestellt
43 Vol.-%

Diplomat Williams Birnenbrand – Österreich
Branntwein aus Birnen
Aus Williams Christbirnen hergestellt; wasserklar
40 Vol.-%
Erzeugnis der Fa. Spitz, Linz

Ducs de Normandie – Frankreich
Calvados
Branntwein aus Äpfeln
40 Vol.-%

Duverger Age Inconnu – Frankreich
Calvados
Branntwein aus Äpfeln
Region: Pays d'Auge
43 Vol.-%
Erzeugnis der Fa. Albert Duverger, Auge

Eau-de-vie de Cidre
Französische Bezeichnung für Branntwein aus Äpfeln, der einen Alkoholgehalt von 38 bis 42 Vol.-% aufweist, jedoch nicht aus dem geschützten Gebiet von Calvados kommt

Eau-de-vie de Coing
Französische Bezeichnung für Branntwein aus Quitten

Eau-de-vie de Fruits d'Alsace
Französische Bezeichnung für einen Branntwein aus Mischobst, der ausschließlich aus dem Elsaß kommt

Eau-de-vie de Pommes
Französische Bezeichnung für Branntweine aus Äpfeln, die nicht aus dem geschützten Gebiet von Calvados kommen

Echter Obstler – Österreich
Branntwein aus Äpfeln und Birnen
wasserklar
40 Vol.-%
Erzeugnis der Brennerei Guglhof, Hallein

Freiherr von Seldeneck Williams Birne – BRD
Branntwein aus Birnen
Aus Williams Christbirnen hergestellt; wasserklar
45 Vol.-%
Erzeugnis der Freiherrlich von Seldeneck'schen Brennerei, Wolfach im Schwarzwald
Vertrieb in Österreich: Fa. Asbach-Doornkaat, Wien

Freihof Obstler Echt – Österreich
Branntwein aus Äpfeln und Birnen
wasserklar
40 Vol.-%
Erzeugnis der Fa. Freihof, Lustenau

Fructal Tepkovec Naravno – Jugoslawien
Branntwein aus Birnen
wasserklar
40 Vol.-%
Erzeugnis der Fa. Fructal

Fructal Viljamovka – Jugoslawien
Branntwein aus Birnen
Aus Williams Christbirnen hergestellt; wasserklar
40 Vol.-%

Gilbert Age Inconnu – Frankreich
Calvados
Branntwein aus Äpfeln
42 Vol.-%
Erzeugnis der Fa. Gilbert, Milly, die eigene Calvadosgläser mit Deckel kreierte
Vertrieb in Österreich: Fa. Asbach-Doornkaat, Wien

Gilbert Carte Verte – Frankreich
Calvados
Branntwein aus Äpfeln
42 Vol.-%
besonders ausgeprägtes, frisches Apfelaroma

Gilbert Réserve – Frankreich
Calvados
Branntwein aus Äpfeln
42 Vol.-%

Gravensteiner – Österreich
Branntwein aus Äpfeln
Ausschließlich aus Gravenstei-

ner Äpfeln hergestellt
Erzeugnis der Fa. Freihof, Lustenau

Hugel Eau-de-vie de Fruits – Frankreich
Branntwein aus Früchten
Aus verschiedenen Früchten aus dem Elsaß hergestellt, wobei der Hauptanteil Äpfel und Birnen sind; wasserklar
45 Vol.-%
Erzeugnis der Fa. Hugel, Riquerwihr/Elsaß

Jochinger Hausbrand aus Äpfeln – Österreich
Branntwein aus Äpfeln
Erzeugnis des Weingutes Josef Jamek, Joching/Wachau

Kaiser Feiner Birnenbrand – Österreich
Branntwein aus Birnen
wasserklar
38 Vol.-%
Österreichisches Erzeugnis, im Besitz der Seagram-Gruppe

Kalvan – Jugoslawien
Branntwein aus Äpfeln
40 Vol.-%
Erzeugnis der Fa. Fructal

Körte Pálinka
Ungarische Bezeichnung für einen Branntwein aus Birnen

Koshu Premium Honey Apple – Japan
Branntwein aus Äpfeln
Aus Apfelwein destilliert
17 Vol.-%
Erzeugnis der Fa. Furusawa Shuzo & Co. Ltd., Yamagata

Kranawitter Wacholderbrand – Österreich
Branntwein aus Wacholderbeeren
wasserklar; 40 Vol.-%
Erzeugnis der Brennerei Guglhof, Hallein

Kvo Tsye'n
Chinesischer Sammelbegriff für die meisten Obstbranntweine

Lairds Blended Apple Jack – USA
Branntwein aus Äpfeln
70 Proof/35 Vol.-%

Le Bon Père William – Schweiz
Branntwein aus Äpfeln
Aus Williams Christbirnen hergestellt; wasserklar
43 Vol.-%

Marquis de la Pomme – Frankreich
Calvados
Branntwein aus Äpfeln
Lagerzeit 8 Jahre
40 Vol.-%
Erzeugnis der Fa. Gilbert, Milly

Massenez Eau-de-vie Poire Williams – Frankreich
Branntwein aus Birnen
Aus Williams Christbirnen hergestellt; wasserklar
43 Vol.-%
Erzeugnis der Fa. Massenez, Bassemberg/Elsaß

Massenez Poire Williams – Frankreich
Branntwein aus Birnen
Aus Williams Christbirnen hergestellt; wasserklar
43 Vol.-%

Montarcy Hors d'Age – Frankreich
Calvados
Branntwein aus Äpfeln
43 Vol.-%

Montgommery Vieux Sélection – Frankreich
Calvados
Branntwein aus Äpfeln
40 Vol.-%
trägt die Zusatzbezeichnung „Appellation Calvados Réglementée"; wird auch in Tonkrüge abgefüllt

Morand Williamine – Schweiz
Branntwein aus Birnen
Aus Williams Christbirnen hergestellt; wasserklar
43 Vol.-%
„Williamine" ist eine gesetzlich geschützte Markenbezeichnung
Erzeugnis der Fa. Morand, Martigny

Morin Hors d'Age – Frankreich
Calvados
Branntwein aus Äpfeln
40 Vol.-%

Morin Sélection – Frankreich
Calvados
Branntwein aus Äpfeln
40 Vol.-%

Normand'or – Frankreich
Branntwein aus Äpfeln
Dieser Eau-de-vie de Pommes trägt die Zusatzbezeichnung „de Normandie"
40 Vol.-%

Norois Rassis – Frankreich
Calvados
Branntwein aus Äpfeln
40 Vol.-%
Vertrieb in Österreich: Fa. Polacek, Gerasdorf/Wien

Norois Réserve – Frankreich
Calvados
Branntwein aus Äpfeln
43 Vol.-%

Norois Hors d'Age – Frankreich
Calvados
Branntwein aus Äpfeln
40 Vol.-%

Nusbaumer Poire William Sélection – Frankreich
Branntwein aus Birnen
Aus Williams Christbirnen hergestellt; wasserklar
40 Vol.-%
Erzeugnis der Fa. Nusbaumer, Elsaß

Obstländer Obstler – BRD
Branntwein aus Äpfeln und Birnen
Wasserklares Obstwasser
38 Vol.-%
Erzeugnis der Fa. Riemerschmid, München

Ogeval – Frankreich
Calvados
Branntwein aus Äpfeln
40 Vol.-%

Père Magloire – Frankreich
Calvados
Branntwein aus Äpfeln
40 Vol.-%
Erzeugnis der Fa. Debrise-Dulac & Cie.

Père Magloire Age Inconnu – Frankreich
Calvados
Branntwein aus Äpfeln
40 Vol.-%

Père Magloire Carte Jaune – Frankreich
Calvados
Branntwein aus Äpfeln
40 Vol.-%

Père Magloire Vieille Réserve – Frankreich
Calvados
Branntwein aus Äpfeln
40 Vol.-%

Père Norman – Frankreich
Calvados
Branntwein aus Äpfeln
40 Vol.-%
trägt die Zusatzbezeichnung „Appellation Calvados Réglementée"
Erzeugnis der Fa. J.A. M.F. Kirrwiller

Pfanner Williams Brand – Österreich
Branntwein aus Birnen
Aus Williams Christbirnen hergestellt; wasserklar; 40 Vol.-%
Erzeugnis der Fa. Pfanner, Lauterbach

Pleterski Gorenjski Sadjevec – Jugoslawien
Branntwein aus Äpfeln und Birnen
wasserklar
40 Vol.-%
Erzeugnis der Fa. Pletarska

Poire William
Französische und Schweizer Bezeichnung für einen Branntwein aus Williams Christbirnen

Prestige – Frankreich
Calvados
Branntwein aus Äpfeln
40 Vol.-%

Prirodna Rakija Viljamovka – Jugoslawien
Branntwein aus Birnen
Aus Williams Christbirnen hergestellt
45 Vol.-%
Erzeugnis der Fa. Takovo, Gornji Milanovac

Quittenbrand
Andere Bezeichnung für Branntwein aus Quitten

Ratafia
Polnische und russische Bezeichnung für einen Branntwein der aus vielen Obstsorten durch zwei- bis dreimalige Rektifikation hergestellt wird

Sadno Žganje – Jugoslawien
Branntwein aus Äpfeln
38 Vol.-%
Erzeugnis der Fa. Talis, Marburg

Sadno Žganje Hrusk – Jugoslawien
Branntwein aus Birnen
42 Vol.-%
Erzeugnis der Fa. Dana, Mirna

Schladerer Williams Birne – BRD
Branntwein aus Birnen
Aus Williams Christbirnen hergestellt; wasserklar
40 Vol.-%
Erzeugnis der Fa. Schladerer, Staufen/Breisgau
Vertrieb in Österreich: Fa. Roullet, Wien

Seyringer Obstler Goldmarke – Österreich
Branntwein aus Äpfeln und Birnen
wasserklar
40 Vol.-%
Erzeugnis der Fa. Seyringer Schloßbrände, Seyring, die der Fa. Asbach-Doornkaat angehört
Vertrieb in Österreich: Fa. Asbach-Doornkaat, Wien

Seyringer Williams Birne – Österreich
Branntwein aus Birnen
Aus Williams Christbirnen hergestellt; wasserklar
40 Vol.-%

Specialno Stari Dolenjsik Sadjevec – Jugoslawien
Branntwein aus Birnen und Äpfeln
wasserklar
42 Vol.-%
Erzeugnis der Fa. Dana, Mirna

Steinbacher Obstler – Österreich
Branntwein aus Obst
Hauptsächlich aus Äpfeln und Birnen hergestellt; wasserklar
40 Vol.-%
Erzeugnis der Fa. Wunderlich, Wien

Stroh Obstler 1832 – Österreich
Branntwein aus Obst
Hauptsächlich aus Äpfeln und Birnen hergestellt; wasserklar
40 Vol.-%
Erzeugnis der Fa. Stroh, Klagenfurt

Stroh Williams-Edelbrand – Österreich
Branntwein aus Birnen
Aus Williams Christbirnen hergestellt; wasserklar; 40 Vol.-%

Takovo Zlatna Jesen – Jugoslawien
Branntwein aus Äpfeln
45 Vol.-%
Erzeugnis der Fa. Takovo, Gornji Milanovac

Talvador – Jugoslawien
Branntwein aus Äpfeln

Trou Normand – Frankreich
Calvados
Branntwein aus Äpfeln
40 Vol.-%

Trou Normand
Wörtlich: „normannisches Loch", was bedeutet, das Loch füllen; normannische Sitte, zwischen zwei Speisengängen einen kräftigen Schluck Calvados zu nehmen und erst dann wieder weiterzuessen

Vieille Abbaye – Frankreich
Calvados
Branntwein aus Äpfeln
Region: Pays d'Auge
40 Vol.-%

Vieille Abbaye 25 Ans d'Age – Frankreich
Calvados
Branntwein aus Äpfeln
Region: Pays d'Auge
40 Vol.-%

Vieille Abbaye V.S.O.P. – Frankreich
Calvados
Branntwein aus Äpfeln
Region: Pays d'Auge
40 Vol.-%

Weltmeister Obstler – Österreich
Branntwein aus Äpfeln und Birnen
wasserklar
38 Vol.-%
Erzeugnis der Fa. Reininghaus, Graz; erstmals zu den nordischen Schiweltmeisterschaften 1985 in Seefeld in Tirol auf den Markt gebracht

Williams Christbirnenbrand
Diese Bezeichnung dürfen nur Destillate tragen, die ausschließlich aus der Williams Christbirne erzeugt werden

Zider
Andere Schreibweise für → Cidre

BRANNTWEINE AUS STEINOBST

BRANNTWEINE AUS APRIKOSEN

Darunter versteht man alle gebrannten Erzeugnisse aus Aprikosen, auch Marillen oder Barillen (in der Ostschweiz) genannt.

Eau-de-vie d'Abricots
Französische Bezeichnung für alle Branntweine aus Aprikosen.
Eine Besonderheit stellt der **BARAČK PÁLINKA** dar. Dieser wohl bekannteste Marillenbranntwein wird aus der Fruchtmaische von Marillen des ungarischen Landstriches Kumanien um die Stadt Kécskemet hergestellt. Die ungarische Bezeichnung für den Nationalbrand ist **Unicum Likörgyár.** Der Alkoholgehalt beträgt 43 Vol.-%.

Marc d'Abricots
Französische Bezeichnung für alle Branntweine aus Aprikosentrestern.

BRANNTWEINE AUS KIRSCHEN

Darunter versteht man alle gebrannten Erzeugnisse aus Kirschen.

Eau-de-vie de Cerieses
Französische Bezeichnung für alle Branntweine aus **Süßkirschen.** Diese Früchte sind gelb, rot, dunkelrot oder schwarz und schmecken fruchtig-süß. Zu dieser Gruppe zählt man die Herzkirschen und die Knorpelkirschen.

Eau-de-vie de Griottes
Französische Bezeichnung für alle Branntweine aus **Sauerkirschen.** Diese Früchte sind meist rot und haben einen stark säuerlichen und herben Geschmack. Zu den Sauerkirschen zählt man die Sauerweichseln, Glaskirschen oder Glasweichseln (Amarellen), Süßweichseln, Morellen, Schattenmorellen und die Marasken (Maraskakirschen) aus Dalmatien, die auch Dalmatiner Kirschen genannt werden.

Eine Besonderheit stellen der **Echt Schwarzwälder Kirsch** und der **Zuger Kirsch** dar.

ECHT SCHWARZWÄLDER KIRSCH

Dieser weltbekannte Kirschenbranntwein kommt aus einem Gebiet Deutschlands, das nach dem deutsch-französischen Abkommen über gesetzliche Herkunftsbezeichnungen von 1960 genau abgegrenzt wurde.
Es bildet ein Rechteck, das im Westen mit Karlsruhe und Basel, im Osten mit Wutachtal und Pforzheim, im Süden mit Lörrach, Waldshut und im Norden mit der Linie Pforzheim–Karlsruhe abgesteckt ist.
Schwarzwälder-Kirsch-Erzeugnisse haben einen durchschnittlichen Alkoholgehalt von 40 Vol.-%, Spitzenprodukte bis 45 Vol.-%. Sie tragen ein Echtheitszertifikat (staatliches Prüfzeichen).

Hersteller außerhalb des Schwarzwaldes, die nachweislich mindestens seit 1963 Kirschwasser aus Schwarzwälder Kirschen hergestellt haben, dürfen ihre Produkte auch weiterhin als Schwarzwälder Kirschwasser bezeichnen.

ZUGER KIRSCH

Dieser Kirschenbranntwein darf ausschließlich aus Kirschen hergestellt werden, die aus dem Schweizer Kanton Zug kommen. Sie tragen ein Echtheitszertifikat (staatliches Prüfzeichen). Das Echtheitszeichen für Kirsch besteht bei Kleingebinden (bis ein Liter Inhalt) aus einer Streifbandmarke über dem Flaschenverschluß oder aus einer amtlichen Verschlußkapsel, die gleichzeitig als Flaschenverschluß dient. Bei Großgebinden ist das Zeichen für dessen Echtheit der stets der Rechnung beiliegende Kirsch-Echtheitsschein. Die Nummer auf der Rechnung muß mit der Echtheitsscheinnummer übereinstimmen. Beide Dokumente müssen den Kontrollorganen stets vorgewiesen werden können.

SCHWEIZERISCHE EIDGENOSSENSCHAFT
CONFÉDÉRATION SUISSE • CONFEDERAZIONE SVIZZERA

ECHTHEITSSCHEIN FÜR KIRSCHWASSER
CERTIFICAT D'AUTHENTICITÉ POUR KIRSCH
CERTIFICATO D'AUTENTICITÀ PER KIRSCH

No. 368486

gültig für / valable pour / valevole per

Liter in Zahlen / litres en chiffres / litri in cifre: ______ in Worten / en toutes lettres / in lettera: ______

Vol. %: ______ Liter / Litres / Litri 100 %: ______

Marc de Cerieses
Französische Bezeichnung für alle Branntweine aus Süßkirschentrestern.

Marc de Griottes
Französische Bezeichnung für alle Branntweine aus Sauerkirschentrestern.

BRANNTWEINE AUS PFIRSICHEN

Darunter versteht man alle gebrannten Erzeugnisse aus Pfirsichen. Branntweine aus Pfirsichen haben einen sehr schwachen Eigengeschmack. Sie werden als Geiste hergestellt.
Bei den Pfirsichen unterscheidet man folgende Gruppen:
Edelpfirsiche: Sie werden auch als Weingarten- oder Pelzpfirsiche bezeichnet.
Nektarinen, Aprikosenpfirsiche.
Blutpfirsiche: Sie haben rotes Fruchtfleisch.

Eau-de-vie de Pêches
Französische Bezeichnung für alle Branntweine aus Pfirsichen.

Eine Besonderheit stellt der **OESZI PÁLINKA** dar.
Dieser ungarische Pfirsichbranntwein ist nach seiner Herstellung ein Pfirsichgeist. Er wird fast immer durch das „Ausziehen" des Fruchtfleisches hergestellt. D. h., durch den Alkohol werden alle im Pfirsich enthaltenen Geruchs- und Geschmacksstoffe ausgelaugt. Dabei erhält er den subtilen, flüchtigen Geschmack. Oeszi Pálinka hat einen durchschnittlichen Alkoholgehalt von 40 Vol.-%.

Marc de Pêches
Französische Bezeichnung für alle Branntweine aus Pfirsichtrestern.

BRANNTWEINE AUS PFLAUMEN

Darunter versteht man alle gebrannten Erzeugnisse aus Pflaumen, die auch als Zwetschken oder Zwetschgen bzw. Zwetschen oder Pflümli bezeichnet werden.
Man unterscheidet Pflaumen in vier Gruppen:
Eigentliche Pflaumen: Dazu zählen Mirabellen, Wachspflaumen, Haferschlehen, Haferpflaumen oder Kriechen (Kriecherln).
Edelpflaumen: Dazu zählen die große Eierpflaume und die Reineclaude (Ringlotte) sowie die Pocegacapflaume aus Bosnien.
Zwetschen (Zwetschken): Zu diesen zählen die echten Zwetschen, die Rund-, Oval- und Dattelzwetschen sowie die Halbzwetschen.
Wildpflaumen: Sie werden auch als Zipparten bzw. Zibarten bezeichnet.

Eau-de-vie de Prunes
Französische Bezeichnung für alle Branntweine aus Pflaumen.
Eine Besonderheit stellt der **SLIBOWITZ** dar.

Šljivoviča (Slivova, Sliwowitz, Slibowitz, Slivowitz) ist der wohl bekannteste Pflaumenbranntwein und kommt aus Jugoslawien. Er wird aus der Pocegacapflaume hergestellt. In serbischer Sprache heißt sie Silva.
Die verschiedenen Markenbezeichnungen für diesen Branntwein sind nicht gesetzlich geschützt und dürfen daher für jeden Pflaumenbranntwein verwendet werden.
Keka ist ein einfach gebrannter Sljivovica, **Ljuta** und **Predecencia** (Predetschenitza) sind doppelt gebrannte Sljivovicas.
Der durchschnittliche Alkoholgehalt von Slibowitz beträgt 40 bis 45 Vol.-%.

Marc de Prunes
Französische Bezeichnung für alle Branntweine aus Pflaumentrestern.

Branntwein aus Steinobst von A bis Z

Abricotine
Französische Bezeichnung für einen wasserklaren Branntwein aus Aprikosen

Alpenland Slivovitz – Österreich
Branntwein aus Pflaumen
klar mit leichtem Braunton
Erzeugnis der Fa. Scharlachberg, Salzburg

Alter feiner Slivovitz – Österreich
Branntwein aus Pflaumen
Aus bosnischen Pflaumen hergestellt
klar mit Gelbton
40 Vol.-%
Erzeugnis der Fa. Scharlachberg, Salzburg

Apricot Brandy – ČSSR
Branntwein aus Aprikosen
Lagerzeit 6 Jahre
hellgelb, klar
40 Vol.-%
Erzeugnis der Fa. Jelinek, Vizovice

Aprikosenbrand
Andere Bezeichnung für Branntwein aus Aprikosen

Aprikosengeist
Branntwein, bei dem die Aprikosen vor der Destillation in hochprozentigem Alkohol ausgelaugt werden (Mazeration)

Aprikosenwasser
Branntwein, der aus der vergorenen Malsche von Aprikosen her gestellt wird; ist ein Eau-de-vie d'Abricots
bekanntes Produkt: Barack Pálinka

Aprikot-Brandy Merunkovy Destilàt – ČSSR
Branntwein aus Aprikosen
klar mit leichtem Gelbton
42 Vol.-%
Erzeugnis der Fa. Jelinek, Vizovice

Badel Šljivovica – Jugoslawien
Branntwein aus Pflaumen
Aus Bergpflaumen hergestellt; in Eichenfässern gelagert; klar mit leichtem Braunton
40 Vol.-%
Erzeugnis der Fa. Marian Badel, Zagreb

Barillenbrand
In der Ostschweiz gebräuchliche Bezeichnung für →Aprikosenbrand

Basler Kirschwasser – Schweiz
Branntwein aus Kirschen
wasserklar
42 Vol.-%

Belje Šljivovica – Jugoslawien
Branntwein aus Pflaumen
42 Vol.-%
Erzeugnis der Vinariji Kneževi, Vinogradi

Bergchriesi-Kirsch – Schweiz
Branntwein aus Kirschen
Aus wilden Bergkirschen hergestellt; wasserklar
43 Vol.-%

Berghof Eau-de-vie de Mirabelles – Schweiz
Branntwein aus Mirabellen
wasserklar
42 Vol.-%
Erzeugnis der Berghof-Produkte Gesellschaft, Zug

Berghof Kirsch Altsilber – Schweiz
Branntwein aus Kirschen
wasserklar
40 Vol.-%

Berghof Pflümli – Schweiz
Branntwein aus Pflaumen
wasserklar
40 Vol.-%

Berghof Zwetschgen Wasser – Schweiz
Branntwein aus Pflaumen
wasserklar
40 Vol.-%

Chriesiwasser
Schweizer Bezeichnung für →Kirschwasser

Dettling Kirsch – Schweiz
Branntwein aus Kirschen
Ausschließlich aus großkernigen Bergkirschen mit aromatischem Geschmack und viel natürlichem Fruchtzucker hergestellt
Lagerzeit 10 Jahre
wasserklar; trägt das Schweizer Echtheitszeichen mit Kontrollnummer
41 Vol.-%
Erzeugnis der Fa. Dettling, Kanton Schwyz
Vertrieb in Österreich: Fa. Gürtler, Wien

Dettling Kirsch 1965 – Schweiz
Branntwein aus Kirschen
wasserklar
Lagerzeit 10 Jahre
43 Vol.-%
trägt das Schweizer Echtheitszeichen mit Kontrollnummer

Diplomat Echter Slivowitz – Österreich
Branntwein aus Pflaumen
wasserklar
40 Vol.-%
Erzeugnis der Fa. Spitz, Linz

Diplomat Kirschwasser – Österreich
Branntwein aus Kirschen
wasserklar
40 Vol.-%

Džervin Ljuta Rakija Šljivovica – Jugoslawien
Branntwein aus Pflaumen
40 Vol.-%
Erzeugnis der Fa. Džervin, Knjaževac

Džervin Meka Rakija Šljivovica – Jugoslawien
Branntwein aus Pflaumen
25 Vol.-%

Eau-de-vie de Kirsch
Andere Bezeichnung für →Kirschwasser, vor allem im Elsaß gebräuchlich

Eau-de-vie de Prunes
Französische Bezeichnung für Branntwein aus Pflaumen (Zwetschken)

Eau-de-vie de Queche
Andere Bezeichnung für →Eau-de-vie de Quetsche

Eau-de-vie de Quetsch
Andere Bezeichnung für →Eau-de-vie de Quetsche

Eau-de-vie de Quetsche
Französische Bezeichnung für Branntwein aus Pflaumen

Etter Zuger Kirsch – Schweiz
Branntwein aus Kirschen
wasserklar
41 Vol.-%
trägt das Schweizer Echtheitszeichen mit Kontrollnummer
Erzeugnis der Fa. Paul Etter, Zug; gegründet 1870

Ettaler Kirsch – BRD
Branntwein aus Kirschen
wasserklar
40 Vol.-%
Erzeugnis des Klosters Ettal, Oberammergau

Extrait de Griottes
Französische Bezeichnung für einen Branntwein aus Sauerkir-

schen, bei dem die Früchte vor der Destillation mit hochprozentigem Alkohol ausgelaugt werden (Mazeration)

Extrait de Pêches
Französische Bezeichnung für einen Branntwein aus Pfirsichen, bei dem die Früchte vor der Destillation mit hochprozentigem Alkohol ausgelaugt werden (Mazeration)

Fassbind Bergchriesi Sélection – Schweiz
Branntwein aus Kirschen
wasserklar
43 Vol.-%

Fina Stara Šlivovka – Jugoslawien
Branntwein aus Pflaumen
40 Vol.-%
Erzeugnis der Fa. Alko-Fructal, Ljubljana

Freiherr von Seldeneck Echt Schwarzwälder Kirschwasser – BRD
Branntwein aus Kirschen
Lagerzeit 1 bis 10 Jahre
wasserklar
45 Vol.-%
Erzeugnis der Freiherrlich von Seldeneck'schen Brennerei, Wolfach im Schwarzwald; gegründet 1791; im Besitz der Fa. Asbach & Co., Rüdesheim
Vertrieb in Österreich: Fa. Asbach-Doornkaat, Wien

Freiherr von Seldeneck Schwarzwälder Mirabell – BRD
Branntwein aus Mirabellen
wasserklar
45 Vol.-%

Freiherr von Seldeneck Schwarzwälder Zwetschgenwasser – BRD
Branntwein aus Pflaumen
wasserklar; 45 Vol.-%

Fricktaler Kirsch – Schweiz
Branntwein aus Kirschen
wasserklar
42 Vol.-%

Frischlin-Kirschwasser – Schweiz
Branntwein aus Kirschen
wasserklar
40 Vol.-%

Garantirano Prirodna Šljivovica – Jugoslawien
Branntwein aus Pflaumen
35 Vol.-%
Erzeugnis der Fa. Badel, Zagreb

General Sutter Kirsch – Schweiz
Branntwein aus Kirschen
wasserklar
40 Vol.-%

Gerasdorfer Landbrand Wildkirsch – Österreich
Branntwein aus Kirschen
wasserklar
43 Vol.-%
Erzeugnis der Fa. Gerasdorfer Landbrand Manufaktur, Gerasdorf
Vertrieb in Österreich: Fa. Polacek, Gerasdorf/Wien

Griottes
1. Französische Bezeichnung für Sauerkirschen
2. Andere Bezeichnung für Eau-de-vie de Griottes

Grundbacher Pflümli – Schweiz
Branntwein aus Pflaumen
wasserklar
43 Vol.-%

Haas & Bulacher
Spirituosenerzeugerfirma in Wolfach, BRD, älteste Obstbrennerei des Schwarzwaldes; gegründet 1785; die Edelbrände des Hauses Haas & Bulacher sind unter dem Markennamen „Wolfacher" im Handel

Hugel Mirabelle – Frankreich
Branntwein aus Mirabellen
wasserklar
43 Vol.-%
Erzeugnis der Fa. Hugel, Riquewhir/Elsaß

Jahrgangskirschwasser 1975 – BRD
Branntwein aus Kirschen
wasserklar
40 Vol.-%
Erzeugnis der Fa. Schladerer, Staufen/Breisgau
Vertrieb in Österreich: Fa. Roullet, Wien

Jochinger Hausbrand aus Marillen – Österreich
Branntwein aus Marillen
wasserklar
40 Vol.-%
Erzeugnis des Weingutes Josef Jamek, Joching/Wachau

Kaiser Feiner Marillenbrand – Österreich
Branntwein aus Aprikosen
wasserklar
38 Vol.-%
Österreichisches Erzeugnis, im Besitz der Seagram-Gruppe

Kecskeméti Cseresznye Pálinka – Ungarn
Branntwein aus Kirschen
wasserklar
44 Vol.-%

Kirsch
Andere Bezeichnung für → Kirschwasser

Kirsch Berghof Antique – Schweiz
Branntwein aus Kirschen
wasserklar
42 Vol.-%
In Bocksbeutelflaschen abgefüllt
Erzeugnis der Berghof-Produkte Gesellschaft, Zug

Kirsch of Eger – Ungarn
Branntwein aus Kirschen
wasserklar
Lagerzeit 3 Jahre
45 Vol.-%
Erzeugnis der Wine & Fruit Distillery of Eger
Exportiert durch Monimpex, Budapest

Kirschwasser
Branntwein, der aus der vergorenen Maische von Süß- oder Sauerkirschen hergestellt wird; ist entweder ein Eau-de-vie de Cerises oder ein Eau-de-vie de Griottes

Magyar Barack Pálinka – Ungarn
Branntwein aus Marillen
klar mit Gelbton
40 Vol.-%
Vertrieb in Österreich: Fa. Scharlachberg, Salzburg

Maraska Brandy – Jugoslawien
Branntwein aus Kirschen
Aus Maraskakirschen in Dalmatien hergestellt; Basis für Maraschinolikör
65 bis 70 Vol.-%

Maraska Cora – Jugoslawien
Branntwein aus Kirschen
Zur Herstellung werden auch Kerne der dalmatinischen Maraskakirsche verwendet, was diesem Produkt neben seinem ausgeprägten Kirschenaroma eine hervorragende Kernnote gibt; rot
28 Vol.-%
Erzeugnis der Fa. Maraska, Zadar

Maraska Kirsch Extra Dry – Jugoslawien
Branntwein aus Kirschen
Aus dalmatinischen Maraskakirschen hergestellt; wasserklar
45 Vol.-%

Maraska Komovica – Jugoslawien
Branntwein aus Kirschentrestern
wasserklar
40 Vol.-%

Maraska Šlivovica – Jugoslawien
Branntwein aus Pflaumen
Lagerzeit 8 und 12 Jahre
klar, heller Braunton
47 Vol.-%

Marc de Mirabelles
Französische Bezeichung für Branntwein aus Mirabellentrestern (Pflaumenart)

Marc de Prunes
Französische Bezeichnung für Branntwein aus Pflaumen-(Zwetschken-)trestern

Marc de Queche
Andere Bezeichnung für → Marc de Quetsche

Marc de Quetsch
Andere Bezeichnung für → Marc de Quetsche

Marc de Quetsche
Andere Bezeichnung für → Marc de Prunes

Marc de Reineclaude
Französische Bezeichnung für Branntwein aus Ringlottentrestern

Markgräfler Sauerkirsch – BRD
Branntwein aus Sauerkirschen
Wasserklares Kirschwasser
Lagerung in Eichenfässern
40 Vol.-%
Sonderabfüllung der Fa. Schladerer, Staufen/Breisgau
Vertrieb in Österreich: Fa. Roullet, Wien

Marillenbrand
Österreichische Bezeichnung für → Aprikosenbrand

Massenez Eau-de-vie Mirabelle – Frankreich
Branntwein aus Mirabellen
wasserklar
43 Vol.-%
Erzeugnis der Fa. Massenez, Bassemberg/Elsaß

Massenez Kirsch – Frankreich
Branntwein aus Kirschen
wasserklar; 43 Vol.-%

Massenez Quetsche – Frankreich
Branntwein aus Pflaumen
wasserklar; 43 Vol.-%

Mátyás Barack Pálinka – Österreich
Branntwein aus Aprikosen
klar, hellgelb
40 Vol.-%
Erzeugnis der Fa. Seyringer Schloßbrände, Seyring
Vertrieb in Österreich: Fa. Asbach-Doornkaat, Wien

Metzer Mirabellchen
Sammelbezeichnung für Branntweine aus Mirabellen, die aus der französischen Stadt Metz kommen; wasserklar; meist 43 und 50 Vol.-%
andere Bezeichnung: Mirabelle de Lorraine

Mirabelle d'Alsace
Französische Bezeichnung für einen Branntwein aus Mirabellen, der ausschließlich aus Früchten des Elsaß hergestellt wird

Mirabelle de Lorraine
Andere Bezeichnung für → Metzer Mirabellchen

Mirabelle de Lorraine – Frankreich
Branntwein aus Mirabellen
wasserklar; 43 Vol.-%
Erzeugnis der Fa. Baron de Braux, Metz

Morand Prune – Schweiz
Branntwein aus Pflaumen
wasserklar
43 Vol.-%
Erzeugnis der Fa. Morand, Martigny

Morand Vieux Kirsch – Schweiz
Branntwein aus Kirschen
wasserklar
43 Vol.-%

Mounier Barack – Österreich
Branntwein aus Marillen
klar, mit gelb-brauner Tönung
40 Vol.-%
Erzeugnis der Fa. Mounier, Korneuburg
Vertrieb in Österreich: Fa. Mounier, Wien

Mounier Kirschwasser – Österreich
Branntwein aus Kirschen
wasserklar
38 Vol.-%

Mounier Marillenbrand – Österreich
Branntwein aus Marillen
klar, mit Gelbton
38 Vol.-%

Mounier Slibowitz – Österreich
Branntwein aus Pflaumen
wasserklar
38 Vol.-%

Navip Šljivovica – Jugoslawien
Branntwein aus Pflaumen
Aus bosnischen Pflaumen hergestellt; wasserklar
40 Vol.-%
Vertrieb in Österreich: Fa. GHG, Linz

Nektarinenbrand – Südschweiz
Branntwein aus Nektarinen
wasserklar
meist 40 Vol.-%

Nusbaumer Mirabelle – Frankreich
Branntwein aus Mirabellen
wasserklar
45 Vol.-%
Erzeugnis der Fa. Nusbaumer, Steigl, Elsaß

Nusbaumer Mirabelle Réserve Particulière – Frankreich
Branntwein aus Mirabellen
wasserklar
45 Vol.-%

Nusbaumer Vieux Kirsch Réserve Particulière – Frankreich
Branntwein aus Kirschen
wasserklar
45 Vol.-%

Oplenac Karadorde – Jugoslawien
Branntwein aus Pflaumen
45 Vol.-%
Erzeugnis der Fa. Oplenac-Podrumi, Topola

Old Plum Brandy – Jugoslawien
Branntwein aus Pflaumen
wasserklar
40 Vol.-%
Dieser Original-Slibowitz ist ein Erzeugnis der Vacarcoop, Belgrad

Peach Brandy
Englische Bezeichnung für Branntwein aus Pfirsichen

Persico – Italien
Branntwein aus Pfirsichen
Aus Pfirsichen, Pfirsichkernen und Mandeln hergestellt; gelblichbraun
28 Vol.-%

Pflaumenbrand
Andere Bezeichnung für Branntwein aus Pflaumen

Pflümli
Schweizer Bezeichnung für Branntwein aus Pflaumen

Pflümliwasser
Schweizer Bezeichnung für →Zwetschkenwasser

Plum Brandy
Englische und amerikanische Bezeichnung für Branntwein aus Pflaumen

Plum Brandy Čačanka – Jugoslawien
Branntwein aus Pflaumen
klar, leicht gelbbraun
40 Vol.-%
ist ein serbischer Slibowitz

Premium Koshu Plum – Japan
Branntwein aus Pflaumen
hellbraun
13,5 Vol.-%
Erzeugnis der Fa. Furusawa Shuzo Co. Ltd., Yamagata

Pruneau
Französische Bezeichnung für Pflaumenbrand

Quetsch
Deutsche Schreibweise für →Quetsche

Quetsche
Andere Bezeichnung für Branntwein aus Pflaumen (Zwetschken); ist ein Eau-de-vie de Prunes

Quetschwasser
Andere Bezeichnung für →Zwetschkenwasser

Quetschewasser
In Oberbayern und in der Schweiz gebräuchliche Bezeichnung für →Quetschwasser

Rakija
Jugoslawische Bezeichnung für Branntwein aus Pflaumen

Rouyer Kirsch – Frankreich
Branntwein aus Kirschen
wasserklar
43 Vol.-%

Schladerer Kirschwasser – BRD
Branntwein aus Kirschen
wasserklar
40 Vol.-%
Erzeugnis der Fa. Schladerer, Staufen/Breisgau
Vertrieb in Österreich: Fa. Roullet, Wien

Schumadinski Tschai
In der UdSSR und in Polen Bezeichnung für einen Zwetschkenbranntwein, der mit Zucker gesüßt und heiß getrunken wird

Seyringer Himbeergeist – Österreich
Branntwein aus Himbeeren
wasserklar
40 Vol.-%
Erzeugnis der Fa. Seyringer Schloßbrände, Seyring, die der Fa. Asbach-Doornkaat angehört
Vertrieb in Österreich: Fa. Asbach-Doornkaat, Wien

Seyringer Slibovitz – Österreich
Branntwein aus Pflaumen
wasserklar
40 Vol.-%

Slibowitz-Klosterware – Österreich
Branntwein aus Pflaumen
wasserklar
45 Vol.-%
Erzeugnis der Fa. Wunderlich, Wien

Sliva
Serbische Bezeichnung für Pflaume, von deren Namen das Wort Šljivovica (Slibowitz) abgeleitet wird

Slivova Spezial – Jugoslawien
Branntwein aus Pflaumen
45 Vol.-%
Erzeugnis der Fa. Vinarska Vizba, Štip

Specijalna Rakija Klekovaca – Jugoslawien
Branntwein aus Pflaumen und Wacholderbeeren
40 Vol.-%
Erzeugnis der Fa. Takovo, Gornji Milanovac

Stara Dolenjska Šlivovka – Jugoslawien
Branntwein aus Pflaumen
40 Vol.-%
Erzeugnis der Fa. Dana, Mirna

Stara Šljivovica Maraska – Jugoslawien
Branntwein aus Pflaumen
Aus bosnischen Pflaumen hergestellt; wasserklar
40 Vol.-%
Erzeugnis der Fa. Maraska, Zadar

Stara Šljivova Prepečenica – Jugoslawien
Branntwein aus Pflaumen
Ist ein doppelt gebrannter Slibowitz; wasserklar
45 Vol.-%

Stara Srpska Šljivovica – Jugoslawien
Branntwein aus Pflaumen
Hergestellt in Serbien wasserklar
40 Vol.-%

Steinbacher Barack – Österreich
Branntwein aus Marillen
wasserklar
40 Vol.-%
Erzeugnis der Fa. Wunderlich, Wien

Steinbacher Kirschwasser – Österreich
Branntwein aus Kirschen
wasserklar
40 Vol.-%

Steinbacher Slibowitz – Österreich
Branntwein aus Pflaumen
wasserklar; 40 Vol.-%

Stroh Alter Slivowitz – Österreich
Branntwein aus Pflaumen
wasserklar
40 Vol.-%
Erzeugnis der Fa. Stroh, Klagenfurt

Stroh Barack – Österreich
Branntwein aus Marillen
wasserklar
40 Vol.-%

Stroh Kirschwasser – Österreich
Branntwein aus Kirschen
wasserklar
40 Vol.-%

Stroh Marillen-Edelbrand – Österreich
Branntwein aus Marillen
wasserklar
40 Vol.-%

Szilva Pálinka
Ungarische Bezeichnung und Schreibweise für einen Branntwein aus Pflaumen (Szilva = Pflaume)

Takovo Extra – Jugoslawien
Branntwein aus Pflaumen
45 Vol.-%
Erzeugnis der Fa. Takovo, Gornji Milanovac

Takovo 69 Prepečenica – Jugoslawien
Branntwein aus Pflaumen
25 Vol.-%

Takovo Šljivovica – Jugoslawien
Branntwein aus Pflaumen
25 Vol.-%

Timočanka Prepečenica – Jugoslawien
Branntwein aus Pflaumen
45 Vol.-%
Erzeugnis der Fa. Džervin, Knjaževac

Tzuica
Andere Bezeichnung für →Zuika

Valódi Szilva Pálinka – Ungarn
Branntwein aus Pflaumen
wasserklar
45 Vol.-%

Wachauer Goldmarillenbrand – Österreich
Branntwein aus Marillen
wasserklar
40 Vol.-%
Erzeugnis der Fa. Bailoni, Stein/Krems a. d. Donau

Wachauer Kirschwasser Original – Österreich
Branntwein aus Kirschen
wasserklar
40 Vol.-%

Witblits – Südafrika
Branntwein aus Pfirsichen
wasserklar mit leichtem Gelbschimmer; stark ausgeprägte Duftnote
40 Vol.-%

Wolfacher Echt Schwarzwälder Kirschwasser – BRD
Branntwein aus Kirschen
wasserklar
40 oder 50 Vol.-%
Erzeugnis der Fa. Haas & Bulacher, Wolfach

Zibartenbrand
Andere Bezeichnung für →Zipperatenbrand

Ziegler Nr. 1 Wildkirschwasser – BRD
Branntwein aus Kirschen
Aus Wildkirschen hergestellt; wasserklar
43 Vol.-%
Jährliche Produktionsmenge zirka 5.000 Flaschen

Zippartenbrand
Andere Bezeichnung für Branntwein aus Wildpflaumen

Zuika
Rumänische Bezeichnung für einen Branntwein aus Pflaumen, der sehr kräftig und aromatisch ist
andere Bezeichnung: Tzuika

Zwack Barack Pálinka – Italien
Branntwein aus Aprikosen
klar, leichter Braunton
40 Vol.-%
Erzeugnis der Fa. Zwack, Florenz; gegründet 1840 in Budapest; von 1867 bis 1918 K&K Hoflieferant
Vertrieb in Österreich: Fa. Gürtler, Wien

Zwetschgengeist
Andere Bezeichnung für →Zwetschkengeist

Zwetschgenwasser
Andere Bezeichnung für →Zwetschkenwasser

Zwetschkenbrand – Österreich
Branntwein aus Pflaumen
wasserklar
40 Vol.-%
Erzeugnis der Fa. Guglhof, Hallein

Zwetschkengeist
Branntwein, bei dem die Pflaumen vor der Destillation in hochprozentigem Alkohol ausgelaugt werden (Mazeration)

Zwetschkenwasser
Branntwein, der aus der vergorenen Maische von Pflaumen hergestellt wird; ist ein →Eau-de-vie de Prunes

BRANNTWEINE AUS BEERENFRÜCHTEN

Darunter versteht man alle gebrannten Produkte aus Beerenfrüchten aller Art. Sie können aus Früchten kultivierter oder wildwachsender Pflanzen sein. Branntweine aus Beeren werden ausschließlich als Geiste hergestellt.

Ahlbeerenbrand – Ahlbeerengeist
Ist ein → Eau-de-vie de Cassis, bei dem die Früchte vor der Destillation mit hochprozentigem Alkohol ausgelaugt werden (Mazeration); andere Bezeichnungen: Johannisbeerbrand bzw. Johannisbeergeist

Aquardente de Mendronhos – Portugal
Branntwein aus Maulbeeren
weiß; 38 bis 40 Vol.-%

Atlasbeerenbrand – Atlasbeerengeist
1. Ist ein → Eau-de-vie d'Alisier
2. Ist ein → Eau-de-vie de Sorbier
Bei beiden werden die Früchte vor der Destillation mit hochprozentigem Alkohol ausgelaugt (Mazeration)
andere Bezeichnungen: Vogelbeer-, Ebereschenbrand bzw. Vogelbeer-, Ebereschengeist

Aufgesetzter
In Deutschland gebräuchliche Bezeichnung für Branntwein aus Beerenfrüchten, im speziellen aus schwarzen Johannisbeeren; mit Kräutern und Gewürzen gefertigt, wobei vor der Destillation die Beeren mit Alkohol ausgelaugt werden; meist 32 Vol.-%

Berberitzenbrand – Berberitzengeist
Ist ein → Eau-de-vie de Berbéris, bei dem die Früchte vor der Destillation mit hochprozentigem Alkohol ausgelaugt werden (Mazeration); andere Bezeichnungen: Berberin-, Sauerdorn- und Essigdornbrand bzw. Berberin-, Sauerdorn-, Essigdorngeist

Berghof Framboise Himbeergeist – Schweiz
Branntwein aus Himbeeren
wasserklar; 40 Vol.-%
Erzeugnis der Berghof-Produkte Gesellschaft, Zug

Berghof Genièvre – Schweiz
Branntwein aus Wacholderbeeren
wasserklar; 40 Vol.-%
Erzeugnis der Berghof-Produkte Gesellschaft, Zug

Bickbeerenbrand – Bickbeerengeist
Ist ein → Eau-de-vie de Myrtille, bei dem die Früchte vor der Destillation mit hochprozentigem Alkohol ausgelaugt werden (Mazeration); andere Bezeichnungen: Heidelbeer-, Schwarzbeer-, Blaubeerbrand bzw. Heidelbeer-, Schwarzbeer-, Blaubeergeist

Blaubeerbrand – Blaubeergeist
Ist ein → Eau-de-vie de Myrtille, bei dem die Früchte vor der Destillation mit hochprozentigem Alkohol ausgelaugt werden (Mazeration) andere Bezeichnungen: Heidelbeer-, Schwarzbeer-, Bickbee-

renbrand bzw. Heidelbeer-, Schwarzbeer-, Bickbeerengeist

Brinjevec
Serbische und slowenische Bezeichnung für Branntwein aus Wacholderbeeren

Brinjevec – Jugoslawien
Branntwein aus Wacholderbeeren
wasserklar
40 Vol.-%
Erzeugnis der Fa. Talis, Marburg

Borovička
Bezeichnung für Branntweine aus Wacholderbeeren, die in fast allen Ländern des Balkans erzeugt werden; ausgeprägter Wacholdergeschmack; wasserklar
40 bis 50 Vol.-%

Brombeerbrand – Brombeergeist
Ist ein → Eau-de-vie de Mûre Sauvage, bei dem die Früchte vor der Destillation mit hochprozentigem Alkohol ausgelaugt werden (Mazeration)
andere Bezeichnungen: Kratzbeer-, Kroatzbeer-, Multbeeren-, Lakkabeerenbrand bzw. Kratzbeer-, Kroatzbeer-, Multbeeren-, Lakkabeerengeist

Diplomat Himbeer-Brandy – Österreich
Branntwein aus Himbeeren
wasserklar; 40 Vol.-%
Erzeugnis der Fa. Spitz, Linz

Doppelwacholder
In Deutschlang gebräuchliche Bezeichnung für einen Branntwein aus Wacholderbeeren von höchster Qualität und einem Mindestalkoholgehalt von 38 Vol.-%

Eau-de-vie d'Airelle
Französische Bezeichnung für Branntwein aus Preiselbeeren (Moosbeeren); wasserklar
38 bis 45 Vol.-%

Eau-de-vie d'Alisier
Französische Bezeichnung für Branntwein aus Vogelbeeren (Ebereschen, Atlasbeeren, Schlehdorn); wasserklar
38 bis 45 Vol.-%
andere Bezeichnung: Eau-de-vie de Sorbier

Eau-de-vie de Baie de Houx
Französische Bezeichnung für Branntwein aus Beeren der Stechpalme; wasserklar
38 bis 45 Vol.-%

Eau-de-vie de Berbéris
Französische Bezeichnung für Branntwein aus Berberitzen (Berberin, Sauer- oder Essigdorn)
andere Bezeichnung: Eau-de-vie d'Épine-vinette

Eau-de-vie de Cassis
Französische Bezeichnung für Branntwein aus Johannisbeeren (Ribisel, rot; Ahlbeeren, schwarz); wasserklar; 38 bis 45 Vol.-%

Eau-de-vie d'Épine-vinette
Französische Bezeichnung für Branntwein aus Berberitzen (Berberin, Sauer- oder Essigdorn)
andere Bezeichnung: Eau-de-vie de Berbéris

Eau-de-vie de Fraise
Französische Bezeichnung für Branntwein aus Erdbeeren; wasserklar
38 bis 45 Vol.-%

Eau-de-vie de Fraise des Bois
Französische Bezeichnung für Branntwein aus Walderdbeeren; wasserklar
38 bis 45 Vol.-%

Eau-de-vie de Fraise Sauvage
Französische Bezeichnung für Branntwein aus wildwachsenden Erdbeeren; wasserklar
38 bis 45 Vol.-%

Eau-de-vie de Framboise
Französische Bezeichnung für Branntwein aus Himbeeren; wasserklar
38 bis 45 Vol.-%

Eau-de-vie de Framboise Sauvage
Französische Bezeichnung für Branntwein aus wildwachsenden Himbeeren; wasserklar
38 bis 45 Vol.-%

Eau-de-vie de Groseille
Französische Bezeichnung für Branntwein aus Johannisbeeren; wasserklar
38 bis 45 Vol.-%

Eau-de-vie Groseille à Maquereau
Französische Bezeichnung für Branntwein aus Stachelbeeren (Klosterbeeren); wasserklar
38 bis 45 Vol.-%

Eau-de-vie de Mûre Noire
Französische Bezeichnung für Branntwein aus Maulbeeren; wasserklar
38 bis 45 Vol.-%

Eau-de-vie de Mûre Sauvage
Französische Bezeichnung für Branntwein aus Brombeeren (Kroatz-, Kratz-, Mult-, Lakkabeeren); wasserklar
38 bis 45 Vol.-%

Eau-de-vie de Myrtille
Französische Bezeichnung für Branntwein aus Heidelbeeren (Blau-, Schwarz-, Bickbeeren); wasserklar
38 bis 45 Vol.-%

Eau-de-vie de Prunelle
Französische Bezeichnung für Branntwein aus Schlehen; wasserklar
38 bis 45 Vol.-%

Eau-de-vie de Sorbier
Französische Bezeichnung für Branntwein aus Vogelbeeren (Ebereschen, Atlasbeeren); wasserklar
38 bis 45 Vol.-%
andere Bezeichnung: Eau-de-vie d'Alisier

Eau-de-vie de Sureau
Französische Bezeichnung für Branntwein aus Holunderbeeren (Holler, Holder); wasserklar
38 bis 45 Vol.-%

Ebereschenbrand – Ebereschengeist
1. Ist ein → Eau-de-vie d'Alisier
2. Ist ein → Eau-de-vie de Sorbier
Bei beiden werden die Früchte vor der Destillation mit hochprozentigem Alkohol ausgelaugt (Mazeration)
andere Bezeichnungen: Vogelbeer-, Schlehdorn-, Atlasbeerenbrand bzw. Vogelbeer-, Schlehdorn-, Atlasbeerengeist

Erdbeerbrand – Erdbeergeist
1. Ist ein → Eau-de-vie de Fraise aus kulivierten Erdbeeren
2. Ist ein → Eau-de-vie de Fraise Sauvage aus wildwachsenden Erdbeeren
Bei beiden werden die Früchte vor der Destillation mit hochprozentigem Alkohol ausgelaugt (Mazeration)

Essigdornbrand – Essigdorngeist
Ist ein → Eau-de-vie de Berbéris, bei dem die Früchte vor der Destillation mit hochprozentigem Alkohol ausgelaugt werden (Mazeration)
andere Bezeichnungen: Berberitzen-, Berberin- und Sauerdornbrand bzw. Berberitzen-, Berberin- und Sauerdorngeist

Finkel Jochen – Skandinavien
Branntwein aus Wacholderbeeren
wasserklar; meist 40 Vol.-%

Freiherr von Seldeneck Schwarzwälder Himbeergeist – BRD
Branntwein aus Himbeeren
wasserklar
45 Vol.-%
Erzeugnis der Freiherrlich von Seldeneck'schen Brennerei, Wolfach im Schwarzwald, die seit 1981 der Asbach-Gruppe angehört
Vertrieb in Österriech: Fa. Asbach-Doornkaat, Wien

Freihof Holunder Schnaps – Österreich
Branntwein aus Holunder
wasserklar
45 Vol.-%
Erzeugnis der Fa. Freihof, Lustenau

Freihof Vogelbeerschnaps – Österreich
Branntwein aus Vogelbeeren
wasserklar
45 Vol.-%

Genipero
In der Schweiz und in Italien gebräuchliche Bezeichnung und Schreibweise für Ginipero

Ginipero
In der Schweiz und in Italien gebräuchliche Bezeichnung für Branntwein aus Getreide, der mit Wacholderbeerauszügen destilliert wird
38 bis 43 Vol.-%
andere Bezeichnung: Genipero

Gerasdorfer Heidelbeerbrand – Österreich
Branntwein aus Heidelbeeren
wasserklar
43 Vol.-%
Erzeugnis der Fa. Gerasdorfer Landbrand Manufaktur, Gerasdorf, NÖ.
Vertrieb in Österreich: Fa. Polacek, Gerasdorf/Wien

Gerasdorfer Vogelbeerbrand – Österreich
Branntwein aus Vogelbeeren
wasserklar
43 Vol.-%

Gerasdorfer Holunderbrand – Österreich
Branntwein aus Holunderbeeren
wasserklar
43 Vol.-%

Heidelbeerbrand – Heidelbeergeist
Ist ein → Eau-de-vie de Myrtille, bei dem die Früchte vor der Destillation mit hochprozentigem Alkohol ausgelaugt werden (Mazeration)
ander Bezeichnungen: Blaubeer-, Schwarzbeer-, Bickbeerenbrand bzw. Blaubeer-, Schwarzbeer-, Bickbeerengeist

Himbeerbrand – Himbeergeist
1. Ist ein → Eau-de-vie de Framboise aus kultivierten Himbeeren
2. Ist ein → Eau-de-vie de Framboise Sauvage aus wildwachsenden Himbeeren
Bei beiden werden die Früchte vor der Destillation mit hochprozentigem Alkohol ausgelaugt (Mazeration)

Hofbrand Echter Steinhäger – BRD
Branntwein aus Wacholderbeeren
wasserklar
40 Vol.-%
Erzeugnis der Fa. Hofbrand, Steinhagen/Westfalen

Holderbrand – Holdergeist
Ist ein → Eau-de-vie de Sureau, bei dem die Früchte vor der Destillation mit hochprozentigem Alkohol ausgelaugt werden (Mazeration)
andere Bezeichnungen: Holler-, Holunderbrand bzw. Holler-, Holundergeist

Hollerbrand – Hollergeist
Ist ein→ Eau-de-vie de Sureau, bei dem die Früchte vor der Destillation mit hochprozentigem Alkohol ausgelaugt werden (Mazeration)
andere Bezeichnungen: Holunder-, Holderbrand bzw. Holunder-, Holdergeist

Holunderbrand – Holundergeist
Ist ein→ Eau-de-vie de Sureau, bei dem die Früchte vor der Destillation mit hochprozentigem Alkohol ausgelaugt werden (Mazeration)
andere Bezeichnungen: Holler-, Holderbrand bzw. Holler-, Holdergeist

Jarcebiac
In Osteuropa gebräuchliche Bezeichnung für Branntwein aus Ebereschen

Johannisbeerbrand – Johannisbeergeist
1. Ist ein→ Eau-de-vie de Cassis
2. Ist ein→ Eau-de-vie de Groseille
Bei beiden werden die Früchte vor der Destillation mit hochprozentigem Alkohol ausgelaugt
andere Bezeichnungen: Ribisel-, Ahlbeerenbrand bzw. Ribisel-, Ahlbeerengeist

Juniperus
Lateinische Bezeichnung für Wacholder

Kaiser Gebirgshimbeergeist – Österreich
Branntwein aus Himbeeren
wasserklar
38 Vol.-%
Österreichisches Erzeugnis, im Besitz der Seagram-Gruppe

Karpi
In vielen Teilen Osteuropas gebräuchliche Bezeichnung für Branntwein aus Wacholderbeeren; siehe auch Karpi-Likör

Klekovac
Andere Schreibweise für→ Klekowatsch

Klekovača
Andere Schreibweise für→ Klekowatsch

Klekowatsch
Deutsche Schreibweise für einen Branntwein aus Wacholderbeeren
andere Schreibweisen: Klekovac, Klekovača

Klosterbeerenbrand – Klosterbeereneist
Ist ein→ Eau-de-vie de Groseille, bei dem die Früchte vor der Destillation mit hochprozentigem Alkohol ausgelaugt werden (Mazeration)
andere Bezeichnungen: Stachelbeerbrand, -geist

Kranebitter
Andere Bezeichnung für→ Kranawitter
Bedeutung des Wortes: Kranichholz

Kranawitter
In Bayern und Tirol gebräuchliche Bezeichnung für einen Branntwein aus Wacholderbeeren

Kratzbeerbrand – Kratzbeergeist
Andere Bezeichnung für→ Kroatzbeerbrand bzw. Kroatzbeergeist

Kroatzbeerbrand – Kroatzbeergeist
Ist ein→ Eau-de-vie de Mûre Sauvage, bei dem die Früchte vor der Destillation mit hochprozentigem Alkohol ausgelaugt werden (Mazeration)
andere Bezeichnungen: Brombeer-, Kratzbeer-, Multbeeren-, Lakkabeerenbrand bzw. Brombeer-, Kratzbeer-, Multbeeren-, Lakkabeerengeist

Lakkabeerenbrand – Lakkabeerengeist
Ist ein → Eau-de-vie de Mûre Sauvage, bei dem die Früchte vor der Destillation mit hochprozentigem Alkohol ausgelaugt werden (Mazeration)
andere Bezeichnungen: Brombeer-, Kroatzbeer-, Kratzbeer-, Multbeerenbrand bzw. Brombeer-, Kroatzbeer-, Kratzbeer-, Multbeerengeist

Lion Beyer Alisier – Frankreich
Branntwein aus Ebereschen
wasserklar
40 Vol.-%
Erzeugnis der Fa. Lion Beyer, Elsaß

Machandel
War bis 1944 in Ostpreußen die Bezeichnung für einen Branntwein aus Wacholderbeeren; heute in vielen Gebieten Deutschlands als Synonym für Wacholderbranntwein gebraucht

Marc d'Alisier
Französische Bezeichnung für Branntwein aus Vogelbeertrestern (Ebereschen-, Atlasbeerentrestern)

Marc de Mûre Sauvage
Französische Bezeichnung für Branntwein aus Brombeertrestern (Kroatzbeeren-, Kratzbeeren-, Multbeeren-, Lakkabeerentrestern)

Marc de Myrtille
Französische Bezeichnung für Branntwein aus Heidelbeertrestern (Schwarzbeer-, Blaubeer-, Bickbeerentrestern)

Marc de Prunelle
Französische Bezeichnung für Branntwein aus Schlehentrestern

Marc de Sorbier
Französische Bezeichnung für Branntwein aus Vogelbeertrestern (Ebereschentrestern)

Marc de Sureau
Französische Bezeichnung für Branntwein aus Holundertrestern (Holler-, Holdertrestern)

Massenez Eau-de-vie Baie de Houx – Frankreich
Branntwein aus Beeren der Stechpalme
wasserklar
43 Vol.-%
Erzeugnis der Fa. Massenez, Bassemberg/Elsaß

Massenez Eau-de-vie Framboise Sauvage – Frankreich
Branntwein aus Himbeeren
Aus wildwachsenden Himbeeren hergestellt; wasserklar
43 Vol.-%

Massenez Eau-de-vie Super Cassis – Frankreich
Branntwein aus schwarzen Johannisbeeren
wasserklar
43 Vol.-%

Maulbeerbrand – Maulbeergeist
Ist ein → Eau-de-vie de Mûre Noire, bei dem die Früchte vor der Destillation mit hochprozentigem Alkohol ausgelaugt werden (Mazeration)

Mette Framboise Sauvage – Frankreich
Branntwein aus wilden Himbeeren
wasserklar
40 Vol.-%

Moosbeerbrand – Moosbeergeist
Ist ein → Eau-de-vie d'Airelle, bei dem die Früchte vor der Destillation mit hochprozentigem Alkohol

ausgelaugt werden (Mazeration)
andere Bezeichnung: Preiselbeerbrand – Preiselbeergeist

Multbeerenbrand – Multbeerengeist
Ist ein → Eau-de-vie de Mûre Sauvage, bei dem die Früchte vor der Destillation mit hochprozentigem Alkohol ausgelaugt werden (Mazeration)
andere Bezeichnungen: Brombeer-, Kratzbeer-, Kroatzbeer-, Lakkabeerenbrand bzw. Brombeer-, Kratzbeer-, Kroatzbeer-, Lakkabeerengeist

Nezkinskaya Ryafina
Sammelbezeichnung für gesüßte, in der UdSSR hergestellte Vogelbeerbrände; sie haben scharfen Geschmack und ausgeprägtes Aroma

Nusbaumer Framboise d'Alsace Réserve Particulière – Frankreich
Branntwein aus Himbeeren
wasserklar
45 Vol.-%
Erzeugnis der Fa. J. Nusbaumer, Steige/Elsaß

Pleterski Naravni Brinovec – Jugoslawien
Branntwein aus Wacholderbeeren
40 Vol.-%
Erzeugnis der Fa. Fructal

Preiselbeerbrand – Preiselbeergeist
Ist ein → Eau-de-vie d'Airelle, bei dem die Früchte vor der Destillation mit hochprozentigem Alkohol ausgelaugt werden (Mazeration)
andere Bezeichnungen: Moosbeerbrand – Moosbeergeist

Raunikar Himbeer-Brandy – Österreich
Branntwein aus Himbeeren
wasserklar; 40 Vol.-%
Erzeugnis der Fa. Raunikar, Feldkirchen i. Ktn.

Ribiselbrand – Ribiselgeist
1. Ist ein → Eau-de-vie de Cassis
2. Ist ein Eau-de-vie de Groseille
Bei beiden werden die Früchte vor der Destillation mit hochprozentigem Alkohol ausgelaugt (Mazeration)
andere Bezeichnungen: Johannisbeer-, Ahlbeerbrand bzw. Johannisbeer-, Ahlbeergeist

Sauerdornbrand – Sauerdorngeist
Ist ein → Eau-de-vie de Berbéris, bei dem die Früchte vor der Destillation mit hochprozentigem Alkohol ausgelaugt werden (Mazeration)
andere Bezeichnungen: Berberitzen-, Berberin- und Essigdornbrand bzw. Berberitzen-, Berberin- und Essigdorngeist

Schinkenhäger – BRD, Österreich
Branntwein aus Wacholderbeeren
wasserklar; 38 Vol.-%
Erzeugnis der Fa. König, Steinhagen/Westfalen und Salzburg

Schladerer
Spirituosenerzeugerfirma; bekannt für Edelbranntweine aus dem Schwarzwald; Firmenwortlaut: Alte Hausbrennerei Alfred Schladerer, gegründet 1844, Staufen im Breisgau

Schladerer Himbeergeist – BRD
Branntwein aus Himbeeren
wasserklar; 40 Vol.-%
Erzeugnis der Fa. Schladerer, Staufen/Breisgau
Vertrieb in Österreich: Fa. Roullet, Wien

Schlehenbrand – Schlehengeist
Ist ein → Eau-de-vie de Prunelle, bei dem die Früchte vor der Destil-

lation mit hochprozentigem Alkohol ausgelaugt werden (Mazeration)

Schlehdornbrand – Schlehdorngeist
Andere Bezeichnung für → Schlehenbrand – Schlehengeist

Schlichte Steinhäger – BRD
Branntwein aus Wacholderbeeren
wasserklar
38 Vol.-%
Erzeugnis der Fa. Schlichte, Steinhagen/Westfalen
Lizenzerzeugung für Österreich: Fa. Bauer, Graz

Schwarzbeerbrand – Schwarzbeergeist
Ist ein → Eau-de-vie de Myrtille, bei dem die Früchte vor der Destillation mit hochprozentigem Alkohol ausgelaugt werden (Mazeration)
andere Bezeichnungen: Heidelbeer-, Blaubeer-, Bickbeerenbrand bzw. Heidelbeer-, Blaubeer-, Bickbeerengeist

Seyringer Himbeergeist – Österreich
Branntwein aus Himbeeren
wasserklar
40 Vol.-%
Erzeugnis der Fa. Seyringer Schloßbrände, Seyring, die der Fa. Asbach-Doornkaat angehört
Vertrieb in Österreich: Fa. Asbach-Doornkaat, Wien

Seyringer Vogelbeere – Österreich
Branntwein aus Vogelbeeren
wasserklar
40 Vol.-%

Stachelbeerbrand – Stachelbeergeist
Ist ein → Eau-de-vie de Groseille à Maquereau, bei dem die Früchte vor der Destillation mit hochprozentigem Alkohol ausgelaugt werden (Mazeration)
andere Bezeichnungen: Klosterbeerenbrand, -geist

Stechpalmenbrand – Stechpalmengeist
Ist ein → Eau-de-vie de Baie de Houx, bei dem die Früchte vor der Destillation mit hochprozentigem Alkohol ausgelaugt werden (Mazeration)

Stroh Himbeer-Brandy – Österreich
Branntwein aus Himbeeren
wasserklar; 40 Vol.-%
Erzeugnis der Fa. Stroh, Klagenfurt

Stroh Vogelbeer-Edelbrand – Österreich
Branntwein aus Vogelbeeren
wasserklar; 40 Vol.-%

Vogelbeerbrand – Vogelbeergeist
1. Ist ein → Eau-de-vie d'Alisier
2. Ist ein → Eau-de-vie de Sorbier
Bei beiden werden die Früchte vor der Destillation mit hochprozentigem Alkohol ausgelaugt (Mazeration)
andere Bezeichnungen: Ebereschen-, Atlasbeerenbrand bzw. Ebereschen-, Atlasbeerengeist

Walderdbeerenbrand – Walderdbeerengeist
Ist ein → Eau-de-vie de Fraise des Bois, bei dem die Früchte vor der Destillation mit hochprozentigem Alkohol ausgelaugt werden (Mazeration)

Wolfacher Himbeergeist – BRD
Branntwein aus Himbeeren
Aus Himbeeren durch Mazeration hergestellt
Erzeugnis der Fa. Haas & Berlacher, Wolfach

Wolfberger Eau-de-vie de Framboise – Frankreich
Branntwein aus Himbeeren
wasserklar
40 Vol.-%
Erzeugnis der Wolfberger Distillerie, Chemin de la Fecht

Wunderlich Steinheger – Österreich
Branntwein aus Wacholderbeeren
wasserklar
45 Vol.-%
Erzeugnis der Fa. Wunderlich, Wien

Branntweine

Destillate aus sonstigen Pflanzen und Früchten

Zu jedem Kapitel werden die gesetzlichen Bestimmungen in Österreich, in der Bundesrepublik Deutschland und in der Schweiz sowie die jeweiligen Erzeugungsverfahren angeführt.

DESTILLATE AUS SONSTIGEN PFLANZEN UND FRÜCHTEN

Dazu zählen alle Branntweine aus Pflanzenteilen, wie Blättern, Früchten, Samen, Fruchtsäften und Fruchtmark sowie Schalenobst, Wild- und Zitrusfrüchten.

BRANNTWEINE AUS AGAVEN UND KAKTEEN

Sie werden nach einem speziellen Verfahren ausschließlich als Geiste hergestellt.

Pulque
Dies ist die mexikanische Bezeichnung für den frischen, unvergorenen Agavensaft. Wird Pulque vergoren, so spricht man von Agavenwein. **Pulque fuerte** ist der gebrannte Agavenwein.

Mezcal
Als Mezcal bezeichnet man alle Agavenbranntweine, die nicht aus dem abgegrenzten Tequilagebiet, dem mexikanischen Bundesstaat Jalisco, kommen.
Dieser Branntwein, dessen Hauptbestandteil Kakteen sind, wurde nach dem Mezcal Azul, dem blauen Kaktus, benannt.

TEQUILA

Tequila oder Aquardiente de Agave Tequila kommt aus Mexiko. Er darf nur im Bundesstaat Jalisco aus der dort wachsenden blaugrünen Maguey-Agave hergestellt werden.

Erzeugung

Das „Herz" (Strunk) der reifen, etwa zehn Jahre alten Pflanze wird geerntet und der eiweißhältige Saft durch Zermahlen und Erhitzen ausgezogen. Er wird in Mexiko als Aquamiel (Honigwasser) bezeichnet.

Gärung

Es wird ein Teil frischer, unvergorener Agavensaft mit vergorenem Agavensaft gemischt. So kommt es zu einer kurzen, stürmischen Gärung.

↓

Erste Destillation

Das vergorene Gemisch wird nun destilliert. Es erreicht einen Alkoholgehalt von zirka 36 Vol.-%.

↓

Zweite Destillation

Das Produkt der ersten Destillation wird einer zweiten Destillation unterworfen und erreicht hier einen Alkoholgehalt von zirka 50 Vol.-%.
Tequila ist ein reines, blankes Destillat. Die Farbskala reicht von Wasserklar bis Cognacfarben. Er darf nicht gewürzt werden.

ALCOTROPICS

Alcotropics ist die Sammelbezeichnung für alkoholfreie und alkoholische Getränke, die aus den tropischen Pflanzen und Früchten sowie aus deren Samen und Blättern in den unterschiedlichsten Zubereitungsarten mit den unterschiedlichsten Alkoholstärken hergestellt werden.

ANISÉES

Unter dieser Bezeichnung werden alle alkoholischen Getränke mit Anisgeschmack zusammengefaßt. Dazu zählen sowohl die Anisbranntweine als auch die Anisliköre. In Frankreich werden die Anisées gemeinhin als **Pastis** bezeichnet.
Die Anisées werden hauptsächlich mit Wasser verdünnt getrunken. Dabei bekommen diese Getränke eine Trübung, die weiß bis gelb sein kann.
Der Vorläufer der Anisées ist der Absinth.

ABSINTH

Dieser Anisbranntwein wurde im späten 16. Jahrhundert von dem französischen Arzt Ordinaire erfunden.
Im 19. Jahrhundert wurde die Gefährlichkeit des Absinths erkannt.
Die Schweiz hat im Jahre 1910 als erstes europäisches Land das Absinthverbot eingeführt. Nach und nach schlossen sich die anderen Länder diesem Vorbild an. Heute darf mit Ausnahme von Spanien und Portugal in keinem europäischen Land mehr Absinth erzeugt oder vertrieben werden.
Der Absinthmißbrauch hatte viele Bezeichnungen, u. a. „Absinthismus", „die grüne Muse", „l'heure verte" („die grüne Stunde").
Der gefährlichste Bestandteil des Absinths ist das Giftöl Thujon oder auch Tenaceton genannt. Es wird aus Auszügen des Wermutkrautes (Artemisia absinthiana) gewonnen.

Absinthismus ist die Vergiftung des Nervensystems, die Krämpfe, Lähmungen, Epilepsie und Degenerierung hervorruft.
Der Bitterstoff Absinthin gab diesem Getränk auch seinen Namen.

Gesetzliche Bestimmungen

In Österreich

Seit Anfang des 20. Jahrhunderts herrscht in Österreich absolutes Absinthverbot.

In der Bundesrepublik Deutschland

Seit Inkrafttreten des Absinth-Gesetzes im Jahre 1923 war es verboten, den unter dem Namen Absinth bekannten Trinkbranntwein, ihm ähnliche Erzeugnisse oder die zur Herstellung derartiger Getränke dienenden Grundstoffe herzustellen, einzuführen, zum Verkauf vorrätig zu halten, zu verkaufen oder sonstwie in den Verkehr zu bringen. Selbst die Erstellung einer Rezeptur war untersagt.
Ausgenommen vom Verwendungsverbot sind thujonhaltige Pflanzen und Pflanzenteile (z. B. Wermutkraut, Beifuß), die nach wie vor zur Aromatisierung von Spirituosen herangezogen werden können.

In der Schweiz

Seit dem Jahre 1910 herrscht absolutes Absinthverbot.
Das Bundesgesetz betreffend das Absinthverbot wurde erlassen, um die Einfuhr, die Fabrikation und den Verkauf des gesundheitsschädlichen Getränks Absinth auf dem ganzen Gebiet der Eidgenossenschaft zu verbieten.
Als Absinth gilt ohne Rücksicht auf die Herstellung jeder Branntwein, der aromatische Bestandteile des Wermutkrautes in Verbindung mit anderen aromatischen Stoffen, wie sie in Anis, Fenchel und dergleichen enthalten sind, aufweist.
Als Nachahmungen des Absinths gelten, gleichgültig, ob sie aromatische Bestandteile des Wermutkrautes enthalten oder nicht, alle aromatisierten alkoholischen Getränke, welche die äußeren Eigenschaften des Absinths aufweisen.
Gewisse Nachahmungen, die die äußeren Eigenschaften des Absinths nicht aufweisen und nicht unter dieses Gesetz fallen, sind erlaubt.

BRANNTWEINE AUS PALMEN

Darunter versteht man alle gebrannten Erzeugnisse, die aus Pflanzenteilen, Blättern, dem Fruchtsaft und Nüssen bzw. Datteln der verschiedenen Palmenarten hergestellt werden.

Palmenbranntweine werden in den unterschiedlichsten Verfahren komponiert und destilliert.
Vergorener Palmensaft wird als **Palmenwein** oder **Toddy** bezeichnet. Er wird zur Destillation von Palmenbranntwein herangezogen und hat einen niedrigeren Alkoholgehalt als dieser.

ARRAK

Wann erstmals Arrak hergestellt wurde, ist nicht bekannt. Als die Holländer zu Beginn des 17. Jahrhunderts die Insel Java besetzten, gab es dort den Arrak schon. Wahrscheinlich haben die Chinesen dieses Getränk nach Java gebracht.
Das Wort Arrak ist vom arabischen Wort „al rak" (Schweiß) abgeleitet. Der „Rum der Asiaten", wie Arrak oft bezeichnet wird, ist ein Sammelbegriff für Branntweine aus sonstigen Pflanzen, die in den verschiedenen Ländern mit verschiedenen Grundmaterialien hergestellt werden.

Für den Export nach Europa hat der Arrak aus Java, der **Batavia-Arrak,** die größte Bedeutung. Er besteht in der Hauptsache aus Zuckerrohrmelasse, Reis und frischem Saft der Zuckerpalmen. Anstelle von frischem Palmensaft wird auch vergorener Palmensaft (Palmenwein, Toddy) verwendet. Der Alkoholgehalt dieses Arraks reicht von 50 bis 60 Vol.-%.
In Persien wird Arrak hauptsächlich auf Basis von Datteln, in Nordafrika hauptsächlich auf Basis von Feigen und Trauben hergestellt.
Dieser nordafrikanische Arrak wird mit Anis aromatisiert und ist im weitesten Sinne ein Anisée. Arrak wird darüber hinaus auch noch in Thailand, Indien und auf Sri Lanka hergestellt. Seine Hauptbestandteile sind Reis und Palmensaft.
Aber auch mit den verschiedensten Fruchtsäften (z. B. Ananassaft) aromatisierte Arraks werden erzeugt.
In Europa kommt Arrak mit 38 und 40 Vol.-% in den Handel.

Ähnlich wie bei Rum gibt es auch bei Arrak die Bezeichnungen „original" und „echt".
Als **Original-Arrak** darf nur ein Erzeugnis bezeichnet werden, das aus dem Ausland eingeführt wird und im Inland keinerlei Veränderungen erfährt.
Echter Arrak ist ein Original-Arrak, der auf Trinkstärke herabgesetzt wurde.
Arrak-Verschnitt ist eine Mischung von Arrak mit Alkohol anderer Art, wobei der Arrakanteil mindestens 10 Prozent des Gesamtalkohols des trinkfertigen Erzeugnisses betragen muß.
Deutscher Arrak ist dem **Übersee-Arrak** ähnlich, er wird jedoch aus zuckerhaltigen Stoffen der Bundesrepublik Deutschland gebrannt.
In Skandinavien wird Arrak zu Schwedenpunsch verarbeitet.
In Europa wird Arrak sehr selten pur getrunken. Hauptsächlich wird er in der Bar zur Zubereitung von Grogs und Punschen verwendet.

Gesetzliche Bestimmungen

In Österreich

Echter Edelbrand aus Zuckerrohr und Reis mit einem Mindestalkoholgehalt von 38 Vol.-%.

In der Bundesrepublik Deutschland

Trinkbranntwein aus Zuckerrohr und Reis mit einem Mindestalkoholgehalt von 38 Vol.-%.
Arrak-Verschnitt hat einen Mindestalkoholgehalt von 38 Vol.-% aufzuweisen, dabei müssen 10 Prozent des Alkoholanteils aus „Original-Arrak" sein.

In der Schweiz

Trinkbranntwein aus Palmenwein oder vergorener Reismaische, der zuckerhaltige Pflanzensäfte beigemischt sein können; Mindestalkoholgehalt 40 Vol.-%.

BRANNTWEINE AUS ZUCKERROHR

Unter dieser Bezeichnung werden alle Erzeugnisse zusammengefaßt, die aus Zuckerrohr, Zuckerrohrmelasse oder aus den Rückständen bei der Zuckerrohrverarbeitung hergestellt werden.

Die Zuordnung der angeführten Produkte von A bis Z erfolgt auf Grundlage folgender Bezeichnungen:

Aquadente de canna: spanische Bezeichnung für einfache Branntweine aus Zuckerrohr.
Aguardente de cana: portugiesische Bezeichnung für einfache Branntweine aus Zuckerrohr.
Ron: spanische und portugiesische Bezeichnung für Branntweine aus Zuckerrohr von höchster Qualität.
Rhum: französische Bezeichnung für Branntweine aus Zuckerrohr von höchster Qualität.
Rum/rum: deutsche bzw. englische Bezeichnung für Branntweine aus Zuckerrohr von höchster Qualität.

RUM

Wann erstmals Rum gebrannt wurde, ist unbekannt. Man weiß aber, daß die Holländer schon im 16. Jahrhundert Meister im Rumbrennen waren. Seit dem 17. Jahrhundert wird Zuckerrohr auf Jamaica und anderen Karibikinseln kultiviert, in großen Mengen vergoren und destilliert.

Rum kommt heute hauptsächlich von den großen und kleinen Antillen, die zu den Westindischen und Karibischen Inseln gehören. Zu den großen Antillen zählen die Inseln Kuba, Jamaica, Haiti und die Dominikanische Republik.
Zu den kleinen Antillen zählen die Inseln Puerto Rico, Aruba, Curaçao, Virgin Islands, St. Croix, St. Martin, St. Kitts, Anguilla, St. Barthélemy, Barbuda, Antigua, Guadeloupe, Dominica, Martinique, St. Lucia, Barbados und Trinidad.
Aber auch in anderen Ländern, wie Venezuela und Mexiko sowie auf St. Thomas, British Guayana und Réunion, wird Rum gebrannt.

Die Qualität ist in den einzelnen Herstellungsgebieten sehr verschieden.

Original-Rum (Common Clean, Local Trade Quality) ist ein im Herstellungsgebiet erzeugter, unveränderter Rum. Er wird im Erzeugerland in Flaschen abgefüllt und exportiert und darf im Bezugsland keinerlei Veränderungen erfahren.
Original-Rum wird mit einem Alkoholgehalt von 62 bis 81 Vol.-% hergestellt.
Rum Pure ist nach englischer Auffassung eine Mischung verschiedener Original-Rums, nach amerikanischer Auffassung ein Verschnitt von Rum mit anderen Branntweinen.
Echter Rum ist ein auf Trinkstärke (38 bis 54 Vol.-%) herabgesetzter Original-Rum. Die Bezeichnung „echt" darf ebenso wie die Bezeichnung „original" nur im Zusammenhang mit dem Herstellungsgebiet genannt werden, z. B. „echter Jamaica-Rum" oder „echter Übersee-Rum". Letzterer ist eine Mischung aus Rums verschiedener Überseeländer.

Da Original-Rum und „Echter Rum" sehr teuer sind, werden sie meist mit Alkohol anderer Art verschnitten. Mindestens 5 Prozent des Gesamtalkohols des Verschnittes müsen dabei von Rum stammen. Ein 40prozentiger Rum-Verschnitt muß also mindestens 2 Vol.-% Alkohol aus Original-Rum enthalten.
Medium Rum (versetzter Rum) ist die englische Bezeichnung für Original-Rum, der mit wenigen Gewürzstoffen versetzt wird und so dem Geschmacksempfinden der englischen Bevölkerung entspricht.
Flavoured Rum (versetzter Rum) ist ein Original-Rum, der mit Geschmacksbeigaben unterschiedlichster Art versetzt wird; er wird auch als **Heavy Bodied Rum** bzw. **High Continental Rum** bezeichnet.
Export-Rum (versetzter Rum) ist ein Original-Rum, der auf die jeweiligen Geschmacksrichtungen bzw. Trinkstärken der einzelnen Länder, in die er exportiert wird, abgestimmt ist.

Gesetzliche Bestimmungen

In Österreich

Echter Edelbrand aus Zuckerrohr mit einem Mindestalkoholgehalt von 38 Vol.-%.
Dazu zählen: Jamaica-Rum, Übersee-Rum

Trinkbranntwein aus Monopolalkohol mit einem Mindestalkoholgehalt von 38 Vol.-%.
Dazu zählen:
- Inländer-Rum mit 38 bis 80 Vol.-% (Aromatisierung mit Rum-Essenz)
- Schank-Rum

Schank-Rum bildet eine Ausnahme bei den Trinkbranntweinen aus Monopolalkohol; er hat einen Mindestalkoholgehalt von 22,5 Vol.-% und darf nicht in Flaschen abgefüllt an den Endverbraucher abgegeben werden.

In der Bundesrepublik Deutschland

Trinkbranntwein aus Zuckerrohr mit einem Mindestalkoholgehalt von 38 Vol.-%.
Bei einem 38volumprozentigen Rum-Verschnitt müssen 5 Prozent des Alkoholanteils Original-Rum sein.

In der Schweiz

Trinkbranntwein aus vergorenem Zuckerrohrsaft, Zuckerrohrmelasse und Zuckerrohrrückständen mit einem Mindestalkoholgehalt von 40 Vol.-%.

Erzeugung

Maischen

Den wesentlichsten Bestandteil der Maische bildet die Zuckerrohrmelasse. Ihr werden der **„skimmings“** (Schaum, der bei der Verkochung des Zuckerrohrs entsteht), der **„dunder“** (unveränderter Rückstand früherer Brennvorgänge) und Hefepilze beigemischt.

↓

Würzen

In die Maische kommen nun je nach Gebiet verschiedene Würzen. Die Dosagen reichen von Rosinen über Ananas und Zimtäpfel bis zu Vanille und Botaya-Akazien. Die genaue Zusammensetzung ist immer ein Geheimnis der Hersteller.

↓

Gärung

Die Maische wird vergoren und anschließend destilliert.

↓

Destillation

Während die Inseln mit britischer Tradition Rum im allgemeinen nach dem Pot-still-Verfahren (siehe Seite 484 ff.) brennen, wird in den französisch beeinflußten Gebieten eine dreifache Destillation nach dem Alambic-Verfahren (siehe Seite 487) bevorzugt. Dabei entsteht weißer Rum, lichtbrauner Rum oder brauner Rum. Die Bezeichnungen für diese Grundarten sind:
- Weißer Rum: Carta Blanca, Silver Label, Platinium White, Carte Blanche

– Lichtbrauner Rum: Carta Oro, Oro, Gold, Amber Label
– Dunkler Rum: Dark rum

↓

Lagerung

Nach der Destillation wird Rum gelagert. Art und Dauer der Lagerung sind entscheidend für die Qualität, vor allem für das Bukett des Rums. Weißer Rum lagert in vorbehandelten Fässern, die keine Farbe abgeben, oder in Stahltanks. Der braune Rum erhält seine Farbe aus den Eichenfässern, in denen er lagert. Reicht der Braunton nicht aus, darf im Ursprungsland auch mit Zuckercouleur (Karamelzucker) „nachgeholfen" werden.

Destillate aus sonstigen Pflanzen und Früchten von A bis Z

A

Acapulco Gold – Mexiko
Tequila
Branntwein aus Agaven
goldbraun
80 Proof/40 Vol.-%

Admiral – Holland
Branntwein aus sonstigen Pflanzen
Aus Kümmelsamen hergestellt
35 Vol.-%

Aquardente de Cana – Brasilien
Branntwein aus Zuckerrohr
der Nationalschnaps Brasiliens schlechthin

Aguardiente Antiqueno – Kolumbien
Branntwein aus Zuckerrohr
cognacfarben
64 Proof/32 Vol.-%

Aguardiente Cristal – Kolumbien
Branntwein aus Zuckerrohr
leichter Braunschimmer
64 Proof/32 Vol.-%

Almeca Gold – Mexiko
Tequila
Branntwein aus Agaven
goldbraun
40 Vol.-%
Erzeugnis der Fa. Seagram's de Mexiko S.A. de G.V.

Alt Salzburger Nußerner – Österrelch
Branntwein aus sonstigen Pflanzen
Aus grünen Walnüssen mit und ohne Zuckerzusatz hergestellt; braun
Erzeugnis der Brennerei Guglhof, Hallein

Anisado de Peru – Peru
Anisée
Auf Basis von Sternanis und Ziegenmilch hergestellt

Anis del Mono – Spanien
Absinth
Anisée
süßlicher Geschmack
klar, gelblich bis grün
45 Vol.-%

Anisetta – Jugoslawien
Anisée
wasserklar
42 Vol.-%
Erzeugnis der Fa. Blato, Korčula

Aniversario Pampero Añejo – Venezuela
Rum/Ron
Branntwein aus Zuckerrohr
weiß und braun
80 bis 162 Proof/40 bis 81 Vol.-%

Antiqua-Rum
Sammelbegriff für alle Rumarten, die von den Kleinen Antillen kommen; in der Regel helle, leichte Rummarken

Appleton Special Dark – Jamaica
Rum/Ron
Branntwein aus Zuckerrohr
dunkelbraun
80 Proof/40 Vol.-%
Erzeugnis der Fa. J. Wray and Nephew Ltd., Kingston

Appleton Special Gold – Jamaica
Rum/Ron
Branntwein aus Zuckerrohr
hellbraun
80 Proof/40 Vol.-%

Appleton Special Reserve – Jamaica
Rum/Ron
Branntwein aus Zuckerrohr
dunkelbraun
86 Proof/43 Vol.-%

Appleton White – Jamaica
Rum/Ron
Branntwein aus Zuckerrohr
weiß
80 Proof/40 Vol.-%

Arak
Andere Schreibweise für→ Arrak

Arak Touma – Libanon
Anisée
wasserklar; 45 Vol.-%
Erzeugnis der Fa. R. T. Touma & Freres, Beirut

Arandas Oro – Mexiko
Tequila
Branntwein aus Agaven
goldbraun
80 Proof/40 Vol.-%

Arandas White – Mexiko
Tequila
Branntwein aus Agaven
weiß
80 Proof/40 Vol.-%

Areka – Mongolei
Branntwein aus Stutenmilch
Soll angeblich der älteste Branntwein sein; wird nach geheimen Rezepten der Kirgisen und Mongolen heute noch erzeugt

Areka – Philippinen, Hawaii
Branntwein aus sonstigen Pflanzen
Aus den vergorenen Fasern des Lianenbaumes hergestellt

Arquebuse de l'Herimitage – Frankreich
Branntwein aus sonstigen Pflanzen
Aus verschiedenen Kräutern
40 bis 50 Vol.-%

Arrack
Andere Schreibweise für →Arrak

Arrak-Punsch
Ein gesüßter →Arrak-Verschnitt, der noch zusätzlich aromatisiert wird

Arrak-Verschnitt
Ist ein Gemisch aus Weingeist, Fruchtwein, Zucker und Fruchtsaft sowie den verschiedensten Aromaten; er muß mindestens 10% des Alkoholanteiles aus Original-Arrak aufweisen; gelblich
zirka 38 Vol.-%

Aruba-Rum
Sammelbegriff für alle Rumarten, die von der kleinen Antilleninsel Aruba kommen; in der Regel helle, leichte bis mittelschwere Rumarten

B

Bacardi
Weltbekannte Rumerzeugerfirma; hatte bis 1960 Stammhaus in Habana (Havanna) auf Kuba; heute ist Bacardi & Company Ltd. auf mehreren Antilleninseln ansässig und produziert nach wie vor weiße, leichte Rumsorten (Carta Blanca), ferner auch Carta de Oro und Bacardi Reserve (braun)

Bacardi Carta de Oro – Karibik
Rum/Ron
Branntwein aus Zuckerrohr
Würziger, leichter Rumtyp
hellbraun
80 Proof/40 Vol.-%

Bacardi Light-Dry Carta Blanca – Karibik
Rum/Ron
Branntwein aus Zuckerrohr
weiß
80 Proof/40 Vol.-%

Meistverkaufte Rummarke auf dem amerikanischen Markt

Bacardi Reserve – Karibik
Rum/Ron
Branntwein aus Zuckerrohr
Sehr lange Lagerzeit
dunkel, aromatisch
80 Proof/40 Vol.-%

Bacardi Superior Carta Blanca – Karibik
Rum/Ron
Branntwein aus Zuckerrohr
weiß
80 Proof/40 Vol.-%

Badel Travarica Rakija – Jugoslawien
Branntwein aus sonstigen Pflanzen
Aus verschiedenen Kräutern hergestellt
45 Vol.-%
Erzeugnis der Fa. Badel-Vinoprodukt, Zagreb

Baja Tequila – Mexiko
Tequila
Branntwein aus Agaven
heller Goldton
80 Proof/40 Vol.-%

Bananengeist – BRD
Alcotropic
Aus grünen Gemüsebananen hergestellt; wasserklar
Erzeugnis der Fa. Riemerschmid, München

Barbados-Rum
Sammelbegriff für alle Rumarten, die von der kleinen Antilleninsel Barbados kommen; in der Regel sehr leichte, körperarme Rumarten

Barbancourt 3 Star – Haiti
Rum/Rhum
Branntwein aus Zuckerrohr
hellbraun
86 Proof/43 Vol.-%

Barbancourt 5 Star – Haiti
Rum/Rhum
Branntwein aus Zuckerrohr
hellbraun
86 Proof/43 Vol.-%

Barbancourt Réserve – Haiti
Rum/Rhum
Branntwein aus Zuckerrohr
Lagerzeit 15 Jahre
dunkel
86 Proof/43 Vol.-%

Bärwurz – BRD
Branntwein aus sonstigen Pflanzen
Aus Bärwurz hergestellt; charakterstisch für diese bayrischer Spirituose ist ein erdiger, würziger Geschmack;
wasserklar; 40 Vol.-%
Erzeugnis der Fa. Riemerschmid, München

Basi – Philippinen
Branntwein aus Zuckerrohr
Ähnlich dem →Arrak

Batavia Arrak – Java
Branntwein aus Zuckerrohr
Durch Zusatz von Reinzuchthefe wird die Zuckerrohrmelasse vergoren, dadurch ändert sich der Geschmack im Vergleich zu anderen Arraks erheblich; Batavia-Arrak ähnelt im Geschmack Rum und wird häufig zur Herstellung von Punschen verwendet; gelblich bis dunkelbraun
38 bis 40 Vol.-%
andere Bezeichnung: Java Arrak

Bayerischer Meerrettichschnaps – BRD
Branntwein aus sonstigen Pflanzen
Aus Meerrettich hergestellt;
wasserklar; 33 Vol.-%
Erzeugnis der Fa. Riemerschmid, München

Beamero Gold – Mexiko
Tequila
Branntwein aus Agaven
goldbraun
80 Proof/40 Vol.-%

Berger Blanc – Schweiz
Anisée
wasserklar
45 Vol.-%
Erzeugnis der Fa. Syc. des Fils de C. F. Berger, gegründet 1830 in Couvert

Berger Pastis de Marseille – Frankreich
Anisée
gelb bis bräunlich
45 Vol.-%
Erzeugnis der Fa. Berger, Marseille

Berghof Gentiane – Schweiz
Branntwein aus sonstigen Pflanzen
Aus gelben Enzianwurzeln hergestellt; wasserklar
40 Vol.-%
Erzeugnis der Berghof-Produkte-Gesellschaft, Zug

Bermudez Añejo – Dominikanische Republik
Rum/Ron
Branntwein aus Zuckerrohr
dunkelbraun
80 Proof/40 Vol.-%

Bermudez Gold – Dominikanische Republik
Rum/Ron
Branntwein aus Zuckerrohr
hellbraun
80 Proof/40 Vol.-%

Bermudez White – Dominikanische Republik
Rum/Ron
Branntwein aus Zuckerrohr
weiß
80 und 151 Proof/40 und 75,5 Vol.-%

Boucha l'Oasis – Tunesien
Branntwein aus sonstigen Früchten
Ähnlich dem → Eau-de-vie Boucha; aus Feigen und Rosinen hergestellt; wasserklar
36 bis 40 Vol.-%

Brauner Rum
Aromatischer und runder im Geschmack als weißer Rum, da die Lagerung in Eichenfässern sowie die Zugabe von Zuckercouleur den Rum in Farbe und Geschmack verändern

British Navy Pusser's Rum – England
Rum
Branntwein aus Zuckerrohr
96 Proof/48 Vol.-%

C

Cachaça – Brasilien
Branntwein aus Zuckerrohr
Dieser kräftige Branntwein wird in Brasilien immer kalt getrunken; findet auch bei der Likörerzeugung Verwendung
andere Schreibweisen: Caxaca, Caxa, Chacha

Cacique – Venezuela
Rum/Ron
Branntwein aus Zuckerrohr
mild, aromatisch
80 Proof/40 Vol.-%

Caldas Rum – Kolumbien
Rum/Ron
Branntwein aus Zuckerrohr
braun
80 Proof/40 Vol.-%

Cane spirit
Destillat aus Zuckerrohr und Zuckerrohrmelasse

Captain Morgan – Jamaica
Rum/Ron

Branntwein aus Zuckerrohr
dunkel
80, 146 und 160 Proof/40, 73 und 80 Vol.-%

Captain Morgan Spiced – Puerto Rico
Rum/Ron
Branntwein aus Zuckerrohr
braun
80 Proof/40 Vol.-%
typische Würze; ist ein Flavoured Rum

Caribean Gold – Jamaica
Rum/Ron
Branntwein aus Zuckerrohr
weiß, leicht
76 Proof/38 Vol.-%

Caxa
Andere Schreibweise für →Cachaça

Caxaca
Andere Schreibweise für →Cachaça

Chacha
Andere Schreibweise für →Chachaça

Chaninha – Südamerika
Branntwein aus Zuckerrohr
Seine Besonderheit ist, daß er ausschließlich aus Zuckerrohrmelasse und dem Saft frischen Zuckerrohres hergestellt wird

Chicha de Algaroba – Süd- und Mittelamerika
Branntwein aus sonstigen Pflanzen
Aus Substanzen des Algarobabaumes hergestellt; weiß bis gelbstichig
40 Vol.-%

Chicha de Costa Rica – Costa Rica
Alcotropic
Aus Bananen hergestellt; weiß bis gelbstichig; 40 Vol.-%

Chrüter Eau-de-vie aux Herbes – Schweiz
Branntwein aus sonstigen Pflanzen
Aus Kräutern und Wurzeln hergestellt; wasserklar
40 Vol.-%
Erzeugnis der Berghof-Produkte-Gesellschaft, Zug

Clément – Martinique
Rum/Rhum
Branntwein aus Zuckerrohr
weiß
80 Proof/40 Vol.-%
Erzeugnis der Fa. Les Heritiers H. Clément, Martinique

Cockspur – Barbados
Rum/Ron
Branntwein aus Zuckerrohr
weiß
90 Proof/45 Vol.-%

Cocuy – Venezuela
Branntwein aus Kakteen
klar bis gelblich braun
40 bis 45 Vol.-%

Columbus – Jamaica
Rum/Ron
Branntwein aus Zuckerrohr
dunkel
80 Proof/40 Vol.-%

Corona White – Westindische Inseln
Rum/Ron
Branntwein aus Zuckerrohr
weiß
80 Proof/40 Vol.-%
Erzeugnis der Rum Company Ltd., Kingston, Jamaica

Corrida – Mexiko
Tequila
Branntwein aus Agaven
wasserklar
80 Proof/40 Vol.-%

Coruba – Jamaica
Rum/Ron
Branntwein aus Zuckerrohr

dunkel
84 und 148 Proof/84 und 74 Vol.-%

Coruba Carta Blanca – Jamaica
Rum/Ron
Branntwein aus Zuckerrohr
weiß
80 Proof/40 Vol.-%

Crendain Extra – Mexiko
Tequila
Branntwein aus Agaven
heller Braunton
80 Proof/40 Vol.-%

Crendain Ollitas – Mexiko
Tequila
Branntwein aus Agaven
wasserklar
80 Proof/40 Vol.-%

Currant – England
Rum
Branntwein aus Zuckerrohr
rotbraun;
Johannisbeergeschmack
76 Proof/38 Vol.-%

D

Dark Rum
Englische Bezeichnung für → Braunen Rum

Dattelbranntwein
Branntwein aus sonstigen Pflanzen und Früchten
Aus frischen Datteln und Dattelblättern hergestellt; eines der ältesten alkoholischen Destillate; seit zirka 1700 v. Chr. bekannt

Del Barrilito – Puerto Rico
Rum/Ron
Branntwein aus Zuckerrohr
weiß
86 Proof/43 Vol.-%
Erzeugnis der Fa. Edmundo B. Fernandez Ine, Bayamon

Del Barrilito Dark – Puerto Rico
Rum/Ron
Branntwein aus Zuckerrohr
braun
80 Proof/40 Vol.-%

Del Barrilito 3 Star – Puerto Rico
Rum/Ron
Branntwein aus Zuckerrohr
weiß
86 Proof/43 Vol.-%

Del Barrilito White – Puerto Rico
Rum/Ron
Branntwein aus Zuckerrohr
weiß
80 Proof/40 Vol.-%

Demerara-Rum
Sammelbezeichnung für dunkle, volle, aromatische Rumarten aus Westindien; in England Synonym für → Navy Rum

Der Alte Hansen – BRD
Original-Rum
Branntwein aus Zuckerrohr
braun
73 Vol.-%
kommt aus Westindien
Importprodukt bzw. Erzeugnis der Fa. Hansen, Flensburg, mit Niederlassung auf Aruba

Der Alte Hansen Blau – BRD
Echter Rum
Branntwein aus Zuckerrohr
braun
40 Vol.-%
kommt aus Westindien

Der Alte Hansen Grün – BRD
Jamaica-Rum-Verschnitt
braun
40 Vol.-%

Der Alte Hansen Rot – BRD
Echter Rum
Branntwein aus Zuckerrohr
braun
54 Vol.-%
kommt aus Westindien

Deutscher Arrak
Wird in Deutschland nach der gleichen Methode wie in den Ursprungsländern erzeugt; Hauptbestandteile sind jedoch Rübenzuckermelasse und Reis; gelblichbraun, blank; 38 Vol.-%

Deutscher Rum
Er wurde etwa zu Beginn des Ersten Weltkrieges erstmals aus Rübensaft und Melasse, sowie aus den Rückständen von Zuckerrohrprodukten hergestellt

Don Emilio Gold – Mexiko
Tequila
Branntwein aus Agaven
goldbraun
80 Proof/40 Vol.-%

Don Emilio White – Mexiko
Tequila
Branntwein aus Agaven
weiß
80 Proof/40 Vol.-%

Don Q Black Label – Puerto Rico
Rum/Ron
Branntwein aus Zuckerrohr
dunkel
151 Proof/75,5 Vol.-%

Don Q Gold Seralles 34 – Puerto Rico
Rum/Ron
Branntwein aus Zuckerrohr
hellbraun
80 Proof/40 Vol.-%

Don Q Seralles White – Puerto Rico
Rum/Ron
Branntwein aus Zuckerrohr
80 Proof/40 Vol.-%

Doppelkümmel – BRD
Branntwein aus sonstigen Pflanzen
Aus Kümmelsamen hergestellt; muß natürliches Kümmelaroma enthalten
mindestens 38 Vol.-%

Dorado – Mexiko
Tequila
Branntwein aus Agaven
weiß
80 Proof/40 Vol.-%

Douzico – Orient
Absinth
Anisée
weiß
bis 65 Vol.-%

Duquesne Carta Blanca – Martinique
Rum/Ron
Branntwein aus Zuckerrohr
weiß
90 Proof/45 Vol.-%

Duquesne Carta Oro – Martinique
Rum/Rhum
Branntwein aus Zuckerrohr
100 Proof/50 Vol.-%

E

Eau-de-vie Boucha – Tunesien
Branntwein aus sonstigen Früchten
Aus Feigen hergestellt; wasserklar
36 Vol.-%
Erzeugnis der Fa. Bokobsa-Frère, Tunis

Eau-de-vie de Canne
Französische Bezeichnung für Branntweine aus Zuckerrohr

Eau-de-vie d'Églantine
Branntwein aus sonstigen Pflanzen
Aus wilden Rosen hergestellt; klar bis gelblich
zirka 40 Vol.-%

Eau-de-vie de Figues
Französische Bezeichnung für Branntwein aus Feigen

Eau-de-vie de Nèfle
Französische Bezeichnung für Branntwein aus Mispeln

Eau-de-vie de Sapin
Französische Bezeichnung für Branntwein aus Tannenwipfeln
wasserklar

Eau-de-vie des Herbes
Französische Bezeichnung für Branntwein aus Kräutern

Echter Arrak
Ein auf Trinkstärke herabgesetzter →Original-Arrak

El Gran Matador Gold – Mexiko
Tequila
Branntwein aus Agaven
goldbraun
80 Proof/40 Vol.-%

El Gran Matador White – Mexiko
Tequila
Branntwein aus Agaven
weiß
80 Proof/40 Vol.-%

Enzian
Sammelbezeichnung für alle Branntweine, die aus den Wurzeln des gelben Enzians hergestellt werden; sie haben immer einen stark herben Geruch und einen bitteren, erdigen Geschmack; sie gelten in den Alpenländern als Hausmittel gegen Magen-, Nieren- und Gallenkrankheiten, stellen aber gleichzeitig eine Branntweinspezialität dar; wasserklar
35 bis 55 Vol.-%
auch als Likör hergestellt

Enzian nach Bauern Art – Österreich
Branntwein aus sonstigen Pflanzen
Aus gelben Enzianwurzeln hergestellt; 40 Vol.-%
Erzeugnis der Brennerei Guglhof, Hallein

Erster Altbayerischer Kartoffel Schnaps –BRD
Branntwein aus Kartoffeln
wasserklar
40 Vol.-%
Erzeugnis der Fa. Riemerschmid, München

F

Façon
Bezeichnung für einen Verschnitt – im speziellen bei Arrak und Rum

Feigenbranntwein
Branntwein aus sonstigen Früchten
Aus Feigen hergestellt; entfaltet erst nach längerer Reifelagerung optimalen Duft und Aroma; ist ein →Eau-de-vie de Figues

Fernandez „19" – Westindien
Rum/Ron
Branntwein aus Zuckerrohr
hellbraun
80 Proof/40 Vol.-%

First Rate – Jamaica
Rum/Ron
Branntwein aus Zuckerrohr
Alt gelagert; dunkel
108 Proof/54 Vol.-%

Flensburger Rum
Synonym für alle Rumerzeugnisse der Fa. Pott, Flensburg

Flor de Cabaña Blanco – Jamaica
Rum/Ron
Branntwein aus Zuckerrohr
weiß
80 Proof/40 Vol.-%

Fonda Blanca White – Mexiko
Tequila
Branntwein aus Agaven
weiß
80 Proof/40 Vol.-%

Forgeron – Jamaica
Rum/Ron
Branntwein aus Zuckerrohr
lichtbraun
80 Proof/40 Vol.-%

Fructal Travariča Specialno – Jugoslawien
Branntwein aus sonstigen Pflanzen
Aus Kräutern hergestellt
40 Vol.-%
Erzeugnis der Fa. Fructal

G

Gavilan Hawk Espezial – Mexiko
Tequila
Branntwein aus Agaven
gelbbraun
80 Proof/40 Vol.-%

Gavilan White – Mexiko
Tequila
Branntwein aus Agaven
weiß
80 Proof/40 Vol.-%

Goa-Arrak – Indien
Arrak
Branntwein aus Palmensaft
Aus frischem Palmensaft, den Blütenkolben der Zuckerpalme, Dattelpalmenmark, Reis und Zuckerrohr hergestellt; bräunlich
7 Vol.-%

Granado Gold – Puerto Rico
Rum/Ron
Branntwein aus Zuckerrohr
Lagerzeit vier Jahre
helles Braun
80 Proof/40 Vol.-%

Grantler
In Deutschland gebräuchliche Bezeichnung für Branntwein aus Kümmelsamen

Gratte Cul – Frankreich
Branntwein aus sonstigen Pflanzen
wasserklar
43 Vol.-%
Erzeugnis der Fa. Massenez, Bassemberg/Elsaß

Guadeloupe-Rum
Sammelbezeichnung für alle Rumarten, die von der kleinen Antilleninsel Guadeloupe kommen

Guildive – Madagaskar
Rum
Branntwein aus Zuckerrohr
dunkel
80 Proof/40 Vol.-%

Gusano Rojo Mezcal – Mexiko
Mezcal
Branntwein aus Kakteen
klar mit leichtem Braunton
80 Proof/40 Vol.-%

H

Haiti-Rum
Sammelbegriff für alle Rumarten, die von der großen Antilleninsel Haiti kommen

Hansen Präsident – BRD
Jamaica-Rum-Verschnitt
Lange Lagerzeit in alten Eichenholzfässern; braun
42 Vol.-%
Erzeugnis bzw. Importprodukt der Fa. Hansen, Flensburg

Havana Club – Kuba
Rum/Ron
Branntwein aus Zuckerrohr
weiß mit leichtem Grünschimmer; leicht
80 Proof/40 Vol.-%
Vertrieb in Österreich: Fa. Polacek, Gerasdorf/Wien

Herradura Añejo – Mexiko
Tequila
Branntwein aus Agaven
goldbraun
92 Proof/46 Vol.-%

Herradura Reposado Gold – Mexiko
Tequila
Branntwein aus Agaven
goldbraun
92 Proof/46 Vol.-%

Herradura Silver – Mexiko
Tequila
Branntwein aus Agaven
wasserklar
92 Proof/46 Vol.-%

I

Inländer-Rum
Österreichische Spirituose, die aus einer stark aromatisierten Essenz und Monopolsprit gefertigt wird; hat mit Rum auf Zuckerrohrbasis sowie dessen Herstellung nichts zu tun; braun
38 bis 80 Vol.-%

J

Jamaica-Rum
Sammelbegriff für alle Rumarten, die von der großen Antilleninsel Jamaica kommen; Jamaica-Rum ist ein Synonym für beste Qualität schwerer, dunkler Rumarten; seit kurzer Zeit wird der Nachfrage entsprechend auch leichter Jamaica-Rum produziert

John Canoe Dark – Jamaica
Rum/Ron
Branntwein aus Zuckerrohr
dunkelbraun
80 Proof/40 Vol.-%

John Canoe Gold Label – Jamaica
Rum/Ron
Branntwein aus Zuckerrohr
hellbraun
80 Proof/40 Vol.-%

John Canoe Silver Label – Jamaica
Rum/Ron
Branntwein aus Zuckerrohr
weiß
80 Proof/40 Vol.-%

José Cuervo Blanco – Mexiko
Tequila
Branntwein aus Agaven
80 Proof/40 Vol.-%
Vertrieb in Österreich: Fa. Polacek, Gerasdorf/Wien

José Cuervo Centenario
Tequila
Branntwein aus Agaven
10 Jahre Faßlagerung
goldbraun
80 Proof/40 Vol.-%

José Cuervo 1800 – Mexiko
Tequila
Branntwein aus Agaven
leichter Gelbschimmer
80 Proof/40 Vol.-%

K

Kairi – Trinidad
Rum/Ron
Branntwein aus Zuckerrohr
weiß
80 Proof/40 Vol.-%
Erzeugnis der Fa. Angostura, Trinidad
Vertrieb in Österreich: Fa. Mounier, Wien

Kairi Light White – Trinidad
Rum/Ron
Branntwein aus Zuckerrohr
weiß
38 Vol.-%

Kenya-Cane – Kenia
Branntwein aus Zuckerrohr
Ähnlich dem Rum

Kirsch-Rum – Österreich
Aus Inländer-Rum mit Kirschensaft gefertigt; rotbraun
38 Vol.-%

Kislaw – UdSSR
Branntwein aus sonstigen Früchten
Aus Wassermelonen hergestellt; klar
38 bis 45 Vol.-%

Klarer Alpenkräuter – Österreich
Branntwein aus sonstigen Pflanzen
Aus Kräutern hergestellt; wasserklar
Erzeugnis der Fa. Spitz, Linz

Koem – BRD
Branntwein aus sonstigen Pflanzen
Aus Kümmelsamen unter Zusatz von Dille, Zimt, Nelken, Koriander, Fenchel und Zitronenschalen hergestellt; wasserklar
32 bis 40 Vol.-%

Köm
Norddeutsche Bezeichnung für Kümmelbranntwein sowie Markenname eines Hamburger Kümmelbranntweines

Kontušowka – Polen
Branntwein aus sonstigen Pflanzen
Aus Kümmelsamen, Anis und Fenchel hergestellt; wasserklar
40 bis 80 Vol.-%

Kuba-Rum
Sammelbezeichnung für alle Rumarten, die von der größten Antilleninsel Kuba kommen; in der Regel leichte, trockene, weiße Rumarten; die bekannte Fa. Bacardi hatte bis 1960 ihren Firmensitz auf Kuba

Kulüp Raki – Türkei
Anisée
wasserklar; 40 Vol.-%

Kunst Rum
Dieser hat mit dem Original-Erzeugnis Rum weder in der Qualität noch von der Herstellung her gesehen etwas gemeinsam. Er ist künstlich gefärbt und aromatisiert

L

Lamb's Golden Grove – England
Original-Rum
Branntwein aus Zuckerrohr
braun
86 und 146 Proof/43 und 73 Vol.-%
kommt aus Jamaica

Lamb's Navy-Rum – England
Original-Rum
Branntwein aus Zuckerrohr
braun
kommt aus Guyana

La Prima – Mexiko
Tequila
Branntwein aus Agaven
wasserklar
80 Proof/40 Vol.-%

La Pura Vida
Mexikanischer Trinkspruch, der die Bedeutung hat, in einer Hand ein Glas Sangrita und in der anderen Hand ein Glas Tequila

Latschengeist – Österreich
Branntwein aus sonstigen Pflanzen
Aus Latschenkiefern hergestellt; weiß
40 bis 80 Vol.-%

Lemon Hart Dark – England
Rum/Ron
Branntwein aus Zuckerrohr

dunkelbraun
86 Proof/43 Vol.-%
Erzeugnis bzw. Importprodukt der Fa. United Rum Merchants Ltd., London

Lemon Hart Demerara – England
Rum
Branntwein aus Zuckerrohr
mittelbraun
80 und 86 Proof/40 und 43 Vol.-%

Lemon Hart Demerara 151 – England
Rum
Branntwein aus Zuckerrohr
mittelbraun
151 Proof/75,5 Vol.-%

Lemon Hart Golden Jamaica – England
Echter Rum
Branntwein aus Zuckerrohr
hellbraun
80 und 84 Proof/40 und 42 Vol.-%

Lemon Hart Golden Jamaica – England
Original-Rum
Branntwein aus Zuckerrohr
146 Proof/73 Vol.-%

M

Mahua – Sri Lanka
Branntwein aus sonstigen Pflanzen
Aus den Butterbaumblüten des Mahua-Laubbaumes hergestellt; klar bis braun
30 bis 40 Vol.-%

Manucoco – Philippinen
Branntwein aus Zuckerrohr
Aus Zuckerrohrmelasse, Reis und Taroknollen hergestellt; braun
80 bis 120 Proof/40 bis 60 Vol.-%

Marc de Sapin
Französische Bezeichnung für Branntwein aus Tannenwipfeltrestern

Mariachi – Mexiko
Tequila
Branntwein aus Agaven
klar mit leichtem Braunton
Vertrieb in Österreich: Fa. Mounier, Wien

Masticha Stefanouri – Griechenland
Anisée
wasserklar
35 Vol.-%
Erzeugnis der Fa. Parachochi Emfialosi E. Stefanouris epe Salamina, Athen

Martinique-Rum
Sammelbezeichnung für alle Rumarten, die von der kleinen Antilleninsel Martinique kommen; in der Regel sehr aromatische, dunkle Rumarten

Matador White – Mexiko
Tequila
Branntwein aus Agaven
weiß
80 Proof/40 Vol.-%

Mendis Special Ceylon Arrack – Sri Lanka
Arrak
Aus Kokosnüssen hergestellt; bräunlich
84 bis 76 Proof/42 bis 38 Vol.-%
Erzeugnis der Fa. W. M. Mendis & Co. Ltd., Colombo

Metaxa Ouzo – Griechenland
Anisée
weiß; 43 Vol.-%
Erzeugnis der Fa. Metaxa, Piräus
Vertrieb in Österreich: Fa. Gürtler, Wien

Mexican Brandy
In den USA gebräuchliche Bezeichnung für Tequila

Mexican Gin
In Großbritannien gebräuchliche Bezeichnung für Tequila

Miguel de la Mezcal – Mexiko
Mezcal
Branntwein aus Kakteen
weiß
80 Proof/40 Vol.-%

Mispelbranntwein
Branntwein aus sonstigen Pflanzen
Aus Mispeln hergestellt; nur noch selten erzeugt; wasserklar
40 bis 45 Vol.-%
Ist ein →Eau-de-vie de Nèfle

Monte Alban Mezcal – Mexiko
Mezcal
Branntwein aus Kakteen
hellgelb
80 Proof/40 Vol.-%

Monte Zuma Gold – Mexiko
Tequila
Branntwein aus Agaven
goldbraun
80 Proof/40 Vol.-%

Monte Zuma White – Mexiko
Tequila
Branntwein aus Agaven
weiß
80 Proof/40 Vol.-%

Mount Gay Eclipse – Barbados
Rum/Ron
Branntwein aus Zuckerrohr
weiß
80 Proof/40 Vol.-%
Erzeugnis der Mount Gay Distilling Company, Bridedown, Barbados

Mount Gay Reserve – Barbados
Rum/Ron
Branntwein aus Zuckerrohr
braun
80 Proof/40 Vol.-%

Mount Gay Sugar Cane – Barbados
Rum/Ron
Branntwein aus Zuckerrohr
hellbraun
90 Proof/45 Vol.-%

Münchner Kümmelschnaps – BRD
Branntwein aus sonstigen Pflanzen
Aus Kümmelsamen hergestellt; leicht gesüßt; wasserklar
40 Vol.-%

Myers's Gold Rich – Jamaica
Rum/Ron
Branntwein aus Zuckerrohr
hellbraun
80 Proof/40 Vol.-%
Erzeugnis der Fa. Myers, Kingston

Myers's Original Dark – Jamaica
Rum/Ron
Branntwein aus Zuckerrohr
braun
80 Proof/40 Vol.-%
trägt die Zusatzbezeichnung „Original Planters Punch“

Myers's Platinium White – Jamaica
Rum/Ron
Branntwein aus Zuckerrohr
weiß
80 Proof/40 Vol.-%

N

Navip Herba Travariča – Jugoslawien
Branntwein aus sonstigen Pflanzen
Aus Kräutern hergestellt
40 Vol.-%
Erzeugnis der Fa. Navip, Belgrad

Navy Rum
Frühere Bezeichnung einer Tagesration Demerara-Rum für Seeleute

Negrita Blanc – Frankreich
Rum/Ron
Branntwein aus Zuckerrohr
weiß
40 Vol.-%
Erzeugnis bzw. Importprodukt der Fa. Bardinet S.A., Bordeaux und Paris Fort de France; gegründet 1857
Vertrieb in Österreich: Fa. Roullet, Wien

Negrita Old Nick Rum – Frankreich
Rum/Rhum
Branntwein aus Zuckerrohr
braun
44 Vol.-%

Nußschnaps
Branntwein, der nach einem besonderen Verfahren hergestellt wird; in Österreich und der BRD aus grünen, unreifen Walnüssen unter Verwendung von Monopol- oder Feinsprit angesetzt

O

Oberbayerischer Gebirgsenzian – BRD
Branntwein aus sonstigen Pflanzen
Aus gelben Enzianwurzeln hergestellt; wasserklar
40 Vol.-%
Erzeugnis der Fa. Riemerschmid, München

Oghi – Armenien
Anisée
Aus Trauben hergestellt; mit Anis und Fenchelsamen aromatisiert
wasserklar
40 Vol.-%
In Österreich nach dem Originalrezept im Mechitharine-Kloster in Wien hergestellt

Ojen
Spanischer Trinkbranntwein mit Anisöl aromatisiert; wasserklar

Oke
Amerikanische Bezeichnung für →Okelehao

Okelehao – Hawaii
Branntwein aus Zuckerrohr
Wird aus Zuckerrohrmelasse und der Tarowurzel gebrannt
80 bis 100 Proof/40 bis 50 Vol.-%

Old Holborn Navy Rum – England
Original-Rum
Branntwein aus Zuckerrohr
braun
kommt aus Westindien; benannt nach dem Schiff „Old Holborn" und nach der Tagesration →Navy Rum

Old Mexico – Mexiko
Tequila
Branntwein aus Agaven
weiß
80 Proof/40 Vol.-%

Old Mr. Boston Golden – Mexiko
Tequila
Branntwein aus Agaven
goldbraun
80 Proof/40 Vol.-%

Old Nick Rum
In England gebräuchliche Bezeichnung für alle dunklen, aromatischen Rumarten

Old Oak Gold – Westindien
Rum/Ron
Branntwein aus Zuckerrohr
hellbraun
80 Proof/40 Vol.-%

Old Oak White – Westindien
Rum/Ron
Branntwein aus Zuckerrohr
weiß
80 Proof/40 Vol.-%

Ole Gold – Mexiko
Tequila
Branntwein aus Agaven
goldbraun
80 Proof/40 Vol.-%

Ole White – Mexiko
Tequila
Branntwein aus Agaven
weiß
80 Proof/40 Vol.-%

Olmeca – Mexiko
Tequila
Branntwein aus Agaven
goldgelb
80 Proof/40 Vol.-%

Original-Arrak
Nach deutschem Gesetz darf ein Arrak nur als Original-Arrak bezeichnet werden, wenn er auf Basis von Zuckerrohrmelasse und/oder Reis hergestellt wird und ausschließlich im Ursprungsland abgefüllt wurde; gelb bis gelbbraun
28 Vol.-%

Original Planters Punch
Zuatzbezeichnung des Jamaica-Rums „Myers's Original Dark"

Ouzo Achaia Clauss – Griechenland
Anisée
wasserklar; 46 Vol.-%
Erzeugnis er Achaya-Clauss, Ltd., Patras

Ouzo Sans Rival – Griechenland
Anisée
Aus vergorenem Traubensaft, Anissamen, Fenchel, Koriander u. a. hergestellt; wasserklar
46 Vol.-%
Erzeugnis der Greek Distilleries P. Thomopoulos & Sons S.A., Piräus

Ouzo 12 – Griechenland
Anisée
wasserklar; 42 Vol.-%
Vertrieb in Österreich: Fa. Polacek, Gerasdorf/Wien

P

Palo Viejõ Gold – Puerto Rico
Rum/Ron
Branntwein aus Zuckerrohr
hellbraun
80 Proof/40 Vol.-%

Palo Viejõ White – Puerto Rico
Rum/Ron
Branntwein aus Zuckerrohr
weiß
80 Proof/40 Vol.-%

Pancho Villa Gold – Mexiko
Tequila
Branntwein aus Agaven
goldbraun
80 Proof/40 Vol.-%

Pancho Villa White – Mexiko
Tequila
Branntwein aus Agaven
weiß
80 Proof/40 Vol.-%

Paprikaschnaps – Ungarn
Branntwein aus sonstigen Früchten
Aus Edelpaprika hergestellt; wasserklar
40 Vol.-%

Parker's Cresta Rum – Jamaica
Rum/Ron
Branntwein aus Zuckerrohr
braun
80 Proof/40 Vol.-%

Parker's Cresta White and Cristal Clear – Jamaica
Rum/Ron
Branntwein aus Zuckerrohr
weiß
100 Proof/50 Vol.-%

Pastis
Französische Bezeichnung und Sammelbegriff für alle anishälti-

gen Aperitifgetränke, die auch Anisées genannt werden; sie werden fast immer mit Wasser verdünnt getrunken; Pastis ist das Nationalgetränk der Korsen und Franzosen schlechthin; der Alkoholgehalt schwankt je nach Erzeugnis zwischen 40 und 45 Vol.-%

Pastis Duval – Belgien
Anisée
Erzeugnis der Fa. Duval, die im Besitz der Fa. Martini & Rossi ist

Pepe Lopez de Oro – Mexiko
Tequila
Branntwein aus Agaven
goldbraun
80 Proof/40 Vol.-%

Pepe Lopez White – Mexiko
Tequila
Branntwein aus Agaven
leichter Gelbschimmer
80 Proof/40 Vol.-%

Pernod – Frankreich
Anisée
Aus der Frucht des nordvietnamesischen Anisbaumes hergestellt, wobei das Grunddestillat aus frisch geernteten Früchten noch in Nordvietnam hergestellt wird; danach wird es in Marseille mit einer Mischung aus einheimischen Pflanzen, Kräutern, Zucker und Weingeist nach einem alten Geheimrezept gefertigt; klar, bernsteinfarben
40 Vol.-%
Erzeugnis der Fa. Pernod, Marseille
Vertrieb in Österreich: Fa. Gürtler, Wien

Pernod Pastis 51 – Frankreich
Anisée
Unter Anwendung von vielen pflanzlichen Auszügen; hergestellt
klar, gelb; 51 Vol.-%

Peruvian Pisco – Peru
Branntwein aus Zuckerrohr
Stark gewürzt; wird auch als peruanischer Rum bezeichnet
meist braun

Pimento Dram – Südamerika
Branntwein aus Zuckerrohr
Mit Zusatz von Piment (Beeren des Nelkenpfefferbaumes) hergestellt
scharfer Geschmack, rot

Pimm's No. 4 Cup – England
Wie Pimm's No. 1, jedoch auf Basis von Rum hergestellt

Pinga – Brasilien
Branntwein aus Zuckerrohr

Pitú – Brasilien
Branntwein aus Zuckerrohr
Ist ein →Aguardente de cana; gelblich, blank
41 Vol.-%
Jährliche Produktion zirka 50 Millionen Flaschen
Erzeugnis der Fa. Pitú, Vitoria de Santa Antão

Plummer Typ Rum
Bezeichnung für weniger aromatische Jamaica-Rum-Arten

Polar – BRD
Echter Übersee-Rum
Branntwein aus Zuckerrohr
braun
40 Vol.-%
Erzeugnis der Fa. Lehment, Kiel

Polar – BRD
Rum-Verschnitt
braun
40 Vol.-%

Ponteev – Irland
Branntwein aus Kartoffeln
wasserklar
40 Vol.-%

Pott Der Gute – BRD
Original-Rum
Branntwein aus Zuckerrohr
73 Vol.-%
kommt von den Westindischen Inseln
Importprodukt bzw. Erzeugnis der Fa. Pott, Flensburg; gegründet 1848 von Hans Hinrich Pott; Niederlassung auf der Antilleninsel St. Maarten
Rumerzeugnisse der Fa. Pott zählen zu den meistgekauften Deutschlands

Pott Der Gute – BRD
Echter Rum
Branntwein aus Zuckerrohr
braun
54 und 40 Vol.-%
kommt von den Westindischen Inseln

Pott White – BRD
Echter Rum
Branntwein aus Zuckerrohr
weiß
40 Vol.-%
Grundrum kommt von den Westindischen Inseln – Niederländische Antillen

Puerto-Rico-Rum
Sammelbezeichnung für alle Rumarten, die von der kleinen Antilleninsel Puerto Rico kommen; größtenteils weiße, leichte, trokkene Rumarten, die fast ausnahmslos in die USA exportiert werden; international bekannteste Marke dieser Insel → Ronrico

Pusser's British Navy – England
Rum
Branntwein aus Zuckerrohr
braun
96 Proof/48 Vol.-%

R

Rajikam
Asiatische Bezeichnung für → Raki

Raki
Anisée
Aus Anis, Fenchel, Trauben, Rosinen und Feigen hergestellt; im Mittleren Osten auch als Arak bezeichnet
40 bis 45 Vol.-%
andere Bezeichnungen: Rakia, Rajikam

Rakia
Asiatische Bezeichnung für → Raki

Raki Bosporus – Türkei
Anisée
wasserklar
45 Vol.-%

Raunikar Enzian Branntwein – Österreich
Branntwein aus sonstigen Pflanzen
Aus gelben Enzianwurzeln hergestellt; wasserklar
Erzeugnis der Fa. Raunikar, Feldkirchen in Kärnten

Red Heart – Jamaica
Original-Rum
Branntwein aus Zuckerrohr
braun
146 Proof/73 Vol.-%

Red Heart – Jamaica
Echter Rum
Branntwein aus Zuckerrohr
braun
86 Proof/43 Vol.-%

Rhum
Französische Bezeichnung und Schreibweise für Rum; Rumerzeugnisse von ehemals französisch beanspruchten Inseln tragen auch heute noch „Rhum" im Markennamen

Ricard – Frankreich
Anisée
Mit Anisöl, Auszügen aus anderen Pflanzen und Süßholz hergestellt; klar, gelb
43 Vol.-%

Ricard 45 – Frankreich
Anisée
gelblich
45 Vol.-%
Trägt die Zusatzbezeichnung „Le vrai Pastis de Marseille"

Rimara – BRD
Alcotropic
Aus Mandarinen als Geist hergestellt; wasserklar
40 Vol.-%
Erzeugnis der Fa. Riemerschmid, München

Robinson – Jamaica
Rum/Ron
Branntwein aus Zuckerrohr
80 Proof/40 Vol.-%

Ronrico Gold – Puerto Rico
Rum/Ron
Branntwein aus Zuckerrohr
hellbraun
80 Proof/40 Vol.-%
Erzeugnis der Ronrico Rum Company, Arecibo; gegründet 1855, erzeugt und exportiert alle Rumtypen; sehr verbreitet sind die Produkte in den USA

Ronrico Purple – Puerto Rico
Rum/Ron
Branntwein aus Zuckerrohr
rotbraun
80 Proof/40 Vol.-%

Ronrico Silver Label – Puerto Rico
Rum/Ron
Branntwein aus Zuckerrohr
weiß
80 Proof/40 Vol.-%

Ronrico White Label – Puerto Rico
Rum/Ron
Branntwein aus Zuckerrohr
weiß
80 Proof/40 Vol.-%

Rossolis
Französische Sammelbezeichnung für Branntweine, die nach einem besonderen Verfahren hergestellt werden und hauptsächlich aus Chilischoten, Gewürznelken, Doldenblüten, Wasser und Zucker gefertigt werden

Rumtopf
In Rum eingelegte Früchte und Beeren

S

Saint-Croix-Rum
Sammelbezeichnung für alle Rumarten, die von der kleinen Antilleninsel Saint Croix kommen; in der Regel mittelschwere, weiße bis hellbraune Rumarten; die Insel Saint Croix wird zu den Virgin Islands gezählt

Samogon
Sammelbezeichnung für alle in der UdSSR „schwarz" gebrannten Destillate aus Kartoffeln oder Beeren

Samogonka
Andere Bezeichnung für → Samogon

San Matias Gold – Mexiko
Tequila
Branntwein aus Agaven
goldbraun
80 Proof/40 Vol.-%

San Matias White – Mexiko
Tequila
Branntwein aus Agaven
weiß
80 Proof/40 Vol.-%

Sauza Commemorativo – Mexiko
Tequila
Branntwein aus Agaven
klar, hellgelb
80 Proof/40 Vol.-%

Sauza Extra Gold – Mexiko
Tequila
Branntwein aus Agaven
goldbraun
80 Proof/40 Vol.-%

Sauza Hornitos – Mexiko
Tequila
Branntwein aus Agaven
hellgelb
80 Proof/40 Vol.-%

Sauza Silver – Mexiko
Tequila
Branntwein aus Agaven
wasserklar
80 Proof/40 Vol.-%

Seyringer Enzian – Österreich
Branntwein aus sonstigen Pflanzen
Aus gelben Enzianwurzeln hergestellt; wasserklar
40 Vol.-%
Erzeugnis der Fa. Seyringer Schloßbrände, Seyring, die der Fa. Asbach-Doornkaat angehört
Vertrieb in Österreich: Fa. Asbach-Doornkaat, Wien

Soldeica Pisco – Peru
Branntwein aus Zuckerrohr
klar mit leichtem Gelbschimmer
44 Vol.-%
Erzeugnis der Fa. Bodegas Vista Alegre S.A.; gegründet 1857 ICA-Peru

Souza Gold – Mexiko
Tequila
Branntwein aus Agaven
lichtes Braun
80 Proof/40 Vol.-%

Souza Silver – Mexiko
Tequila
Branntwein aus Agaven
weiß
80 Proof/40 Vol.-%

Special Arrack – Sri Lanka
Arrak
Branntwein aus Palmensaft
Aus den sogenannten Skimmings hergestellt; hellbraun
40 bis 42 Vol.-%
Erzeugnis der State Destilleries Corporation, Colombo

Special Mastika – Jugoslawien
Branntwein aus sonstigen Pflanzen
Aus Kräutern hergestellt
45 Vol.-%
Erzeugnis der Fa. Vinarska Vizba, Štip

Spitz Enzian – Österreich
Branntwein aus sonstigen Pflanzen
Aus gelben Enzianwurzeln hergestellt; wasserklar
40 Vol.-%
Erzeugnis der Fa. Spitz, Linz

St. James Blanc – Martinique
Rum/Rhum
Branntwein aus Zuckerrohr
weiß; 100 Proof/50 Vol.-%

St. James Royal Ambre – Martinique
Rum/Rhum
Branntwein aus Zuckerrohr
braun
45 Vol.-%

Stroh Enzian-Edelbrand – Österreich
Branntwein aus sonstigen Pflanzen
Aus gelben Enzianwurzeln hergestellt; wasserklar
40 Vol.-%
Erzeugnis der Fa. Stroh, Klagenfurt

Stroh Light Ron – Österreich
Echter Übersee-Rum
Branntwein aus Zuckerrohr
weiß
38 Vol.-%

Südsee Amazone – BRD
Alcotropic
Aus Passionsfrüchten hergestellt; ist ein Maracujageist; wasserklar
45 Vol.-%
Erzeugnis der Fa. Riemerschmid, München

Svejkova Kontušovka – ČSSR
Branntwein aus sonstigen Pflanzen
Aus Anis und Kümmel hergestellt; wasserklar
40 Vol.-%
Erzeugnis der Fa. Seliko K.P., Olomouc

T

Tafia
Spanische Bezeichnung für minderwertigen Rum

Tannhäuser der würzig Klare – Österreich
Branntwein aus sonstigen Pflanzen
Aus Kräutern hergestellt; wasserklar
40 Vol.-%
Erzeugnis der Fa. Wunderlich, Wien

Tekel Yeni Raki – Türkei
Anisée
Aus Anis und Weintrauben hergestellt; wasserklar
45 Vol.-%

Tequila Espuela – Mexiko
Tequila
Branntwein aus Agaven
klar mit leichtem Braunton
Erzeugnis der Fa. La Arentita in Tabasco-Jalisco
Vertrieb in Österreich: Fa. Roullet, Wien

Tequila Silla – Mexiko
Tequila
Branntwein aus Agaven
klar
kommt in Tonkrügen in den Handel
84 Proof/42 Vol.-%
Erzeugnis der Fa. La Arentita in Tabasco-Jalisco
Vertrieb in Österreich: Fa. Roullet, Wien

Tiquira – Brasilien
Branntwein aus sonstigen Pflanzen
Aus Maniok-Knollen hergestellt
wasserklar
40 Vol.-%

Toddy
Alkoholisches Getränk, das aus dem Saft und den Blüten vieler tropischer Palmenarten hergestellt wird

Topinamburbranntwein
Branntwein aus sonstigen Pflanzen
Auf Basis der Topinamburknolle (Erdartischocke, Erdbirne oder Roßkartoffel) hergestellt; als Aromazusatzstoffe werden Zuckerrüben, Orangen- und Zitronenschalen sowie verschiedene Gewürze verwendet

Travarica Takovo – Jugoslawien
Branntwein aus sonstigen Pflanzen
Aus Kräutern hergestellt
40 Vol.-%
Erzeugnis der Fa. Takovo, Gornji Milaniovac

Trinidad-Rum
Sammelbezeichnung für alle Rumarten, die von der kleinen An-

tilleninsel Trinidad kommen; in der Regel sehr leichte, helle Rumarten

Tropical Light – Westindien
Rum/Ron
Branntwein aus Zuckerrohr
weiß
76 Proof/38 Vol.-%
Importeur für Europa: H. C. Asmussen, Bargteheide, BRD

Tuba – Philippinen
Branntwein aus Zuckerrohr
Mit Auszügen aus Früchten und Palmensubstanzen gefertigt

Turracher Latschengeist – Österreich
Branntwein aus sonstigen Pflanzen
Aus Auszügen von Latschen hergestellt; wasserklar
Erzeugnis der Fa. Raunikar, Feldkirchen in Kärnten

Two Fingers Gold – Mexiko
Tequila
Branntwein aus Agaven
goldbraun
80 Proof/40 Vol.-%

Two Fingers Limitado – Mexiko
Tequila
Branntwein aus Agaven
wasserklar, extrem lange gelagert
80 Proof/40 Vol.-%

Two Fingers White – Mexiko
Tequila
Branntwein aus Agaven
weiß
80 Proof/40 Vol.-%

V

Veulo White – Mexiko
Tequila
Branntwein aus Agaven
weiß
80 Proof/40 Vol.-%

Viejõ de Caldas – Kolumbien
Rum/Ron
Branntwein aus Zuckerrohr
mittelbraun
80 Proof/40 Vol.-%

V.S.O.P. – Sri Lanka
Arrak
Aus Kokosnüssen hergestellt; very special old "Arrak" product; goldgelb
36 Vol.-%

W

Weiße Gams – Österreich
Branntwein aus sonstigen Pflanzen
Aus Alpenkräutern hergestellt; weiß
Erzeugnis der Fa. Seagram, Wien

White Cat Light & Dry – Aruba
Rum/Ron
Branntwein aus Zuckerrohr
weiß
80 Proof/40 Vol.-%

X

Xuxu – BRD
Alcotropic
Aus Bananen als Geist hergestellt; wasserklar
40 Vol.-%
Erzeugnis der Fa. Riemerschmid, München

Y

Yea
Südamerikanische Bezeichnung für alle Tresterbranntweine

Yeni Raki – Türkei
Anisée
wasserklar
45 Vol.-%

Ywera – Hawaii
Alcotropic
Aus der Hawaiiananas sowie anderen tropischen Pflanzen und Früchten hergestellt; weiß bis gelb
30 bis 45 Vol.-%

Z

Zibib – Nordafrika
Branntwein aus sonstigen Früchten
Aus Datteln hergestellt
wasserklar bis hellbraun
30 bis 40 Vol.-%

Zirbengeist – Österreich
Branntwein aus sonstigen Früchten
Aus Zirbensamen und Waldbeeren hergestellt
38 Vol.-%
Erzeugnis der Fa. H. C. König, Salzburg

Zu jedem Kapitel werden die gesetzlichen Bestimmungen in Österreich, in der Bundesrepublik Deutschland und in der Schweiz sowie die jeweiligen Erzeugungsverfahren angeführt.

Liköre

LIKÖRE

Das Wort Likör leitet sich vom lateinischen Wort „liquor" (Flüssigkeit) ab. Liköre sind gesüßte, aromatisierte Spirituosen. Das Ausgangsprodukt ist Äthylalkohol, versetzt mit Farb-, Duft- und Geschmacksstoffen, wie Kräutern, Samen, Wurzeln, Blüten und Früchten von verschiedenen Pflanzen. Gesüßt werden sie mit Zucker oder Honig.
Erste Hinweise zur Likörherstellung gehen ins 13. Jahrhundert zurück, als ein Katalane namens Doktor Arnoldus Villanovanus den Versuch unternahm, Branntweine mit Auszügen aus Kräutern und Pflanzen sowie Honig herzustellen.
Mit Sicherheit ist der Likör aus mittelalterlichen Heilgetränken hervorgegangen. Man wollte mit Honig und Zucker die Medizin versüßen. So ist auch zu erklären, daß die ältesten Liköre Kräuterliköre sind.
Die große Zeit der Liköre war das Fin de siècle, die Wende zum 20. Jahrhundert. Heute werden klassische Liköre wie Bénédictine, Chartreuse, Cointreau usw. bevorzugt. Man hat jedoch Likör auch als Aromaspender für zahlreiche Speisen, vor allem Crèmes, entdeckt.

Gesetzliche Bestimmungen

In Österreich

Liköre sind gesüßte Branntweine mit einem Mindestalkoholgehalt von 22,5 Vol.-%. Eine Ausnahme bilden die Emulsionsliköre (s. Seite 754).

In der Bundesrepublik Deutschland

Als Liköre gelten nur solche gesüßten Trinkbranntweine, die mindestens 10 g, in der Regel jedoch 22 g und mehr Extrakt in 100 ml Fertigprodukt enthalten.
Die Vorschriften über den Mindestalkoholgehalt von Trinkbranntweinen gelten nicht für Spirituosen, die aus dem zollrechtlich freien Verkehr eines Mitgliedsstaates der Europäischen Gemeinschaften eingeführt werden und die dort verkehrsfähig sind.

In der Schweiz

Liköre sind Mischungen von Feinsprit bzw. von Edelbranntweinen mit Wasser, Zucker und mit den ihre Art bestimmenden Zusätzen und Aromastoffen. Nach einer bestimmten Beerenfrucht bezeichnete Liköre müssen unter Verwendung von Saft oder Konzentrat der betreffenden Frucht hergestellt sein.
Liköre müssen mindestens 20 Vol.-% Alkohol und 10 Prozent Zucker enthalten. Von dieser Vorschrift befreit sind Spezialitäten von Likören, für die der Hersteller den Nachweis erbringen kann, daß sie von jeher mit einem niedrigen Alkoholgehalt hergestellt worden sind (z. B. Eierlikör). Diese Ausnahmeregelung betreffend Alkoholgehalt gilt nicht für Bitters.

Erzeugung

Das Ausgangsprodukt ist Alkohol (Äthylalkohol), der als echter Edelbrand oder als Edelbrand, versetzt mit Monopolsprit, oder ausschließlich als reiner Monopolsprit mit Wasser verwendet wird. Diesem Ausgangsprodukt werden entweder Zucker, Honig, Glukosesirup oder Stärkezucker sowie Wasser zugesetzt. So entsteht der sogenannte **Grundlikör.**

Aromatisieren

Dem Grundlikör werden verschiedene Aromastoffe beigegeben. Die Geschmacksgebung kann durch Kräuter, Gewürze, Wurzeln, Rinden, Früchte, Kaffeebohnen, Teeblätter, Kakaobohnen, Schokolademasse, Nüsse, Samenkerne, Eier, Rahm und Milch erfolgen.
Zur Aromatisierung werden verschiedene Methoden angewandt:

a) **Infusions- oder Destillationsmethode:** Die Bestandteile der Pflanze(n) wie Kräuter, Samen, Wurzeln, Rinden und Früchte werden in Grundlikör getränkt, bis dieser die Aromastoffe vollkommen aufgenommen hat. Danach wird der aromatisierte Alkohol nochmals destilliert, damit die Aroma- und Geschmacksstoffe noch intensiver werden.

b) **Perkolations- oder Filtrationsmethode:** Der Grundlikör wird destilliert. Dabei dringen die aufsteigenden Alkoholdämpfe von unten durch einen Filter, auf dem die zerkleinerten Pflanzenteile liegen. Sie nehmen das Aroma und die Geschmacksstoffe dieser Aromaten auf. Danach wird der verdunstende Alkoholdampf kondensiert und gelangt wieder in den unteren Teil des Filters. Dieser Vorgang wird so lange wiederholt, bis sich die gewünschte Aroma- und Geschmacksbildung ergeben hat.
Die zerkleinerten Pflanzenteile können auch mittels kontinuierlich fließendem Alkohol ausgelaugt werden.

c) **Emulsionsmethode:** Die Ingredienzien werden homogenisiert, wobei die Grundmaterialien in der Regel Milch, Obers, Sahne, Eier oder Schokolade sind. Aus den homogenisierten Ingredienzien und dem Grundlikör wird eine Emulsion geschaffen. Die so hergestellten Liköre werden in der Gruppe Emulsionsliköre zusammengefaßt (siehe Seite 754).

d) **Kompositionsmethode:** Äthylalkohol wird mit künstlichen Essenzen, den „Kompositionen“, aus Zucker, Aroma-, Farb- und Geschmacksstoffen hergestellt.

Nach der **Qualität** der verwendeten Rohstoffe werden die Liköre als Edelliköre oder Tafelliköre klassifiziert.

EDELLIKÖRE
Die Basis bilden echter Edelbranntwein wie Cognac oder Weinbrand, Whisk(e)y oder Rum sowie natürliche Geschmacks- und Geruchsstoffe, die durch die Infusions- oder Perkolationsmethode gewonnen werden. Es erfolgen eine nochmalige Destillation und anschließend eine Lagerung und Reifung in Eichenfässern.

Die Beigabe von künstlichen Aroma- und Farbstoffen ist bei Edellikören verboten. Bei der Herstellung und Fertigung ist größter Wert auf eine Harmonie der Aroma- und Geschmacksstoffe zu legen.

TAFEL- ODER KONSUMLIKÖRE
Die Basis ist meist Monopolsprit oder mit Monopolsprit versetzter Edelbranntwein, der mit den Essenzen oder Kompositionen aus natürlichen oder künstlichen Aroma-, Geschmacks-, Farb- und Süßstoffen gefertigt wird.

Nach der **Herstellungsmethode** und den **Geschmackszugaben** unterteilen sich die Liköre in folgende Gruppen: Kräuterliköre, Gewürzliköre, Kräuter-und-Gewürz-Liköre, Bitterliköre, Fruchtsaftliköre, Fruchtaromaliköre, Kakaoliköre, Kaffeeliköre, Teeliköre, Destillatliköre, Emulsionsliköre, Honigliköre, Eierliköre – Eiercreme, Eierweinbrand, Eiercognac – Eierkirsch, sonstige Liköre.

Die Zuordnung der angeführten Produkte von A bis Z erfolgt auf Grundlage der nachstehenden Gruppeneinteilung.

Kräuterliköre

Diese werden aus natürlichen Auszügen aus Kräutern, natürlichen ätherischen Ölen und Zucker hergestellt.
Charakteristisch für diese Gruppe ist ein leicht bitter-aromatischer Geschmack. Zu den Kräuterlikören zählen auch Abtei-, Mönchs- und Klosterliköre.
Österreich: Mindestalkoholgehalt von 22,5 Vol.-%.
Bundesrepublik Deutschland: Mindestalkoholgehalt von 30 Vol.-%; von 32 Vol.-%, falls nicht mindestens 22 g Extrakt/100 ml enthalten sind.
Schweiz: Mindestalkoholgehalt von 20 Vol.-%; der Zuckeranteil muß mindestens 10 Prozent betragen.

Gewürzliköre

Diese werden aus Gewürzen hergestellt. Es sind Liköre, die im Geruch und Geschmack kräftig aromatisch, stark würzig und mit den unterschiedlichsten Färbungen und Alkoholgehalten sein können.
Österreich: Mindestalkoholgehalt von 22,5 Vol.-%.
Bundesrepublik Deutschland: Mindestalkoholgehalt von 30 Vol.-%; von 32 Vol.-%, falls nicht mindestens 22 g Extrakt/100 ml enthalten sind.
Schweiz: Mindestalkoholgehalt von 20 Vol.-%; der Zuckeranteil muß mindestens 10 Prozent betragen.

Kräuter-und-Gewürz-Liköre

Diese werden sowohl aus Kräutern als auch aus Gewürzen hergestellt. Sie heben sich in Geruch und Geschmack deutlich von reinen Kräuterlikören und von reinen Gewürzlikören ab. In dieser Gruppe gibt es ebenfalls Abtei-, Mönchs- und Klosterliköre.
Österreich: Mindestalkoholgehalt von 22,5 Vol.-%.
Bundesrepublik Deutschland: Mindestalkoholgehalt von 30 Vol.-%;

von 32 Vol.-%, falls nicht mindestens 22 g Extrakt/100 ml enthalten sind.
Schweiz: Mindestalkoholgehalt von 20 Vol.-%; der Zuckeranteil muß mindestens 10 Prozent betragen.

Bitterliköre

In dieser Gruppe werden alle herb-bitteren und aromatischen Liköre zusammengefaßt. Sie unterteilen sich nach dem Bitterstoffanteil wieder in folgende Untergruppen:
WÜRZBITTER: Diese sind stark bittere, alkoholreiche Bitterliköre, die aber nicht pur getrunken werden. Sie finden für Bargetränke als Würzung Verwendung. Die bekanntesten Vertreter dieser Gruppe sind der Angostura-Bitter, der Peach-(Pfirsich-)Bitter und der Orange-(Orangen-)Bitter.
STARK- ODER VOLLBITTER: Zu dieser Gruppe zählen Reiterliköre und Elixier Végétal, die besonders bitter im Geschmack sind und meist über 45 Vol.-% Alkoholgehalt aufweisen.
HALBBITTER: Dazu zählen die Rittmeisterliköre. Sie sind nicht so stark bitter.
MAGENBITTER: sind meist Voll- oder Halbbitterliköre mit einer nachweislich guten Wirkung bei Magen- und Darmverstimmung, daher ein gutes Heilmittel. Sie werden aus Trinkbranntwein, Kräuterauszügen oder bitteren Destillaten von Kräutern, Gewürzen, Drogen und Früchten hergestellt.
Österreich: Mindestalkoholgehalt von 22,5 Vol.-%.
Bundesrepublik Deutschland: Mindestalkoholgehalt von 32 Vol.-%.
Schweiz: Mindestalkoholgehalt von 20 Vol.-%; in der Schweiz ist die Bezeichnung **Bitters** üblich. Bitters sind Getränke, die aus Feinsprit, Wasser, Auszügen aus bitteren und aromatischen Pflanzenteilen, ätherischen Ölen, natürlichen Aromen, mit oder ohne Zusatz von Zucker sowie mit anderen ihrer besonderen Art entsprechenden Zusätzen hergestellt sind. Der teilweise Ersatz von Feinsprit durch Weinbrand ist zulässig.

Fruchtsaftliköre

Liköre, in denen der Saft einer Fruchtart als geschmacksbestimmender Bestandteil enthalten ist, werden in dieser Gruppe zusammengefaßt. Die Fruchtart gibt wiederum der Likörgruppe ihren Namen (Heidelbeerliköre, Multbeerliköre etc.).
Österreich: Mindestalkoholgehalt von 22,5 Vol.-%.
Bundesrepublik Deutschland: Mindestalkoholgehalt von 25 Vol.-%. Fruchtsaftliköre sind Trinkbranntweinerzeugnisse, in denen der Saft derjenigen Fruchtart, nach denen die Liköre benannt sind, als wesentlicher geschmacksbestimmender Bestandteil enthalten ist. Der Gesamtgehalt an Fruchtsaft der namengebenden Frucht beträgt je 100 Liter Fertigware mindestens 20 Liter. Außerdem sind Zusätze weiterer Fruchtsäfte erlaubt.
Schweiz: Mindestalkoholgehalt von 20 Vol.-%; der Zuckeranteil muß mindestens 10 Prozent betragen.

Fruchtaromaliköre

Diese sind Liköre, die entweder aus natürlichen oder künstlichen Fruchtaromen und Alkohol gefertigt werden. Künstliche Aromatisierung und Färbung unterliegen der Kennzeichnungspflicht.
Österreich: Mindestalkoholgehalt von 22,5 Vol.-%.
Bundesrepublik Deutschland: Mindestalkoholgehalt von 30 Vol.-%; von 32 Vol.-%, falls nicht mindestens 22 g Extrakt/100 ml enthalten sind.
Schweiz: Mindestalkoholgehalt von 20 Vol.-%; der Zuckeranteil muß mindestens 10 Prozent betragen.

Kakaoliköre

Diese können als klare bis leicht gelbliche (blanke) Destillatliköre oder als hellbraune (blanke) Extraktliköre aus Kakaoextrakt oder Kakaodestillat hergestellt werden. Eine künstliche Aromatisierung ist verboten, Vanille zur Geschmacksabrundung jedoch erlaubt. Eine herbe Kakaonote ist für diese Liköre charakteristisch.
Österreich: Mindestalkoholgehalt von 22,5 Vol.-%.
Bundesrepublik Deutschland: Mindestalkoholgehalt von 25 Vol.-%; von 32 Vol.-%, falls nicht mindestens 22 g Extrakt/100 ml enthalten sind.
Schweiz: Mindestalkoholgehalt von 20 Vol.-%; der Zuckeranteil muß mindestens 10 Prozent betragen.

Kaffeeliköre

Diese Liköre werden als Destillat- oder Extraktliköre aus Kaffeebohnen hergestellt. Eine künstliche Aromatisierung ist verboten, Vanille zur Geschmacksabrundung jedoch erlaubt. Kaffeeliköre sollen nach frischem Kaffee riechen und schmecken.
Österreich: Mindestalkoholgehalt von 22,5 Vol.-%.
Bundesrepublik Deutschland: Mindestalkoholgehalt von 25 Vol.-%; von 32 Vol.-%, falls nicht mindestens 22 g Extrakt/100 ml enthalten sind.
Schweiz: Mindestalkoholgehalt von 20 Vol.-%; der Zuckeranteil muß mindestens 10 Prozent betragen.

Teeliköre

Sie werden aus Teeblättern ohne künstliche Aromastoffe hergestellt. Die Farbskala reicht von Hellgelb über Braun bis Grün.
Teeliköre müssen immer blank sein. Geruch und Geschmack dieser Liköre sollen eine deutliche und reine Teenote aufweisen. In Österreich werden die Teeliköre laut Kodex in die Gruppe der sonstigen Liköre gereiht, da sie hier nur äußerst selten erzeugt werden.
Österreich: Mindestalkoholgehalt von 22,5 Vol.-%.
Bundesrepublik Deutschland: Mindestalkoholgehalt von 25 Vol.-%; von 32 Vol.-%, falls nicht mindestens 22 g Extrakt/100 ml enthalten sind.
Schweiz: Mindestalkoholgehalt von 20 Vol.-%; der Zuckeranteil muß mindestens 10 Prozent betragen.

Destillatliköre

Diese bilden eine Untergruppe der Gewürzliköre und unterscheiden sich nur in der Farbe von diesen. Während die Gewürzliköre die unterschiedlichsten Farben haben, sind die Destillatliköre immer wasserklar.
Österreich: Mindestalkoholgehalt von 22,5 Vol.-%.
Bundesrepublik Deutschland: Mindestalkoholgehalt von 30 Vol.-%; von 32 Vol.-%, falls nicht mindestens 22 g Extrakt/100 ml enthalten sind.
Schweiz: Mindestalkoholgehalt von 20 Vol.-%; der Zuckeranteil muß mindestens 10 Prozent betragen.

Emulsionsliköre

Diese sind Liköre, deren Ingredienzien bei der Erzeugung homogenisiert werden. In der Regel sind die Bestandteile Milch, Rahm, Eier oder Schokolade.
Österreich: Mindestalkoholgehalt von 15 Vol.-%; für Magermilchliköre und alle Emulsionsliköre mit weniger als 20 g Milchfettgehalt gilt ein Mindestalkoholgehalt von 22,5 Vol.-%.
Bundesrepublik Deutschland: Mindestalkoholgehalt von 14 Vol.-%.
Schweiz: Mindestalkoholgehalt von 20 Vol.-%; der Zuckeranteil muß mindestens 10 Prozent betragen.

Eine Untergruppe der Emulsionsliköre bilden die Eierliköre (Eiercremes), die Eierweinbrände und der Eiercognac (Eierkirsch).

EIERLIKÖRE – EIERCREMES

Diese werden aus Monopolsprit oder aus mit Monopolsprit versetztem Edelbrand, Eidottern und Zucker hergestellt.
Österreich: Mindestalkoholgehalt von 15 Vol.-%.
Bundesrepublik Deutschland: Mindestalkoholgehalt von 14 Vol.-%; in seiner Zusammensetzung besteht der Eierlikör aus dem Eigelb von frischen Hühnereiern, Zucker und Alkohol. Pro Liter Fertigprodukt muß ein Mindestgehalt von 240 Gramm frischem Eigelb enthalten sein.
Schweiz: Mindestalkoholgehalt von 20 Vol.-%; der Zuckergehalt muß mindestens 10 Prozent betragen; Eierlikör (Eiercreme) kann anstelle von Cognac oder Kirsch auch Feinsprit oder Extrafeinsprit enthalten.

EIERWEINBRÄNDE

Dieser wird aus echtem Weinbrand oder Weinbrandverschnitt, Eidottern und Zucker hergestellt.
Österreich: Mindestalkoholgehalt von 15 Vol.-%.
Bundesrepublik Deutschland: Nach den geltenden Begriffsbestimmungen nicht erlaubt; der Import ist jedoch erlaubt, soweit die Produkte aus dem zollrechtlich freien Verkehr eines Mitgliedsstaates der Europäischen Gemeinschaften eingeführt werden und dort verkehrsfähig sind.
Schweiz: Mindestalkoholgehalt von 20 Vol.-%; der Zuckeranteil muß mindestens 10 Prozent betragen.

EIERCOGNAC – EIERKIRSCH
Er wird ausschließlich aus Cognac, frischen Eidottern und Zucker hergestellt. In **Österreich** und der **Bundesrepublik Deutschland** gibt es keine gesetzliche Regelung für dieses Produkt.
Schweiz: Eiercognac muß unter Verwendung von Cognac hergestellt werden. Der Ausschank von Eierlikör, Eier-Cordial oder Eiercreme als Eiercognac ist verboten, da diese Produkte anstelle von Cognac Feinsprit oder Extrafeinsprit enthalten. Eiercognac ist kühl und dunkel zu lagern.
Eierkirsch muß unter Verwendung von Kirschwasser hergestellt werden.

Honigliköre

Die Kodexbestimmungen in Österreich reihen sie in die Gruppe der sonstigen Liköre. In der Bundesrepublik Deutschland müssen die Honigliköre auf 10 Liter Fertigprodukt mindestens 2,5 kg reinen Bienenhonig enthalten.
Österreich: Mindestalkoholgehalt von 22,5 Vol.-%.
Bundesrepublik Deutschland: Mindestalkoholgehalt von 35 Vol.-%.
Schweiz: Mindestalkoholgehalt von 20 Vol.-%; der Zuckeranteil muß mindestens 10 Prozent betragen.

Sonstige Liköre

Dazu zählen alle Liköre, die sich von ihrer Herstellung und den verwendeten Grundstoffen von anderen Likörarten stark unterscheiden oder vom Gesetzestext her nicht in eine andere Likörgruppe eingegliedert werden können.
Österreich: Mindestalkoholgehalt von 22,5 Vol.-%.
Bundesrepublik Deutschland: Mindestalkoholgehalt von 30 Vol.-%; von 32 Vol.-%, falls nicht mindestens 22 g Extrakt/100 ml enthalten sind.
Schweiz: Mindestalkoholgehalt von 20 Vol.-%; der Zuckeranteil muß mindestens 10 Prozent betragen.

Liköre von A bis Z

A

Abteiliköre
Vorbilder dieser Kräuter-und-Gewürz-Liköre sind die bekannten französischen Liköre → Bénédictine D. O. M. und → Chartreuse; Hauptbestandteile sind Tonkabohnen, Ceylonzimt, Arnikablüten, Curcumawurzeln, Zitronenmelisse, Zitronenschalen, Alpenbeifuß, Macis, Nelken, Ysop und Bienenhonig; harmonisch ausgeglichener Geschmack; starker Geruch nach Kräutern und Gewürzen; goldgelb, blank
22,5–50 Vol.-%

Abricot
Französische Bezeichnung für → Apricot Brandy

Abricotine – Frankreich
Fruchtaromalikör
Ist ein → Apricot Brandy; farblos, blank
45 Vol.-%
auch als Aprikosenbranntwein im Handel

Admiral – Holland
Gewürzlikör
wasserklar
35 Vol.-%

Advokaat – Holland
Eierlikör/Emulsionslikör
Aus Eiern, Gewürzen und Genever hergestellt; leitet sich von einem südamerikanischen Getränk ab, das aus Avocados und Branntwein erzeugt wurde; andere Schreibweisen: Advokat, Advocaat, Advockat; gelb; 20 Vol.-%
Erzeugnis der Firmen Bols, Verpoorten und Fockink

Agua Bianca
Andere Schreibweise für → Aqua Bianca

Aiguebelle – Frankreich
Kräuterlikör
In Farbe und Geruch ähnlich dem → Chartreuse;
gelb und grün
40 Vol.-%

Alcotropics
Sammelbegriff für exotische Fruchtsaftliköre, die in Europa von internationalen Firmen erzeugt werden, sie sind ungewöhnlich aromatisch und werden gerne als Geschmacksgeber verwendet; die Farbe richtet sich nach der verwendeten Fruchtart; meist geringer Alkoholgehalt

Aldabo – Kuba
Destillatlikör
Aus Rum und Orangen hergestellt
38 Vol.-%

Alko Jajčni Brandy – Jugoslawien
Eierweinbrand
gelb
20 Vol-%

Allasch – UdSSR
Gewürzlikör
Kümmellikör, der ursprünglich in Allasch bei Riga, Lettland, hergestellt wurde; starkes, reines Kümmelaroma; hoher Zuckerzusatz (350 bis 400 g pro Liter); wasserklar, blank
40 Vol.-%
wird auch als Kümmeldestillat hergestellt

Alpenkräuterbitter
Bitterlikör
Ist ein Magenbitter aus Branntwein und Alpenpflanzen
bis 48 Vol.-%
hauptsächlich in den Alpenländern erzeugt; bekannt ist der Schweizer Alpenkräuterbitter

Alpenkräuterlikör
Kräuterlikör
Leicht bitter; bräunlich bis gelbgrün
30 bis 40 Vol.-%
vorwiegend in den Alpenländern erzeugt

Alpenkräuter Magenbitter – Österreich
Bitterlikör
braun
35 Vol.-%
Erzeugnis der Fa. Stroh, Klagenfurt

Alpestre – Italien
Kräuterlikör
Aus 34 Kräutern destilliert; in Eichenfässern gelagert; braun
49 Vol.-%

Alter Schwede – Schweden, BRD
Bitterlikör
Ist ein Magenbitter mit leicht abführender Wirkung; vom schwedischen Lebenselixier abgeleitet; verschiedene Geschmacksrichtungen; dunkelbraun

Altvater – BRD
Bitterlikör
Ursprung Sudetenland; dunkelbraun
48 Vol.-%

Amaraschino
Originalbezeichnung für →Maraschino

Amaretto
Sonstiger Likör
Aus Mandeln, Bittermandeln, Kräutern, Vanille und anderen Gewürzen hergestellt; bittersüß, herb; in mehreren Ländern erzeugt

Amaretto dell'Orso – Italien
Sonstiger Likör
Aus Bittermandeln hergestellt; herbsüß
28 Vol.-%
Erzeugnis der Fa. Stock, Italien

Amaretto di Loreto – Italien
Sonstiger Likör
Aus Bittermandeln hergestellt; hellbraun
25 bis 28 Vol.-%

Amaretto di Saronno Originale – Italien
Sonstiger Likör
Nach dem Originalrezept aus dem Mittelalter hergestellt; ausgeprägtes Bittermandelaroma; mittelbraun, blank
28 Vol.-%
Erzeugnis der Fa. Illva di Saronno, Italien
Vertrieb in Österreich: Fa. Gürtler, Wien

Amaretto Florio – Italien
Sonstiger Likör
Aus Bittermandeln hergestellt; goldgelb
25 bis 28 Vol.-%
Erzeugnis der Firmen Florio & Co. und Cinzano

Amarguinha – Portugal
Sonstiger Likör
Aus bittersüßen Mandeln hergestellt; hellgelb
20 Vol.-%
sollte gekühlt getrunken werden
Erzeugnis der Fa. Filipe de Brito, Portugal

Amarillo Wachauer Marillenlikör – Österreich
Fruchtsaftlikör
naturtrüb, gelborange
25 Vol.-%

Erzeugnis der Fa. Bailoni, Stein/ Krems an der Donau

Amaro
Italienische Übersetzung für bitter; weiters Bezeichnung für Bitterlikör

Amaro Digestivo Unicum
Originalbezeichnung für →Unicum

Amaro Savoja – Italien
Bitterlikör
braun
38,5 Vol.-%
Erzeugnis der Fa. Cinzano, Turin

Amaro Siciliano – Italien
Bitterlikör
Erstmals 1868 von Don Salvatore Averna in Sizilien erzeugt; heute von der Firma Fratelli Averna, Caltanissetta unverändert nach dem Originalrezept hergestellt; dunkelbraun
34 Vol-%

Amazona – BRD
Fruchtsaftlikör
Ein Alcotropic aus Mangofrüchten; enthält püriertes Fruchtfleisch; mild, fruchtig; orangegelb
25 Vol.-%
Erzeugnis der Fa. Riemerschmid, München
Originalprodukt kommt aus Südamerika

Ananas Brandy – Holland
Fruchtsaftlikör
Ist ein gelblicher Ananaslikör
25 Vol.-%
Erzeugnis der Fa. Bols, Amsterdam

Ananaslikör
Fruchtsaftlikör
Fruchtig säuerlicher Geschmack; gelblich, blank
25 bis 35 Vol.-%
hauptsächlich in den tropischen Ländern hergestellt

Angelica – Spanien
Kräuter-und-Gewürz-Likör/ Bitterlikör
goldgelb, blank
zirka 30 Vol.-%
ist ein →Angelikalikör

Angelikalikör
Kräuter-und-Gewürz-Likör
Im Imprägnier- oder Perkolationsverfahren aus Angelikawurzeln, Samen und Gewürzen hergestellt; goldgelb, blank
mind. 30 Vol.-%

Angélique – Frankreich
Kräuter-und-Gewürz-Likör
Ein pikanter, heilkräftiger →Angelikalikör, der aus Angelikawurzeln der Pyrenäen hergestellt wird

Anisette
Sammelbezeichnung für Gewürzliköre, die aus Anis, Anisöl und Sternanis hergestellt werden und Zusätze von Koriander, Fenchel, Gewürznelken und Zimt als Geschmacksträger haben; stark ausgeprägter Anisgeschmack; meist wasserklar; wird auch rosa, gelb, blau und violett erzeugt
30 bis 40 Vol.-%

Anisette – Frankreich
Gewürzlikör
Anislikör, der erstmals 1750 von →Marie Brizard erzeugt und Anisette blanche genannt wurde; wasserklar, blank
25 Vol.-%
Erzeugnis der Fa. Marie Brizard et Roger, Bordeaux

Anisado
Spanische und portugiesische Bezeichnung für →Anisette, aber auch für Anisbranntwein (Absinth)

Anis del Mono – Spanien
Gewürzlikör
Ein Anislikör, der aus Anis, Alkohol, Zucker, destilliertem Wasser

und diversen Aromaträgern hergestellt wird; man unterscheidet:
dulce (süß) 37 Vol.-%
secco (trocken) 44 Vol.-%
Erzeugnis der Fa. Vincete Bosch y Cia, Badalona

Anis Escarchado – Portugal
Gewürzlikör
Ein Anislikör mit Eisblumen in der Flasche; wird wie →Kristall-Liköre hergestellt

Anisetta
Italienische Schreibweise für →Anisette

Anisetta Stellata – Italien
Gewürzlikör
Bekannter Anislikör; wasserklar
35 Vol.-%

Anisette Anis Gorila – Puerto Rico
Gewürzlikör
wasserklar
30 Vol.-%
Alleinvertrieb: Fa. William Grant & Sons, Edison N. J., USA

Anislikör
Deutsche Bezeichnung für →Anisette

Anthony Toben Kirsberry – Dänemark
Fruchtsaftlikör
Aus Kirschen hergestellt
17 Vol.-%
Erzeugnis der A/S de Danske Spritfabrikker, Aalborg

Anthony Toben Wildberry – Dänemark
Fruchtsaftlikör
Aus Wildbeeren hergestellt
19,5 Vol.-%
Erzeugnis der A/S de Danske Spritfabrikker, Aalborg

Apfelsinenlikör
In Deutschland gebräuchliche Bezeichnung für →Orangenlikör

Apricot Brandy
Fruchtaromalikör
Der Branntweinmaische werden Aprikosen zugesetzt und zusammen vergoren; dieser Marillenlikör hat zartes bis sehr intensives Aroma und wird in verschiedenen Ländern erzeugt; gelblich, blank mind. 30 Vol.-%

Aprikosenlikör
Deutsche Bezeichnung für →Apricot Brandy

Apry – Frankreich
Fruchtaromalikör
Ist ein →Apricot Brandy; mit ausgeprägtem Marillengeschmack
38 Vol.-%
Erzeugnis der Fa. Marie Brizard et Roger, Bordeaux

Aqua Bianca – Italien
Sonstiger Likör
Mit ausgeprägtem Bergamottengeschmack; enthält oft Plattsilber oder Silberplättchen
38 Vol.-%

Aqua di Firenze – Italien
Gewürzlikör
Aus Gewürzen und Zitronenschalen hergestellter alter toskanischer Likör

Aqua d'Oro – Italien
Gewürzlikör
Starker Rosmaringeschmack und kräftiges Rosmarinaroma; goldgelb

Aristo – Schweiz
Eiercognac/Emulsionslikör
Erzeugnis der Fa. Weißflog, Zürich

Aromatik
Deutsche Bezeichnung für →Aromatique

Aromatique – Frankreich
Bitterlikör/Kräuterlikör
Aus Zitronenmelisse, Zimt, Gewürznelken, Kardamomen, Ange-

likawurzeln und Bitterorangen hergestellt; stark bitter, mäßig scharf; dunkelbraun
48 Vol.-%

Arrak-Punsch-Likör – BRD
Sonstiger Likör
Ähnlich dem → Schwedenpunsch
38 Vol.-%
Originalprodukt aus Ostindien

Arzneibitter
Aus alkoholischen Basisgetränken sowie Kräutern hergestellt; Hausmittel, das bei Magenverstimmungen und Übelkeit eingenommen wird; hoher Alkoholgehalt

Ashanti Gold – Dänemark
Emulsionslikör
Ist ein Schokoladelikör
22 Vol.-%
Erzeugnis der Fa. Peter Heering, Kopenhagen

Askalon
Fruchtzucker der Feige, der bei der Erzeugung von Feigenlikör für das Aroma ausschlaggebend ist

Askalon Feigentrunk – BRD
Fruchtsaftlikör/Fruchtaromalikör
Ausschließlich aus Feigen hergestellt; ohne Zuckerzusatz; angenehme trockene Süße; braun
32 Vol.-%
Erzeugnis der Fa. Riemerschmid, München

Aurum – Italien
Kräuterlikör
Aus Abruzzenkräutern und in Wein ausgezogenen Orangenschalen hergestellt; herb, bitteres Orangenbukett; goldfarben
30 Vol.-%

Averna
Italienische Likörerzeugerfirma; Firmenwortlaut: Fratelli Averna, Caltanissetta; bekanntes Produkt: Amaro Siciliano

B

Bailoni
Spirituosenerzeugerfirma in Stein/Krems an der Donau; Firmenwortlaut: Eugen Bailoni

Badianlikör
Gewürzlikör
Hauptbestandteile sind Sternanis (=Badian) und Fenchel; wird selten erzeugt
30 Vol.-%

Bailey's Original Irish Cream – Irland
Emulsionslikör
Aus Schokolade, Obers/Sahne und irischem Whisk(e)y hergestellt; cremefarben
17 Vol.-%
Erzeugnis der Fa. Bailey & Co., Dublin
Vertrieb in Österreich: Fa. Asbach-Doornkaat, Wien

Balsamum Rigense – Polen
Kräuterlikör
Eine berühmte heilwirksame Spezialität der Deutschbalten

Bananavit – BRD
Fruchtaromalikör
Ein Alcotropic mit ausgeprägtem Bananengeschmack und feinen Fruchtfleischstücken; naturtrüb, cremig
25 Vol.-%
Erzeugnis der Fa. Riemerschmid, München

Bananenlikör
Fruchtaromalikör
Aus dem Fruchtfleisch und den Schalen der grünen Speisebanane hergestellt; künstliche Aromazusätze sind verboten
mind. 25 Vol.-%

B & B – Frankreich
Kräuter-und-Gewürz-Likör
Aus Brandy (Cognac) und Béné-

dictine D.O.M. hergestellt; bernsteinfarben
43 Vol.-%
Erzeugnis der Fa. Bénédictiné S.A., Fécamp

Barack Liqueur – Ungarn
Fruchtaromalikör
Original ungarischer Marillenlikör aus Kecskemét
30 Vol.-%

Bärenfang – BRD
Honiglikör
Ursprünglich aus Ostpreußen; wird auch Bärenjäger genannt; honigfarben
35 Vol.-%

Bärenjäger
Andere Bezeichnung für
→ Bärenfang

Batida de Café – Brasilien
Emulsionslikör/Kaffeelikör
Aus Kaffeebohnen hergestellt; hellbraun
22,5 Vol.-%
Erzeugnis der Fa. Regnier

Batida de Côco – Österreich
Emulsionslikör
Aus Kokosnüssen, Kokosmilch und Zucker hergestellt; weiß
20 Vol.-%
Erzeugnis der Fa. Scharlachberg
Originalprodukt aus Brasilien; meist 22,5 Vol.-%

Batida de Menta – Brasilien
Emulsionslikör
Aus Krauseminze hergestellt
22 Vol.-%
Erzeugnis der Fa. Regnier

Batida de Menta Cacao – Brasilien
Emulsionslikör
Aus Krauseminze und Kakaobohnen hergestellt
22 Vol.-%
Erzeugnis der Fa. Regnier, Brasilien

Battleaxe
Englische Bezeichnung für einen Rumlikör aus Mittelitalien

Becherbitter – BRD
Kräuterlikör/Bitterlikör
Seit 1949 nach tschechischen Originalrezept des → Karlsbader Bitters hergestellt; hellbraun
38 Vol.-%

Becherovka
Andere Bezeichnung für
→ Karlsbader Bitter

Beerenliköre
Sammelbegriff für Fruchtsaftliköre, die aus Beeren, wie z.B. Himbeeren, Heidelbeeren, Brombeeren oder Johannisbeeren, hergestellt werden

Bénédictine D.O.M. – Frankreich
Kräuter-und-Gewürz-Likör
Wird nach dem Originalrezept, das von Alexandre le Grand nach der Französischen Revolution wiedergefunden wurde, erzeugt; D.O.M. steht für „deo optimo maximo = dem besten, größten Gott"; zur Aromatisierung werden Auszüge aus den verschiedensten Kräutern und Gewürzen wie z.B. Alpenbeifuß, Angelika, Arnika, Thymian, Ysop, Kalmus, Pfefferminze, Kardamomen, Zimt, Macis und Zitronenmelisse beigegeben; erstmals wurde er 1510 vom Benediktinerbruder Bernardo Vincelli in der Abtei von Fécamp in der Normandie hergestellt; bis zur Französischen Revolution ausschließlich von Ordensbrüdern in Fécamp als Arzneimittel erzeugt; heute einer der bekanntesten Abtei- und Klosterliköre; Marke gesetzlich geschützt, bernsteinfarben
43 Vol.-%

Erzeugnis der Fa. Bénédictine S.A., Fécamp
Vertrieb in Österreich: Fa. Mounier, Wien

Benediktbeurer Kloster Gold – BRD
Kräuter-und-Gewürz-Likör
goldgelb
43 Vol.-%
Erzeugnis der Fa. Riemerschmid, München
Abkürzung: B. K. G.

Benediktiner – BRD
Kräuterlikör
Zur Aromatisierung dieses Abtei- und Klosterlikörs werden Auszüge aus Zitronenmelisse, Zimt, Kalmus, Ysop, Macis, Arnika, Angelika, Kardamomen und Pfefferminze beigegeben; als Vorbild diente der → Bénédictine D. O. M.; die Bezeichnung Benediktiner ist in der Bundesrepublik Deutschland gesetzlich geschützt

Ben Shalom – Israel
Fruchtsaftlikör
Aus Jaffa-Orangen hergestellt; orangegelb

Berberitzenlikör
Fruchtaromalikör
Aus Berberitzensaft hergestellt; blau
meist 30 Vol.-%
wird auch aus dem bläulichen Beerensaft der Mahonie (Wildbeere) erzeugt; auch Berberinlikör genannt

Berentzen Appel – Schweiz
Fruchtsaftlikör
Unter Verwendung von Weizenkornbranntwein hergestellt; gelbstichig
Erzeugnis der Fa. I. B. Berentzen, Hoselünne

Bergamottlikör
Fruchtaromalikör
Aus Bergamotten (Familie der Zitrusfrüchte) hergestellt
30 Vol.-%
bekannteste Erzeugnisse kommen aus Italien

Berliner Kümmel – BRD
Gewürzlikör
Leicht gesüßter Kümmellikör, der ausnahmslos in Berlin hergestellt wird; hervorragende Qualität
32 bis 38 Vol.-%
auch aus Branntwein hergestellt

Bernardynka – Polen
Kräuterlikör
Aus feinen Kräutern hergestellt

Bierbitter – BRD
Bitterlikör/Kräuterlikör
Bayrischer Starkbitter aus verschiedenen Kräutern; mit und ohne Zuckerzusatz
48 Vol.-%

Bischofslikör
Andere Bezeichnung für → Pomeranzenlikör

Bitters
Sammelbegriff für → bittere Liköre und Würzbitter

Bitter aus Wien
Exportbezeichnung für → Rossbacher

Bittere Liköre
Liköre, bei denen im Gegensatz zu den Bitterlikören der aromatische Geschmack stärker hervortritt als der bittere, z. B. Angostura-, Orange-, Peach-Bitter

Bittere Tropfen
Aus unreifen Bitterorangen (Fruchtfleisch und Schale), Zimt, Nelken, Galgantwurzeln, Enzianwurzeln, Benediktinerkraut hergestellter Kräuterbitter; brennender Geschmack; Hausmittel; dunkelbraun, blank
45 Vol.-%

Bekannte Marke: Dr. Mampes Bittere Tropfen

Bitterorangenlikör
Andere Bezeichnung für →Pomeranzenlikör

Bitterpomeranzenlikör
Andere Bezeichnung für →Pomeranzenlikör

B. K. G.
Abkürzung für →Benediktbeurer Kloster Gold

Blackberry Brandy – England/USA
Fruchtsaftlikör
Aus Brombeeren hergestellt; kräftiger Brombeergeschmack; dunkelrot bis rotviolett
35 Vol.-%

Blackberry-Cordial – England
Fruchtsaftlikör
Aus Brombeersaft, Weinbrand, Zucker, Zimt, Muskatnuß und Piment hergestellt
38 Vol.-%

Black-Currant-Likör – Dänemark
Fruchsaftlikör
Aus schwarzen Johannisbeeren hergestellt
32 Vol.-%

Blutorangenlikör
Fruchtsaftlikör
Aus Blutorangensaft hergestellt
meist 30 Vol.-%

Bols
Die Spirituosenfirma wurde von Lucas Bols im Jahre 1575 in Amsterdam gegründet; als 1815 die direkte Nachfolgelinie erlosch, wurde der Firmenname auf „Erven Lucas Bols" umgewandelt;
bekannte Erzeugnisse: Apricot Brandy (31 Vol.-%), Advokaat (20 Vol.-%), Curaçao, Triple sec (39 Vol.-%), Blue Curaçao (34 Vol.-%), Prinzenkirsch (25 Vol.-%), Crème de Bananes (30 Vol.-%), Maraschino (31 Vol.-%), Parfait Amour (30 Vol.-%), Chocolate-Mint Liqueur (27 Vol.-%), Melon Liqueur (28 Vol.-%), Gold Coffee Liqueur 31,5 Vol.-%), Crème de Mandarines (29 Vol.-%), Gold Orange Liqueur (30 Vol.-%), Peach Brandy (38 Vol.-%), Oragnac (39 Vol.-%), Cherry Brandy (31 Vol.-%) sowie Gin, Genever, Wodka und Weinbrand

Bolsberry Liqueur
Fruchtsaftlikör
Aus schwarzen und roten Johannisbeeren hergestellt

Bonbon Meggy – Ungarn
Fruchtsaftlikör
Aus Weichseln hergestellt; dickflüssig; rot
40 Vol.-%

Bonita Cocco – Brasilien
Emulsionslikör
Aus Milch und Kokosnüssen hergestellt; heute wird er auch von der Fa. Tambolini in Loreto, Italien, erzeugt
16 Vol.-%

Boonekamp
Bitterlikör
Ein Magenbitter aus fein aufeinander abgestimmten Auszügen heimischer und exotischer Drogen wie Nelken, Süßholz, Anis, Fenchel, Koriander, Zitterwurzeln, Enzian, Galgant, Curaçao-Orangen-Schalen, Kalmuswurzeln, Rhabarber und Lärchenschwamm; Lärchenschwamm wirkt appetitanregend und leicht abführend; in größeren Mengen genossen jedoch gesundheitsschädlich; dunkelbraun, blank
40 Vol.-%

Bora Sambuca Liqueur – Italien
Fruchtsaftlikör/Fruchtaromalikör

Aus Holunderbeeren und -blüten hergestellt; leichter Anisgeschmack; wasserklar
40 Vol.-%
Erzeugnis der Fa. Bora, Italien

Borovicka – Osteuropa
Gewürzlikör
Hoch aromatischer Wacholderlikör; wasserklar
45 bis 50 Vol.-%
häufig als Wacholderbranntwein im Handel

Borowitschka
Andere Schreibweise für →Borovicka

Boudier
Spirituosenerzeugerfirma in Dijon, Frankreich; Firmenwortlaut: Gabriel Boudier; bekannteste Produkte sind Crème de Cassis und Crème de Framboises

Brandymel – Portugal
Honiglikör
Aus Honig und Mendronho (Branntwein aus Maulbeeren) hergestellt; honigfarben
30 Vol.-%
Erzeugnis der Fa. Socristinas, Portimão

Brillat Savarin Cassis – Frankreich
Fruchtsaftlikör
Aus Johannisbeeren und Armagnac hergestellt; violettblau, blank
25 Vol.-%
Erzeugnis der Fa. Brillat Savarin, Paris
Vertrieb in Österreich: Fa. Asbach-Doornkaat, Wien

Brillat Savarin Cherry – Frankreich
Fruchtsaftlikör
Aus Maraska-Kirschen und Armagnac hergestellt; rot, blank
25 Vol.-%
Erzeugnis der Fa. Brillat Savarin, Paris
Vertrieb in Österreich: Fa. Asbach-Doornkaat, Wien

Brillat Savarin Orange – Frankreich
Fruchtsaftlikör/Fruchtaromalikör
Aus Bitterorangenschalen und Armagnac hergestellt; orange, blank
40 Vol.-%
Erzeugnis der Fa. Brillat Savarin, Paris
Vertrieb in Österreich: Fa. Asbach-Doornkaat, Wien

Brombeerlikör
Fruchtsaftlikör
Aus Brombeeren hergestellt; kräftiger säuerlich-fruchtiger Geschmack; dunkelrot
20 bis 35 Vol.-%
ein besonderes Produkt ist die →Echte Kroatzbeere

C

Cacao Choix – Polen
Kakaolikör
dunkelbraun
29 Vol.-%

Café Oriental – BRD
Kaffeelikör
Mokkalikör; dunkelbraun
28 Vol.-%
Erzeugnis der Fa. Lehment, Kiel
Vertrieb in Österreich: Fa. Seagram, Wien

Calisay – Spanien
Bitterlikör/Kräuterlikör
Mit leichtem Chinarindengeschmack; hellbraun
40 Vol.-%

Calisey
Andere Schreibweise für →Calisay

Caloric-Punsch
Skandinavische Bezeichnung für →Schwedenpunsch

Campari-Cordial
Andere Bezeichnung für →Cordial-Campari

Carolans Irish Cream – Irland
Emulsionslikör
Auf Basis von irischem Whisk(e)y und Obers/Sahne hergestellt
Vertrieb in Österreich: Fa. Mounier, Wien

Casoni Ovoro – Italien
Emulsionslikör
Aus Obers/Sahne und Schokolade gefertigt
Erzeugnis der Fa. Casoni, Italien

Cassia-Liköre
Sammelbezeichnung für Liköre, die aus schwarzen Johannisbeeren hergestellt werden

Cassis des Bourgogne – Frankreich
Fruchtsaftlikör
Aus schwarzen Johannisbeeren der Weinbauregion Burgund hergestellt; rotblau
15 Vol.-%
Erzeugnis der Fa. Simon Aîné, Beaune/Côte d'Or

Cassis-Likör
Fruchtsaftlikör
Aus schwarzen Johannisbeeren hergestellt; der bekannteste ist der →Crème de Cassis

Centerbe – Italien
Kräuterlikör
Aus zirka 100 verschiedenen Kräutern hergestellt; der Geschmack von Pfefferminze dominiert; sehr süß; gelbbraun; wird auch Mentuccia genannt
30 bis 42 Vol.-%

Cerasella – Italien
Fruchtsaftlikör
Aus Kirschen und Würzkräutern hergestellt; schmeckt kräftig nach Kirschen; rot
25 Vol.-%

Ceresette – Schweiz
Fruchtsaftlikör
Aus Johannisbeeren im Tessin hergestellt; wird mit drei eingelegten Kirschen serviert

Certosa – Italien
Kräuterlikör
Im Geschmack dem →Chartreuse ähnlich

Chambord – Frankreich
Fruchtsaftlikör
Aus Brombeeren hergestellt; erstmals zu Lebzeiten König Ludwig XIV. im Kloster von Chambord im Loiretal hergestellt
Vertrieb in Österreich: Fa. Polacek, Gerasdorf/Wien

Chanelle-Likör
Gewürzlikör
Ein selten erzeugter →Zimtlikör

Chartreuse – Frankreich
Kräuterlikör
Ein Abtei- oder Klosterlikör, der ursprünglich (seit 1605) von den Mönchen des Klosters der Grand Chartreuse hergestellt wurde; wie fast alle Abtei- und Klosterliköre wurde er als Heilmittel angewandt; die wichtigsten Grundmaterialien, die etwa 130 Kräuter umfassen, werden nach einem geheimen Rezept komponiert; daraus werden Auszüge auf der Basis von erstklassigem Wein, Angelikawurzeln, Chinarinde, Ingwer, Ivakraut, Kalmus, Curaçao-Orangen-Schalen, Pfeffer- und Zitronenmelisse u. a. gemacht; ursprünglich wurde weißer, gelber und grüner Chartreuse erzeugt; der weiße wird je-

doch seit den fünfziger Jahren nicht mehr produziert
40 Vol.-% Chartreuse jaune (gelb)
55 Vol.-% Chartreuse verte (grün)
Vertrieb in Österreich: Fa. Kattus, Wien

Chartreuse Orange – Frankreich
Sonstiger Likör
Aus grünem Chartreuse und Orangensaft hergestellt
17 Vol.-%
liegt in Österreich und der Bundesrepublik Deutschland unter der Mindestalkoholgrenze für Liköre

Château-Likör – Schweden
Kräuterlikör
würzig süß; goldgelb
43 Vol.-%

Cheri Suisse – Schweiz
Sonstiger Likör
Mit Schokolade-Kirsch-Aroma
26 Vol.-%
ist in weißer Keramikflasche im Handel
Erzeugnis der Fa. Ova, Affoltern am Albis

Cherry Bounce – USA
Kräuterlikör/Bitterlikör
Feiner Magenbitter auf Kirschwasserbasis
40 Vol.-%

Cherry Brandy
Fruchtsaftlikör
Pikanter Kirschlikör von besonderer Art, der in vielen Ländern hergestellt wird; wesentliche Bestandteile sind Kirschsaft, Kirschwasser, Zucker, Weingeist und Wasser
mind. 25 Vol.-%
der Gehalt an Kirschsaft und Kirschwasser ist gesetzlich vorgeschrieben: In der Bundesrepublik Deutschland müssen mindestens vier Liter 50prozentiges Kirschwasser und 20 Liter Fruchtsaft je 100 Liter Likör verwendet werden. Farbstoffe sind nicht erlaubt, der Mindestalkoholgehalt muß 30 Vol.-% betragen. In der Schweiz muß Cherry Brandy aus Kirschwasser, Kirschensirup und natürlichen Aromastoffen hergestellt sein und darf nicht künstlich gefärbt werden

Cherry-Cognac
Fruchtsaftlikör
Ein Kirschlikör auf Cognacbasis

Cherry-Cordial
Fruchtsaftlikör
Kirschlikör, der aus in Weinbrand eingelegten Kirschen hergestellt wird; dunkelrot, blank
45 Vol.-%

Cherry Heering – Dänemark
Fruchtsaftlikör
Ist ein →Cherry Brandy, der die dezente Süße und das herbe Fruchtaroma den dunkelroten Heering-Stevens-Kirschen und den reichlich zugesetzten vergorenen Kirschkernen verdankt; weltbekannt; kirschrot
25 Vol.-%
Erzeugnis der Fa. Peter Heering, Kopenhagen
Vertrieb in Österreich: Fa. Mautner-Markhof, Wien

Cherry-Likör
Fruchtsaftlikör
Kirschlikör, der unter dieser Bezeichnung von verschiedenen Firmen hergestellt wird

Cherry Marnier – Frankreich
Fruchtsaftlikör
Aus dalmatinischen Kirschen und Cognacverschnitt hergestellt; rotbraun; 25 Vol.-%
Erzeugnis der Fa. Marnier-Lapostolle in Neauphle-le-Château, Frankreich

Vertrieb in Österreich: Fa. Roullet, Wien

Cherry-Whisk(e)y
Andere Bezeichnung für → Chesk(e)y

Chesk(e)y – Frankreich
Fruchtsaftlikör
In der französischen Stadt Châlons-sur-Marne aus irischem Whisk(e)y und französischem Cherry Brandy erzeugt; die Bezeichnung setzt sich aus den Wörtern Che(rry) und (Whi)sk(e)y zusammen; rot
45 Vol.-%

Chimseer Klosterlikör – BRD
Kräuterlikör
Abtei- und Klosterlikör; gelb
42 Vol.-%

China-Bitter
Bitterlikör
Aus Angelika- und Enzianwurzeln, Iva- und Ysopkraut, Cassia, Nelken, Chinarinde, Pomeranzen- und Curaçao-Orangen-Schalen hergestellt; kräftig, würzig
meist 42 Vol.-%

China-Martini – Italien
Kräuterlikör
Mit Auszügen aus der Chinarinde hergestellt; braun
32 Vol.-%
In Lizenz nach dem Originalrezept von der Fa. Martini & Rossi, Italien, hergestellt

Chocolate Mint – Kanada
Emulsionslikör
Aus Schokolade, Minze und Gewürzen hergestellt
27 Vol.-%
Erzeugnis der Hiram Walker Company, Kanada

Chu Ymh Ching – China
Kräuterlikör
Aus Bambusblättern, Nelken, Orangenschalen, Sandelholz und verschiedenen Wurzeln hergestellt; gelb
32 Vol.-%

Citronelle
Französische Bezeichnung für → Zitrusliköre

Citrusliköre
Andere Schreibweise für → Zitrusliköre

Clanrana – Schottland
Sonstiger Likör/Honiglikör
Auf der Basis von Whisky, Honig und Kräutern hergestellt; ähnlich dem → Drambuie

C. L. O. C. – Dänemark
Gewürzlikör
Aus Kümmel hergestellt; Name bedeutet: Cuminum Liquidum Optimum Cartilli, d. h. „der beste Kümmellikör des Schlosses“

Cloves liquor
Englische Bezeichnung für → Nelkenlikör

Coco Baia de Sol – Brasilien
Emulsionslikör
Auf Rumbasis mit Kokosnüssen hergestellt; trübweiß
22,5 bis 25 Vol.-%

Coco Cabana Flor de Cabana – Jamaica
Fruchtsaftlikör/Fruchtaromalikör
Aus Rum und Kokosnüssen hergestellt; mittelbraun
30 Vol.-%

Coco Ribe – Virgin Islands
Emulsionslikör
Auf Rumbasis mit Kokosnüssen und Gewürzen hergestellt; klar
30 Vol.-%
Erzeugnis der National Distillers, New York

Coffee Espresso Liqueur – Italien
Kaffeelikör
35 Vol.-%
Erzeugnis der Fa. Stock, Triest

Cointreau – Frankreich
Fruchtaromalikör/Fruchtsaftlikör
Aus Curaçao-Orangen und anderen aromatischen Früchten hergestellt; ursprüngliche Bezeichnung war Curaçao blanc triple sec; trübweiß
40 Vol.-%
Erzeugnis der Fa. Cointreau, gegründet 1849 in Angèrs; charakteristisch ist die viereckige braune Flasche
Vertrieb in Österreich: Fa. Seagram, Wien

Cointreau Gold 44 – Frankreich
Fruchtaromalikör
Orangengeschmack; goldgelb
44 Vol.-%

Columbiana – Kolumbien
Kaffeelikör

Cordial
Amerikanische und englische Bezeichnung für Likör

Cordial-Campari – Italien
Sonstiger Likör
Himbeergeschmack: wasserklar
30 Vol.-%

Cordial-Médoc – Frankreich
Sonstiger Likör
Auf Weinbasis (Médoc-Wein) hergestellt; Veilchen- und Dörrpflaumen-Bukett; dunkelrotbraun, blank
38 bis 43 Vol.-%
in Deutschland muß ein Cordial-Médoc laut Gesetz mindestens 20 Prozent seines Alkohols aus Weinbrand oder Weindestillat beziehen
Originalprodukt kommt aus Bordeaux

Cordial-Réby – Frankreich
Sonstiger Likör
Auf Cognacbasis hergestellt; braun

Cream of Jamaica Flor de Cabana – Jamaica
Sonstiger Likör
Auf Rumbasis hergestellt; braun
28 Vol.-%

Creme de Lima – Spanien
Fruchtsaftlikör
blaßgelb
30 Vol.-%
Erzeugnis der Fa. Pedro Domecq, Jerec de la Frontera

Cremas de licores
Sammelbegriff für spanische →Cremeliköre

Crème de...
Nennt man Liköre, die besonders süß sind; sie enthalten 400 g und mehr Zucker pro Liter; in Frankreich ist es üblich, Liköre als Crème zu bezeichnen, auch wenn sie nicht den oben genannten gesetzlichen Bestimmungen entsprechen

Crème d'Ananas
Fruchtsaftlikör
Ist ein →Ananaslikör; hell, blank
mind. 25 Vol.-%

Crème d'Angelique
Kräuter-und-Gewürz-Likör
Ist ein →Angelikalikör

Crème de Bananes
Fruchtaromalikör
Aus Bananen hergestellt, dickflüssig und süß; gelblich
mind. 25 Vol.-%

Crème de Cacao
Kakaolikör/Destillatlikör
Aus Kakaobohnen und Vanille hergestellt; sehr süß; farblos oder braun
mind. 25 Vol.-%

Crème de Café
Kaffeelikör
Aus Kaffeebohnen hergestellt; braun
mind. 25 Vol.-%

Crème de Cassis
Fruchtsaftlikör
Aus schwarzen Johannisbeeren hergestellt; genießt internationalen Ruf; wird mit trockenem Weißwein zu Kir und mit Sekt zu Kir Royal, dunkelrot
16 bis 25 Vol.-%
Originalprodukt kommt aus Dijon

Crème de Chouao – Frankreich
Kakaolikör
Ein exquisiter Likör, benannt nach den Kakaobohnen aus dem Chouao-Tal in Venezuela; Erzeugnis der Fa. Marie Brizard et Roger, Bordeaux

Crème de Cièl – Holland
Sonstiger Likör
hellblau

Crème de Cumin
Gewürzlikör
Ausgeprägter Kümmelgeschmack; weiß
meist 25 Vol.-%

Crème de Fraises
Fruchtsaftlikör
Aus Erdbeeren und Kräuterzusätzen hergestellt; erdbeerfarben
mind. 25 Vol.-%

Crème de Fraises de Bois
Fruchtsaftlikör
Aus wilden Walderdbeeren hergestellt; lichtes Rot
mind. 25 Vol.-%

Crème de Framboises
Fruchtsaftlikör
Aus Himbeeren hergestellt; rot
mind. 25 Vol.-%

Crème de Gingembre
Gewürzlikör
Mit Essenzen aus feinstem Jamaica-Ingwer hergestellt; verfeinert mit Arrak und Rosenwasser; aromatisch und scharf; „Gingembre" ist die französische Bezeichnung für „Ingwer"; rötlich, gelb
42 Vol.-%

Crème de Kirsch
Fruchtsaftlikör
Ähnlich → Cherry Brandy

Crème de Mandarines
Fruchtaromalikör
Aus Mandarinen hergestellt; fruchtig, leicht säuerlich; hellorange
mind. 25 Vol.-%

Crème de Menthe
Kräuterlikör
Mit starkem Pfefferminzgeschmack; dunkelgrün, rötlich und weiß
meist 30 Vol.-%

Crème de Mocca
Kaffeelikör
Hat einen höheren Kaffeeanteil als die Crème de Café; braun, weiß
mind. 25 Vol.-%

Crème de Myrtilles
Fruchtsaftlikör
Mit ausgeprägtem Heidelbeeraroma; violett bis rot
mind. 25 Vol.-%

Crème de Noisette
Sonstiger Likör/Emulsionslikör
Aus Haselnüssen hergestellt; weist geriebene Haselnuß- und Walnußstückchen auf; lichtbraun, cremig
meist 28 Vol.-%
kommt auch klar in den Handel

Crème de Noix
Sonstiger Likör/Emulsionslikör
Aus Walnüssen hergestellt; lichtbraun
mind. 25 Vol.-%

Crème de Noyaux
Sonstiger Likör/Emulsionslikör
Aus Nüssen und bitteren Mandeln mit Zusatz von Pfirsich-, Aprikosen- und Kirschkernen hergestellt; weiß, roséfarben
28 Vol.-%

Crème de Prunelles
Fruchtaromalikör
Aus Schlehen und Zusätzen von Schlehen- und Zwetschkenwasser hergestellt; sehr süß; hellgrün, blank
mind. 25 Vol.-%

Crème d'Oranges
Fruchtaromalikör
Neben Orangenblütenextrakt wird er mit Auszügen aus Pomeranzen- und Curaçao-Orangen-Schalen, Ysopkraut sowie Vanille abgeschmeckt; fein, nicht bitter
45 Vol.-%

Crème de Roses
Sonstiger Likör
Aus verschiedenen Pflanzensubstanzen unter Zusatz von Rosenöl hergestellt; ausgeprägter Geschmack
meist 32 Vol.-%
häufig im Mittleren und Fernen Osten erzeugt

Crème de Thé
Teelikör
Stark ausgeprägter Teegeschmack; zartgrün schimmernd

Crème de Vanille
Gewürzlikör
Stark ausgeprägter Vanillegeschmack; muß aus echten Vanilleschoten hergestellt werden; Zusätze von Vanillin sind verboten; gelb

Crème de Violette
Sonstiger Likör
Auf Basis von Veilchenwurzeln hergestellt; ausgeprägter Veilchengeruch und -geschmack sowie schwaches Zedernholzparfüm; violett
mind. 25 Vol.-%

Crème de Yvette – USA
Sonstiger Likör/Fruchtaromalikör
Amerikanische Version der →Crème de Violette; nach der Französin Yvette Gilbert benannt; violettblau

Cremeliköre
Liköre mit einem Alkoholgehalt von 20 bis 25 Vol.-% und einem durchschnittlichen Zuckergehalt von 40 Prozent

Cremen
In der Bundesrepublik Deutschland gebräuchliche Bezeichnung für →Cremeliköre

Créole Clement
Sonstiger Likör
Auf Basis von Martinique-Rum hergestellt; Orangengeschmack
40 Vol.-%

Cuarenta y Tres
Andere Bezeichnung für →Licor 43

Cumin
1. Französische Bezeichnung für Kümmel
2. Kümmelähnliches Gewürz aus Indien und den Mittelmeerländern; auch römischer oder welscher Kümmel genannt

Cumin Cristallisée
Französische Bezeichnung für →Eiskümmel

Curaçao – Insel Curaçao
Fruchtaromalikör/Fruchtsaftlikör
Aus unreifen Curaçao-Pomeranzen (Bitterorangen) hergestellt; das weltbekannte Produkt wird in Lizenz von allen namhaften Likörerzeugerfirmen hergestellt; es kommt unter dem Markennamen der jeweiligen Firma als... Cura-

çao Triple sec (→Triple sec) entweder weiß (in der Bundesrepublik Deutschland ausnahmslos), blau, rot, orange oder grün auf den Markt
38 bis 43 Vol.-%

Cusenier
Französische Spirituosenerzeugerfirma mit Sitzen in La Courneuve in der Nähe von Paris und in Marseille; Cusenier hat Zweigwerke, Tochterunternehmungen und Lizenzhersteller in vielen Ländern; die bekanntesten Produkte sind: Anisette, Freezomint, Orange Curaçao, Crème de Cacao, Apricot Brandy und Curaçao, Triple sec sowie Cognacs und Eau-de-vies

D

Dairy Liqueurs
Englische Sammelbezeichnung für alle Obers-/Sahne-Liköre

Damiana – Frankreich
Kräuterlikör
Mit ausgeprägtem Kräuteraroma; halbsüß
38 Vol.-%

Damja – Mexiko
Sonstiger Likör
Aus Damjana (Chrysanthemenart) hergestellt; goldgelb
35 bis 38 Vol.-%

Damjana – Mexiko
Sonstiger Likör
Ähnlich dem →Damja

Danziger Goldwasser – Polen
Sonstiger Likör/Kräuterlikör
Aus Rosenblüten, Orangenblättern, Kardamomen, Orangenschalen, Kümmel, Koriander, Muskatnuß und Pfeffer sowie 22karätigem Plattgold hergestellt; neben Zucker ist noch Stärkesirup enthalten; durch diesen Zusatz erhöht sich die Viskosität, und das Plattgold bleibt in Schwebe; der Name „Danziger Goldwasser“ ist nicht geschützt; weiß, blank
38 Vol.-%

De Kuyper
Holländische Spirituosenerzeugerfirma; gegründet 1695 in Schiedam; Firmenwortlaut: Joseph De Kuyper & Zoon
Vertrieb der De Kuyper-Produkte in Österreich: Fa. Polacek, Gerasdorf/Wien

Delphinette – Frankreich
Kräuterlikör
Im Aussehen und Geschmack ähnlich dem →Bénédictine D. O. M.; lichtbraun
40 Vol.-%

Dennler Magenbitter – Schweiz
Bitterlikör

Dethleffsen
Deutsche Spirituosenerzeugerfirma; gegründet 1738 von Christian Dethleffsen; Sitz in Flensburg

Dewmiél – Schottland
Sonstiger Likör/Honiglikör
Auf Basis von schottischem Whisky, Kräutern und Honig hergestellt; ähnlich dem →Drambuie
40 Vol.-%

Dokator – BRD
Kräuterlikör
Aus Kräutern und Früchten hergestellt
35 Vol.-%
Erzeugnis der Fa. Dethleffsen, Flensburg

Dolfi Fraises des Bois – Frankreich
Fruchtsaftlikör
Aus wilden Walderdbeeren hergestellt; rot
32 Vol.-%

Erzeugnis der Fa. Dolfi, Straßburg
Vertrieb in Österreich: Fa. Martini & Rossi, Wien

D. O. M.
deo optimo maximo; Zusatzbezeichnung bei → Bénédictine

Doppellikör
Ein Likör mit mindestens 38 Vol.-%

Drambuie – Schottland
Honiglikör
Aus Malt Whisky und Heidehonig sowie Heidekräutern hergestellt; das Wort Drambuie wurde vom gälischen Begriff „An Dram Buidheach“ (mundender Trank) abgeleitet; das Rezept soll dem Clan der Mac Kinans für die Fluchthilfe von Prinz Charles Edwards 1745 gegeben worden sein; goldgelb
40 Vol.-%
Vertrieb in Österreich: Fa. Gürtler, Wien

Dream Country Cream – Finnland
Emulsionslikör
Aus Feinsprit, Whisk(e)y, frischer Crème, Zucker und Schokolade hergestellt
17 Vol.-%
Erzeugnis der Fa. Oy Alko, Helsinki

Dregheda Usquebaugh – Schottland
Gewürzlikör
Aus Branntwein und Gewürzen hergestellt; Vorläufer des Whiskys

Droste Bittersweet Chocolate Liqueur – Holland
Sonstiger Likör/Emulsionslikör
Schokoladelikör; seit 1894 hergestellt; bittersüß, schokoladefarben
27 Vol.-%
Erzeugnis der Fa. Droste, Haarlem, Holland

E

Eau de Créole – Südamerika
Sonstiger Likör
Aus den Blättern des Mammutbaumes hergestellt

Eau de la Barbade – Frankreich
Kräuterlikör
Im Geschmack dem → Chartreuse ähnlich
43 Vol.-%

Eau-de-vie de Dantsig
Französische Bezeichnung für → Danziger Goldwasser

Eau-de-vie d'Églantine
Französische Bezeichnung für → Rosenlikör aus wilden Rosen

Eau d'Or – Frankreich
Sonstiger Likör
Ähnlich dem → Danziger Goldwasser

Ebereschenlikör
Andere Bezeichnung für → Vogelbeerlikör

Echte Kroatzbeere – BRD
Fruchtsaftlikör
Aus wilden Waldbrombeeren hergestellt; herb, fruchtig; dunkelrot; Marke gesetzlich geschützt
30 Vol.-%
Erzeugnis der Fa. Moritz Thienelt, Düsseldorf
Vertrieb in Österreich: Fa. Mounier, Wien

Echt Stonsdorfer – BRD
Kräuterlikör
Aus Waldheidelbeeren, Gewürzen, Kräutern und Früchten hergestellt; süßbitter, leicht und fruchtig
32 Vol.-%
Erzeugnis der Stonsdorferei in Harksheide; Marke geschützt
Vertrieb in Österreich: Fa. Gürtler, Wien

Eckauer Eiskümmel – UdSSR
Gewürzlikör
Kümmellikör aus Eckau/Litauen; in kochendem Wasser wird eine Zuckerraffinade aufgelöst, mit einer Essenz aus → Allasch und Alkohol versetzt, blank filtriert und in Flaschen gefüllt; danach werden sie tiefgekühlt, wobei sich Zuckerkristalle bilden und an den Flaschenwänden haftenbleiben; anschließend werden die Flaschen mit Kümmellikör aufgefüllt; farblos
zirka 32 Vol.-%

Eierkirsch – BRD
Emulsionslikör
Ein Eierlikör mit ausgeprägtem Kirschengeschmack; orangerot
15 bis 17 Vol.-%

Eierrum
Emulsionslikör
Aus frischen Eiern, Zucker und Coruba-Rum hergestellt

Eierweinbrand
Emulsionslikör
Auf der Basis von Eigelb und Weinbrand hergestellt
18 Vol.-%

Eihaltige Liköre
Aus Branntwein, Eigelb und Zukker hergestellt, z. B. Mokka mit Ei

Eiskümmel – Österreich, BRD
Gewürzlikör
Mit Zuckerkruste in der Flasche; er ist ein → Eislikör, der im Gegensatz zu den meisten anderen aus Getreidedestillaten hergestellt wird und einen ausgeprägten Kümmelgeschmack aufweist; farblos
32 Vol.-%

Eisliköre
Sind Spirituosen, die einen Mindestextraktgehalt von 30 g/100 ccm aufweisen; sie müssen warm gelagert werden, da sich auch während der Lagerung keine Zuckerkristalle abscheiden sollen; Eisliköre werden vor allem aus Zitrusfrüchten hergestellt und mit Eis vermischt getrunken; beliebte Eisliköre sind Zitronen- und Orangen-Eisliköre
mind. 35 Vol.-%

Elisir
Andere Schreibweise für → Elixier

Elisir Camomilla – Italien
Kräuterlikör
Ist ein Medizinal aus Kamillenblüten; hat gute Wirkung bei Magenleiden; ist ein → Elixier

Elisir de China – Italien
Gewürzlikör
Ist ein → Elixier mit starkem Anis- und Chinarindengeschmack; süß; farblos, hell

Elixier
Übersetzt aus dem Arabischen, „Al-Iksir“ – „der Stein des Weisen“; heute versteht man darunter einen Heiltrank, eine Arznei; in diesem Sinn ist auch der französische Likör „Elixir“ eine Art Arzneibitter; besonders bekannt sind: Elixir de Monbazillac, Elixir d'Armorique und Elixir Végétal

Elixir d'Armorique – Frankreich
Kräuterlikör
Ist ein → Elixier; bittersüß; aus der Normandie

Elixir d'Anvers – Belgien
Kräuterlikör
Ist ein Abtei- und Klosterlikör, der im wesentlichen aus Orangen- und Zitronenschalen, scharfen Gewürzen, Melisse, Zimt, Nelken und Koriander hergestellt wird; ähnlich dem → Chartreuse; herbsüß, angenehm bitter; gelb, grün
37 und 46 Vol.-%
Erzeugnis der Fa. F. X. de Beukelaer; ist ein → Elixier

Elixir de Monbazillac – Frankreich
Kräuterlikör
Ist ein →Elixier
zirka 40 Vol.-%

Elixir de Mondorf – Luxemburg
Bitterlikör
Ist ein →Elixier
38 Vol.-%

Elixir de Spa – Belgien
Kräuterlikör
Ein Abtei- und Klosterlikör mit Kümmel- und Engelwurzgeschmack; wurde erstmals 1643 von Kapuzinermönchen auf der Wasserfestung Spa erzeugt; gelb
zirka 40 Vol.-%; ist ein →Elixier

Elixir Longae Vitae – Frankreich
Bitterlikör
Ist ein →Elixier mit ausgeprägtem Bitterorangengeschmack; auch als Pomeranzen-Bitter bezeichnet
38 Vol.-%

Elixir Végétal – Frankreich
Bitterlikör
Französische Bezeichnung für →Arzneibitter; ist eine Kräuteressenz und kann nur mit Wasser verdünnt getrunken werden; ist ein →Elixier

Emmets Irlands Cream Liqueur – Irland
Emulsionslikör
Auf der Basis von Irish Whisk(e)y und Milch hergestellt
17 Vol.-%
Erzeugnis der Fa. Emmets, Irland

Engelwurzlikör
Andere Bezeichnung für →Angelikalikör

Enzianlikör
Sonstiger Likör
Wird von den meisten Brennereien, die Branntweine aus Enzian herstellen, in geringen Mengen erzeugt

Erdbeerlikör
Fruchtsaftlikör
Aus dem Saft reifer Erdbeeren hergestellt; hellrot, blank
mind. 25 Vol.-%

Esclop – Andorra
Kräuterlikör
Aus Kräutern und Pflanzen der Hochgebirgstäler Andorras hergestellt
zirka 40 Vol.-%

Escorial – BRD
Kräuterlikör
42 Vol.-% (gelb)
56 Vol.-% (grün)
Erzeugnis der Fa. Riemerschmid, München

Essenzen
Darunter versteht man Auszüge aus Kräutern, Pflanzen und Früchten; sie enthalten den Geschmack in konzentrierter Form und sind die Grundlage der sogenannten Kompositionsliköre

Ettaler Kloster Liqueur – BRD
Kräuterlikör
Ein Abtei- und Klosterlikör aus dem Kloster Ettal in Oberammergau; süßlich
40 Vol.-% (gelb)
44 Vol.-% (grün)
25 Vol.-% (rot) Heidelbeer Liqueur

Extrait de Griottes
Französische Bezeichnung für →Morella

Extrakte
Für die Likörerzeugung sind dies Auszüge aus pflanzlichen Rohstoffen, die meistens eingedickt werden; prinzipiell unterscheidet man dicke, dünne und Trockenextrakte

Extraktliköre
Aus verschiedenen Extrakten hergestellt; im Gegensatz zu Destillatlikören immer färbig

F

Fernet-Artivo – Italien
Bitterlikör
Ein Magenbitter mit Pfefferminzgeschmack; dunkelbraun

Fernet-Branca – Italien
Bitterlikör
Ein Magenbitter, der seit 1845 aus Wurzeln, Blüten und verschiedenen Kräutern durch Mazeration mit Alkohol hergestellt wird
42 Vol.-%
Erzeugnis der Fa. Fratelli Branca, Mailand
Vertrieb in Österreich: Fa. Mounier, Wien

Fernet-Cora – Italien
Bitterlikör
Ein Magenbitter, braun
45 Vol.-%
Erzeugnis der Fa. Fratelli Cora, Turin

Fernet-Menta – Italien
Bitterlikör
Ein Magenbitter mit ausgeprägtem Pfefferminzgeschmack; dunkelbraun
40 Vol.-%
Erzeugnis der Fa. Fratelli Branca, Mailand
Vertrieb in Österreich: Fa. Mounier, Wien

Fernet-Reininghaus – Österreich
Bitterlikör
braun
Erzeugnis der Fa. Reininghaus, Graz

Feu de Tribord
Englische Bezeichnung für → Crème de Menthe

Fiori d'alpi
Italienische Bezeichnung für → Alpenkräuterlikör

Flensburger Bitter – BRD
Bitterlikör
In Flensburg hergestellt
40 bis 45 Vol.-%

Fleur des alpes
Französische Bezeichnung für → Alpenkräuterlikör

Fockink
Holländische Spirituosenerzeugerfirma in Rotterdam; 1970 von der Fa. Erven Lucas Bols übernommen; erzeugt heute unter dem Namen Fockink nur für die USA, Finnland, Frankreich und Italien ausgezeichnete Liköre

Forbidden Fruit – USA
Fruchtaromalikör
Auf Basis von Orangen, Pampelmusen, Mandarinen und Zitronen hergestellt; sehr süß mit leicht bitterem Nachgeschmack; rot
hoher Alkoholgehalt

Frangelico – Italien
Kräuterlikör
Aus Haselnüssen, Kräutern und Beeren hergestellt; bernsteinfarben

Freezomint – Frankreich
Kräuterlikör
Bekannter Pfefferminzlikör; grün
27 Vol.-%
Erzeugnis der Fa. Cusinier, Frankreich

Fürstentee – BRD
Teelikör
hocharomatisch
35 Vol.-%

G

Gala Caffé – Italien
Kaffeelikör
braun
20 Vol.-%
Erzeugnis der Fa. Stock, Turin

Galliano
Spirituosenerzeugerfirma in Li-

vorno und in Solaro, Mailand, Italien, bekannte Produkte sind: Liquore Galliano, gelb (35 Vol.-%), Amaretto di Galliano, bernsteinfarben (35 Vol.-%) und Sambuca di Galliano, weiß (35 Vol.-%)

Galapepi – Österreich
Emulsionslikör
Aus Schokolade und Orangen hergestellt; braun
23 Vol.-%
Erzeugnis der Fa. Wunderlich, Wien

Galliano – Italien
Kräuter-und-Gewürz-Likör
Spezialität, die aus 70 verschiedenen Kräutern, Gewürzen und Blumen hergestellt wird; trägt den Namen des italienischen Heldenmajors Giuseppe Galliano; ausgeprägter Vanillegeschmack; Originalbezeichnung Liquore Galliano; gelb
mind. 35 Vol.-%
in überlanger Flaschenform im Handel
Erzeugnis der Destillerie Riunite di Liquori, Solaro

Gallspacher Magenbitter – Österreich
Bitterlikör
Vertrieb in Österreich: Fa. Hofkirchner, Korneuburg

Gammel Dansk Bitter Dream – Dänemark
Bitterlikör
Aus Kräutern, Gewürzen und Früchten hergestellt; wörtliche Übersetzung: alter dänischer Bittertrunk
38 Vol.-%
Erzeugnis der Fa. A/S de Danske, Spritfabrikker, Aalborg

Gebirglerin Enzianlikör – BRD
Sonstiger Likör
38 Vol.-%
Erzeugnis der Fa. Riemerschmid, München

Génépy des Alpes – Frankreich
Kräuterlikör
Ein französischer → Alpenkräuterlikör
Erzeugnis der Fa. Rocher Frères, Frankreich

Gentiane
Französische Bezeichnung für Enzian

Gerasdorfer Fliederbeerlikör – Österreich
Fruchtsaftlikör
Unter Verwendung von Hollerbrand gefertigt; dunkles, tiefes Blau; 28 Vol.-%
Erzeugnis der Ersten Gerasdorfer Landbrand Likör- und Kräuterweinmanufaktur, Gerasdorf
Vertrieb in Österreich: Fa. Polacek, Wien

Gerasdorfer Heidelbeerlikör – Österreich
Fruchtsaftlikör
Unter Verwendung von Heidelbeerbrand gefertigt; violett, blank
zirka 28 Vol.-%

Gerasdorfer Honiggewürzlikör – Österreich
Gewürzlikör
Aus Weinalkohol, Honig und Gewürzen hergestellt
38 Vol.-%

Gerasdorfer Johannisbitter – Österreich
Kräuterlikör/Fruchtsaftlikör
Aus Kräutern und Johannisbeeren hergestellt; würziger Geschmack; violett-braun
30 Vol.-%

Gerasdorfer Rahmbeerlikör – Österreich
Fruchtsaftlikör
Aus Rahmbeeren (Brombeeren) unter Verwendung von Bienen-

honig hergestellt; dunkel, blaubraun; zirka 26 Vol.-%

Gerasdorfer Roter Ribisellikör – Österreich
Fruchtsaftlikör
Aus Ribiseln und Bienenhonig hergestellt; hellrot; herber, erfrischender Geschmack
zirka 28 Vol.-%

Gerasdorfer Walderdbeerenlikör – Österreich
Fruchtsaftlikör
Aus Walderdbeeren unter Mitverwendung von Kandiszucker hergestellt; erdbeerfarben, blank
zirka 24 Vol.-%

Gerasdorfer Waldhimbeerbrand – Österreich
Fruchtsaftlikör
Mit Himbeergeist und Kandiszukkerzusatz hergestellt; himbeerrot, blank; zirka 26 Vol.-%

Gerasdorfer Walnußlikör – Österreich
Sonstiger Likör
Mit Bienenhonig und Walnüssen gefertigt
zirka 38 Vol.-%

Gerasdorfer Weichsellikör – Österreich
Fruchtsaftlikör
Auf Kirschwasserbasis hergestellt; kirschrot, blank
zirka 28 Vol.-%

Gerasdorfer Zwetschkenlikör – Österreich
Fruchtsaftlikör
Auf Slibowitzbasis hergestellt; bläulich-braun; harmonisch, vollmundig
zirka 26 Vol.-%

Gilka
Spirituosenerzeugerfirma in Kettwig, BRD; Firmenwortlaut: J. A. Gilka KG

Gilka-Kaiser-Kümmel – BRD
Gewürzlikör
weiß
38 Vol.-%
Ein →Kaiser-Kümmel der Fa. J. A. Gilka, Kettwig, BRD
Vertrieb in Österreich: Fa. Gürtler, Wien

Gilka-Vit – BRD
Gewürzlikör
Kümmellikör mit Anis und Fenchelöl; weiß
32 Vol.-%
Erzeugnis der Fa. J. A. Gilka, Kettwig, BRD
Vertrieb in Österreich: Fa. Gürtler, Wien

Ginger Brandy
Andere Bezeichnung für →Ginger Liqueur

Ginger Liqueur – England
Gewürzlikör
Aus Ingwerwurzeln mit reinem Weingeist destilliert; würzig, erfrischend, goldgelb bis gelbbraun
32 Vol.-%

Ginginha – Portugal
Fruchtsaftlikör
Aus Schattenmorellen und Weindestillat hergestellter Sauerkirschenlikör; rot

Glayva – Schottland
Sonstiger Likör/Honiglikör
Auf der Basis von Whisky, Kräutern und Honig hergestellt; ähnlich dem →Drambuie
40 Vol.-%
Vertrieb in Österreich: Fa. Asbach-Doornkaat, Wien

Glen Mist – Schottland
Sonstiger Likör/Honiglikör
Ähnlich dem →Drambuie; trocken, honigfarben
35 bis 40 Vol.-%

Glindisfarne – Schottland
Sonstiger Likör/Honiglikör
Auf Basis von Whisky, Kräutern und Honig hergestellt; ähnlich dem →Drambuie

Golabe – Indien
Sonstiger Likör
Ein Rosenlikör mit sehr langer Lagerung
32 Vol.-%

Goldorangenlikör
Andere Bezeichnung für →Orangenlikör

Gorki-Liker
Sammelname für alle Bitterliköre in Jugoslawien

Grand Gruyère – Schweiz
Kräuterlikör
gelb, grün
40 Vol.-% (gelb)
46 Vol.-% (grün)

Grande Liqueur – Frankreich
Kräuterlikör
Ähnlich dem →Chartreuse; grün, gelb

Grand Marnier
Dieser Kräuter-und-Gewürz-Likör bzw. Fruchtaromalikör wurde von der Fa. Marnier-Lapostolle 1828 erstmals erzeugt; er wird bis heute auf Basis von Cognac und Curaçao-Orangen nach einem besonderen Verfahren unverändert hergestellt; die Curaçao-Orangen werden ausschließlich in Cognac so lange eingelegt, bis sich die Geschmacks- und Aromastoffe vollkommen herausgelöst haben; danach wird eine geheimgehaltene Mischung aus Kräutern und Gewürzen nach einem speziellen Verfahren beigefügt und anschließend destilliert

Grand Marnier Cordon Jaune – Frankreich
Kräuter-und-Gewürz-Likör/ Fruchtaromalikör
Dieser →Grand Marnier wird auf Feinspritbasis hergestellt; er ist schwächer im Alkoholgehalt und süßer im Geschmack als Grand Marnier Cordon Rouge; gelblich
38 Vol.-%
Vertrieb in Österreich: Fa. Roullet, Wien

Grand Marnier Cordon Rouge – Frankreich
Kräuter-und-Gewürz-Likör/ Fruchtaromalikör
Dieser →Grand Marnier ist stärker im Alkoholgehalt als Grand Marnier Cordon Jaune; gelblich
40 Vol.-%
Vertrieb in Österreich: Fa. Roullet, Wien

Grand Marnier Cuvée Centenaire – Frankreich
Kräuter-und-Gewürz-Likör/ Fruchtaromalikör
Ist ein →Grand Marnier auf Basis eines besonders alten Cognacs; gelblich
40 Vol.-%

Grand Marnier Cuvée Centcinquantenaire – Frankreich
Kräuter-und-Gewürz-Likör/ Fruchtaromalikör
Dieser →Grand Marnier wird auf Basis von Cognac höchster Qualität hergestellt und ist das Spitzenprodukt der Fa. Marnier-Lapostolle, Neauphle-le-Château, Frankreich
Vertrieb in Österreich: Fa. Roullet, Wien

Gran Gala Triple Orange Liqueur – Italien
Fruchtsaftlikör/Fruchtaromalikör
43 Vol.-%
Erzeugnis der Fa. Stock, Triest

Grapefruitlikör
Fruchtaromalikör
Ist ein → Zitruslikör

Grignan – Frankreich
Kräuterlikör
Ist ein Abtei- und Klosterlikör aus dem Rhônetal; herbsüß

Grüne Pomeranze – BRD
Fruchtaromalikör
Ein Bitterorangenlikör; bitterherb bis leicht würzig; braun, bei Verarbeitung frischer Schalen auch grünlich
30 Vol.-%
Erzeugnis der Fa. Mampe, Berlin

Guignolet – Frankreich
Fruchtsaftlikör
Aus Kirschen hergestellt

Guglhof Eierlikör – Österreich
Emulsionslikör
gelb
20 Vol.-%
Erzeugnis der Brennerei Guglhof, gegründet 1641 in Hallein

Güldenwasser
Sonstiger Likör
Ähnlich dem → Danziger Goldwasser
Erzeugnis der Fa. „Der Lachs"

Gül-Likörü
Türkische Bezeichnung für → Rosenlikör

H

Hagebuttenlikör – BRD
Fruchtaromalikör
Fruchtiger Geschmack mit leicht südweinähnlicher Note; hellrot, blank
30 Vol.-%

Halb und Halb – BRD
Fruchtaromalikör
Aus einer Mischung eines süßen und eines bitteren Orangenlikörs erzeugt; ausgeprägter, fruchtiger Orangengeschmack und charakteristische Bitternote; rotbraun, blank
38 Vol.-%
Erzeugnis der Fa. Mampe, Berlin

Half om Half – Holland
Fruchtaromalikör
Aus Curaçao- und Orangen-Bitter hergestellt
38 Vol.-%
Erzeugnis der Fa. Bols, Amsterdam
Vertrieb in Österreich: Fa. Mautner-Markhof, Wien

Hammer Erdbeer – BRD
Fruchtsaftlikör
Aus Erdbeeren hergestellt; kräftiges Rot
21 Vol.-%
Erzeugnis der Hammerbrennerei, Heilbronn

Heidelbeerlikör
Deutsche Bezeichnung für → Crème de Myrtilles

Hierbas Ibicencas – Spanien
Kräuterlikör
Ein Magenbitter aus Ibiza und Katalonien; goldgelb

Himbeerlikör
Fruchtsaftlikör
himbeerrot, blank
mind. 30 Vol.-%
häufig als → Crème de Framboises bezeichnet

Hoffmannstropfen
Stark alkoholisches Hausmittel, das bei Übelkeit und Magenbeschwerden anzuwenden ist; sie bestehen aus einer Mischung von Äthylalkohol und Äthyläther; Lösung richt stark nach Äther; Hoffmannstropfen werden auf Würfelzucker geträufelt eingenommen; farblos, klar

Holländisch Bitter – Holland
Bitterlikör
Wird gerne zu Genever getrunken; heißt auch Orange-Bitter; rot
30 Vol.-%

Holländische Liköre
Sammelbezeichnung für Liköre der Firmen Bols, Fockink, Hulstkamp und Bockmer

Holunderlikör – Österreich, BRD
Fruchtaromalikör
Aus Holunderbeeren hergestellt; fruchtig, hell, blank
mind. 30 Vol.-%

Hügel
Französische Wein- und Spirituosenerzeugerfirma, gegründet 1639 in Riquewihr, Elsaß; bekannte Erzeugnisse: Liqueur de Framboises (30 Vol.-%), verschiedene Eau-de-vie mit 45 Vol.-% sowie Marc de Gewürztraminer

Hulstkamp
Holländische Spirituosenerzeugerfirma in Rotterdam; Firmenwortlaut: Hulstkamp & Zoon & Molijn

I

Indischer Bitter – Indien
Bitterlikör
48 Vol.-%

Ingwerlikör
Gewürzlikör
Aus Ingwerwurzeln, Arrak und Rosenwasser hergestellt; häufig als →Crème de Gingembre bezeichnet
mind. 30 Vol.-%, der stärkere (als „doppelter" bezeichnet) hat 35 Vol.-%

Irish Coffee – Irland
Sonstiger Likör
Aus Whisk(e)y mit Honig, Kräutern und ausgezogenem Kaffeepulver hergestellt; reiches Kaffeebukett; dunkelbraun

Irish Cream
Synonym für →Bailey's Original Irish Cream

Irish Mist – Irland
Sonstiger Likör/Honiglikör
Aus Whisk(e)y, Honig und Kräutern hergestellt; süß; honigfarben
35 bis 40 Vol.-%
Vertrieb in Österreich: Fa. Gürtler, Wien

Irish Velvet – Irland
Kaffeelikör
braun
28 Vol.-%

Italiens Kräuterlikör
Bezeichnung für →Amaro Felsina Ramazotti

Iva-Bitter – Schweiz
Bitterlikör
Dieser Magenbitter ist ein →Schweizer Bitter

Iva-Likör
Unter dem Namen →Schweizer Bitter bekannt

Iva-Fleur
Unter dem Namen →Schweizer Bitter bekannt

Izarra – Spanien, Frankreich
Kräuterlikör
Auf Armagnacbasis mit verschiedenen Blüten und Pflanzen sowie Honig hergestellt
40 Vol.-% (gelb, leicht und lieblich)
48 Vol.-% (grün, herb und kräftig)

J

Jägermeister – BRD
Kräuterlikör
Aus 56 Kräutern, Wurzeln und Früchten hergestellt; herbwürzig;

braun
35 Vol.-%
Erzeugnis der Fa. W. Mast, Wolfenbüttel, BRD
in Österreich in Lizenz von der Fa. Bauer, Graz, erzeugt

Jambosala – BRD
Fruchtsaftlikör
Aus Passionsfrüchten hergestellt; orangegelb
25 Vol.-%
Erzeugnis der Fa. G. Vetter, Wundsiedel, BRD

Jarschinowka – ČSSR
Fruchtaromalikör
Aus Ebereschen nach altböhmischem Rezept hergestellt; rot, blank
30 Vol.-%

Jarzebiak – Polen
Fruchtaromalikör
Aus Ebereschen, Holunderbeeren, Traubentrestern, Engelwurz und Schlehen hergestellt

Jarzebinka – Polen, ČSSR
Fruchtaromalikör
Aus süßen Ebereschen hergestellt; ähnlich dem → Jarzebiak

Johannisbeerlikör
Andere Bezeichnung für → Cassis-Likör

K

Kaffee mit Sahne – BRD
Emulsionslikör/Kaffeelikör
Aus Kaffee und Obers/Sahne hergestellt
25 Vol.-%

Kahlúa – Mexiko
Kaffeelikör
Aus Tequila und Kaffeebohnen hergestellt; dunkelbraun
26,5 Vol.-%
Vertrieb in Österreich: Fa. Mautner-Markhof, Wien

Kaiser-Kümmel – BRD
Gewürzlikör
Kümmellikör mit Anis und Fenchelöl; weiß
38 Vol.-%
bekanntestes Produkt: → Gilka-Kaiser-Kümmel

Kakao-Nuß-Likör
Destillatlikör
Aus Kakao, Kakaoextrakt oder Kakaodestillat hergestellt; mit Nußöl aromatisiert; weiß bis leicht gelblich, blank; auch braun, blank als Extraktlikör im Handel
30 Vol.-%

Kalmuslikör – BRD
Gewürzlikör
Aus Kalmuswurzeln hergestellt
meist 30 Vol.-%

Känguruhlikör
Synonym für Känguruh-Maracuja

Känguruh-Maracuja – BRD
Fruchtsaftlikör
Ein Alcotropic aus Passionsfrüchten; dickflüssig; orange
25 Vol.-%
Erzeugnis der Fa. Riemerschmid, München

Kariblue – Österreich
Fruchtaromalikör
Aus getrockneten Schalen grüner Pomeranzen und Limetten hergestellt; blau
22,5 Vol.-%
Erzeugnis der Fa. Scharlachberg, Salzburg

Karlovarská Becherovka
Originalbezeichnung für Karlsbader Bitter

Karlsbader Bitter – ČSSR
Kräuterlikör/Bitterlikör
Seit 1807 nach den Rezepten von Jan Becher in zwei Trinkstärken und Geschmacksrichtungen (bitter und starkbitter) hergestellt;

kommt unter der Bezeichnung Becherovka und Karlovarská Becherovka in den Handel
38 Vol.-% (Etikett gelb/blau)
40 Vol.-% (Etikett rot/blau)
seit 1949 wird er unter dem Namen Becherbitter auch in Nordrhein-Westfalen (BRD) mit 38 Vol.-% erzeugt

Karpi – Finnland
Fruchtsaftlikör
Aus Preisel-, Moos- und anderen Wildbeeren hergestellt; bittersüß, klar, rot; 31 Vol.-%
Erzeugnis der Fa. Lignell & Piistanen, Kuopo

Karthäuser – BRD
Kräuterlikör
Ist ein Abtei- und Klosterlikör; ähnlich dem →Chartreuse; früher immer grün erzeugt; heute mit Zuckercouleur gelblich gefärbt
35 bis 40 Vol.-%

Kaymagui – Mexiko
Kaffeelikör
Ähnlich dem →Kahlúa; dunkelbraun

Keuck
Likörerzeugerfirma aus Braunschweig; gegründet 1895; gehört heute zur Steinhäger-Brennerei Schlichte in Steinhagen, Bundesrepublik Deutschland

Kirsberry – Dänemark
Fruchtsaftlikör
Ist dem →Cherry Brandy ähnlich; auch Kirsenbearlikör genannt; rot
25 Vol.-%

Kirsch aux Oeufs – Schweiz
Eierlikör
Auf Basis von Kirschwasser und frischem Eigelb hergestellt; dottergelb
15 Vol.-%
Erzeugnis der Berghof-Produkte-Gesellschaft, Zug

Kirschenlikör
Andere Bezeichnung für →Kirschlikör

Kirschlikör
Fruchtsaftlikör
Im Gegensatz zu Cherry Brandy ist bei Kirschlikör die Verwendung von Kirschwasser nicht vorgesehen; fast jeder Likörproduzent erzeugt „seinen eigenen“ Kirschlikör, daher ist die Qualität unterschiedlich; bei reinem Kirschlikör ist die Färbung verboten
mind. 25 Vol.-%
besonders bekannt sind: →Cherry Heering; →Kopenhagen-Kirsch; Fugger-Kirsch; Mampe Rote Kirsche; →Prinzenkirsch; →Römerkirsch und Eckes Edelkirsch

Kirsch mit Rum – Österreich, BRD
Fruchtsaftlikör
Ein Kirschlikör mit Rum oder Rumverschnitt als Geschmackszusatz; rotbraun
25 Vol.-%

Kirsch mit Whisky – BRD
Fruchtsaftlikör
Ein Kirschlikör mit Whisk(e)y als Geschmackszusatz; ähnlich dem →Chesk(e)y; rot
25 Vol.-%

Kirsch of Eger – Ungarn
Fruchtsaftlikör
Bekannter ungarischer →Kirschlikör; rot
Vertrieb in Österreich: Fa. Scharlachberg, Salzburg

Kirsch-Peureux – Frankreich
Fruchtsaftlikör
Feiner →Kirschlikör

Kirschsaftlikör
Fruchtsaftlikör
Ein Kirschlikör mit Weinbrand, Rum oder Whisky als Geschmackszusatz

Kirsenbearlikör
Andere Bezeichnung für →Kirsberry

Kitro – Griechenland
Fruchtaromalikör
Süßer Zitruslikör

Klosterberg – BRD
Kräuterlikör
vollwürzig, braun

Klosterbitter – BRD
Bitterlikör
Aus verschiedenen Kräutern hergestellt; braun
32 Vol.-%

Klosterlikör
Andere Bezeichnung für →Abteilikör

Kokalikör
Fruchtaromalikör
Leicht bitter, erinnert an Kakaolikör, ist jedoch etwas herber; braun
25 Vol.-%

Kokosnußlikör – Nord- und Mittelamerika
Sonstiger Likör
Mit ausgeprägtem Kokosnußgeschmack

Kolalikör
Andere Bezeichnung für →Kokalikör

Kompositionsliköre
Sie bestehen aus Essenzen und Essenzmischungen und werden mit Monopolsprit und Weingeist vollendet; billigste Art der Likörherstellung

Konsumliköre
Andere Bezeichnung für →Kompositionsliköre

Kontiki – Holland
Sonstiger Likör
Ein Alcotropic aus Gin, Zitronen und Grapefruits; 22 Vol.-%
Erzeugnis der Henkes United Distillers

Kontuczowka – Polen
Kräuter-und-Gewürz-Likör
Likörspezialität auf Kümmelbasis mit starkem Lavendelaroma
40 Vol.-%

Kopenhagen-Kirsch – Dänemark
Fruchtsaftlikör
Aus Kirschen von der Gegend rund um Kopenhagen hergestellt; weltbekannt; rot
Erzeugnis der J. J. Jacobson Company, Kopenhagen

Kosaken-Kaffee – BRD
Kaffeelikör
dunkelbraun
32 Vol.-%
Erzeugnis der Fa. Kosaken-Kaffee Krisch, Preetz/Holstein

Kosaken-Kaffee-Entkoffeiniert – BRD
Kaffeelikör
dunkelbraun
28 Vol.-%
Erzeugnis der Fa. Kosaken-Kaffee Krisch, Preetz/Holstein

Krambambuli – DDR, Polen
Kräuterlikör
Aus Veilchenwurzeln, Pomeranzenschalen, Kamille, Pfeffer, Piment, Wacholderbeeren und Wermutkraut hergestellt; dunkelrot
30 bis 40 Vol.-%

Kräuterbitter
Bitterlikör
Aromatischer Likör mit charakteristisch bitterer Kräuternote; bräunlich, dunkelgrün oder rotbraun
30 Vol.-%

Kräutergold Magenbitter – BRD
Bitterlikör
32 Vol.-%
Erzeugnis der Fa. Doornkaat AG, Norden/Ostfriesland

Kristall-Kümmel
Gewürzlikör
Ein →Kristall-Likör mit Kümmelgeschmack

Kristall-Liköre
Sind Liköre mit hohem Zuckergehalt, der zum Auskristallisieren an den Flaschenwandungen führt; bekannt sind die Kristall-Kümmel

Kroatzbeere
Schlesische Bezeichnung für Brombeere

Kroatzbeerenlikör
Andere Bezeichnung für →Brombeerlikör

Kronawetterlikör
Gewürzlikör
Aus Wacholderbeeren hergestellt; ähnlich dem →Borovicka

Krupnik – Polen
Honiglikör
Vermischt mit Kräutern; honigfarben
35 Vol.-%

Krupnikal
Andere Bezeichnung für →Krupnik

Krupnikas
Polnische Bezeichnung für Liköre aus Honig

Kümmel-Cristallisée
Andere Bezeichnung für →Kristall-Kümmel

Kümmellikör – Österreich, BRD
Gewürzlikör
Kommt in verschiedenen Arten und Qualitäten auf den Markt; gewöhnlicher Kümmellikör ist farblos und wird aus Essenzen oder ätherischem Kümmelöl bereitet; bessere Sorten werden über Kümmelsamen destilliert; zur Geschmacksabrundung werden häufig Anis- und Fenchelöl zugesetzt
30 bis 40 Vol.-%
bekannt sind vor allem →Allasch, →Berliner Kümmel und →Kaiser-Kümmel

Kurfürstlicher Magenbitter – BRD, DDR
Bitterlikör
Aus Kräutern hergestellt; herbbitteres Pomeranzenaroma; kommt in altüberlieferten Vierkantflaschen in den Handel; braun
Originalprodukt aus Danzig

L

La Capucine – Belgien
Sonstiger Likör
Ein Abtei- und Klosterlikör; ähnlich dem →Elixir de Spa

Lakka
Finnische Likörerzeugerfirma, die bekannte Beerenliköre auf Fruchtsaftbasis ohne Aromazusätze herstellt

Lakka – Finnland
Fruchtsaftlikör
Aus gelben Himbeeren (=Lakka) hergestellt; gelbrot
28 Vol.-%
Erzeugnis der Fa. Lakka, Finnland

Lapponia – Finnland
Markenbezeichnung für verschiedene Beerenliköre der Fa. Marli in Turku, Finnland; z. B. Lapponia Arctic Brambleberry, rot (21 Vol.-%); Lapponia Cloudberry, gelb (24 Vol.-%); Lapponia Lingonberry, kirschrot (24 Vol.-%)

La Sénancole – Frankreich
Kräuter-und-Gewürz-Likör
Edler, herber Klosterlikör; Hauptbestandteile sind frische Frühlingskräuter, exotische Gewürze und Blütenhonig; süß, gelb

Latte di Soucera – Italien
Kräuterlikör/Emulsionslikör
herbsüß, duftig

Leibwächter – BRD
Kräuterlikör
feinwürzig, braun
37 Vol.-%
Erzeugnis der Fa. H. C. König, Steinhagen

Leroux
Markenname für Likörerzeugnisse, die im Besitz der Seagram-Gruppe sind; Leroux-Liköre werden in Lizenz in vielen Ländern der Erde hergestellt.
Vertrieb in Österreich: Fa. Seagram, Wien

Leyjay-Lagoute
Französische Spirituosenerzeugerfirma aus Dijon; war die erste, die einen „Cassis" fabriksmäßig herstellte; weitere bekannte Produkte: Creme de Prunelle und Marc de Bourgogne

Licor de Café – Spanien
Kaffeelikör
dunkelbraun
28 Vol.-%

Licor de Naranja – Spanien
Fruchtsaftlikör
Stark duftender Orangenlikör; orange

Licor 43 – Spanien
Kräuterlikör
Aus 43 Zutaten hergestellt, von denen Milch, Bananen und Zitrusfrüchte bekannt sind; süß; goldgelb; andere Bezeichnung: Cuarenta y Tres
34 Vol.-%
Erzeugnis der Fa. Diego Zamora Conesa, Cartagena

Licore de Leche – Spanien
Emulsionslikör
Aus Weingeist, Milch und Gewürzen hergestellt

Liker Ziolowy – Polen
Kräuterlikör

Likoressenz
wie → Essenzen

Limbo – Österreich
Fruchtsaftlikör/Fruchtaromalikör
Zitruslikör mit ausgeprägtem Limonengeschmack; grün
25 Vol.-%
Erzeugnis der Fa. H.C. König, Salzburg

Liqueur d'Anis – Frankreich
Gewürzlikör
Unter dieser Bezeichnung verkauft die Fa. Pernod einen absinthähnlichen Anislikör, dessen Herstellung von der Regierung streng kontrolliert wird; gelb
45 Vol.-%

Liqueur de Café – Frankreich
Kaffeelikör
Aus Weingeist, frisch gerösteten, gemahlenen Kaffeebohnen und Zucker hergestellt; kommt aus der Provence; dunkelbraun
28 Vol.-%

Liqueur de Lait d'Avignon – Frankreich
Emulsionslikör
Aus Weingeist, Milch, Zucker, Vanilleschoten und Zitronen hergestellt

Liquore Strega – Italien
Kräuterlikör
Aus über 70 Kräutern hergestellt; bitter, goldgelb
40 Vol.-%

Lochan Ora – Schottland
Honiglikör
Auf Basis von schottischem Whisky und Honig hergestellt; ähnlich dem Drambuie; honigfarben
35 Vol.-%
Erzeugnis der Fa. Chivas Brothers Ltd., Aberdeen

Vertrieb in Österreich: Fa. Seagram, Wien

Luxardo Maraschino – Italien
Fruchtsaftlikör
Feiner Kirschlikör; Flasche in Bastgeflecht; wasserhell, klar
32 Vol.-%
→Maraschino der Fa. G. Luxardo, Padua
Vertrieb in Österreich: Fa. Kattus, Wien

M

Magenliköre
Sind Bitterliköre, aus Auszügen von Anis, Fenchel, Enzian, Koriander, Süßholz, Curaçao-Orangen-Schalen, Zimt, Aloe, Chinarinde u.a. hergestellt; besondere Wirkung auf Magen und Verdauung; kein Heilmittel

Malibu – England
Sonstiger Likör
Ein Alcotropic aus Kokosnüssen und leichtem Jamaica-Rum
28 Vol.-%
Erzeugnis der Fa. Twelve Islands, London

Mampe
Deutsche Spirituosenerzeugerfirma, gegründet 1852 in Berlin

Mandarinenlikör
Fruchtaromalikör
Aus Mandarinen hergestellt, leicht säuerlich; rötlichgelb, blank
30 bis 35 Vol.-%

Mandarinetto Isolabella – Italien
Fruchtaromalikör
Mit fruchtigem, leicht säuerlichem Mandarinengeschmack; rötlichgelb, blank
30 Vol.-%

Mandignac Le Grand Liqueur de Mandarine – Belgien
Fruchtsaftlikör
Auf Cognacbasis mit Mandarinen hergestellt; hellorange, klar
38 Vol.-%
Erzeugnis der Fa. Ets. Fourcroy, Brüssel
Vertrieb in Österreich: Fa. Wunderlich, Wien

Mangolikör
Fruchtsaftlikör
Ein Alcotropic aus Mangofrüchten; bekanntes Produkt →Amazona

Maracujalikör
Fruchtsaftlikör
Aus Branntwein und natürlichem Saft der Passionsfrucht hergestellt; gelb
25 Vol.-%

Maraschino
Fruchtsaftlikör
Aus Marasken (dalmatinischen Sauerkirschen) hergestellt; wird nicht aus Kirschsaft und Alkohol, sondern aus Kirschwasser (vergorene und destillierte Kirschmaische), dem Zucker, Rindenauszüge, Vanille und andere Gewürze zugegeben werden, hergestellt; Markenname ist nicht gesetzlich geschützt, Maraschino kann daher überall nachgemacht werden; wasserhell, klar
30 bis 35 Vol.-%

Maraska Apricot – Jugoslawien
Fruchtsaftlikör
hellgelb
28 Vol.-%

Maraska Cherry
1. Englische Bezeichnung für →Maraschino
2. Kurzbezeichnung für →Maraska Cherry Brandy

Maraska Cherry Brandy – Jugoslawien
Fruchtsaftlikör
Aus dalmatinischen Kirschen hergestellt; kirschrot
31 Vol.-%
Erzeugnis der Fa. Maraska, Zadar

Maraska Cherry Wisniak – Jugoslawien
Fruchtsaftlikör
Aus Sauerkirschen hergestellt; rot
31 Vol.-%

Maraska Kruskovac Pear – Jugoslawien
Fruchtsaftlikör
hellgelb; 28 Vol.-%

Maraska Original Maraschino – Jugoslawien
Fruchtsaftlikör
Feiner Kirschlikör; Flasche in Bastgeflecht; wasserhell, klar
30 Vol.-%
→Maraschino der Fa. Maraska, Zadar

Maraska Orohovac – Nut Liqueur – Jugoslawien
Emulsionslikör
Aus Nüsen hergestellt
28 Vol.-%

Maraska Vanille – Jugoslawien
Gewürzlikör
Ausgeprägter Vanillegeschmack; gelbbraun

Maraskino
Andere Schreibweise für →Maraschino

Marasquin
Französische Bezeichnung für →Maraschino

Mariazeller Magenlikör – Österreich
Bitterlikör
Als Halbbitter mit Zuckerzusatz und als Vollbitter ohne Zuckerzusatz hergestellt; braun
40 Vol.-%
Erzeugnis der Fa. C. Arzberger, Mariazell

Marie Brizard
Armenhausschwester aus Bordeaux, die 1750 erstmals Anisette erzeugte, um damit eine Epidemie zu bekämpfen; Marie Brizard ist heute ein Synonym für Anisette; auch älteste und bekannteste Anisettemarke

Marie Brizard et Roger
Französische Likörerzeugerfirma; 1755 in Bordeaux gegründet

Marillenlikör
Österreichische Bezeichnung für →Apricot Brandy

Marli
Spirituosenerzeugerfirma in Turku, Finnland; bekannt durch die →Lapponia-Liköre

Marnique – Australien
Fruchtaromalikör
Mandarinenlikör auf der Basis von Weindestillat mit Schalenextrakten von Mandarinen; ähnlich dem →Grand Marnier; orange

Mastika – Bulgarien
Gewürzlikör
Ausgeprägte Anisnote
47 Vol.-%

Maykamp – BRD
Bitterlikör
Ein Magenbitter; ähnlich dem Underberg; braun
49 Vol.-%

Mazarin – Frankreich
Kräuter-und-Gewürz-Likör
Aus verschiedenen Kräutern und Gewürzen hergestellt; ähnlich dem →Bénédictine D. O. M.; gelb
30 Vol.-%

Mazarine – Frankreich
Fruchtaromalikör

Mit Zitronen- und Orangenaroma
30 Vol.-%

Mazarine – Argentinien
Kräuterlikör
Auf Rumbasis mit Kräutern hergestellt

Meisterlikör – Österreich, BRD
Kräuterlikör
Ein mildwürziger Abteilikör aus Weindestillat und erlesenen Kräutern
35 Vol.-%
Erzeugnis der Fa. Scharlachberg, Bingen am Rhein und Salzburg
Vertrieb in Österreich: Fa. Scharlachberg, Salzburg

Mel Doiro – Spanien, Portugal
Honiglikör
Auf der Basis von Aquadiente und Honig hergestellt; honigfarben
35 Vol.-%

Melonenlikör
Fruchtaromalikör
Aus natürlichem Melonensaft hauptsächlich in südlichen Ländern hergestellt; weiß und grün, blank
28 Vol.-%

Menta Glaciale – Italien
Kräuterlikör
Pfefferminzlikör; weiß
40 Vol.-%
Erzeugnis der Fa. Martini & Rossi, Italien

Mentuccia
Andere Bezeichnung für →Centerbe

Mentuccia de San Silvestro – Italien
Kräuterlikör
Mit ausgeprägtem Pfefferminzgeschmack

Meridian – Finnland
Kräuterlikör
Aus Kräutern Lapplands hergestellt; rot, klar
30 Vol.-%

Mesimarja – Finnland
Fruchtsaftlikör
Aus Multbeeren hergestellt; brombeerfarben
25 Vol.-%
hauptsächlich in der Gegend um Kuopis, Finnland, erzeugt

Metheglin – England
Honiglikör
Aus Malz und Honig hergestellt; honigfarben
28 Vol.-%

Midori Melon Liqueur – Japan
Fruchtsaftlikör/Fruchtaromalikör
Aus Honigmelonen (Honeydew melons) hergestellt; grün, blank
23 Vol.-%
Erzeugnis der Fa. Suntory in Osaka und Tokio

Mikha – Japan
Fruchtsaftlikör
Aus Zuckermelonen hergestellt; smaragdgrün
23 Vol.-%

Millefiori – Italien
Kräuterlikör
Aus Alpenblumen, Kräutern und Samenrinden hergestellt; wörtliche Übersetzung „tausend Kräuter"; charakteristisch ist ein Kräutersträußchen oder -zweig in der Flasche
45 Vol.-%

Mint Liquor
Englische Bezeichnung für →Pfefferminzlikör

Mirabellenlikör
Fruchtaromalikör
Aus Mirabellen hergestellt
30 Vol.-%

Mirtillo – Italien
Fruchtsaftlikör
Aus Heidelbeeren hergestellt

32 Vol.-%
Erzeugnis der Fa. Segnana, Italien

Moi Kwai Lo – China
Sonstiger Likör
Rosenlikör
30 Vol.-%

Mokka-Kirsch – BRD
Kaffeelikör
Ein Mokkalikör, der 5 bis 10 Liter Kirschwasser auf 100 Liter enthält
mind. 25 Vol.-%

Mokkalikör
Kaffeelikör
Mit besonders hohem Kaffeegehalt; starker Kaffeegeschmack; dunkelbraun
21 Vol.-%

Mokka mit Ei
Emulsionslikör/Kaffeelikör
Der Geschmack von Kaffee und Ei kommt deutlich hervor; kaffeebraun; 25 Vol.-%

Mokka-Sahne-Likör – BRD
Emulsionslikör/Kaffeelikör
Mokkalikör mit mind. 10 Prozent Kaffeesahnezusatz; der Zusatz von künstlichen Aromastoffen ist untersagt; milchkaffeebraun
mind. 25 Vol.-%

Molinari
Spirituosenerzeugerfirma in Italien

Monastique – Frankreich/Südamerika
Kräuterlikör
Ein Abtei- und Klosterlikör; ähnlich dem → Bénédictine

Mönchslikör
Andere Bezeichnung für → Abteilikör

Mont Kenya – Kenia
Sonstiger Likör
Aus Zuckerrohrmelasse, Kaffee und verschiedenen Kräutern hergestellt; dunkelrot

Morella
Italienische Bezeichnung für Liköre aus Sauerkirschen

Morella
Fruchtsaftlikör
Süßer, vollmundiger Kirschlikör; rot
30 Vol.-%
Erzeugnis der Fa. Hofstätter, Klosterneuburg

Moretta – Italien
Kaffeelikör
Mit Zusatz von Anis und Zitronenschalen; dunkelbraun
28 Vol.-%

Motia – Indien
Sonstiger Likör
Aus Kräutern und Maiglöckchen hergestellt; lange Lagerung; goldgelb
28 Vol.-%

Mounier Apricot Brandy – Österreich
Fruchtsaftlikör
gelb
24 Vol.-%
Erzeugnis der Fa. Mounier, Korneuburg
Vertrieb in Österreich: Fa. Mounier, Wien

Mounier Cherry Brandy – Österreich
Fruchtsaftlikör
kirschrot
23 Vol.-%

Mounier Curaçao blanc – Österreich
Fruchtsaftlikör/Fruchtaromalikör
weiß, klar
23 Vol.-%

Mounier Curaçao bleu – Österreich
Fruchtsaftlikör/Fruchtaromalikör
blau, klar
39 Vol.-%

Mounier Curaçao orange – Österreich
Fruchtsaftlikör/Fruchtaromalikör
hellorange, klar
38 Vol.-%

Mounier Curaçao Mandarine – Österreich
Fruchtsaftlikör/Fruchtaromalikör
hellorange
30 Vol.-%

Mounier Kiwi – Österreich
Fruchtsaftlilkör
grün-schwarz, trüb, mit Fruchtfleischstücken

Mounier Peppermint – Österreich
Gewürzlikör
grün
28 Vol.-%

Mounier Triple sec – Österreich
Fruchtsaftlikör/Fruchtaromalikör
weiß, klar
33 Vol.-%

Mozart Liqueur – Österreich
Emulsionslikör
Aus Nougat, Schokolade und Obers/Sahne hergestellt; cremig, süßlich, Marzipangeschmack; hell
Erzeugnis der Fa. H. C. König, Salzburg

Multbeerenlikör
Fruchtsaftlikör
Aus Multbeeren (große, gelbe Sumpfbrombeeren) hergestellt; gelb

Muskatlikör
Gewürzlikör
Starkes Muskataroma; weiß, blank
mind. 30 Vol.-%

N

Nalewka – Finnland
Fruchtsaftlikör
Aus Multbeeren (große, gelbe Sumpfbrombeeren) hergestellt; gelb
28 Vol.-%
Erzeugnis der Fa. Lakka, Finnland

Nalewka – Polen
Gewürzlikör
Mit Kirschengeschmack; dunkelrot
40 Vol.-%

Naliwka – UdSSR
Fruchtsaftlikör
Aus Branntwein, Erdbeeren, Kirschen, Pflaumen und Wildbeeren hergestellt; rot; sehr süß

Nassau Coconut Rum Liqueur – Holland
Sonstiger Likör
Auf Rumbasis hergestellt; mit Kokosnußaroma; hellbraun, blank
40 Vol.-%
Erzeugnis der Fa. De Kuyper, Schiedam

Nassau Orange Liqueur – Holland
Fruchtsaftlikör/Fruchtaromalikör
40 Vol.-%
Erzeugnis der Fa. De Kuyper, Schiedam
Vertrieb in Österreich: Fa. Polacek, Gerasdorf/Wien

Nektarinenlikör
Fruchtaromalikör/Fruchtsaftlikör
Aus Nektarinen hergestellt; gelb
30 Vol.-%

Nelkenlikör
Gewürzlikör
Mit Gewürznelkenöl hergestellt; stark aromatisch
mind. 30 Vol.-%

Ng Ka Pi – China, Taiwan
Kräuterlikör

Aus zehn verschiedenen Kräutern hergestellt

Nocino – Italien
Sonstiger Likör
Aus zerkleinerten Nüssen, die in Alkohol und Zucker gelegt und 40 Tage dem Sonnenlicht ausgesetzt werden, hergestellt; braun
28 Vol.-%
Erzeugnis der Fa. Toschi, Vignola

Noisette
Französische Bezeichnung für → Nußlikör aus Haselnüssen sowie für Branntweine, die mit Haselnüssen angesetzt werden

Noisette-Chocolat – Frankreich
Sonstiger Likör/Emulsionslikör
Schokoladelikör mit deutlichem Haselnußaroma; herb-würzig; cremig; hell- bis dunkelbraun, blank; 30 bis 35 Vol.-%

Noix
Französische Bezeichnung für → Nußlikör aus Walnüssen sowie für Branntweine, die mit Walnüssen angesetzt werden

Nujuki – Österreich
Sonstiger Likör/Emulsionslikör
Aus grünen Walnüssen und Monopolsprit hergestellt; braun

Nußlikör
Sonstiger Likör/Emulsionslikör
Aus frischen Eiern, Nüssen und Obers/Sahne hergestellt; cremig, mit nougatähnlichem Geschmack; bekannte Nußliköre sind: → Crème de Noisette, → Crème de Noyaux, → Nocino, → Nüssli, → Nußvocaat

Nußvocaat – BRD
Sonstiger Likör/Emulsionslikör
Aus frisch gerösteten Haselnüssen hergestellt; hellbraun, cremig
20 Vol.-%
Erzeugnis der Fa. Wünschelberger

Nüssli – BRD
Sonstiger Likör/Emulsionslikör
Aus frisch gerösteten Haselnüssen hergestellt; hellbraun, cremig
Erzeugnis der Fa. Verpoorten, Bonn

O

O'Darby – Irland
Sonstiger Likör/Emulsionslikör
Aus Irish Whisk(e)y, Obers/Sahne und Schokolade hergestellt; ähnlich dem Bailey's Irish Cream
17 Vol.-%

Orange and Coffee-Bean-Cordial – England
Sonstiger Likör
Aus Tequila, Orangen und Kaffeebohnen hergestellt

Orange-Bitter
Andere Bezeichnung für → Holländisch Bitter

Orange Brandy
Englische Bezeichnung für einen süßen Orangen-Weinbrand-Likör; orange
zirka 28 Vol.-%

Orangen-Eislikör
Fruchtaromalikör
Ein → Eislikör, bei dem sich die Zuckerkristalle nicht wie beim → Kristall-Likör an der Flaschenwand bilden, sondern an den eingelegten Fruchtschnitten
mind. 35 Vol.-%

Orangenlikör
Fruchtaromalikör
Aus Orangen (Apfelsinen) hergestellt; aromatisch; gelb oder weiß
meist 30 Vol.-%

Original Carlsbad Becher Liqueur – ČSSR
Kräuterlikör/Bitterlikör
hellgelb
38 Vol.-%

Erzeugnis der Becher Destillerie in Karlovy (Karlsbad)
Ist ein →Karlsbader Bitter

Oropa – Italien
Kräuterlikör
Aus Alpenkräutern hergestellt
21 Vol.-%

Ouro do Brasil – Brasilien
Kaffeelikör
Ähnlich dem →Tia Maria, dunkelbraun
Erzeugnis der Fa. Beco-Daua, São Paulo

P

Palo – Spanien
Sonstiger Likör/Bitterlikör
Aus Johannisbrot hergestellt

Pampelmusenlikör
Fruchtaromalikör/Fruchtsaftlikör
Aus dem Saft der Pampelmuse hergestellt; hellgelb, blank

Paracelsus Magenbitter – Österreich
Bitterlikör
Aus dem Saft der Waldheidelbeere hergestellt
Erzeugnis der Fa. Raunikar, Feldkirch

Parfait Amour
Sonstiger Likör/Fruchtaromalikör
Aus Veilchen und exotischen Zutaten hergestellt; herrliches Blütenaroma; lila; bekannt sind die Erzeugnisse von Bols (30 Vol.-%) und Marie Brizard (25 Vol.-%)

Pascha – Türkei
Kaffeelikör
kaffeebraun
26,5 Vol.-%

Peach Brandy – England
Fruchtaromalikör/Fruchtsaftlikör
Aus dem Saft frischer Pfirsiche hergestellt; mit Bittermandelöl aromatisiert; besonders hoher Extraktgehalt; wasserhell, blank
30 bis 35 Vol.-%

Peach-Cordial – England
Fruchtaromalikör
Auf Basis von Wodka oder Gin hergestellt; mit Mandeln und Zuckersirup fertiggestellt; Pfirsicharoma; hell, blank

Pecco – Holland
Teelikör
Auch als Crème de Pecco im Handel; grün schimmernd
20 Vol.-%

Pèche
Französische Bezeichnung für einen leichten süßen Pfirsichlikör

Pelinkovač – Jugoslawien
Bitterlikör
Vorwiegend aus Wermutkraut und Rotwein hergestellt; süß-bitter; dunkelbraun bis schwarz
28 Vol.-%
Erzeugnis der Fa. Maraska, Zadar

Peppermint Get – Frankreich
Kräuterlikör
Mit Pfefferminze hergestellt
grün, farblos oder rötlich
30 Vol.-%

Perisco-Likör – Italien
Fruchtaromalikör/Fruchtsaftlikör
Aus Pfirsichbranntwein, Mandelöl, Zucker sowie Perisco-Öl hergestellt; stark aromatisch; hell, blank; ist ein →Rosoglio

Peter Heering
Dänische Spirituosenerzeugerfirma, gegründet 1818 in Kopenhagen; Firmenwortlaut: Peter F. Heering; bekanntestes Produkt →Cherry Heering

Peter Heering Liqueur
Synonym für →Cherry Heering

Petzfang
Andere Bezeichnung für Honiglikör

Pfefferminzlikör
Kräuterlikör
Intensiver Pfefferminzgeschmack; weiß oder grün
Ist ein → Crème de Menthe

Pfirsich-Bitter
Deutsche Schreibweise für → Peach-Bitter

Pfirsichlikör
Deutsche Bezeichnung für → Peach Brandy

Pflaumenlikör
Fruchtaromalikör
Geruch und Geschmack nach Pflaumen mit klar erkennbarer Kernnote; rotbraun, blank
30 bis 35 Vol.-%

Pimentliköre
Sammelbegriff für Gewürzliköre mit hervorstechendem Pimentaroma (Piment = Nelkenpfeffer)

Pimento – Südamerika
Gewürzlikör
Aus Jamaica-Rum, Pimentöl und Pimentos hergestellt; den Pimentos (Beeren des Nelkenpfefferbaumes) verdankt der gleichnamige Likör den feurigen Geschmack; rot

Pimpeltjens – Holland
Fruchtaromalikör/Fruchtsaftlikör
Aus dem Saft bitterer Orangen, deren Schalen und feinen Kräutern hergestellt; orange
28 Vol.-%

Pippermint Get – Frankreich
Kräuterlikör
Mit Pfefferminze hergestellt; grün
27 Vol.-%
Vertrieb in Österreich: Fa. Gürtler, Wien

Pisang Ambon – Österreich
Fruchtsaftlikör/Fruchtaromalikör
Aus echten Konzentraten der grünen, gereiften indonesischen Pisang-Banane, Zucker, Alkohol und tropischen Gewürzen hergestellt; durch künstliches Aroma verstärkt; smaragdgrün
22,5 Vol.-%
Erzeugnis der Fa. Scharlachberg, Salzburg
Originalprodukt aus Holland

Podkomorzanka – Polen
Kräuterlikör

Polnischer Reiter – Polen
Bitterlikör
Stark bitterer Geschmack
38 Vol.-%
Ist ein → Reiterlikör

Pomeranzen-Bitter
Andere Bezeichnung für → Elixir Longae Vitae

Pomeranzenlikör
Fruchtaromalikör
Aus Pomeranzen (Bitterorangen) und deren Schalen hergestellt; bitter-herb, leicht würzig; braun; bei Verarbeitung frischer Schalen leicht grünlich; auch Bitterpomeranzenlikör genannt
30 Vol.-%
wird auch als → Eislikör hergestellt

Portakal Likörü – Türkei
Fruchtaromalikör
Orangenlikör; weiß, orange
30 Vol.-%
Erzeugnis der Fa. Tekel, Istanbul

Pousse Rapière – Frankreich
Sonstiger Likör
Auf der Basis von Armagnac, Orangenlikör oder Orangendestillat mit Kräuterzusätzen hergestellt
36 Vol.-%

Preiselbeerlikör
Fruchtaromalikör
Herbfruchtig, säuerlich; rot, blank
30 bis 35 Vol.-%

Prunelle de Bourgogne – Frankreich
Fruchtsaftlikör
Aus altem Cognac und Schlehensaft hergestellt
35 Vol.-%
Erzeugnis der Fa. Simon Aîné, Beaune/Côte de'Or

Prünellenlikör
Fruchtaromalikör
Aus Prünellen (getrocknete Pflaumen) und Schlehen hergestellt; fruchtig mit betonter Kernnote; hellgrün, blank
30 bis 40 Vol.-%
ist ein →Crème de Prunelles

Puvodni Karlovarská Becherovka
Originalbezeichnung für →Karlsbader Bitter

Q

Quebrada de Maracuja – Österreich
Fruchtsaftlikör
Aus Maracujamark (Passionsfrucht), Sauerkirschen, Zucker und Zitrusfrüchten hergestellt; orangerot
22,5 Vol.-%
Erzeugnis der Fa. Scharlachberg, Salzburg
Originalprodukt aus Brasilien

Quince Brandy
Englische Bezeichnung für →Quittenlikör

Quittenlikör
Fruchtaromalikör
Aus Quitten hergestellt; mit Rum und Arrak versetzt; selten erzeugt; rot
30 Vol.-%

R

Ramazotti
1. Synonym für →Amaro Felsina Ramazotti
2. Spirituosenerzeugerfirma in Mailand

Rappis – England
Sonstiger Likör/Gewürzlikör
Auf Kornbasis hergestellt; mit Zimt und Gewürznelken aromatisiert

Raspail Liqueur – Frankreich
Kräuter-und-Gewürz-Likör
Aus einem Gemisch von Kalmus, Myrrhe, Angelikawurzeln und anderen Bitterdrogen hergestellt; ähnlich dem →Chartreuse; gelb
30 Vol.-%

Raspberry Brandy
Englische Bezeichnung für →Himbeerlikör

Ratafia – Italien
Fruchtsaftlikör/Fruchtaromalikör
Aus Andorno-Schwarzkirschen hergestellt; stark würzig

Ratafia de...
Sammelname für süße Fruchtliköre, die mit verschiedenen Gewürzen aromatisiert, mit zerkleinerten Früchten versetzt und mit Wasser und Zucker vollendet werden; die zerkleinerten Früchte werden in hochprozentigem Alkohol acht bis zehn Tage angesetzt; Ratafia ist in allen romanischen Ländern beliebt und verbreitet

Ratafia d'Abricots – Frankreich/Italien
Fruchtsaftlikör/Fruchtaromalikör
Aus Weingeist, Aprikosen, Zucker, Zimt und Nelken hergestellt
38 bis 40 Vol.-%

Ratafia de Grenades – Frankreich
Fruchtsaftlikör/Fruchtaromalikör
Aus Granatäpfeln hergestellt

Ratafia de Figues Séchés – Frankreich
Fruchtsaftlikör/Fruchtaromalikör
Aus getrockneten Feigen hergestellt

Ratafia de Péches – Frankreich
Fruchtsaftlikör/Fruchtaromalikör
Aus Pfirsichen hergestellt

Ratafia de Sept Grains – Frankreich
Fruchtsaftlikör/Fruchtaromalikör
Aus sieben verschiedenen Früchten hergestellt

Ratzeputz – BRD
Bitterlikör
Ist ein Vollbitter; braun
60 Vol.-%

Regnier do Brasil
Brasilianische Firma, die verschiedene Tropical drinks auf der Basis von Zuckerrohrschnaps herstellt und in Originalflaschen exportiert; bekannte Produkte: Tropical Drink Coco (mit Kokosmilch, 25 Vol.-%); Maracuja (mit Maracujasaft, 25 Vol.-%); Banana (mit Bananen, 25 Vol.-%); Tropical Drink (mit Milch, 25 Vol.-%); Tropical Drink Café (mit Kaffee, Milch und brasilianischem Rum, 25 Vol.-%)

Reiterliköre
Vor allem in Deutschland gebräuchliche Sammelbezeichnung für alle Bitterliköre mit einem Mindestalkoholgehalt von 30 Vol.-%; aus Angelika, Ingwer, Zittwer, Rhabarberwurzeln, Enzian, Tonkabohnen, Muskatnuß, Nelken, Zimt, Curaçao-Orangen-Schalen, Bohnenkraut, Zitronenmelisse, Chinarinde, Pfefferminze, Fenchel, Kardamomon, Wermut und anderen Drogen hergestellt; aromatisch, würzig, extraktreich, brennend und dezent bitter

Rieder Maple Liqueur – Kanada
Fruchtsaftlikör
Aus Ahornsirup und Weintrauben hergestellt
Erzeugnis der Fa. Rieder, Ontario

Riemerschmid
Spirituosenerzeugerfirma in München, gegründet 1835; erzeugt viele Likörspezialitäten und exportiert in über 40 Länder; Firmenwortlaut: Weinbrennerei, Likörfabrik, Enzianbrennerei Anton Riemerschmid

Rittmeisterliköre
Sind →Reiterliköre, die jedoch einen höheren Alkoholgehalt aufweisen und bitterer als diese sind

Rocher Frères
Französische Spirituosenerzeugerfirma; gegründet 1705

Rock and Rye – USA
Sonstiger Likör
Ein Roggenwhisk(e)y (Rye Whisk[e]y), der mit Kandiszucker (Rock Candy) und Zitrone versetzt wird; die Bezeichnung setzt sich aus den Worten Rock (Zucker) und Rye (Roggen) zusammen; charakteristisch sind Schalen und Fruchtfleischstücke von Zitrusfrüchten in der Flasche

Roffignac Cognac aux Œufs – Frankreich
Eiercognac
gelb; 15 Vol.-%
Erzeugnis der Fa. Cte. F. de Roffignac, Cognac

Römerkirsch – BRD
Fruchtsaftlikör
Aus Kirschen hergestellt
25 Vol.-%
Erzeugnis der Fa. Riemerschmid, München

Roter Rogoschin – Holland
Fruchtaromalikör/Fruchtsaftlikör
Schlehenlikör mit Wodka; weiß,

blank
25 Vol.-%
Erzeugnis der Fa. Bols, Amsterdam
Vertrieb in Österreich: Fa. Mautner-Markhof, Wien

Rosen-Brandy – Bulgarien
Sonstiger Likör
Ist ein → Rosenlikör

Rosenlikör
Sonstiger Likör
Mit Rosenöl aromatisierter Likör, stark gesüßt; der Extraktgehalt aus Rosenblättern muß mind. 350 g/Liter betragen
30 Vol.-%

Rosoglio
Italienische Sammelbezeichnung für stark aromatisierte Liköre

Rossbacher – Österreich
Bitterlikör
Ist ein typischer Magenbitter; wird seit 1897 nach dem Originalrezept hergestellt; dunkelbraun
32 Vol.-%
Erzeugnis der Fa. Wunderlich, Wien

Royal Mint-Chocolate Liquor – England
Emulsionslikör
Aus Schokolade und Minze hergestellt; von Peter Hallgarten, London, erfunden; heute nach geheimem Rezept in Frankreich hergestellt
25 Vol.-%
Erzeugnis der Fa. Hiram Walker

Royal Tara – Irland
Emulsionslikör
Aus Obers/Sahne und Irish Whisk(e)y hergestellt; hellbraun
30 Vol.-%

Rubis
In Italien und der Schweiz gebräuchliche Bezeichnung für rote Kirschliköre

Rumona – Jamaika
Sonstiger Likör
Auf Rumbasis hergestellt
38 Vol.-%

Rumple Minze – BRD
Kräuterlikör
Pfefferminzlikör; wasserklar
50 Vol.-%
Erzeugnis der Fa. Max Mann, Schwarzwald

Russischer Balsam – UdSSR
Bitterlikör
Ein Halbbitter aus verschiedenen Kräutern der russischen Steppen; hauptsächlich aus Rosenöl, Enzian und Kalmus hergestellt; braun
zirka 38 Vol.-%

Russischer Kümmel
Andere Bezeichnung für → Allasch

Ryan's Original Cream Liqueur – USA
Emulsionslikör
Erzeugnis der Federal Distillers Production Company, Cambridge
15 Vol.-%

S

Sabra – Israel
Fruchtaromalikör/Fruchtsaftlikör
Ein Orangenlikör mit Schokoladengeschmack; süß, pikant, „koscher"; hellbraun
30 Vol.-%
Erzeugnis der International Distillers of Israel LTD, Rehovot, Israel

Sahnelikör – BRD
Emulsionslikör
Darf nur aus Obers/Sahne und nicht aus Kondensmilch hergestellt werden; Extraktgehalt 22 g/100 ccm; cremig; weiß
20 Vol.-%

Sambuca
Italienischer Holunderbeerlikör mit Anisgeschmack; von verschiedenen Firmen wie Molinari, Luxardo, Galliano und Toschi hergestellt; als Sambuca con la Mosca wird er oft mit Kaffeebohnen und angezündet serviert
meist 40 Vol.-%

Sambuca dei Cesari – Italien
Fruchtsaftlikör
Ist ein Holunderbeerlikör mit Anisgeschmack; weiß
40 Vol.-%
Erzeugnis der Fa. Luxardo, Padua
Vertrieb in Österreich: Fa. Kattus, Wien

Sambuca Extra – Italien
Fruchtsaftlikör
Ist ein Holunderbeerlikör mit Anisgeschmack; weiß, klar
40 Vol.-%
Erzeugnis der Fa. Molinari, Italien

Sanddornbeerenlikör
Andere Bezeichnung für →Schlehenlikör

Sansilvestro – Italien
Kräuterlikör
Ähnlich dem →Centerbe

Santosa – Brasilien
Kaffeelikör
braun
26,5 Vol.-%

Sapindor – Frankreich
Sonstiger Likör
Aus Tannenextrakten und Pflanzen aus dem Departement Jura hergestellt; wurde 1825 erfunden; in Flaschen angeboten, die in Form und Farbe einer Baumrinde gleichen; sehr würzig, tannengrün

Sauern mit Persiko – BRD
Fruchtsaftlikör
Ein Kirschlikör, der mit Bittermandel-, Pfirsich- und Kirschkernextrakten aromatisiert wird

Schlehenlikör
Fruchtaromalikör
Aus Schlehen hergestellt, mit Johannisbrotauszug, Kardamomen, Zimt und Nelken abgerundet; fruchtig-säuerlich-bitterer Geschmack, wird auch als Sanddornbeerenlikör bezeichnet; weiß, blank
30 bis 38 Vol.-%

Schokoladenlikör
Emulsionslikör
Aus Schokolade und/oder Schokoladenpulver hergestellt; in der Bundesrepublik Deutschland sind ein Extraktgehalt von 22 g/100 ccm und ein Mindestalkoholgehalt von 20 Vol.-% vorgeschrieben

Schokolade-Pfefferminz-Likör
Emulsionslikör
Aus Schokolade und/oder Schokoladenpulver sowie Pfefferminze hergestellt
20 Vol.-%

Schüttboden Frühstücks-Kümmel – BRD
Kräuter-und-Gewürz-Likör/Bitterlikör
Aus Kümmel hergestellt; ähnlich dem →Allasch; wasserklar
40 Vol.-%
Erzeugnis der Fa. Moritz Thienelt, Düsseldorf

Schwarzbitter
Österreichische und deutsche Bezeichnung für Stark- oder Vollbitter-Liköre ohne Zuckerzusatz
32 bis 38 Vol.-%

Schwedenpunsch – Schweden, BRD
Sonstiger Likör
Aus Arrak und Gewürzen hergestellt; Zugabe von Wein ist erlaubt und üblich; leichter Zitronen-Wein-Geschmack; strohgelb,

blank; in Skandinavien als Caloric-Punch bezeichnet
mind. 25 Vol.-%

Schweizer Bitter – Schweiz
Bitterlikör
Ein Magenbitter aus Ivakraut (Moschus-Schafgarbe), Kalmus, Nelkenwurzeln, Fenchel, Zimt, Krausminze und Galgant; auch Iva-Likör oder Iva-Fleur genannt; rotbraun
30 Vol.-%

Sechsämtertropfen – BRD
Kräuterlikör
Ein Halbbitter aus Vogelbeeren und Kräutern; würzig; rot
35 Vol.-%
Erzeugnis der Fa. G. Vetter, Wunsiedel

Secrestat – Italien
Kräuterlikör
Ist ein Magenbitter

Sellerielikör – BRD
Gewürzlikör
Aus Knollen und Samen von Sellerie erzeugt, mit Orangenblütenwasser aromatisiert
30 Vol.-%

Seng-Rong-Likör – China
Sonstiger Likör
Aus Auszügen von Gewürzen, Kräutern und Tierknochen hergestellt; Reste von Tierknochen schwimmen im Likör
21 Vol.-%

Sève Patricia – Frankreich
Kräuterlikör
Aus Kräutern und Cognac der Fine Champagne hergestellt; Bezeichnung kommt vom französischen sève (Charme, Eleganz); herbsüß, stark duftend; orange
18 Vol.-%

Siegert & Sons
Spirituosenerzeugerfirma aus Port of Spain, Trinidad; erzeugt den → Angostura-Bitter

Sisca – Frankreich
Fruchtsaftlikör
Ein leichter → Cassis-Likör; rot
16 Vol.-%
Erzeugnis der Fa. Lejay-Lagoute, Dijon

Solado – Italien
Fruchtaromalikör
Sizilianischer Mandarinenlikör; die Schalen von reifen Mandarinen werden an der Sonne getrocknet und dann längere Zeit in Alkohol gelegt; orange
30 bis 40 Vol.-%
Erzeugnis der Fa. Fratelli Averna, Caltanissetta

Solotaja Ossenj – UdSSR
Fruchtsaftlikör
Aus Kirschen, Pflaumen, Quitten und Äpfeln hergestellt; säuerlich-süß; ähnlich dem → Naliwka

Soma – Sri Lanka
Honiglikör
stark süßlich, gelb
25 bis 30 Vol.-%

Southern Comfort – USA
Sonstiger Likör
Auf Bourbon-Whisk(e)y-Basis mit Orangen und Pfirsichen hergestellt
43 Vol.-%
Erzeugnis der Southern Comfort Corporation; auch in Irland in Lizenz erzeugt

Spa-Likör
Deutsche Bezeichnung für → Elixir de Spa

Spanisch Bitter
Sammelbegriff für aromatische Bitterliköre, die aus besonders bitteren Wurzeln und bitteren Zitrusschalen hergestellt sind
mind. 38 Vol.-%

Spotykatsch – UdSSR
Fruchtsaftlikör
Aus gedörrten Sauerkirschen,

Süßkirschen und Pflaumen hergestellt; ähnlich dem → Naliwka

Stachelbeerlikör
Fruchtaromalikör
Mit leichtem Stachelbeeraroma; wird selten erzeugt; weiß, blank
21 Vol.-%

Steinfelder Magenbitter – Österreich
Bitterlikör
Ein Halbbitter aus Kräutern; Hausmittel; dunkelbraun
32 Vol.-%
Erzeugnis der Fa. Reininghaus, Graz

Stellmichauf – Österreich
Bitterlikör
Ein Vollbitter; ist ein → Elixier
45 Vol.-%
Erzeugnis der Fa. Wunderlich, Wien

Stock Cordial aux Œufs – Italien
Eierweinbrand
gelb
15 Vol.-%
Erzeugnis der Fa. Stock, Turin

Stock Orange Brandy – Italien
Fruchtsaftlikör/Fruchtaromalikör
hellorange
45 Vol.-%

Stonsdorfer – BRD
Kräuterlikör
Aus Waldheidelbeeren, Gewürzen, Kräutern und Früchten hergestellt; süßbitter, leicht und fruchtig; Originalprodukt ist der → Echt Stonsdorfer

Strega-Likör
Andere Bezeichnung für → Liquore Strega

St. Ullrich – Österreich
Bitterlikör
Ein Magenbitter mit leichter Kräuternote; mild; hellbraun
32 Vol.-%
Erzeugnis der Fa. Scharlachberg, Salzburg

Suisceri
Synonym für → Cheri Suisse

Suomuurain – Finnland
Fruchtsaftlikör
Aus Sumpfbrombeeren hergestellt; rot
28 Vol.-%
Erzeugnis der Fa. Lakka, Finnland

Suze – Frankreich
Kräuterlikör
Auf Basis von Enzianwurzeln hergestellt; gelb
40 Vol.-%
es gibt auch einen Aperitif „Suze à la Gentiane" mit 20 Vol.-%

Swiss Chocolate Cherry
Englische Exportbezeichnung für → Cherri Suisse

T

Taio-Tetsch
Andere Bezeichnung für → Tescht

Tangerinette – Frankreich
Fruchtaromalikör
Mandarinenlikör; orange
30 Vol.-%

Tari
Sonstiger Likör
Aus Palmensaft hergestellt

Tescht – Afrika
Heniglikör
Aus Wildbienenhonig, Blättern, Wurzeln und Rinde des Rhamnusbaumes hergestellt
35 Vol.-%

Tetsch
Andere Schreibweise für → Tescht

Tia Maria – Jamaika
Kaffeelikör
Aus Jamaica-Rum und Kaffee (Blue Mountain Coffee), aromati-

schen Kräutern, Kakao und Vanille nach über 200 Jahre alten Rezept hergestellt; Name stammt von der Sklavin Tia Maria (Tante Maria); dunkelbraun
31,5 Vol.-%
in England und Amerika wird zu Tia Maria Doppelrahm (Cream) gereicht
Vertrieb in Österreich: Fa. Gürtler, Wien

Tiffin – BRD
Teelikör
Aus Darjeeling Hochlandtee hergestellt; farblos, Gelbstich
35 Vol.-%
Erzeugnis der Fa. Riemerschmid, München

Tijuana – Portugal
Kaffeelikör
dunkelbraun
28 Vol.-%

Toso – Japan
Sonstiger Likör
Aus Sake unter Beigabe von vier in Seide gebundenen, fein zerstoßenen Heilkräutern hergestellt; soll das Leben verlängern und wird einem alten Brauch zufolge in Japan zu Neujahr getrunken; gelblich
20 bis 30 Vol.-%

Trappistine – Frankreich
Kräuterlikör
Ein Abtei- und Klosterlikör auf Armagnac-Basis; blaßgrünlich
30 Vol.-%
von den Trappisten im Kloster Grace Dieu hergestellt

Triple
Zusatzbezeichnung für Zitrusliköre mit mind. 35 Vol.-%

Triple sec
Zusatzbezeichnung für Zitrusliköre mit mind. 38 Vol.-%

Tuaca – Italien
Sonstiger Likör
Mit Vanille- und Orangengeschmack; halbsüß; amberfarben
30 Vol.-%

Tung Chiew – China
Kräuterlikör
Aus 30 verschiedenen Kräutern hergestellt; gelblich
28 Vol.-%

Türkisch Mokka – BRD
Kaffeelikör
dunkelbraun
30 Vol.-%
Erzeugnis der Fa. Keuck, Braunschweig

U

Uchi – Afrika
Sonstiger Likör
Aus Palmsubstanzen und Kokosnüssen hergestellt

Underberg – Österreich, BRD
Bitterlikör
Ein weltberühmter Magenbitter; aus edlen Kräutern, reinem Wasser und hochprozentigem Alkohol durch warme Mazeration hergestellt; dunkelbraun
49 Vol.-%
wird in 43 Ländern erzeugt
Vertrieb in Österreich: Fa. Gürtler, Wien

Unicum – Italien
Bitterlikör
Bekannter Magenbitter nach altem Rezept aus über 40 Kräutern und Wurzeln hergestellt; dunkelbraun
42 Vol.-%
Erzeugnis der Fa. Zwack, Florenz
Vertrieb in Österreich: Fa. Gürtler, Wien

Usquebaugh – Irland
Gewürzlikör
Aus Weinbrand oder Irish Whisk(e)y mit Gewürzen, Orangen und Zucker hergestellt

Utu – Dänemark
Fruchtsaftlikör/Fruchtaromalikör
Mit ausgeprägtem Orangenaroma und -geschmack; nur in 0,25-l-Flaschen im Handel
Erzeugnis der Fa. Peter Heering, Kopenhagen

V

Van der Hum – Südafrika
Fruchtaromalikör
Aus Weindestillat, Mandarinenlikör, kapländischen Tangarinen und südafrikanischen Gewürzen hergestellt
30 Vol.-% (hellgelb, blank)
31 Vol.-% (rot, blank)

Vandermint – Holland
Emulsionslikör
Aus Pfefferminze und Schokolade hergestellt
30 Vol.-%

Vanillelikör
Gewürzlikör
Aus Mazerat oder Perkolat der Vanilleschote hergestellt; Zusätze von Vanillin sind verboten; mild und aromatisch; weiß, rot oder grün
mind. 30 Vol.-%

Veilchenlikör
Deutsche Bezeichnung für →Crème de Violette

Verveine du Velay
Andere Bezeichnung für →Verveine Liqueur

Verveine Liqueur – Frankreich
Kräuterlikör
Ein Abtei- und Klosterlikör, aus Eisenkraut und weiteren 32 Kräutern sowie Honig, Zucker und Weinbrand hergestellt; ähnlich dem →Chartreuse
43 Vol.-% (gelb)
55 Vol.-% (grün)
stammt ursprünglich aus Puy-en-Velay
Erzeugnis der Fa. Pagès, Velay

Vicente Mari Mayans – Spanien
Kräuterlikör

Vieille Curé – Frankreich
Kräuterlikör
Auf Cognac- und Armagnacbasis mit Kräutern hergestellt; ähnlich dem →Bénédictine D. O. M.; herb; gelb
43 Vol.-%

Vlahovac – Jugoslawien
Bitterlikör
36 Vol.-%
Erzeugnis der Fa. Maraska, Zadar

Vogelbeerlikör
Fruchtaromalikör
Aus den Früchten des Vogelbeerbaumes (weit verbreitete Ebereschenart) erzeugt; gerbsaurer Geschmack, mehr oder minder ausgeprägte Bitternote; in den Alpenländern erzeugt; rot, blank
30 Vol.-%

W

Wa Ju – Asien
Sonstiger Likör
Aus Reisbranntwein hergestellt

Wachauer Marillenlikör – Österreich
Fruchtsaftlikör/Fruchtaromalikör
orangegelb, blank
30 Vol.-%
Erzeugnis dr Fa. Bailoni, Krems/Stein an der Donau

Wacholderlikör
Gewürzlikör
Aus Wacholderbeeren herge-

stellt; andere Bezeichnung für →Kronawetterlikör

Waldmeisterlikör
Kräuterlikör
Mit Waldmeisteraroma; leicht grün, blank
30 bis 40 Vol.-%

Wild Cherry Bounce – USA
Kräuterlikör/Bitterlikör
Feiner Magenbitter; auf Whisk(e)ybasis mit Wildkirschen hergestellt

Wild Turkey Liqueur – USA
Honiglikör
Auf Basis von Bourbon Whisk(e)y und Honig hergestellt
30 Vol.-%
Erzeugnis der Fa. Austin Nichols Distilling Company, Lawrenceburg/Kentucky

Williams Extra Dry – BRD
Fruchtsaftlikör
Aus William-Christbirnen hergestellt; gelbbraun
30 Vol.-%
Erzeugnis der Hammer Brennerei, Heilbronn

William's Liqueur – Schweiz
Fruchtsaftlikör/Fruchtaromalikör
Aus William-Christbirnen hergestellt; wasserklar
37 Vol.-%
Erzeugnis der Firma Morand, Martigny

Wisniak
Polnische Bezeichnung für Kirschsaftlikör

Wiśniak – Polen
Kräuterlikör/Bitterlikör
Aus verschiedenen Kräutern und Gewürzen hergestellt; Kirschenaroma; als „Herz- und Magentrost" bezeichnet; dunkelrot
24 Vol.-%

X

Xoxolatl – Mexiko
Gewürzlikör
Ist ein →Vanillelikör

Xtabenum – Mexiko
Gewürzlikör
Aus Anis und Honig hergestellt

Xuxu – BRD
Fruchtsaftlikör
Ist ein →Alcotropic aus dem Cashew-Apfel und dem fleischigen Stengel der Caju-Nuß; goldorange
25 Vol.-%
Erzeugnis der Fa. Riemerschmid

Y

Yapon – Indien
Sonstiger Likör
Aus den Blättern des gleichnamigen immergrünen Strauches hergestellt, mit Honig gesüßt; auch unter der Bezeichnung Yanpon und Yupon im Handel; dunkelbraun bis dunkelrot
25 bis 30 Vol.-%

Z

Zaren-Kaffee – BRD
Kaffeelikör
dunkelbraun
35 Vol.-%
Erzeugnis der Fa. Riemerschmid, München

Zimtlikör
Gewürzlikör
Aus fein gemahlenem Ceylonzimt oder Zimtblüten hergestellt; wird selten erzeugt
30 Vol.-%

Zitronen-Eislikör
Fruchtaromalikör
Ein →Eislikör, bei dem sich die Zuckerkristalle nicht wie beim

→Kristall-Likör an der Flaschenwand bilden, sondern an den eingelegten Fruchtschnitten
mind. 35 Vol.-%

Zitronenlikör – BRD
Fruchtaromalikör
Ist ein →Zitruslikör mit einem Zitronenextraktgehalt von 220 bis 500 g/Liter
35 Vol.-% (triple)
38 Vol.-% (triple sec)

Zitrusliköre
Sammelbezeichnung für Fruchtaromaliköre bzw. Fruchtsaftliköre, die aus verschiedenen Zitrusfrüchten wie Zitronen, Limonen, Mandarinen, Grapefruits, Orangen, Pomeranzen und Clementinen hergestellt werden
30 bis 35 Vol.-%

Zlotawoda
Polnische Bezeichnung für →Danziger Goldwasser

Zolotaya Osen – UdSSR
Fruchtsaftlikör
Aus Äpfeln und Quiten hergestellt; bitter-süß

Zwack
Spirituosenerzeugerfirma, gegründet in Budapest; nach dem Zweiten Weltkrieg emigrierte die Familie nach Florenz, wo heute der Firmensitz ist; Firmenwortlaut: J. Zwack & Co.; bekannt sind vor allem die Produkte →Unicum und →Barack Pálinka (Aprikosenbranntwein)
Vertreib in Österreich: Fa. Gürtler, Wien

Weitere Produkte in der Bar

Neben den Spirituosen bzw. den daraus hergestellten Bargetränken gibt es eine Reihe von Produkten, die für jede Bar von Bedeutung sind. Vor allem die verschiedensten Früchte für die Garnituren, aber auch Würzwässer, Gewürze und Gewürzmischungen sollen hier Erwähnung finden.
Die alkoholfreien Getränke wie Wässer, Limonaden, Fruchtsäfte und Fruchtsirupe sowie die alkoholischen Getränke Bier, Wein, Schaumwein und versetzter Wein werden nur im Anriß behandelt.
Ausführliche Beschreibungen dieser Getränkegruppen bzw. eine Aufzählung der Produkte von A bis Z befinden sich in Band 2 des Lexikons der Getränke.
Den Abschluß dieses Kapitels bilden einerseits die Speisen wie Snacks und Knabbergebäck und andererseits die Rauchwaren, die in jeder guten Bar als „Zusatzleistungen“ angeboten werden.

GARNITUREN, FILLERS UND GESCHMACKGEBENDE INGREDIENZIEN

Sie spielen in der Bar zum Herstellen bzw. Garnieren von Mischgetränken eine wesentliche Rolle.
Der Trend geht heute in der Bar dazu, daß immer mehr leichte, alkoholarme und vitaminreiche Longdrinks angeboten werden. Aus der Vielzahl der heute auch bei uns erhältlichen Früchte und deren Säfte lassen sich mit etwas Phantasie neue Kreationen für Drinks und Garnituren herstellen.
Dazu sind frische Früchte und deren Säfte bzw. Sirupe und Würzwässer die Grundlage.

Früchte teilt man ein in Zitrusfrüchte, Wildfrüchte, Kernobst, Beerenobst, Steinobst, Schalenobst und sonstige Früchte.
Bei der Bar-Getränke-Zubereitung finden auch **Fruchtöle** Verwendung. Fruchtöle sind leicht flüchtige ätherische Öle frischer Früchte.
Fruchtsirupe hingegen werden hauptsächlich aus Invertzucker (halb Trauben-, halb Fruchtzucker) hergestellt.

Anschließend finden Sie die gesetzlichen Einteilungen der Fruchtsäfte und -sirupe sowie der Limonaden und Wässer.

Schweiz		
Tafelgetränke mit Fruchtsaft und Mineralwasser	Fruchtsaft-anteil % 10	Tafelgetränke mit Milch, Molke oder Milchserum mind. 25 % Milchserum
Tafelgetränke mit Fruchtsaft und Trinkwasser	10	Alkoholfreier Bitter ↓ Verdünnter alkoholfreier Bitter ↓ Bittertafelwasser ↓ Bitterlimonade Alkoholfreier Wermut ↓ Verdünnter alkoholfreier Wermut ↓ Wermuttafelwasser ↓ Wermutlimonade
Tafelwasser mit Mineralwasser	4–10	
Tafelwasser mit Mineralwasser und Aroma	weniger als 4	
Limonaden mit Fruchtsaft und Trinkwasser		
Limonaden mit Aroma und Trinkwasser ↓ Koffeinhaltige Limonaden Koffeingehalt 30–150 mg ↓ Chininhaltige Limonaden maximal 80 mg pro Liter	weniger als 4	

Einteilung der Limonaden nach den gesetzlichen Bestimmungen

Limonaden → Natürliche Limonaden (frisch gepreßte Zitrussäfte, Wasser, Soda- oder Mineralwasser)

↓

Fabrikmäßig gefertigte Limonaden dazu zählen in:

Österreich		Bundesrepublik Deutschland	
Fruchtsaftlimonaden Orangen-, Zitronen-, Grapefruit-, Ananas-, Maracuja-, Apfel-, Kirschen-, Johannisbeeren- und Kräutergeschmack	Fruchtsaft-anteil % 10–30	Fruchtsaftlimonaden Fruchtsaftanteil: nur die Hälfte des gesetzlich vorgeschriebenen Fruchtsaftanteiles eines Fruchtsaftgetränkes	Fruchtsaft-anteil % 3–15
Koffeinhaltige Limonaden Koffeingehalt 65–150 mg Kennzeichnungspflicht!		Koffeinhaltige Erfrischungsgetränke Kennzeichnungspflicht!	
Chininhaltige Limonaden Chiningehalt 15–85 mg Kennzeichnungspflicht!		Chininhaltige Erfrischungsgetränke Kennzeichnungspflicht!	
Fruchtmolkegetränke Frucht-Milch-Mixgetränke		Molke-Fruchttrunke	
Kracherl Brausen		Brausen enthalten im allgemeinen keinen Fruchtsaftanteil; nur noch das Fruchtaroma	
Limonaden auf Malzbasis			

Einteilung der Fruchtsäfte und Sirupe nach den gesetzlichen Bestimmungen

Österreich	Fruchtsaftanteil %	Bundesrepublik Deutschland	Fruchtsaftanteil %	Schweiz	Fruchtsaftanteil %
Fruchtsäfte (Obstpreßsäfte)	100	Fruchtsaft	100	Fruchtsäfte	100
Fruchtsaftkonzentrate und Fruchtaromakonzentrate (Kennzeichnungspflicht)	100	Konzentrierter Fruchtsaft (Kennzeichnungspflicht)		Fruchtsaftkonzentrate	50
Fruchtsaftpulver		Getrockneter Fruchtsaft		Pulver und Konzentrate zur Herstellung von alkoholfreien Getränken	
Fruchtsaftgetränke Fruchtgetränke Fruchttrunke	50–60	Fruchtsaftgetränke	6–30	Verdünnte Fruchtsäfte	50
Fruchtsäfte, trinkfertig gemacht	40				
Nektare (Fruchthomogenisate)	25–40	Fruchtnektar (Succo e polpa, Vruchtendrank) a) immer mit Zucker und Wasser b) auch ohne Zucker zusatz trinkbar	25–50	Fruchtnektare	40–50
Obstsirupe (Obstsäfte) (1 Teil Rohsaft, 2 Teile Zucker) a) Orangeaden b) Zitronaden	33	Fruchtsirupe		Fruchtsirupe	30
				Sirupe mit Frucht- oder anderen Aromen	

Einteilung des Wassers nach den gesetzlichen Bestimmungen

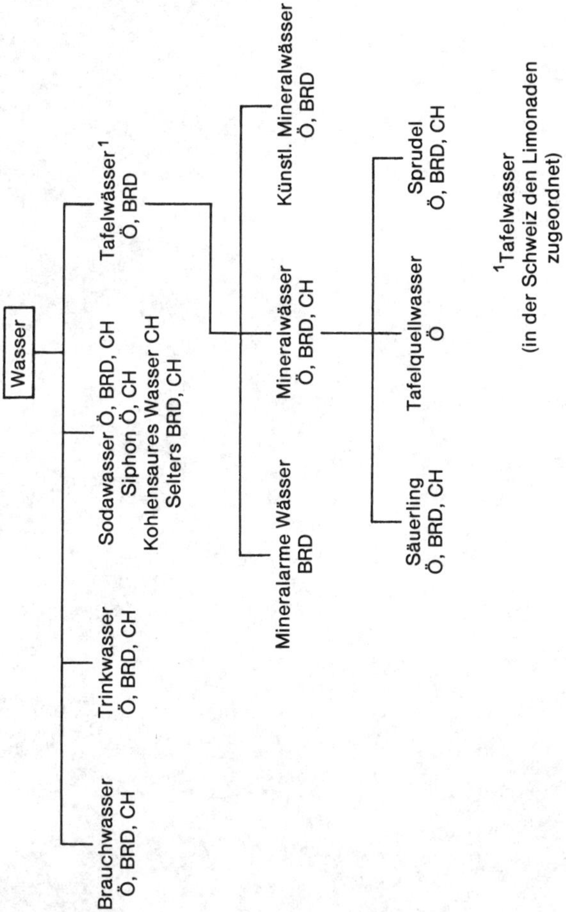

Die anschließend angeführten Produkte gehen immer vom Grundmaterial aus, d. h., es wird die Frucht beschrieben, und dazu werden die daraus gewonnenen Erzeugnisse (Fruchtsäfte – Sirupe – Würzwässer) angeführt.
In diesem Kapitel werden nur die frischen Früchte behandelt, die wichtigsten Markenprodukte an Fruchtsäften, Sirupen und Würzwässern werden im zweiten Band beschrieben.

Produkte von A bis Z

A

Ahlbeeren
Andere Bezeichnung für schwarze → Johannisbeeren

Ahornsirup
Aus dem Saft von kanadischen und amerikanischen Ahornbäumen gewonnen; wird oft anstelle von Läuterzucker verwendet
engl. Maple Syrup, franz. Sirop d'Érable
bekanntes Produkt: Citadelle d'Érable (Kanada)

Amarellen
Andere Bezeichnung für → Glaskirschen

Amaro Felsina Ramazotti – Italien
Dieser Kräuter-Aperitif wird aus zirka 33 ausgesuchten Kräutern und Pflanzenauszügen hergestellt; im deutschsprachigen Raum als „Italiens Kräuterlikör" bezeichnet; wurde 1815 in Mailand erfunden und wird heute in über 50 Länder exportiert; rötlichbraun, herbbitter
32 Vol.-%
Erzeugnis der Fa. Ramazotti, Mailand
Vertrieb in Österreich: Fa. Asbach, Doornkaat, Wien

Amer Picon – Frankreich
Der Bitter-Aperitif wird auf Basis von Wein, Weindestillat, Cinarinde, Orangenschalen und Kräutern hergestellt, wobei die Orangenschalen geschmacksbestimmend sind; wird auch als „Aperitif à l'Orange" bezeichnet; wird in den Farben Rot und Gelb erzeugt
30 Vol.-%

Ananas
Ist die 0,5 bis 4 kg schwere Frucht der Ananasstaude, die ursprünglich aus Paraguay kommt; heute wird sie in allen tropischen und subtropischen Ländern angebaut; das Fruchtfleisch ist gelb, der Geschmack fein säuerlich und aromatisch; die frische Ananas wird in der Bar als Garnitur und als Saft verwendet; auch in Konserven erhältlich
bekanntes Produkt: Riemerschmid Ananas (Fruchtsirup)
engl. Pineapple, franz. Ananas, span. Pinã

Angostura-Bitter
Ein Würzbitter, aus dem gesüßten, wäßrigen, alkoholischen Auszug der Angosturarinde, bitteren Orangenschalen, Zimt, Kardamomen, Chinarinde sowie Gewürznelken hergestellt; benannt nach der südamerikanischen Stadt Angostura am Orinoco-Fluß; wurde vom Heidelberger Arzt Dr. Siegert entwickelt; ursprünglich als Mittel gegen die Malaria gedacht; dunkles Rotbraun; nach dem Gesetz ein Bitterlikör, der jedoch niemals pur getrunken wird
bekannte Produkte: Angostura-Bitter der Fa. Siegert & Sons, Trinidad, 48 Vol.-%, und Riemerschmid, München, 40 Vol.-%
Vertrieb in Österreich: Fa. Mounier, Wien

Annonenfrucht
Andere Bezeichnung für → Cherimoya

Aperol – Italien
Dieser Bitter-Aperitif wird auf Basis von Kräutern hergestellt; ähnlich dem Campari; hellrot
17 Vol.-%
Erzeugnis der Fa. Bardieri, Italien

Apfelsinen
In Deutschland gebräuchliche Bezeichnung für → Orangen

Äpfel
Sind die Scheinfrüchte des Apfelbaumes; Reife und Erntezeit sind geographisch und von der Sorte des Apfels abhängig; bei richtiger Lagerung halten sich Äpfel lange Zeit frisch; Apfelsaft und Apfeldicksaft werden aus diesem Kernobst gewonnen; Apfelschale und Apfelscheiben werden als Garnitur verwendet (Pimm's No. 1 – Fancy drink); engl. Apples, franz. Pommes

Apricot-Bitter
Ein Würzbitter mit ausgeprägtem Marillengeschmack; nach dem Gesetz ein Bitterlikör, der jedoch niemals pur getrunken wird

Arbusen
Wassermelonenart

Atlasbeeren
Andere Bezeichnung für Elsbeeren; ist eine → Vogelbeerenart

B

Bananen
Zählen botanisch gesehen zu den Beerenfrüchten; sie wachsen auf der Pisangpflanze (Bananenstaude); unreife Früchte haben eine grüne Fruchthaut und hartes, cremefarbenes, geschmackloses Fruchtfleisch; reife Bananen haben eine gelbe Fruchthaut, gelbes, wohlschmeckendes Fruchtfleisch; daneben gibt es die Zuckerbanane, die vorwiegend aus Südostasien kommt; für Longdrinks, Fancy drinks und Tropicanas als Garnitur sowie als Sirup verwendet; auch als Adams-, Paradies- oder Pisangfeigen bezeichnet
bekanntes Produkt: Riemerschmid Banane (Fruchtsirup)

Barille
In der Schweiz übliche Bezeichnung für → Marille

Baummelone
Andere Bezeichnung für → Papaya

Baumtomate
Andere Bezeichnung für → Tamarillo

Bergamotte
Zählt zu den Zitrusfrüchten; birnenförmig; goldgelbe Fruchtschale, die das ätherische Bergamottöl enthält

Bergamottöl
Ätherisches Öl aus den Schalen der → Bergamotte

Besinge
Andere Bezeichnung für → Heidelbeere

Bickbeeren
Andere Bezeichnung für → Heidelbeeren

Bigarade
Andere Bezeichnung für → Pomeranze

Birnen
Früchte des Birnenbaumes mit arteigenem, fruchtigem Aroma; dieses Kernobst ist druckempfindlich und nicht sehr lange haltbar; als Fruchtsaft, Sirup und Nektar verwendet; auch in Konserven erhältlich
engl. Pears, franz. Poires

Bittere Orangen
Andere Bezeichnung für
→Pomeranzen

Bitter Lemon
Auf Basis von Limetten hergestellte Limonade; mit Kohlensäure imprägniert und mit Chinin versetzt; gelbgrün, trüb; der Chininzusatz muß laut österreichischen Kodexbestimmungen klar auf dem Etikett ersichtlich sein
bekannte Produkte von den Firmen: Schweppes, Carlsberg, Tubourg, Faxe, Kinley

Bittermandelöl
Aus dem ätherischen Öl der Mandelkerne hergestellt; dabei wird durch eine spezielle Behandlung die in den Kernen befindliche Blausäure entfernt; farblos; dient zum Aromatisieren von vielen Bargetränken

Bitter Orange
Auf Basis von Pomeranzen hergestellte Limonade; mit Kohlensäure imprägniert und mit Chinin versetzt; orange, trüb; der Chininzusatz muß laut österreichischen Kodexbestimmungen klar auf dem Etikett ersichtlich sein
bekannte Produkte von den Firmen: Schweppes, Carlsberg, Tubourg, Faxe, Kinley

Blaubeeren
Andere Bezeichnung für
→Heidelbeeren

Blutorangen
Sind Orangen, die entweder eine gelbe Schale und rotes Fruchtfleisch oder eine orangerote Schale und blutrotes Fruchtfleisch haben; durch die intensive Farbgebung wird Blutorangensaft sehr gerne zum Mixen verwendet; als Fruchtsaft, Fruchtsaftkonzentrat und Garnitur herangezogen

Blutpfirsiche
Deutsche Bezeichnung für
→Cardinals

Boscs Flaschenbirne
Grünlichbraune Birne mit roten und braunen Flecken; hervorragende großfruchtige Sorte; im Geschmack ähnlich der Williams Christbirne

Brombeeren
Beerenfrüchte der wildwachsenden Brombeersträucher, die aber auch in Gärten gezogen werden können; schwarzrot bis schwarz; als Frischfrucht für Cobblers und Bowlen sowie als Sirup verwendet; engl. Blackberrys; franz. Mûres sauvage
andere Bezeichnungen: Kratzbeeren, Kroatzbeeren

Brügnolen
Pfirsichsorte

Brygnolen
Andere Schreibweise für
→Brügnolen

Byrrh – Frankreich
Dieser Aperitif wird auf Basis von Wein und Auszügen der Chinarinde hergestellt; hellrot
22 Vol.-%

C

Campari – Italien
Der bekannte Aperitif wurde 1867 von Caspare Campari kreiert; er wird nach einem geheimgehaltenen Rezept aus Kräutern und Auszügen von Zitrusfrüchten und deren Schalen hergestellt; rubinrot, herbsüß, würzig duftend; Campari wird in über 150 Ländern vertrieben und auch in den meisten in Lizenz nach dem Originalrezept hergestellt; die Rohpro-

dukte werden von der Muttergesellschaft Davide Campari, Mailand, fertig gemischt und in versiegelten Behältern zu den jeweiligen Erzeugerfirmen geliefert
25 Vol.-%
Erzeugung und Vertrieb in Österreich: Fa. Mautner-Markhof, Wien

Cantaloupe-Melone
Zuckermelonenart mit warziger, gerippter Schale

Cardinalgrapefruit
Grapefruits mit blaßrotem Fruchtfleisch, die in Kalifornien gezüchtet werden

Cardinals
Sammelbezeichnung für rotfleischige Pfirsiche

Caryoten
In Zucker eingelegte frische Datteln

Cashewapfel
Mexikanische Kulturpflanze der Indios, die im 16. Jahrhundert nach Ostafrika und Indien kam; länglich bis birnenförmig; gelb oder rot; am Ende der Frucht hängt die Cashewnuß; ihr Geschmack ist säuerlich-herb und wird oft mit Zucker zu feinem Saft oder Sirup verwendet
andere Bezeichnung: Kaschuapfel

Cassisbeeren
Andere Bezeichnung für die schwarzen → Johannisbeeren

Cassis-Getränke
Sammelbezeichnung für kohlensäureimprägnierte alkoholfreie Getränke, die aus Johannisbeersaft hergestellt sind

Cherimoya
Auch als Annonenfrucht oder Flaschenbaumgewächs sowie als Sorbetfrucht bekannt; hat weißes Fruchtfleisch, und ihr Geschmack vereinigt das Aroma von Erdbeeren, Himbeeren und Zimt; kommt wahrscheinlich von den Inkas; heute wird diese geschätzte Frucht in vielen Teilen Südamerikas angebaut; die besten kommen aus Höhenregionen; das Fruchtfleisch eignet sich besonders gut für Tropicanas als Garnitur; Cherimoya wird aber auch als Sirup verwendet; engl. Sugar apple

Chilisauce
Aus kleinen Chilischoten, Zucker und Essig hergestellt; für Pick-me-ups verwendet
bekannte Marke: Amoy (Hongkong)

China-Apfel
Andere Bezeichnung für → Orange

Chinois
Kleine Pomeranzen und Zwergorangen, die meist in unreifem Zustand in Weinbrand eingelegt werden

Clementine
Kernlose Mandarine, kommt hauptsächlich aus Nordafrika, Spanien und Italien; für Cobblers und als Garnitur für verschiedene Cocktails verwendet; auch in Konserven erhältlich

Club-Soda
Ist ein → Sodawasser in 0,2-l-Gastronormflaschen

Coconut-Cream
Dickflüssiger Sirup, der aus der Milch der Kokosnuß hergestellt wird; Grundlage für viele Bargetränke, insbesondere für Piña Coladas

Cola
Sammelbezeichnung für alle Limonaden, die aus Auszügen aus

der Colanuß und anderen pflanzlichen Extrakten hergestellt werden; mit Kohlensäure imprägniert, mit Zucker und Coffein gefertigt; neuerdings werden Colalimonaden mit der Zusatzbezeichnung „light" in den Handel gebracht; dabei handelt es sich um Produkte ohne Zuckerzusatz – es wird künstlicher Süßstoff verwendet; außerdem werden seit kurzer Zeit auch Colalimonaden gänzlich ohne Coffein, d. h. coffeinfrei, hergestellt
bekannte Produkte: Coca-Cola, Coca-Cola Light, Pepsi Cola, Afri Cola, Canada Dry Cola

Crimson Sweet
Wassermelonensorte

Cumquats
Zwergorangen, die mit der Schale gegessen werden; hauptsächlich als Garnitur verwendet; auch in Konserven erhältlich
andere Bezeichnung: japanische Orange

Cynar – Italien/Schweiz
Dieses bitter schmeckende Aperitif-Fertigprodukt wird auf Basis von Artischockensäften, Würzkräutern und Alkohol hergestellt; Name wurde von der lateinischen Bezeichnung für Artischocke „cynara scolymus" abgeleitet
Erzeugnis der Fa. Bols-Cynar AG, Zürich; Eigentümer: Fa. Bols, Amsterdam
Vertrieb im Österreich: Fa. Wunderlich, Wien

D

Damascener
Andere Bezeichnung für
→Sultaninen

Datteln
Steinfrüchte der Dattelpalme, die vorwiegend in Nordafrika, Kalifornien, Florida, Griechenland, Spanien und Kleinasien wächst; honigähnlicher Geschmack; frische Früchte werden als Garnitur sowie frischgepreßter Dattelsaft und Dattelsirup für Tropicanas verwendet

Dattelpflaumen
Form und Farbe sind ähnlich wie bei den Kakifrüchten; Anbaugebiete Mittelmeerländer und Nordamerika; als frischgepreßter Dattelpflaumensaft und als Sirup verwendet

Demerara Sugar
Englische Bezeichnung für Rohzucker aus Zuckerrohr; bei Irish coffee verwendet

Drosselbeeren
Andere Bezeichnung für
→Vogelbeeren

Dubonnet – Frankreich
Dieses Aperitifgetränk kommt aus Paris und hat laut Gesetz eine Mindestlagerdauer von zwei Jahren vorgeschrieben; Dubonnet gibt es in zwei Farb- bzw. Geschmacksrichtungen, nämlich rot und süßlich bzw. weiß und halbsüß

E

Eau de Fleurs d'oranger
Ein Würzwasser, aus Orangenblüten hergestellt
bekanntes Produkt: Olivier Eau de Fleurs d'oranger, Paris

Ebereschen
Andere Bezeichnung für
→Vogelbeeren

Erdbeeren
Früchte der Erdbeerstaude; rot, innen rosa; man unterscheidet Ananaserdbeeren (groß), Monatserdbeeren (klein) und Walderdbeeren (sehr klein); frische Früchte werden als Garnitur und für Bowlen verwendet; ebenso gibt es Erdbeermark, pürierte Erdbeeren und Erdbeersirup in der Bar; engl. Strawberrys, franz. Fraises

F

Falernum
Ist ein leicht alkoholhältiger Fruchtsirup; in der Hauptsache aus Zuckerrohr, Ingwerwurzeln und Limetten hergestellt; in der Karibik sehr verbreitet und hauptsächlich für die Zubereitung von Bargetränken verwendet

Feigen
Früchte des Feigenbaumes, der im Mittelmeerraum, in vielen Teilen Afrikas und in Ländern mit warmem Klima gut gedeiht; grün, weiß, rot, violett; als frische und getrocknete Früchte verwendet; in den Herkunftsländern als Feigenfruchtsaft, Würzwasser und Sirup erhältlich

Feijoa
Frucht aus den Subtropen Südamerikas, Afrikas und Asiens; gelbliches Fruchtfleisch, aromatisch-süßer Geschmack; vitaminreich; frisch als Garnitur verwendet
andere Bezeichnung: Pineapple Guava

Fior die Mandarino
Ein Würzwasser aus den Schalen reifer Mandarinen; durch Abpressen gewonnen; dient zur Aromatisierung von Cocktails; rötlichgelb

Flaschenbaumgewächs
Andere Bezeichnung für →Cherimoya

Fliederbeeren
Andere Bezeichnung für Holunder

Fomy Head Holland House
Ähnlich dem →Frothee

Frothee
Fertigprodukt auf Eiweißbasis mit Zusatz von mineralfreiem Wasser, Propylene-Glycol, Polysorbate 60, Sorbitol, Citric Acid und 1 Prozent Sodium-Benzoate; wird für Cocktails verwendet, die mit Shaker zubereitet werden, um eine cremige Oberfläche zu bekommen; vor allem für Sours und Collinses sowie für Margarita, Daiquiris und Piña Coladas verwendet
Erzeugnis der Fa. House of Frothee Inc., New York

G

Ghomme
Französische Bezeichnung für →Läuterzucker, der jedoch zukkerhältiger ist (Mischungsverhältnis: 1,5 kg Zucker : 1 Liter Wasser)

Ginger Ale
Auf Basis von Ingwer hergestellte, mit Kohlensäure imprägnierte Limonade; klar, hellbraun
bekannte Produkte der Firmen: Schweppes, Carlsberg, Faxe

Glaskirschen
Sauerkirschenart
andere Bezeichnung: Amarellen

Golden Fresh – Österreich
Auf Basis von Äpfeln, Zucker und Ingwer hergestellte, mit Kohlensäure imprägnierte Limonade
Erzeugnis der Fa. Schweppes, Oberalm/Salzburg

Götterpflaume
Andere Bezeichnung für → Kaki

Granadilla
Spanische Bezeichnung für Passionsfruchtsaft

Granatapfel
In Mittelmeergebieten und Kleinasien heimisch; apfelgroß, mit einer lederartigen Hautschicht, die die Samenkörner umschließt; gelb, orange, rot und braun; frisch als Garnitur; vor allem als Sirup, der als Grenadine in den Handel kommt, speziell in der Bar verwendet

Grapefruit
Eine Kreuzung der beiden Zitrusfrüchte Orange und Zitrone; der Saft ist bitter-säuerlich und hat hohen Vitamin-C-Gehalt; die Grapefruit ist kleiner als die ihr verwandte Pampelmuse; in Deutschland und Frankreich ist Grapefruit ein Synonym für Pampelmuse; der Saft von Grapefruits hat beim Zubereiten von Bargetränken einen hohen Stellenwert; auch in Konserven erhältlich
andere Bezeichnungen: Paradiesapfel, Pamélo oder Pomélo

Gravensteiner
Runder, großer Apfel; gelb, mit roten Längsstreifen gekennzeichnet

Grenadine-Sirup
Aus Granatäpfeln hergestellt; rot; zur Farbgebung von vielen Bargetränken verwendet
bekannte Produkte von den Firmen Riemerschmid, Bols und Bardinet (Bordeaux), Fouchon (Paris)

Guava
Die Früchte des Guavabaumes sind apfelgroß; gelborange Außenhaut; weißes, gelbes, rosa bis rotes Fruchtfleisch; quittenähnliches, zart säuerliches Aroma; außerordentlich hoher Vitamin-C-Gehalt; enthält aber auch Vitamin A und B sowie Eisen und Phosphor; wird heute in fast allen tropischen und subtropischen Ländern angepflanzt; als Garnitur sowie Fruchtsaft und Sirup verwendet

Gum
Englische Bezeichnung für → Läuterzucker, der jedoch zuckerhältiger ist (Mischungsverhältnis:
1,5 kg Zucker : 1 Liter Wasser)

H

Hagedorn
Vogelbeerenart, auch Weißdorn genannt

Haselnußmark
Aus fein zerkleinerten gerösteten oder ungerösteten Haselnußkernen hergestellt; für cremige Afterdinner-cocktails und Fancy drinks verwendet

Heidelbeeren
Sind die Beeren des in Europa weitverbreiteten wildwachsenden Heidelbeerstrauches; die Früchte sind meist erbsengroß und blauschwarz; wird heute auch angepflanzt (Gartenheidelbeere); hoher Vitamin-A-, -B- und -C-Gehalt; als Fruchtsaft, Sirup und Nektar gerne zum Mischen mit Sekt verwendet; frische Früchte auch als Garnitur bei Cobblers und Bowlen verwendet
engl. Blueberrys, franz. Myrtilles

Himbeeren
Stammen aus dem Orient, werden aber heute in vielen Gärten kultiviert vorgefunden; rosa bis dunkelrot; es gibt aber auch schwarze, gelbe und fleischfar-

bige Unterarten; als Garnitur, Himbeersaft und Sirup verwendet
engl. Raspberrys, franz. Framboises

Holder
Andere Bezeichnung für → Holunder

Holland House Aromatic Bitters
Ein Würzbitter; aus verschiedenen Auszügen hergestellt; dem Angostura-Bitter ähnlich; 40 Vol.-%; nach dem Gesetz ein Bitterlikör, der niemals pur getrunken wird

Holler
Andere Bezeichnung für → Holunder

Holunder
Ein weitverbreiteter wildwachsender Strauch in gemäßigten Klimazonen mit blauschwarzen Früchten, die zu frischem Saft verarbeitet werden
andere Bezeichnungen: Holler, Holder, Fliederbeeren

Honey Dew
Englische Bezeichnung für Honigmelone

Honig
Anstelle von → Zuckersirup für Heißgetränke zum Süßen verwendet

I

Indische Feigen
Andere Bezeichnung für → Kaktusfeigen

Ingwer
Wurzelstock der Ingwerpflanze, die in tropischen Ländern angebaut wird; kommt ungeschält als schwarzer oder geschält als weißer Ingwer in den Handel; weißer Ingwer wird meist noch gebleicht und mit Kalk bestreut; Geruch ist würzig und aromatisch, Geschmack ist scharfwürzig; wird als Würzmittel, in der Likörfabrikation und zur Ginger-Ale- bzw. Ginger-Beer-Erzeugung verwendet

Instantzucker
Granulierter Kristallzucker, der sich in allen Flüssigkeiten leicht löst und deshalb oft anstelle von → Läuterzucker verwendet wird

J

Japanische Mispel
Große, birnenförmige Frucht; Fleisch schmeckt süßsauer; stammt wahrscheinlich aus China und kam im 18. Jahrhundert nach Europa; heute wird sie in fast allen Mittelmeerländern, Kalifornien, Florida und in Südamerika angebaut; für Fruchtsirupe und Garnituren verwendet
andere Bezeichnung: Wollmispel

Japanische Orange
Andere Bezeichnung für → Cumquat

Johannisbeeren
Die Früchte des Johannisbeerstrauches, die in den Farben Weiß, Gelbrot, Rot (Ribisel, Träuble) oder Schwarz (Cassisbeere, Ahlbeere, Gichtbeere) vorkommen; aus Johannisbeeren erzeugt man Fruchtsäfte und Fruchtsirupe sowie die → Cassis-Getränke; frische Früchte werden für Cobblers und Bowlen verwendet
engl. Red currants, Black currants, franz. Groiselles, Cassis

Jonon
Ein Würzwasser mit künstlichem Veilchenaroma; für fruchtige Mixgetränke anstelle des natürlichen ätherischen Veilchenöls verwendet

Juice
Englische Bezeichnung für Saft

Jus
Französische Bezeichnung für Saft

K

Kakaopulver
Oft anstelle von →Schokoladeraspel verwendet

Kaki
Gelbrot bis purpurfarben; stammt aus Ostasien; heute auch im Mittelmeerraum, Kalifornien und Florida angepflanzt; der Geschmack erinnert entfernt an Aprikosen; frisch als Garnitur, aber auch als Mus, vor allem für Tropicanas verwendet
andere Bezeichnungen: Götterpflaume, chinesische Quitte, Kakipflaume

Kaktusfeige
Saftige, süße Früchte von Kakteen, die meist Stacheln auf der harten Außenhaut haben; als Garnitur für Tropicanas verwendet

Kaktusfrucht
Andere Bezeichnung für →Kaktusfeige

Kandissirup
Zuckersirup, der bei der Kandiszuckerherstellung gewonnen wird

Kantalupe-Melone
Andere Schreibweise für →Cantaloupe Melone

Kaschu-Apfel
Andere Bezeichnung für →Cashewapfel

Kirschen
Ursprünglich aus Kaukasien; Name dieses Steinobstes ist abgeleitet von der Hafenstadt Kerasos; es gibt drei Gruppen, die Süßkirschen und die Sauerkirschen sowie die kleine Gruppe der Bastardkirschen (Kreuzung aus Süß- und Sauerkirschen); zu den Süßkirschen zählen Herzkirschen, Ochsenherzkirschen, Knorpelkirschen, Bigarreu Napoléon und die Heidelfinger Riesenkirschen; zu den Sauerkirschen (Weichseln) zählt man Amarellen, Marasken aus Dalamtien; es werden kandierte Kirschen und Kompottkirschen als Garnitur sowie Fruchtsäfte und Sirupe verwendet
engl. Cherrys (süß), Morellos (sauer), franz. Cerises (süß), Griottes (sauer)

Kiwi
Braune, behaarte Außenhaut, grünes Fruchtfleisch mit schwarzen Samenkernen; außerordentlich hoher Vitamin-C-Gehalt; ursprünglich kommt diese tropische Kletterpflanze aus China; gedeiht heute vorwiegend in Ostasien und Japan, Neuseeland und Kalifornien; sie wird aber auch in Rußland, Frankreich, Italien und Spanien angepflanzt; frische Früchte werden als Garnitur für Cobblers und Bowlen verwendet

Kokosnuß
Frucht der Kokospalme mit harter Steinschale, weißem Fruchtfleisch und wäßriger Kokosmilch; aus vergorener Kokosmilch wird Branntwein erzeugt; aus der frischen Milch und dem Fruchtfleisch wird Kokosnußcreme (Coconut-Cream) sowie Kokosnußlikör gewonnen; Kokosraspel (getrocknetes, geriebenes Fruchtfleisch) werden als Garnitur verwendet

Kokosnußmilch
Frisch und eingedickt als →Coco-

nut-Cream erhältlich; bei Coladas und Tropicanas verwendet

Kokosnußraspel
Aus getrocknetem Kokosnußfleisch hergestellt; als Garnitur verwendet

Kratzbeeren
Andere Bezeichnung für →Brombeeren

Kroatzbeeren
Andere Bezeichnung für →Brombeeren

Kumquat
Andere Schreibweise für →Cumquat

L

La Minari – Italien
Dieser Bitter-Aperitif wird auf Basis von Kräutern hergestellt; rötlichbraun
20 Vol.-%
Erzeugnis der Fa. La Minari

Läuterzucker
Zuckersirup, aus Kristallzucker hergestellt; 1 kg Kristallzucker und 1 Liter Wasser werden bis zum Siedepunkt erhitzt, dann erkalten lassen;
auch als Fertigprodukt von der Fa. Riemerschmid, München, auf dem Markt: Läuterzucker für die Bar
engl. Gum, franz. Ghomme

Lemon Squash
Englische Bezeichnung für Zitronensirup, der aus geschälten und entkernten Zitronen hergestellt wird und noch alle Fruchtbestandteile enthält; wird homogenisiert und hat daher immer eine milchig-trübe Färbung
speziell in England zur Herstellung vieler Misch- und Mixgetränke verwendet

Lillet – Frankreich
Dieses Aperitif-Fertigprodukt wird auf Basis von Weißwein, Auszügen aus der Chinarinde und Armagnac hergestellt; goldgelb
25 Vol.-%

Lime Cordial
Konzentrierter Limettensaft (Sirup), der meist aus England importiert wird; gelb
bekanntes Produkt: Rose's Lime Juice Cordial, aus Limetten der Westindischen Inseln

Lime Juice
Frischgepreßter Saft aus der sauren Limette

Limette
Gelbgrüne, dünnschalige Bitterzitrone, die auf den Antillen und in Mexiko angebaut wird; kleiner als die Zitrone; als Garnitur, frischgepreßter Saft (Lime Juice) und Sirup (Lime Cordial) verwendet;
andere Bezeichnung: Limonelle
engl. Sour Lime, franz. Lumie
bekanntes Produkt: Riemerschmid Limette (Fruchtsirup)

Limonelle
Andere Bezeichnung für →Limette

Limonensaft
Deutsche Bezeichnung für →Lime Juice

Lumie
Französische Bezeichnung für →Limette

Lychee
Milde, aromatische, pflaumenähnliche Frucht aus China; harte, warzige Schale; gelblichweißes Fruchtfleisch; großer schwarzer Kern; frische und konservierte Früchte werden als Garnitur und Saft verwendet

M

Maikraut
Andere Bezeichnung für →Waldmeister

Mandelöl
Aus Bitter- und Süßmandeln gewonnen, wobei die Blausäure der Mandelkerne ausgeschieden wird; Grundlage für →Orgeat-Syrup

Mango
Rundliche Steinfrucht; süßlichbitter und sehr saftig; grün, gelb, orange oder rot, kann manchmal auch zweifärbig sein; Fruchtfleisch meist dunkelgelb bis hellorange; reich an Vitamin A, B und C; ursprünglich aus Indien und Burma, heute aber auch aus Westafrika, Brasilien, Kalifornien, Florida, Israel und Ägypten; die frische Frucht wird als Garnitur verwendet, wobei die ungenießbare Schale entfernt werden muß; ebenso als Fruchtsaft und Fruchtsirup erhältlich
bekannte Produkte: Riemerschmid Mango (Fruchtsirup) und Donath Domango (Fruchttrunk)

Maple Syrup
Englische Bezeichnung für →Ahornsirup

Maracuja
Andere Bezeichnung für →Passionsfrucht

Maraske
Sauerkirschenart

Marillen
Steinobst des aus Zentralasien stammenden Aprikosenbaumes; sie werden als Frischsaft und Nektar verwendet; frische Früchte auch für Bowlen; auch in Konserven erhältlich
engl. Apricots, franz. Abricots
andere Bezeichnungen: Aprikosen, Barillen

Mehlbeeren
Ist eine →Vogelbeerenart

Melonen
Man unterscheidet zwei Gruppen, die Zuckermelonen und die Wassermelonen; zu den Zuckermelonen zählen die Ananasmelonen (glatte Melonen) mit ziemlich weicher Haut und grünlichem Fleisch, die Honigmelonen, auch Netzmelonen genannt, mit gelblichgrünem Fruchtfleisch und Netzmuster auf der Schale sowie die →Cantaloupe-Melonen; die Wassermelonen haben hellrotes Fruchtfleisch und eine dunkelgrüne Schale; es gibt verschiedene Sorten, nämlich Sugar Baby (sehr süß), Crimson Sweet (gestreift) und Charentais (glatt, gelblichgrün); eine neue Variante ist die in Israel gezüchtete Ogenmelone, die zu den Zuckermelonen gehört; sehr saftiges, süßes Fleisch; frische Früchte werden als Garnitur für Cobblers und Bowlen verwendet

Milch
Für Milk-shakes und als Filler für viele Kalt- und Heißgetränke verwendet

Minzen
Wildwachsende oder kultivierte Blattpflanzen mit hohem Anteil an ätherischem Öl und Menthol; man unterscheidet Pfefferminze (grüne Minze), Wasserminze und Gartenminze; nach der Blattform unterscheidet man die Rundblättrige Minze, die Spitzblättrige Minze (Spearmint) und die Krause Minze; als Garnitur bei Fancy drinks und als Bestandteil bei Juleps verwendet; ebenso gibt es Minzsirup und Minzöl

bekannte Produkte: Riemerschmid Pfefferminzsirup, Mentha Orzata, Fouchon Sirop de Menthe

Muskatnuß
Ist der getrocknete Samenkern des Muskatnußbaumes, der in den Tropen wächst; wichtigste Sorte ist die Banda-Muskatnuß; stark aromatischer, würziger Geruch und Geschmack; in der Bar zum Würzen und gerieben als Garnitur verwendet

N

Nektarinen
Kreuzung zwischen Pfirsich und Pflaume; frische Früchte für Cobblers und Bowlen verwendet, ebenso als Fruchtsaft und Sirup erhältlich

Nelken
Auch Gewürznelken genannt, sind die getrockneten Knospen des Gewürznelkenbaumes, der in den Tropen wächst; Geruch und Geschmack sind auf ätherisches Öl zurückzuführen; werden zur Herstellung von Likören, Gewürzsirupen und zum Würzen von vielen Heißgetränken verwendet

O

Obers
Auch Sahne; für die Herstellung von cremigen Mischgetränken, Shakes und Frappés verwendet; in geschlagenem Zustand (Schlagobers, -sahne) als Garnitur, z. B. für Rüdesheimer Kaffee

Öl
In der Bar werden nur geschmacksneutrale, pflanzliche Öle verwendet, z. B. für Prairie Oyster

Oliven
Steinfrüchte des Öl- oder Olivenbaumes, der vor allem in den Mittelmeerländern wächst; grün, schwarz, violett; der Geschmack ist herb und leicht bitter; die Früchte werden mit Essig- oder Salzwasser konserviert, mit oder ohne Stein, teilweise gefüllt (Paprika, Mandeln, Sardellen) in Gläsern gehandelt; als Garnitur oder Sundries verwendet

Orange-Bitter
Ein Würzbitter aus den Schalen bitterer Orangen (Pomeranzen); nach dem Gesetz ein Bitterlikör, der jedoch niemals pur getrunken wird
bekanntes Produkt: Riemerschmid Orangenbitter, 40 Vol.-%

Orangen
Beerenfrüchte des Orangenbaumes, der ursprünglich in China beheimatet war und heute in vielen warmen Ländern der Erde, vor allem im Mittelmeerraum, in Südafrika, Kalifornien, Florida, Israel, Spanien und Italien kultiviert wird; neben Zitronensäure und Fruchtzucker enthalten Orangen reichlich Vitamin C; sie sind in 6 bis 12 Segmente unterteilt; man unterscheidet zwei Gruppen, die süßen Orangen (mit gelbem oder blutrotem Fruchtfleisch) und die bitteren Orangen (Bergamotten, Pomeranzen); als Garnitur, frischgepreßter Fruchtsaft, Fruchtsaftkonzentrat und Gefrierware verwendet; andere Bezeichnungen: Apfelsinen, Chinaäpfel, Siamäpfel, Sinaäpfel

Orangenblütenwasser
Deutsche Bezeichnung für → Eau de Fleurs d'oranger

Orange Squash
Englische Bezeichnung für Orangensirup; Herstellung und Verwendung wie → Lemon Squash

Orgeat-Syrup
Mandelmilch; aus → Mandelöl hergestellt; zum Aromatisieren vieler Bargetränke verwendet
weiteres bekanntes Produkt: Rimerschmid Mandelsirup

P

Pamélo
Andere Bezeichnung für → Grapefruit

Pampelmuse
Eine der Grapefruit ähnliche, aber viel größere und bitterer schmeckende Frucht

Papaya
Aus den Tropen stammende Südfrucht, die nur ausgereift gegessen werden kann; die Außenhaut ist meistens grünlichgelb und fleckig; das Fruchtfleisch erinnert im Geschmack an Marillen oder Himbeeren und ist meist orangegelb; in der Mitte der Frucht befinden sich pfefferkorngroße Kerne, die ungenießbar sind; hoher Vitamin-C-Gehalt; gedeihen vor allem in Mexiko, Israel und Hawaii sowie in der Karibik; als Garnitur, Frischfruchtsaft und Papayanektar oder Papayasirup verwendet
bekanntes Produkt: Donath Papaya-Fruchttrunk
andere Bezeichnungen: Baummelone, Pawpaw

Paradiesapfel
Andere Bezeichnung für → Grapefruit

Passionsfrucht
Apfelgroße Frucht verschiedener Arten der Passionsblume, die aus Südamerika kommt; goldorange oder bräunliche Schale; graugrünes, süßsaures, aromatisches Fruchtfleisch; vitaminreich; erst bei runzeliger Schale ist die Frucht reif; als Garnitur und Sirup, hauptsächlich aber als Fruchtsaft (Granadilla) verwendet; bei uns in Konserven erhältlich
bekannte Produkte: Riemerschmid Maracuja (Sirup) und Donath Maracuja-Fruchttrunk

Pawpaw
Andere Bezeichnung für → Papaya

Peach-Bitter
Ein Würzbitter mit ausgeprägtem Pfirsichgeschmack; 30 oder 38 Vol.-%; nach dem Gesetz ein Bitterlikör, der jedoch niemals pur getrunken wird
bekanntes Produkt: Riemerschmid Pfirsichbitter

Perlzwiebeln
Kleine, geschälte Silberscharlotten, in Gläsern eingelegt im Handel; als Garnitur oder als Sundries z. B. bei Gibson verwendet

Pfeffer
Sind die Früchte des Pfefferstrauches, der in Indien beheimatet ist; schwarzer Pfeffer wird aus den grünen, unreifen, ungeschälten und getrockneten Früchten gewonnen, weißer Pfeffer aus den roten, reifen, geschälten und getrockneten Früchten; Geruch und Geschmack sind auf ätherische Öle und auf das Alkaloid Piperin zurückzuführen; in der Bar zum Würzen von Pick-me-ups

Pfefferminze
Wilde →Minze; würzig durchdringender Geruch; brennendscharfer und hinterher kühlender Geschmack; wie Minze verwendet

Pfirsiche
Steinobst des aus Asien stammenden Pfirsichbaumes; süßes saftiges Fruchtfleisch; häufig weiß, aber auch gelb, grün oder rot; in der Bar als Frischsaft und Nektar verwendet; frische Früchte für Bowlen; auch in Konserven erhältlich
engl. Peaches, franz. Pêches

Pineapple Guava
Andere Bezeichnung für →Feijoa

Pomélo
Andere Bezeichnung für →Grapefruit

Pomeranzen
Bitter-Orangen, die wegen ihres bitteren Geschmacks nicht eßbar sind; aus der Rinde wird Öl extrahiert und für Curaçao und Pomeranzenwasser verwendet

Punt e Mes – Italien
Dieser Bitter-Aperitif wird aus Weinen und verschiedenen Kräutern sowie Auszügen aus dem Wermutkraut hergestellt; rostbraun
20 Vol.-%
Erzeugnis der Fa. Carpano, Turin

R

Ribisel
In Österreich gebräuchliche Bezeichnung für die rote →Johannisbeere

S

Sahne
In Deutschland gebräuchliche Bezeichnung für →Obers

Sambalsauce
Orientalisches Fertigprodukt; aus Essig, Zucker und gestoßenen roten Pfefferschoten hergestellt; bei Pick-me-ups verwendet

Sanddornbeeren
Sind die Scheinfrüchte des Sanddornstrauches; die Beeren sind besonders Vitamin-C-reich und werden zu Saft verarbeitet; starke Säure; gelbrot

Sangrita
Mexikanisches Fertigprodukt aus frischen Gewürzen, insbesondere Chili, hergestellt; wird extra zu Tequila gereicht und bei Pick-me-ups verwendet; bekanntes Produkt: Riemerschmid Sangrita

Sangrita Picante
Ein →Sangrita, jedoch schärfer gewürzt

Sanguinoles
Spanische Bezeichnung für →Cardinals

Sauerdattel
Andere Bezeichnung für →Tamarinde

Sauerkirschen
Sind →Kirschen

Sauersack
Andere Bezeichnung für →Stachelannone

Schattenmorellen
Ist eine →Sauerkirschenart

Schokoladeraspel
Aus Koch- oder Speiseschokolade hergestellt; als Garnitur z. B. für Rüdesheimer Kaffee verwendet

Schwarzbeeren
Andere Bezeichnung für→ Heidelbeeren

7 Up
Wasserklar, mit Kohlensäure imprägnierte Zitronenlimonade; in Kanada und Amerika hergestellt; vergleichbares Produkt: Sprite

Siamäpfel
Andere Bezeichnung für → Orangen

Sinaäpfel
Andere Bezeichnung für → Orangen

Sirop d'Érable
Französische Bezeichnung für → Ahornsirup

Sodawasser
Trinkwasser, das mit Kohlendioxyd (4 g pro kg) versetzt wird und in Siphonflaschen sowie in Containern oder in 0,2-Liter-Gastronormflaschen mit Kronenkorken bzw. in 1-Liter-Flaschen mit Schraubverschluß luftdicht abgefüllt in den Handel kommt; Sodawasser kann aber auch in sogenannten Heimsiphonflaschen mit Kohlensäurepatronen hergestellt werden

Soothe
In Spraydosen biologisch haltbar gemachtes Eiweiß; in den USA hergestellt; ähnlich dem → Frothee

Sorbetfrucht
Andere Bezeichnung für → Cherimoya

Sour Lime
Englische Bezeichnung für → Limette

Stachelannone
Eine grüne, ovale Frucht mit Stacheln; im Geschmack ähnlich der Cherimoya; ihr weißes Fruchtfleisch ist saftig und säuerlich; in Südamerika beheimatet; als frischer Fruchtsaft sowie Sirup für Alcotropics verwendet
andere Bezeichnung: Sauersack

Stangensellerie
Auch Bleichsellerie genannt; wird zu Bloody Mary und Virgin Mary anstelle eines Stirers gereicht und mitgegessen

St. Raphaël – Frankreich
Dieser Aperitif wird aus Weiß-, Rot- und Süßweinen mit mindestens zweijähriger Lagerung hergestellt; Auszüge aus Chinarinde und anderen Würzkräutern geben diesem Produkt seinen charakteristischen bittersüßen Geschmack; Lagerzeit mindestens ein Jahr in Eichenholzfässern; wird in den Spielarten Rouge und Blanc erzeugt
17 Vol.-%
Vertrieb in Österreich: Fa. Martini & Rossi, Wien

Sucre de Canne
Zuckersirup, aus Zuckerrohr hergestellt
bekanntes Produkt: Canadou Sucre de Canne, Fa. Bardinet S. A., Bordeaux

Sugar Apple
Englische Bezeichnung für → Cherimoya

Sugar Baby
Wassermelonensorte

Sultaninen
Kernlose Trockenbeeren der Sultana-Trauben; sehr fruchtig und süß; vorwiegend aus der Türkei; besonders geeignet für Garnituren

Suze – Frankreich
Dieses Aperitif-Fertigprodukt wird auf Basis von gelben Enzianwurzeln und Gewürzen hergestellt;

goldgelb; 16 Vol.-%
Unter diesem Namen ist auch ein Enzianlikör mit 30 Vol.-% im Handel
Erzeugnis der Fa. Suze, die im Besitz der Pernod-Richard-Gruppe ist

T

Tabasco (Tabascosauce)
Pikante gelbrote →Chilisauce, aber flüssiger als diese

Tamarillos
Die Früchte des Tomatenbaumes, den man zu den Nachtschattengewächsen zählt; seine Heimat dürfte wahrscheinlich Südamerika sein; die Früchte sind eiförmig und orange bis rot; das Fruchtfleisch ist vitaminreich und schmeckt süßlich-herb mit einem leichten Marillenaroma; in frischem Zustand genossen, ist die Frucht zu schälen, da die Haut stark bitter ist; heute wird sie in vielen Teilen Südamerikas, Afrikas, in Sri Lanka, Neuseeland und Australien angebaut; Tamarillos werden frisch als Garnitur oder als Mark und Sirup verwendet
andere Bezeichnung: Baumtomaten

Tamarinden
Sind Hülsenfrüchte aus den tropischen Gebieten Afrikas; braune, leicht zerbrechliche Schale; gelbliches bis braunes Fruchtfleisch, das stark sauer ist; als Fruchtmus und Sirup für Tropicanas verwendet
andere Bezeichnung: Sauerdatteln

Tangerinen
Kleine →Orangen mit leicht lösbarer Schale; süß; als Garnitur und Fruchtsaft verwendet

Tomaten-Ketchup
Würzsauce; aus Tomaten, Weinessig, Salz, Zucker, Paprika, Pfeffer, Selleriesamen, Nelken, Zimt, Ingwer, Zwiebeln, Knoblauch und Muskatnuß hergestellt; bei Prairie Oyster verwendet

Tonic Water
Wasserklare, kohlensäurehältige, mit Chinin versetzte Limonade,die Ende des 19. Jahrhunderts von dem Schweizer Schweppes erstmals hergestellt wurde; der Chininzusatz muß laut österreichischen Kodexbestimmungen klar auf dem Etikett ersichtlich sein
bekannte Produkte der Firmen: Schweppes, Carlsberg, Tubourg, Faxe, Kinley

U

Ugli
Kreuzung aus Tangerine und Grapefruit, jedoch kleiner als die Grapefruit; dicknarbige Schale; süß; wenige Kerne; vorwiegend aus Israel; wie →Grapefruit verwendet

V

Vanille Kaki
Eine →Kaki mit leichtem Vanillearoma

Vogelbeeren
Sind die Früchte des Vogelbeerbaumes; als Fruchtsaft und Sirup verwendet
andere Bezeichnungen: Ebereschen und Drosselbeeren; zu den Vogelbeeren werden ferner die Atlas- oder Elsbeeren und die Mehlbeeren gezählt

W

Waldbeeren
Andere Bezeichnung für → Heidelbeeren

Waldmeister
Wildwachsende Blattpflanze; enthält neben Bitterstoffen und Gerbsäure auch Cumarin; zur Bereitung der Waldmeister-Bowle verwendet
andere Bezeichnung: Maikraut

Weichseln
In Österreich gebräuchliche Bezeichnung für → Sauerkirschen

Williams Christbirne
Grün mit roten Flecken; vollreif gelb mit rotem Fruchtfleisch; mittel- bis kleinfruchtige Sorte; Grundlage für den Williams-Christbirnen-Branntwein

Wollmispel
Andere Bezeichnung für → japanische Mispel

Worcestersauce (Worcestershire-Sauce)
Pikante Würzsauce, die aus England stammt; nach indischem Rezept enthält sie Sojasauce, Essig, Melasse, Chilies und tropische Früchte und Gewürze; dunkelbraun; z. B. bei Bloody Mary und Virgin Mary verwendet

Z

Zimt
Gemahlen als Garnitur und in Stangen für Heißgetränke, z. B. Glühwein und Punsche, verwendet; ebenso gibt es Zimtöl zum Aromatisieren

Zitrone
Aus Indien stammende Zitrusfrucht; vielseitig verwendbar; hoher Vitamin-C-Gehalt; gelb; als Garnitur, frischgepreßter Fruchtsaft, konzentriert und als → Zitronensäure verwendet; daneben gibt es die bittere oder saurere Zitrone, die Limette

Zitronensäure
Aus dem Saft unreifer Zitronen und Beeren gewonnen; ist wasserlöslich; frischgepreßter Zitronensaft wird mit einigen Spritzern Zitronensäure versetzt und so haltbar gemacht

Zucker
Zum Süßen von Bargetränken aller Art; man unterscheidet zwischen Rüben- und Rohrzucker sowie zwischen raffiniertem weißen Zucker und braunem Rohzucker

Zuckersirup
Sirup aus flüssiggemachtem Zucker, wie → Läuterzucker (aus Kristallzucker), → Sucre de Canne (aus Zuckerrohr) und Kandissirup (aus Kandiszucker); zum Süßen von Bargetränken, vor allem für Sours, Fixes, Tropicanas, Fancy drinks und sonstige Longdrinks verwendet

Zuckerbananen
Eine Bananenart aus dem südostasiatischen Raum; in Europa kaum erhältlich; ausgeprägter aromatischer Geschmack; es gibt rote und gelbe Sorten

BIER

Bier ist ein aus **Gerstenmalz, Hopfen** und **Wasser** durch Vergärung mit **Hefe** zubereitetes alkoholisches und kohlensäurehältiges Getränk, das seinen Geschmack im wesentlichen den unvergorenen Malzbestandteilen, den Bitterstoffen des Hopfens (Lupulin), anderen Bukettstoffen sowie dem Alkohol und der Kohlensäure verdankt.
Der erste Nachweis der Biererzeugung stammt aus dem 7. Jahrhundert vor Christus und ist auf dem sogenannten „monument bleu" (Blauen Stein), der im Gebiet des früheren Babylon gefunden wurde, festgehalten.
Zur Zeit Karls des Großen (um 800 n. Chr.) lernte man, den Geschmack des Bieres durch Beigabe von Hopfen zu veredeln.
Im Mittelalter sorgten vor allem die Klöster für die Verbreitung des Bieres in Europa. Seit 1516 besteht in der Bundesrepublik Deutschland das Reinheitsgebot. Es besagt, daß Bier nur aus Gerstenmalz, Hopfen und Wasser gebraut werden darf (Ausnahme Weizenbier). Dieses Gesetz ist in Bayern heute noch in Kraft.

Erzeugung

Mälzen

Die gereinigte und sortierte Braugerste wird eingeweicht und gekeimt. Dabei entsteht das sogenannte **Grünmalz.**

↓

Darren

Das Grünmalz wird auf der Darre bei unterschiedlichen Temperaturen heißluftgetrocknet. Es entsteht das **Darrmalz.**

↓

Maischen

Der Würzegehalt des Darrmalzes wird fixiert. Dabei entsteht die **ungehopfte Würze.**

↓

Brauen

Zur ungehopften Würze wird Hopfen in die Brau- und Sudpfanne gegeben. Die Würze wird nun gekocht, und man erhält die **Stammwürze.**

↓

Gärung

Die gehopfte Würze wird mit Reinzuchthefe vergoren. Es entstehen Alkohol und Kohlendioxyd. Das Produkt heißt **Jungbier.**

Untergärung
Zugabe untergäriger Hefe ↘

Obergärung
Zugabe obergäriger Hefe ↙

Lagerung und Reifung

Das Jungbier wird in geschlossenen Gärtanks zwei bis fünf Monate gelagert.

↓

Filtration, Pasteurisation

Das Bier wird klar filtriert. Anschließend pasteurisiert, was eine längere Haltbarkeit bewirkt.

↓

Abfüllung

Das Bier wird in Fässer, Flaschen oder Dosen abgefüllt.

BEKANNTE BIERMARKEN

Österreich

Ottakringer Bier (Wien), Schwechater Bier (Wien), Egger Bier (NÖ.), Wieselburger Bier (NÖ.), Hubertus-Bräu (NÖ.), Reininghaus-Bier (Stmk.), Gösser Bier (Stmk.), Puntigamer Bier (Stmk.), Villacher Bier (Ktn.), Hirter Bier (Ktn.), Österreichische Brau-AG (Linz, Innsbruck, Gmunden, Reutte, Liesing, Kaltenhausen), Zipfer Bier (OÖ.), Grieskirchner Bier (OÖ.), Stiegl-Bräu (Sbg.), Augustiner-Bräu (Sbg.), Adam-Bräu (Tirol), Fohrenburg-Bier (Vlbg.), Mohren-Bräu (Vlbg.).

Bundesrepublik Deutschland

Paulaner Bräu (München), Hofbräu (München), Spatenbräu (München), Löwenbräu (München), Hacker-Pschorr Bräu (München), Kulmbacher Bier (Kulmbach, Bayern), Kulmbacher Kulminator (stärkstes Bier der Welt mit 28° Würzgehalt und 8 Vol.-% Alkohol), Schlenkerla Rauchbier (Bamberg), Dinkelacker Bier (Stuttgart), Henninger Bier (Frankfurt), Frankenheim Bier (Düsseldorf), Hannen Bier (Mönchengladbach), Dortmunder-Actien-Bräu (Dortmund), Dortmunder Union Bier (Dortmund), König-Pilsner (Duisburg), Schultheiß Bier (Berlin), Berliner Kindl (Berlin), Beck's Bier (Bremen), Holsten Bier (Kiel), Schäffbier (Altmühltal, Bayern).

Schweiz

Sibra Cardinal (Fribourg), Feldschlößchen (Rheinfelden), Müller (Neuchâtel), Valaisanne (Sion), Gurten (Bern), Hürlimann (Zürich), Schützengarten (St. Gallen), Löwenbräu (Zürich), Falken (Schaffhausen), Haldengut (Winterthur), Eichhof (Luzern), Warteck (Basel), Calanda (Chur), Birra Bellinzona.

Darüber hinaus werdon die Marken Carlsberg (Dänemark), Pilsner und Budweiser (Tschechoslowakei) gerne angebolen.

Arten

Nach dem Stammwürzgehalt und Charakter unterscheidet man folgende Biere:

In der Bundesrepublik Deutschland

Der Mindestalkoholgehalt für Biere beträgt 0,5 Vol.-%.

	Bierbezeichnung	Stammwürzgehalt	Alkoholgehalt	Merkmale
Untergärige Biere	Pils	11–12°		Vollbier, würziger Geschmack, hell und stark gehopft
	Export (Lager)	mind. 12,5°		Vollbier, goldgelb und vollmundig
	Bock (Doppelbock)	16–18°		Starkbier, hell und dunkel, vollaromatisch
Obergärige Biere	Einfachbiere	2–5,5°	mind. 0,5 Vol.-%	meist obergärige Biere, z. B. Süßbier
	Berliner Weiße	7–8°		Schankbier, hopfenbitterer Geschmack, hell, starke Kohlensäurebildung, mit einem Schuß Himbeersaft od. Waldmeisteressenz
	Alt	11–12°		Vollbier, dunkel, stark gehopft, herber, voller Geschmack
	Kölsch	11–12°		Vollbier, hell, hopfenbetont
	Weizenbier	12,5°		Vollbier, hell in der Farbe, starke Kohlensäurebildung, mit einer Zitronenscheibe serviert
	Rauchbier	mind. 11°		Vollbier, kräftiger, rauchiger Geschmack

In Österreich

Der Mindestalkoholgehalt für Bier beträgt 0,5 Vol.-%.

	Bierbezeichnung	Stammwürzgehalt	Alkoholgehalt	Merkmale
Untergärige Biere	Abzugbiere	9–10°	unter 3 Vol.-%	hell, leicht gemalzt
	Schankbiere	10–12°	3–3,4 Vol.-%	speziell offene Biere, hell, würziger Geschmack
	Lagerbiere (Märzen)	11–13°	3,8–4 Vol.-%	zwei Drittel der in Österreich konsumierten Biere; ist ein aromatisches Vollbier
	Spezialbiere (Export)	mindestens 13°	4–4,5 Vol.-%	Vollbier, goldgelb, vollmundig, gewinnt immer mehr an Bedeutung, für den Export pasteurisiert
Obergärige Biere (nach deutscher Art)	Premiumbiere (Pilsbiere)	12–14° (11)	4–4,5 Vol.-%	Vollbier, hell und stark gehopft, höherer Kohlensäuregehalt, weniger Joule
	Bockbiere (Starkbiere)	16–20° Doppelbock mind. 18°	5–6 Vol.-%	Starkbier mit langer Lagerung, vollaromatisch, hell und dunkel
	Nährbier	mindestens 12°		Vollbier, auch Malzbier genannt, hoher Anteil an Malzzucker (unvergoren), etwas süßlicher Geschmack
	Kalorienarmes Bier			Vollbier, geringer Joulegehalt, für Diabetiker
	Alkoholarmes Bier		0,5–1,5 Vol.-%	z. B. Birell

In der Schweiz

Der Mindestalkoholgehalt bei Bier beträgt 0,7 Vol.-%. In der Schweiz heißen Biere mit weniger Alkoholgehalt alkoholfreie Biere.

	Bierbezeichnung	Stammwürzgehalt	Alkoholgehalt	Merkmale
Untergärige Biere	Lager	10–12°		Vollbier, hell, würziger Geschmack, dazu zählen alle Märzen-, Pilsner und Lagerbiere
	Spezial (Export)	11,5–14°		Vollbier, goldgelb, vollmundig
	Starkbier	mind. 14°		Starkbier, alle Bock- und Doppelbockbiere, vollaromatisch, hell und dunkel

Auch in der Schweiz werden nach deutscher Art obergärige Biere gebraut.

WEIN

Wein wird aus Trauben (weißen und roten Trauben) und aus Obst (Kern-, Stein- und Beerenobst) hergestellt.
Durch verschiedene Zusätze bzw. erweiterte Herstellungsverfahren werden aus Wein die Schaumweine (siehe Seite 841 ff.) und die versetzten Weine (siehe Seite 857 ff.) erzeugt.

WEIN AUS TRAUBEN

Weißwein wird hauptsächlich aus dem Saft von frischen weißen Trauben durch alkoholische Gärung gewonnen.
Roséwein wird aus roten oder blauen Trauben gewonnen, wobei die Beerenschalen vor oder kurz nach der Gärung durch Pressen (Keltern) vom Saft getrennt werden, so entstehen die unterschiedlichen Farbnuancen.
Rotwein wird aus blauen Trauben gewonnen. Es werden im Gegensatz zu Roséwein die Trauben einer Maischgärung unterzogen, um den roten bis dunkelroten Farbstoff zu erhalten.

Darüber hinaus wird Weißwein aus unvergorenem, frischgepreßtem blauen oder roten Traubensaft erzeugt.
Clairette ist die französische Bezeichnung für einen leichten, hellen Rotwein, der wenig Gerbstoffe enthält und nur kurz gelagert wird.
Zwischenstufen von Rot- und Weißweinen kommen unter den Bezeichnungen **Schillerwein** (in der Bundesrepublik Deutschland und in der Schweiz) und **Schilcherwein** (in Österreich) in den Handel. Nach dem Schweizer Weingesetz ist Schillerwein ein Wein, der durch gemeinsames Keltern eines Gemisches von blauen und weißen Trauben aus gemischtem Rebsatz erhalten wurde. Das rote Gewächs muß dabei überwiegen.

Gesetzliche Bestimmungen

In Österreich

Wein ist ein durch alkoholische Gärung aus dem Saft frischer und für die Weinbereitung geeigneter Weintrauben hergestelltes Getränk. Die Weintrauben sind frisch, solange sie ohne Zusatz fremder Flüssigkeit Saft hergeben.
Die Weintrauben sind geeignet, wenn der Saft ein Mostgewicht von mindestens 13°, in Jahren ungünstiger Reifeverhältnisse von mindestens 11° KMW (Klosterneuburger Mostwaage) aufweist.

Mit der Klosterneuburger Mostwaage wird in Österreich das Mostgewicht (Traubenzuckeranteil im Most) gemessen, ein Liter Most hat 16° KMW, was soviel wie 160 Gramm Traubenzuckeranteil ist.

In der Bundesrepublik Deutschland

Wein ist ein Erzeugnis, das ausschließlich durch vollständige oder teilweise alkoholische Gärung der frischen, auch eingemaischten Weintrauben oder des Traubenmostes gewonnen wird.
In der Bundesrepublik Deutschland wird das Mostgewicht in Öchslegraden gemessen.

$$1°\,\text{KMW} = \frac{\text{Öchslegrad}}{4}$$

In der Schweiz

Wein (Naturwein) ist das aus Traubenmost, Traubensaft oder Sauser kurz nach der Weinlese durch teilweise oder vollständige alkoholische Gärung gewonnene Erzeugnis. Der Mindestalkoholgehalt des Weines – die aus dem unvergorenen Zucker zu erwartende Alkoholmenge nicht inbegriffen – muß mindestens 8 Vol.-% betragen.

Erzeugung

Weißwein Roséwein	**Rotwein**
WEISSE TRAUBEN	
ROTE od. BLAUE TRAUBEN	BLAUE TRAUBEN
Rebeln	Rebeln
Maischen und Schwefeln	Maischen
	Gären der Maische
	Schwefeln
Pressen (Keltern)	Pressen (Keltern)
TRAUBENMOST	TRAUBENMOST
Seihmost – Preßmost – Scheitermost	Seihmost – Preßmost – Scheitermost
Mostaufbessern und -entsäuern	Mostaufbessern und -entsäuern
Gären des Mostes Teilweise Vergärung des Zuckers (Bildung von Kohlensäure)	Gären des Mostes Teilweise Vergärung des Zuckers (Bildung von Kohlensäure)
STURM	STURM
Gären des Sturmes Komplette Vergärung des Zuckers (Abbau der Kohlensäure, Bildung von Alkohol)	Gären des Sturmes Komplette Vergärung des Zuckers (Abbau der Kohlensäure, Bildung von Alkohol)
JUNGWEIN (=Staubiger)	JUNGWEIN (= Staubiger)
Klären und Abstechen	Klären und Abstechen
JUNGWEIN (=Heuriger)	JUNGWEIN (= Heuriger)
Lagern im Faß	Lagern im Faß
Filtrieren und Stabilisieren	Filtrieren und Stabilisieren
Abfüllen	Abfüllen
Lagern in Flaschen	Lagern in Flaschen

QUALITÄTSBEZEICHNUNGEN BEI WEIN (PRÄDIKATE)

In Österreich

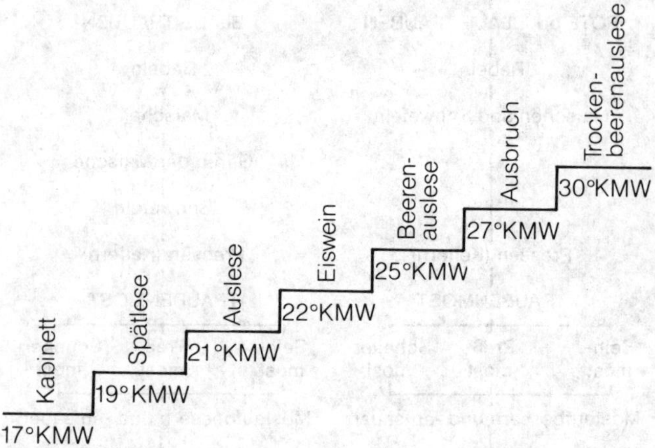

In der Bundesrepublik Deutschland

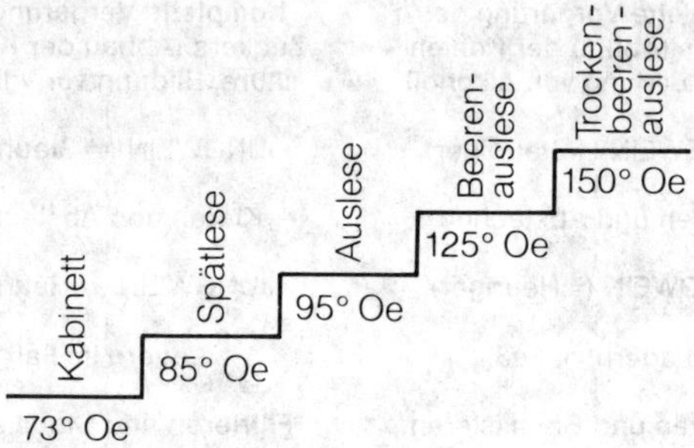

REBSORTEN

Weißweinrebsorten

Name der Rebe	Synonyme
Bouvier	–
Burgunder	Pinot
Grauer Burgunder	Pinot gris, Malvoisie
Weißer Burgunder	Pinot blanc
Furmint	Mosler
Gutedel	Chasselas, Fendant
Irsay-Oliver	–
Müller-Thurgau	Riesling-Silvaner, Rivaner
Muskateller	
Muskat-Ottonel	–
Muskat-Silvaner	Sauvignon blanc
Neuburger	–
Räuschling	–
Riesling	
Rheinriesling	Deutsch-Riesling
Welschriesling	Italienischer Riesling
Rotgipfler	–
Spätrot-Rotgipfler	–
Ruländer	Klevner (Clevner) Grauer Mönch Szürkebarát Abart des Pinot gris
Sämling 88 (S 88)	Scheu-Rebe
Silvaner (Sylvaner)	–
Grüner Silvaner	Johannisberg, Gros Rhin, Rhin
Traminer	–
Gewürztraminer	–
Roter Traminer	–
Veltliner	
Brauner Veltliner	–
Frühroter Veltliner	Malvasier
Grüner Veltliner	–
Zierfandler	–

Rotweinrebsorten

Name der Rebe	Synonyme
Blauburger	–
Blaufränkisch	Limberger
Burgunder	
Blauer Burgunder	Blauburgunder Pinot noir, Cortaillod rouge

Name der Rebe	Synonyme
Blauer Spätburgunder	–
Cabernet	–
Cabernet-Sauvignon	–
Gamay	–
Merlot	–
Blauer Portugieser	Vöslauer
St. Laurent	–
Roter Veltliner	–
Vernatsch	Trollinger
Blauer Wildbacher	–
Blaue Zweigelt	–

WEINLÄNDER
Im Anschluß werden die Weinbauregionen der Länder Österreich, Bundesrepublik Deutschland, Schweiz, Frankreich und Italien aufgelistet. Die ausführliche Beschreibung und Aufzählung der bekanntesten im Handel erhältlichen Marken sowie weiterer Weinländer befinden sich in Band 2 des Lexikons der Getränke.

ÖSTERREICH
Die Weinbauregionen Österreichs sind:
Niederösterreich mit den Weinbaugebieten Krems, Langenlois, Gumpoldskirchen, Vöslau, Klosterneuburg, Wachau, Falkenstein und Retz;
Burgenland mit den Weinbaugebieten Rust/Neusiedler See und Eisenberg;
Steiermark mit den Weinbaugebieten Südsteiermark, Klöch/Oststeiermark und Weststeiermark sowie
Wien.

BUNDESREPUBLIK DEUTSCHLAND
Die Weinbaugebiete Deutschlands sind:
Ahr, Mosel-Saar-Ruwer, Mittelrhein, Rheingau, Nahe, Rheinhessen, Rheinpfalz, Baden, Württemberg, Franken und Hessische Bergstraße.

SCHWEIZ
Die Weinbaugebiete der Schweiz sind die Westschweiz, die Ostschweiz und die Südschweiz mit dem Tessin.

FRANKREICH
Die wichtigsten Weinbaugebiete Frankreichs sind die Burgund (Bourgogne), das Rhônegebiet (Côtes du Rhône), die Provence, der Südwesten (Sud-Ouest), Languedoc-Roussillon (Midi), das Bordeauxgebiet (Bordeaux), das Loiretal (Val de Loire), die Champagne, das Elsaß (Alsace) und das Jura-Savoyen-Gebiet (Savoie et Franche-Comté).

ITALIEN
Die bedeutendsten italienischen Weinbaugebiete sind das Aostatal und Piemont (Val d'Aosta), die Lombardei (Lombardia), Trentin-Oberetsch (Südtirol – Alto Adige), Friaul-Julisch Venetien (Friule-Venetia Giulia), Ligurien (Liguria), Venetien (Veneto), Emilien (Emilia-Romagna), Toskana (Toscana), Marken (Marche), Umbrien (Umbria), Latium (Lazio), Abruzzen (Abruzzio), Kampanien (Campania), Apulien (Puglia), Basilikata (Basilicata), Kalabrien (Calabria), Sardinien (Sardegna) und Sizilien (Sicilia).

SCHAUMWEIN

Als Schaumwein werden heute alle kohlensäurehältigen Weiß-, Rosé- und Rotweine sowie Obstweine bezeichnet, die meist durch eine zweite Gärung natürlich entstanden sind und einen Mindestdruck von 3 bar aufweisen. Dazu zählen Champagner, Naturschaumwein, Sekt, Kunstschaumwein und Obstschaumwein.

Gesetzliche Bestimmungen

Sie gelten für alle Schaumweine mit Ausnahme von Kunstschaumwein und Obstschaumwein.

In Österreich

Nach dem Österreichischen Weingesetz ist Schaumwein (Sekt) jeder schäumende Wein, der mehr als ein Prozent Alkohol und einen so hohen Kohlensäuregehalt enthält, daß beim Öffnen der Umschließung bei 20° C Kohlensäure unter Aufbrausen entweicht. Die Bezeichnung „Schaumwein“ oder „Sekt“ auf dem Flaschenetikett ist nach diesem Gesetz in Österreich vorgeschrieben.

In der Bundesrepublik Deutschland

Nach dem deutschen Weingesetz ist Schaumwein ein Erzeugnis mit einem vorhandenen Alkoholgehalt von mindestens 8,5 Vol.-%, das durch erste oder zweite alkoholische Gärung aus frischen Trauben, Traubenmost oder Wein gewonnen wird, beim Öffnen des Behältnisses durch Entweichen von ausschließlich aus der Gärung stammendem Kohlendioxid gekennzeichnet ist und in geschlossenen Behältnissen bei 20° C einen auf gelöstes Kohlendioxid zurückzuführenden Überdruck von mindestens 3 bar aufweist.

In der Schweiz

Nach der Schweizer Lebensmittelverordnung ist Schaumwein ein aus Trauben der Vinifera-Sorten hergestellter Wein, der infolge einer zweiten Gärung in geschlossenen Behältern (Flasche, Tank) unter einem durch weineigene Kohlensäure erzeugten Druck von wenigstens 2,5 Atmosphären (atm) bei 20° C steht bzw. einen Gehalt von mindestens 4 g Kohlensäure im Liter aufweist. Der Alkoholgehalt muß mindestens 8 Vol.-% betragen.

CHAMPAGNER

Champagner (frz. Champagne) ist ein moussierender Schaumwein, der üblicherweise aus blauen und weißen Trauben hergestellt wird. Er darf ausschließlich aus drei Rebsorten erzeugt werden, nämlich aus der Pinot noir (blaue Traube), der Pinot meunier (blaue Traube) und der Chardonnay (weiße Traube).
Nach den verwendeten Trauben ergeben sich folgende Unterschiede: Der **Blanc de blancs** wird nur aus weißen Chardonnay-Trauben hergestellt. Demgegenüber wird der **Blanc de noirs** nur aus blauen Trauben (Pinot noir und Pinot meunier) erzeugt.
Der **Rosé** wird einerseits aus blauen Trauben hergestellt, deren Maische kurze Zeit stehengelassen wird, um den gewünschten Farbton zu erreichen. Andererseits wird er aus allen drei Rebsorten hergestellt, wobei bei der Cuvéebereitung dem weißen Wein etwas Rotwein beigegeben wird, um die gewünschte Farbnuance zu erhalten.

Abhängig vom Herstellungsverfahren, sind folgende Bezeichnungen gebräuchlich:
Jahrgangschampagner (Millesimé, Vintage): Die Cuvée besteht ausschließlich aus Weinen eines besonders guten Jahrganges.
Crémant: ist ein Champagner, dem bei der zweiten Gärung wenig Zucker und Gärstoffe zugegeben werden. Er läßt die Eigenart der Grundweine besonders ausgeprägt zur Geltung kommen und ist feinperlend; nicht zu verwechseln mit Cramant, einer Weinbaugemeinde in der Champagne, aus der der „Crémant de Cramant" kommt und „vinmousseux-Crémant", der aus Weinen außerhalb der Champagne hergestellt wird.

Die Champagne

Die Champagne ist gesetzlich abgegrenzt. Sie liegt etwa 150 km nordöstlich von Paris. Dieses Weinbaugebiet ist durch ein Gesetz aus dem Jahre 1927 auf zirka 34.000 ha begrenzt, wovon zur Zeit zirka 25.000 ha bebaut werden. Dies ist die sogenannte **„zone délimitée".**
Diese Zone gliedert sich in vier Gebiete, die sich durch ihre Lagen und Größen deutlich voneinander unterscheiden. Hauptorte sind die Krönungsstadt Reims und Epernay.

a) **Montagne de Reims – Reimser Berge:** Hier gibt es meist Nordlagen. Die Montagneweine, hauptsächlich aus blauen Trauben, tragen zum Bukett, zum Alkoholgehalt und zum Charakter des Champagners bei.

b) **Vallée de la Marne – Marnetal mit Epernay:** Das Marnetal hat vor allem Süd- und Südostlagen. Aus den blauen Trauben werden volle, runde und reife Weine erzeugt.
c) **Côte des Blancs – Weißer Hang:** In den Ostlagen werden hauptsächlich Chardonnay-Reben angepflanzt, die der Cuvée die Frische und Finesse verleihen.
d) **Aube:** Das Anbaugebiet mit Bar-sur-Seine und Bar-sur-Aube liegt am südlichsten und hat die geringste Bedeutung.

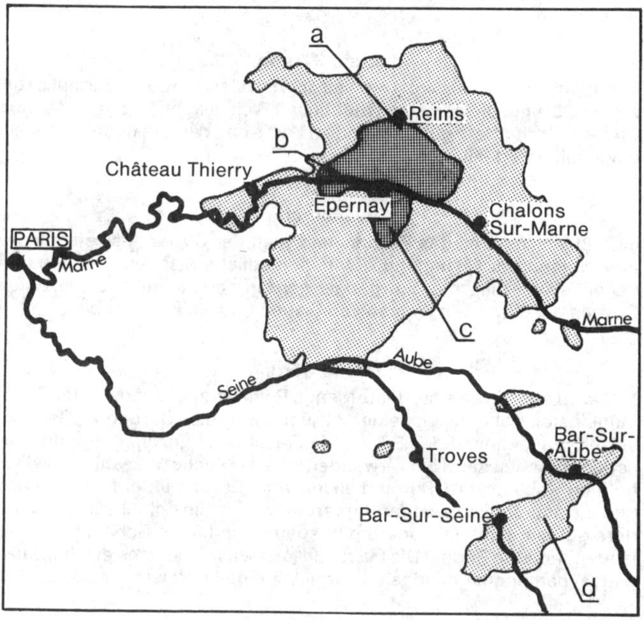

Erzeugung

Das Verfahren zur Herstellung von Champagner bezeichnet man als Méthode champenoise. Als Erfinder des Champagners gilt der Benediktinermönch Dom Pérignon. Es dauerte fast ein Jahrhundert, bis das Geheimnis der Erzeugung über die Grenzen Frankreichs hinausdrang. Durch die Friedensverträge von St. Germain und Versailles ist die Bezeichnung „Champagner" den Produkten aus der Champagne vorbehalten (Herkunftsbezeichnung).

Weinlese

Die Weinlese beginnt Ende September, etwa 100 Tage nach der Blüte. Die Trauben werden mit großer Sorgfalt von Hand gelesen.

↓

Kelterung

Nach der Ernte werden die Trauben in Mannequins (Tragkörben) zu den Pressen transportiert. Das Pressen erfolgt schon wenige Stunden nach der Lese in flachen Spezialpressen, in denen der Most (Preßmasse) rasch durchfließen kann, damit kein Farbstoff der blauen Trauben in den Saft gelangt.

↓

Erste Gärung

Der frisch gekelterte Most kommt in Holzfässern oder Gärtanks zur ersten Gärung, die aus dem Traubensaft Wein macht. Im ersten Abstich wird er von der Hefe getrennt und im Laufe des Winters noch mehrmals umgefüllt und gefiltert.

↓

Cuvéebereitung

Im Frühjahr beginnt das Zusammenstellen der Cuvée aus verschiedenen Weinen der Champagne. Unterschiedliche Mengen, Gebiete und Lagen sowie mehrere Jahrgänge werden verschnitten. Die meisten Cuvées bestehen aus Weinen von blauen und weißen Trauben.

↓

Zweite Gärung

Nun wird der Cuvée eine kleine Menge Reinzuchthefe und in altem Wein aufgelöster Rohrzucker beigefügt, um die zweite Gärung in Gang zu setzen. Danach wird das Produkt in Flaschen abgezogen und die Flaschen verschlossen. Nun verwandelt sich der Zucker allmählich in Alkohol und Kohlensäure. Durch die langsame Gärung unter hohem Druck und die nachfolgende Lagerung verbindet sich die Kohlensäure besonders gut mit dem Wein und ergibt später den feinen Schaum und das langanhaltende Perlen. Die Flaschen müssen mindestens ein, bei Jahrgangschampagner mindestens drei Jahre gelagert werden.

↓

Rütteln

Der Satz aus den Rückständen der zweiten Gärung muß entfernt werden. Dazu werden die Flaschen auf schräge Rüttelpulte gelegt, den Hals leicht nach unten geneigt. Jeden Tag wird jede Flasche mit einer 1/8 Drehung gerüttelt, gedreht und ein wenig steiler gestellt. Nach mehreren Wochen hat sich der ganze Satz im Flaschenhals gesammelt.

↓

Degorgieren

Um die Trubstoffe entfernen zu können, wird der Flaschenhals in eine Gefrierlösung getaucht. Der Satz gefriert, die Flasche wird geöffnet und der Druck jagt den Satz aus der Flasche.

↓

Dosierung oder Dosage

Der bei der Degorgierung entstandene Weinverlust wird durch die Dosage wieder aufgefüllt. Sie besteht aus Wein der verwendeten Cuvée, vermischt mit altem Champagner, in dem Rohrzucker aufgelöst wurde. Mischungsverhältnis und Zugabemenge der Dosage bestimmen die Geschmacksrichtung des Champagners und sind das Geheimnis des Champagnerhauses.

↓

Verkorkung

Die Flasche wird mit einem Naturkorken verschlossen, der noch mit einer **Agraffe** (Drahtkörbchen) gesichert wird.

↓

Lagerung

Der Champagner wird nochmals kräftig durchgeschüttelt und gelagert, bis er die Flaschenreife erreicht hat.

CHAMPAGNERFLASCHENGRÖSSEN

Inhalt in Liter	Bezeichnung	Deutsche Bezeichnung
0,178 l	Baby Split, Quart	Pikkolo, Baby, Knirps
0,375 l	Split, Demi	Halbe Flasche
0,75 l	Bottle, Bouteille	1/1-Flasche, Normalflasche
1,5 l	Magnum	2 1/1-Flaschen, doppelte Flasche
3 l	Jeroboam, Doppelmagnum	4 1/1-Flaschen, vierfache Flasche

Die 3-Liter-Flasche ist nicht im Handel erhältlich, sie wird meist nur auf ausdrücklichen Wunsch vom Champagnerhaus erzeugt.

BEKANNTE CHAMPAGNERFIRMEN

Name	Herkunft	Name	Herkunft
Ayala	Ay	Piper-Heidsieck	Reims
Bollinger	Ay	Pol Roger & Co.	Epernay
Heidsieck Charles	Reims	Pommery & Greno	Reims
Heidsieck Monopole	Reims	Roederer Louis	Reims
Krug & Co.	Reims	Taittinger	Reims
Lanson Père & Fils	Reims	Veuve Clicquot	
Mailly	Mailly	Ponsardin	Reims
Moët & Chandon	Epernay	Veuve Laurent	
G. H. Mumm & Co.	Reims	Perrier	Reims
Perrier-Jouet & Co.	Epernay		

RICHTIGE BEHANDLUNG DES CHAMPAGNERS

Der Champagner soll bei etwa 10° C bis maximal 15° C ruhig, im Dunkeln, vor Zugluft geschützt und liegend gelagert werden. So hält sich der Champagner mehrere Jahre, er entwickelt sich jedoch nicht mehr weiter.
Die beste Trink- bzw. Serviertemperatur liegt bei 6 bis 9° C.
Die idealen Gläser zum Servieren von Champagner sind Sektkelche, Sektflöten und Sekttulpen. Hier kann sich das Bukett optimal sammeln. Ungeeignet sind Sektschalen.

NATURSCHAUMWEIN

Die einzigen Naturschaumweine der Welt werden in Italien erzeugt, nämlich der Asti spumante und der Spumante secco.
Asti spumante: Der Name kommt von der Stadt Asti im Weinbaugebiet Piemont. Zum Unterschied von der Champagner- oder Sektherstellung findet nur eine Gärung statt. Diese geht in großen Druckbehältern vor sich und wird durch Kälte gestoppt, wenn ein Alkoholgehalt von etwa 8 bis 9 Vol.-% erreicht ist.
Dieser aromatische Schaumwein ist einmalig in seiner Art. Der Schaum ist lebhaft weiß, er perlt fein und andauernd.
Der Geschmack ist lebendig und aromatisch, mit einem ausgeprägten und anhaltenden Muskatellerbukett.
Die großen Wermutfirmen Cinzano, Martini, Gancia und Cora stellen Asti spumante her.
Spumante secco: Er ist zum Unterschied vom süßen Asti spumante ein trockener Naturschaumwein und muß die Bezeichnung „secco" oder „brut" tragen.
Trockene Naturschaumweine sind zum Beispiel der Prosecco aus der Prosecco-Rebe in Venetien und der Verdicchio di Matelica aus Verdicchio-Trauben der Region Marken.
Darüber hinaus gibt es in Italien einen roten Naturschaumwein, den Recioto.
Das ideale Glas zum Servieren von Spumante ist die Spumante-Schale, in der er sein Bukett optimal entfalten kann. Die richtige Trinktemperatur für Spumante beträgt 7 bis 9°C.

SEKT

Sekt ist die Bezeichnung für alle Schaumweine aus Österreich, der Bundesrepublik Deutschland und der Schweiz.
Die Sekterzeugung erfolgt nach folgenden Methoden:

a) **Flaschengärverfahren (Méthode champenoise):** wie Champagner.
b) **Tankgärverfahren (Charmat-Methode):** In großen, druckfesten Stahlbehältern werden der Cuvée die Reinzuchthefe und der Zucker

beigemischt. Die zweite Gärung erfolgt also nicht in der Flasche, sondern in diesen Behältern. Nach der Gärung wird der Rohsekt auf minus 5° C abgekühlt, um die verbrauchte Hefe entfernen zu können. Dann wird die Dosage beigegeben, der Sekt filtriert und in Flaschen abgefüllt.

c) **Transvasierverfahren:** Eine Reihe besonderer Grundweine werden zur Cuvée verschnitten. Obwohl die verwendeten Grundweine von Jahr zu Jahr anders ausfallen, muß der Sekt immer gleich schmekken. Der Unterschied zur Flaschengärung besteht darin, daß der Reifungsprozeß in einem Sammelbehälter erfolgt. Die Trubstoffe werden unter Gegendruck entfernt, dann kommt die Dosage dazu, und der Sekt wird in Flaschen abgefüllt.

Nachfolgende Tabelle gibt einen Überblick über die Sektgeschmacksrichtungen und deren Zuckergehalt.

Geschmacksrichtungen	Restzucker je Liter
Herb, brut	weniger als 15 g
Sehr trocken, extra dry, extra sec	15 bis 20 g
Trocken, dry, sec	17 bis 35 g
Halbtrocken, demi-sec	33 bis 50 g
Mild, süß, doux	mehr als 50 g

Weiters gibt es Spezialitäten von bestimmten Anbaugebieten und Lagen (z. B. Lagensekt brut) sowie mit Angabe von Rebsorte und Jahrgang.

Arten

Rosé-Sekt: Seine Farbe entsteht, indem man den ausgepreßten Most bei der Weinherstellung so lange auf den roten Schalen läßt, bis er genügend Farbe für den Roséton herausgezogen hat oder man verwendet bei der Cuvée weißen und roten Wein. Bei Rosésekt gibt es die Geschmacksrichtungen trocken und süß.

Roter Sekt: Er wird aus ausgewählten Rotweinen hergestellt und gilt als besonders feurig und gehaltvoll. Roter Sekt wird nur von wenigen Kellereien hergestellt.

Schilchersekt: Er ist eine spezielle Sektsorte aus der Weststeiermark. Der aus blauen Wildbachertrauben erzeugte Schilcherwein ist seine Grundlage.

Krimsekt: Dieser russische Sekt, der nach der Méthode champenoise erzeugt wird, muß drei Jahre in Flaschen lagern, ehe er verkauft werden darf. Bekannt sind in Westeuropa die Sorten Krimskoje rot, weiß halbtrocken und weiß trocken.

BEKANNTE SEKTMARKEN IN ÖSTERREICH

Name	Firma	Herkunft
Herzogmantel	Kleinoscheg	Graz/Gösting
Hochriegel	Kattus	Wien

Name	Firma	Herkunft
Kloster Sekt	Chorherrenstift Klosterneuburg	Klosterneuburg
Mounier	P. M. Mounier & Co.	Wien
Schlumberger	Underberg/Gürtler	Wien
In Lizenz erzeugte Sektarten		
Fürst von Metternich	Asbach Doornkaat	Wien
Henkell	Scharlachberg	Salzburg
Kupferberg	Mautner-Markhof	Wien

BEKANNTE SEKTFIRMEN UND SEKTMARKEN IN DER BUNDESREPUBLIK DEUTSCHLAND

Name	Herkunft
Burgeff & Co.	Hochheim/Main
Deinhard & Co.	Koblenz
Deutz & Geldermann	Breisach/Baden
Fürst von Metternich	Rüdesheim/Johannisberg
Henkell & Co.	Wiesbaden-Biebrich
Kupferberg & Co.	Mainz
Matheus Müller (MM)	Eltville
Söhnlein	Wiesbaden/Schierstein

BEKANNTE SEKTFIRMA IN DER SCHWEIZ

Name	Herkunft
Mauler & Cie.	Môtier, Neuchâtel

ANDERE BEZEICHNUNGEN FÜR SCHAUMWEIN

Vin mousseux: Unter dieser Bezeichnung werden alle Schaumweine aus Frankreich zusammengefaßt, die aus Trauben hergestellt werden, die nicht aus der Champagne kommen. Sie werden jedoch wie der Champagner nach der Méthode champenoise erzeugt.
Die Qualitätsunterschiede der Vins mousseux sind sehr groß. Bekannte Marken sind der Anjou-Mousseux, der Saumur und der Vouvray aus dem Loiretal sowie der Blanquette de Limoux aus dem Südwesten Frankreichs.
Kalifornischer Champagner: Zum Unterschied von Europa wird in Amerika jeder Schaumwein (Sparkling wine) als Champagner bezeichnet.
Steht die Bezeichnung Champagner auf dem Flaschenetikett, muß auch die Erzeugungsart angeführt sein. Diese sind die Flaschengärung (Individually fermented in the bottle), das Transvasierverfahren (Transfer process) und das Tankgärverfahren (Bulk process).
Kunstschaumwein: Kunstschaumwein ist ein mit Kohlensäure versetzter Wein (siehe Seite 867).

Bild 36: 1 Kir Carneval (Aperitif), 2 Sektflöte, 3 Sektkelch (modern), 4 Sektflöte, 5 Sekttulpe, 6 kurzer Sektkelch, 7 Sektschale

Bild 37: Champagner, rechts Champagnerflasche mit Patentverschluß und Thermokühler

Bild 38: **Liköre,** *1 Grand Marnier im Schwenker, 2 Cherry Brandy in der Likörschale (moderne Form), 3 Drambuie in der Likörschale, 4 Kahlúa in der Likörschale, 5 Cointreau im Cordialglas*

Bild 39: Österreichisches Bier

Bild 40: Alkoholfreie Getränke

Bild 41: Klare Digestifs, Kirschwasser in der Branntweinschale und Himbeergeist im Branntweinglas

Bild 42: Magenbitter in der Likörschale

Bild 43: Harry's Special Cocktail (links, Rezept Seite 187), Harry's Grand Special Cocktail (Rezept Seite 187)

VERSETZTER WEIN

Dessert-, Süd-, Süß- oder Likörwein

Versetzte Weine sind Weine, deren Beschaffenheit neben der durch die Weintraube gegebenen Eigenart noch durch zwei Komponenten charakterisiert ist. Einerseits ist das die besondere Behandlungsweise, die Haltbarmachung, und andererseits sind das die Zusätze, z. B. Kohlensäure, Alkohol und Most, bei der Erzeugung.
Das Ausgangsprodukt für die versetzten Weine ist immer ein **Grundwein.**

Gesetzliche Bestimmungen

Sie gelten für alle versetzten Weine. Ausnahmen sind Wermut und Kunstschaumwein.

In Österreich

Versetzte Weine (Dessert- oder Südweine) haben einen Alkoholgehalt von mindestens 13 Vol.-% und höchstens 22,5 Vol.-%.

In der Bundesrepublik Deutschland

Hier gibt es die Bezeichnung „versetzte Weine“ nicht.
Als Dessertwein bzw. Südwein oder Süßwein bezeichnete Erzeugnisse dürfen ausschließlich im Ausland hergestellt werden und im Inland lediglich mit anderen Dessertweinen verschnitten oder anderweitig behandelt werden (Ausnahme Wermut). Die EWG hat anstelle des in der Bundesrepublik Deutschland bisher üblichen Begriffs Dessertwein die Bezeichnung **Likörwein** eingeführt. Ausnahmen sind aufgespritete Weine (mit Alkohol versetzte Weine), die noch als Dessertweine bezeichnet werden.
Likörweine sind Erzeugnisse mit einem Gesamtalkoholgehalt von mindestens 17,5 Vol.-% sowie einem vorhandenen Alkoholgehalt von mindestens 15 Vol.-% und höchstens 22 Vol.-%.
Der bedeutendste Unterschied zwischen dem früheren deutschen Weingesetz und der EWG-Bestimmung ist der, daß nunmehr Likörweine auch im Inland hergestellt werden dürfen.

In der Schweiz

Hier gibt es lediglich die Bezeichnung **„Süßwein“.** Er ist ein Wein, der sich vom gewöhnlichen Wein durch seinen mehr oder weniger süßen Geschmack oder durch einen höheren Alkoholgehalt unterscheidet. Sein Alkoholanteil beträgt 18 bis 20 Vol.-%.

Arten

Die versetzten Weine werden nach den bei der Herstellung verwendeten Zusätzen in Gruppen eingeteilt. Da jedes Produkt sein eigenes Herstellungsverfahren hat, kann die Erzeugung nicht pauschal behandelt werden. Sie wird bei jedem Kapitel gesondert angeführt.

Die Gruppen sind folgende:

Zusatz von Alkohol und Most
Sherry, Portwein, Madeira, Samos, Mavrodaphne

Zusatz von Alkohol, Wein, Most und Mostkonzentraten
Marsala, Malaga

Zusatz von Rosinen (Trockenbeeren) und Most
Tokajer

Zusatz von Alkohol und Zucker
Refošco, Karlowitzer

Zusatz von Alkohol, Zucker und Kräuterauszügen
Wermut

Zusatz von Alkohol, Traubensaft, Chinarinde und Aromaten
Quinquinas, wie z. B. Cynar (siehe Seite 817), Dubonnet (siehe Seite 817), St. Raphaël (siehe Seite 827).

Zusatz von Kohlensäure
Kunstschaumwein

SHERRY

Er kommt aus dem spanischen Weinbaugebiet Andalusien und darf laut Gesetz nur in einem genau abgegrenzten Gebiet um die Städte Jerez de la Frontera und Sanlúcar de Barrameda angebaut werden. 90 Prozent des Grundweines zur Sherry-Erzeugung stammen aus der Palomino-Rebe. Weitere Rebsorten sind die Pedro Ximénez (PX-Rebe), die Mantúo, die Albillo und die Cañocaza.

Erzeugung

Weinlese

Die aussortierten Reben werden auf Strohmatten einige Stunden in der Sonne getrocknet. Sie werden mit Kalk oder Gips bestäubt, wodurch der Säuregrad herabgesetzt und so die Reinheit des Produktes verbessert wird.

↓

Pressen

Es erfolgt mit hydraulischen Pressen.

↓

Gärung

Der erste Teil der Gärung, die stürmische Gärung, dauert bis zu einer

Woche. Danach wird der Traubensaft in 600-Liter-Fässer aus amerikanischer Eiche („quercus alba") gefüllt.
Dort macht er den zweiten Teil der Gärung durch. Sie ist langsamer und dauert zirka drei Monate. Während dieser Zeit werden die Verschlüsse der Fässer geöffnet, daß der Wein mit Luft in Kontakt kommt.

↓

Filtration

Der vergorene Wein wird nun gereinigt. Abschließend erfolgt die Klassifizierung und Weiterbehandlung:

- Klarer, leichter Jungwein mit feinem Bukett und etwas Flor-Hefe an der Oberfläche wird zu **Finos** und **Amontillados** weiterverarbeitet.
- Körperreiche, schwere Jungweine mit wenig Bukett und ohne Flor-Hefe werden zu **Olorosos** gereift.

↓

Abfüllung

Die zur weiteren Behandlung klassifizierten Weine werden nun in Sherryfässer, die sogenannten **Criaderas,** abgefüllt und auf ihren Alkoholgehalt geprüft. Ist dieser niedrig, wird er mit Weinbrand der Gegend gespritet. Beim Fino bis 16 Vol.-% und beim Oloroso bis zu 17 oder 18 Vol.-%.
Sherry kann maximal bis 22,5 Vol.-% gespritet werden.

↓

Lagerung

Die Fässer werden bis zu drei Jahre in gut durchlüfteten Lagerhallen zur weiteren Reifung des Sherrys gelagert. Danach wird der Sherry in andere Fässer, die sogenannten **Soleras,** umgefüllt. Die anschließende Lagerung erfolgt nach dem **Solera-System.** Dabei werden die Fässer zum Reifen in mehreren Lagen übereinander gestapelt. Der älteste Sherry lagert ganz unten.
Von den untersten Fässern wird maximal die Hälfte in Flaschen abgefüllt, und die Fässer werden mit Sherry aus der zweiten Reihe aufgefüllt, diese wiederum mit Sherry aus der dritten Reihe und so fort. Dadurch wird eine gleichbleibende Qualität garantiert. Bei Sherry gibt es deshalb keine Jahrgangsbezeichnung.
Als Folge einer langen Lagerung, besonders bei großen Temperaturschwankungen, kann sich in der Flasche ein **Depot** bilden. Es genügt dann meist, die Flasche aufrecht eine Stunde bei Zimmertemperatur stehen zu lassen, so daß sich die Trubteilchen auflösen oder absetzen können.

Arten

Nach der Geschmacksrichtung unterscheidet man folgende Sherrys:

Fino: Er ist der klassische Sherry und zugleich der trockenste (extra dry). Die besten Finos stammen aus milden, regenreichen Jahren. Die Farbe ist hellgolden, und sie haben ein klar definierbares Aroma nach Mandeln. Finos werden gekühlt als Aperitif serviert.

Amontillado: Dieser Abkömmling des Finos erfreut sich wegen seines trockenen Charakters großer Beliebtheit. Seine Farbe ist bernsteinfarben (amba). Er wird ebenfalls gekühlt als Aperitif serviert.
Manzanilla: Er ist ein sehr trockener Sherry mit herbem leicht salzigem Geschmack, den er vom Meeresklima erhält. Er ist hellgolden in der Farbe und wird in der Küstenstadt Sanlúcar de Barrameda produziert.
Oloroso: Dieser halbsüße (medium) Sherry ist sehr aromatisch, goldgelb in der Farbe (oro) und hat einen schweren, wuchtigen Körper. Er wird leicht gekühlt als Aperitif gereicht. Der Oloroso dient auch als Grundlage für die Herstellung des Cream-Sherrys, der durch Zugabe von süßen PX-Weinen (aus der Pedro-Ximénez-Rebe) entsteht.
Cream oder Milk: Dieser Sherry ist eine Oloroso-Auslese mit vollem, kräftigem Körper, dunkler Farbe (oscuro) und ist sehr süß. Er wird ungekühlt als Digestif gereicht.
Brown: ist ein sehr dunkler, süßer Sherry, der sogenannte „braune Sherry" (muy oscuro). Er ist dem Cream-Sherry ähnlich, kommt aber kaum noch in den Export.

Bekannte Sherrymarken
Royal Permatin (Sandeman), Tio Pepe (Gonzales Byass), El Cid (Duff Gordon), Bristol Cream (Harvey's), Dos Cortados (Williams & Humbert), Rio Viejo (Pedro Domecq), Don Zoilo (Zoilo Ruiz-Mateaos), Palomino, Tio Mateo (Vergara).

PORTWEIN

Der Portwein (Port) kommt aus Portugal. Der Wein darf nur in dem gesetzlich abgegrenzten Gebiet, dem Dourotal, das etwa 100 km östlich von Porto (Oporto) gelegen ist, angebaut werden. Auch die Art der Lagerung ist vorgeschrieben. Der Wein darf nur in dem Zentrallager in Vila Nova de Gaia am linken Ufer des Douro reifen.
Verdelho, Cão, Francisca, Mourisca, Tourigo und Bastardo sind die verwendeten Rebsorten.
Das Weingesetz für Portwein ist zirka 200 Jahre alt und gehört zu den strengsten der Welt. Es regelt den Anbau, die Herstellung, die Lagerung und den Export.
Etwa ein Drittel der jährlich erzeugten Menge darf sich Portwein nennen. Ein weiterer Teil der Produktion wird zu Weinbrand destilliert, mit dem wieder Portwein gespritet wird. Erst nach vielen Qualitäts- und Mengenprüfungen bekommt jede Flasche Port vom „Instituto do vinho do Porto" ein Staatssiegel mit fortlaufender Nummer.

Erzeugung

Zum angegorenen Most (meist aus blauen Trauben) wird Weinbrand im Verhältnis 5:1 gemischt und so die Gärung gestoppt. Eine Restsüße bleibt erhalten.

Reifung

Für die Reife des Weines ist die Lagerung in den Bodegas oder Lodges (große Lagerhallen) im Ort Vila Nova de Gaia vorgeschrieben.

↓

Lagerung

Sie kann zwei bis 50 Jahre dauern. Nach zirka 10 Jahren steht das Wort **„velho“** (alt) auf dem Etikett.

Arten

Nach der Qualität gibt es folgende Bezeichnungen:
Vintage Port oder Novidadce: Das ist ein Jahrgangsport, also ein nicht mit anderen Jahrgängen verschnittener Portwein. Er ist sehr schwer und „fettig“. Der Vintage wird nach der ersten Gärung in Flaschen abgefüllt, die zweite Gärung erfolgt in der Flasche.
Die besten Jahrgangsports sind: 1945, 1948, 1950, 1955, 1958, 1960, 1963, 1966, 1967, 1970, 1972.
Vintage Port soll vor dem Servieren dekantiert werden, weil sich sehr viel Depot bildet.
Late Bottled Vintage: Er ist dem Vintage Port sehr ähnlich, wird aber reif in Flaschen abgefüllt. Er ist leichter als Vintage Port.
Vintage Character: Er ist eine Spielart des Crusted Port.
Fin Tawny: ist eine Auslese des Tawny Port.
Tawny Port: Er ist die gängigste Marke. Durch lange Lagerung in Eichenfässern nimmt er eine trübbraune Farbe an (lohfarben). Der Tawny Port ist leichter als die anderen Portweine.
Ruby Port: Dieser junge Portwein ist sehr dunkel in der Farbe und fruchtig bis süßlich im Geschmack. Beim Ruby Port werden Weine verschiedener Jahrgänge verschnitten. Er verbessert sich in der Flasche nicht mehr. Ruby Port war früher in den Pubs in England als „port and lemon drink“ ein sehr beliebtes Getränk.
White Port: Dieser Portwein wird aus weißen Trauben hergestellt und ist im Vergleich zu den roten Portweinen sehr trocken. Er wird gekühlt als Aperitif gereicht.
Crusted Port: Dieser schwere Portwein wird aus mehreren Jahrgängen verschnitten. Er darf jedoch seit 1984 nicht mehr erzeugt werden.

Beim Portwein gibt es eine Reihe von Zusatzbezeichnungen, nach Geschmack, Farbe und Lagerdauer.

Extra dry, extra secco, extra trocken
Dry, secco, trocken
Dry finish, meio doce, halbtrocken
Medium sweet, meio doce, halbsüß
Rich, doce, süß
Very sweet, lagrima, sehr süß

Full, rentinto, dunkelrot
Red tinto, rot

Ruby, tinto aloirado, rubinrot
Tawny, aloirado, lohfarben (helles Rotbraun)

Pale white	zirka dreijährige Faßlagerung
Straw coloured white	3- bis 5jährige Faßlagerung
Golden white	6- bis 12jährige Faßlagerung
Vintage Port	ab 10jähriger Faßlagerung

Colheita: Zusatzbezeichnung für Jahrgangsportweine, nur bei Erzeugerabfüllung.

BEKANNTE PORTWEINMARKEN
Croft, Dow, Sandeman, Cockburn, Ferreira, Burmester, Warre, Taylor, Noval, Barro, Kopke, Calem, Mackenzie, Smith Woodhouse, Tuke Holdsworth, Offley, Gonzales Byass, Barros Almeida, Wiese & Krohn, Fuerherd, Silvia Graham's, Quarles Harris, Niepoort's.

MADEIRA

Der Madeira darf nur aus Weinen von der portugiesischen Insel Madeira gewonnen werden. Er muß über den Hafen von Funchal exportiert werden.
Charakteristisch für die Insel Madeira ist die Vulkanerde.
Die Rebsorten Malvasier bzw. Boal (süß) und Sercial bzw. Verdelho (trocken) gedeihen hier besonders gut.

Bis zur Mitte des 18. Jahrhunderts wurden Madeira-Weine als ungespritete Stillweine normaler Art exportiert. Der Branntwein wurde aus dem Beerenüberschuß destilliert, und erst 1753 begann man mit dem Vermischen von Wein und Branntwein.
Die Ernte beginnt Mitte August und dauert bis Ende Oktober. Die Trauben werden in Holzbottichen mit den Füßen gestampft, also nicht in der Maschine gemaischt. Anschließend wird die Maische stark gepreßt und der Most in Ziegenfellen zu den Gärfässern getragen.
Alle Gärfässer werden nach Funchal transportiert, wo der junge Wein in den Lagerhallen der Großfirmen weiterbehandelt wird. Der junge Wein wird in der Sonne oder in Wärmespeichern zirka sechs Monate erwärmt. Die Temperatur steigt auf 40 bis 46° C.

Für die Erzeugung von süßen Madeira-Weinen wird der Wein mit Rohrzucker-Branntwein gespritet.
Die trockenen Madeira-Weine werden zuerst voll durchgegoren, dann gewärmt und erst anschließend gespritet.
Nach dem Erwärmen des Weines, das der Reifung dient, wird der Wein 18 Monate gelagert. Anschließend wird er nach dem spanischen **Solera-System** (vgl. Sherry) weiterbehandelt. Erst dann hat der Madeira seinen charakteristischen Karamelgeschmack.

Arten

Malmsey: Er ist ein ausschließlich aus Malvasier-Reben gekelterter Madeira.
Bual, Boal: Er ist etwas leichter als der Malmsey und nicht ganz so süß.
Verdelho: Er ist durch einen leichten Honiggeschmack und durch ausgeprägte Rauchigkeit charakterisiert.
Sercial: Er ist der trockenste der Madeiras.
Rainwater: Er ist hell in der Farbe und halbsüß bis trocken im Geschmack.
Southside: Dieser Markenverschnitt wurde speziell auf den amerikanischen Geschmack abgestimmt.
Jahrgangs-Solera: Dieser qualitativ sehr hochstehende Madeira wird aus sehr alten Weinen erzeugt.

BEKANNTE MADEIRA-ERZEUGERFIRMEN
Miles, Rutherford & Co., Blandy, Gordon & C., Leacock & Co., Lomelino, Barbeito, Henriques.

SAMOS

Der aus der weißen Muskateller-Rebe (Moscato aspro) hergestellte goldgelbe Samos ist ein voller und süßer Dessertwein der griechischen Insel Samos. Es gibt drei Herstellungsmethoden bei Samos.
Dem Dessertwein wird Weingeist und nicht vergorener Most oder unvollständig vergorener Most zugesetzt. Die dritte Art ist ein Dessertwein ohne Weingeist mit einem hohen Gehalt an Restzucker.

MAVRODAPHNE

Über ein Drittel der griechischen Weinbaufläche liegt auf dem Peloponnes. In der Nähe von Patras wächst auch die Mavrodaphne-Rebe. Diese rote Rebe wird auch Mavrud genannt. Aber auch auf den Inseln Kefallinia und Ithaka wird die Mavrodaphne-Rebe gepflanzt.
Der süßliche, dunkle und intensiv rote Wein wird mit Weingeist versetzt, um die Gärung zu stoppen. Er braucht mehrere Jahre zur Reifung.

MARSALA

Die gesetzlich vorgeschriebenen Erzeugungsgebiete für Marsala sind die sizilianischen Provinzen Tragani mit der Hafenstadt Marsala, Palermo und Agrigent. Das Gebiet und die Herstellung sind in den D.O.C.-Bestimmungen genau festgelegt.

Es dürfen nur die Rebsorten Grillo, Cataratto und Inzolia verwendet werden. Dem trockenen Weißwein werden Rosinenwein (Passito), Branntwein und unvergorener Most zugesetzt.
Der Marsala ist dunkelrot bis braun und meist sehr süß.

Arten

Fine, Fino: Er schmeckt voll und leicht bitter, der Alkoholgehalt beträgt 17 Vol.-%.
Superiore: Er ist voll und süß und weist einen Alkoholgehalt von 18 Vol.-% auf.
Vergine: Beim Marsala vergine wird erst der voll durchgegorene Grundwein gespritet. Er hat einen Alkoholgehalt von mindestens 17 Vol.-%.
Speciale: Diese Zusatzbezeichnung tragen Marsalas, die aromatisiert werden. Die Zusätze reichen von Bananen, Erdbeeren und Nüssen bis zu Eigelb, z. B. Marsala al uovo (mit Eigelb), al mandola (mit Mandeln).

MALAGA

Er kommt aus der Umgebung der Stadt Málaga im spanischen Weinbaugebiet Andalusien.
Dieser süße Dessertwein ist ein Verschnitt aus der Pedro-Ximénez-Rebe (PX-Rebe) (zirka 60 %), der Lairen (zirka 20 %) und der Moscatel (Muskateller, zirka 15 %). Der Rest ist nicht festgelegt.
Der Alkoholgehalt liegt zwischen 15 und 20 Vol.-%.

Die Beeren werden nach dem Prinzip der Strohweine angetrocknet, d. h., sie werden auf Strohmatten aufgelegt und in der Sonne getrocknet. Zu ihrem Most mischt man Mostkonzentrate und eine karamelisierte Zuckerlösung sowie Alkohol und alte Malagaweine. Die guten Sorten werden nach dem spanischen **Solera-Verfahren** (siehe Sherry) veredelt.

Arten

Dulce color: Er ist sehr süß und sehr dunkel.
Blanco dulce: Er ist sehr süß und goldfarben.
Semi-dulce: Er ist halbsüß. Es gibt ihn sowohl in Weiß als auch in Rot.
Lagrimae: Er ist sehr süß und goldfarben bis braun.
Blanco secco: Er ist halbsüß und hellgelb.
Moscatel: Dieser süße, bernsteinfarbene Malaga hat einen typischen „weinigen" Geschmack.
Pedro Ximenes: Ein sehr süßer, delikater Malaga mit dunkelbrauner Farbe, die einen rötlichen Schimmer hat.
Rome: Es gibt ihn in Weiß und Rot. Er wird auf 15 bis 20 Vol.-% aufgespritet.
Pajaretz: Es gibt ihn in Weiß und Rot. Er wird auf 15 bis 20 Vol.-% aufgespritet.
Tintillo de Malaga: Er ist sehr dunkel und süß und wird auf 15 bis 16 Vol.-% aufgespritet.

TOKAJER

Der Name stammt von der ungarischen Stadt Tokaj. Es gibt Tokajer nicht nur als Dessertwein, sondern auch als normalen Weißwein.
Die wichtigste Rebsorte ist die Furmint, daneben gibt es noch die Hárslevelü und die Sárgamuskotály.
Noch heute werden die Tokajer-Fässer drei bis sieben Jahre in engen, pechschwarzen, aus Lava herausgeschlagenen Tunnels gelagert.
Tokajer wird in die typische weiße Halbliterflasche abgefüllt. Sie hat eine besonders langhalsige Form.

Tokaji esszencia (Tokajeressenz): Die ausgelesenen, überreifen und edelfaulen Trauben kommen auf Keltertische, wo ihre Haut platzt. Der Saft beginnt ohne Druck von Pressen abzufließen. Dieser extrem zuckerreiche Most kommt in Fässer, die man in Ungarn „gönci hordó" nennt. Durch den hohen natürlichen Zuckergehalt vergärt er sehr schwerfällig und bleibt mehrere Jahre im Faß. Die Tokajeressenz ist sehr süß und fast nicht im Handel erhältlich.
Tokaji aszú: Aszú heißt Ausleseverfahren. Wenn der Saft für die Tokajeressenz abgeflossen ist, bereitet man aus dem Rest der rosinenartig eingeschrumpften Beeren in kleinen Butten eine Maische. Die Maische wird dem Wein, der aus den nicht edelfaulen Trauben gekeltert wurde (Tokaji szamorodni) zugesetzt. Je nachdem, wie viele Butten Aszú zu einem Faß gegeben werden, unterscheidet man „zweibuttige" bis „sechsbuttige" Aszú-Weine. Die Maische wird 12 bis 36 Stunden ausgelaugt, dann wieder abgepreßt, und der Wein beginnt zu gären. Zur Reifung braucht er mindestens drei Jahre.

REFOŠCO

Sein Anbaugebiet ist um die italienische Stadt Trient.
Dem roten Grundwein werden Alkohol und Zucker beigesetzt. Er macht nur eine Gärung durch (Transvasierverfahren, vgl. Sekt), wobei die Kohlensäure der Hauptgärung im Wein erhalten bleibt. So wird er in Flaschen gefüllt. Er enthält dadurch nicht das bei Schaumweinen übliche Maß an gebundener Kohlensäure, so daß er nach dem Gesetz nicht zu dieser Gruppe gezählt werden kann.

KARLOWITZER

Er ist das jugoslawische Gegenstück zum Refošco. Auch hier werden dem roten Grundwein Alkohol und Zucker beigemischt. Er ist von einfacher Qualität. Der Karlowitzer wird auf zirka 15 Vol.-% aufgespritet, bei zirka 10 Prozent Restzucker wird die Gärung gestoppt.

WERMUT

Die Schreibweise „Vermouth“ darf nur für italienische und französische Erzeugnisse verwendet werden.
Der Ursprung des Wermuts liegt in Turin. Zwei Italiener, der Erfinder d'Alessio und der Händler Carpano, verkauften erstmals 1786 ein solches Getränk. Auch heute noch liegt der Hauptsitz der bekanntesten Exportfirmen in Turin.
Neben dem meist süßen italienischen Wermut gibt es den trockenen französischen Wermut. Letzterer eignet sich speziell zum Mixen.

Gesetzliche Bestimmungen

In **Österreich** und der **Bundesrepublik Deutschland** gelten die allgemeinen gesetzlichen Bestimmungen über versetzte Weine bzw. Liköre.

In der Schweiz

Unter Wermut (Wermutwein) ist ein Getränk zu verstehen, das aus Naturwein oder Süßwein, Alkohol, Zucker und einem mit Alkohol, Branntwein, Wein oder Wasser gewonnenen Auszug aus verschiedenen aromatischen Pflanzen oder Pflanzenteilen, insbesondere Wermutkraut, hergestellt ist.
Wermut muß mindestens 70 Prozent Wein enthalten. Der Alkoholgehalt darf nicht weniger als 15,5 Vol.-% und nicht mehr als 18 Vol.-% betragen.

Erzeugung

Wermut wird aus mindestens 75 Prozent Grundwein unter Zusatz von Mistella („stumm“ gespritetem Traubensaft), Kräuterextrakten und Zucker hergestellt. Die Kräuter werden in Alkohol ausgelaugt. Dabei überwiegt das Wermutkraut, das dem Getränk seinen typischen, leicht bitteren Geschmack verleiht. Daneben werden Wacholder, Ysop, Orangen- und Zitronenschalen, Anis und Sternanis, Zimt, Koriander, Nelken, Melisse, Kamille und Salbei beigegeben.

Zunächst werden eventuelle Trubstoffe mit Gelatine gebunden und herausgefiltert. Dann folgt eine Erhitzung auf 70°C, um die Mikroorganismen abzutöten. Schließlich wird alles wieder einige Tage auf Minusgrade abgekühlt, um den Weinstein und andere unerwünschte Stoffe auszusondern.
Die monatelange Lagerung in Fässern verleiht dem Wermut seine letzte Reife.
Alle diese Prozesse sind für ein „rundes“, „stabiles“ Getränk erforderlich, das sowohl große Hitze in heißen Ländern als auch Kühlschranktemperaturen aushält.
Bei Wermut gibt es eine Reihe von Zusatzbezeichnungen, nach Geschmack und Farbe.

Secco, extra dry, sehr trocken: hellgelb
Bianco, süß: dunkles Gelb
Rosé, halbsüß: rosé
Rosso, süß: rotbraun
Amaro, bitter-süß: rotbraun

BEKANNTE WERMUTMARKEN
Cinzano, Martini, Gancia, Punt è Mes (Carpano), Mirafiore, Ricardonna (alle Italien); Noilly Prat, Chambéry, Nugue Richard, Picon, Napoléon (alle Frankreich); Stock, Lindherr, Verdino, Burschik (alle Österreich).

KUNSTSCHAUMWEIN

Der auch als **Perlwein** bezeichnete versetzte Wein wird durch ein besonderes Verfahren, das Imprägnierverfahren, erzeugt.
Dem Grundwein von einfacher Qualität wird in stark gekühltem Zustand Kohlensäure zugeführt und die Dosage (Geschmacksbeigabe) meist in Form einer Zucker-Likör-Lösung beigegeben. Unter Gegendruck wird der Perlwein abgefüllt.
Die künstliche Kohlensäure hat keine feste Bindung mit dem Wein und ergibt ein grobes Mousseux, das sind große Kohlensäurebläschen, die im Glas rasch entweichen.
Die Bezeichnung „Perlwein“ muß auf dem Etikett stehen.

Gesetzliche Bestimmungen

In Österrreich
Nach dem Österreichischen Weingesetz ist Perlwein ein Wein, der je Liter bis zu 40 g unvergorenen Zucker, bis zu 12 Vol.-% Alkohol und einen Kohlensäureüberdruck von mindestens ½ bis höchstens 2 bar bei 15° C aufweist.

In der Bundesrepublik Deutschland
Nach dem deutschen Weingesetz ist Perlwein ein Wein mit einem vorhandenen Alkoholgehalt von mindestens 8,5 Vol.-%, der in geschlossenen Behältern bei 20° C einen auf endogenes gelöstes Kohlendioxid zurückzuführenden Überdruck von mindestens 1 bar und höchstens 2,5 bar aufweist.

In der Schweiz
In der Schweizer Lebensmittelverordnung ist Perlwein definiert als Wein, der aus Trauben der Vinifera-Sorten hergestellt wird und einen Kohlensäuredruck von 1,6 bis 2,5 bar bei 20° C aufweist. Sofern der Druck ganz oder teilweise auf die Beigabe künstlicher Kohlensäure beruht, muß die Sachbezeichnung „mit Kohlensäure imprägniert“ vervollständigt werden. Der Alkoholgehalt muß mindestens 8 Vol.-% betragen.

WEIN AUS OBST

Diese Weine kommen mit der Wortverbindung der verwendeten Früchte in den Handel (z. B. Apfelwein, Ribiselwein).

Gesetzliche Bestimmungen

In Österreich

Obstwein ist das durch begonnene oder vollendete alkoholische Gärung des Saftes oder der Maische von frischem Kern-, Stein- oder Beerenobst hergestellte Getränk.
Laut Österreichischem Weingesetz zählen auch aromatisierter Obstwein, Zider (Cidre) und Obstschaumwein zur Gruppe der Obstweine.

In der Bundesrepublik Deutschland

Obst- und Beerenweine unterliegen den Bestimmungen des Weingesetzes. Der Alkoholgehalt beträgt bei **dessertweinähnlichen** Getränken mindestens 13 Vol.-%, nur bei Heidelbeer-Dessertwein mindestens 12,5 Vol.-%.
Bei **tischweinähnlichen** Getränken: Beerenwein (süß oder herb) mindestens 8 Vol.-%; Apfel- und Birnenwein, naturrein, mindestens 5,5 Vol.-%; Apfel- und Birnenwein mindestens 5 Vol.-%.
Das Verschneiden von Obst-, Tisch- und Dessertweinen untereinander ist gestattet. Die Kennzeichnung erfolgt entweder nach den Einzelbestandteilen oder als „Mehrfrucht-Tischwein" bzw. „Mehrfrucht-Dessertwein".

In der Schweiz

Obstwein ist ein ganz oder teilweise vergorener, alkoholhaltiger Saft von Äpfeln oder Birnen. Der zu vergärende Kernobstsaft darf auch aus Konzentrat durch Rückverdünnen mit Wasser hergestellt werden. Obstwein darf klar oder trüb sein. Der Alkoholgehalt beträgt zirka 3 bis 4 Vol.-% (gilt für Äpfel und Birnen).
Für Fruchtweine aus Beeren und Früchten, ausgenommen Äpfel, Birnen und Trauben, gelten spezielle Bestimmungen.

Erzeugung

Das gemaischte Obst wird mindestens einen Tag stehen gelassen, damit sich die Aromastoffe aus den Schalen lösen. Dann wird die Maische abgepreßt. Der Most wird vergoren.
Als Zusätze sind Zucker und Wasser erlaubt.

Arten

Abhängig vom Grundmaterial, unterscheidet man folgende Obstweine:
Aus Kernobst: z. B. Apfel- und/oder Birnenwein (in Österreich, in der Bundesrepublik Deutschland und in der Schweiz als Most bezeichnet).
Der unvergorene, leicht alkoholische Apfelmost heißt in Frankreich **„cidre"**, in England und den USA, wo er gleichfalls stark verbreitet ist, **„cider"** und in Italien **„spuma"**.
Aus Steinobst: z. B. Marillenwein.
Aus Beerenobst: z. B. Ribisel-, Erdbeer-, Hagebutten- oder Himbeerwein.

OBSTSCHAUMWEIN

Obstschaumweine sind fruchtig, leicht süßlich und prickelnd. Sie können aus Kern-, Stein- und Beerenobstweinen hergestellt werden.
Der Obstwein wird entweder im Tankgärverfahren, im Transvasierverfahren oder im Imprägnierverfahren weiterbehandelt.

Arten

Obstschaumweine werden aus Marillen, Ribiseln, Erdbeeren, Weichseln, Pfirsichen und Birnen hergestellt.
Eines der bekanntesten österreichischen Produkte ist der Mariandl, ein Marillen-Schaumwein.

Gesetzliche Bestimmungen

In Österreich

Obstschaumwein ist Obstwein, der durch begonnene oder vollendete alkoholische Gärung des Saftes oder der Maische von frischem Kern-, Stein- oder Beerenobst hergestellt wurde.
Für alle Arten von Obstschaumwein ist auch die Bezeichnung **Fruchtschaumwein** zulässig.

In der Bundesrepublik Deutschland

Obstschaumweine sind moussierende, mit Kohlensäure imprägnierte Obst- und Beerenweine nach Art des Schaumweines. Bei besseren Sorten wird an Stelle des Imprägnierverfahrens die Flaschengärung angewendet.

In der Schweiz

Unter Obstschaumwein ist ein aus Obstwein durch Flaschengärung erhaltenes Getränk zu verstehen.

SUNDRIES, SNACKS UND KLEINE SPEISEN

In Europa ist es üblich, in der Bar Speisen zu sich zu nehmen. In Amerika ist die Trennung Bar und Restaurant viel strenger.
Abhängig vom Bar-Typ werden unterschiedlich aufwendige Speisen angeboten. In einer American Bar reicht man gerne Sundries (Knabbergebäck) und Canapés (Mundbissen). Meist werden diese unentgeltlich angeboten. Daneben gibt es eine kleine Karte ausgewählter Gerichte.
In einer Hotel- oder Restaurantbar werden darüber hinaus größere und aufwendigere Speisen (z. B. Shrimpscocktail, Hummer-, Fisch- und Geflügelcocktails sowie diverse Spezialsuppen) serviert, da hier der Barman die Möglichkeit hat, diese aus der Küche zu beschaffen.
Bei den **Sundries** reicht die Palette von Oliven, Perlzwiebeln über Nüsse bis zu Salzgebäck.
Die mit Mandeln, Paprika, Knoblauchzehen etc. gefüllten grünen Oliven und die schwarzen Oliven werden in kleinen Glas- oder Porzellanschüsseln mit Holzspießchen auf der Bartheke und den Tischen aufgestellt. Damit sie nicht austrocknen, beträufelt man sie mit Wasser.
Bevorzugte Nußarten in der Bar sind gesalzene und ungesalzene Pistazien, die auch als grüne Mandeln bezeichnet werden. Ebenso werden geröstete, gesalzene Pinienkerne (Pignolien), Mandeln und Krachmandeln angeboten. Erdnüsse, auch Bissao- oder Kamerunnüsse genannt, Haselnüsse, Cashewnüsse sowie geröstete Edelkastanien (Maroni) und Paranüsse (auch Juvianüsse bzw. brasilianische Kastanien) erweitern das Angebot.
Darüber hinaus werden gerne Salzsticks und Salzbrezeln, Kartoffelchips und -sticks sowie Crackers, Parmesanstangen, Panini und Chicharrones (in Fett herausgebackene Schweineschwarten) als „Appetitanreger" gereicht.

Canapés werden mit den verschiedensten Delikatessen belegt. Die Palette reicht von Kaviar, Keta-Kaviar über Lachs zu Pasteten, Terrinen und Galantinen. Ebenso werden Käse, Schinken und die verschiedensten Aufstriche gerne als Auflage verwendet. Bei Schinken empfehlen sich Westfäler, Parma- und Lachsschinken, bei Aufstrichen Lachs-, Leber-, Käse- sowie Senf-, Sardellen- und Kräuterbutteraufstriche. Sehr beliebt sind außerdem Gänseleberpasteten, Wildpasteten, Pasteten von Fischen, Schinken und Kalbfleisch.
Neben diesen kalten Canapés werden oft auch warme Würzbissen angeboten. Überbackene Toasts, Chipolata (kleine Schweinswürstel), Walsh rarebit (geröstetes Weißbrot, mit einem Gemisch aus Käse und Bier überbacken), Scoth woodcock (geröstete Weißbrotschnitten, mit Rühreiern und Sardellenfilets gefertigt), Biroschke (Brandteigröllchen, mit Fleisch- oder Fischfarcen gefüllt) sowie geräucherte Austern im Speckhemd. Muscheln und Hühnerleber im Speckhemd gehören auch zu dieser Gruppe.

RAUCHWAREN

In allen Bars werden Rauchwaren angeboten. Neben den gängigsten Zigarettenmarken sind es aber vor allem die Zigarren, mit denen sich der Betrieb bei seinen Gästen profilieren kann.
Displays oder Karten, auf denen das Zigarrenangebot beschrieben ist, sind Mittel, den Gast darauf aufmerksam zu machen.
Es gibt Servicefirmen, die auf die speziellen Bedürfnisse der Gastronomie abgestimmte, eigens zusammengestellte Sortimente anbieten.

Christoph Columbus verdanken wir es, daß die Zigarre schon 1492 nach Europa kam. Es dauerte jedoch gut dreihundert Jahre, bis sich die Zigarre als Genußmittel durchsetzte. Man rauchte sie zunächst nur bei Hofe, vor allem in Spanien und Portugal. Später war sie Kennzeichen der Reichen und Mächtigen, die Gesandte nach Kuba schickten, um die besten Blätter auszuwählen.
Auch heute noch werden die Zigarren der Insel Kuba, die Havannas, als die besten und edelsten am meisten geschätzt.
Als Fidel Castro auf Kuba die Macht ergriff, verstaatlichte er die Zigarrenproduktion. Anstelle der 960 verschiedenen Sorten sollte es nur mehr eine einzige Zigarre, eine „Volkszigarre“, geben.
Einige der enteigneten Plantagenbesitzer gingen ins „Exil“, nach Amerika (Virginia, Florida), auf die Philippinen und Kanarischen Inseln und in den Orient.
Heute produzieren die großen, einst im Privatbesitz befindlichen Firmen unter staatlicher Leitung wieder einen Großteil der vor Castro bekannten Marken.

Die Tabakpflanze wird fast auf ganz Kuba angebaut. Die besten Blätter kommen jedoch aus dem Gebiet Vuelta Abajo in der Provinz Pinar del Rio. Das besonders warme Klima dieser Gegend läßt die Tabakpflanze langsam und gleichmäßig wachsen. Der wenige Regen verleiht dem Tabak die Süße, und die Mineralien des sandigen Bodens prägen den besonderen Geschmack der Blätter.
Dieses Gebiet produziert 21.000 Tonnen Tabak pro Jahr. Östlich der Vuelta Abajo liegt die Semi-Vuelta. Die Blätter haben jedoch weniger Bukett. Weitere Anbaugebiete sind Partido (Rote Erde), Remedios (im Zentrum der Insel) und der Osten. Ihre Produktionen sind von geringerer Qualität.
Neben der Insel Kuba produzieren Brasilien, Mexiko, Jamaica, die Philippinen und die Kanarischen Inseln Zigarren von guter Qualität. Aber auch in Österreich, der Bundesrepublik Deutschland, der Schweiz sowie in Holland und Frankreich gibt es Erzeugerfirmen.

Zigarrenstärken

Der Tabakanbau erfordert größte Sorgfalt. Die Pflanzer bereiten schon mehrere Monate vor der Aussaat den Boden vor. Fünf bis acht Tage nach der Aussaat gehen die Samen auf. Nach zirka 40 Tagen wird der Spröß-

ling pikiert. Ungefähr einen Monat später zeigen sich die ersten Anzeichen der Reife. Die zunächst mattgrünen Blätter werden heller und leuchtender und verlieren ihren Flaum. Es dauert noch einige Wochen, bis der Tabak dunkel ist.
An der Farbe des Tabaks erkennt man die Stärke der Zigarre. Je dunkler sie ist, desto kräftiger ist ihr Geschmack. Es ist jedoch ein Irrtum zu glauben, daß dunkle Zigarren mehr Nikotin enthalten als helle.
Die großen Firmen erzeugen ihre Tabake in verschiedenen Farbnuancen. Dabei sind die Behandlung des Blattes und die Fermentation ausschlaggebend. Sumatra ist bekannt für hellen, Brasilien für dunklen Tabak.

Abgeleitet von der Havanna, unterscheidet man nun folgende Farben bzw. Stärken:

Oscuro: Der beinahe mattschwarze Tabak entsteht durch die besonders lange Fermentation. Er ist zwar besonders kräftig, hat jedoch wenig Duft. Heute wird er nur noch sehr selten hergestellt.
Maduro: Die schwarzbraunen Blätter sind häufig jene, die unter den Deckblättern der Tabakpflanze wachsen. Sie sind daher vor der intensiven Sonnenbestrahlung abgeschirmt. Ihr Geschmack ist kräftig, ihr Duft stark.
Maduro Colorado: Sie sind dunkelbraun und nicht so kräftig wie Oscuro- und Maduro-Tabake. Die Duftnote ist aber auch hier eher stark.
Colorado: Der mittelbraune Tabak ist ähnlich wie bei den obenstehenden Sorten, ihre Duftnote ist jedoch noch intensiver.
Colorado Claro: Bis hierher reicht die Skala der Tabake, die erst nach der Reife gepflückt werden. Colorado-Claro-Tabake sind hellbraun und etwas leichter als der Typ Colorado.
Claro: Für den Typ Claro wird das Blatt vor der Reife gepflückt und anschließend an der Luft getrocknet. Die „tabakgelben" Zigarren werden unter den sogenannten leichten wegen ihres feinen Aromas sehr geschätzt.
Doble Claro (Clarisimo, Claro-Claro): Auch für diesen grünen Typ wird das Blatt vor der Reife gepflückt. Der blasse Ton entsteht durch die schnelle Trocknung über Holzfeuer. Sie ist sehr leicht und wird daher von Anfängern bevorzugt. Vor allem wird sie in den USA sehr geschätzt. Sie trocknet schneller aus als alle anderen Zigarren und kann daher nicht so lange gelagert werden.

Der Weg vom geernteten Blatt zur fertigen Zigarre ist ein langer.
Zunächst werden die Blätter in Trockenschuppen gebracht, wo sie das Wasser verlieren sollen.
Die häufigste Methode ist die Lufttrocknung. Besondere Aufmerksamkeit muß den Witterungsverhältnissen zugewandt werden.
Die Trocknung in der Sonne wird nur dann durchgeführt, wenn man die ganze Pflanze erntet. An diese Sonnentrocknung schließt man nach einigen Tagen die Lufttrocknung an.
Die Feuertrocknung, also die Trocknung durch künstliche Hitze, wird hauptsächlich für die Doble Claro verwendet. Die Feuertrocknung hat

jedoch „Feinde", die sagen, daß der Tabak die Würze, den Duft und die Geschmeidigkeit verliert.
Auf die Trocknung folgt die Fermentation, um die Blätter von den Stickstoffverbindungen und Harzen zu befreien.
Die Blätter müssen bei feuchter Witterung gebündelt werden. Sie sind in den Trockenschuppen brüchig geworden und würden sonst brechen. Die Bündel werden gestapelt und auf allen Seiten mit Palmenblättern oder leichten Stoffen abgedeckt. Im Inneren des Stapels beginnt die Temperatur zu steigen, und die Fermentation setzt ein. Sie dauert ungefähr zwei Monate.
Anschließend ist der Tabak fertig zum Sortieren und Verpacken. Er wird in die Fabriken zur Weiterverarbeitung geschickt, wo er nochmals zirka ein bis eineinhalb Jahre lagert.
Der nächste Arbeitsvorgang ist das Besprühen der Blätter mit einer speziellen Lauge, die aus Tabakstengeln hergestellt wird. Nach einem Tag nimmt man sie aus der Lauge heraus, um sie neuerlich zu sortieren und zu klassifizieren. Man teilt die Blätter grundsätzlich ein in Deckblätter und in Einlageblätter. In jeder dieser Kategorien gibt es wieder Unterkategorien nach Farbe, Dicke etc.
Vor dem Verpacken wird die zweite Fermentation durchgeführt. Damit diese zweite Gärung regelmäßig verläuft, werden die Blätter ständig umgeschichtet.

Die anschließende Phase der „industriellen" Verarbeitung beginnt mit den sogenannten „Ripperinnen". Ihre Arbeit besteht darin, die Mittelrippe der Blätter herauszulösen. Die entrippten Blätter werden gepreßt und anschließend der dritten Fermentationsperiode zugeführt. Sie kann bis zu zehn Jahre dauern. In dieser Zeit „arbeitet" der Tabak selbständig. Nach dieser dritten Fermentation nimmt der Mischer seine Arbeit auf. Diese Spezialisten müssen für ihre Zigarrenmarke Jahr für Jahr das gleiche Aroma finden. Die von ihnen ausgesuchten Tabake werden angefeuchtet und in Kisten miteinander vermengt.
Wenn nach einiger Zeit die Kisten wieder geöffnet werden und die Zigarrenmacher ihre Arbeit beginnen, haben sich die Gerüche der einzelnen Tabake miteinander zu einem feinen Bukett vereinigt.
Die für die Zigarreneinlage vorgesehenen Tabake werden gerollt und das Umblatt darumgewickelt. Um diese „Puppe" wird das Deckblatt gerollt, das mit einem Spezialkleber befestigt wird.
Die von Hand gefertigte Zigarre wird vor allem in Amerika durch die maschinengefertigte ersetzt. Ihr wird jedoch eine geringere Qualität nachgesagt, vor allem wegen des dickeren Deckblattes, das bei der Antertigung durch die Maschine notwendig wird.
Die fertigen Zigarren werden zu je 50 Stück zusammengebunden und zirka einen Monat in einem Zedernholzschrank gelagert, wo sie die Feuchtigkeit verlieren.
Erst jetzt werden sie nach den Farben von Claro bis Maduro sortiert.
Ideal zur Aufbewahrung der Zigarren wäre ein Keller, dessen Luftfeuchtigkeit zwischen 60 und 67 Prozent und dessen Temperatur zwischen 20 und 25 Grad ist.

Da man selten genau diese Bedingungen vorfindet, behilft man sich mit einem künstlichen Befeuchter. Eine an beiden Enden offene Glasröhre, die einen ständig feucht zu haltenden Schwamm enthält, wird in die Zigarrenkiste gelegt. Die Verdunstung bewirkt eine günstige Atmosphäre im Inneren der Kiste.

Zigarrenfassons

Die Fasson ist das Format bzw. die Silhouette einer Zigarre. Innerhalb jeder Marke tritt jede Fasson in mehreren Stärken auf.
Als klassische und auch beliebteste Fasson hat sich die Corona eingebürgert.

Abgeleitet von den Grundmodellen der Havanna, unterscheidet man folgende Fassons:
Halb-Corona: Ihre Länge ist sieben bis acht Zentimeter. Man findet sie in allen Farben.

Kleine Corona: Sie ist etwas größer als die Halb-Corona, nämlich neun Zentimeter.

Corona: Das Mundstück der Corona ist rund und geschlossen, das Brandende gerade abgeschnitten. Sie hat eine Länge von zirka dreizehn Zentimeter, die als ideal gilt. Ihr Durchmesser ist so berechnet, daß er gerade so viel Rauch passieren läßt, wie ein richtiger Raucher an Duft und Würze wünscht.

Doppel-Corona: Sie ist die längste der Coronas mit 20 bis 24 Zentimeter und gibt die größtmögliche Rauchmenge ab. Churchill bevorzugte die Doppel-Corona, die zu Ehren dieses großen englischen Premiers oft seinen Namen trägt.

Perfecto: Der zylindrische Körper der Perfecto verjüngt sich sowohl zum Brandende als auch zum Mundstück, das halbspitz und geschlossen ist. Das Brandende kann entweder spitz und geschlossen (1) oder abgeschnitten (2) sein. Die Länge der Perfecto reicht von neun bis zwölf Zentimetern.

1
2

Lonsdale: Ihre Form ist der Corona sehr ähnlich, der Durchmesser ist jedoch kleiner, und sie ist länger, nämlich 15 bis 17 Zentimeter. Auch bei der Lonsdale ist das Brandende gerade abgeschnitten, das Mundstück ist jedoch geschlossen.

Panetela fina: Das Mundstück dieser zirka zwölf Zentimeter langen Zigarre ist rund und offen. Das Brandende ist gerade, der Körper sehr schlank.

Panetela: Sie ist dicker als die Panetela fina und hat eine Länge von zehn bis elf Zentimetern.

Demi-Tasse: Der Körper der Demi-Tasse ist der Corona und der Lonsdale sehr ähnlich, sie ist jedoch nur 10,5 bis 11,5 Zentimeter lang. Man findet sie in allen Farben mit rundem, geschlossenem Mundstück und gerade abgeschnittenem Brandende.

Culebras: Diese 14 bis 16 Zentimeter lange Zigarre ist durch ihren spiralenförmig gewundenen Körper charakteristisch. Ihr Mundstück ist geschlossen, das Brandende gerade abgeschnitten. In der Bundesrepublik Deutschland wird sie „Krummer Hund" genannt. Im Handel werden drei Culebras, die zu einem Zopf geflochten sind, gemeinsam angeboten.

Stumpen: Diese Zigarrenform ist in der Schweiz gebräuchlich, sie hat sonst sehr geringe Bedeutung. Brandende und Mundstück sind offen.

Virginia: Die in Österreich und Bayern heimische Zigarre wird aus Tabaken des amerikanischen Bundesstaates Virginia hergestellt. Sie ist sehr schlank und 20 Zentimeter lang. Damit sie besser zieht, wird in die Einlage ein Halm eingearbeitet, der einen Zentimeter aus der „Puppe" herausragt. Das Brandende der Virginia ist offen. Sie ist eine sehr nikotinreiche Zigarre.

Virginette: Die kleine „Schwester" der Virginia hat eine Gesamtlänge von zirka 14 Zentimetern.

Zigarillo: Sie ist die moderne Form der Panetela, jedoch meist kürzer. Zigarillos werden mit und ohne Mundstück angeboten.

Das Präparieren und Rauchen einer Zigarre

(Laut Zino Davidoff)

Die Zigarre hält man zwischen Daumen und Zeigefinger. Ohne sie zu kräftig zusammenzudrücken, rollt man sie ein wenig hin und her und prüft das Deckblatt und ihre Form.
Ist das Mundstück, wie bei den meisten Zigarren, geschlossen, muß es eingeschnitten werden, entweder mit dem Fingernagel, den Zähnen oder mit Hilfe eines Instrumentes. Wenn ein Barman einem Gast eine Zigarre rauchfertig machen muß, benützt er einen Zigarrenabschneider oder eine Zigarrenschere. Der Zigarrenabschneider macht eine Kerbe von zirka einem halben Zentimeter. Diese schafft eine größere Rauchzirkulation als der gerade Schnitt durch die Zigarrenschere.
Als Regel beim Einschneiden gilt, daß die Öffnung proportional zur Größe der Zigarre und nicht zu tief ist. Der Rauch muß reichlich, aber auch nicht überreichlich strömen können. Bei Bedarf kann nachgeschnitten werden.
Wichtig ist auch der Feuchtigkeitsgrad der Zigarre. Ist sie zu trocken, empfiehlt es sich, das Mundstück mit den Lippen zu befeuchten, Man könnte sonst das kostbare Deckblatt verletzen.
Das Brandende der Zigarre wird nun einige Sekunden über einer Streichholzflamme „vorgewärmt". Der Schwefelkopf des Streichholzes muß schon abgebrannt sein. Danach wird die Zigarre in den Mund genommen und mit einem zweiten Streichholz entzündet. Die Flamme sollte klein sein. Man nähert sie auf etwa einen Zentimeter an das Brandende heran. Die Zigarre hält man ein wenig schräg nach unten im Mund. Während man kleine Züge macht, dreht man sie mit den Fingern langsam über der Flamme.
Dadurch erzielt man rundherum eine gleichmäßige Glut, die mehrere Millimeter tief ist.

Anstelle von Zündhölzern, vorzüglich aus Sandelholz, kann man einen „Fidibus“ aus Zedernpapier, einen Holzspan oder auch ein Gasfeuerzeug verwenden. Benzinfeuerzeuge sind abzulehnen.

Eine Zigarre wird nicht wie die Zigarette im Aschenbecher ausgedrückt. Man legt sie im Aschenbecher ab, und sie erlischt durch die konzentrierten Teerstoffe von selbst.
Ist die Zigarre jedoch während des Rauchens ausgegangen, kann man sie sofort wieder anzünden, es sei denn, das zweite Drittel der Zigarre ist überschritten. Dann wird sie immer stärker und reicher an Nikotin und Teer.
Ob man beim Rauchen die Bauchbinde der Zigarre abnimmt oder nicht, ist jedem selbst überlassen. Früher hatte die Bauchbinde jedoch mehr als heute die Funkion, das Deckblatt zusammenzuhalten.

Zigarrenmarken und -firmen

Kuba: Monte-Cristo No. 1, 2, 3, 4 (Por Larranga); Delgado Chico, Bernardo (Partagas); El Figaro (Julian Rovera); Epicures (Rafael Gonzales); Delgado (Bolivar); Belinda (Rey del Mundo); Churchill (Romeo y Julieta); Ramon Allones No. 1, 3 (Allones); Partagas No. 4 (H. Upmann); Château Lafite, Château Margaux, Château Haut-Brion, Château Latour, Château Yquem (alle Hoyo de Monterrey).
USA: Havana Tampa, Robert Burns, Dutch Master, King Edward, House of Windsor, La Corona, Villar y Villar, Casanova, Bock, Murias; alle Marken sind Erzeugnisse der Tabakalera Americana.
Brasilien: Tabajara Brasil, Surdick Brasil, Talvis Brasil, Dannemann Charutos Brasil.
Philippinen: Flor de Isabella, Alhambra.
Jamaica: Tropical de Luxe.
Puerto Rico: La Restina.
Mexiko: Onella, La Prueba, Costenos, Macanudo.
Kanarische Inseln: Don Miguel, Don Diego, Flamenco.
Peru: La Paz Corona Grande, La Paz Esquisito, La Paz Senorita Royales, Tupac Amuru II No. 1, 2, 3, 4, 5.
Österreich: Imperiales Superiores Corona (Sumatra Claro); Falstaf (Brasil Oscuro); Selectos Corona (Brasil Oscuro); Selectos Corona (Sumatra Claro); Carmen y Jose Panetela (Sumatra Claro); Capriole Zigarillo (Sumatra Claro); Capriole Zigarillo (Brasil Oscuro); Mozart-Idomeneo; Regie Virginia; Anatol Virginette; alle Marken sind Erzeugnisse der Austria Tabakwerke.
Bundesrepublik Deutschland: Pride of Jamaica (Heinrich Seiffert); Backgammon Media Panetela, Backgammon Media Corona Brasil, Backgammon Media Corona Clear Havanna Blend (Villinger 5th Avenue Tabak Galerie).
Schweiz: Rössli Stumpen, Weekend Bahamas.
Holland: Schimmelpennick, Willems.

In diesem Kapitel werden alle jene Stichwörter und Fachausdrücke zusammengefaßt, die übergreifend sind, d. h., die sich nicht bestimmten Spirituosengattungen zuordnen lassen bzw. nicht im Teil „Betriebslehre“ bereits erklärt wurden.

Fachausdrücke

FACHAUSDRÜCKE

Absinthin
Bitterstoff des Wermutkrautes; gab dem Absinth seinen Namen

Acide carbonique
Französische Bezeichnung für Kohlensäure

Aerated water
Englische Bezeichnung für kohlensäurehältiges Wasser

Agraralkohol
Bezeichnung für Alkohol, der aus kultivierten Pflanzen hergestellt wird (z.B. Getreide, Kartoffeln...)

Amaro
Italienische Bezeichnung für bitter

Amer
Französische Bezeichnung für bitter

Aqua ardens
Deutsch: gebranntes Wasser; ursprüngliche Bezeichnung für → Aqua vitae

Aqua vitae
Deutsch: Lebenswasser; ursprüngliche Bezeichnung für Branntwein; Synonyme: eau-de-vie (franz.), acqua vita (ital.), aquardiente (span.), aquardente (portug.), bernewin (schwed.), brännwin (norweg.), brandewin (dän.)

Aräometer
Senkwaage zum Messen des spezifischen Gewichtes von Flüssigkeiten

Aroma
Darunter versteht man den charakteristischen Geruch und Geschmack von Pflanzen, Pflanzenteilen und Früchten; das Aroma wird in der Hauptsache durch die unterschiedlichen Fruchtsäuren, den Fruchtäther sowie die ätherischen Öle hervorgerufen

Aromastoffe
Sind natürliche oder künstliche Stoffe, die Lebensmitteln sowie Arzneimitteln und Getränken zugesetzt werden und diesen einen bestimmten aromatischen Geschmack und Geruch verleihen; Zubereitungen sowohl natürlicher als auch künstlicher Aromastoffe werden als → Essenzen bezeichnet

Aromatisierte Wässer
Wäßrige Lösungen aus ätherischen Ölen mit geringen Mengen von Duftstoffen; sie sind die Grundlage für die Herstellung von:
1. Likören, z.B. Curaçao, Danziger Goldwasser
2. Obstwässern (durch Vergären der Früchte)
3. Getränken ohne Alkohol

Äthylalkohol
Ist der berauschende Bestandteil der alkoholischen Getränke, insbesondere der Spirituosen, die für den menschlichen Genuß geeignet sind; Äthylalkohol wird häufig kurz als Alkohol bezeichnet

Ballinggrade
Gradeinteilung an einem Aräometer, mit der der gespindelte Zuckergehalt abgelesen wird; andere Bezeichnung: Saccharimetergrade

Baumé-Grade
Heute kaum mehr gebräuchliche

Meßeinheit für das spezifische Gewicht

Bé
Kurzform für →Baumé-Grade

Bonded
Zusatzbezeichnung einer Ware, die drei bis sieben Jahre unter Zollverschluß gelagert wurde

Bonifakteurs
Andere Bezeichnung für →Typage-Stoffe

Bottled in Bond
Unter Zollverschluß gelagerte Ware; ist gleichzeitig eine Qualitätsbezeichnung

Branntweine
Sind extraktfreie oder extraktarme Spirituosen, auch mit Zusätzen von Geschmacksstoffen; im weiteren Sinne versteht man darunter alle alkoholischen Flüssigkeiten, die durch Vergärung des Zuckers und anschließende Destillation gewonnen werden

Brenncampagne
Zeitspanne von der Traubenlese bis zum Beginn der Faßlagerung eines Destillates

Brix-Grade
Bezeichnung der Dichte von Zuckerlösungen; 1 Grad Brix = 1 % Zucker

Chai
Französische Bezeichnung für Lagerhalle

Cœur
Französische Bezeichnung für →Mittellauf

C.O.S.
1. Ist eine römische Trinkformel; C = Color (Farbe), O = Odor (Duft), S = Sapor (Geschmack)
2. In dieser Reihenfolge wird jedes Getränk bei der →organoleptischen Prüfung beurteilt

Coupage
Französische Bezeichnung für Verschnitt; hauptsächlich bei Spirituosen gebräuchlich; entspricht etwa dem Blending

Cuvée
Französische Bezeichnung für Verschnitt; z. B. Verschnitt von Weinen verschiedener Jahrgänge und Lagen; hauptsächlich bei Wein und Schaumwein gebräuchlich

Demi Sec
Französische Bezeichnung für „halbtrocken", was mit „halbsüß" gleichzusetzen ist

Digestion
Herstellungsverfahren, bei dem Pflanzen und Pflanzenteile bei einer Temperatur von 35 bis 40 Grad Celsius „ausgezogen" werden

EAN
Kurzform für Europäische Artikel-Numerierung; sie besteht aus einer 13stelligen Zahl; die ersten zwei Zahlen stehen für das Land, die zweiten fünf Zahlen stehen für die Firma, die dritten fünf Zahlen sind die Artikel-Nummer, und die letzte Zahl ist die Prüfnummer

Eau-de-vie
Branntwein; deutsch: Lebenswasser; in der Barfachsprache werden darunter nur die farblosen Branntweine verstanden

Eau-de-vie de fruits
Französische Sammelbezeichnung für alle Branntweine aus Stein- und Kernobst sowie aus Beerenfrüchten

Eau-de-vie de grain
Französische Sammelbezeich-

nung für alle Branntweine aus Getreide

Eau-de-vie de lié
Französische Sammelbezeichnung für alle Branntweine aus Weinhefe, die eine Besonderheit im Geschmack gegenüber anderen Destillaten aus Wein darstellen

Eau-de-vie de Marc
Französische Sammelbezeichnung für alle Branntweine aus Wein-, Obst- und Getreidetrestern, die einen besonderen Geschmack gegenüber sortenreinen Destillaten aufweisen

Eau-de-vie de vin
Französische Sammelbezeichnung für alle Branntweine aus Wein, die kein geografisch abgegrenztes und geschütztes Herkunftsgebiet voraussetzen

Essenzen
Andere Bezeichnung für konzentrierte → Aromastoffe

Europäische Artikel-Numerierung
→ EAN

Extraktion
Darunter versteht man das Herauslösen bestimmter Inhaltsstoffe aus Pflanzen und Pflanzenteilen mit Hilfe von Lösungsmitteln; die Lösungsmittel dürfen den Geschmack des extrahierten Stoffes nicht verändern

Extraktstoffe
Sind die aus pflanzlichen Substanzen extrahierten wasserlöslichen Stoffe

Flavo(u)r
Englische Bezeichnung für Duft, Geschmack und Geruch

Four of week
Herstellungsmethode für Planter's Punch, was soviel bedeutet wie mit Wasser zubereitet

Frutti in Guazzo
Italienische Bezeichnung für Früchte, die entweder in Grappa oder andere Branntweindestillate eingelegt sind

Fusel
Volkstümliche Bezeichnung für einen billigen Branntwein, der noch Fuselöle und Fuselstoffe beinhaltet

Fuselöle
Bestandteile des Roh- und Methylalkohols, die für den menschlichen Organismus schädigende Wirkung haben

Gärung
Übliche Bezeichnung für den chemischen Umwandlungsprozeß, bei dem Stärke und Zucker mittels Hefepilzen zu gleichen Teilen in Alkohol und Kohlensäure umgewandelt werden; ausgehend vom Grundmaterial sowie von der Art des Gärungserregers, werden jedoch folgende Gärarten unterschieden: alkoholische Gärung; Milchsäuregärung, Essigsäuregärung, Acetongärung und die Fermentation

Gay-Lussac-Grade
Maßeinheit für Alkohol; frühere Bezeichnung für Volumprozente; heute noch im anglo-amerikanischen Raum gebräuchlich; mit G. L. abgekürzt

Gazeuse
Französische Bezeichnung für kohlensäurehältige Getränke; hauptsächlich bei Limonaden und Mineralwässern gebräuchlich

Geistige Getränke
1. Synonym für Spirituosen
2. Sammelbegriff für alle branntweinhältigen Getränke

Glacés
Französische Bezeichnung für eisgekühlte Bargetränke

Infusion
Ist die Herstellung eines Kräuter- oder Gewürz-Auszuges durch Übergießen der Pflanzenteile mit siedendheißem Wasser und Alkohol

Koospol
Tschechoslowakischer Monopolbetrieb in Prag; Erzeugung und Vertrieb aller für den Export bestimmten Spirituosen

Liquors
Amerikanische und englische Bezeichnung für alle alkoholischen Getränke

Lutter
In der Bundesrepublik Deutschland gebräuchliche Bezeichnung für → Rauhbrand

Mannit
Zuckeralkohol; besteht aus weißen, geruchlosen Kristallen mit schwachem süßlichen Geschmack

Mariage
Französische Bezeichnung für Verschnitt; qualitativ höhere Produkte werden mit solchen niederer Qualität oder ältere Produkte werden mit jüngeren Destillaten verschnitten, um einen einheitlichen, gleichbleibenden Geschmack zu erzielen

Mastika
Erzeugnisse, die nach dem → Mastix-Verfahren hergestellt werden

Mastiko
Erzeugnisse, die nach dem → Mastix-Verfahren hergestellt werden

Mastix-Verfahren
Ist ein Herstellungsverfahren alkoholischer Getränke, die mit Harz des Pistazienstrauches, Fenchel, Anis und anderen Gewürzen gefertigt werden; dieses Verfahren wird häufig in Griechenland angewendet; Erzeugnisse tragen den Namen Mastika oder Mastiko

Mittellauf
„Herzstück" eines Destillationsvorganges; enthält keine oder geringe Spuren von Fuselölen; wasserklar; der Alkoholgehalt ist höher als bei Vor- und Nachlauf

Mog
In Norddeutschland gebräuchliche Bezeichnung für Grog

Monimpex
Ungarischer Monopolbetrieb in Budapest; Erzeugung und Vertrieb aller für den Export bestimmten Spirituosen

Monopolalkohol
Ist der von der Monopolverwaltung des jeweiligen Landes in den Handel gebrachte Alkohol; hauptsächlich aus Holz oder Zellulose hergestellt; hochprozentig destilliert; geschmacksneutral

Nachlauf
Letztes, alkoholschwaches Destillat bei der Destillation von Alkohol; wird nicht zur weiteren Veredelung verwendet, sondern ein zweites Mal der Maische zugesetzt

One of bitter
Englische Herstellungsmethode für Planter's Punch, was soviel bedeutet wie mit Lime Juice zubereitet

Organoleptische Prüfung
Beurteilung bzw. Verkostung von Getränken nach der Reihenfolge: Farbe, Geruch, Geschmack

Pálinka
Ungarische Bezeichnung für Branntwein oder Schnaps

Polmos
Polnischer Monopolbetrieb in Warschau; Erzeugung und Vertrieb aller für den Export bestimmten Spirituosen

Primasprit
Deutsche Bezeichnung für einen geruchs- und geschmacksneutralen Trinkalkohol; zur Bereitung von Spirituosen geeignet; andere Bezeichnungen: Monopolsprit, Monopolalkohol, Weingeist

Proof
Englische und amerikanische Maßeinheit für den Alkoholgehalt; 1,75 British proof (skye) = 1 Vol.-%; 2 American proof = 1 Vol.-%

Queue
Französische Bezeichnung für → Nachlauf

Rauhbrand
Ist der erste minderwertige Abzug eines einfachen Destillationsvorganges, der noch stark fuselölhältig ist und geringen Alkoholgehalt aufweist; wird nicht zur weiteren Veredelung verwendet, sondern ein zweites Mal der Maische zugesetzt

Raumhundertteile
Andere Bezeichnung für → Volumprozente; die Gehaltsangabe bezieht sich nicht auf das Gewicht, sondern auf den Raumgehalt; mit R.H.T. abgekürzt

Rektifikation
Wiederholung eines Destillationsvorganges bei der Gewinnung von Alkohol

R.H.T.
Abkürzung für → Raumhundertteile

Saccharimetergrade
Andere Bezeichnung für → Ballinggrade

Sahti
Finnische Bezeichnung für ein selbstgebrautes Getränk aus Bier, Wacholderbeeren, Erlenzweigen und anderen Würzstoffen

Sec
Französische Bezeichnung für trocken

Sojuzplodoimport
Russischer Monopolbetrieb in Moskau; Erzeugung und Vertrieb aller für den Export bestimmten Spirituosen

Sprit
Kurzbezeichnung für Spiritus; bei der Trinkbranntweinherstellung ist damit Primasprit gemeint; andere Bezeichnung für → Primasprit

Tannin
Andere Bezeichnung für Gerbsäure

Tekel
Türkischer Monopolbetrieb in Istanbul; Erzeugung und Vertrieb aller für den Export bestimmten Spirituosen

Tête
Französische Bezeichnung für Vorlauf oder → Rauhbrand bei der Destillation von Alkohol

Three of strong
Englische Herstellungsmethode für Planter's Punch, was soviel bedeutet wie mit heißem Barbados-Rum hergestellt

Très doux
Französische Bezeichnung für „sehr süß"

Très sec
Französische Bezeichnung für „sehr trocken"

Two of sweet
Englische Herstellungsmethode für Planter's Punch, was soviel bedeutet wie mit Zucker zubereitet

Typage-Stoffe
Geschmacks- und farbbestimmende Stoffe; auch als Bonifakteurs bezeichnet

Versoßt
Deutsche Bezeichnung für Branntweine aus Wein, denen zur geschmacklichen Veränderung Auszüge oder Dessertweine beigegeben werden

Volumprozente
Maßeinheit für den Alkoholgehalt von alkoholischen Getränken; z.B. 40 Vol.-% heißt, daß in 100 cm^3 40 cm^3 reiner Alkohol enthalten sind; frühere Bezeichnung →Gay-Lussac-Grade

Vorlauf
In Österreich gebräuchliche Bezeichnung für Rauhbrand

Weingeist
Andere Bezeichnung für →Primasprit

Weinraute
1. Kamm, Traubenstiel einer Weinrebe; wird häufig in Grappaflaschen gegeben um die Gerbsäure an das Getränk abzugeben
2. In Weinbergen wildwachsende Gewürzpflanze

Die Autoren

Simon Siegel

War ab 1946 Direktorstellvertreter an den Hotelfachschulen Pichl a. d. Enns und Bad Gleichenberg.
Seit 1964 Direktor an der Landesberufsschule für das Gastgewerbe in Bad Gleichenberg, in der er 1954 als Berufsschullehrer begonnen hatte. 1973 wurde ihm der Titel Oberschulrat, wenig später der Titel Regierungsrat verliehen.
1977 verlieh man ihm das Große Ehrenzeichen des Landes Steiermark.
1982 ernannte man ihn zum „Honorary Professor" des Atlantic Community College, Mays Landing, New Jersey, USA, und er erhielt den Titel „Vice Conseiller Gastronomie de la Chaine des Rotisseurs Styria".
Der heute international anerkannte Fachmann der Gastronomie und des Fremdenverkehrswesen war als junger Mann selbst Praktiker, erst im elterlichen Betrieb, dann in zahllosen Betrieben des In- und Auslandes.

Sieglinde Siegel

Besuchte die Hotelfachschule und hat anschließend im In- und Ausland in verschiedenen gastgewerblichen Betrieben in der Küche, im Service und als Sekretärin gearbeitet.
Seit 1956 unterrichtet sie an der Landesberufsschule für das Gastgewerbe in Bad Gleichenberg. Sie ist Prüfer bei den Lehrabschlußprüfungen und seit 1976 in der Lehrerausbildung tätig.
1980 hat sie vom Bundespräsidenten das Goldene Verdienstzeichen der Republik Österreich erhalten.

Heinz Lenger

Lernte bei Oberstudienrat Karl Duch in der Berufsschule für das Gastgewerbe in Wien. Nach Absolvierung der Lehre in seiner Heimatstadt arbeitete er elf Jahre im In- und Ausland, zunächst auf Schiffen und dann für Hilton und Inter-Continental, unter anderem in der Schweiz, in Frankreich, England, den USA und im Orient. Seit 1969 Berufsschullehrer an der Berufsschule für das Gastgewerbe in Wien.
Der im Schuldienst überaus engagierte „Allrounder" wurde 1983 zum Präsidenten der Österreichischen Barkeeper Union (ÖBU) gewählt.
Er arbeitet auch nach wie vor laufend in Spitzenbetrieben der Wiener Gastronomie, unter anderem bei den „3 Husaren", im Hotel Europa und in der Reiss-Bar.

Peter Roman

Nach 22jähriger Praxis in verschiedenen Betrieben des In- und Auslandes trat der geprüfte Serviermeister in den Schuldienst ein. Er unterrichtete an den Fremdenverkehrsschulen Zell am Ziller und St. Johann in Tirol.

Seit 1978 ist er ständig am Fremdenverkehrskolleg des Bundes in Innsbruck tätig.
1984 wurde er zum Obmann des Verbandes der Praxislehrer an Fremdenverkehrsschulen Österreichs gewählt.
Peter Roman ist Mitautor des approbierten Schulbuches „Lehrbuch für Getränkekunde".

Gerhard H. Radl

Nach Absolvierung der Kellnerlehre im Grand Hotel Wiesler in Graz trat Radl in die Hotelfachschule in Bad Gleichenberg ein. Als Maître d'hôtel in Spitzenbetrieben des In- und Auslandes sammelte er praktische Erfahrungen.
1959 Eintritt in die Landesberufsschule für das Gastgewerbe in Bad Gleichenberg.
Der Berufsschuloberlehrer und Internatsleiter erhielt eine Reihe von Ehrungen, unter anderem das Silberne Verdienstzeichen der Republik Österreich.

Sachregister

C

D

E

F

I

K

M

N

O

P

S

T

W

Bildverzeichnis

Unseren besonderen Dank möchten wir Herrn Professor Claus Riedel sowie allen Mitarbeitern der Wiener Betriebe Hilton, Inter-Continental und Hotel Europa aussprechen, die bei der Realisierung der Fotos von großer Hilfe waren.

Wir bedanken uns bei folgenden Erzeuger- und Vertriebsfirmen für die großzügige Unterstützung:

Asbach-Doornkaat
Import-Gesellschaft m. b. H.
Stephansplatz 10
A-1010 Wien

Asbach Uralt
Doornkaat
Wodka Nikita, echter Importwodka
Wodka Moskovskaya
Kecskeméti Barack Pálinka
Freiherr von Seldeneck'sche Edel-Obstbrände
Nicholson Lamplighter London Dry Gin
Old Smuggler Scotch Whisky
Kentucky Gold Straight Bourbon Whiskey
Baileys Original Irish Cream
Calvados Gilbert
Armagnac Brillat Savarin
Ramazzotti Edelbitter
Sherry Tio Mateo
Sherry Palomino
Niepoort's Portweine
Chianti Classico und Coltassala, Castello di Volpaia
Söhnlein Brillant Sekt
Fürst von Metternich Sekt
Champagne Taittinger
Comtes de Champagne
Kräutergold Magenbitter
Wiener Café Liqueur
Seyringer Cherry Brandy
Apfel mit Schuß
Kiwi mit Schuß
Seyringer Schloßbrände (Obstbrände)

Weinbrennerei Asbach & Co.
Am Rottland 2–10
D-6220 Rüdesheim am Rhein

Asbach Uralt
Asbach Privat-Brand
Jack Daniel's Tennessee Whiskey
Old Forester Bourbon Whiskey
Tom Dooley Straight Bourbon Whiskey
Old Parr Scotch Whisky
Nicholson Lamplighter London Dry Gin
Calvados Gilbert
J. Nusbaumer Elsässer Edelobstbrände
Ramazzotti Edelbitter
Souza Tawny Port
Riva Rubino Sherry
Taittinger Champagner
Freiherr von Seldeneck Schwarzwälder Edel-Obstbrände
Wolfacher Edelbrände
Fürst Bismarck Kornbrannt

Österreichische Brau-Aktiengesellschaft
Landstraße 70
A-4021 Linz

Kaiser Biere
Schwechater Biere
Steffl Export
Skol International
Zipfer Biere
Keli Limonaden
Pago Gemüsesaft, Fruchtsäfte, Fruchtnektare, Diätgetränke, Fruchtsaftgetränke
Güssinger Mineralwasser
Gasteiner Tafelquellwasser
Schweppes Limonaden und Bitters

Getränke Handelshaus Gesellschaft m. b. H.
Bäckermühlweg 44
A-4010 Linz

Vat 69 Scotch Whisky
Vat 69 Reserve De Luxe Whisky
The Antiquary Scotch Whisky
Glenesk Single Malt Highland Scotch Whisky

Tanqueray English Gin
Medley Kentucky Straight Bourbon Whiskey
Navip Slivovitz
Rémy Martin Cognacs
Cognac de Luze
Grand Empereur, französischer Weinbrand
Krug Champagner
Johannisberg, österreichische Qualitätsweine
A. de Luze & Fils à Bordeaux, Original-Bordeaux-Weine
KPbiMCKOE, original Krimsekt
Ruby of Crimea, russischer Rotwein
Ararat, armenischer Weinbrand
Stolichnaya Vodka
Sibirskaya Vodka
Babycham, englischer Fruchtschaumwein

E. Gürtler
Scheringgasse 4
A-1140 Wien

Underberg Magenbitter
Schlumberger Sekt
Schlumberger Rotweine
Martell Cognacs
Janneau Fondateur V.S.O.P., Armagnac
Janneau Très Vieille Réserve, Armagnac
Wodka Wyborowa
Wodka Zubrowka-Grasovka
Hiram Walker's London Dry Gin
Pernod
Noilly Prat, französischer Wermut
Florio Mandorla, Marsala
Domecq Sherrys
Ferreira Portweine
Dettling Kirsch
Dettling Williams Birngeist
Zwack Barack Palinka
Indonesischer Batavia Arrak
Gilka Kaiser-Kümmel
Tia Maria, Kaffeelikör
Amaretto di Saronno Originale
Drambuie
Pimms No. 1 Cup
Hiram Walker's Chocolate Mint
Echt Stonsdorfer
Bacardi
Coruba Rum, 40 und 74 Vol.-%
Coruba Rumtopf-Rum 54 Vol.-%
Famous Grouse Scotch Whisky
Canadian Club Whisky
Hiram Walker's Bourbon Whiskey 8 Jahre
Tullamore Dew Irish Whiskey
Zwack Unicum
Metaxa
Ouzo
Cinzano Wermuts
Cinzano Asti Spumante
Irish Mist
Königsbacher Magenbitter
Guter Stern, Kräuterlikör
Becherovka, Kräuterlikör
Schloß Kirschwasser
Burgunder-Weine der Güter Ropiteau Frères S.A. in Meursault und Piat S.A. in Mâcon
Bordeaux-Weine der Güter La Baronnie, Baron Philippe de Rothschild S.A. in Pauillac und Cordier S.A. in Bordeaux
Provence-Weine des Gutes Pradel S.A. in Villeneuve-Loubet
Rioja-Weine aus dem Hause Domecq
Roederer Champagner
Perrier Tafelquellwasser
Granini Gemüsesäfte und Fruchtnektare
Granini Morelli (ohne Zucker)
Birell, alkoholfreies Bier

Steirische Brauindustrie Aktiengesellschaft
Reininghausstraße 1–7
A-8021 Graz

Gösser Biere
Reininghaus Biere
Puntigamer Biere

Th. & G. Mautner Markhof AG
Mautner-Markhof-Gasse 39–41
A-1110 Wien

Hennessy Cognacs
Calvados Coquerel Reglementée
Calvados Pays d'Auge vieux
Bouchet Weinbrände
Charly's Weinbrand
Ballantine's Scotch Whisky
Milton Duff Malt Whisky
Jack Daniel's Black Label
Bourbon Whiskey
Campari Bitter
Campari Cordial
Kahlúa
Bols Liköre
Bols London Dry Gin
Bols Z. O. Genever
Bols Rogoschin Vodka
Bols Grenadine-Sirup
Charly's Liköre
Gonzales Byass Sherrys
Cherry Heering Likör
Kupferberg Sekt
Laurent Perrier Champagner
Blanc de Blancs, französischer Wein
Donaufürst Grüner Veltliner
Maskeron Ruster Blaufränkisch
Das große O, Orangen-konzentrat

Weinbrennerei
Jacques Roullet & Co.
Pyrkergasse 31
A-1190 Wien

Roullet Weinbrände
Marnier Lapostolle Cognacs
Arnaud Cognac
Serac Cognac
Marquis de Montesquiou Armagnac
Sempe Armagnac
Vignau Armagnac
De Lonnac Brandy
Bardinet Brandy
Confidentia Brandy
Bouchard Marc de Bourgogne
Heidsieck Marc de Champagne
Château de Selle, Vieux Marc de Provence
Cambas Brandys
Carvalho Brandy
Garvey Brandys
Torres Brandys
Schladerer Edelbrände
Germanier, Le bon père William
Calva Club Calvados
Koskenkorva Vodka
Finlandia Vodka
Silver Dry Gin
Seager's London Dry Gin
Lysholm Linie Aquavit
Simmers Taffel Aquavit
Jelinek Merunkovy Apricot Brandy
Jelinek Slivovice
Jelinek Slovacka Borovicka
Tequila Espuela
Tequila Silla
Pitù
Siegert Angostura-Bitter
Riemerschmid Maracujageist
Riemerschmid Orangenbitter
Riemerschmid Xuxu
Boudier Crème de Cassis
Bailly Crème de Cassis
Riemerschmid Fruchtsirupe
Bardinet Sirop Sucre de Canne
Bardinet Sirop de Menthe
Bardinet Sirop Orgeat
Grand Marnier Marnier-Lapostolle
Cherry Marnier
Arthur Bell's Whiskies
Dufftown Glenlivet, Pure Malt Scotch Whisky
Inchgower, Highland Malt Scotch Whisky
George Dickel's Tennessee Bourbon Whiskey
Captain's Table Canadian Whisky
Bardinet Negrita Rum

Bardinet Coco Punch
Tekel Yeni Raki
Saez Centurion
Cambas Ouzo
Dubonnet Wermuts
Americano 505
Byrrh
Château de Beaulon Pineau des Charentes
Heidsieck Champagner
Dopff Schaumwein
Bouchard Schaumwein
Marqués de Monistrol Schaumwein
Hermanos Malaga
Garvey Sherrys
Warre Porto Cintra
Cossart Madeira

Weinbrennerei Scharlachberg Gesellschaft m. b. H.
Schwarzparkstraße 9
A-5020 Salzburg

Scharlachberg Meisterbrand
Scharlachberg Dreistern
Scharlachberg Meisterlikör
Hasse Menuett Brandy
Alpenland Obstler
Alpenland Slivovitz
Alpenland Jägertee
Alpenland Cherry Brandy
St. Ulrich Magenbitter
Jim Beam Bourbon Whiskey
Beam's Choice
Teacher's Whisky
Glendronach
Monnet Cognac V.S.O.P.
Napoléon V.S.O.P.
Smirnoff Vodka
Vecchia Romagna
Henkes Gin Fizz
Henkes Dry Gin
Barack Pálinka
Kariblue Longdrink
Rosso Antico
Batida de Coco
Quebrada Maracuja
Pisang Ambon
Harveys Sherrys
Mackenzie Sherry Dry
Cockburn Ports
Henkell Sekt

Wunderlich Rossbacher Destillerie und Likörfabrik
Kaiserstraße 63
A-1070 Wien

Rossbacher Magenbitter
Steinheger
Goldquell Weinbrände
Wundrovka-Wodka
Steinbacher Brände
Tannhäuser „Der würzige Klare"
Stellmichauf-Vollbitter
Kapaziner
Kirschglut-Likör
Eikog-Eierweinbrand
Goldquell-Cream
Galapepi-Schokoladelikör mit Orange
Safari-Mix
Landjäger
Marillenlikör im Bocksbeutel
Curaçao triple sec
Pfefferminz
Kaiserbirn im Bocksbeutel
Jagertee
Inländer-Rum
Korn
Cynar
Langs-Supreme Scotch Whisky
Glengoyne Malt Whisky
Prince Hubert de Polignac Cognacs
Marquis de Vibrac Armagnac
Mandarine Napoléon
Camel Teresa Raiz Original-grappa
Gordon's Jeeves Gin

Literaturverzeichnis

Andreae, Illa: Alle Schnäpse dieser Welt; Seewald-Verlag, Stuttgart 1973

Arntz, Helmut: Weinbrenner; Seewald-Verlag, Stuttgart 1975

Arius, Claus: Großes Getränkebuch; Verlag Breitenstein & Co., Wien 1978

Baily, Andrian, und Oritz, Lambert: Die Speisekammer; Christian-Verlag, München 1980

Bar Manual A–Z of the Bar Trade; Andrew O'Gorman B.A., Irland 1983

Beverage Media; Metropolitan Edition

Bolsmann, Eric H.: Lexikon der Bar; Verlag Hugo Matthaes, Stuttgart 1980

Boston De Luxe Official Bartender's Guide; Verlag Warner Books, 1981

Brandl, Franz: Gourmet Mix Guide; Verlag Willsberger, Zürich 1982

Courtine, Robert J.: Larousse Gastronomique; Verlag Larousse, Paris

Daiches, David: Scotch Whisky; Verlag C. J. Bucher, Frankfurt am Main 1971

Davidoff, Zino: Zigarren Brevier; Paul-Neff-Verlag, Wien 1967

Dehoga; Gastgewerbliche Schriftenreihe, 1982

Delbrück, Max (Hrsg.): Illustriertes Brennerei-Lexikon; Verlagsbuchhandlung Paul Parey, 1915

Die Bar; Fachmagazin für Bar und Discothek; Rhenania-Fachverlag, Hamburg 1983

Forster, Rudolf, und Wiesner, Wilhelm: Getränkekunde; Ueberreuter-Verlag, Wien 1983

Getränke von A bis Z; Time-Life-Verlag, München 1971

Glaser, Fred: Tips for Mix; Bawarel AG, Schweiz

Gorys, Erhard: Der große Getränke-Ratgeber, Xenos-Verlag, Hamburg 1983

Gourmet, Das internationale Magazin für gutes Essen; Verlag Willsberger, Zürich

Hallgarten, Peter A.; Spirits and Liqueurs; Faber and Faber, London 1979

Hartl, Klaus Dieter: Das Taschenbuch vom Whisky; Wilhelm-Heyne-Verlag, München 1972

Henseler/Weichsel: Wir mixen; VEB Fachbuchverlag, Leipzig

Hinterwirth, Bruno, und Reith, Wolfgang: Getränkekunde; Österreichischer Bundesverlag, Wien 1982

Imbriani, Luciano: Tutto sui Cocktails; Giovanni de Vecchi Editore, Mailand

Johnson, Harry: Bartenders Manual; New York 1872

Johnson, Hugh: Der große Weinatlas; Hallwag-Verlag, Bern 1972

Johnson, James W.: Le Grand Mixology; International Bartenders Guide, Arkansas 1973

Köstliche Drinks ohne Alkohol; Wilhelm-Heyne-Verlag, München

Klever, Ulrich: Das neue Buch der Mixgetränke; Verlag Gräfe und Unzer, München

Kullmann, Otto (Hrsg.): Lexikon der Spirituosen und alkoholfreien Getränke; Verlag Oskar Born

Lebensmittelrecht; Verlag C. H. Beck, München

Le Cognac per Martell; Verlag Chêne, Hachettel 1984

Lichine, Alexis: Die große Wein-Enzyklopädie; Mosaik-Verlag, München 1981

Martin, Gunther: Wo Scharfes sich und Mildes paaren oder Brevier von den edlen Schnäpsen; Paul-Neff-Verlag, Wien 1971

Martin, Henry: Das große Buch der Mixgetränke; Verlag Vehling, Fröndenberg 1977

Mc Quade, James, und Harvey, Marilyn: Bols Blend a Cocktail; Verlag Optimum Books, 1984

Menü – Getränke von A bis Z; Mosaik-Verlag, München 1979

Müller, Franz J.: Mixbuch; Verlag Lebendiges Wissen, Frankfurt am Main 1956

Oetker, Dr.: Warenkunde-Lexikon; Ceres-Verlag Rudolf August Oetker KG, Bielefeld 1977

Österreichisches Lebensmittelbuch; Codex Alimentarius Austriacus; herausgegeben vom Bundesministerium für Soziale Verwaltung, Verlag Brüder Hollinek, Wien

Paczensky, Gert von: Cognac, Hädecke-Verlag, Weil der Stadt 1984

Ray, Cyril: The Complete Book of Spirits and Liqueurs; Cassell, London 1978

Reith, Wolfgang: Gastgewerbliche Betriebslehre 1; Österreichischer Bundesverlag, Wien 1974

Rigamonti, Nano: Das neue internationale Barrezeptbuch; Verlag Shaker, St. Gallen 1984

Rigamonti, Nano, und Holderegger, Rolf R.: Die Bar; Unico Barfachschule St. Gallen, 1984

Roman, Peter, und Plamenig, Heinz: Lehrbuch für Getränkekunde; Rudolf-Trauner-Verlag, Linz 1983

Schoonmaker, Frank: Das Wein-Lexikon; Fischer-Taschenbuch-Verlag, Frankfurt 1978

Schraemli, Harry: Das große Lehrbuch der Bar; Fachbücherverlag Union Helvetia, Luzern 1979

Schweizer Lebensmittel- und Hygienegesetz

Schraemli, Harry: Le Roi du Bar; Fachbücherverlag Union Helvetia, Luzern 1969

Scotch Whisky und das Haus John Walker; Kupferberg & Co., Mainz

Setter/Lösch/Klassen: Whisky; Verlag der Ferberschen Universitätsbuchhandlung, Gießen 1981

Siegel/Gallaun/Lenger: Servier- und Getränkekunde; Rudolf-Trauner-Verlag, Linz 1985

Spirituosenjahrbuch 1984; Versuchs- und Lehranstalt für Spirituosenfabrikation und Fermentationstechnologie, Berlin

The Seagram Barman's Handbook

Thomas, Jerry: How to mix drinks; New York 1864

Torelli, A.: Cocktails et Boissons Americaines; Verlag Bornemann, Paris 1966

United Kingdom Bartenders Guild: International Guide to Drinks; Hutchinson, London 1981

Walker, Jonny: Cocktails und Mixereien, Falken-Verlag, Niedernhausen/Ts. 1981

Woschek, Heinz-Gert: Das Buch vom Wein, Verlag Gräfe und Unzer, München

Fachbuchbibliothek „Servieren – Getränke – Eßkultur“

NEUERSCHEINUNG
Herbst 1986

HANDLEXIKON DER GETRÄNKE
Band 2: Alkoholfreie Getränke, Kaffee, Kakao, Tee, Bier, Wein

Auch im zweiten Band dieser modernen „Enzyklopädie der Getränke“ liegt der Schwerpunkt auf einer kurzgefaßten, prägnanten Charakteristik der beschriebenen Produkte, ihrer Herkunft, Herstellung und Verwendungsmöglichkeiten.
Das natürlichste Getränk ist Wasser, das in seinen vielfältigen Abwandlungen – wie Soda-, Mineral-, Tafel- und Heilwasser – am Anfang des Werkes behandelt wird. Es folgen eine Beschreibung der Frucht- und Gemüsegetränke sowie der Milch und Milchmischgetränke.
Den alkaloidhaltigen Getränken, wie Kaffee, Tee und Kakao, wird große Aufmerksamkeit geschenkt. Die Auf- und Zubereitung sowie die aus den verschiedenen Ländern stammenden Arten und Sorten werden erläutert.
Ergänzend zu den Spirituosen, die in Band 1 ausführlich behandelt werden, liegt der Schwerpunkt des zweiten Bandes bei einer ausführlichen Darstellung der alkoholischen Getränke Bier und Wein.
Einer eingehenden Beschreibung der Biererzeugung, der Bierpflege und der Trink- und Ausschanktemperaturen schließen sich die Biere der Welt von A bis Z an. Das Weinkapitel enthält die wesentlichsten Informationen über 44 Weinbauländer. Besondere Gruppen innerhalb des Weines stellen Schaumweine und versetzte Weine dar.
Als Grundlage dienen wiederum die neuen gesetzlichen Bestimmungen auf dem Getränkesektor, die sowohl in Österreich als auch in der Bundesrepublik Deutschland und in der Schweiz zu einschneidenden Veränderungen für die Getränkeindustrie und den Getränkehandel geführt haben.

Ray, Cyril: The Complete Book of Spirits and Liqueurs; Cassell, London 1978

Reith, Wolfgang: Gastgewerbliche Betriebslehre 1; Österreichischer Bundesverlag, Wien 1974

Rigamonti, Nano: Das neue internationale Barrezeptbuch; Verlag Shaker, St. Gallen 1984

Rigamonti, Nano, und Holderegger, Rolf R.: Die Bar; Unico Barfachschule St. Gallen, 1984

Roman, Peter, und Plamenig, Heinz: Lehrbuch für Getränkekunde; Rudolf-Trauner-Verlag, Linz 1983

Schoonmaker, Frank: Das Wein-Lexikon; Fischer-Taschenbuch-Verlag, Frankfurt 1978

Schraemli, Harry: Das große Lehrbuch der Bar; Fachbücherverlag Union Helvetia, Luzern 1979

Schweizer Lebensmittel- und Hygienegesetz

Schraemli, Harry: Le Roi du Bar; Fachbücherverlag Union Helvetia, Luzern 1969

Scotch Whisky und das Haus John Walker; Kupferberg & Co., Mainz

Setter/Lösch/Klassen: Whisky; Verlag der Ferberschen Universitätsbuchhandlung, Gießen 1981

Siegel/Gallaun/Lenger: Servier- und Getränkekunde; Rudolf-Trauner-Verlag, Linz 1985

Spirituosenjahrbuch 1984; Versuchs- und Lehranstalt für Spirituosenfabrikation und Fermentationstechnologie, Berlin

The Seagram Barman's Handbook

Thomas, Jerry: How to mix drinks; New York 1864

Torelli, A.: Cocktails et Boissons Americaines; Verlag Bornemann, Paris 1966

United Kingdom Bartenders Guild: International Guide to Drinks; Hutchinson, London 1981

Walker, Jonny: Cocktails und Mixereien, Falken-Verlag, Niedernhausen/Ts. 1981

Woschek, Heinz-Gert: Das Buch vom Wein, Verlag Gräfe und Unzer, München